CorelDRAW! 6
PARA EXPERTOS

Gary David Bouton

TRADUCCIÓN:
Rebeca Alicia Sánchez López
Traductora Profesional

PRENTICE HALL HISPANOAMERICANA, S.A.

MÉXICO - NUEVA YORK - BOGOTÁ - LONDRES - SYDNEY
PARÍS - MUNICH - TORONTO - NUEVA DELHI - TOKIO - SINGAPUR
RÍO DE JANEIRO - ZURICH

EDICIÓN EN ESPAÑOL

PRESIDENTE DE LA DIVISIÓN LATINOAMERICANA DE SIMON & SCHUSTER:	RAYMUNDO CRUZADO GONZÁLEZ
DIRECTOR GENERAL:	MOISÉS PÉREZ ZAVALA
GERENTE DIVISIÓN COMPUTACIÓN:	FRANCISCO J. DELGADO RODRÍGUEZ
GERENTE EDITORIAL:	MARICELA VILLAGÓMEZ ESTRADA
GERENTE DE IMPRESIÓN:	ALBERTO SIERRA OCHOA
GERENTE DE EDICIONES:	JUAN ANTONIO RODRÍGUEZ MORENO
EDITOR DE DIVISIÓN COMPUTACIÓN:	MARÍA ELENA GÓMEZ CARBAJAL
SUPERVISOR DE TRADUCCIÓN:	ENRIQUE PALOS BÁEZ
SUPERVISOR DE PRODUCCIÓN:	GUILLERMO HERRERA NAVA

EDICIÓN EN INGLÉS

EDITOR	Don Fowley
EDITOR ASOCIADO	David Dwyer
GERENTE DE MERCADO	Ray Robinson
EDITOR EN JEFE	Tad Ringol

COREL DRAW! 6 PARA EXPERTOS

Traducido el inglés de la obra: **CORELDRAW 6 EXPERT'S EDITION**

Authorized translation from the English Language edition published by NEW RIDERS PUBLISHING

Edición en español publicada por:
Prentice-Hall Hispanoamericana, S.A.
Derechos Reservados © 1996

Enrique Jacob 20, Col. El Conde
53500 Naucalpan de Juárez, Edo. de México

ISBN 968-880-625-0

Miembro de la Cámara Nacional de la Industria Editorial, Reg. Núm. 1524
Original English Language Edition Published by NEW RIDERS PUBLISHING
Copyright © 1996
All Rights Reserved

ISBN 1-56205-469-4

Impreso en México/Printed in Mexico

ABR

LITOGRAFICA INGRAMEX, S.A. DE C.V.
CENTENO No. 162-1
COL. GRANJAS ESMERALDA
MEXICO 09810, D.F.

2000 1997

Editor
Don Fowley
Gerente editorial
David Dwyer
Gerente de comercialización
Ray Robinson
Editor jefe
Tad Ringo
Editor de desarrollo
Gail Burlakoff
Editora de producción
Stacia Mellinger
Editores de redacción
Margaret Berson
Carla Hall
Patrice Hartmann
Peter Kuhns
Cliff Shubs
Editor técnico
William Schneider
Gerente adjunto de comercialización
Tamara Apple
Coordinador de adquisiciones
Stacey Beheler
Asistente del editor
Karen Opal
Ilustrador de portada
Gary Bouton
Diseñadora de portada
Karen Ruggles
Diseñadora del libro
Sandra Shroeder
Coordinador de manufactura
Paul Gilchrist
Gerente de producción
Kelly Dobbs
Supervisora del equipo de producción
Laurie Casey
Especialistas en imágenes
Clint Lahnen, Laura Robbins,
Craig Small, Todd Wente
Analistas de producción
Angela Bannan
Jason Hand
Bobbi Satterfield
Equipo de producción
Kim Cofer, Tricia Flodder,
David Garrat, Aleata Howard,
Beth Rago, Erich J. Richter,
Christine Tyner, Karen Walsh
Indizador
Chris Cleveland

Sobre el autor

Gary David Bouton es autor de ocho libros editados por New Riders, y aunque los libros tratan sobre varias aplicaciones de software, todos se concentran en una sola idea: la manera en que un artista tradicional lleva sus habilidades y su sensibilidad al lienzo virtual de las imágenes por computadora. Diseñador profesional y director de arte durante casi veinte años, Gary ha descubierto que el nuevo medio del arte digital es un modo de comunicación diferente, que continuamente se divide en otras áreas de expresión creativa.

"Con el conjunto de herramientas de la versión 6, Corel Corporation ha ampliado su interés tradicional en las aplicaciones de dibujo y pintura para incluir herramientas de diseño en 3D", dice el autor. "Al agregar DREAM 3D y MOTION 3D al grupo, expande los horizontes para los ilustradores por computadora proporcionando *herramientas de autoría* para documentos de Web y creaciones multimedia, como complemento de las extraordinarias herramientas de diseño de Corel". *CorelDRAW! 6 para expertos* es el tercer libro sobre Corel de Gary, y el primero orientado al usuario más avanzado de CorelDRAW.

El autor ha ganado varios premios internacionales por su trabajo como ilustrador y editor, incluyendo dos Concursos Mundiales de Diseño de CorelDRAW!, la InterGalactic Newsletter Competition patrocinada por NYPC, InfoWorld y Lotus, y el Macromedia MacroModel Art Contest. Gary y su esposa Bárbara, también autora de New Riders, son socios en Exclamations, una firma que "pule ideas en bruto" y crea documentos electrónicos y físicos de una gama tan amplia como folletos, interfaces de programas, páginas Web y reportes anuales de empresas.

Otros libros de Gary incluyen *CorelDRAW! 5, Inside Adobe Photoshop*™ *3* y *Photoshop 3 Filters and Effects*, todos publicados por New Riders, y que son una espléndida adición a las ediciones de la serie *PARA EXPERTOS* de su biblioteca personal.

Puede comunicarse con el autor a CIS: 74512,230, o en Internet a bbouton@future.dreamscape.com.

Reconocimientos de marcas

Todos los términos mencionados en este libro que se sabe que son marcas registradas o marcas de servicios se han puesto apropiadamente en mayúsculas. New Riders Publishing no puede atestiguar la exactitud de esta información. No debe considerarse que el uso de un término en este libro afecte la validez de ninguna marca registrada o marca de servicios. CorelDRAW es una marca registrada de Corel Systems Corporation.

Dedicatoria

Este libro debe estar dedicado a los individuos que probaron la aplicación Corel 6 antes de la liberación comercial del producto. Esos hombres dieron pie a la creación de una comunidad de amigos durante el ciclo de desarrollo, y son algunas de las almas más meticulosas y trabajadoras que haya conocido. Debe elogiarse, por encima de todos aquéllos que participaron en las pruebas, a José Cámara, por la fantástica persistencia y dedicación con que ha perseguido y sigue persiguiendo "inesperadas mejoras" en el producto.

Debe saberse que los hombres que *prueban* un producto nunca dan su voto decisivo sobre las características *contenidas* en la versión final; sin duda, ellos reportan cualquier problema o anomalía al fabricante. Después es responsabilidad del fabricante dar los pasos siguientes. Quienes probaron la aplicación Corel 6 son el más fino equipo de habilidosos profesionales con los que he tenido el privilegio de trabajar, y varias de las técnicas que encontrará en este libro son producto de sus investigaciones.

Agradecimientos

Si usted hablara con el autor de algunos libros que ha leído, cara a cara o a través del correo electrónico, tal vez se sentiría defraudado porque el autor no parece tan brillante o profundo como en sus libros. La razón es que libros como esta edición *PARA EXPERTOS* son esfuerzos *colectivos*; hay un grupo de talentosas personas que no recibe el reconocimiento debido y que convierte el simple texto en el tomo que ahora tiene frente a usted.

Sin seguir un orden en particular, me gustaría darle mis agradecimientos a las personas que pusieron el viento en las velas y que guiaron los ejemplos, la información y las observaciones por una trayectoria más precisa que las que se pueden crear con la Herramienta Lápiz (Pencil tool).

Gracias a:

David Dwyer, gerente editorial de New Riders, que me animó para que dejara caer los guantes de niño con la edición *PARA EXPERTOS* y para que le mostrara al usuario experimentado que se necesita algo más que la comprensión de las propiedades de una herramienta para producir un trabajo sobresaliente. Gracias, David, por creer en mí y en el manuscrito.

La editora en jefe Stacia Mellinger, por su paciencia, su sentido del humor y sus deseos de poner el esfuerzo extra (¡y las horas adicionales!) para crear un libro bien organizado y lleno de información. Gracias, Stacia, y espero que los dulces que puse en los paquetes de FedEx llegaran a repartirse, y que no muchos se hayan quedado pegados entre los capítulos.

El editor técnico William Schneider, un artista muy dotado de CorelDRAW, ayudó a crear varios de los pasos de ejemplo de este libro, que van más allá de la lectura de pruebas de la exactitud técnica. Por lo general es de ayuda que el editor técnico comprenda el programa, pero los deseos de William de compartir también sus perspectivas sobre el arte digital y el trabajo de preprensa llegó como una bendición para el autor y los lectores de este libro. William, ¿podemos hacer una cita para la versión 7?

El editor de proyectos Gail Burlakoff, por llevarme (otra vez) a una excursión aún más extraña y maravillosa por el arte de la modificación de los pixeles. Gail, espero que haya roto los viejos patrones de los primeros borradores (¡sé que *introduje* algunos!), y qué otra cosa puedo decir más allá de que el placer fue mío, que eres bienvenido a Nueva York y que Bárbara cree que eres más divertido en el papel que yo. Hiciste que esta cosa cantara. Gail, gracias desde el fondo de mi corazón.

Margaret Berson, Peter Kuhns, Patrice Hartmann, Cliff Shubs y Carla Hall, quienes pusieron cuando menos el 300% para que este libro fuera fácil de comprender, añadiendo la puntuación real donde el autor utilizaba creativamente los caracteres extendidos, contribuyendo a la organización y estableciendo los hilos conductores donde había grutas del tamaño de Rhode Island en los capítulos. Gracias a ustedes por hacer esto con un método constructivo y amable; ése que un libro "técnico" siempre necesita.

El especialista en software Steve Weiss, la persona que reunió los materiales *no*impresos del CD para nuestros libros. Steve, gracias por obtener lo mejor en shareware y utilerías para Windows 95, y sólo desearía que navegar por Web valiera para ganar kilometraje en una línea aérea comercial. Tú fuiste nuestro jugador extra, amigo. ¡Gracias por ser parte de otra aventura épica en CorelDRAW!

El coordinador de compras Stacey Beheler, que hace cosas impensables. Permítanme aclarar esto: Stacey *recuerda* las cosas que los demás han olvidado, nos pide que incluyamos cositas en el libro como figuras de capítulo y generalmente hace de la escritura el primer objetivo de un autor, manejando las distracciones periféricas. Gracias, Stacey; me hubiera perdido en las páginas sin tu ayuda.

Debo darle las gracias a las siguientes personas, por apoyar lo que se relaciona directamente con la edición *PARA EXPERTOS*, más allá de la coordinación, edición y lectura de pruebas de los materiales.

El coordinador de versiones Beta Kelly Gerig, de Corel Corporation, por su ayuda en el trabajo con las versiones preliminares de Corel 6 durante el verano de 1995. Kelly, gracias por la ayuda preliminar, y felicidades a ti y a tu esposo por tu hija recién nacida. Los sitios de Beta son como miembros de una gran familia; y les deseamos lo mejor de parte de nosotros.

Bill Cullen de Corel Corporation, quien dirigió el grupo QA para CorelMOTION 3D. Bill, gracias por enviar continuamente avisos y consejos durante el ciclo de desarrollo de la versión 6. Tú hiciste que el trabajo con una aplicación completamente nueva de CorelDRAW se convirtiera más un placer que en un reto.

Kim Connerty, líder de QA para el grupo CorelDRAW. Kim respondió a muchas de las preguntas que teníamos sobre CorelDRAW durante el ciclo de desarrollo de la versión 6 utilizando su propio tiempo (no era su trabajo y creo que todos estamos agradecidos por su información). Gracias, Kim, por las respuestas honestas y rápidas. Hiciste que escribir este libro fuera diez veces más fácil de lo que pudo ser, y le deseamos lo mejor a Corel con la versión 7.

Steve Rindsburg, de Rindsburg Digital Photography, por sus consejos sobre los puntos más finos de PostScript mencionados en este libro. Creo que Steve acuñó la frase "genio de PostScript", un término que indica una experiencia avanzada en el manejo de PostScript y su lenguaje; un poco más evocativo que "gurú" o "usuario avanzado". No creo que se haya conferido el título a *sí mismo*, pero estoy profundamente agradecido por su sabiduría y ese espíritu para compartir que Steve me ha mostrado en el breve tiempo que llevo de conocerlo. Y definitivamente quiero retar su fotocomponedora con unas cuantas imágenes en el futuro próximo. Gracias Steve.

Robin Henson y Costas Kitsos, de Ares Software, por su invaluable ayuda sobre fuentes digitales. Muchas de las fuentes que encontrará en la carpeta BOUTONS del CD de obsequio fueron revisadas en busca de errores por los mejores (las personas que hicieron FontMonger y FontMinder). Gracias, amigos y compañeros usuarios de CorelDRAW.

Rick Brown, de Adobe Systems, por el uso de Acrobat Process, que se utilizó para compilar los documentos de Acrobat en el CD de obsequio.

Peter Card, de Adobe Systems, por el uso de PageMaker 6 en los ejemplos del libro y como compilador final para los documentos de Acrobat.

Scott Brennan, de Dreamscape On-Line, Inc., por las conexiones de Internet utilizadas para llevar los manuscritos entre Indy y Liverpool, y para encontrar algo del shareware muy especial que hemos incluido en el CD de obsequio.

Rafael Arboleda, de Compulink Electronics, Inc., por un cable SCSI poco normal, creado en poco tiempo. Compulink aún fabrica cables personalizados a mano, y por esta razón es muy dudoso que mi escáner vuelva a tener "terminales sueltas" la próxima vez que decida redecorar el cuarto de juegos.

Cónyuge y editora Bárbara Bouton, por soportar mi idea de un "desayuno rápido" (una ensalada con carne muy especial), con tanta frecuencia durante la escritura de este libro. Las pequeñas pizzas César son estupendas, ¿o no? y Kurt, nuestro especialista en envíos de pizzas César ha sido puntual y amigable. Pero es la fe de mi esposa en lo que estoy haciendo, las horas, su comprensión de la condición general en que dejo nuestro hogar durante la escritura, lo que hace que una hazaña casi imposible suceda con gracia, dignidad y sentido del humor. Gracias, Bárbara, por tu ayuda y por ser tú.

Gracias a mis compañeros, amigos y conocidos, por comprender por qué no respondí la puerta durante 3 meses. Y gracias a mi hermano, David Brian Bouton, por permitirme utilizarlo como imagen en la zona de muestra de color de CorelDRAW.

Resumen de contenido

Tabla de contenido

I

introducción

Introducción

Quizás haya visto, o posea, un libro de computación que le coloca una etiqueta a cada herramienta de un programa, que menciona lo que hace cada una y luego deja que usted se imagine cómo utilizar las herramientas y los programas en su trabajo. Este libro es diferente (no es un manual del usuario ni un libro para principiantes), representa el siguiente escalón. *CorelDRAW! 6 para expertos* se escribió para ayudarle a pasar de "conocer su camino" a ser capaz de reunir todas las piezas para crear un trabajo estimulante, profesional y que se pueda imprimir.

- ✔ Si usted adquiere habilidad en el manejo de las formas básicas de dibujo y se siente ansioso por recibir las instrucciones para elaborar "un trabajo de verdad", este libro es para usted.
- ✔ Si se siente entusiasmado con los nuevos programas de 3D y multimedia que descubrió en la caja de CorelDRAW! (pero se pregunta cómo habrá de transferir al ambiente 3D el conocimiento y las técnicas que ha desarrollado para trabajar en el espacio 2D de CorelDRAW), simplemente siga adelante.
- ✔ Si alguna vez le han dicho que su diseño es demasiado complejo para la salida, ¡entonces este libro es *definitivamente* para usted!
- ✔ Si alguna vez ha mirado todas las aplicaciones y utilerías del paquete de CorelDRAW y se ha preguntado si es posible que trabajen juntos, entonces está buscando técnicas de experto (y ya no necesita seguir buscando).

CorelDRAW! 6 para expertos se centra en conceptos clave relacionados con la teoría del color, la construcción de trayectorias, la creación de fuentes y los fundamentos medulares de las opciones de efectos especiales de Corel.

Pero no piense que se trata de un pesado libro de teoría (este libro es práctico de principio a fin). Usted trabaja con los conceptos y los principios como si se le guiara por *todo* el proceso de la creación de un diseño, desde el concepto hasta el trabajo terminado. Y lo recorrerá paso a paso, tal como lo hace en su trabajo diario; usted adquirirá el conocimiento y la experiencia que hacen que la creación de trabajos asombrosos y que ganan premios sea una meta alcanzable.

Algo antiguo, algo nuevo

La versión 6, como cada versión anterior de la suite de aplicaciones CorelDRAW, abre muchos nuevos horizontes. Hay aplicaciones nuevas, maneras diferentes de desarrollar tareas que usted está acostumbrado a desarrollar, y se explica todo sobre la manera en que las aplicaciones de la versión 6 operan bajo un nuevo sistema operativo: Windows 95. Si usted ha trabajado mucho con las versiones 3, 4 y 5 de las aplicaciones de Corel, tantas nuevas convenciones y características pueden resultarle un poco desconcertantes. *CorelDRAW! 6 para expertos* lo guiará por los sitios que lo podrían tomar por sorpresa haciendo recomendaciones específicas para trabajar de manera más inteligente y rápida con CorelDRAW! 6 y con Windows 95. Usted aprenderá a añadir nuevas técnicas a sus habilidades relacionadas con CorelDRAW, para mejorar sus composiciones y ampliar sus posibilidades como diseñador y artista.

Nota Al escribir *CorelDRAW! 6 para expertos*, se supuso que usted estaba familiarizado con programas de dibujo y pintura. Si ésta es su primera aplicación de gráficos o la primera aplicación de Corel con la que ha trabajado, le recomendamos que dedique un poco de tiempo a la propia documentación de Corel, impresa y en línea, antes de pasar a los ejemplos de este libro.

Aparte un poco de tiempo para los ejercicios proporcionados por Corel y para explorar el programa por su cuenta. Mientras adquiere destrezas en Corel 6, descubrirá que sus herramientas, comandos y características básicos son bastante intuitivos, y que el problema real podría empezar cuando desee integrar sus conocimientos sobre herramientas para que su concepto de diseño cobre vida.

Cuando se sienta cómodo con las herramientas, lo llevaremos a la integración de las herramientas y las opciones de CorelDRAW, y también le mostraremos cómo CorelPHOTO-PAINT, CorelMOTION 3D, CorelDREAM 3D y CorelDEPTH pueden utilizarse de manera efectiva junto con CorelDRAW.

Sobre la organización de esta obra

CorelDRAW! 6 para expertos se divide en tres partes, y cada una se relaciona con un aspecto diferente de las aplicaciones de Corel. En secuencia, las partes cubren lo siguiente:

- ✔ En la parte I, descubrirá cómo trabajar más eficientemente y poner las opciones de CorelDRAW en la punta de sus dedos, aprovechando la interfaz en win95 de Corel. También dominará la herramienta Bézier y aprenderá a crear, en cualquier diseño, trayectorias y nodos correctos y que se impriman bien. En la parte I se tratan los temas centrales avanzados de la teoría del color, utilizando modelos, y se analiza la manera de crear y aplicar rellenos y mezclas complejos que le den a su trabajo una apariencia realista y que le añadan dimensión.

- ✔ En la parte II se analiza cómo integrar la salida de otras aplicaciones de Corel en un diseño de CorelDRAW. Usted aprenderá a utilizar CorelDRAW y PHOTO-PAINT en un solo diseño aprovechando las fortalezas de cada programa. Verá cómo pueden utilizarse los programas de conversión como herramienta de diseño, y observará con detenimiento cómo diseñar sus propias fuentes y cómo convertir una fuente en una imagen y viceversa.

- ✔ En la parte III soltaremos las amarras y lo llevaremos a una excitante exploración de las imágenes 3D, la animación y el diseño de páginas de Web. Aprenderá a utilizar CorelDRAW y PHOTO-PAINT para crear materiales que se utilizarán en CorelDEPTH para crear imágenes 3D y luego aprenderá a regresarlas a un diseño de CorelDRAW. Usted ocupará un lugar en la silla del director y diseñará, dirigirá y, por lo general, participará en el baile al crear una película con CorelMOTION 3D. Su última parada en la parte III no es Hollywood, sino más bien World Wide Web. El diseño de páginas asombrosas de Web ocupa un método de diseño diferente del que acostumbra, y le mostraremos cómo hacerlo de manera correcta.

- ✔ Las partes I, II y III no son suficientes para contener toda la información que quisiéramos compartir con usted. De modo que si revisa el *CD de obsequio de CorelDRAW! 6 para expertos,* encontrará "Outputting your Input" (Cómo dar salida a lo que usted introduce), una guía completa para la impresión tradicional, las publicaciones electrónicas y los formatos de exportación de archivos, de CorelDRAW a otras aplicaciones. "Outputting Your Input" se encuentra en formato Acrobat, y está lleno de información que usted necesita conocer para asegurar que lo que usted diseña puede generarse para los formatos de medios de hoy en día, incluyendo las fotocomponedoras.

Parte 1: Cómo empezar a trabajar con CorelDRAW!

Los capítulos de la parte I se concentran en CorelDRAW 6. Aunque usted haya utilizado las versiones de CorelDRAW desde el Headliner de Corel. Asegúrese de revisar el capítulo 1, "Bienvenido a Win95 y a un CorelDRAW! completamente nuevo". Como CorelDRAW! 6 es una aplicación nativa de Windows 95, necesita familiarizarse con las nuevas características y convenciones de Windows 95 y Corel antes de que pueda trabajar cómodamente con esta nueva versión. En las siguientes secciones se detalla lo que contiene cada capítulo de la parte I.

Capítulo 1: Bienvenido a Win95 y a un CorelDRAW! completamente nuevo

Corel 6 es una aplicación que cumple con los requisitos de Windows 95 y, como tal, es importante conocer un poco del sistema operativo *antes* de invertir tiempo en el trabajo de diseño en CorelDRAW! 6. Un lugar de trabajo orientado a objetos significa que usted puede arrastrar y colocar archivos para reubicarlos, ¡pero que también puede *perder* por accidente valiosos archivos de programas, a menos que comprenda las nuevas reglas! En este capítulo se analizan los menús de método abreviado a los que se tiene acceso al hacer clic con el botón derecho del ratón, los nombres largos de archivo (y cuándo no debe utilizarlos) y otras opciones que tienen un impacto en el nuevo CorelDRAW de 32 bits.

Capítulo 2: Cómo personalizar CorelDRAW!

Una vez que se haya acostumbrado a la realidad de que todo es un objeto bajo Windows 95, pronto descubrirá que los elementos de la pantalla (incluyendo las herramientas y los menús de CorelDRAW) pueden organizarse de acuerdo con sus preferencias de trabajo. Aprenderá a editar sus herramientas de Zoom, a editar trayectorias, a reconocer los botones que aparecen en la caja de herramientas y la barra de herramientas y a saber cómo funciona cada herramienta. En el capítulo 2 se le muestra la mejor manera de organizar el espacio de trabajo de CorelDRAW, y se proporcionan valiosas enseñanzas sobre la manera de tener acceso a las características especiales que *no* están documentadas en los manuales de referencia de Corel.

Capítulo 3: Cómo someter a los nodos y las trayectorias (la manera fácil)

En el capítulo 3, echaremos un vistazo detallado a los elementos básicos que integran un diseño de CorelDRAW: nodos y trayectorias. Aunque usted puede diseñar lo que desee con la herramienta Lápiz, hay una manera "correcta" y una "equivocada" para la construcción de trayectorias. Si alguna vez ha diseñado una pieza de CorelDRAW que se niega a imprimirse, tal vez tenga que ver con la construcción de una trayectoria, o con las propiedades de los nodos incluidos en la trayectoria. En este capítulo se proporcionan las respuestas a la formación de una trayectoria de la manera en que *usted* lo pretendía, se explica cómo cumplir con las especificaciones de PostScript y cómo agregarle exactitud y detalle a su documento de CorelDRAW. La persiana Edición de nodos (Node Edit) ha cambiado en la versión 6; revise el capítulo 3 para facilitar el trabajo con nodos y trayectorias.

Capítulo 4: Cómo dominar la herramienta Relleno y los modelos de color

Mucho más que las anteriores, la versión 6 de CorelDRAW es una herramienta de *color*; usted dispone de varios modelos de color para aplicar en su trabajo de diseño, y cada modelo de color se creó para un tipo de salida específico. CMYK, RGB, sistemas de coincidencia de color como PANTONE y otros se pueden aplicar en el espacio de trabajo de CorelDRAW, ¿pero cuál es el correcto para la tarea de diseño que tiene hoy? En el capítulo 4 se analizan los *principios* que hacen posible la luz que usted ve en la pantalla, la manera en que se relacionan los colores impresos con los colores del monitor, y cómo especificar el modelo correcto de color para utilizarlo en su propio trabajo. Lo que usted ve *no siempre* es lo que obtiene, a menos que trabaje en Windows y CorelDRAW con modelos de color apropiados para un medio específico. En el capítulo 4 se le muestran los menús, las paletas y las opciones para asegurar que el mundo vea su pieza terminada tal como usted la elaboró.

Capítulo 5: Rellenos complejos y combinación de sombras

Los rellenos de textura, los grupos de mezclas, los rellenos degradados, los mapas de bits dispuestos en mosaico u otros rellenos especiales de CorelDRAW pueden añadir realismo hasta al más simple de los diseños. En el capítulo 5 se le lleva a dar los pasos superficiales para rellenar y *sombrear* un objeto y para crear ilustraciones fotorrealistas. Los brillos, los reflejos, las sombras y las texturas de superficies son tan importantes como la forma de filete de un objeto para lograr la meta de elaborar un gráfico o imagen que se comunique de inmediato con la audiencia. Aprenda los secretos del uso de rellenos especiales y de objetos de mezcla para que *su* diseño de CorelDRAW sea el que más llame la atención.

Parte II: El documento es lo importante: cómo utilizar CorelDRAW! como centro de diseño para su trabajo

En la segunda parte de esta edición se echa una mirada artística a la manera en que la calidad de una ilustración que usted tenga en mente podría completarse mejor *fuera* de CorelDRAW. Si quisiera crear un tipo a partir de sus diseños, CorelDRAW puede ayudarlo, y las instrucciones completas se encuentran en la parte II. Además, verá la relación entre los mapas de bits y las imágenes vectoriales y aprenderá a mezclar los dos formatos diferentes de imágenes por computadora en una sola composición. En la parte II se colocan en perspectiva los diferentes tipos de archivo de PC y se presenta la manera de utilizar CorelDRAW como "base" para necesidades especiales de diseño.

Capítulo 6: Mapas de bits y diseño vectorial

Entre CorelPHOTO-PAINT y CorelDRAW, usted tiene un 99 por ciento de las herramientas de diseño necesarias para crear casi todo. Sin embargo, a veces es difícil decidir cuándo necesita guardarse un diseño como imagen de mapa de bits o en el formato vectorial de CorelDRAW; y el formato terminado influye en su elección de las herramientas de diseño. En el capítulo 6, aprenderá dos maneras diferentes de llegar a un diseño que utiliza las mejores opciones de CorelDRAW y PHOTO-PAINT para elaborar una composición "híbrida". Las imágenes de mapa de bits y los objetos vectoriales se mezclan fácilmente cuando usted comprende las características del programa que se analizan en el capítulo 6.

Capítulo 7: Corel OCR-Trace: cómo convertir mapas de bits en vectores

Corel OCR-Trace se pasa por alto a menudo como herramienta de diseño, pero en realidad puede cerrar la brecha entre las propiedades de mapa de bits y vectoriales de estos diferentes formatos de archivo. Si alguna vez ha querido trabajar con un dibujo a pluma y tinta de la misma manera en que modifica y moldea las trayectorias de CorelDRAW, Corel OCR-Trace es la clave. En el capítulo 7 se muestra cómo tomar fotos, ilustraciones físicas e incluso digitalizaciones de texto y convertirlos en copias que pueden editarse en CorelDRAW como cualquier trayectoria que usted dibuje con la herramienta Lápiz. Alcance lo último en flexibilidad en imágenes por computadora utilizando OCR-Trace y aprenda la técnica que se muestra en este capítulo.

Capítulo 8: Cómo crear sus propias fuentes

¿Qué es una fuente? Es simplemente una colección de diseños con los que puede escribir, ¿cierto? Aunque a menudo tomamos las fuentes digitales como algo normal, hay una maravillosa riqueza tecnológica detrás de la construcción de una fuente y de los programas que le permiten trabajar con fuentes como texto y como objetos. En el capítulo 8 se muestra cómo crear su propia fuente utilizando los filtros de exportación PFB y TTF, cómo optimizar la construcción de una fuente y cómo utilizar en CorelDEPTH y CorelDREAM 3D las fuentes creadas con CorelDRAW. Incluso puede crear una fuente de logotipo para clientes que deseen que sus logotipos aparezcan en documentos de procesamiento de palabras. Además, en el capítulo 8 se analizan otras aplicaciones que pueden ayudar a refinar una fuente de CorelDRAW. Usted se encuentra más cerca de lo que se imagina de ofrecer a la comunidad profesional los servicios de "fundición" de tipos, por cortesía de este capítulo y de las opciones de creación de fuentes de CorelDRAW.

Parte III: Más allá de CorelDRAW!

En la parte III no se deja en realidad atrás a CorelDRAW, sino que lo utilizamos de manera extensiva como plataforma de lanzamiento para otras aplicaciones, sobre todo los programas 3D que se encuentran en el empaque de la versión 6. Si alguna vez ha deseado expresar una idea de una manera fotorrealista, producir una pequeña película con las herramientas que ya tiene o diseñar una página Web para Internet, la parte III será su guía.

Capítulo 9: Cómo trabajar entre CorelDRAW! y CorelDREAM 3D

CorelDREAM 3D agrega un tercer tipo de imagen a las opciones de Corel. Más allá de las ilustraciones vectoriales y de mapa de bits, se encuentra una combinación de ambas, en forma de escenas modeladas y generadas en 3D. En el capítulo 9 se le lleva del espacio de trabajo familiar de CorelDRAW a las vistas no tan intuitivas de DREAM 3D, donde puede hacerse girar todo lo que se diseña, iluminarse con luces virtuales y cubrirse con texturas realistas definidas por el usuario.

Aunque Corel ha proporcionado muchos objetos predefinidos y sombreadores preestablecidos (materiales) para trabajar con CorelDREAM 3D, este capítulo le muestra cómo crear sus propias estructuras de alambre. Además, usted observará la manera de utilizar sus propios diseños como materiales de sombreado de CorelDREAM 3D, y la manera de elaborar máscaras de transparencia para superficies que se verán como una calcomanía colocada sobre un objeto 3D. Si usted se ha preguntado cómo dar el primer paso artístico hacia la siguiente dimensión de las imágenes por computadora, el capítulo 9 abre la puerta.

Capítulo 10: Cómo agregar DEPTH y MOTION

El capítulo 9 se continúa con el tema del modelado 3D y agrega la dimensión del tiempo a su repertorio de herramientas gráficas, conforme exploramos CorelMOTION 3D, que es un programa de animación muy completo que funciona con modelos de texto u objetos de malla de alambre que usted importa de CorelDRAW. Los resultados pueden ser fotorrealistas, con reflejos y brillos que avanzan en el tiempo dentro de una composición de CorelMOTION. Aprenda a crear un logotipo animado que puede reproducirse utilizando el Reproductor de medios (Media Player) de Windows 95.

Además, verá cómo hacer ilustraciones, al estilo 3D, en CorelDEPTH. CorelDEPTH *no* es un simple "extrusor de fuentes"; usted puede crear composiciones asombrosas dentro de CorelDEPTH que se pueden exportar y mejorar en PHOTO-PAINT o CorelDRAW. Hay verdaderas joyas entre las "otras aplicaciones" de la caja de Corel 6, y en este capítulo se muestra cómo descubrir y pulir estas gemas.

Capítulo 11: Efectos especiales para páginas Web

World Wide Web se está convirtiendo rápidamente en una combinación entre atracción turística y anuncios comerciales. Y si desea disponer de los medios más rápidos y de uso más extendido para que el mundo sepa que usted tiene bienes para vender o servicios para promover, es indispensable tener una página Web. En el capítulo 11 se le lleva por los pasos para crear una imagen Web, proporcionándole o asignándole un color de transparencia de GIF, y se le muestra cómo apegarse a las últimas especificaciones HTML para agregar un fondo dispuesto como mosaico a su página Web. Además, en el *CD de obsequio de CorelDRAW! 6 para expertos* se encuentra el código fuente para documentos HTML en formato anotado completo, de modo que en el capítulo 11 se le muestra *la estructura* para diseñar su propia página Web, no simplemente el proceso de creación de imágenes.

Capítulo 12: Outputting Your Input (en el CD)

El capítulo 12 contiene los secretos, reglas, trucos y técnicas para darle salida a su trabajo de Corel en varios medios diferentes y estimulantes. Por cierto, el *propio* capítulo 12 es un nuevo tipo de salida, el Acrobat Portable Document Format (PDF), que es un capítulo electrónico en línea que puede leerse en la pantalla o imprimirse. Usted encontrará el capítulo 12 en la carpeta CHAP12 del *CD de obsequio de CorelDRAW! 6 para expertos*, y encontrará las instrucciones para instalar el Acrobat Reader v2.1 en la contraportada de este libro.

"Outputting Your Input" es una guía invaluable para obtener copias impresas de alta calidad y versiones electrónicas de sus diseños y páginas de Corel. En este capítulo, aprenderá cómo elaborar un documento de Acrobat, obtendrá información honesta sobre la importancia de PostScript en su trabajo de diseño, y aprenderá los pormenores para asegurar una impresión exacta desde CorelDRAW. Además, echaremos un vistazo al manejo de color, a la manera en que las fuentes pueden convertirse en un problema a la salida, y la manera de corregir y mejorar un archivo de modo que siempre se vea bien en cualquier medio.

Materiales adicionales de referencia

Las páginas de instalación del disco que se encuentran al final de *CorelDRAW! 6 para expertos* contienen todos los pasos que necesita para instalar el Adobe Acrobat Reader v2.1 en su sistema. Si instala el Reader, encontrará más información valiosa sobre CorelDRAW ¡que simplemente no se podía incluir en este libro! La tecnología Acrobat le permite a un usuario componer un documento que pueda verse e imprimirse exactamente de la manera en que lo creó el autor, como se describió en el capítulo 12. Por ejemplo, al utilizar CorelDRAW! 6 y Adobe PageMaker 6, creamos varias piezas de Acrobat PDF que residen en diversas secciones del CD de obsequio. Las fuente que utilizamos, las imágenes de color y el diseño aparecerán en Acrobat Reader *exactamente* de la misma manera en que lo hicimos en el archivo de PageMaker donde se compuso el documento. Además, los usuarios de Macintosh, DOS, Windows y Unix pueden leer el mismo documento. La tecnología Acrobat irá prevaleciendo cada vez más conforme los sitios de Web de Internet adopten la tecnología, y usted se convertirá en un suscriptor más de los documentos electrónicos si lee las instrucciones para instalar el Reader v2.1 que se encuentran en la parte final del libro.

El Acrobat Online Glossary

Observará que no hay un glosario impreso al final de *CorelDRAW! 6 para expertos*. Hemos llevado más de 150 entradas al formato Acrobat, y usted encontrará el archivo CEE6-GL.PDF en la carpeta ACRODOCS del CD de obsequio. Recomendamos que copie este archivo a su disco duro para un acceso más rápido, pero también necesita copiar los archivos *.AVI de la carpeta ACRODOCS a la misma ubicación del archivo PDF del Glosario. Las películas *.AVI están vinculadas al Acrobat Online Glossary, de modo que cuando usted necesita ver un objeto descrito en una página de glosario, al hacer clic en el icono de la película se llamará al Reproductor de medios (Media Player) de Win95, y usted puede ver el archivo AVI, como se muestra en la figura I.1. Los iconos de película son vínculos externos al documento PDF; si el documento PDF se mueve a su disco duro sin los archivos AVI vinculados, no podrá ver las películas.

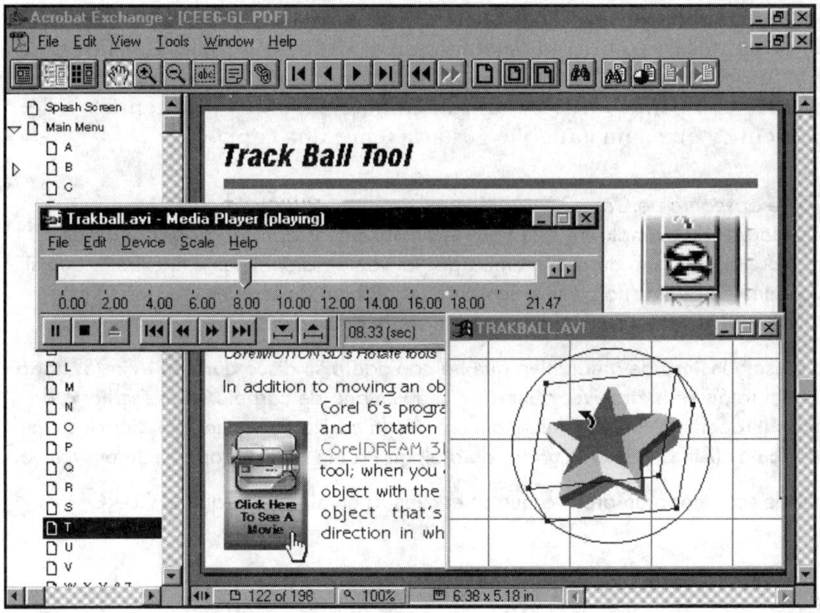

Figura I.1
El Online Glossary de *CorelDRAW! 6 para expertos* es un documento electrónico de hipermedia e hipertexto.

CEE6-GL.PDF también contiene vínculos de hipertexto, de modo que usted puede pasar rápidamente las páginas para llegar en un abrir y cerrar de ojos a un concepto, una característica, o una nueva técnica de CorelDRAW que esté buscando. Se encuentra ilustrado a todo color y si desea una copia impresa de las mismas páginas, puede imprimirlas desde el Acrobat Reader.

Guía extra del CD de obsequio

Como atracción extra, hemos ensamblado la Resource Guide (Guía de recursos) del *CorelDRAW! 6 para expertos* (casi 90 entradas de contactos relacionados con hardware, software y servicios que de seguro encontrará prácticas en sus continuas aventuras por la creación de imágenes); también se encuentra en el formato Acrobat. ¿Necesita una salida de alta resolución? ¿Necesita un filtro que no puede encontrar en los catálogos de venta por correo? ¿Necesita un controlador para su tarjeta de video? Vaya directamente a la fuente de esta colección de recursos que el autor utiliza a menudo.

¿Qué contiene el CD de obsequio?

Además de las imágenes de ejemplo con las que puede trabajar en los capítulos de la Edición para expertos, el CD de obsequio contiene muchas utilerías de shareware para Windows 95, demostraciones de aplicaciones gráficas y algunos materiales privados que se encuentran en la carpeta BOUTONS. El documento WHATCD.PDF de la carpeta ACRODOCS del CD de obsequio le ofrece una descripción detallada de lo que encontrará en él, de modo que si usted abre este documento antes de explorar el contenido del CD, tendrá una mejor idea de lo que le agradará, y de lo que le gustaría copiar en su disco duro.

Sin embargo, *hay* reglas y reglamentos que la editorial y el autor tienen que seguir para ofrecerle un tesoro de programas y archivos de ejemplo en el CD de obsequio. Por favor lea los archivos README o los documentos Acrobat que se encuentran en las carpetas del producto o servicio de cada compañía, antes de utilizar comercialmente el contenido, o de decidir que algo es excelente y que a un amigo le gustaría tener una copia.

Nota Como el *CD de obsequio de CorelDRAW! 6 para expertos* es un medio de sólo lectura, en las tareas de ejemplo de este libro incluimos pasos para guardar *copias* de archivos con un nuevo nombre en su disco duro. Sin embargo, tal vez ocasionalmente encuentre que si usted no edita un archivo antes de guardarlo en su disco duro, el atributo de sólo lectura permanecerá con el archivo, y que Windows 95 o CorelDRAW le alertarán sobre este hecho.

Para eliminar el atributo de sólo lectura de un archivo que ha copiado a su disco duro en Win95, haga clic con el botón derecho del ratón en el archivo, dentro de una ventana de carpeta en el escritorio de Windows. Elija Propiedades (Properties), luego elimine la marca de la casilla de verificación Sólo lectura (Read-Only) del campo Atributos (Attributes) del cuadro de diálogo Propiedades (Properties) del archivo.

Usted no puede modificar de este modo un archivo que se encuentra en el CD, porque el CD-ROM es de sólo lectura.

Convenciones utilizadas en este libro

En esta sección se tratan las diferentes convenciones utilizadas en *CorelDRAW!6 para expertos.*

¿Cuándo una caja de herramientas no es una caja de herramientas?

En este libro hacemos mención a las barras de herramientas y a las *cajas de herramientas.* En las aplicaciones de Corel una barra de herramientas se encuentra, como opción predeterminada, configurada horizontalmente a lo largo de la parte superior de la ventana del documento, debajo del menú. Una caja de herramientas por lo general se encuentra configurada verticalmente a la izquierda de la ventana del documento, aunque ambas, las barras de herramientas y las cajas de herramientas en las aplicaciones de Corel pueden quitarse de sus posiciones ancladas en el espacio de trabajo y pueden cambiarse de tamaño para crear una forma más rectangular.

Los parámetros predeterminados de referencia de esta edición

Aunque en el capítulo 1, "Cómo personalizar CorelDRAW!", se le muestran casi un billón de maneras en que puede afinar el espacio de trabajo de Corel, de modo que se vuelva más cómodo y familiar, utilizamos los parámetros predeterminados del espacio de trabajo de CorelDRAW en los otros 11 capítulos. Necesitamos establecer una base común para todos los ejemplos, y la configuración predeterminada es la más accesible para todos aquéllos que lean este libro.

Por ejemplo, si usted encuentra que se le indica en un paso de este capítulo que haga clic con el botón derecho del ratón, y que luego seleccione Alejar (Zoom Out) del menú de método abreviado, pero no ve esta opción en el menú, sus preferencias de la herramienta de Zoom probablemente están definidas para utilizar el menú lateral tradicional de Zoom o el botón 2 del ratón se utiliza, con la herramienta Zoom, para alejarse. Nosotros no hablamos mucho sobre la opción de Zoom en esta *edición* porque los acercamientos son más un procedimiento que un paso artístico y nuestro interés principal se encuentra en la manera en que puede crear mejores ilustraciones utilizando las nuevas opciones y herramientas.

Técnicas en comparación con "métodos apropiados"

Esta *edición* se ha diseñado para proporcionarle las claves para alcanzar resultados más rápidos en las aplicaciones de Corel, y esto implica que se rompan las reglas de vez en cuando, adoptando prácticas no convencionales y tratando por lo general a CorelDRAW y otras aplicaciones como *herramientas*. No hacemos mucha mención de la Interfaz de Documentos Múltiples (Multiple Document Interface; MDI) porque hay métodos alternativos para copiar objetos a los documentos más rápidamente.

Además, usted verá que adoptamos la técnica de trazar un recuadro para seleccionar todos los nodos de una trayectoria de línea, convertirlas en curvas y luego convertir una o dos curvas otra vez en segmentos de trayectoria. Éste es un ejemplo para tomar la ruta más efectiva (en tiempo) para completar una tarea, aunque la documentación de CorelDRAW tal vez recomiende que cada trayectoria se convierta individualmente.

Usted encontrará muchas técnicas nuevas en este libro, y nuestras recomendaciones se basan en meses de pruebas de CorelDRAW antes de su presentación comercial, para buscar las mejores maneras de diseñar piezas profesionales. Por ejemplo, tal vez encuentre que los menús de método abreviado funcionan mejor que la persiana Edición de nodos (Node Edit) para editar nodos y trayectorias. En este caso, hemos proporcionado los pasos para trabajar con cada técnica en los capítulos de este libro.

Cómo trabajar con esta obra y la versión *actual* de CorelDRAW! 6

En el momento en que se escribió *CorelDRAW! 6 para expertos*, la versión 118 era la actual. Corel Corporation había liberado previamente una versión 112, y hay más de 20,000 copias de esta versión distribuidas que contienen errores de programa. Para el momento en que lea esto, se esperaba que se distribuyera una versión de mantenimiento.

En todo este libro verá consejos que le recomiendan que se ponga en contacto con el Soporte Técnico de Corel para obtener la última actualización de las aplicaciones de Corel. Si usted ve el cuadro de diálogo Acerca de CorelDRAW (About CorelDRAW) de Ayuda (Help) en CorelDRAW, verá qué versión se encuentra instalada actualmente en su máquina. Corel Corp. no tiene manera de saber qué versión posee usted actualmente, porque no hay número de versión en su tarjeta de registro. Depende de usted que se ponga en contacto con Corel Corporation para obtener una actualización.

La versión inicial de las aplicaciones de Corel contiene errores del programa que se han arreglado o que se arreglarán en futuras actualizaciones. Hemos tomado nota de algunas de las fallas más relevantes y obvias en las aplicaciones en los capítulos, y hacemos recomendaciones para los problemas. Con toda probabilidad, todos y cada uno de los errores mencionados se eliminarán en futuras actualizaciones, pero en lo que se refiere a la versión 118, todos los pasos de este libro pueden desarrollarse sin problemas inesperados. Si usted conoce alguna opción con la que no está de acuerdo, o que tal vez no se desarrolle como se especificó en la documentación de Corel, hágase usted mismo un favor y llame a Soporte a clientes o deje un correo electrónico en CompuServe en la sección de servicio a clientes del foro CorelAPPS.

Para obtener lo mejor de este libro, debe asegurarse de que tiene la actualización más reciente de las aplicaciones de Corel 6.

Otros nombres para las aplicaciones

A menudo utilizamos una descripción breve de los programas y del sistema operativo. Se utiliza Win95 en lugar de Windows 95, y como todas las aplicaciones de CorelDRAW van precedidas por el nombre Corel, con frecuencia a CorelDRAW le llamamos simplemente DRAW. Además, a veces dejamos de escribir el signo de admiración después de los nombres de los productos de CorelDRAW, ¡porque interfiere con la puntuación de las frases!

Por lo tanto, cuando se menciona "MOTION", nos referimos a CorelMOTION 3D!, y las otras aplicaciones se abrevian de manera parecida.

Notas del ratón

Como Windows 95, y por lo tanto CorelDRAW, dan soporte a comandos introducidos con los dos botones del ratón, hacemos una nota especial en los ejemplos de este libro indicando cuándo se utiliza el botón primario del ratón, y cuándo necesita tener acceso a las opciones extendidas haciendo clic en el botón secundario del ratón.

- ✔ El botón principal por lo general es el botón izquierdo del ratón, aunque los diseñadores zurdos (el autor entre ellos) tal vez decidan invertir las funciones de los botones del ratón a partir del Panel de control (Control Panel) de Windows. Para los ejemplos de este libro, hacer clic con el botón izquierdo significa hacer clic con el botón principal, más utilizado del ratón, y hacer clic con el botón derecho del ratón significa hacer clic en el botón secundario del ratón.

- ✔ *Hacer doble clic* significa hacer clic en el botón izquierdo del ratón, dos veces, muy rápidamente. En CorelDRAW usted hace doble clic para seleccionar y abrir un archivo del cuadro de diálogo común, pero no se utiliza muy a menudo el doble clic porque Windows 95 es un ambiente que utiliza con más frecuencia "un solo clic".

- ✔ *Poner encima* describe la acción que usted desarrolla cuando permite que el cursor permanezca quieto sobre una herramienta o un botón. Los indicadores de ayuda de las herramientas de las aplicaciones de Corel se obtienen al colocar encima su cursor, y el menú Inicio (Start) se puede recorrer por encima con el cursor.

- ✔ No debe confundirse *hacer clic dos veces* con hacer doble clic (es una acción reservada para las aplicaciones de CorelDRAW y PHOTO-PAINT). Hacer clic dos veces significa hacer clic una vez con un movimiento definido y luego repetir el movimiento. Con esta acción se selecciona el objeto y luego se le envía a un modo especial. En CorelDRAW, al hacer clic dos veces se coloca un objeto en los modos Girar o Estirar, y observará que los tiradores adquieren un aspecto diferente. En PHOTO-PAINT, al hacer clics sucesivos se selecciona un área, luego se coloca en los modos Girar o Estirar y luego se coloca la selección en el modo Distorsionar. En ambas aplicaciones, al hacer clic otra vez se vuelve la selección o el objeto al modo de selección normal.

- ✔ *Hacer clic y arrastrar* se refiere a hacer clic en un objeto con el botón principal (izquierdo) del ratón y luego mover la selección mientras se mantiene presionado el botón.

- ✔ *Arrastrar y colocar* se refiere a la acción de seleccionar un objeto, moviendo éste mientras se mantiene presionado el botón del ratón, y luego soltarlo. Esta acción se utiliza a menudo cuando usted desea copiar un archivo del escritorio de Windows al espacio de trabajo de una aplicación para abrir el archivo o agregar el contenido del archivo a un documento. Vea el capítulo 10, "Cómo agregar DEPTH y MOTION", para ver un ejemplo de arrastrar y colocar.

- ✔ *Hacer clic y arrastrar, y luego hacer clic con el botón derecho del ratón* es una acción reservada a CorelDRAW, y se trata de un método abreviado para colocar un duplicado de un objeto en cualquier lugar del documento.

- ✔ *Hacer clic con el botón derecho del ratón* es una opción sensible al contexto en las aplicaciones de Corel y Windows 95. Hacer clic con el botón derecho del ratón produce, por lo general, un menú de método abreviado con opciones sensibles al concepto relacionado con la herramienta que está utilizando. Por ejemplo, al hacer clic con el botón derecho del ratón mientras se encuentra seleccionada la Herramienta Forma (Shape tool), sobre un objeto seleccionado en CorelDRAW, produce un menú de método abreviado con opciones para editar propiedades de nodos y de segmentos de trayectoria, mientras que al hacer clic con el botón derecho sobre un objeto mientras se encuentra seleccionada la Herramienta Selección (Pick Tool) produce un menú de método abreviado diferente que contiene opciones de selección.

- ✔ *Ctrl+hacer clic y arrastrar* sirve para copiar archivos del escritorio de Windows. También copia un objeto seleccionado entre ventanas de documentos en CorelDRAW, y Ctrl es la tecla de restricción para crear círculos con la Herramienta Elipse (Ellipse tool) y cuadrados con la Herramienta Rectángulo (Rectangle tool), para crear espaciado de palabras en Texto artístico (Artistic Text) (utilizando la Herramienta Forma [Shape tool]), y para limitar la dirección de otros objetos dibujados y movidos utilizando otras herramientas de CorelDRAW.

- ✔ *Ctrl+Mayús+hacer clic y arrastrar (Ctrl+Shift+hacer clic y arrastrar)* coloca un acceso directo de un archivo en la posición donde usted suelta el botón del ratón. Esta acción no se utiliza en CorelDRAW, sino en las ventanas de las carpetas de Windows y en el escritorio.

New Riders Publishing

El equipo de New Riders Publishing está comprometido en llevarles lo mejor del material de referencia de computación. Cada libro de New Riders es resultado de meses de trabajo por parte de los autores y del equipo que investiga y afina la información contenida dentro de sus libros.

Como parte de este compromiso con usted, lector de New Riders, solicitamos su información. Por favor, háganos saber si disfrutó este libro, si tiene problemas con la información y los ejemplos presentados, o si tiene sugerencias para la próxima edición.

Sin embargo, por favor tenga en cuenta que el equipo de New Riders no puede servir como una fuente técnica para CorelDRAW! o para otras preguntas sobre problemas relacionados con el software (o el hardware). Por favor consulte la documentación que acompaña a CorelDRAW! 6 o a los sistemas de ayuda de las aplicaciones.

Si tiene una pregunta o comentario sobre cualquier libro de New Riders, hay varias maneras de ponerse en contacto con New Riders. Responderemos al mayor número de lectores que podamos. Su nombre, dirección o número telefónico nunca se volverán parte de una lista de envíos por correo ni se utilizará para ningún propósito diferente del de ayudarnos a seguir brindándole los mejores libros posibles. Usted puede escribirnos a la siguiente dirección:

New Riders Publishing
Attn: Publisher
201 W. 103rd Street
Indianapolis, IN 46290

Si lo prefiere, puede enviar un fax a New Riders al (317) 5814670.

También puede enviar correo electrónico a New Riders a la siguiente dirección de Internet:

`ddwyer@newriders.mcp.com`

New Riders es una subsidiaria de MacMillan Computer Publishing. Para obtener un catálogo de información, o para comprar cualquier libro de MacMillan Computer Publishing, llame al (800) 428-5331.

Gracias por seleccionar *CorelDRAW! 6 para expertos.*

Unas últimas palabras

Si recuerda la sensación de la primera vez que manejó el carro de papá, luego compara esa sensación con la primera vez que fue a dar una vuelta con su primer auto, ésa es la diferencia que creará *CorelDRAW! 6 para expertos* en su actitud y su método de trabajo con nuevas herramientas.

La marcha del automóvil se encuentra en la siguiente página.

Parte I

Cómo empezar a trabajar con CorelDRAW!

1

capítulo

Bienvenido a Win95 y a un CorelDRAW! completamente nuevo

Si las aplicaciones de software se ejecutaran por sí solas, no se necesitaría un sistema operativo. Esta situación ficticia resultaría extremadamente difícil para los programadores, porque no tendrían un marco para encuadrar su trabajo. Sin cuadros de diálogo y convenciones comunes, cada programa se vería, se percibiría y se operaría de manera completamente diferente, ¡y se volvería una pesadilla! Por fortuna, ése no es el caso. Windows 95 de Microsoft (Win95), el nuevo sistema operativo para computadoras con microprocesadores Intel, proporciona una base nueva y estimulante para que empresas como Corel Corporation construyan mejores y más completas versiones de software.

El sistema operativo Win95 sujeta las riendas de los programas, los controladores y las utilerías de segundo plano que se cargan al iniciar Win95 (como los administradores de fuentes) para asegurar la resistencia contra las fallas del sistema. Bajo el sistema operativo Win95, CorelDRAW! 6, otras aplicaciones nativas de Win95, e incluso aplicaciones más antiguas, se ejecutan un 40% más rápido. Si un programa se interrumpe abruptamente, es menos probable que interrumpa el sistema operativo u otra aplicación abierta, como sucede en las versiones anteriores de Windows, donde su sistema y otras aplicaciones abiertas por lo general resultan afectados por el acontecimiento. Además, como Win95 es un auténtico sistema operativo de 32 bits, Corel y otras aplicaciones nativas de Win95 pueden hacer cosas que nunca pudieron hacer bajo Windows 3.1x.

Sin embargo, para tener acceso a todas estas funciones, Microsoft hizo una "limpieza total" del familiar sistema operativo Windows (desde la manera en que funciona hasta la manera en que *usted*, el usuario, trabaja *dentro* de él). Este capítulo está diseñado para proporcionarle a usted, como artista que utiliza Corel en su trabajo, la información que necesita para conocer el impacto de Win95 en la forma en que usted maneja archivos, crea un sistema de trabajo eficiente y realiza tareas fuera de CorelDRAW. Win95 puede hacer que la creación de imágenes por computadora resulte una experiencia más agradable y productiva. En este capítulo trabajaremos "de afuera hacia adentro" para tener una mejor aproximación a las maravillosas y novedosas cosas que podrá hacer más tarde con la aplicación central, CorelDRAW.

Antes de que instale algo...

La mayoría de las personas emprende con un poco de temor la instalación de algo tan crítico como un sistema operativo o un paquete grande de software. Si aún no ha instalado Windows 95 o CorelDRAW! 6, este capítulo contiene información valiosa, antes de la instalación, que podría ahorrarle muchos dolores de cabeza más tarde. Si usted *ya ha* instalado Win95 y Corel 6, siga leyendo, porque contiene algunos conceptos y opciones clave que aliviarán parte de la tensión de pasar a un sistema de computación de 32 bits.

Las ventajas de un sistema dual de arranque

Por supuesto que usted puede instalar Win95 y mantener su configuración de Windows 3.1x como un sistema operativo completo, funcional y alterno. ¿Por qué desearía preservar Win3.1 si CorelDRAW! 6 se ejecuta sólo bajo Win95? Aunque Corel 6 no se ejecutará bajo Windows 3.1x, tal vez tenga otras aplicaciones que no funcionarán apropiadamente bajo la versión actual de Win95. Los controladores de escáneres de 16 bits, algunos controladores de impresoras de otros fabricantes de software, los filtros de utilerías de conexión de 16 bits para Adobe y los programas que se comunican directamente con el hardware (algunas imágenes de modelos en 3D y algunas imágenes en 2D) son unos cuantos ejemplos de los programas que no funcionan bien en Win95. Las versiones no se actualizan de la noche a la mañana, y tal vez quiera hacer una migración gradual a un sistema operativo de 32 bits. Luego, cuando haya actualizado todas las piezas de software que utilizaba para que se ejecuten bajo Win95, podrá eliminar Windows 3.1x de su computadora.

Defragmentación y compresión: nuevas reglas

Antes de instalar Windows 95, es recomendable que *defragmente* su disco duro.

Si usted está ejecutando programas de compresión del disco duro "al vuelo" como Stacker de Stac Industry (que se analiza detalladamente en la siguiente sección), debe utilizar la rutina de defragmentación propietaria de Stacker antes de instalar Win95, y no después. Win95 cuenta con un programa de defragmentación, pero hará un galimatías de las unidades de disco comprimidas con Stacker porque la utilería no comprende la estructura del volumen de Stac. Por el contrario, las versiones de Stacker previas a la 4.0 son programas de 16 bits, y una utilería de defragmentación de 16 bits hará una revoltijo con Win95, porque no comprende la nueva tabla vfat (de virtual file allocation; asignación virtual de archivos), que utiliza estructuras de nombre de archivo largos. Sólo si usted utiliza la utilería genuina DriveSpace de Microsoft (de la versión 3.1x o Win95), o un programa de otro constructor específicamente diseñado para Win95, podrá defragmentar de manera segura un disco duro escrito con la estructura de Win95.

Antes de defragmentar su disco duro, elimine la "basura"; los archivos *.BAK y *.TMP con datos de más de un año de antigüedad son los posibles candidatos. También evalúe la necesidad de eliminar programas de shareware no registrados cuya fecha de evaluación haya expirado, y los programas que ya no utiliza desde la secundaria (a menos que vaya en la secundaria). Todos estos elementos se acumulan y mientras más espacio libre tenga antes de la defragmentación, podrá optimizar más sectores de su disco duro (usted puede ganar megabytes de manera significativa). Win95 puede ocupar hasta 60 MB de espacio libre en disco, y Corel tampoco se anda por las ramas. Además de ganar espacio en el disco duro, un programa de defragmentación puede acelerar el acceso al disco, porque la lectura y la escritura se dan más rápido cuando un archivo se encuentra en un solo lugar físico del disco duro. Antes de utilizar el comando DEFRAG, debe ejecutar CHKDSK o ScanDisk de DOS 6.2 en todas las unidades, para asegurarse de que no haya fragmentos perdidos ni archivos truncados en su disco duro. ¡No es buena idea llevar los problemas del sistema operativo anterior al nuevo!

Existen muchas utilerías de compresión de disco para usuarios de Windows, creadas por otros fabricantes de software, además de DriveSpace de Microsoft. Es *probable* (y hay que subrayar esta palabra: "probable") que no se afecte su experiencia con Win95/CorelDRAW! 6 si deja tal cual un disco duro comprimido con un programa de otro constructor.

Antes de instalar Win95, usted debe tomar en serio una de las siguientes estrategias. Por ejemplo, si tiene un disco duro comprimido con Stacker versión 4.0 o posterior (ni siquiera *piense* en hacer la instalación en un disco comprimido con una versión 3 o anterior de Stacker), usted puede seguir una de las siguientes estrategias:

- ✔ Instalar Win95 en un disco comprimido con una utilería de otro fabricante. Asegúrese de verificar con Microsoft *y* el otro fabricante la manera en que interactúan, y cómo puede *mantener* el usuario la unidad (defragmentar y corregir errores) después de la instalación de Win95. Esta estrategia significa que no tiene que respaldar y volver a darle formato a su disco duro actual, sino asegurarse de que no bajará el rendimiento en el acceso al disco. ¿Por qué? Las utilerías de compresión ajenas a Win95 operan en *modo real*, mientras que Win95 opera en *modo mejorado*, y su unidad está estructurada para que Win95 deba leer y escribir en un modo compatible.

- ✔ Actualizar el software de otro constructor por una versión para Win95, si está disponible. En el momento de escribir esto, se encontraban en los canales normales de distribución algunas versiones para Win95 o se habían prometido para el último trimestre de 1995.

- ✔ Respaldar todo (lo que debe hacerse siempre que se instale un nuevo sistema operativo), eliminar el esquema de compresión (se debe consultar el procedimiento con el fabricante) y luego dar formato y volver a hacer la partición del disco duro, si es necesario, para crearle espacio suficiente a Win95. Restaurar después sus archivos utilizando DriveSpace y, por último, instalar Win95. Este proceso consume mucho tiempo y no sólo se recomienda para quienes conocen mejor la técnica, sino que es la mejor ruta, en general, si no funcionó la primera estrategia.

Independientemente de que tenga comprimido un disco o no, estas consideraciones son sólo el principio de la lista de verificación "previas al inicio del vuelo" con Windows 95. Antes de que instale Win95, debe ejecutar un programa antivirus y luego desactivarlo. El BIOS de algunas computadoras, así como algunas tarjetas de red, tienen antivirus internos. Es necesario *desactivar* esta opción antes de instalar Win95. Consulte la documentación del antivirus para aprender a eliminar esta rutina.

También asegúrese de que todo su equipo (unidad de CD-ROM, tableros de digitalización, escáner, tarjetas de sonido, módems externos, impresoras) esté conectado apropiadamente y de que funcione en Windows 3.1 antes de instalar Win95. Consulte con los fabricantes si existen controladores para Win95 y obtenga los controladores disponibles a la hora de instalar Win95.

Win95 es como un nuevo inquilino en el "edificio de departamentos" de su computadora; ¡como dueño, usted recibirá menos quejas si tiene todo en forma antes de que el inquilino se mude!

Consejos para crear un sistema de arranque dual

Cuando se inicia, el programa de instalación de Win95 busca en su máquina versiones anteriores de Windows, y le presenta la opción de *escribir sobre* la versión actual de Windows o de hacer la instalación en un nuevo directorio. Para mantener intacta su configuración de Windows 3.1, debe elegir que se instale Win95 en un nuevo directorio (X:\Win95 es una buena opción), distinto del directorio actual de Windows 3.1 (por lo general C:\WINDOWS).

La instalación en el directorio existente de Windows 3.1x tiene sus pros y sus contras. La desventaja de reemplazar su versión actual con Win95 es que las aplicaciones nativas de 16 bits deben ejecutarse bajo Win95 utilizando un modo de traducción especial (el modo de *máquina virtual* o *VXM: virtual machine mode*), que no es un método muy sólido, cuando se compara con la ejecución de una aplicación bajo el sistema operativo para el que se escribió originalmente. Win95 ejecuta aplicaciones de 16 bits con rapidez y satisface a la mayor parte de los usuarios, pero no siempre carece de problemas.

Las ventajas de hacer la instalación sobre Windows 3.1x son que usted conservará su espacio en el disco duro, y que no tendrá que instalar nuevos grupos de programas en Win95. Si usted instala Win95 en el mismo directorio, puede detectar grupos de programas de Win3.1x.

Si le sobra espacio en el disco duro, tendrá lo mejor de ambos mundos para crear una *máquina de arranque dual*: un sistema que le da la opción de cargar Win95 o Windows 3.1x a través de una versión anterior de DOS.

No es una gran idea, pero tampoco resulta fatal, instalar Win95 en la misma unidad de disco donde reside Windows 3.1. Como Win95 tiene una manera muy diferente de presentar las estructuras de directorios en su disco duro (lo que se tratará más adelante, en este mismo capítulo), usted puede especificar fácilmente una trayectoria equivocada a un programa, o copiar un archivo al lugar incorrecto si los nombres (y subdirectorios) del sistema operativo están localizados en la misma partición del disco duro.

Usted necesita elegir una unidad de disco para Win95 que cuente por lo menos con 100 Mb de espacio libre. Win95 ocupa por sí solo 60 Mb, si usted instala todos sus elementos, y el espacio adicional es necesario para el archivo de intercambio y el espacio temporal para la propia instalación. Win95 puede instalarse en una partición de disco comprimida, pero probablemente usted necesitará elegir un programa de compresión de 32 bits. Win95 utiliza el modo Mejorado (Enhanced), mientras que una utilería de compresión de disco de 16 bits que lee y escribe en DOS está confinada al modo Real. Y Win95 se toma su tiempo para interpretar comandos de modo Real.

Advertencias sobre virus y discos duros EIDE

Tal vez descubra que necesita comprar un nuevo disco duro para acomodar Win95 (100 Mb mínimos), CorelDRAW! 6 (más de 75 Mb, si instala todo), ¡y todo el trabajo artístico que creará! Si está considerando comprar uno de los nuevos discos *enhanced IDE* (EIDE) que tienen más de 540 Mb de capacidad y su computadora fue fabricada antes de 1995, por favor siga leyendo. Y si su máquina *actual* utiliza un programa "sobrepuesto" precargado para tener acceso a una unidad EIDE de más de 540 Mb, también siga leyendo...

Los microcircuitos BIOS de la mayor parte de las computadoras IBM fabricadas antes de 1995 y que se utilizaban con DOS 6.2 y anteriores, *no pueden direccionar* un disco duro de más de 540 Mb. Los discos duros SCSI no tienen esta limitación porque sus controladores de autoarranque tienen su propio BIOS, y este BIOS "le miente" a DOS sobre el tamaño del disco duro. Ahora que se dispone ampliamente de discos EIDE, debe emplearse una estrategia parecida. Una manera de engañar a DOS sobre el tamaño del disco duro es a través de un programa "sobrepuesto" que proporcionan los fabricantes de discos duros, como On Track Computer System's Disk Manager. El programa sobrepuesto se carga antes que el DOS y le indica a éste que el disco es más pequeño de lo que en realidad es. El programa sobrepuesto es el responsable de aplicar este hábil trabajo de trucaje.

Aunque Win95 ofrece soporte a los discos EIDE, los microcircuitos BIOS de las computadoras antiguas no lo hacen, y entonces necesitará los servicios del programa sobrepuesto que tal vez esté utilizando con Win3.1x. Por desgracia, Win95 a menudo interpreta la acción del programa sobrepuesto como un indicativo de que su computadora ha sido infectada por un virus. Esto ocurre porque la sobreposición debe modificar el Master Boot Record (Registro principal de arranque) en el disco duro, para que funcione su unidad de disco. Muchos virus provocan el daño al hacer cambios destructivos en el Master Boot Record.

Si Win95 muestra un mensaje de advertencia indicando que tal vez su computadora tenga virus, puede ignorar con toda seguridad el aviso, si se cumplen estas *dos* condiciones:

1. Usted está utilizando un programa sobrepuesto para que funcione un disco duro más grande, y...

2. Usted practica el "disco seguro" e inspecciona los disquetes que intercambia (o compra) con un programa de detección de virus y de limpieza como VIRUSCAN de MacAffee.

Debe buscar un detector de virus de 32 bits (MacAffe es actualmente de 16 bits y debe ejecutarse bajo DOS 6.x), o ejecutar un rastreador de virus desde su versión anterior de DOS para asegurarse de que su sistema no contiene virus.

Sus otras opciones para utilizar un disco duro EIDE más grande sin hacer caso de los mensajes de virus de Win95 son:

- ✔ Comprar una actualización de BIOS para su tarjeta madre o...
- ✔ Comprar una nueva tarjeta controladora EIDE que dé apoyó directamente a los discos duros EIDE.

Limpie el camino para INSTALAR.EXE (SETUP.EXE) de Win95

Antes de instalar Win95, asegúrese de que su sesión actual de Windows está configurada a lo mínimo y que no se encuentran en ejecución otros programas o utilerías. Además, desactive cualquier protector de pantalla; tal vez está tan acostumbrado, digamos, a que *After Dark* se cargue antes del Administrador de programas (Program Manager) cuando usted inicia Windows, que tiende a ignorar su existencia. Si usted utiliza Adobe Type Manager, desinstálelo también antes de seguir adelante.

Si usted utiliza un administrador de escritorio de otro fabricante, como Norton Desktop o Dashboard, vuelva al Administrador de programas (Program Manager) antes de instalar Win95 asegurándose de que la siguiente línea se encuentra en SYSTEM.INI:

```
SHELL=PROGMAN.EXE
```

De lo contrario, utilice el editor de texto para editar la línea SHELL=. Guarde el archivo y, mientras tiene un editor de textos abierto, revise WIN.INI. En su archivo WIN.INI, coloque un punto y coma (;) al principio de todas las líneas que empiecen con RUN= y LOAD= (para convertirlos en comentarios) y después guarde el archivo. Necesita reiniciar Windows para aplicar los cambios que hizo a SYSTEM.INI y WIN.INI.

Antes de reiniciar, debe considerar el cambio del controlador de video que utiliza actualmente. Para hacerlo de manera segura, también debe ir al sistema de instalación de Windows 3.1x (Archivo (File), Ejecutar (Run) e INSTALAR.EXE (SETUP.EXE) en el Administrador de programas (Program Manager)) y cambiar su tipo de monitor por VGA. Al hacer el cambio por un controlador de video menos demandante se reducen las posibilidades de experimentar problemas de instalación.

Cuando usted reinicia Windows, después de hacer los cambios a su configuración, y tiene la confianza de que todo está en orden, ya *casi* se encuentra listo para instalar Win95. Es *muy* importante que *lea* el archivo LEAME.TXT (READ.ME) de los discos (o el CD) de instalación de Win95, además de cualquier archivo al vuelo que Microsoft haya incluido en la caja.

Tip Hay un cambio que tal vez quiera utilizar para asegurarse de que INSTALAR.EXE (SETUP.EXE) se ejecutará sin "tropiezos" sobre cualquier programa de compresión de disco de otro fabricante y previo a Win95. En **A**rchivo (**F**ile) y **E**jecutar (**R**un),... del Administrador de programas (Program Manager) escriba:

```
X:\Instalar /is (X:\Setup.exe /is)
```

Al agregar el interruptor /is se le indica al programa de instalación de Win95 que no ejecute ScanDisk antes de instalar. ScanDisk es una utilería nueva que usted puede ejecutar dentro de Win95 para verificar errores lógicos y físicos en el disco duro, y podría reportar que un disco duro comprimido es un "problema".

Microsoft no informa oficialmente sobre el interruptor **/is**, porque podría crear *otros* problemas de instalación, pero si usted no puede instalar Win95, vale la pena que pruebe este interruptor.

Cómo modificar el archivo MSDOS.SYS para aceptar un arranque dual

En realidad la instalación de Win95 no representa ningún reto intelectual. Antes de la instalación, usted debe reunir toda la información posible sobre sus periféricos, porque muchas marcas de dispositivos ya aparecen en las listas del programa de instalación de Win95. Cuando se le pregunte, marque la opción Backup en Accesorios (Accesories) y Herramientas del sistema (System Tools) (hasta que no haya programas de respaldo específicos para Win95 de otros fabricantes, Backup de Win95 es el único programa que puede almacenar archivos de Win95).

Alto *No* utilice un programa de respaldo anterior a Win95 para respaldar sus archivos de usuario con nombres largos de archivo, ni las carpetas o archivos que Win95 (o cualquier otra aplicación nativa de Win95 como CorelDRAW) instale o cree. Al hacerlo, puede destruir o dañar los datos, y al final de cuentas inutilizará sus respaldos.

Una vez que se haya recuperado del océano de nuevas utilerías que ofrece el programa de instalación de Win95, lo más asombroso de Win95 es que configurará la mayor parte de los dispositivos periféricos, como las tarjetas SCSI y los fax/módems previos a los estándares "Plug and Play" de Microsoft. Usted ya no necesitará recordar configuraciones de interruptores o direcciones IRQ. Sin embargo, ¡una vez que haya instalado Win95, no podrá iniciar Windows 3.1!

Como opción predeterminada, Win95 empezará a cargarse en cuanto encienda su computadora. Si *no* quiere lanzar Win95 (y desea contar con la opción de arrancar en DOS 6 y Win 3.1) necesitará hacer un pequeño cambio al archivo MSDOS.SYS de Win95. Desde Windows 95, utilice un editor de texto como Notepad (*no* un procesador de palabras) para abrir MSDOS.SYS (en el directorio raíz de su unidad de arranque). Si no hay una sección Options en el archivo MSDOS.SYS, créela escribiendo **[Options]** en una nueva línea. Luego escriba los siguientes cambios en la sección [Options], cada adición debe ir en su propia línea, exactamente como aparece aquí:

```
[Options]
BootMulti=1
BootMenu=1
BootMenuDefault=1
```

La primera línea le indica al sistema que debe hacer una pausa antes de cargar el sistema operativo para que le permita elegir la configuración de la máquina. La segunda línea proporciona un menú en pantalla con opciones de arranque, a la que puede tener acceso si presiona F8 en cuanto aparezca el mensaje Iniciando Windows (Starting Windows) durante el inicio del sistema. La tercera línea significa que su computadora tomará Win95 como sistema operativo predeterminado, si no toca su teclado antes de 30 segundos. El valor que va después de `BootMenuDefault=` puede cambiarse por cualquiera de las siguientes configuraciones:

Normal (Win95)

Sesión iniciada (Logged) (\BOOTLOG.TXT)

Modo A prueba de fallos (Safe Mode) (Carga Win95 con un conjunto mínimo de controladores; bueno para detección y solución de problemas)

Modo A prueba de fallos con soporte de red (Safe Mode with Network Support) (Si el CD que usted utiliza para instalar Win95 es de red, tal vez necesite esta configuración si desea reinstalar o actualizar Win95.)

Confirmación paso a paso (Step-by-step configuration) (Le permite verificar cada línea conforme se carga Win95. También es buena para detección y solución de problemas.)

Sólo símbolo de sistema (Command Prompt Only) (Se trata de Win95 sin la interfaz gráfica. Podría parecerse a DOS 6, pero en realidad es DOS 7. No espere que funcionen utilerías familiares de DOS como EDIT.COM.)

Modo A prueba de fallos con símbolo de sistema (Safe Mode Command Prompt Only)

Versión anterior de DOS (Previous Version of DOS) (Ésta es la única configuración que le permitirá arrancar en Windows 3.1x.)

Consulte Microsoft Resource Kit, localizado en el CD de Win95, para conocer el conjunto completo de interruptores para la sección Options de MSDOS.SYS.

Después de que haya arrancado...

No importa si desea conservar su versión anterior de Windows de 16 bits o no, tal vez quiera ver partes familiares de su escritorio anterior para trabajar. Si usted instaló sobre Win 3.1, es probable que sus grupos e iconos de programas hagan la transición de manera automática. Puede encontrarlos bajo el menú Inicio (Start) en Win95 (que se analiza más adelante, en este mismo capítulo). Lo único que frustraría la restauración de sus grupos de programas es que hubiera utilizado un escritorio para Windows de otro fabricante (por ejemplo, New Wave o Norton Desktop). De ser así, hay dos métodos para corregirlo; uno de ellos exige que usted aún tenga instalada una versión anterior de Win3.1. Estos dos métodos se analizan en las siguientes secciones.

Cómo transferir sus grupos de Win 3.1

Si usted conserva Windows 3.1 en su sistema como sistema operativo alterno, pero ha adoptado un reemplazo del Administrador de programas (Program Manager) de otro fabricante, no hay manera de convertir los grupos de programas a grupos del Administrador de programas (Program Manager) de MS. En los siguientes pasos se describe la manera más fácil de tomar todos sus programas ejecutables de su disco duro y hacer un improvisado escritorio de Administrador de programas (Program Manager) para utilizarlo en Win95.

Cómo restaurar grupos de programas de Win 3.1

1. En Windows 3.1, en el shell del escritorio de otro fabricante, abra NOTEPAD.EXE o SYSEDIT.EXE.

   Son editores de texto que le permiten cambiar sistemas de archivos sin introducir inadvertidamente atributos de texto como formato y caracteres externos.

2. Abra SYSTEM.INI (localizado en el subdirectorio WINDOWS).

   Éste es el archivo que contiene la información sobre el escritorio de Windows.

3. Localice la línea SHELL=.

   Es el atributo de SYSTEM.INI para la interfaz gráfica que aparece cuando se carga Windows 3.1.

4. Escriba un **;** (punto y coma) al principio de la línea, luego coloque su cursor al final de la línea y presione Enter.

   El carácter ; (punto y coma) marca la línea para que Windows la ignore al iniciarse; usted ha creado una línea nueva, en blanco, al presionar Enter.

5. Escriba **SHELL=PROGMAN.EXE** en la línea en blanco.

   Se especifica que Windows debe cargar el Administrador de programas (Program Manager) en lugar del shell de otro fabricante.

6. Elija Archivo (File) y Guardar (Save), luego salga del editor de texto y de Windows.

   Usted le ha dado instrucciones a Windows para que cargue el Administrador de programas (Program Manager) la próxima vez que inicie Windows.

Cuando desee restaurar su shell de otro fabricante, simplemente elimine la línea SHELL=PROGMAN.EXE en SYSTEM.INI, y elimine el ; (punto y coma) al principio de la línea SHELL= Cualquier shell de otro fabricante, luego reinicie Windows.

7. Lance Windows y después el Administrador de archivos (File Manager).

El Administrador de archivos (File Manager) muestra el árbol de directorios de cualquier unidad o partición localizada en su sistema o red.

8. Elija, de la lista desplegable del Administrador de archivos (File Manager), la unidad que contenga el grupo de programas ejecutables que usted quiera tener en un grupo de Win95.

   En el panel izquierdo de la ventana del Administrador de archivos (File Manager) aparece el árbol de directorios y, en el panel derecho, la lista de subdirectorios.

9. Dentro del subdirectorio, localice el archivo *.EXE que corresponda al programa que quiera mover al menú Inicio (Start) de Win95.

   En este ejemplo se utiliza la versión 5.F2 de CorelDRAW. Utilice el programa ejecutable que desee.

10. Abra y cambie el tamaño de una ventana de grupo para que pueda verla en el escritorio, junto con el Administrador de archivos (File Manager).

    Se colocan ambas ventanas para que pueda arrastrar y colocar entre ambas.

11. Haga clic y arrastre el nombre del archivo ejecutable en la ventana del grupo abierto.

    Se crea un icono en el grupo. Vea la figura 1.1.

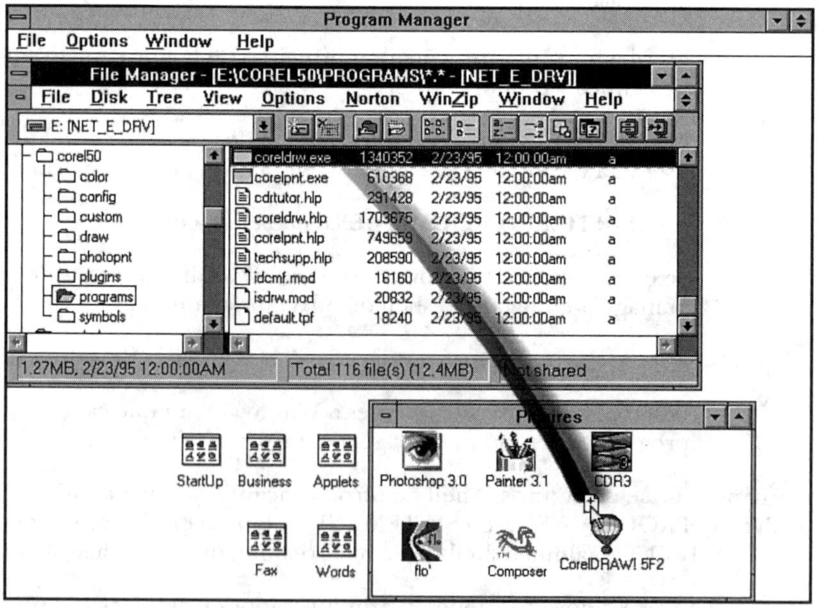

Figura 1.1
Usted puede copiar rápidamente programas ejecutables a grupos del Administrador de programas (Program Manager) arrastrando y colocando en el Administrador de archivos (File Manager).

12. Repita los pasos anteriores con otros programas que desee representar en grupos en Win95.

    Se copian el nombre y el icono predeterminados en el grupo que se especifica.

Cuando haya terminado, cambie la **línea shell=** del SYSTEM.INI (si está ejecutando un shell de otro fabricante en lugar del Administrador de programas (Program Manager)), para que Windows 3.1x se vea y funcione exactamente como antes de que leyera este capítulo, y luego salga de Windows. Usted puede arrastrar los programas que quiera volver a colocar en otros grupos a diferentes ventanas del Administrador de programas (Program Manager), y puede eliminar posibles duplicados haciendo clic en un icono y presionando Supr (Delete).

Alto Al eliminar un icono en Windows 3.1 simplemente se elimina un botón gráfico que inicia un programa, y no tiene impacto en el programa ejecutable al que el icono hace referencia. *No* haga este mismo tipo de movimiento en un icono de Win95. Windows 95 es un ambiente completamente *orientado a objetos,* en que a veces un icono es una representación gráfica de un archivo de programa o usuario real.

Lea el resto de este capítulo si no sabe a ciencia cierta si un icono de Win95 es un *acceso directo* (una trayectoria a un programa) o si el icono *es* el programa.

Si ya instaló Win95, en los siguientes pasos se detalla la manera de convertir grupos de programas de Win 3.1x en grupos de Win95, y si aún no se ha sumergido en esta tarea, ¡coloque un marcador entre estas páginas para regresar a ellas como una referencia inmediata!

Cómo habitar su espacio de Win95

En el ejercicio anterior usted vio cómo mover la versión 5.F2 de CorelDRAW a una carpeta (grupo) Pictures, que contiene algunos de los programas favoritos del autor. No es una mala idea mantener la versión anterior de Corel en su máquina, si tiene espacio suficiente en su disco duro, porque la versión 5 "se comunica" un poco más fácilmente que CorelDRAW! 6 con otros programas que tal vez aún conserve y que correspondan a versiones de 16 bits. Por ejemplo, PageMaker 5 tiene un poco de problemas para descifrar una copia del Portapapeles (Clipboard) de una imagen de la versión 6 de CorelDRAW; por otra parte, una imagen gráfica de CorelDRAW! 5 cae en una página de PageMaker o WinWord sin quejas por parte de la aplicación anfitrión. "Migración" es la clave para pasar a un programa totalmente nuevo, CorelDRAW! 6, y a un sistema operativo completamente rediseñado.

A continuación se presenta una versión abreviada del Recorrido rápido para Win95 (un compendio de consejos diseñados para el artista gráfico que está haciendo frente a una versión nueva de Windows y a un CorelDRAW ampliado). En primer lugar, he aquí cómo lograr que los grupos de programas que usted ha organizado en el Administrador de programas (Program Manager) de Win 3.1 aparezcan de la misma manera en el menú Inicio (Start) de Win95.

Cómo configurar el menú de inicio

1. En Windows 95, haga clic en el botón Inicio (Start), mueva su cursor (no haga clic) sobre **B**uscar (**F**ind), luego haga clic en Archivos o carpetas (**F**iles or Folders).

   Windows 95 despliega Buscar (Find), una máquina de búsqueda global. Los menús de Win95 no requieren que haga clic para exponer los submenús.

2. Escriba ***.grp** en el campo Nombre (**N**amed) de la pestaña Nombre y ubicación (Name & Location), luego haga clic en el menú descendente Buscar en: (**L**ook in:) y elija la unidad donde se encuentra localizado Windows 95.

   Se selecciona la unidad donde Windows almacena la información de grupos del Administrador de programas (Program Manager); da instrucciones a Buscar (Find) para que busque esta extensión de archivo del sistema.

3. Haga clic en **B**uscar ahora (Find Now).

   Se empieza la búsqueda; los nombres de archivo empiezan a aparecer en una ventana descendente.

4. Cuando termine Buscar (Find), haga doble clic en un archivo con la extensión GRP de la ventana desplegable.

   Se lanza la característica de conversión y el cuadro de diálogo Accesos directos del menú Inicio (Start Menu Shortcuts) muestra el estado de la conversión. Los programas de DOS podrían salir a la superficie mientras busca programas y grupos de programas; pero si usted tiene un programa de DOS que necesita usar bajo Win95, el método más seguro para agregarlo al menú Inicio (Start) es hacerlo manualmente. Ciertos programas de DOS utilizan la extensión .COM en lugar de .EXE, y usted podría terminar con una carpeta vacía y etiquetada en su menú Inicio (Start) para tales programas.

5. Repita el procedimiento con cada grupo que aparezca en la lista de Buscar (Find) que quiera que aparezca en el menú Inicio (Start) de Win95.

Ahora cada programa que quiera organizar en grupos específicos para su uso en Win95 estará localizado en el menú **P**rogramas (**P**rograms), al que tiene acceso haciendo clic en el botón Inicio (Start) de la barra de tareas.

Un proceso alternativo, que requiere más trabajo, puede aplicarse dentro de Win95. En la próxima sección (donde exploraremos el Explorador (Explorer) y aplicaremos una tarea con la barra de tareas) verá cómo trabajar con funciones avanzadas y cómo hacer que su escritorio sea altamente personal y productivo.

Una orientación sobre objetos

No importa si lo llama *modelo, representación* o *icono,* el mundo de la computación con Windows siempre se ha basado en la aceptación del usuario de que hacer clic y arrastrar algo a un lugar en la pantalla es un *evento*. La naturaleza gráfica de Windows aísla al usuario de los cálculos mentales almacenados en la memoria y el disco duro. Pero Win 3.1x contiene muchos elementos gráficos que no están "vivos"; la representación de un programa como icono, por ejemplo, es una simple *referencia de trayectoria* al archivo ejecutable del programa. En otras palabras, el icono no es en realidad el código del programa, y si usted elimina el icono, sólo ha eliminado una referencia al programa.

Tenga mucho cuidado al eliminar elementos en Win95. Los objetos en realidad son un montón de código de programa, y el icono de un programa o un archivo *es* la representación gráfica del programa o el propio archivo. Elimine este tipo de icono y habrá eliminado el archivo, no sólo una imagen de mapa de bits que representa un archivo que aún se encuentra en su sistema.

Usted crea un evento cuando aplica un cambio a un objeto de Win95.

En Win95 los iconos de referencia a trayectorias (*accesos directos*) tienen un aspecto diferente (pequeñas flechas en la esquina) de los iconos de programa, y es mucho mejor crear y trabajar con accesos directos que con los iconos del programa o el archivo original. Un poco más adelante, en este mismo capítulo, usted aprenderá los métodos para crear accesos directos que "vivan" en los datos de su disco duro. En la figura 1.2 se muestra la diferencia visual entre un icono de programa y un icono de acceso directo.

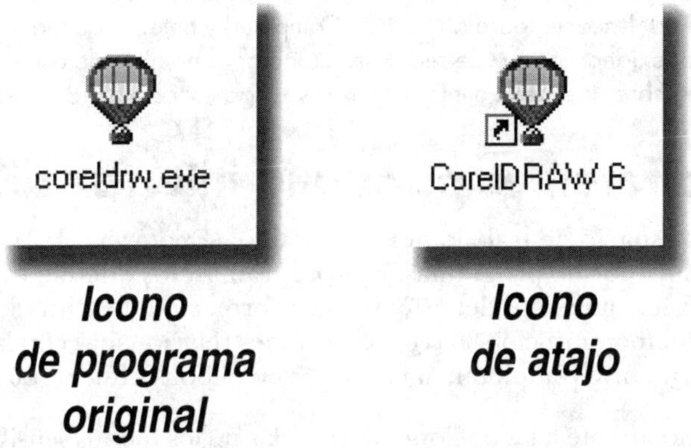

Figura 1.2
La flecha de la esquina inferior izquierda de un icono indica que se trata de un acceso directo, no de la aplicación ni del archivo original.

Contenido, carpetas y el Explorador (Explorer)

Win95 va a cambiar la terminología con que se ha familiarizado la mayor parte de usuarios de las versiones anteriores de Windows. Ya no existen los directorios ni los subdirectorios. En su lugar, encontrará *carpetas*. Las carpetas son, para todos los casos y propósitos, lo mismo que los directorios y los subdirectorios, excepto que ahora también pueden contener objetos *diferentes* de los archivos. Una carpeta de Win95 podría contener iconos de acceso directo a archivos que se encuentran dispersos en diferentes unidades e incluso unidades de red. Las carpetas también pueden contener iconos que representan elementos como impresoras y módems que usted puede conectar y utilizar.

Como las metáforas gráficas que Win95 utiliza para el contenido del disco duro son *objetos* y *lugares*, a veces se vuelven confusas cuando se trata de localizar un archivo específico. En estos casos es cuando resulta útil el Explorador (Explorer) de Win95.

El Explorador (Explorer) es, al mismo tiempo, el nombre del shell gráfico de Win95 y un programa localizado en el menú Inicio (Start). Explorador (Explorer), el menú del programa, es básicamente una ventana de directorios con unas cuantas herramientas adicionales que usted utiliza para obtener más información sobre su disco duro y sus conexiones de red. Usted puede ver la misma información sobre su disco duro si hace doble clic en el icono Mi PC (My Computer) del escritorio, pero Microsoft quería asegurarse de que (de una manera u otra) los usuarios pudieran descubrir una estructura de archivos en Win95.

El Escritorio (Desktop) de Win95 es un lugar físico en su disco duro. Cuando usted copia o mueve un objeto al escritorio haciendo clic y arrastrando, en realidad mueve ese objeto, físicamente, a la carpeta X:\Windows\Escritorio (X:\Windows\Desktop), donde *X* es la letra del disco duro que contiene Win95.

La excepción a esta "regla" es que muchos iconos que Win95 coloca en el escritorio durante la instalación no se encuentran exactamente en el escritorio. Mi PC (My Computer), Entorno de red (Neigborhood Network) y la Papelera de reciclaje (Recycle Bin) son conexiones relacionadas con otras vistas y funciones de Win95. Usted *no* debe tratar de eliminar estos iconos como lo haría con los iconos que ha copiado en el escritorio.

Tip Sin embargo, usted puede, y *debe*, encontrar nuevos nombres, que no parezcan obra de la inspiración de un adolescente, para Mi PC (My Computer) y Entorno de red (Neighborhood Network) que representan sus conexiones local y de red. Para cambiar el nombre de estos objetos "inamovibles", haga clic en el nombre, inserte el cursor de texto y luego escriba el nombre que prefiera.

Procedimientos diferentes para una interfaz diferente

Lo primero que notará en el espacio de trabajo del Explorador (Explorer) de Win95 es que el escritorio no contiene sus grupos de programas. Los programas, los documentos que ha modificado recientemente, las herramientas del sistema y la información de ayuda se encuentran *anidados* dentro del menú Inicio (Start). Las acciones relacionadas con la ejecución de programas y el acceso a los archivos empiezan al hacer clic en el botón Inicio (Start).

Usted puede tener acceso rápidamente a las opciones abreviadas de los menús sensibles al contexto de Win95 si hace clic con el botón derecho del ratón sobre cualquier objeto del escritorio. Por ejemplo, si hace clic con el botón derecho del ratón sobre Mi PC (My Computer) en el escritorio, verá las opciones relacionadas con este icono, como se muestra en la figura 1.3.

Mi PC (My Computer) contiene una lista de conexiones de red y locales, el Panel de control (Control Panel) y las conexiones de impresoras. Por lo tanto, el menú Opciones (Options) ofrece la posibilidad de mapear la red, opciones para abrir el "lugar" llamado Mi PC (My Computer) y propiedades. Habrá de observar también que, donde sea apropiado, estarán disponibles los comandos Cortar (Cut), Copiar (Copy) y Pegar (Paste) en algunos menús abreviados de iconos; usted puede copiar un archivo de una vista del disco duro utilizando el menú del botón derecho del ratón con la misma facilidad con que se copia un objeto seleccionado dentro de CorelDRAW; todo es un objeto para el ambiente de Win95. *Propiedades* es una nueva característica que ofrece soporte a los programas diseñados para

Win95 y, como aplicación nativa para Win95, CorelDRAW! 6 ofrece soporte a esta opción dentro del programa. Si usted necesita descubrir rápidamente lo que es o hace algo, o quiere cambiar la configuración de un objeto, vaya a su hoja de propiedades eligiendo Propiedades (Properties) entre las opciones del menú de método abreviado.

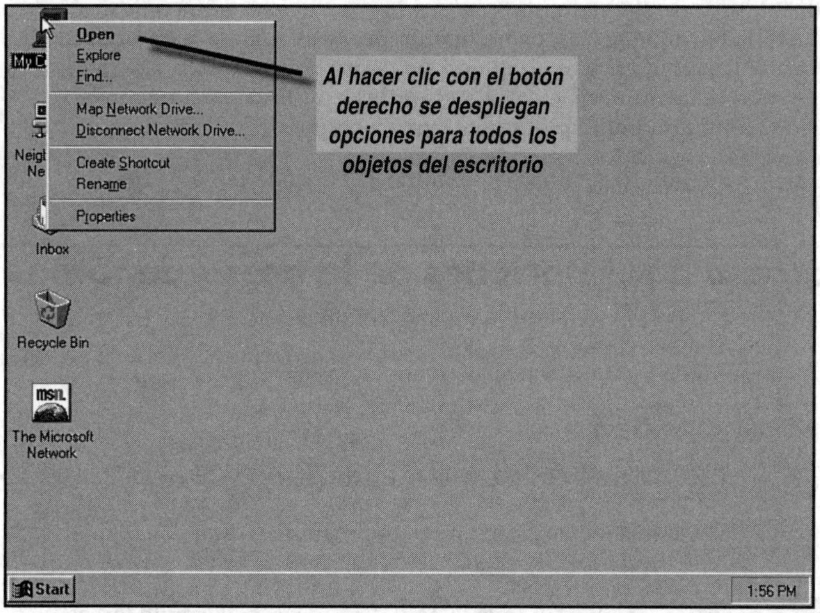

Figura 1.3
Haga clic con el botón derecho del ratón en cualquier objeto del escritorio para desplegar el menú de método abreviado de opciones.

También observará que el menú del botón derecho del ratón contiene los comandos Abrir (Open) y Explorador (Explorer). En un momento hablaremos de lo que significa *exploración*, pero abrir un objeto puede hacerse en Win95 de la misma manera en que lo haría en Windows 3.1x (usted hace doble clic en el icono).

Cómo personalizar el Explorador (Explorer) de Win95

Explorador (Explorer) es el nombre de Microsoft para el shell gráfico de Win95. Aunque los usuarios que están completamente confundidos e insatisfechos con la nueva interfaz del Explorador (Explorer) pueden desplegar el familiar Administrador de programas (Program Manager) de Windows 3.1x cambiando una línea en el archivo SYSTEM.INI de Win95 (substituyendo SHELL=EXPLORER.EXE con SHELL=PROGMAN.EXE) no se recomienda ese cambio. Y no se recomienda porque las aplicaciones nativas de Win95 "buscarán" el Explorador (Explorer) desde la propia instalación.

Aún así, puede hacerle muchas cosas a la interfaz Explorador (Explorer) para organizarla de una manera que le haga sentir cómodo y que le permita aprovechar las posibilidades de la administración de archivos de modo que su trabajo se convierta en una tarea inspirada.

Cómo afinar la barra de tareas

La barra de tareas de Win95 es una especie de Lista de tareas (Task List) de "estado permanente"; en Windows 3.1x, la Lista de tareas (Task List) era el menú de las aplicaciones activas en la sesión de Windows. Usted aún puede recorrer las aplicaciones activas presionando Alt+Tab (un proceso llamado *intercambio frío*) para llamar a una aplicación principal diferente, pero la barra de tareas, como opción predeterminada, siempre estará presente dentro de una aplicación, así que no querrá recurrir al intercambio frío. Sin embargo, la barra de tareas ocupa un espacio que tal vez desee utilizar para algo más, y aunque usted no puede eliminarla del Explorador (Explorer), puede hacerla menos visible.

Con el siguiente ejercicio se le muestra cómo personalizar la barra de tareas.

Cómo tener acceso a las opciones de la barra de tareas

1. Haga clic con el botón derecho del ratón en la barra de tareas.

   Se despliega un menú de método abreviado de opciones.

2. Haga clic en Propiedades (Properties).

   Se despliega la ventana de la ficha Opciones de Barra de tareas (Taskbar Options).

3. Elimine la marca de la casilla de verificación Siempre visible (Always on Top) (vea la figura 1.4).

   Permite que un programa se abra en toda la pantalla, sin ver la barra de tareas.

4. Haga clic en Aceptar (OK).

   Se cierra el menú Propiedades de Barra de tareas (Taskbar Properties) y se regresa al shell del Explorador (Explorer).

Observe que la otra ficha del menú Propiedades (Properties) es Programas del menú Inicio (Start Menu Programs). Aquí es donde usted puede ajustar el menú Inicio (Start) de Win95, una opción que se trata a continuación.

Nota Si usted coloca el cursor sobre el reloj de la barra de tareas, se desplegará la fecha en un cuadro de aparición súbita.

Tip Usted puede mover la barra de tareas a cualquier lugar del escritorio con sólo hacer clic en ella y arrastrarla. Los iconos del escritorio se apartan automáticamente del camino de la posición de la barra de tareas.

Hemos tratado ya la migración de grupos de programas de Win 3.1 a Win95, pero es seguro que después de la actualización agregará *más* programas y grupos. En la siguiente sección se muestran los pros y los contras de crear accesos directos, elaborar nuevos grupos y mover otros como Corel 6 al lugar que decida en el menú Inicio (Start).

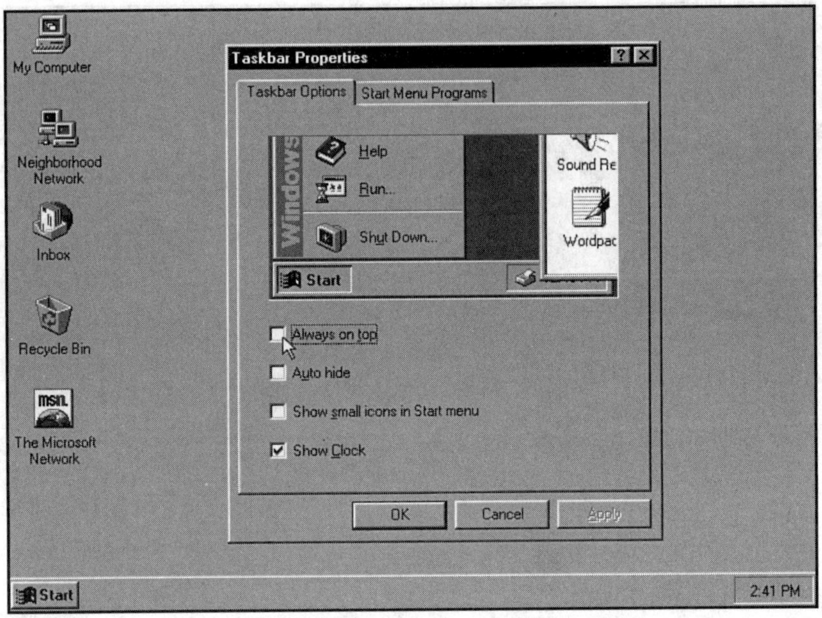

Figura 1.4
Elimine la marca de la casilla de verificación Siempre visible (Always on top) para que la barra de tareas no estorbe a las aplicaciones abiertas.

Cómo personalizar el menú Inicio (Start) de Win95

Como Win95 por lo general refuerza la rutina de instalación de programas a través de la opción Agregar o quitar programas (Add/Remove Programs) del Panel de control (Control Panel), usted tiene muy poco qué decir sobre el grupo o grupo anidado en que está ubicado un programa. Aunque los programas de instalación a veces están *escritos* para preguntarle el grupo de programas de su elección, los usuarios experimentados saben que esto casi nunca pasa.

En la figura 1.5, puede ver cómo la instalación de varias aplicaciones nuevas ha creado un revoltijo visual en el menú Inicio (Start). Esta disposición al azar del programa se debe a la realidad de que Win95 presenta una lista de grupos y subgrupos en orden alfabético, y los iconos de 16×16 pixeles del menú Inicio (Start) *no son* un indicador claro de un programa o grupo.

De manera rutinaria Win95 "amontona" todas las carpetas y subcarpetas de programas en la carpeta Programas (Programs) del menú Inicio (Start). Sin embargo, usted puede cambiar esto si crea una carpeta de inicio por su cuenta. En el siguiente ejercicio se muestra cómo crear un espacio único y privado en el menú Inicio (Start) (un espacio que usted pueda crear, que sea fácil de ramificar y que le permita lanzar las aplicaciones que utiliza más a menudo).

En el siguiente ejercicio se muestra cómo agregar una estructura de carpetas personalizadas al menú Inicio (Start).

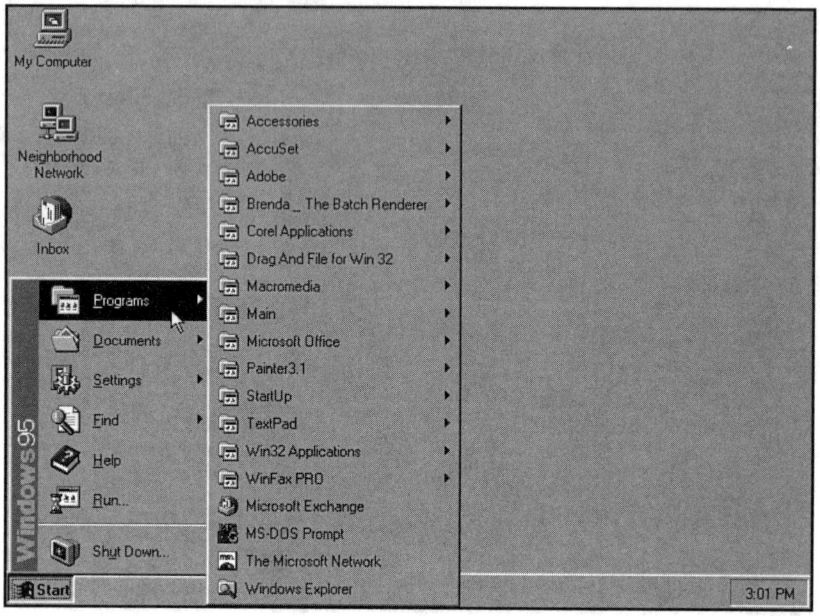

Figura 1.5
Hay muy poca o nula participación del usuario en el orden en que Win95 muestra los grupos de programas en el menú Inicio (Start).

Cómo agregar un submenú Artista

1. Haga clic con el botón derecho del ratón en la barra de tareas.

   Se despliega un menú de método abreviado relacionado con la barra de tareas.

2. Elija Propiedades (Properties), haga clic en la ficha Programas del menú Inicio (Start Menu Programs), luego haga clic en Opciones avanzadas (Advanced).

   Se abre el menú Inicio (Start) para su exploración (edición).

3. Haga clic con el botón derecho del ratón en el panel derecho de la ventana, debajo de Programas (Programs).

   Se despliega un menú sensible al contexto para el espacio en blanco en el panel de la ventana.

Como cada centímetro cuadrado de Win95 está "vivo" (es un objeto) el menú abreviado sensible al contexto le ofrece opciones para lo que le gustaría hacer con esta área vacía que se encuentra debajo de la carpeta Programas (Programs) (el submenú del menú Inicio (Start)). Pista: ¡usted va a llenar por su cuenta este espacio en blanco con una carpeta de programas!

4. Mueva su cursor (no haga clic) a **Nuevo** (Ne**w**), luego haga clic en **Carpeta** (**Folder**) (vea la figura 1.6).

   Se crea un nuevo icono, titulado Nueva carpeta (New Folder), dentro del panel, que representa el contenido del menú Inicio (Start).

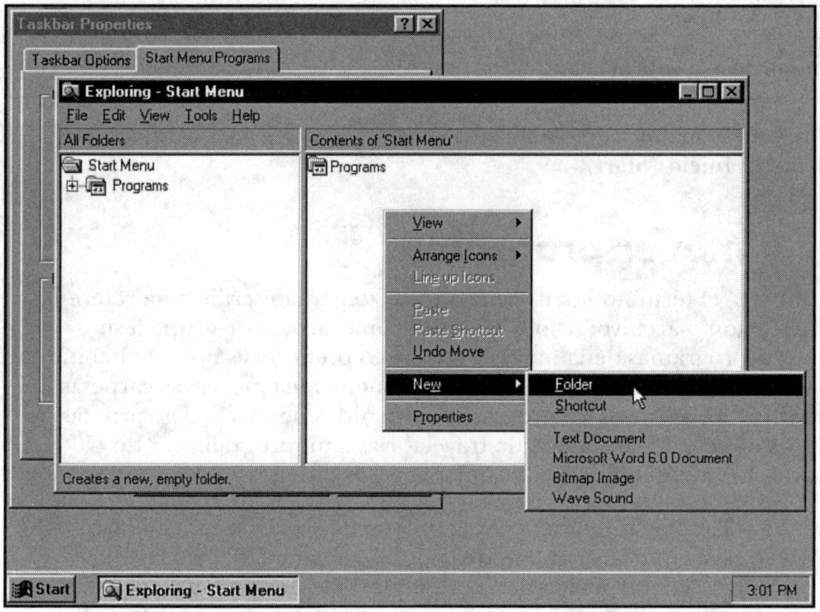

Figura 1.6
Usted puede agregar elementos al contenido de una carpeta si elige Nuevo (New) del menú de aparición súbita, o puede arrastrar y colocar objetos en una carpeta.

5. Escriba **Herramientas de diseño (Design Toolkit)** o cualquier otro nombre evocativo, luego haga clic en el icono que se encuentra a la izquierda del nuevo título.

   Usted cambia el nombre de una carpeta (o directorio) cuando escribe un nombre diferente en el texto resaltado junto a un icono.

Como la palabra **Herramientas (Design)** se encuentra antes de **Programas (Programs)** en orden alfabético, usted ha "forzado" que su carpeta privada de programas ocupe la parte superior del menú Inicio (Start).

6. Haga doble clic en el icono **Herramientas de diseño (Design Toolkit)** (no en el nombre).

   Esto envía al icono Herramientas de diseño (Design Toolkit) a la ventana de la izquierda; ahora la ventana de la derecha representa el contenido de Herramientas de diseño (Design Toolkit), que está vacía porque aún no ha agregado herramientas.

Ai hacer doble clic en el título de una carpeta a veces se resalta el título en lugar de ver el contenido de la carpeta, así que asegúrese de que crea un evento con un icono, y no con su título.

7. Haga clic con el botón derecho del ratón, elija **N**uevo (Ne**w**) y luego **C**arpeta (**F**older).

   En el panel de la ventana derecha aparecen la nueva carpeta y su icono. Esta carpeta aparece como anidada dentro de la carpeta Herramientas de diseño (Design Toolkit) del menú Inicio (Start).

El título Nueva carpeta (New Folder) aparece resaltado, lo que significa que usted puede escribir ahora un nuevo nombre.

8. Escriba **Utilerías (Utilities)**.

   Se asigna el nombre a la subcarpeta.

En la siguiente sección, verá la manera de copiar y mover aplicaciones a las carpetas que usted ha creado en el menú Inicio (Start).

Cómo copiar y mover programas

Al principio de este capítulo, el término *acceso directo* se utilizó para describir una referencia de trayectoria a una aplicación o archivo. Ahora que tiene una carpeta de grupo a su disposición para organizar programas de la manera en que lo prefiera, es hora de habitar la carpeta Herramientas de diseño (Design Toolkit). Es una buena idea mover las carpetas del menú Inicio (Start), porque los archivos de programa contenidos dentro de las carpetas de Inicio (Start) son accesos directos (referencias de trayectorias a un programa), y no el programa ejecutable real. Usted también puede copiar accesos directos a programas.

Para este ejemplo, Brenda—The Batch Renderer, una utilería de shareware incluida en el *CD de obsequio del CorelDRAW! 6 para expertos*, se mueve de la posición en que se instala, en la carpeta Programas (Programs), a la carpeta Utilerías (Utilities) de Herramientas de diseño (Design Toolkit). Si no ha instalado Brenda, siéntase con la libertad de sustituirlo en el siguiente ejemplo con una aplicación a la que desee tener un rápido acceso:

Cómo configurar Herramientas de diseño (Design Toolkit)

1. Haga clic en el signo de + que se encuentra a la izquierda de la carpeta Programas (Programs).

   Esto amplía su vista del contenido de la carpeta Programas (Programs).

2. Haga clic en el signo de + que se encuentra a la izquierda de la carpeta Herramientas de diseño (Design Toolkit). Usted debe ver ahora la carpeta Utilerías (Utilities) en el panel de la ventana izquierda.

3. Elija una carpeta que le gustaría anidar bajo la carpeta Utilerías (Utilities).

   El contenido de la carpeta se ramificará a partir de Utilerías (Utilities) en el menú Inicio (Start).

4. Arrastre la carpeta que se encuentra en la parte superior de la carpeta Utilerías (Utilities), luego colóquela.

   La carpeta que ha elegido se mueve a la carpeta Herramientas de diseño\Utilerías (Design Toolkit\Utilities) (vea la figura 1.7).

Los nuevos nombres de carpetas se comportan de manera un poco diferente de los nombres de carpetas ya existentes. Las nuevas carpetas cobran vida con el texto resaltado. "Brenda—The Batch Renderer" es un nombre largo y pesado como para aparecer así en el menú Inicio (Start). He aquí como editar un nombre ya existente y corregir el problema...

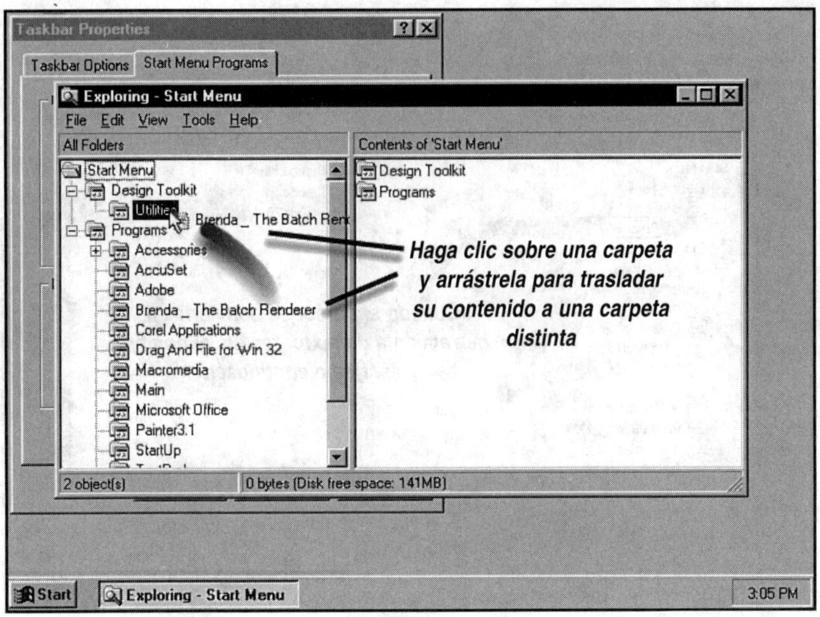

Figura 1.7
Para mover una carpeta (grupo) de programas del menú Inicio (Start) a un nido dentro de una carpeta diferente, haga clic y arrastre a la nueva posición.

5. Haga clic en el signo de + de Utilerías (Utilities).

   Se amplía la carpeta Utilerías (Utilities) para que se despliegue su contenido.

6. Haga un solo clic en el título "Brenda...", luego haga un solo clic en el texto resaltado.

   Se abre el título para su edición. Un recuadro de un solo pixel de ancho rodea el nombre resaltado.

7. Escriba un nombre más corto sobre el texto resaltado, luego haga clic en el icono de la carpeta.

   Cambia el nombre de la carpeta (grupo); se cierra el cuadro de texto (para protegerlo de ediciones posteriores o accidentales). Vea la figura 1.8.

Mientras se encuentra en la ventana Explorador (Explorer) del menú Inicio (Start), supongamos que desea copiar Word para Windows a Herramientas de diseño (Design Toolkit), dejando el acceso directo original en la carpeta Programas (Programs). Siga estos pasos...

8. Haga clic en la carpeta Microsoft Office.

   Se abre la carpeta para desplegar los iconos de acceso directo del programa que se encuentran dentro de la carpeta en la ventana del contenido (panel derecho).

9. Presione Ctrl mientras hace clic y arrastra el icono del acceso directo Microsoft Word a su nueva posición en una subcarpeta que se encuentre debajo de Herramientas de diseño (Design Toolkit) en el panel de la ventana izquierda (vea la figura 1.9).

Figura 1.8
Un recuadro delgado alrededor del título de un icono indica que es posible editar el nombre.

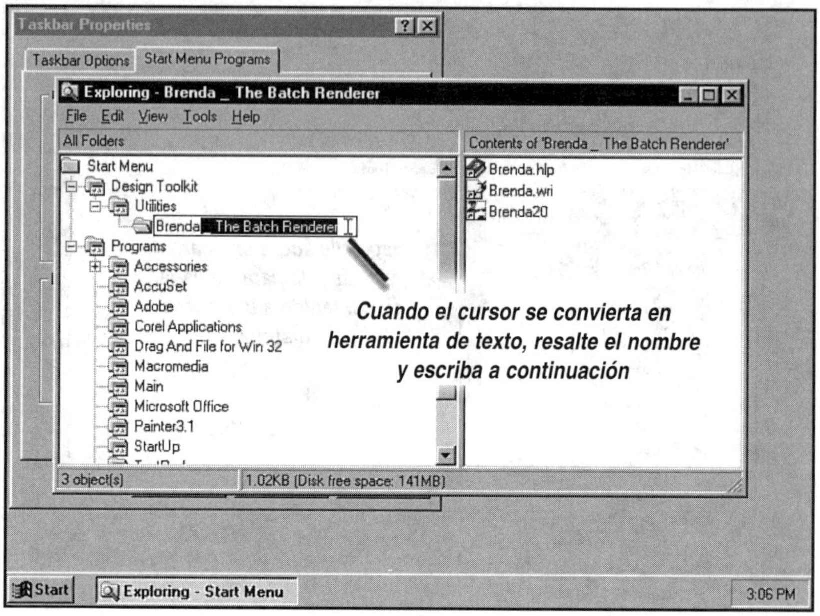

Se copia el acceso directo en una carpeta diferente.

Repita cualquier paso de este ejemplo para organizar y poblar su nueva carpeta del menú Inicio (Start).

Figura 1.9
El signo de más junto a un cursor indica que está copiando una carpeta, un archivo o un programa.

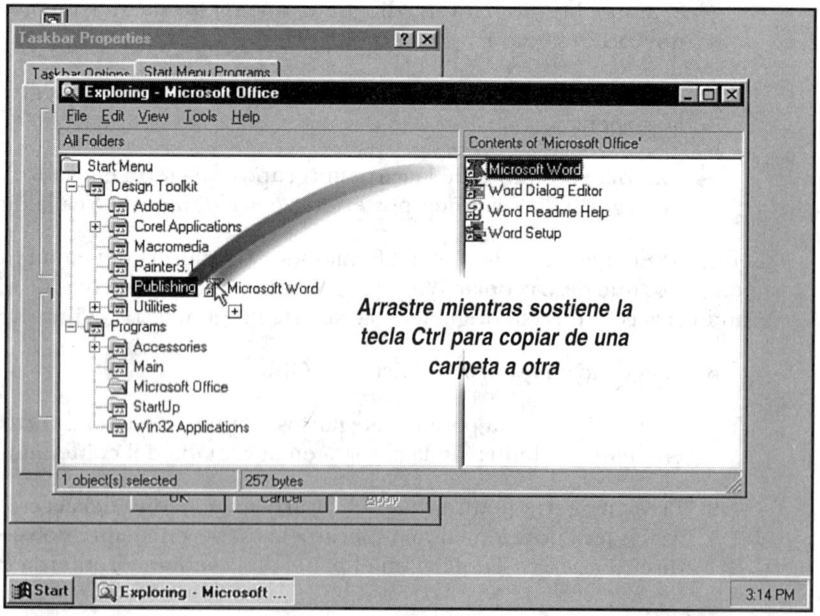

En el ejercicio anterior aprendió que cualquier objeto gráfico puede copiarse o moverse a una posición diferente en el menú Inicio (Start). Los archivos de usuario, como los diseños de CorelDRAW (*.CDR), las carpetas que contienen accesos directos y los accesos directos a programas son blancos legítimos para la edición del menú Inicio (Start). Sin embargo, tenga cuidado de no copiar el icono de una aplicación. Hay muy pocas razones para copiar un archivo ejecutable; los programas por lo general tienen archivos asociados (como una Dynamic Link Library o *DLL*; biblioteca de vínculos dinámicos) y archivos *.INI que buscan en su disco duro la posición física de un programa específico. Sin los archivos de soporte, un ejecutable "huérfano" tal vez no lance el programa. Y si usted *mueve* un ejecutable, su programa no se ejecutará.

Siempre busque la flechita de la esquina inferior izquierda del icono para asegurarse de que el icono es un acceso directo, no un archivo real, antes de cambiarlo de posición.

Cómo reorganizar el aspecto de los elementos del menú Inicio (Start)

Aunque el menú Inicio (Start) insiste en mostrar las carpetas en orden alfabético descendente, usted puede cambiar el orden en que aparece una carpeta cambiándole el nombre. Por esto Herramientas de diseño (Design Toolkit) es un buen nombre para su escondite secreto de programas; "Programas" ("Programs") puede ser precedido por cualquier nombre de carpeta que inicie entre la "A" y la "P". Sin embargo, a veces usted querrá preservar el nombre de un programa o carpeta.

Con el siguiente ejemplo se muestra la manera en que puede anteponer un solo carácter al nombre de una carpeta para forzar a que se muestre en la parte superior de la lista del menú Inicio (Start). Para este ejemplo, suponga que ya ha instalado Corel 6 y que desea que el grupo de aplicaciones aparezca al principio de su lista de grupos en Herramientas de diseño (Design Toolkit).

Cómo cambiar el orden de las carpetas de programas

1. Haga clic con el botón derecho en Inicio (Start) y elija Explorar (Explore). En la ventana Explorador (Explorer) del menú Inicio (Start), haga un solo clic en el título Aplicaciones de Corel (Corel Applications) (u otro nombre) en el panel de la ventana izquierda.

   Se abre el título para edición.

2. Haga clic en el texto resaltado, inserte la herramienta de texto al principio del nombre de la carpeta, resalte todo el nombre, luego escriba **!Corel6.**

   Se acorta el nombre de la carpeta; el ! obliga a que el grupo ocupe la parte superior de la lista de Herramientas de diseño (Design Toolkit) (vea la figura 1.10).

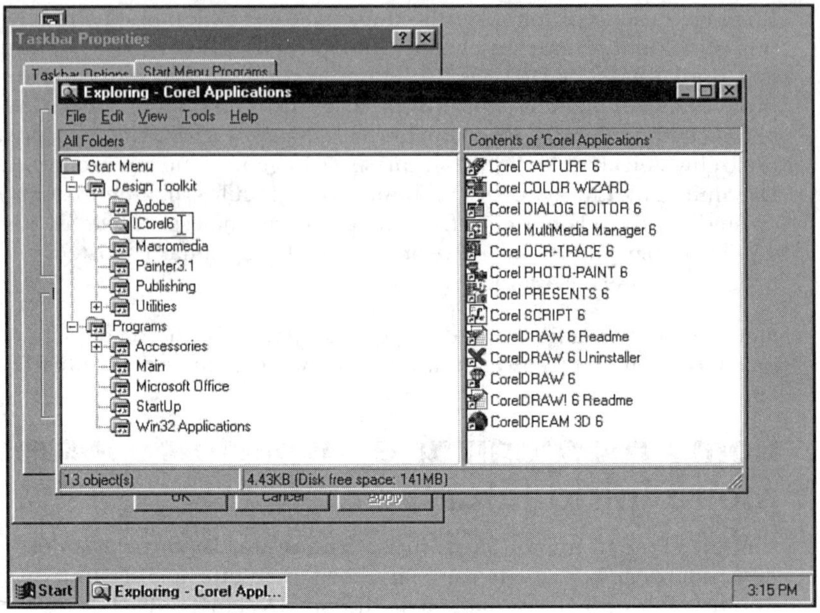

Figura 1.10 Los caracteres especiales hacen que una aplicación se ubique en la parte superior de la lista de una carpeta.

Como puede ver en la figura 1.11, la subcarpeta de programa "!Corel6" se encuentra ahora en la lista de Herramientas de diseño (Design Toolkit). En este ejemplo, usted pudo haber creado una subcarpeta "Acorel6" que aparecería antes de la subcarpeta Adobe, pero a costa de identificar fácil y rápidamente los programas.

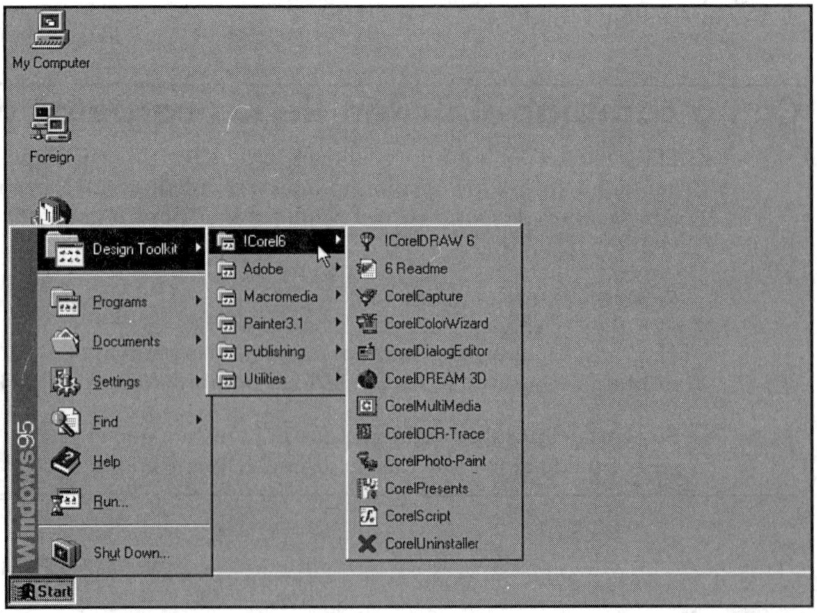

Figura 1.11 Trate de que los nombres de las subcarpetas sean cortos, y edite sus nombres para crear un orden diferente.

Además de letras y números, en Win95 pueden utilizarse signos de puntuación para cambiar el orden en que aparecerán los nombres en el menú Inicio (Start). Sin embargo, los siguientes caracteres están reservados para el uso de Windows, y no pueden utilizarse en nombres de carpetas, nombres del menú Inicio (Start) ni nombres de archivo:

\	(diagonal invertida)
:	(dos puntos)
*	(asterisco)
?	(signo de interrogación)
"	(comillas)
<	(menor que)
>	(mayor que)
|	(raya vertical)

Como se mencionó al principio, todo es un objeto en el escritorio, incluyendo el propio escritorio. En la siguiente sección se analiza la configuración que usted puede crear con un simple clic con el botón derecho del ratón en el papel tapiz de Windows para cambiar el aspecto de Windows y de sus programas.

Cómo cambiar la configuración del monitor en Win95

Las configuraciones Escritorio (Desktop) y Colores (Colors) del Panel de control (Control Panel) de Windows 3.1 se han mezclado con algunas opciones más para establecer el menú Propiedades de Pantalla (Display Properties) del escritorio en Win95. Si necesita cargar un controlador de video diferente (para cambiar la resolución o el color de la pantalla) o si sólo desea colocar un tapiz en el escritorio que sea diferente del que proporciona Win95, usted debe empezar por hacer clic con el botón derecho del ratón.

En el siguiente ejemplo se muestra la manera de personalizar el aspecto de Win95.

Cómo cambiar la configuración del escritorio

1. En el escritorio de Win95 haga clic con el botón derecho del ratón, luego elija Propiedades (Properties).

   Se llama a la ventana con fichas Propiedades de Pantalla (Display Properties).

2. En el menú Fondo (Background), desplace la lista **P**apel tapiz (**W**allpaper) hasta que vea una presentación preliminar de un diseño que le gustaría mostrar en el escritorio, luego haga clic en Aplicar (**A**pply).

   El papel tapiz cambia por el diseño que usted elige (vea la figura 1.12).

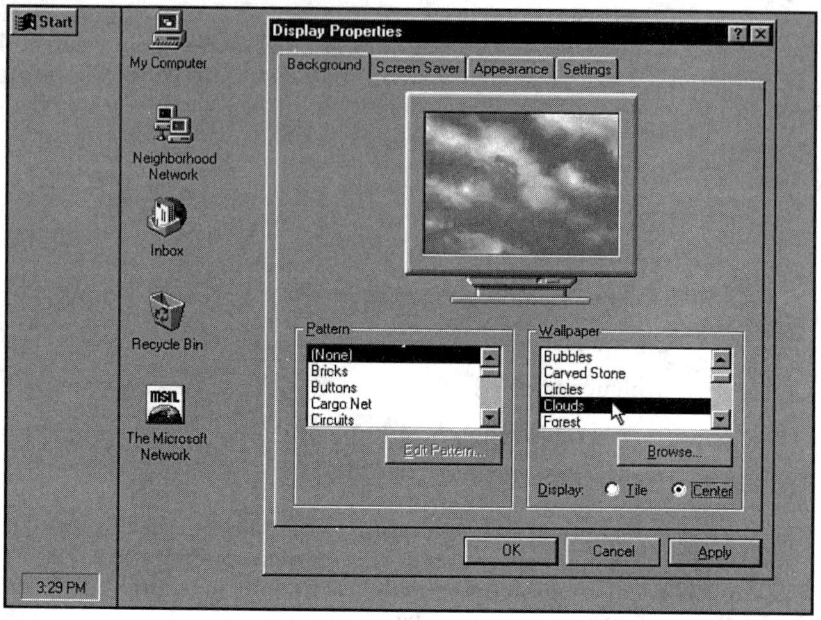

Figura 1.12 Usted puede cambiar el aspecto del escritorio de Win95 eligiendo un tapiz o un diseño de mapa de bits.

Como alternativa, puede elegir Examinar (Browse) para buscar una imagen localizada en una carpeta (directorio) diferente de Win95. La imagen debe ser del tamaño de su monitor (por ejemplo, 640×480, 800×600) e, idealmente, debe ser un mapa de bits indizado de 256 colores. Todos los candidatos a papel tapiz deben guardarse en el formato BMP de Windows.

Win95 también cuenta con protectores de pantalla, y usted puede cargar cualquiera al hacer clic en la pestaña Protector de pantalla (Screen Savers) del menú Propiedades de Pantalla (Display Properties). Los protectores de pantalla, de Microsoft o de otro fabricante, pueden maravillar a los compañeros de trabajo, proporcionar un sistema marginal de privacía mientras se halla lejos y ayudarle a evitar que se queme la pantalla, si no se atiende su sistema durante más de una hora.

Nota La noción de que los monitores modernos no se queman es un mito; el autor tiene un monitor Sony Trinitron conectado a un servidor de red que se quedó inactivo, mostrando al Administrador de programas (Program Manager) durante aproximadamente dos semanas, y el monitor ahora despliega "fantasmas".

Sony no es la única marca que puede tener este problemas; de hecho, muchas marcas diferentes de monitores pueden quemarse.

Por lo tanto, los protectores de pantalla tienen un uso legítimo, aunque de alguna manera limitado en su vida. Si elige usar uno, asegúrese de que está opción esté desactivada antes de instalar un programa. Un protector de pantalla que sigue funcionando durante la instalación de un programa provocará conflictos entre los dos programas, y puede haber problemas para instalar apropiadamente el programa.

La combinación de colores del escritorio de Win95 se despliega en todos los programas. Si pretende trabajar en CorelDRAW o en cualquier otro programa durante horas, sería buena idea establecer una combinación, o crear una, que relaje su vista. O tal vez desee una combinación monocroma para eliminar la posibilidad de que los colores que se encuentran fuera de su documento influyan en su percepción del color del documento. También podría estar ejecutando sus programas en un sistema notebook cuyos colores no tienen suficiente contraste. En el siguiente ejemplo corto se muestra la manera de crear una combinación de colores diferente para las barras de título, los textos resaltados, las ventanas y los cuadros de mensaje.

Como definir y seleccionar una combinación de color

1. Haga clic en la ficha Apariencia (Appearance) del menú Propiedades de Pantalla (Display Properties).

   Se muestran los controles para elegir y modificar una combinación de colores para Windows y sus aplicaciones.

2. Haga clic en la lista descendente Com**b**inación (**S**cheme), luego desplácela.

   Aparece una lista de combinaciones predefinidas de color.

3. Haga clic en una combinación predefinida. Si le gusta, haga clic en Aplicar (Apply). Si no, siga adelante.

   Se muestra la combinación de color en la ventana de ejemplo que se encuentra en la parte superior del menú. Vea la figura 1.13.

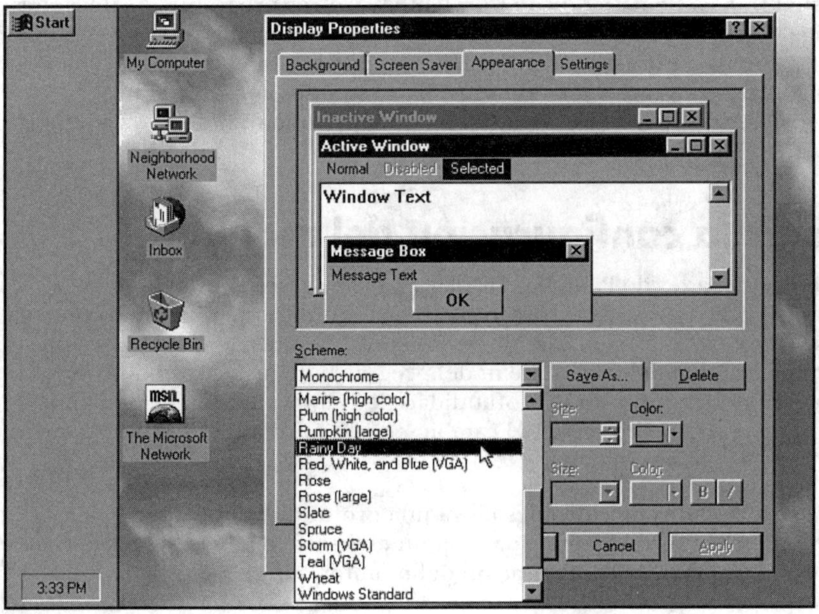

Figura 1.13
Win95 tiene varias combinaciones predeterminadas de colores, que pueden usarse con diferentes computadoras y monitores.

Usted no aplica una combinación diferente de color si no hace clic en Apli**c**ar (**A**pply), así que tómese su tiempo para seleccionar los colores de la pantalla. Algunas opciones predeterminadas están definidas por los controladores de video VGA (16 colores). Combinaciones como el azul cielo se ven horribles cuando se ejecutan en True Color, que es el modo en que debe ejecutarse cuando se trabaja con CorelDRAW; si está acostumbrado a este color, siga los siguientes pasos para crear su propia combinación de colores para el escritorio.

4. Haga clic en la ventana de muestra que tiene el texto "Ventana activa" ("Active Window") en su interior.

   Esto selecciona la barras de título de Win95 como destino para el cambio de color. En el campo **E**lemento (**I**tem) del menú Propiedades de Pantalla (Display Properties) se muestra que usted ha seleccionado la Barra de título activa (Active Title Bar) para cambio de color.

5. Haga clic en la lista descendente C**o**lor (Co**l**or) y elija un color diferente.

   La ventana de ejemplo cambia para reflejar el cambio que usted propuso a la combinación de color actual.

6. Repita los dos últimos pasos con todas las áreas de la ventana de ejemplo que desee, luego haga clic en **G**uardar como (Sa**v**e As), e introduzca un nombre para su combinación de color.

   Win95 guarda su combinación de color y la incluye en la lista **C**ombinación (**S**cheme).

Muchos usuarios aceptan la combinación predeterminada de colores, que por lo general funciona bien para muchos procesadores de palabras con texto en blanco y negro. Sin embargo, cuando usted trabaja demasiado con CorelDRAW y otros programas de imágenes, a la larga tendrá fatiga visual. Es una buena idea utilizar una combinación de colores que sea una colección de sombras naturales que no hagan resonancia con el trabajo en color que está creando. Día lluvioso (Rainy Day) y Pizarra (Slate) son dos combinaciones predeterminadas de colores que no le distraerán de su trabajo y que nunca se considerarán los equivalentes visuales de la cafeína.

Cómo cambiar la configuración del monitor

El cuadro de diálogo Propiedades de Pantalla (Display Properties) tiene una ficha Configuración (Settings) que quizás sea la característica más importante que usted controla del monitor. A diferencia de Win 3.1x, el cambio de los controladores de video *no* se aplica a través de un programa original del fabricante ni del programa de instalación de Windows; los ajustes a la resolución del monitor y a la profundidad de color se aplican en el menú Configuración (Settings) y, en muchos casos, el cambio en el controlador del video tiene un efecto instantáneo.

Si, por alguna razón, su adaptador de video despliega una profundidad de color inadecuada, o si tiene un monitor de 21 pulgadas con un escritorio de 640x480 pixeles, he aquí un ejemplo de cómo cambiar la configuración del monitor...

Cómo cambiar la resolución del monitor

1. Haga clic con el botón derecho del ratón en el escritorio, elija Propiedades (Properties) del menú de método abreviado, luego haga clic en la ficha Configuración (Settings) del menú Propiedades de Pantalla (Display Properties).

   Se muestran los controles para los controladores de video de su monitor.

2. Si True Color (32 bits o 24 bits) no es la opción en la lista descendente **P**aleta de colores (**C**olor palette), haga clic en la flecha hacia abajo, luego selecciónela de la lista.

   Se selecciona la profundidad de color que debe mostrar su monitor.

Si True Color (24 bits o 32 bits) no está disponible para su monitor, tal vez sea por dos razones: la resolución de su pantalla (Área del escritorio (**D**esktop area)) es demasiado alta, o Win95 no detectó el controlador de video apropiado a la hora de la instalación. La resolución de la pantalla y la profundidad de color son directamente proporcionales a la cantidad de VRAM con que cuenta su tarjeta del sistema de video. Si ésta tiene 1 Mb o menos de VRAM, no será posible desplegar True Color a resoluciones mayores de 640×480. Como alternativa, tal vez tenga que instalar los controladores de video de su tarjeta para que tenga acceso a un modo de color mayor. Haga la prueba con lo siguiente:

3. Haga clic y arrastre la barra de desplazamiento del área del escritorio a la izquierda (vea la figura 1.14).

   Disminuye la resolución de la pantalla; tal vez ahora tenga la opción de desplegar un mayor número de colores en su monitor.

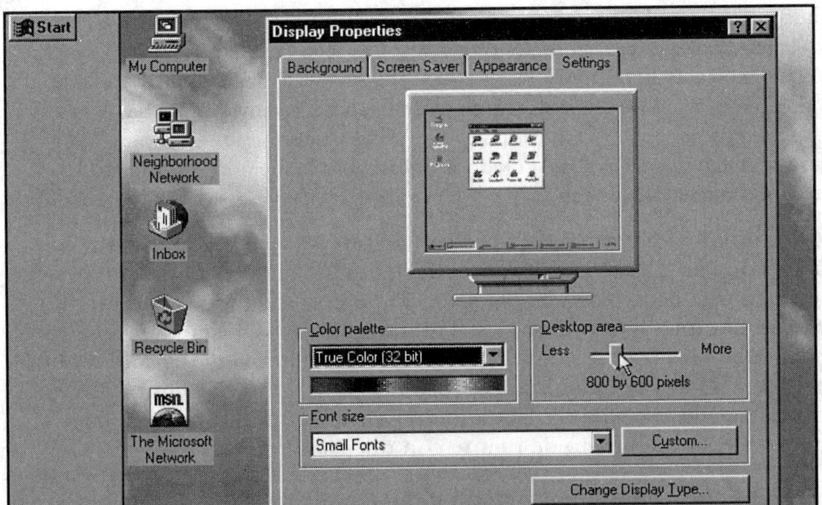

Figura 1.14
Usted controla el tamaño y la profundidad de color de su escritorio, cambiando los parámetros de Configuración (Settings) en Propiedades de Pantalla (Display Properties).

Si aún está limitado a una opción inadecuada de paletas y resoluciones de pantalla, tal vez tenga que instalar nuevos controladores para su tarjeta de video. Revise el boletín electrónico del fabricante, el sitio se Internet, los servicios en línea para los últimos controladores y, después, si ha decidido que es su única opción para aumentar las propiedades de pantalla...

4. Haga clic en Cambiar (Change), a la derecha de Tipo de adaptador de video (Adapter Type), luego haga clic en el botón de opción Mostrar todos los dispositivos (Show all devices).

   Se le indica a Win95 que busque en su propio directorio una configuración para su tarjeta. Entonces aparecerá el cuadro de diálogo Seleccionar dispositivo (Select Device).

El paso anterior es la "última esperanza" para evitarse la reinstalación de un controlador de video. Microsoft tiene una amplia (pero no completa) colección de controladores compatibles para la mayor parte de las tarjetas de video. Si no encuentra su tarjeta en esta lista...

5. Haga clic en Utilizar disco (Have Disk) y luego elija Examinar (Browse); en el cuadro de diálogo Instalar desde disco (Install From Disk) especifique la trayectoria que lleva al lugar donde se encuentran sus controladores de video.

   Se muestra el programa de instalación donde se encuentran ubicados los controladores de la tarjeta.

6. Seleccione la resolución de la pantalla y la profundidad de color de su elección en el cuadro de diálogo Seleccionar dispositivo (Select Device) y luego haga clic en Aceptar (OK).

   Win95 instala los controladores de la tarjeta de video.

Tip Muchos fabricantes de periféricos mantienen varios sitios en línea donde usted puede obtener los últimos controladores para sus productos. Consulte "CorelDRAW! 6 Expert's Edition Resource Guide" (el documento RESOURCE.PDF de Acrobat) en el CD de obsequio) para ver una lista de direcciones de correo, números telefónicos y sitios en línea de la mayor parte de los fabricantes importantes de tarjetas de video y otros dispositivos. Visite siempre estos sitios para ver si hay nuevos controladores. Al utilizar los últimos controladores se asegura la mejor compatibilidad posible con Win95 para programas y periféricos.

Su Tipo de monitor (Monitor Type) también aparece en la lista de la ficha Configuración (Settings) de Propiedades de Pantalla (Display Properties), y si la marca y el modelo de su monitor no se encuentra en esta lista, usted puede seleccionar con toda seguridad un tipo genérico SVGA 800x600, si compró su monitor en los últimos dos años. Además, a resoluciones altas de pantalla, tal vez desee desplegar fuentes en pantalla más grandes que el promedio. Para esto, haga clic en Personalizado (Custom) (del menú Configuración (Settings)), que se encuentra a la derecha de Tamaño de fuente (Font Size), luego haga clic y arrastre la regla para establecer el tamaño de fuente con que se sienta a gusto.

La mayoría de los individuos que utilizan una computadora con propósitos profesionales genera muchos archivo en cualquier día, ¡y la clave para el uso exitoso de dichos archivos está en poder localizar y manejarlos! En la siguiente sección, usted le echará un vistazo a la estructura de directorios de Win95 y a los métodos alternativos para tener acceso de manera más efectiva a su disco duro.

Administración de archivos y programas alternativos

Parece que mientras más experiencia tengamos en computación, más nos resistiremos al cambio. ¡Ésta es una manera caritativa de decir que quienes se encuentran a gusto con las convenciones de Win 3.1 tal vez no se sientan atraídos por la metáfora "carpeta/objeto" que ahora nos presenta el Explorador (Explorer)!

Por fortuna, Microsoft ha tomado previsiones para los fanáticos recalcitrantes de la interfaz anterior de Windows, y muchos fabricantes han diseñado mejoras al Explorador (Explorer) para mantener orientados y productivos a los usuarios. En este capítulo se examinan las modificaciones que usted puede aplicar a la interfaz del Explorador (Explorer) para que sea un lugar más productivo.

Cómo recorrer la ventana de una carpeta

Como los subdirectorios y archivos ahora son carpetas anidadas, podría experimentar una seria congestión en la pantalla mientras revuelve los nidos para encontrar un archivo. Tal vez las opciones predeterminadas de Win95 para mostrar las ventanas de las unidades de disco no sean las más eficientes para su metodología de trabajo; en el ejemplo siguiente se le presentan métodos para cambiar las opciones predeterminadas.

He aquí un rápido paseo que se concentra en opciones de las que puede sacar provecho a la hora de examinar el contenido de las carpetas.

Opciones de observación de carpetas

1. En el escritorio de Win95, haga doble clic en Mi PC (My Computer).

   Se abre la carpeta Mi PC (My Computer) para desplegar su contenido.

2. Haga doble clic en un icono de unidad en la ventana Mi PC (My Computer).

   Se abre una unidad para mostrar su contenido.

3. En el menú de la unidad, elija Ver (View), luego haga clic en **D**etalles (**D**etails).

   Se minimizan los iconos de las carpetas y programas, y se organizan en columnas, que recuerdan más al Administrador de archivos (File Manager).

4. En el menú de la unidad, elija **V**er (**V**iew) y Organizar i**c**onos (Arrange **I**cons), luego haga clic en por **n**ombre (by **N**ame).

   Se presenta una lista del contenido de la unidad en orden alfabético (vea la figura 1.15).

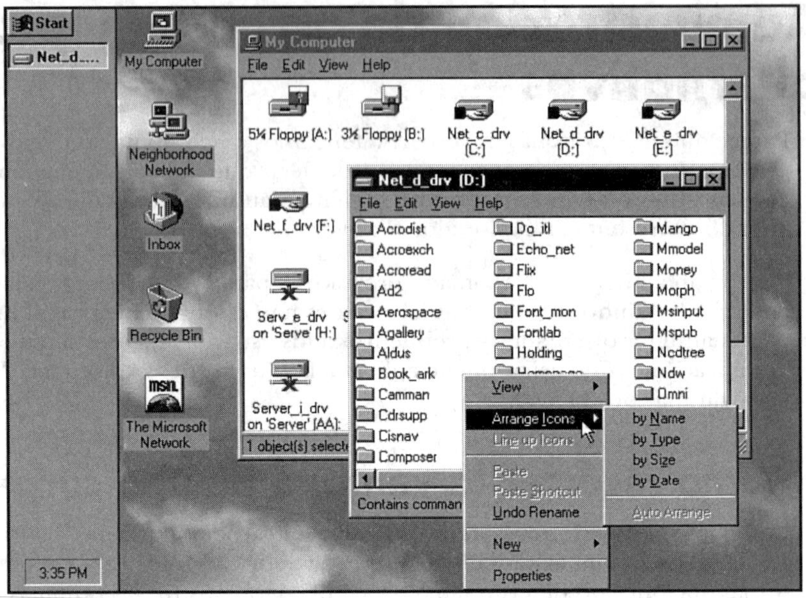

Figura 1.15
Usted puede cambiar su vista del contenido de un disco duro con las opciones del menú Ver (View).

Como alternativa, puede hacer clic con el botón derecho del ratón en un área vacía de la ventana de una carpeta para desplegar las opciones del menú en el ubicuo menú de método abreviado.

Cuando usted abre progresivamente las carpetas anidadas para localizar un archivo específico, puede quedarse con un exceso de ventanas sin uso en su escritorio. He aquí cómo solucionar esto...

5. Elija **V**er (**V**iew) y **O**pciones (**O**ptions) de la ventana del disco duro (**O**pciones (**O**ptions) no se encuentra en el menú de método abreviado).

   Se despliega un menú Opciones (Options); como opción predeterminada se muestra la ficha Carpeta (Folder).

6. Haga clic en el botón de opción con la etiqueta Exami**n**ar carpetas utilizando una sola ventana que cambia al abrir cada carpeta (Browse folders using a si**n**gle window that changes as you open each folder).

   Cambia la aparición de carpetas en el escritorio; en lugar de mostrar las carpetas anidadas, aparece una sola carpeta al frente, que cambia para reflejar el contenido de la carpeta actual.

7. Haga clic en Apli**c**ar (**A**pply) y luego en Aceptar (OK).

   Se confirma y se activa su selección. Sólo aparecerá abierta una ventana de carpeta en el escritorio, hasta que usted se ocupe de cambiar esta opción.

Como es natural, si tiene activada la opción de una sola carpeta, no podrá arrastrar y colocar para copiar y mover archivos y carpetas entre ventanas, pero siempre podrá mover y copiar haciendo clic con el botón derecho del ratón en un objeto de ventana y eligiendo **C**opiar (**C**opy) o C**o**rtar (Cu**t**) del menú de aparición súbita. Entonces basta con ir a la carpeta de la ventana destino, hacer clic con el botón derecho del ratón y elegir **P**egar (**P**aste).

Tip No olvide que las ventanas de carpetas incluyen una barra de herramientas, que no se despliega como opción predeterminada cuando se abre una ventana. Usted puede copiar, pegar, eliminar un archivo, etcétera, haciendo clic en los iconos de la barra de herramientas. Para desplegar la barra de herramientas, elija Ver (View) y Barra de herramientas (Toolbar) del menú de la ventana.

¿Se acuerda del Administrador de archivos (File Manager)?

La mayoría de nosotros no nos sentimos emocionados con la inflexibilidad del Administrador de archivos (File Manager), y muchos usuarios de Windows 3.1x aumentaron sus escritorios con reemplazos shell como Norton Desktop. Sin embargo, no se podía decir que WINFILE.EXE no proporcionaba una rápida y evidente visualización del contenido de la unidad.

Microsoft ha incluido un Administrador de archivos (File Manager) semioptimizado en Win3.1, y en el siguiente ejemplo se muestra cómo agregar este Administrador de archivos (File Manager) a su escritorio para que cuente con más de una manera de tener acceso al disco duro y organizar su información en Win95.

La administración de archivos de Win 3.1 en Win95

1. Haga doble clic en Mi PC (My Computer) en el escritorio y luego en la carpeta de la unidad donde se localiza Win95.

   Se abre la carpeta Win95 para desplegar los archivos de programa y otros contenidos.

2. Encuentre WINFILE.EXE en la carpeta Win95.

   Éste es el archivo ejecutable que ejecuta el Administrador de archivos (File Manager).

3. Presione Ctrl+Mayús (Ctrl+Shift), luego haga clic y arrastre la carpeta WINFILE al escritorio.

   Las teclas Ctrl y Mayús (Shift) crean un acceso directo al archivo que usted arrastró (vea la figura 1.16); aparece un menú de método abreviado.

Usted no tiene que usar una combinación de teclas para que los archivos ejecutables creen accesos directos. Un archivo EXE crea automáticamente un acceso directo cuando usted lo arrastra al escritorio. Pero presionar las teclas Ctrl+Mayús (Ctrl+Shift) es una buena práctica mientras experimenta con el nuevo sistema operativo. ¿Por qué? Porque un archivo no ejecutable, como un archivo de usuario de CorelDRAW (su diseño favorito, por ejemplo) se mueve automáticamente al escritorio, a menos que usted presione Ctrl+Mayús (Ctrl+Shift). Para terminar con su acceso directo al Administrador de archivos (File Manager)...

4. Haga clic en Crear iconos de acceso directo aquí (Create Shortcut(s) Here) del menú de método abreviado.

   Aparece en el escritorio el icono familiar del Administrador de archivos (File Manager), con una flecha de acceso directo en su esquina inferior izquierda y con el título "Acceso directo a Winfile.exe" ("Shortcut to Winfile.exe").

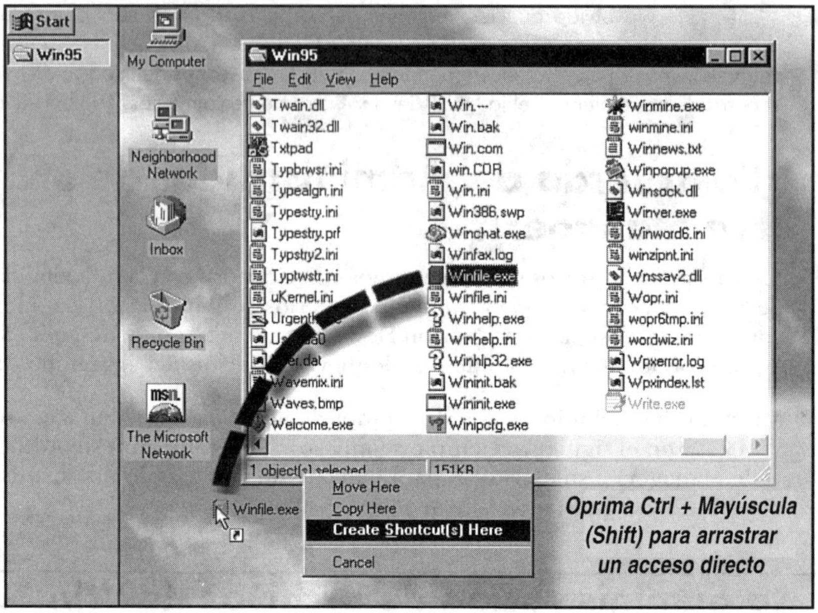

Figura 1.16
Se crea una referencia de trayectoria (acceso directo) cuando usted arrastra y coloca un archivo mientras presiona Mayús+Ctrl (Shift+Ctrl).

5. Haga clic dentro del icono del título del Administrador de archivos (File Manager), luego escriba **AdminArs**, o algún otro nombre que le agrade.

   Se acorta el título y mejora el reconocimiento de un solo vistazo.

6. Haga clic en el icono para cerrar el título del icono.

   Se asegura que usted no seguirá escribiendo por accidente en el título del icono.

Como puede ver en la figura 1.17, la presentación del Administrador de programas (Program Manager) en Win95 ofrece una familiaridad "casera" que los usuarios experimentados pueden poner a trabajar de inmediato. Sin embargo, desde esta vista del disco duro no se da soporte a los nombres largos de archivo y los menús de método abreviados con el botón derecho del ratón; WINFILE.EXE es una aplicación de 16 bits.

Un Administrador de programas (Program Manager) alternativo

Si usted está trabajando con iconos de programas del tamaño de un piojo en la pantalla y cree que un "lanzador de programas" debe reducir sus funciones al lanzamiento de programas, usted querrá considerar un "Administrador de programas (Program Manager) *auxiliar*". No es aconsejable eliminar el menú Inicio (Start) del escritorio de Win95 (especificando SHELL=PROGMAN.EXE en SYSTEM.INI); perdería las opciones de menús abreviados con el botón derecho del ratón, los nombres largos de archivo y las herramientas de Microsoft que se incluyeron durante la instalación de Win95.

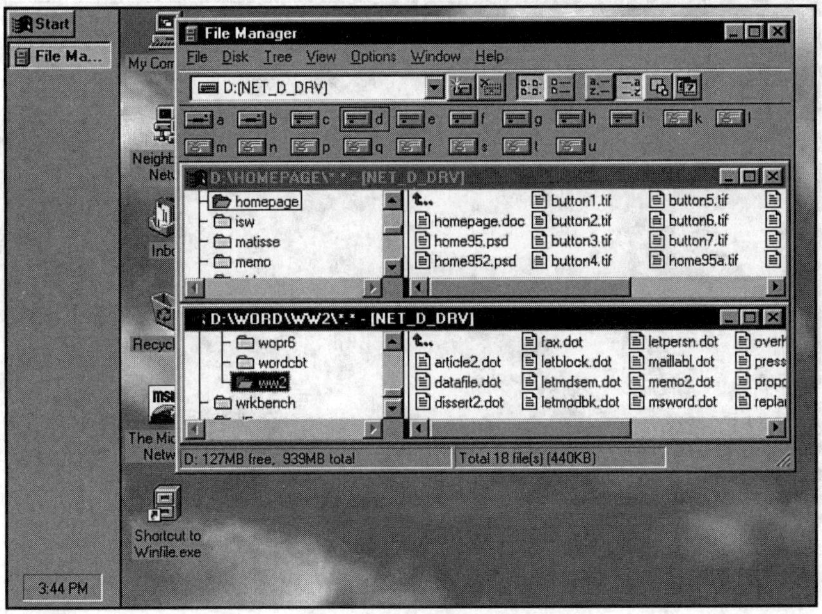

Figura 1.17
Ya sea que lo llame árbol o carpeta anidada, cuando usted necesita tener acceso a sus datos, el Administrador de archivos (File Manager) es un método confiable.

Pero usted puede *agregar* (no reemplazar) el fácil acceso a sus programas con el uso de un shell de otro fabricante. La barra de iconos ClySmic, un Administrador de programas (Program Manager) de shareware, se encuentra en el CD de obsequio, y es suya para que la evalúe gratis durante 30 días. La barra de iconos ClySmic se escribió para un sistema operativo de 32 bits como Win95 y Windows NT. A partir del menú de la barra de iconos ClySmic (vea la figura 1.18), en cualquier momento usted puede tener acceso a programa y grupos anidados de programas desde el escritorio. El menú se puede configurar para que desaparezca cuando usted se encuentra en una aplicación, y usted puede hacer un intercambio frío a cualquier programa. También puede configurar ClySmic para que se despliegue horizontal o verticalmente en la orilla del escritorio.

Para modificar una o todas las opciones de la barra de menús ClySmic, sólo debe hacer clic en el icono del menú Principal (Main), que se encuentra en la parte superior de la barra de iconos. En la figura 1.18 usted puede ver que los controles para agregar programas y configurar la barra de iconos son excepcionalmente simples. ¿Es tan funcional como el menú Inicio (Start) de Win95? No, pero sus aplicaciones estarán allí, frente a usted, representadas por iconos de tamaño adulto, y usted podrá lanzar un programa arrastrando y colocando un archivo en un programa de la barra de iconos.

Otros fabricantes están presentando programas de Administrador de programas (Program Manager)/Administrador de archivos (File Manager), y pronto deberá tener la opción de elegir entre la visión de Microsoft sobre la administración de archivos y programas y una multitud de programas que puedan adaptarse a sus gustos y necesidades. Usted pasa mucho tiempo enfrente de su computadora; debe hacerla atractiva, inspiradora y bien organizada, como un escritorio físico y real.

Figura 1.18
La barra de iconos ClySmic coexiste felizmente con el menú Inicio (Start) de Win95, en un mínimo de espacio.

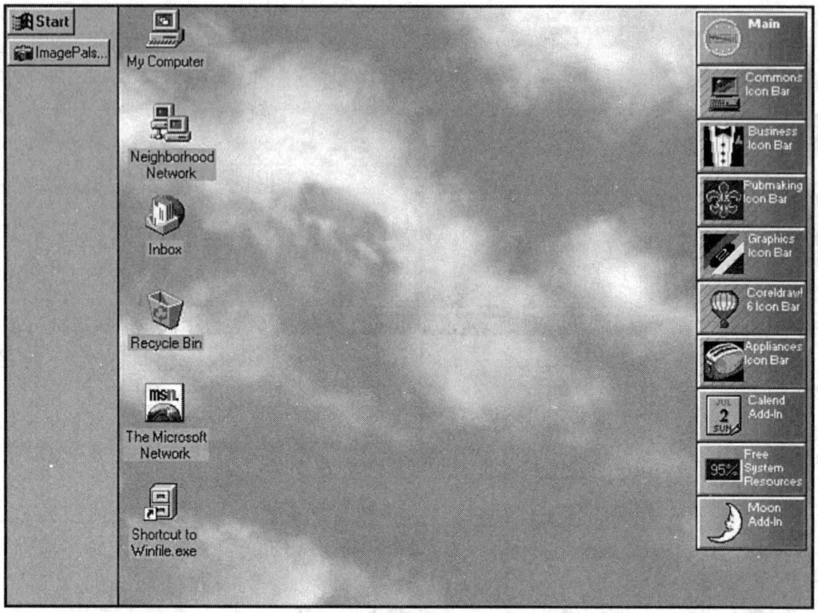

Figura 1.19
Lo que se debe buscar en un programa para ampliar el menú Inicio (Start) de Win95 es una manera simple y directa de lanzar los programas.

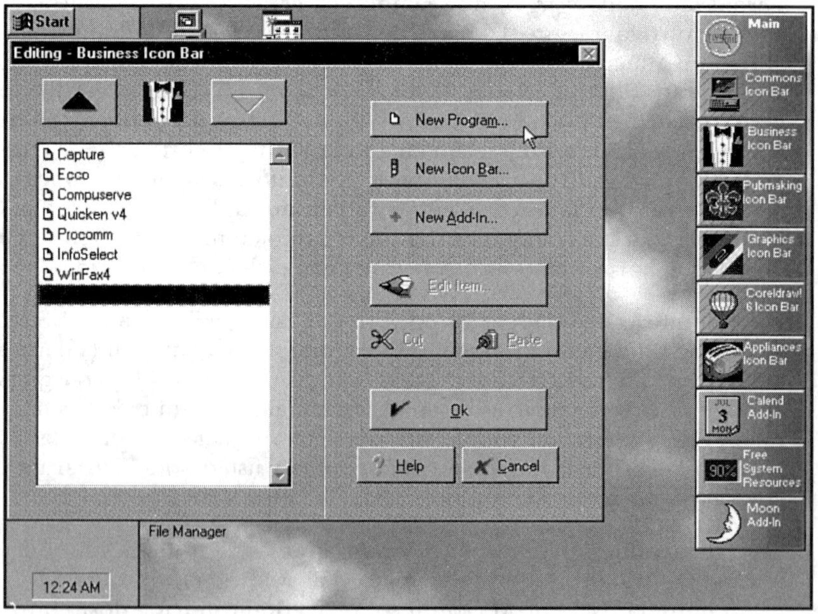

Las opciones de Win95 que afectan indirectamente su trabajo

Hasta este punto, el capítulo se ha concentrado en las maneras en que usted puede asegurar una instalación exitosa y configurar Win95 para recorrer por lo menos medio camino en su búsqueda de un mayor número de opciones en el mundo de la computación. Sin embargo, aún quedan unas cuantas hebras sueltas que necesitan atarse antes de pasar al capítulo 2, "Cómo personalizar CorelDRAW!". Es hora de analizar la nueva Papelera de reciclaje (Recycle Bin) de su escritorio, de advertir la manera en que los nombres largos de archivo pueden arruinarle la vida y de poner unos cuantos viejos y nuevos accesos directos en la punta de sus dedos. En esta sección se le lleva a un recorrido por elementos de Win95 que pueden tener impacto en su trabajo, aunque usted crea que no los está utilizando.

En el mundo de Macintosh, se le llama icono de "Basura" ("Trash")

Y en el mundo del OS/2 le llaman el Triturador (Shredder) (el icono en que usted coloca las carpetas y del que nunca regresan). Microsoft, como los otros jugadores en el torneo de los sistemas operativos gráficos, en esta versión de Windows ha visto la necesidad de ofrecer un programa que *haga las veces* de eliminar archivos y carpetas de su sistema que usted crea que ya no necesitará.

La Papelera de reciclaje (Recycle Bin) es una instalación permanente en su escritorio; como opción predeterminada, cualquier objeto que se coloque en ella no aparecerá después en ninguna lista de su disco duro. Tenga en cuenta que no necesariamente se *elimina* el objeto, porque no ha *vaciado* la Papelera de reciclaje (Recycle Bin).

A veces la Papelera de reciclaje (Recycle Bin) es un salvavidas; al establecer la condición de que usted debe colocar una carpeta indeseable en ella, tiene la seguridad de que, si cambia de opinión, puede recuperarla, incluso si reinicia Win95 hasta el día siguiente.

¿Cómo funciona semejante milagro moderno? En realidad es muy simple: Win95 "truca" la manera en que usted ve el contenido de su disco duro. Un porcentaje del espacio de su disco duro se reserva para los elementos de los que desea deshacerse. Usted no ve las carpetas descartadas en la vista de ventanas de carpetas ni en el Explorador (Explorer) de Win95; Permanecen fuera de su vista hasta que decida que los necesita. Cuando se rebasa el porcentaje que usted estableció en su disco duro para los elementos de la Papelera de reciclaje (Recycle Bin), Win95 empezará a escribir en el "fondo del barril" (los archivos más antiguos que aún se conservaban en la Papelera de reciclaje (Recycle Bin)).

A pesar de que es una monada mortal, la Papelera de reciclaje (Recycle Bin) podría jugar una parte importante en su experiencia con Win95, sobre todo si usted ha utilizado versiones anteriores de Windows y posee algunos programas de recuperación de archivos. En resumen, las aplicaciones para recuperación de archivos de 16 bits que trabajan con DOS *no funcionan* con Win95; incluso Undelete de DOS 6.2 no recupera un archivo que usted haya eliminado, porque Win95 desinstala este programa durante la instalación de Win95. Dada la estructura y el orden del nuevo sistema operativo, las aplicaciones deben tener una buena excusa para "hablar" directamente con el hardware. Microsoft concede muy pocas excepciones para los fabricantes que desean que sus aplicaciones "truquen" a Win95, y son todavía menos los fabricantes que tienen la posibilidad de mostrar el logo de Win95 en su paquete.

Evalúe seriamente sus prácticas de trabajo antes de leer el siguiente ejemplo sobre la manera de cambiar la configuración de la Papelera de reciclaje (Recycle Bin). Si usted es del tipo de persona que elimina las cosas de manera impetuosa, es mejor que deje la configuración de la Papelera de reciclaje (Recycle Bin) tal como está (o incluso que aumente el porcentaje reservado en el disco para la papelera). Por otra parte, si aprecia el espacio de su disco duro y no purga sus archivos hasta que se ha retirado su cliente, siga leyendo para aprender a optimizar el espacio del disco y a prescindir del bote de basura.

En el siguiente ejercicio se muestra cómo personalizar las propiedades de la Papelera de reciclaje (Recycle Bin) de Win95.

Cómo romper un círculo vicioso

1. En el escritorio de Win95, haga clic con el botón derecho del ratón en la Papelera de reciclaje (Recycle Bin), luego elija Propiedades (Properties) del menú de método abreviado.

   Se despliega el menú Propiedades de Papelera de reciclaje (Recycle Bin Properties).

2. En la ficha Global, haga clic en el botón de opción **U**tilizar una configuración para todas las unidades (**U**se one setting for all drives).

   Se instruye a Win95 para que utilice la misma configuración en todas la unidades.

3. Haga clic en la casilla de verificación No mover archivos a la **P**apelera de reciclaje... (Do not move files to the **R**ecycle Bin...).

   Ahora desaparecerán realmente los archivos cuando los elimine (vea la figura 1.20).

4. Haga clic en Aplicar (**A**pply) y luego en Aceptar (OK).

   Se confirman sus cambios; se cierra el cuadro de diálogo Propiedades de Papelera de reciclaje (Recycle Bin Properties).

Permítame repetirlo, si necesita una "estación de paso" para sus archivos que van rumbo a la salida de su sistema, no debe aplicar el ejercicio anterior. Sin embargo, es suya la responsabilidad de "sacar la basura" de manera regular, para asegurarse de que el disco duro especificado no se congestione demasiado con los archivos marcados para su eliminación.

Usted notará que si la Papelera de reciclaje (Recycle Bin) está activa, el cuadro de diálogo que se ve al eliminar un archivo dirá que Win95 está moviendo los archivos a la Papelera de reciclaje (Recycle Bin); esto es verdad si arrastra y coloca los archivos directamente en la papelera, si hace clic en el botón "x" del menú de una ventana de carpeta que tiene un archivo resaltado o si presiona la tecla Supr (Delete) con un archivo, o varios archivos seleccionados. De manera adicional, el icono de la Papelera de reciclaje (Recycle Bin) cambia cuando está activa (verá unos papelitos arrugados en la parte superior de la imagen del cesto de basura).

Si mantiene activa la papelera, surgirá una pregunta natural: ¿cuántos elementos puedo lanzar en la Papelera de reciclaje (Recycle Bin)? Como opción predeterminada, la Papelera de reciclaje (Recycle Bin) ocupa el 10 por ciento del espacio libre de cada disco duro. No es una buena idea cambiar esta configuración, aunque Win95 le ofrece la oportunidad de hacerlo. La cantidad y la calidad del espacio libre en el disco duro cambia durante el curso de una sesión promedio de trabajo: unos archivos se eliminan, otros se agregan y otros más se fragmentan conforme se escriben en diferentes sectores de su disco duro. Si usted asigna, digamos, el 50% del espacio libre del disco duro para el contenido de la Papelera de reciclaje (Recycle Bin), sus programas se ejecutarán lentamente porque no pueden tener acceso libremente al espacio del disco para escribir archivos temporales. Incluso podría quedarse *sin* espacio libre en el disco; ¡es mucho mejor practicar su propia administración de archivo que dejar que la Papelera de reciclaje (Recycle Bin) se vuelva su aplicación principal!

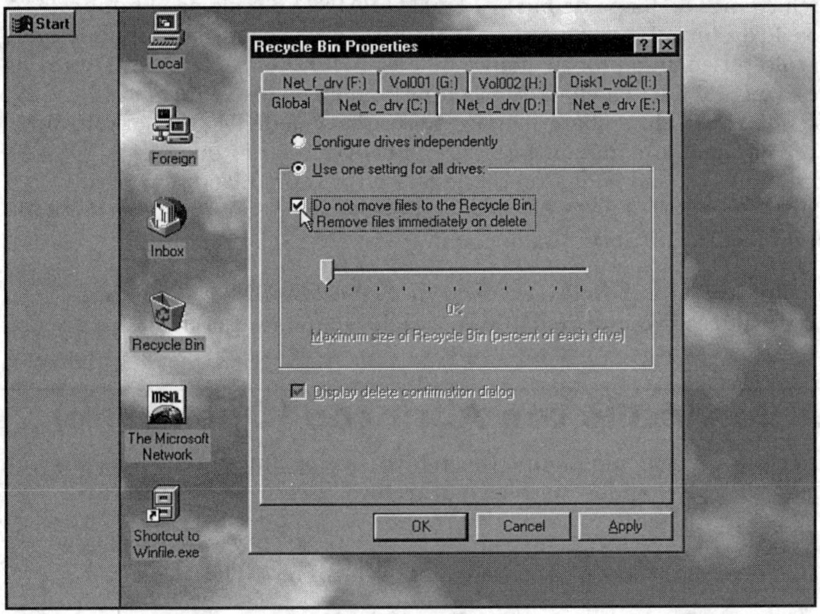

Figura 1.20
Usted puede hacer eliminar permanentemente un archivo si desactiva la Papelera de reciclaje (Recycle Bin).

Cómo trabajar con asociaciones y el comando Abrir con (Open with)

El Registro (Registry) de Windows 3.1x y su editor, REGEDIT.EXE, podría resultarle familiar a muchos usuarios como método para crear y romper asociaciones con programas. Digamos, por ejemplo, que el programa X está instalado y que funciona con imágenes TIF. Parte de la rutina de instalación del programa X, por lo tanto, consiste en escribir una línea en el registro, para que el programa X se lance cuando usted hace doble clic en un archivo con una extensión TIF.

Hacer doble clic en un icono de archivo es una manera común de lanzar indirectamente un programa y ponerse a trabajar, pero el programa Registro (Registry) de Win95 es mucho más difícil de utilizar cuando usted desea vincular un programa sustituto para manejar determinado tipo de archivo. Por fortuna, hay dos maneras fáciles y gráficas de cambiar la asociación de un tipo de archivo en Win95, y un "arreglo muy rápido" para determinar qué programa abre un archivo.

Cómo utilizar los comandos Abrir con (Open with) y Tipo de archivo (File Type)

El comando Abrir con (Open With) es su mejor opción para cambiar el tipo de archivo que lanza un programa anfitrión, pero no es lo mismo que cambiar una *asociación* de extensión de archivo. La diferencia entre los dos es de alguna manera nebulosa: la única diferencia discernible es cómo se despliega el icono del archivo en la carpeta.

Un ejemplo perfecto de una aplicación que escribe asociaciones a cada posible tipo de archivo de mapa de bits es PHOTO-PAINT! 6, que abre archivos TIF, PCX, GIF, Targa y una multitud de tipos de imágenes de mapa de bits. Y PHOTO-PAINT! 6 reclama el honor de abrir todos estos tipos de archivo. La razón para esto es que Corel Corporation supone que el usuario promedio sólo posee un editor de mapas de bits: PHOTO-PAINT; por lo tanto, cualquier tipo de archivo PCX, TIF, etcétera estaría huérfano en su disco duro sin la asociación con PHOTO-PAINT. Sin embargo, esta generosidad puede llegar a ser estorbosa. Suponga que desea ver rápidamente una imagen Targa (TGA) sin tener que cargar PHOTO-PAINT; usted tiene instalada una utilería de Shareware como PaintShop Pro y quiere utilizarla en lugar de PHOTO-PAINT. Además suponga que usted está acostumbrado a hacer doble clic en un icono para abrir una imagen.

Si desea crear un vínculo con PaintShop Pro en lugar de PHOTO-PAINT cuando haga doble clic en el icono de un archivo, puede dar los pasos del siguiente ejercicio.

Cómo crear un vínculo con Abrir con (Open With)

Como el método para crear una vínculo de tipo de archivo, que se muestra en este ejercicio, lanza la aplicación que usted ha elegido y despliega el archivo, asegúrese de elegir una imagen pequeña.

1. Abra la ventana de una carpeta que contenga tipos de archivo TIF.

   La extensión TIF es el tipo de archivo utilizado aquí; sin embargo, puede sustituirlo con un tipo de archivo de su propia elección.

Si los iconos de sus archivos no muestran una extensión de archivo, elija **V**er (**V**iew) y **O**pciones (**O**ptions) del menú de la ventana de la carpeta, haga clic en la ficha Ver (View), luego elimine la marca de la casilla de verificación Ocultar **e**xtensiones de archivos MS-DOS... (Hide MS-DOS file **e**xtensions...), haga clic en Apli**c**ar (**A**pply) y luego en Aceptar (OK).

2. Presione la tecla Mayús (Shift) y luego haga clic con el botón derecho del ratón en un archivo con la extensión *.TIF.

   Se despliega un menú de método abreviado especial.

Sólo cuando usted presiona la tecla Mayús (Shift), el menú de método abreviado que aparece al hacer clic con el botón derecho del ratón contiene el comando **A**brir con (Op**e**n With).

3. Elija **A**brir con (Op**e**n With).

Aparece el cuadro de diálogo Abrir con (Open With).

4. Desplace la ventana del programa hasta que encuentre la aplicación anfitrión que desea utilizar para abrir la imagen TIF; haga clic en ella.

   Se selecciona el programa utilizado para abrir la imagen *.TIF.

5. Haga clic en la casilla de verificación Utilizar siempre este programa para abrir este archivo (Always use this program to open this type of file).

   Se especifica que Win95 siempre debe lanzar la aplicación elegida para ver el tipo de archivo TIF.

Si el programa anfitrión que usted busca no se encuentra en la ventana de programas, haga clic en Otros (Other), luego examine su disco duro para encontrar la aplicación que desea.

6. Haga clic en Aceptar (OK).

   Se abrirá el programa que ha especificado, desplegando la imagen TIF que usted ha seleccionado.

El lanzamiento real de una aplicación para ver la imagen TIF es una inconveniencia (el precio que usted paga por crear un vínculo "bajo y sucio"). Con el siguiente ejercicio se ilustra una manera más "correcta" de crear y romper asociaciones en Win95.

En el siguiente ejercicio se describe la manera de hacer asociaciones, eliminar otras, especificar los privilegios que un programa anfitrión tiene sobre un archivo (como Abrir (Open), Guardar (Save) y Copiar (Copy)), y la manera de cambiar el icono que muestra un archivo de usuario.

Cómo crear asociaciones de archivos

1. En la ventana de una carpeta abierta, haga clic sobre el icono de la imagen TIF (u el tipo de archivo de su elección).

   Se resalta el icono y se selecciona el archivo.

2. Elija **V**er (**V**iew) y luego **O**pciones (**O**ptions) del menú de la ventana de la carpeta.

   Se despliega el menú con fichas Opciones (Options).

3. Haga clic en la ficha Tipos de archivo (File Types), desplácela hacia abajo hasta que vea en la lista Imagen de CorelPHOTO-PAINT 6.0 (CorelPHOTO-PAINT 6.0 Image), luego haga clic en Quitar (Remove) (vea la figura 1.21).

   Aparece un cuadro de llamada de atención que le indica que si realiza esta acción ya no le será posible lanzar la aplicación asociada cuando haga doble clic.

4. Haga clic en Aceptar (OK).

   Se elimina la asociación de archivo con PHOTO-PAINT (u otra aplicación).

Figura 1.21
Usted puede eliminar la asociación entre una aplicación y el tipo de archivo a través del menú Tipos de archivo (File Types) del cuadro de diálogo Opciones (Options).

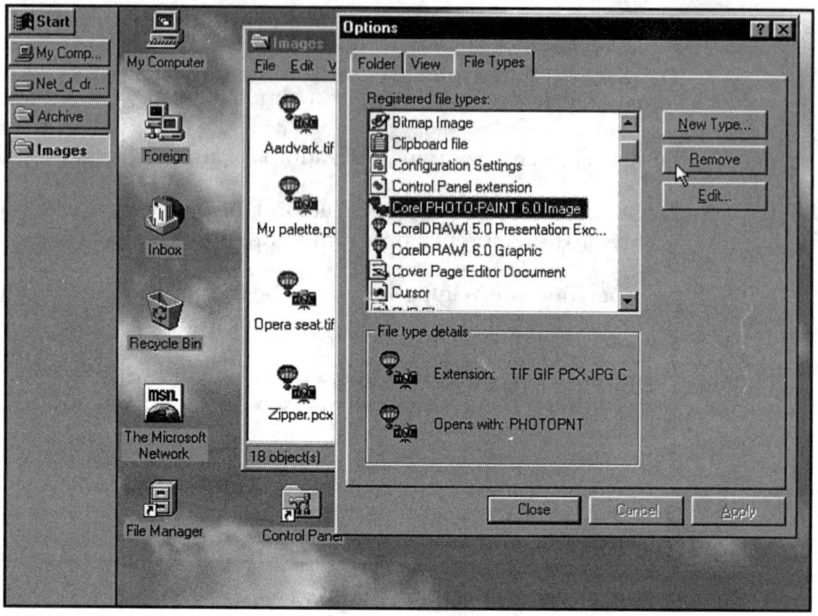

Todo lo que ha hecho aquí es romper un vínculo entre la aplicación y un tipo (o varios tipos) de archivo. Usted no le ha hecho nada a PHOTO-PAINT (ni ninguna otra aplicación). En este ejemplo, al eliminar la asociación con PHOTO-PAINT varios formatos de imagen diferentes quedan sin asociación. Para crear una asociación entre otra aplicación y este tipo de archivo, siga estos pasos:

Cómo crear asociaciones

1. Haga clic en Nuevo tipo (New Type), luego escriba **TIF** en el campo de texto Descripción del tipo (Description of File).

   Ésta es la descripción del tipo de archivo que en el futuro aparecerá en la lista de detalles del archivo y en el cuadro Tipo de archivo (File Type).

2. Escriba **TIF** en el cuadro de texto Extensión asociada (Associated Extension).

   Con esto se registra el tipo de archivo que se asociará con la aplicación.

3. Haga clic en Nueva (New) debajo del campo Acciones (Actions).

   Se despliega el cuadro de diálogo Nueva acción (New Action).

4. Escriba **Abrir (Open)** en el campo Acción (Action).

   Se especifica que la nueva asociación está limitada a abrir un archivo (pero no a eliminarlo ni a Guardar como (Save As), por ejemplo).

5. Haga clic en Examinar (Browse).

   Se abre una ventana de archivos en la que usted selecciona el programa asociado.

En este ejemplo, estamos asociando PaintShop Pro con el tipo de archivo TIF, pero usted puede utilizar cualquier editor o visualizador de imagen que desee. Elija uno haciendo clic sobre él en la ventana del archivo; luego haga clic en Abrir (Open).

6. Haga clic en Cambiar icono (Change Icon).

   Se despliegan los iconos de Win95 disponibles.

7. Haga clic en Examinar (Browse), luego seleccione un icono de cualquier lugar de su disco duro.

   Usted debe elegir entre las siguientes extensiones: DLL, EXE e ICO. Se trata de archivos de iconos (ICO), o archivo de fuentes de iconos; colecciones de iconos.

El paso anterior determina si sus archivos de usuarios despliegan un icono bonito y grande o un icono pequeño, de 16 por 16, centrado en la página. Si usted no selecciona su propio icono, Win95 creará uno utilizando el archivo de recursos de icono de los programas destino. Y el icono será pequeño y difícil de ver en una ventana de archivos.

8. Haga clic en Abrir (Open) después de que haya seleccionado un icono, o un archivo de icono, luego haga clic en Aceptar (OK).

   Se le devuelve al cuadro de diálogo Cambiar nuevo tipo de archivo (Add File Type).

9. Haga clic en Cerrar (Close) y luego otra vez en Cerrar (Close).

   Usted ha terminado, y se le regresa al escritorio de Win95.

Si usted agregó Administrador de archivos (File Manager) a sus carpetas de programas, hay una manera más directa de crear asociaciones. Este tercer método para determinar qué programa se carga cuando usted hace doble clic en él es a la manera de Win3.1x que trabaja perfectamente bajo Win95. He aquí un curso para que refresque sus conocimientos.

Cómo editar el Registro (Registry), la manera de hacerlo en Windows 3.1x

1. Abra el Administrador de archivos (File Manager), luego elija en la lista descendente la unidad donde se localice una imagen Targa (TGA).

   Se localiza el tipo de archivo que desea asociar con un programa.

2. Elija Archivo (File) y Asociar (Associate) del menú Administrador de archivos (File Manager).

   Aparece el cuadro de diálogo Asociar (Associate).

3. Desplace la lista Asociar con (Associate With) hasta que encuentre la aplicación que quiera asociar con las imágenes Targa.

   Seleccione el programa utilizado para abrir la imagen Targa. (Vea la figura 1.22.)

Si el programa no se encuentra en la lista Asociar (Associate), haga clic en E**x**aminar (**B**rowse), localice la aplicación y luego haga clic en Aceptar (OK).

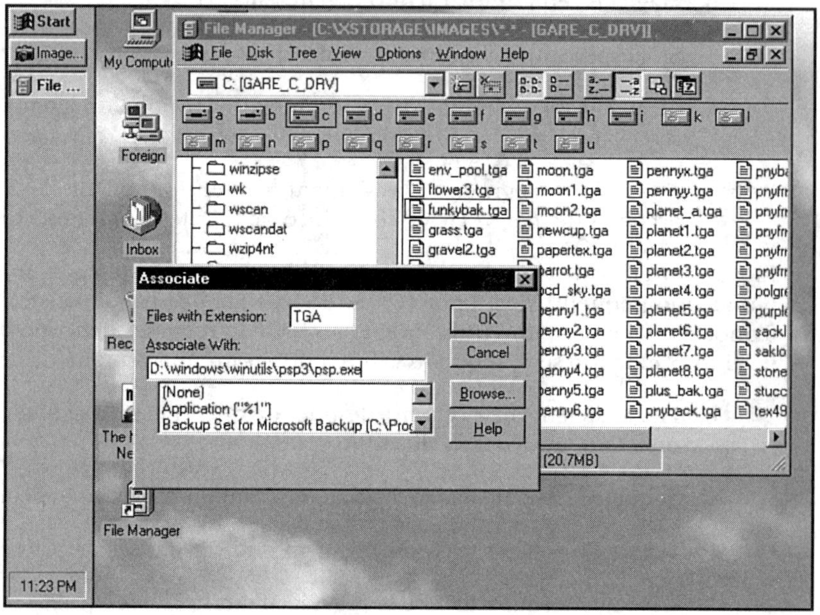

Figura 1.22 Usted puede ver y crear nuevas asociaciones en el Administrador de archivos (File Manager).

4. Haga clic en Aceptar (OK) del cuadro de diálogo Asociar (Associate), luego cierre el Administrador de archivos (File Manager).

   Usted ha creado la asociación entre el programa deseado y los tipos de archivo TGA.

5. Reinicie Win95 para que los cambios tengan efecto.

Como puede ver en la figura 1.23, ahora la carpeta que contiene imágenes Targa está asociada con PaintShop Pro y no con PHOTO-PAINT. Al hacer doble clic en cualquier icono de archivo de esta carpeta se lanzará PaintShop Pro para ver y editar la imagen.

Hay ventajas claras en un sistema operativo orientado a objetos, y las aplicaciones que se ejecutan con él; a través de todo este libro verá muchos ejemplos de mejoras a CorelDRAW. Sin embargo, como lo ilustra el ejemplo anterior no es necesario abandonar las maneras más directas de transferencia y administración de archivos cuando utilice Win95.

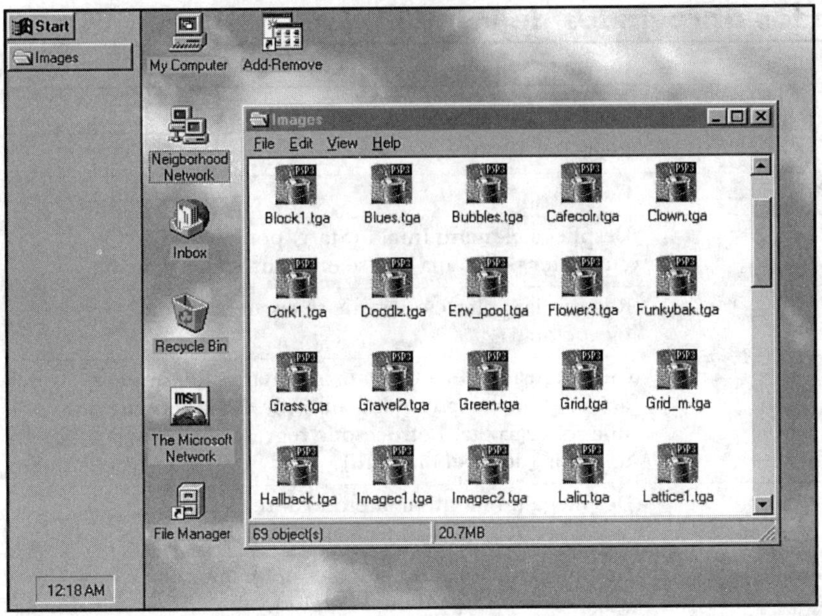

Figura 1.23
Es posible lanzar los archivos que tienen el icono de una aplicación específica con sólo hacer doble clic en él.

Una lista incompleta de teclas de métodos abreviados para Win95

Se trató de que este capítulo fuera una guía esencial para que los usuarios experimentados de Windows navegarán por Windows 95 con más confianza; no pretende ser una documentación *completa* de las opciones de Windows 95; en cambio, está diseñado para proporcionarle al profesional de CorelDRAW algunos puntos de referencia para el nuevo sistema operativo con el que funciona CorelDRAW. Considere que este capítulo es una condensación de los hechos que necesita saber, de modo que usted puede ir al grano (al trabajo con CorelDRAW! 6) de inmediato.

Sin embargo, este capítulo estaría incompleto si no se incluyeran algunos útiles métodos abreviados de teclado, aunque sea a paso de rompecuellos; algunas son específicos de Win95 y otras se aplican a CorelDRAW! 6, Win95 e incluso a la versión anterior de Windows. Con Win95 usted no sólo puede utilizar muchas de las teclas de acceso directo y de los métodos abreviados de teclado que usted ha memorizado para Windows 3.1x, sino también otras combinaciones de acceso rápido que aparecen en la lista de la tabla 1.1.

En la tabla 1.1, usted tiene una referencia rápida a comandos que le ayudarán a recorrer y administrar archivos en Windows 95.

Tabla 1.1 Métodos abreviados de Win95

Lo que usted hace	Lo que pasa
Ctrl+C	Copia.
Ctrl+V	Pega.
Ctrl+X	Corta.
Ctrl+Esc	Despliega el menú Inicio (Start) por encima de cualquier programa que se encuentre en ejecución.
Alt+Tab	Recorre las aplicaciones que se encuentran en ejecución.
Retroceso	Cuando usted tiene dos o más ventanas de carpetas abiertas, lleva a la ventana anterior. En la ventana de una sola carpeta, Retroceso le regresa a la carpeta anterior (de nivel más alto).
Clic con el botón derecho del ratón	Despliega un menú de método abreviado.
Mayús+clic con el botón derecho del ratón (Shift+clic con el botón derecho del ratón))	Despliega opciones adicionales del Explorador (Explorer) en un menú de método abreviado.
Clic y arrastrar	Mueve un objeto de Win95.
Ctrl+clic y arrastrar	Copia un objeto de Win95.
Ctrl+Mayús+clic y arrastrar (Ctrl+Shift+clic y arrastrar)	Crea un acceso directo de un objeto de Win95.
(Cuando la barra de tareas es la aplicación activa) Alt+M	Minimiza todas las carpetas abiertas en las ventanas.
Mayús+clic en una carpeta (Shift+clic en una carpeta)	Cierra las carpetas abiertas en una ubicación del disco duro actual.

Para un recorrido más suave por Windows 95, sólo recuerde esta simple máxima:

"En Win95 todo es un objeto, y usted crea un evento al hacer cambios al objeto."

Para concluir nuestra aventura por la revisión de Win95, echemos una mirada a la manera en que usted asigna nombres a los archivos en este sistema operativo de 32 bits. ¿En qué se diferencia de Win3.1x? Para su información, ¡esta *frase* es un nombre de archivo aceptable en Win95!

Nombres largos de archivos

Como Win95 utiliza una tabla de asignación de archivos (*vfat*) de 32 bits, el acceso a disco es más rápido; usted ya no estará restringido a la convención 8.3 para la asignación de nombres de archivos. Un nombre de archivo puede tener hasta 256 caracteres, incluyendo espacios y texto con mayúsculas y minúsculas. Sin embargo, también están prohibidos los mismos caracteres que para los nombres de carpetas, de modo que no es legítimo un nombre que contenga, digamos, un signo de interrogación o una raya vertical.

Lo que esto significa para los usuarios de CorelDRAW! 6 es el final de los nombres de archivo crípticos que usted estaba forzado a utilizar bajo las restricciones de MS-DOS. ¡¿Quién recordaría que CARMACAB.CDR era una ilustración de un carro de manzanas y un caballo?!

Pero Win95 le asegura compatibilidad hacia atrás con las estructuras de archivo que existen en DOS y las versiones anteriores de Windows; eso significa que los nombres de archivo largos se vuelven nombres de archivo *cortos* cuando los usuarios de Win95 comparten su trabajo con usuarios de sistemas operativos anteriores. Lo que hace Windows es *truncar* (o acortar) los nombres de archivo largos, para que se cumpla la compatibilidad hacia atrás, y dejar los seis caracteres originales (sin la mejora de mayúsculas/minúsculas), seguidos por un guión (-) y por un solo dígito. Los archivos abiertos por DOS o Windows 3.1x pueden leer estos archivos siempre y cuando el contenido del archivo no utilice opciones específicas de la versión. Por ejemplo, un diseño de CorelDRAW! 6 de mi madre, titulado "Fotografía de mi madre.CDR", y que se guardó como archivo de CorelDRAW versión 5, puede abrirse y editarse en CorelDRAW! 5. No importa el nombre largo de archivo; CorelDRAW! 5 ve el nombre de archivo como FOTOGR-1.CDR.

Sin embargo, si usted guardó el diseño de CorelDRAW! 6 en el formato de archivo de CorelDRAW! 6, CorelDRAW! 5 no puede abrir el archivo porque el archivo cuenta con información específica de la versión. Además, si usted edita alguna imagen con un nombre largo de archivo en la versión anterior, ésta truncará el nombre de archivo guardado, y su archivo de ejemplo aparecerá como FOTOGR-1.CDR cuando se abra en CorelDRAW! 6.

Existe un peligro sutil en la manera en que usted asigna nombres de archivo largos. Debido a la convención de asignación de nombres con compatibilidad hacia atrás, ¡usted puede terminar con un montón de archivos en su disco duro que tengan nombres casi idénticos! La mejor manera de usar un nombre de archivo largo, si sabe que un usuario de DOS o Windows 3.1x trabajará con el archivo, es utilizar al inicio seis letras distintivas. Por ejemplo, empiece el nombre largo de archivo con un nombre propio.

"Mary Reporte trimestral.doc" es un buen nombre largo de archivo; si Win3.1 lo trunca, el archivo se leerá "MARYRE~1.DOC". A continuación se ve un ejemplo de los peligros de relajar las prácticas de asignación de nombres de archivo. En la figura 1.24 se han creado dos logos. Son muy diferentes y se diseñaron para personas completamente distintas, pero observe los nombres de archivo...

En la figura 1.25 usted puede ver el Administrador de archivos (File Manager) de Windows 3.1; los nombres truncados para los archivos se ven en la figura 1.24.

Las convenciones de asignación de nombres a archivos pueden resultar una bendición o una maldición en Win95, dependiendo del nombre que elija para el archivo. La mayoría de los usuarios que tienen años de experiencia con DOS y Windows tal vez prefieran apegarse a la convención 8.3 por un rato. Si decide confinar sus nombres de archivo a ocho caracteres para reforzar la compatibilidad hacia atrás, debe recordar una cosa: los nombres de archivo largos de Win95 también son sensibles a las mayúsculas. Así que escriba su nombre 8.3 en mayúsculas y sin espacios, para asegurarse de que un sistema operativo o un programa anterior no cambiarán el nombre. ¡En la actualidad, el autor cuenta con algunos archivos de usuario de apariencia bastante divertida en Win95, etiquetados "cArriOlA.CDr" y "mIsCOsaS.doc"!

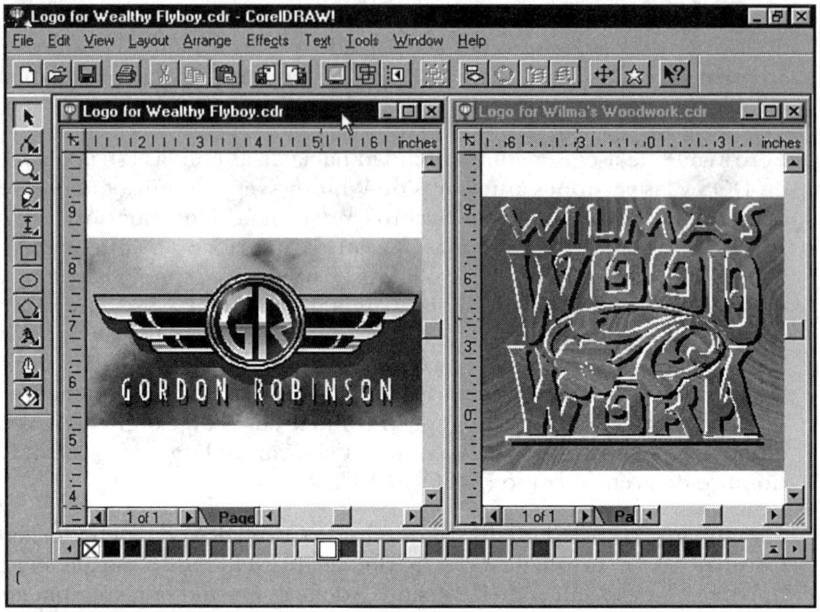

Figura 1.24
Los primeros ocho caracteres de cada archivo CDR son idénticos.

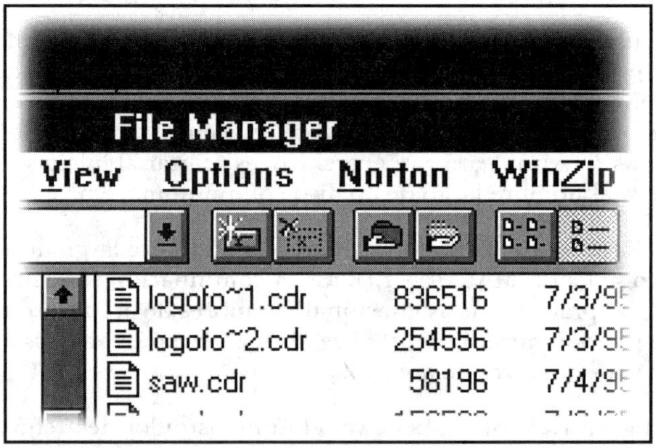

Figura 1.25
¡Es probable que deba abrir ambos archivos para saber cuál es cuál!

Cómo personalizar una aplicación

En el capítulo 2, "Cómo personalizar CorelDRAW!", usted hará la migración lógica de tratar con un sistema operativo orientado a objetos a tratar con un programa orientado a objetos. CorelDRAW! 6 *no* es el mismo programa de "siéntese y diseñe" al que tal vez estaba acostumbrado. De hecho, usted se levantará y gritará cuando vea lo que se encuentra oculto bajo los iconos de herramientas, lo que se ha empaquetado en los cuadros de diálogo y lo que se logró reorganizar de manera general para adecuarse a los nuevos estándares de las aplicaciones de Win95. Es algo confuso que usted terminará adorando, y el capítulo 2 elimina esa confusión.

2

capítulo

Cómo personalizar CorelDRAW!

La primera vez que usted abra CorelDRAW! 6, tal vez se sentirá un poco sobrecogido por la nueva interfaz. Se trata de una reacción natural para los usuarios de anteriores versiones porque los controles para la configuración de herramientas y los elementos de menús no *se encuentran* en lugares equivalentes, y aparecen nuevas herramientas. Con todos esos iconos, ¡tal vez sienta que se está obstaculizando su estilo de diseño!

Sin embargo, Corel Corp. intuyó que la manera en que usted trabaja en DRAW tal vez sea diferente del estilo de la compañía, e incluyó en la versión 6 lo más avanzado en flexibilidad de interfaz. Usted, el diseñador, tiene casi la última palabra sobre el lugar donde se ubican las cajas de herramientas, las barras de herramientas e incluso los elementos de menú. En este capítulo se tratan los "cómo hacer" para que la ventana de dibujo sea un lugar más eficiente, sólido y productivo.

Cómo optimizar la barra de estado y herramientas

Corel Corp. siguió al pie de la letra las recomendaciones de Microsoft para una interfaz de aplicación estándar que funcione con Win95: las herramientas tienen modos de "estado persistente", la Multiple Document Interface (MDI; interfaz de documentos múltiples) se lleva a cabo a través de ventanas hijas, y las barras de estado se localizan en la parte inferior de la pantalla. En la figura 2.1 se muestra la interfaz de CorelDRAW, tal como se ve recién salida de la caja y sin personalización. Se incluyen nuevas herramientas y elementos de barras de herramientas, y más adelante, en este mismo capítulo, se explica cómo mover los elementos a una mejor y más útil posición.

Figura 2.1
La configuración predeterminada del espacio de trabajo de DRAW cumple con las exigencias para interfaces de Win95 de Microsoft.

Corel Corp. reconoce que la ubicación de los elementos comunes de menú y de otros controles de la interfaz tal vez cumplan con las normas de Microsoft pero no con *sus* gustos particulares. Por lo tanto, en esta sección se examina la manera de personalizar algunos de los elementos más básicos dentro del ambiente de CorelDRAW.

Cómo configurar la barra de estado

En la versión 4 de CorelDRAW, el área de información útil dentro del área de trabajo se convirtió en la barra de estado; en ésta y en versiones subsecuentes, usted tiene la posibilidad de mover la barra de estado a la parte superior o inferior de la pantalla. Como opción predeterminada, la barra de estado aparece en la parte inferior, al tamaño más grande de los dos posibles.

El primer cambio que la mayoría de los usuarios hace 30 segundos después de instalar CorelDRAW! 6 es mover la barra de estado a la parte superior de la pantalla. ¿Por qué? La barra de estado proporciona actualización continua sobre la información de objetos como rellenos, tipos de fuente y posición relativa de los objetos en el área de impresión. En la parte inferior de la página, esta información "compite" con la paleta de colores que se encuentra junto a ella para llamar la atención.

En la versión 6, la barra de estado se ha diseñado con la misma flexibilidad que el resto de los elementos de la interfaz; usted puede decidir qué información mostrar y en qué lugar de la barra de estado. Siguiendo el espíritu de WordPerfect, Corel Corp. desea que DRAW sea un lugar que usted casi nunca tenga que dejar, desde que arranca su computadora hasta el silbato de las 5 de la tarde. Usted tiene la libertad de asignar la información que usted crea que va mejor con su estilo de trabajo a diferentes campos de la barra de estado. Como ejemplo, suponga que necesita ver la fecha y la hora en el espacio de trabajo de Corel. En los siguientes pasos recorreremos el método de personalización de la barra de estado para proporcionar esta información.

Dos conceptos clave se aplican a la organización de los elementos de la barra de estado, igual que a todos los elementos que usted aprenderá a modificar en el espacio de trabajo de CorelDRAW:

- ✔ El botón derecho del ratón es su "guía espiritual" para identificar y cambiar prácticamente todo en CorelDRAW, en otros programas que cumplen con las normas de Win95 y en el propio Windows 95. Si usted se siente perdido, puede tener acceso a las hojas de Propiedades (Properties) con sólo hacer clic con el botón derecho del ratón sobre un objeto del área de trabajo; aparecerá una representación más completa de lo que desea personalizar. En este libro se cubrirán con todo detalle las propiedades de los objetos de la interfaz.
- ✔ Antes de personalizar DRAW debe tomarse en cuenta la resolución a la que su tarjeta de video despliega Corel y el ambiente Win95. Las figuras de pantallas que aparecen en este capítulo se tomaron a una resolución de 640x480 pixeles. Si, como la mayoría de los usuarios, usted utiliza una resolución de 600x800 para Win95, puede ocupar el espacio de CorelDRAW con más información y herramientas. En este capítulo señalaremos dónde tiene la oportunidad de seleccionar botones grandes para el espacio de trabajo de DRAW; debe utilizarlos si está ejecutando el programa a resoluciones altas, y ocuparán de manera marginal más espacio que los iconos y botones estándar.

He aquí cómo incluir en la barra de estado la información que desee mientras trabaja en CorelDRAW! 6:

Cómo personalizar la barra de estado

1. En CorelDRAW, haga clic y arrastre la barra de estado de la parte inferior de la pantalla a la parte superior.

   Se incrusta la barra de estado en la parte superior de la pantalla, debajo del menú y arriba de la barra de herramientas. Como alternativa, puede hacer clic con el botón derecho del ratón en la barra de estado y elegir Colocar al **P**rincipio (Place at **T**op) del menú de método abreviado.

Alto En el menú de método abreviado también puede encontrar la opción Barra de estado pequeña (Small Status Bar). No la elija, aunque esté ejecutando a una resolución de 640×480. Al hacerlo, se limita a uno el número de campos en cada región de la barra de estado.

2. Haga clic con el botón derecho del ratón en la parte derecha de la barra de estado, hacia la parte superior.

   Se muestra el menú de método abreviado de la barra de estado, y se resalta uno de los dos campos en la región de la barra de estado.

3. Haga clic en Mostrar (Show), luego elija Hora y fecha (Time and Date) del menú lateral del menú de método abreviado.

   Automáticamente cambia de tamaño, de Muestra de color grande (Large Color Swatch) a Muestras de color Pequeñas (Small Color Swatch); se agrega la hora y la fecha al campo superior de la región 3 de la línea de estado (vea la figura 2.2).

Figura 2.2
Usted puede agregar dos campos a cada región de la Barra de estado grande (Large Status Bar)

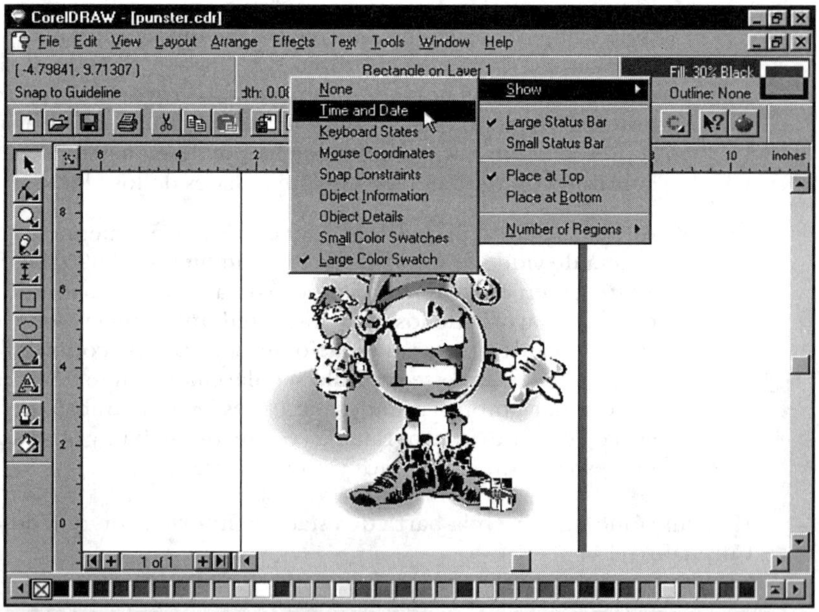

4. Haga clic y arrastre el espaciador entre la primera y la segunda regiones de la izquierda, hasta que casi toque las coordenadas que aparecen en la primera región.

   Se abre más espacio para que se muestren los datos en el campo Detalles del objeto (Object Details) (la parte inferior de los dos campos, en la región intermedia). Vea la figura 2.3.

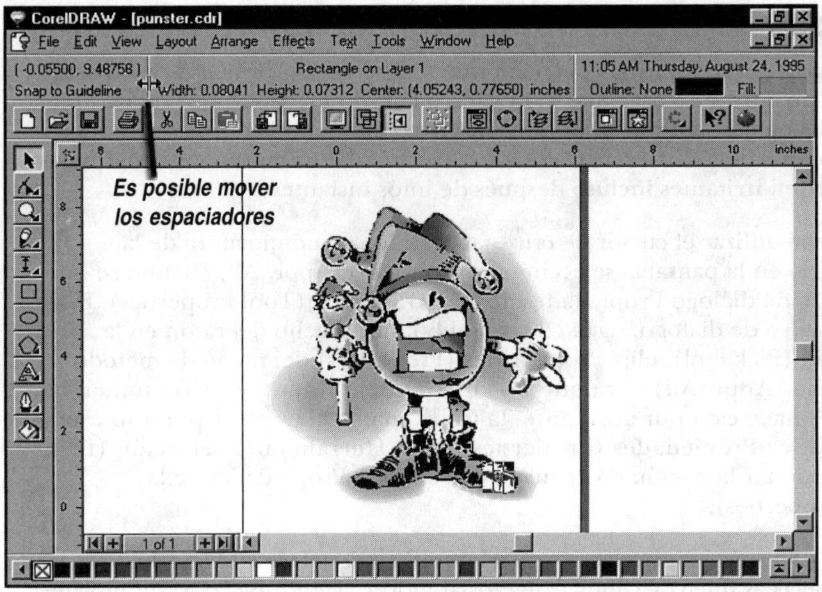

Figura 2.3
Usted puede ajustar la cantidad de espacio que ocupa una región haciendo clic y arrastrando un espaciador.

Usted puede tener hasta 6 regiones en la barra de estado, y con la opción Barra de estado grande (Large Status Bar) elegida, cada región tiene dos campos. Usted necesitaría ejecutar a una resolución de pantalla de 1024×768 para que todos los campos de la región sean visibles, y además necesitaría una razón poderosa para poblar su barra de estado de esta manera; sólo existen 9 campos de datos posibles.

Por desgracia, CorelDRAW no divide las líneas de texto, y el campo Detalles de objetos (Object Details) no se puede ajustar para que muestre menos de cinco lugares decimales. La manera más inteligente de maximizar los datos del campo en la barra de estado es cambiar el tamaño de los campos utilizando los espaciadores.

PHOTO-PAINT y algunos otros módulos de Corel ofrecen configuraciones flexibles de la barra de estado y las herramientas, aunque sus datos difieran de los de CorelDRAW. Si usted lee completo este capítulo, estará en camino de personalizar todas las aplicaciones de Corel.

Cómo utilizar las propiedades de los objetos para personalizar herramientas

Las hojas de propiedades son una nueva característica de Win95 (por lo general se encuentran al final de los menús de método abreviado que se despliegan con el botón derecho del ratón) que proporciona información sensible al contexto relacionada con el objeto sobre el que ha hecho clic con el botón derecho del ratón.

Todos los elementos de las aplicaciones de Win95 son objetos, y las herramientas de CorelDRAW no resultan la excepción. Usted puede aumentar las funciones de cada herramienta para que sirvan a un propósito específico de diseño. En las siguientes secciones se hacen recomendaciones y se muestra cómo obtener lo máximo de sus herramientas de diseño.

Las propiedades de la Herramienta Selección (Pick tool)

La Herramienta Selección (Pick tool) (la herramienta para selección primaria de objetos) puede cambiarse por un cursor de cruz que va de lado a lado y de arriba abajo de la ventana de dibujo. Aunque esta opción podría hacer que DRAW resultara un lugar más cómodo para los diseñadores con antecedentes de CAD, los cursores de cruz tardan más en dibujarse en la pantalla y se vuelven irritantes incluso después de unos instantes.

Si usted siente que debe utilizar el cursor de cruz panorámico como metáfora de la ubicación de un espacio en la pantalla, seleccione Aplicar todo (Apply All) cuando se encuentre en el cuadro de diálogo Propiedades de la herramienta (Tool Properties). Para tener acceso a este cuadro de diálogo, haga clic con el botón derecho del ratón en la Herramienta Selección (Pick tool), elija Propiedades (Properties) del menú de método abreviado. Aplicar todo (Apply All) hará que los cursores de dibujo y edición tomen la forma de una cruz. Si hace esto por accidente, la única manera de pasar por alto esta función es elegir otra vez Propiedades (Properties) de la Herramienta Selección (Pick tool) y dejar de seleccionar la opción en el cuadro de diálogo Propiedades de la herramienta (Tool Properties).

Otras opciones para la Herramienta Selección (Pick tool) son Tratar todos los objetos como rellenos (Treat all objects as filled) y Dibujar objetos al mover (Draw objects when moving). La primera opción es una mejora práctica que resulta particularmente útil en situaciones en que varios objetos pequeños se encuentran dentro de la pantalla sin propiedades de relleno. ¿Alguna vez ha tratado de seleccionar un recuadro con un filete de un pixel de ancho? Con la opción Tratar todos los objetos como rellenos (Treat all objects as filled) activada, usted puede hacer clic en el centro de un objeto no relleno para seleccionarlo. En la figura 2.4 se ha seleccionado la opción recomendada en el cuadro de diálogo Propiedades de la herramienta (Tool Properties) para la Herramienta Selección (Pick tool).

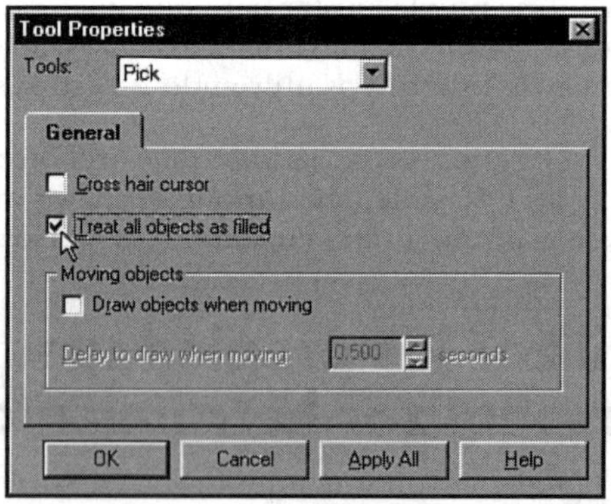

Figura 2.4
La opción Tratar todos los objetos como rellenos (Treat all objects as filled) es la propiedad más útil que usted puede definir para la Herramienta Selección (Pick tool).

La opción Dibujar objetos al mover (Draw objects when moving) no proporciona una orientación visual mucho mejor de los objetos que la opción predeterminada que sólo muestra un recuadro de límite mientras se mueve un objeto. Con esta opción activa, casi de inmediato se actualizará el filete del objeto movido, pero no verá un relleno porque será mucho pedirle a su subsistema de video que actualice constantemente la información adicional de la pantalla.

Propiedades de la Herramienta Forma (Shape tool)

Aunque los usuarios de CorelDRAW se han referido de manera consistente a la Herramienta Forma (Shape tool) como la "herramienta de edición de nodos" (porque su uso principal es como editor de nodos), Corel Corp. ha adoptado aparentemente el sobrenombre popular de la herramienta, al menos en el cuadro de diálogo Propiedades de la herramienta (Tool Properties). No busque las propiedades de la herramienta Forma (Shape tool) después de que haga clic con el botón derecho del ratón en la Herramienta Forma (Shape tool) y elija Propiedades (Properties) del menú de método abreviado; ¡ahora se llaman propiedades de Edición de nodos (Node Edit)!

La única opción de la herramienta Edición de nodos (Node Edit) (Forma (Shape)) que se puede cambiar es el método que utiliza para reducir automáticamente el número de nodos en una trayectoria. El efecto Silueta (Contour) aplicado a un objeto, los archivos importados de Adobe Illustrator, los archivos de Corel OCR-Trace y TrueType (que se han convertido a curvas) a menudo contienen un exceso de puntos de control a lo largo de sus trayectorias. La eliminación manual de todos y cada uno de los nodos superfluos consume tiempo y puede hacer que el contorno de una trayectoria fluya de manera inexacta. La opción Reducir automáticamente (Auto-reduce) se encuentra disponible en la Persiana de Edición de nodos (Node Edit Roll-Up) y hace que los menús de método abreviado sean más rápidos y precisos.

Sin embargo, el valor predeterminado para la opción Reducir automáticamente (Auto-reduce) es un minúsculo .004 pulgadas. Esto significa que si usted selecciona un objeto con un exceso de nodos y luego elige Reducir automáticamente (Auto-reduce), CorelDRAW no eliminará ningún nodo si esto significa mover la curva 4/1,000 de pulgada de una trayectoria. Por lo general esto significa que la opción Reducir automáticamente (Auto-reduce) de la Herramienta Forma (Shape tool) no eliminará *ningún* nodo superfluo de una trayectoria.

En la figura 2.5, usted puede ver las propiedades de la herramienta Edición de nodos (Node Edit) (Forma (Shape)) para que la reducción de nodos salte a un más realista 2/100 de pulgada. Este valor es un punto medio adecuado entre la nula reducción de nodos y la grave inexactitud de un diseño de curva a raíz de la eliminación de demasiados nodos. Si usted trabaja en un área de impresión de 21 × 28 centímetros la mayor parte del tiempo, 0.02 pulgadas (alrededor de *un punto y medio* en medidas tipográficas) es el valor recomendado para el cuadro Reducir automáticamente (Auto-reduce).

En la figura 2.5 puede ver que no importa sobre cuál herramienta haga clic con el botón derecho del ratón, usted tendrá acceso a las propiedades de *otra* herramienta si selecciona una herramienta de la lista descendente Herram. (Tools). Por lo tanto, puede permanecer en el cuadro de diálogo Propiedades de la herramienta (Tool Properties) y cambiar las opciones predeterminadas de otras herramientas.

Propiedades de la Herramienta Zoom (Zoom tool)

Para cumplir con las "recomendaciones" de Microsoft para las propiedades de herramientas, la Herramienta Zoom (Zoom tool) ha sufrido un cambio en la versión 6, que podría resultar impopular para los usuarios experimentados. En versiones anteriores de CorelDRAW, los usuarios podían tener acceso a un menú lateral de la Herramienta Zoom (Zoom tool), ajustar las vistas de la ventana de dibujo en un solo paso y luego regresar automáticamente a la última herramienta utilizada.

Figura 2.5
Dos centésimos de pulgada es un grado aceptable de cambio para una trayectoria que contiene demasiados nodos.

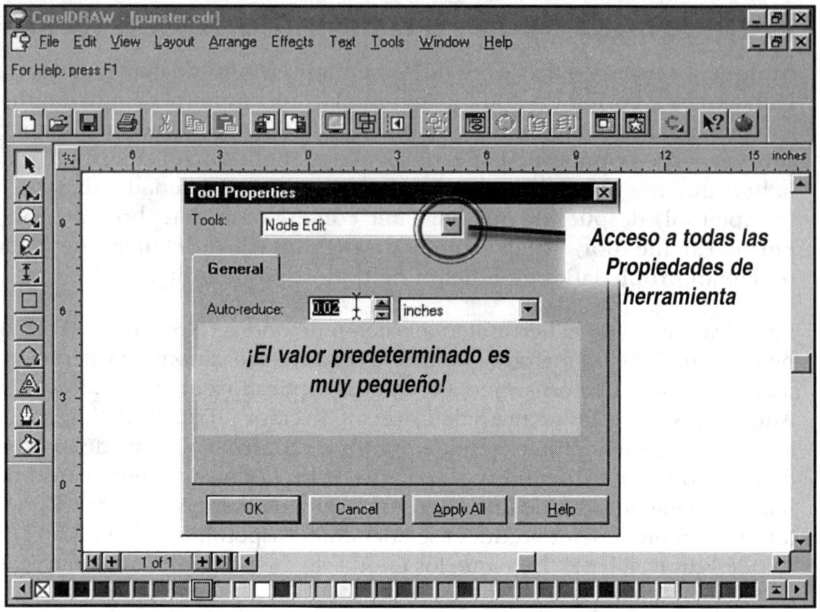

Como opción predeterminada, DRAW presenta ahora una Herramienta Zoom (Zoom tool) de *estado persistente*: la herramienta permanece seleccionada hasta que usted selecciona una diferente. Además, no hay un menú lateral para elegir diferentes resoluciones de la vista. En la figura 2.6, puede ver una nueva manera de tener acceso a diferentes resoluciones de acercamiento; usted hace clic en la Herramienta Zoom (Zoom tool), luego oprime el botón derecho del ratón para elegir resoluciones del menú de método abreviado. Si necesita hacer reducciones y ampliaciones sin utilizar una herramienta entre ambas acciones (una necesidad impráctica), la configuración de estado persistente de la Herramienta Zoom (Zoom tool) podría ser su elección.

Por fortuna para los usuarios de versiones anteriores, aún pueden tener acceso a la Herramienta Zoom (Zoom tool) tradicional y definirla como opción predeterminada para ajustar las vistas de la pantalla. En la figura 2.7, usted puede ver la casilla de verificación Usar tradicional zoom lateral (Use traditional flyout) en el menú Zoom, Panorámica (Zoom, Pan) dentro de Propiedades de la herramienta (Tool Properties).

Para los recién llegados a CorelDRAW, en la figura 2.8 se muestra el menú lateral tradicional de la Herramienta Zoom (Zoom tool). Usted elige una resolución de la vista en el menú lateral (mantenga el cursor arriba para ver una etiqueta de cada botón) y después de seleccionar la vista, éste se retrae y usted regresa a la herramienta que estaba utilizando.

También debe considerar la asignación de **R**educir (**Z**oom out) como propiedad general de la Herramienta Zoom (Zoom tool) para el botón secundario de su ratón. Muchos programas, incluyendo PHOTO-PAINT, ofrecen la configuración de clic con el botón izquierdo para acercar y clic con el botón derecho del ratón para alejar. La propiedad Reducir (Zoom out) es también un estado persistente de la Herramienta Zoom (Zoom tool).

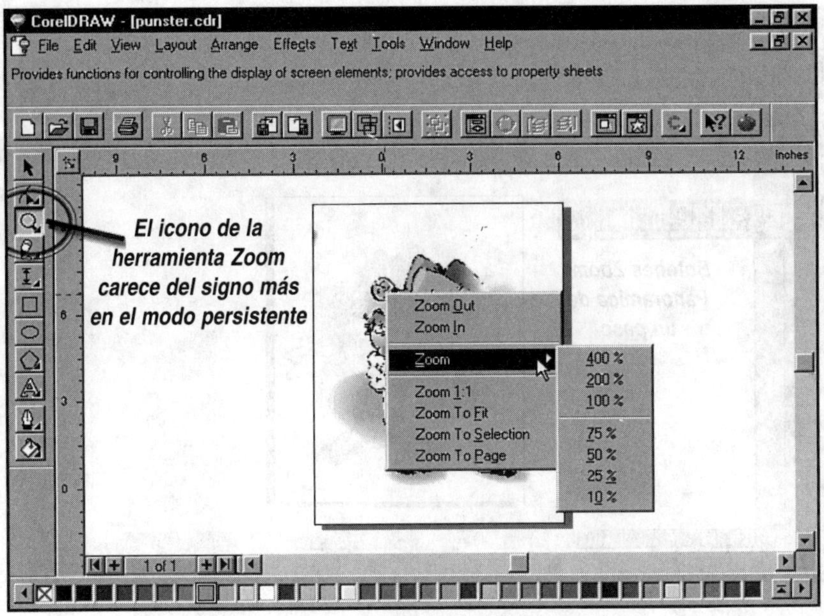

Figura 2.6
En su configuración predeterminada, la Herramienta Zoom (Zoom tool) permanece activa hasta que usted selecciona una herramienta diferente.

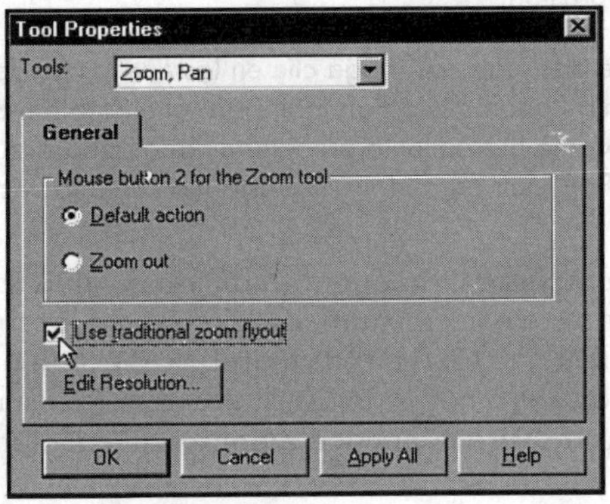

Figura 2.7
Los usuarios experimentados apreciarán el menú lateral tradicional de Zoom como parte de la caja de herramientas completa de CorelDRAW.

Problemas de Zoom

Como CorelDRAW! 6 aprovecha la arquitectura de un programa de 32 bits, las mediciones, incluyendo las del zoom, pueden ahora hacerse con una fantástica precisión. Esto también significa que el "pulgar" (el botón que se encuentra en medio de las barras de desplazamiento) no debe utilizarse en CorelDRAW.

Figura 2.8 El menú lateral tradicional de la Herramienta Zoom, (Zoom tool) lo regresará al diseño después de cada paso.

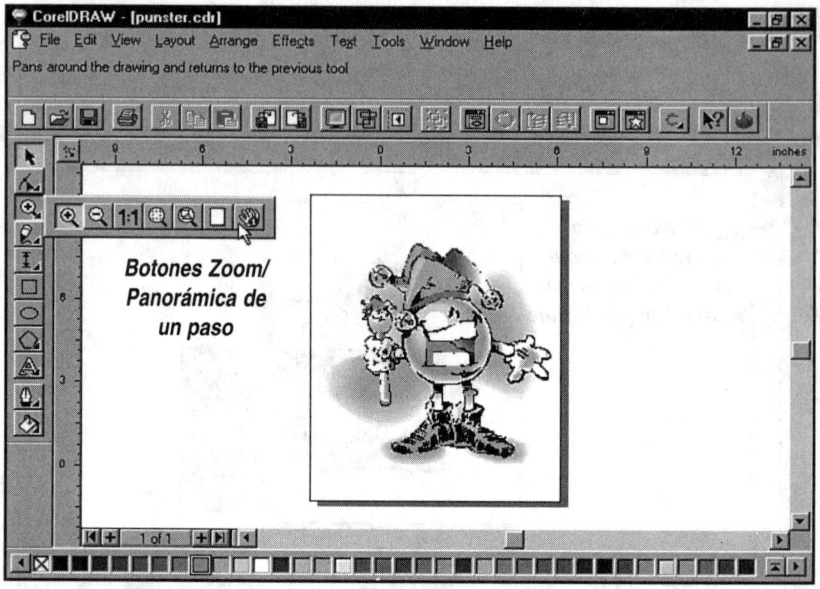

Alto Hasta el más ligero roce en la barra de desplazamiento de CorelDRAW puede enviar su vista a metros del área de impresión.

Usted puede superar este inconveniente de dos maneras: haga clic en las *flechas* de desplazamiento para mover su vista, o utilice la Herramienta Panorámica (Pan tool) para el mismo fin. Por desgracia, si elige el menú lateral de Zoom tradicional como herramienta predeterminada, tendrá que seleccionar varias veces la Herramienta Panorámica (Pan tool) para mover su vista más de una vez.

El autor recomienda que utilice el menú lateral de Zoom tradicional y que recurra a las flechas de desplazamiento y a los botones de la Herramienta Zoom (Zoom tool) para ajustar su vista. El Gestor de visión (View Manager) (Ctrl+F2) de CorelDRAW! 6 le puede guardar varias resoluciones de zoom y llamarlos, pero tal vez le resulta impráctica esta implantación del zoom, porque tres o más persianas de DRAW pueden amontonarse fácilmente en su ventana de dibujo.

Tip Algunas, pero no todas las molestias del recorrido pueden corregirse automáticamente si activa la opción **H**erramientas (Tools), **O**pciones (**O**ptions), Mostrar (Display) y **V**ista panorámica automática (Auto-**P**anning). Esta opción está activa como opción predeterminada, de modo que si la ha desactivado accidentalmente, haga clic en esta casilla de verificación. Vista panorámica automática (Auto-**P**anning) desplaza automáticamente la ventana cuando usted intenta mover objetos fuera de la ventana del documento. Con un poco de práctica, puede "forzar" a CorelDRAW para que siga sus movimientos y proporcione la vista del documento que usted necesite,

Propiedades de la Herramienta Lápiz (Pencil tool)

Las propiedades para los modos de dibujo Bézier y A mano alzada (Freehand) pueden cambiarse seleccionando el modo Curva, Bézier (Curve, Bézier) de la lista descendente

Herram. (Tools) del cuadro de diálogo Propiedades de la herramienta (Tool Properties), como se muestra en la figura 2.9. Igual que con la Herramienta Zoom (Zoom tool), usted puede tener acceso a las propiedades de la herramienta Curva, Bézier (Curve, Bézier) haciendo clic con el botón derecho del ratón en la herramienta Lápiz (Pencil) de la caja de herramientas. Tal vez nunca necesite cambiar los valores predeterminados (de 5) para el dibujo de curva, pero debe estar consciente de que existen estas opciones:

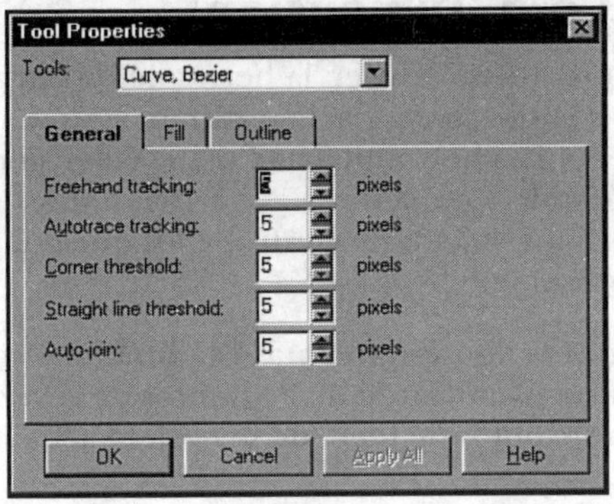

Figura 2.9
El cuadro de diálogo Propiedades de la herramienta (Tool Properties).

- ✔ **Seguimiento a mano alzada (Freehand Tracking).** Controla la precisión de CorelDRAW para la generación de curvas con base en los movimientos de ratón. El valor predeterminado proporciona un buen grado de exactitud, pero el dibujo a mano alzada no es el método más exacto para diseñar en CorelDRAW (hacer doble clic y las técnicas de Bézier se analizan en todo este libro y son los estilos de dibujo recomendados para la Herramienta Lápiz (Pencil tool)).

- ✔ **Seguimiento de vectorización automática (Autotrace Tracking).** Tal vez desee especificar 1 pixel en este campo si utiliza una utilería de conexión con CorelDRAW para trazar las curvas que se encuentra en las imágenes de mapa de bits importadas. En el capítulo 3, "Cómo someter a los nodos y las trayectorias (la manera fácil)", se muestra la técnica para vectorizar automáticamente los límites de colores contrastantes en una imagen TIFF, BMP u otro tipo de mapa de bits. Mientras menor sea el valor de Seguimiento de vectorización automática (Autotrace Tracking), con mayor exactitud trazará CorelDRAW un mapa de bits y se producirán más nodos a lo largo de la trayectoria del filete. Sucede lo contrario con un alto valor de pixeles en este campo.

- ✔ **Umbral de esquina (Corner Threshold).** Determina dónde se colocan los nodos cúspide cuando se hace una vectorización automática o se utiliza el modo a mano alzada de la Herramienta Lápiz (Pencil tool) como lo haría con un lápiz físico. Mientras más bajo sea el valor especificado en este campo, más "esquinas" (nodos con la propiedad Cúspide (Cusp)) se producen alrededor de la trayectoria del filete.

- ✔ **Umbral de líneas rectas (Straight Line Treshold).** Los modos Vectorización automática (Autotracing) y A mano alzada (Freehand) de la Herramienta Lápiz (Pencil tool) pueden utilizarse para producir una combinación de líneas rectas y curvas. Al especificar un valor alto en este campo, se producen más líneas rectas con la herramienta; valores más bajos producen más segmentos de trayectorias curvas.

✔ **Unir automáticamente (Autojoin).** Determina qué tan cerca, en pixeles, necesita estar el punto final del punto inicial de una trayectoria para permitirle a CorelDRAW que cierre la trayectoria. A menos que usted esté utilizando un monitor de 45 pulgadas con una resolución cercana a un átomo por pixel, nunca necesitará cambiar el valor de 5 pixeles.

Propiedades de la línea Cota (Dimension)

Las Herramientas Cota (Dimension tools) (que incluyen la herramienta Nota (Callout)) no son herramientas artísticas; en cambio se utilizan para acotar distancias, medidas y títulos específicos a objetos dentro de un diseño. Las herramientas Cota (Dimension) son dinámicas; las distancias marcadas utilizando alguna de estas herramientas se actualizan cada que usted cambia la escala o mueve los objetos de control a los que están vinculados, un principio similar a Combinar (Blend) objetos.

Las opciones que usted puede cambiar para las herramientas Cota (Dimension) son el tamaño del punto del texto (si no le gusta AvantGarde de 24 puntos cada vez que utiliza la herramienta), el relleno del texto y los atributos de filete de un objeto acotado.

Propiedades de Rectángulo (Rectangle) y Elipse (Ellipse)

Igual que con las opciones para ajustar la Herramienta Lápiz (Pencil tool), tal vez nunca necesite cambiar las propiedades de la Herramienta Rectángulo (Rectangle tool) y la Herramienta Elipse (Ellipse tool). El menú Propiedades (Properties) de la herramienta Rectángulo (Rectangle) ofrece propiedades predeterminadas de relleno y filete; también puede ajustar la curva de las esquinas de un rectángulo.

El parámetro predeterminado de filete negro de 0.003 pulgadas y sin relleno le permite al usuario ver otros objetos que podrían estar colocados debajo del rectángulo. Si usted necesita dibujar rápidamente 2,000 rectángulos rellenos con una textura, tal vez deba cambiar la propiedad para que satisfaga esta necesidad. De igual manera, puede cambiar la curva de las esquinas (¿sin esquinas?) del rectángulo de 0 a 100 (no hay un radio específico para la esquina en la ficha General). Esta opción puede revolver su trabajo en sesiones futuras, sobre todo si olvida que la ha cambiado. El autor recomienda que si desea diseñar rectángulos con esquinas suaves, utilice la Herramienta Forma (Shape tool) para modificar el nodo de la esquina de un rectángulo con ángulos rectos.

La Herramienta Elipse (Ellipse tool) puede modificarse para que produzca elipses rellenas con diferentes propiedades de filete, pero como la Herramienta Rectángulo (Rectangle tool), el beneficio tal vez no rebase las ventajas de dejar la Herramienta Elipse (Ellipse tool) con sus parámetros predeterminados.

Usted también puede definir que se cree un arco abierto o cerrado cada vez que utiliza la Herramienta Elipse (Ellipse tool) a partir de las opciones para Elipse (Ellipse) de la ficha General del cuadro de diálogo Propiedades de la herramienta (Tool Properties). Sin embargo, igual que con la Herramienta Rectángulo (Rectangle tool), la Herramienta Forma (Shape tool) puede utilizarse para modificar una elipse de modo que represente un trozo de pastel (haga clic y arrastre el único nodo de la elipse hacia el interior), o un arco abierto (haga clic y arrastre el único nodo de la elipse hacia el exterior).

Después de que una elipse se vuelve una rebanada de pastel o un arco, es casi imposible que el objeto vuelva a tomar la forma de una elipse cerrada, así que mejor deje esta opción como está.

Tip Aunque el cuadro de diálogo Propiedades de la herramienta (Tool Properties) correspondiente a la elipse proporciona al usuario aumentos precisos para elaborar rebanadas de pastel y arcos, esos efectos se pueden crear manualmente, con una cantidad igual de precisión, teniendo acceso a la ficha General a través de Opciones (Options) del menú Herramientas (Tools).

Como opción predeterminada Ángulo de constricción (Constrain angle) es 15°, lo que significa que cuando usted presiona la tecla Ctrl en combinación con las herramientas de dibujo y edición, los ángulos de dibujo, movimiento, estiramiento y rotación están restringidos a incrementos de 15°. Si especifica, digamos 1° en este campo, entonces puede editar una elipse a cualquiera de los 359° de la forma del pastel.

Propiedades de la Herramienta Polígono (Polygon tool)

Además de las herramientas Rectángulo (Rectangle) y Elipse (Ellipse), la nueva Herramienta Polígono (Polygon tool) produce trayectorias cerradas que pueden editarse sin convertir la trayectoria a segmentos de curvas más simples.

La Herramienta Polígono (Polygon tool), como opción predeterminada, produce un pentágono. Esto se puede cambiar para que produzca una forma de estrella (Polígono como estrella (Polygon as Star)) y también una forma de estrella que se intersecta a sí misma (Estrella (Star)). En este cuadro de diálogo de propiedades para ambos tipos de polígonos de estrellas usted puede definir el Número de puntos (Number of points) que tiene un dibujo de polígono y determinar la distancia del vértice interior de la forma Polígono como estrella (Polygon as Star) al centro por medio de la barra de desplazamiento Perfilado (Sharpness).

Tip Aunque no pueda definir un Perfilado (Sharpness) predeterminado para la forma de Estrella (Star) de la Herramienta Polígono (Polygon tool) en el cuadro de diálogo Propiedades de la herramienta (Tool Properties), sí puede aumentar *manualmente* el perfilado de un objeto de polígono después de crear semejante forma.

Con la Herramienta Forma (Shape tool), haga clic y arrastre hacia el centro del objeto uno de los nodos de intersección que se encuentran en el área interior del polígono con forma de estrella.

Una de las ventajas de crear un polígono utilizando la Herramienta Polígono (Polygon tool) en lugar de arrastrar una forma de la paleta Símbolos (Symbols) es que a un polígono se le puede cambiar la forma de manera dinámica. Por ejemplo, una forma de estrella de cinco puntos puede convertirse en un polígono haciendo clic y arrastrando un punto de control con la Herramienta Forma (Shape tool); aleje un vértice interior del centro y puede volver hacia fuera el interior de la estrella.

Las formas de polígono también pueden editarse a través de su simetría con sólo editar una línea o nodo. Si desea crear una flor, empiece con una estrella de ocho puntas, luego convierta dos segmentos de línea convergentes en curvas (utilice la Herramienta Forma (Shape tool) y la Persiana Edición de nodos (Node Edit Roll-Up)). Después, cuando usted extienda hacia fuera los segmentos curvos, los otros "pétalos" imitarán automáticamente a estos segmentos.

En la figura 2.10 se muestra el proceso de creación de una estrella cuyas líneas se extienden hacia fuera. Sin la Herramienta Polígono (Polygon tool), resultaría muy difícil encontrar dentro de una colección de imágenes una estrella como la que se muestra en el cuadro de presentación preliminar, ¡y sería casi imposible diseñarla manualmente sin conocimientos de geometría de 2º año!

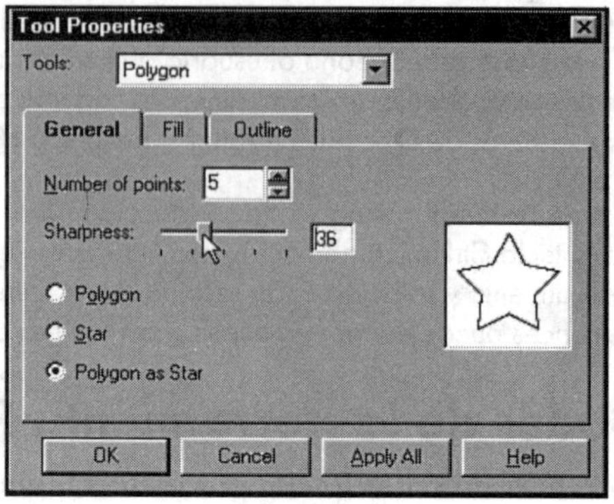

Figura 2.10
La Herramienta Polígono (Polygon tool) puede crear los elementos básicos que usted necesita para diseñar rayos, pétalos, sierras y otros objetos simétricos.

El propósito de la opción Polígono como estrella (Polygon as Star) aún resulta poco claro para muchos usuarios; en una impresora PostScript un polígono que se intersecta a sí mismo generalmente se imprime como cualquier otra forma que se autointersecta (es decir, de manera poco predecible; vea el capítulo 3). Corel Corp. ha sido conocida por incorporar características caprichosas (y ocasionalmente algunas superfluas) en versiones anteriores de CorelDRAW. No obstante, no olvide las opciones de la Herramienta Polígono (Polygon tool) para ahorrar horas en tareas de diseño de partes mecánicas y otros objetos simétricos.

Puede tener acceso a las propiedades de las herramientas Polígono (Polygon), Espiral (Spiral) y Papel de gráfico (Grid) si hace doble clic en la cara de la herramienta; no es necesario que haga clic con el botón derecho del ratón para tener acceso a Propiedades de la herramienta (Tool Properties).

La Herramienta Espiral (Spiral tool)

La Herramienta Espiral (Spiral tool) no produce objetos con propiedades especiales; usted no puede, por ejemplo, reducir el número de giros en una forma espiral después de que se ha dibujado. Las únicas opciones para la Herramienta Espiral (Spiral tool) en Propiedades de la herramienta (Tool Properties) son Filete (Outline), Rellenar (Fill) y Número de revoluciones (Number of Revolutions) para los objetos creados con esta herramienta.

El hecho de que la Herramienta Espiral (Spiral tool) cree trayectorias abiertas hace que resulte sorpresiva la propiedad Rellenar (Fill). Sin embargo, si usted le asigna un relleno de color a la Herramienta Espiral (Spiral tool), en el momento en que cierre la trayectoria de la espiral, el color de relleno se hará visible dentro del objeto. Usted determina el punto de inicio y la dirección de una espiral por la dirección en que dibuja, y el tamaño de la espiral depende de cuánto se aleja del punto de inicio, Además, si presiona la tecla Ctrl mientras hace clic y arrastra, puede crear una forma espiral circular.

El diseño que se utiliza para una espiral es un poco limitado cuando se compara con los rectángulos, las elipses y las formas irregulares a mano alzada. Una espiral cerrada no siempre se imprime correctamente en un dispositivo PostScript, porque la forma contiene una trayectoria que se intersecta a sí misma (consulte la regla de las trayectorias envolventes en el capítulo 3). Sin embargo, si usted cierra una espiral y luego utiliza la mitad del objeto para recortar un objeto diferente, de pronto se amplían las posibilidades de diseño.

En el siguiente grupo de pasos, usted verá cómo crear cualquier cosa, desde el emblema de un automóvil hasta un plato de espagueti, utilizando una espiral modificada como herramienta de edición.

Cómo crear una espiral cerrada y geométrica

1. Haga clic y mantenga el botón presionado sobre la Herramienta Polígono (Polygon tool), luego haga clic en la Herramienta Espiral (Spiral tool) del menú lateral que aparece.

   Se despliega el menú lateral de la herramienta; se elige Herramienta Espiral (Spiral tool).

2. Haga doble clic en la Herramienta Espiral (Spiral tool).

   Se despliegan las Propiedades de la herramienta (Tool Properties) de la Herramienta Espiral (Spiral tool).

3. Escriba **12** en el campo Número de revoluciones (Number of revolutions), luego haga clic en Aceptar (OK).

   Se especifica que, independientemente del tamaño de la espiral, la forma creada siempre contendrá 12 revoluciones.

4. Haga clic y arrastre de la esquina superior izquierda a la esquina inferior derecha de la página del documento; suelte cuando el cursor haya recorrido unos cinco centímetros.

   Se crea una espiral de unos cinco centímetros que gira en sentido contrario a las manecillas del reloj, con el punto final en la parte derecha. Usted puede girar la espiral y utilizar la técnica de presionar la tecla Ctrl y hacer clic y arrastrar un tirador intermedio de la espiral para cambiar la posición del punto final y la dirección de la revolución. También puede cambiar las propiedades del nodo de la espiral directamente con la Herramienta Forma (Shape tool); no se requiere un comando Convertir a curvas (Convert to Curves) (a diferencia de los polígonos, los rectángulos y las elipses).

5. Con la Herramienta A mano alzada (Freehand tool), haga clic en el punto final de la espiral y luego en el punto inicial, en el centro.

   Se cierra la espiral. Ahora puede llenarse. Vea la figura 2.11.

6. Con la Herramienta Rectángulo (Rectangle tool), haga clic y arrastre para trazar una forma más ancha y un poco más alta que la espiral, luego haga clic sobre la muestra magenta de la paleta de color.

   Se crea un objeto destino para el recorte; el rectángulo se llena con un color para que el efecto que está por aplicarse sea más visible. Elija azul si no le gusta el magenta.

7. Presione la barra espaciadora, luego haga clic y arrastre el rectángulo para que quede una poco arriba de la mitad de la espiral; no deje que la parte inferior toque la línea que usted trazó para cerrar la espiral.

   Se coloca este rectángulo para que sea recortado por la espiral.

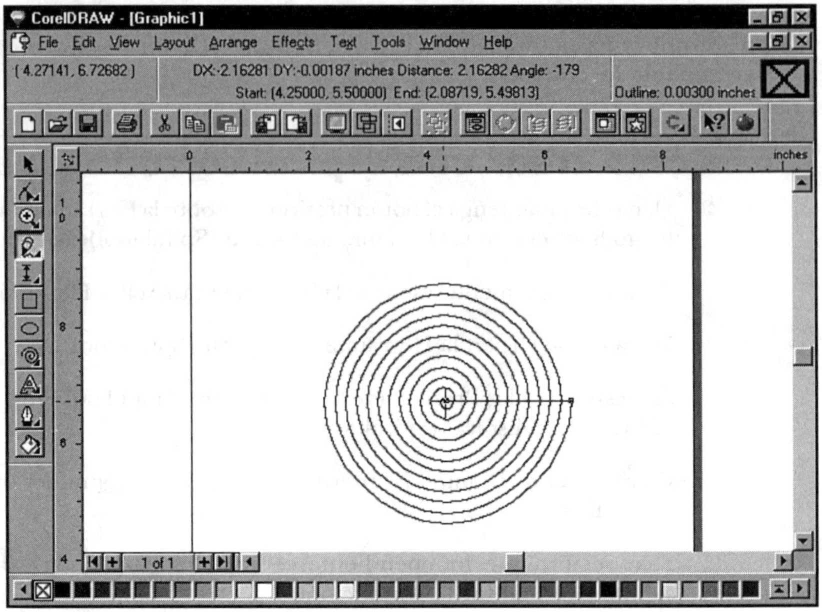

Figura 2.11
Una forma de espiral no tiene interior ni exterior hasta que la cierra con un segmento de trayectoria.

8. Haga clic en el botón Hacia atrás (To Back) de la barra de herramientas.

   Se envía el rectángulo a la parte posterior de la página. Ambos objetos deben ser claramente visibles ahora.

9. Elija **O**rganizar (**A**rrange) y **R**ecortar (**T**rim).

   Se despliega la Persiana de recortar (Trim Roll-Up).

10. Elimine la marca de la casilla de verificación Otros objetos (Other Object(s)) de la persiana.

    Se especifica que el objeto *que no es* el objeto recortado (la forma espiral, en este ejemplo) se eliminará después de la operación de recorte.

11. Con la Herramienta Selección (Pick tool), haga clic en la espiral.

    Se define la espiral como el "Otro objeto", no como el Objeto destino (Target object) en el proceso de recorte.

12. Haga clic en Recortar (Trim) y luego, con el cursor de la flecha pesada, en el rectángulo magenta.

    Se especifica el rectángulo como Objeto destino (Target object). Vea la figura 2.12. Se termina la acción de recorte; se eliminan la espiral y el rectángulo original, y se crea la forma intricada que consta de una forma rectangular menos las áreas sobrepuestas de la espiral (vea la figura 2.13).

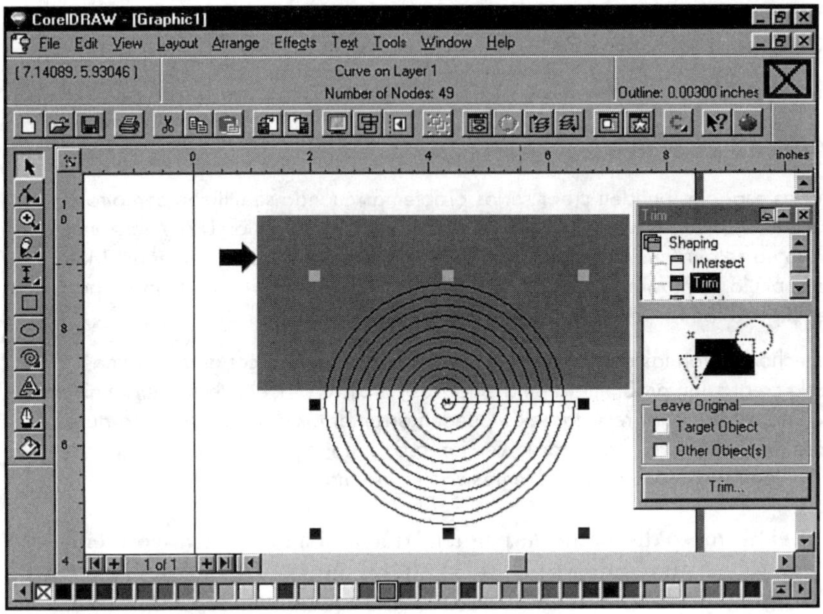

Figura 2.12
Una espiral cerrada eliminará un volumen de otro objeto cerrado; sin embargo, una espiral abierta simplemente creará un objeto destino algo simpático.

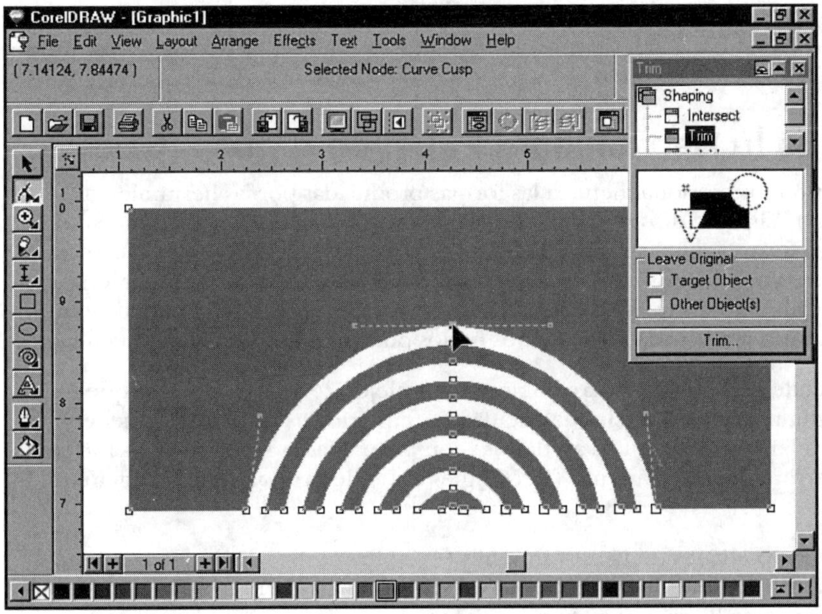

Figura 2.13
Una espiral cerrada puede utilizarse para recortar diferentes figuras cerradas, para crear un diseño ondulado y complejo que resulta difícil crear.

13. Presione Ctrl+S (Archivo (File) y Guardar (Save)), luego guarde el archivo como SPAGUETI.CDR, pero sólo si realmente le agradó el diseño.

    Se guarda su trabajo; el autor reconoce que no se trata de un diseño que merezca un premio.

Alto Las trayectorias espirales pueden crear serios problemas cuando se utilizan con otros objetos; éste es un aviso para los usuarios de Corel 6.00.118 (versión D2) y versiones previas. El texto de párrafo no se ajustará alrededor de espirales u otras trayectorias abiertas. Más adelante, en este mismo capítulo, le mostraremos dos métodos, uno de ellos a prueba de todo, para que un bloque de texto rodee alguna forma (vea "Opciones avanzadas de texto").

Usted podría divertirse mucho con formas espirales *cerradas*, pero si trata de recortar una forma cerrada con una abierta le creará "un problema de matemáticas" a DRAW. Y el intento de definir una trayectoria abierta como una espiral para recortar texto pueden arruinar los datos en su disco duro. Llame a Servicio a clientes de Corel para actualizar la versión 6.0, si ha experimentado con la Herramienta Espiral (Spiral tool) y han ocurrido problemas con el sistema.

En el ejemplo anterior, el hermoso diseño de "espagueti" que acaba de crear *no* contiene propiedades de conexión de curvas idénticas a las de la espiral que creó las curvas. El recorte y otras operaciones que agregan, eliminan y crean otros objetos geométricos (a veces llamadas *operaciones boleanas* debido a las frases matemáticas "si, y, o" que crean elementos geométricos) pueden colocar un nodo cúspide donde normalmente se esperaría un nodo suave o simétrico. Revise las conexiones de los nodos en los objetos recién creados con la Herramienta Forma (Shape tool), luego utilice la Persiana de Edición de nodos (Node Edit Roll-Up) o el menú de método abreviado para corregir las propiedades de los nodos.

Propiedades de la Herramienta Papel de gráfico (Grid)

En este libro nos referiremos ocasionalmente a las formas producidas por las herramientas Rectángulo (Rectangle), Elipse (Ellipse) y Polígono (Polygon) como *formas complejas de orden alto*. A diferencia de la Herramienta Espiral (Spiral tool), las formas producidas por estas otras herramientas producen objetos cuyos nodos no pueden editarse en el sentido convencional; usted debe utilizar el comando Convertir a curvas (Convert to Curves) (Ctrl+Q) para dividir una geometría compleja en una trayectoria simple cuyos nodos pueden manipularse directamente.

La Herramienta Papel de gráfico (Grid) crea objetos complejos de orden alto. Aunque todo lo que esta herramienta hace es producir cuadrículas, las cuadrículas resultantes pueden desagruparse para revelar sus rectángulos anidados (con propiedades similares a las formas producidas con la Herramienta Rectángulo (Rectangle tool)) de proporciones y tamaños perfectamente iguales.

El cuadro de diálogo Propiedades de la herramienta (Tool Properties) para Herramienta Papel de gráfico (Grid) contiene los menús de las fichas Rellenar (Fill) y Filete (Outline), y también incluye los campos Número del ancho de celda (Number of cells wide) y Número del alto de celda (Number of cells high), donde usted puede especificar cuántos rectángulos conformarán un objeto de cuadrícula.

Aunque las celdas de la cuadrícula son idénticas, usted no puede restringir el alto o el ancho proporcional de las celdas cuando crea un objeto de cuadrícula. Si necesita celdas que sean cuadrados perfectos, debe escribir un valor igual en los campos de ancho y de alto de las celdas en el cuadro de diálogo Propiedades de la herramienta (Tool Properties), además de utilizar la tecla Ctrl para restringir el clic y arrastrar cuando cree un objeto de cuadrícula.

La Herramienta Papel de gráfico (Grid) resulta práctica cuando se desea crear una forma, como un reporte escolar o una factura. Un objeto de cuadrícula también se transporta perfectamente desde DRAW hasta otras aplicaciones, a través del Portapapeles (Clipboard). Y si usted desagrupa una cuadrícula, puede hacer muy rápidamente un diseño de tablero de ajedrez rellenando en CorelDRAW todos los demás objetos.

Propiedades de texto

Se pueden agregar a CorelDRAW dos tipos diferentes de texto: Texto artístico (Artistic Text), que puede modificarse con efectos y otras transformaciones, y Texto de párrafo (Paragraph Text), que puede ser mucho más largo que el texto artístico, pero que no se puede extruir, contornear ni transformarse de otra manera.

El cuadro de diálogo Propiedades de la herramienta (Tool Properties) ofrece control completo sobre la manera en que aparecerá el texto en su documento cuando escriba con las herramientas Texto artístico (Artistic Text) o Texto de párrafo (Paragraph Text). Por desgracia, usted no puede definir el tamaño del punto ni elegir la fuente de un bloque importado de texto; generalmente se retienen los estilos asociados con el texto formado cuando usted utiliza los filtros de importación de texto.

Sin embargo, puede cambiar fácilmente el Texto de párrafo (Paragraph Text) o el Texto artístico (Artistic Text) importado si escoge la Herramienta Selección (Pick tool) o la Herramienta Forma (Shape tool) y hace clic con el botón derecho del ratón sobre el texto para traer el menú de método abreviado. Este menú es sensible al contexto en Win95 y las aplicaciones que cumplen con las normas de Win95, y las hojas de propiedades se asignan a *todos* los objetos (los elementos de pantalla y las imágenes gráficas que usted crea).

Texto artístico (Artistic Text) y Texto de párrafo (Paragraph Text) tienen menús de Propiedades de la herramienta (Tool Properties) casi idénticos. Una diferencia menor es una opción de marco para Texto de párrafo (Paragraph Text) porque este tipo de texto se forma en marcos. Texto de párrafo (Paragraph Text) también cuenta con un botón **P**árrafo (**P**aragraph) en la ficha General. El cuadro de diálogo Párrafo (Paragraph) ofrece controles para tabuladores, sangrías, espaciado y el uso de los caracteres especiales de la Persiana de símbolos (Symbols Roll-Up) para incluir viñetas en el bloque de texto. Las propiedades de Texto de párrafo (Paragraph Text) y Texto artístico (Artistic Text) incluyen formación de **C**arácter (**C**haracter); usted puede especificar la elección de fuente, tamaño y estilo de fuente, y espaciado entre palabras, caracteres y líneas de texto.

Por lo tanto, cuando usted elija características de texto artístico o de párrafo, debe preguntarse: "¿Cuál es el tipo de texto más común y fácil para trabajar?" AvantGarde de 24 puntos es la opción predeterminada de Corel para Texto artístico (Artistic Text) y Texto de párrafo (Paragraph Text). El texto artístico, que por lo general se utiliza para encabezados, es aceptable en 24 puntos y, como estilo de fuente, AvantGarde es fácil de trabajar... hasta que elige la fuente que realmente desea utilizar. Sin embargo, el texto de párrafos por lo general es mucho más pequeño que la opción predeterminada de AvantGarde y 24 puntos; el cuerpo de texto de publicaciones y anuncios por lo general sigue la convención de 11 a 12 puntos, y las fuentes con patines, de tipo romano son más fácil de leer en los grandes bloques de texto que las fuentes sin patines y góticas como AvantGarde.

En la figura 2.14, usted puede ver que el usuario hizo clic con el botón derecho del ratón en la Herramienta Texto de párrafo (Paragraph Text tool) y que ahora se pueden cambiar las Propiedades de la herramienta (Tool Properties) para Texto de párrafo (Paragraph Text). Se ha especificado Times New Roman de 12 puntos: cada vez que se defina un nuevo marco de texto de párrafo (al trazar un marco arrastrando la Herramienta Texto de párrafo (Paragraph Text tool)), Times New Roman de 12 puntos será la fuente que aparece.

Figura 2.14
Elija una fuente y un tamaño de fuente con el que se sienta a gusto en los encabezados (Texto artístico (Artistic Text)) y el cuerpo de texto (Texto de párrafo (Paragraph Text)).

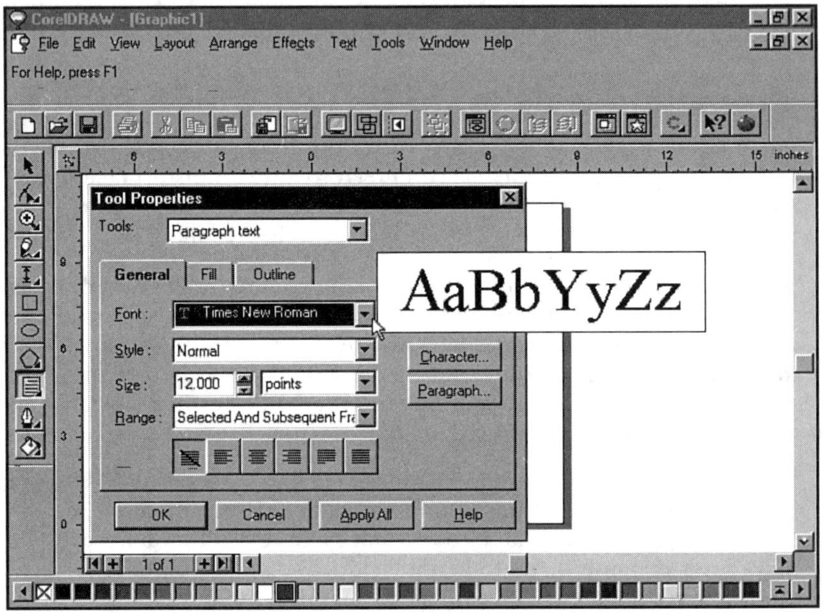

Los estilos predeterminados de la Persiana de estilos (Styles Roll-Up) (Ctrl+F5) cambian cuando usted cambia las propiedades de la herramienta de texto. Si usted ha hecho cambios a las herramientas Texto de párrafo (Paragraph Text) o Texto artístico (Artistic Text), estos cambios se actualizarán automáticamente en la Persiana de estilos (Styles Roll-Up).

Las herramientas Relleno (Fill) y Filete (Outline) pueden personalizarse, aunque estas herramientas son en realidad menús laterales que contienen muchas subcategorías. Usted puede leer sobre la personalización de estas herramientas más adelante en este mismo capítulo, cuando vea cómo crear barras de herramientas personalizadas.

Cómo personalizar la paleta de colores

La paleta de colores que se encuentra en la parte inferior de la pantalla de CorelDRAW puede mostrar diferentes paletas guardadas, como las que aprenderá a crear en el capítulo 4, "Cómo dominar la herramienta Relleno y los modelos de color". También puede cambiar rápidamente a una especificación de color diferente eligiendo el comando Paleta de colores (Color Palette) del menú Ver (View), que ofrece sistemas que coinciden con colores comerciales como PANTONE.

Sin embargo, la configuración física de la paleta de color, como todo lo demás en CorelDRAW, depende de usted. Si no le gusta un color de la paleta predeterminada, puede moverlo o eliminarlo.

Alto Si trata de modificar el orden de los colores en la paleta Colores personalizados (Custom color), asegúrese de que mantiene una copia de respaldo del archivo CORELDRW.CPL en su sistema. El archivo de la paleta predeterminada *no* está protegido contra escritura, y si usted cierra por accidente CorelDRAW sin guardar los cambios de la paleta como una nueva paleta (G**u**ardar como (Save **A**s)), los colores predeterminados que usted eliminó se habrán ido para siempre.

Los equivalentes de colores comerciales que se encuentran en la Paleta de colores (Color Palette) no pueden modificarse. Usted puede añadir una copia de, digamos, la paleta de color PANTONE, pero la opción Eliminar color (Delete Color) del menú de método abreviado no cambiará nada. Para mover los colores en la paleta predeterminada, haga clic y arrastre y suelte la muestra en la posición que desea que ocupe el color. No es necesario que seleccione un objeto para realizar esta maniobra; CorelDRAW se lo indicará con un beep del sistema.

Más importante que la organización del color es la *ubicación* de la paleta de colores. Con la adición de los 19 pixeles extra de la barra de estado y las reglas de la versión 6, tal vez sienta como si el área de trabajo se hubiera reducido un poco para los trabajos en orientación vertical a una resolución de 640×480. Observemos unas opciones de Corel, y suyas, para ganar un poco de espacio para la ventana de dibujo.

En la figura 2.15 se muestra el menú Personalizar (Customize) que aparece cuando hace clic con el botón derecho del ratón sobre el área de fondo de la paleta de colores.

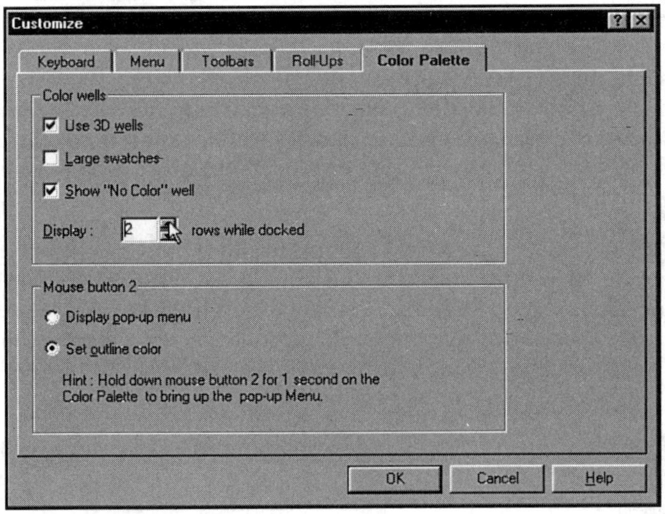

Figura 2.15
Usted puede personalizar el aspecto y la posición de la paleta de colores en CorelDRAW.

La configuración de los Pozos de color (Color wells) para la paleta de colores es, sobre todo, cosa de estética personal. Como opción predeterminada, aparece seleccionada Utilice **P**ozos 3D (Use 3D **w**ells); Microsoft aprueba el uso de la apariencia de metal cincelado de Win95 por parte de los constructores de aplicaciones. El número de colores que se muestra en la primera fila de la paleta de colores permanece igual si usted elige pozos de 3D u otra cosa.

La opción Mue**s**tras grandes (**L**arge swatches) es útil para quienes ejecutan en resoluciones de pantalla de 1024×768, pero le reducirá al usuario promedio la visibilidad de la primera fila de muestras.

La opción **E**nseñar "Sin Color" pozo (**S**how "no color" well) es un elemento absolutamente necesario al principio de la paleta de colores. Sin ella, usted tendría que definir falta de relleno y de filete en los objetos haciendo dos viajes separados a las herramientas Rellenar (Fill) y Filete (Outline) de la caja de herramientas. Mantenga esta opción verificada.

Sin embargo, *no* hay una razón real para elegir Desp**l**egar menú de aparición súbita (**D**isplay pop-up menu) como función para el clic con el botón derecho del ratón; haga clic en el botón de opción Establecer c**o**lor de filete (Set Outline **C**olor). De manera ostensible, Corel Corp. ofrece esta opción para los usuarios a los que les cuesta trabajo distinguir entre las *orillas* de la paleta de color (las regiones neutrales, de acero cincelado con color de fondo) y las muestras reales de color. Si usted mantiene la opción predeterminada de Establecer c**o**lor de filete (Set Outline **C**olor), todavía puede hacer la misma elección desde el menú de método abreviado.

La opción **M**ostrar [número de] filas cuando reducido (**D**isplay [number of] rows while docked) es útil si desea cambiar la ubicación de la paleta de color. Usted puede hacer que la paleta de color "flote" y colocarla después en cualquier lugar de la ventana de dibujo, pero esto agrega otro elemento de amontonamiento entre todas las persianas que debe tener en el área de trabajo durante una tarea. En la figura 2.16 se ha definido como 2 el número de filas cuando se reduce la paleta de colores. Si usted elige esta configuración y luego hace clic y arrastra la paleta de color al extremo derecho de la pantalla, puede mostrar 40 colores a la resolución de vista 640×480. Con esta configuración, usted tendrá aproximadamente el mismo espacio que en CorelDRAW! 5 para sus trabajos en orientación vertical u horizontal.

Si vuelve a revisar la figura 2.1 de este capítulo, verá una multitud de botones de acceso directo en la barra de herramientas predeterminada. Sin embargo, conforme trabaje con la nueva versión de DRAW, encontrará que algunos de estos botones le quedarán pequeños y que preferiría agregar algunos comandos difíciles de encontrar. No hay problema, eso es lo que analizaremos en la siguiente sección.

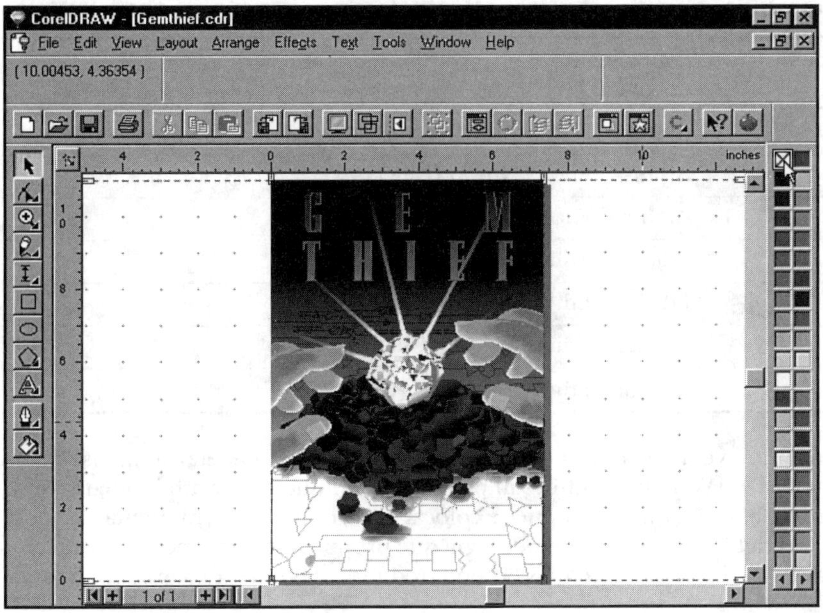

Figura 2.16
Usted puede tener más espacio en la pantalla y más colores en la paleta si mueve ésta y cambia las opciones predeterminadas.

Cómo optimizar la barra de herramientas

Si usted ha utilizado Word para Windows durante más de 6 meses, probablemente ha hecho a un lado los botones de menú que nunca usa y ha poblado la barra de herramientas con sus comandos que más utiliza. CorelDRAW es la primera aplicación gráfica de la plataforma Windows que ofrece las mismas posibilidades. En las siguientes secciones verá cómo eliminar de la barra de herramientas los botones que nunca utiliza, y cómo hurgar en una colección de tesoros para agregar a la barra de herramientas nuevos comandos que ni siquiera se encuentran en las listas de elementos de menús.

Cómo eliminar los comandos redundantes

El concepto que se encuentra detrás del "aspecto" de Windows 95 para las aplicaciones es que un usuario se pueda sentir en casa de inmediato, dentro del área de trabajo de un nuevo programa, porque hay consistencia entre las opciones generales. Sin embargo, muchos usuarios se han acostumbrado a las *teclas de función rápida* (una combinación de teclas como Ctrl+C) que hacen que varios de los botones de acceso directo de comandos más *comunes* de la barra de herramientas de DRAW simplemente ocupen un precioso espacio en la pantalla.

Las siguientes teclas de función rápida no sólo están soportadas por DRAW, sino por la mayor parte de las aplicaciones de Windows 95. Si las memoriza (lo que no es difícil después de varios años de trabajo con Windows), verá que varios botones de la barra de herramientas de DRAW pueden reemplazarse con comandos más útiles.

Tabla 2.1 Teclas de método abreviado más comunes en Windows

Método abreviado del teclado	Equivalente del menú
Ctrl+O	Archivo (File) y Abrir (Open)
Ctrl+N	Archivo (File) y Nuevo (New)
Ctrl+P	Archivo (File) e Imprimir (Print)
Ctrl+C	Edición (Edit) y Copiar (Copy)
Ctrl+V	Edición (Edit) y Pegar (Paste)
Ctrl+X	Edición (Edit) y Cortar (Cut)
Ctrl+Z	Edición (Edit) y Deshacer (Undo)

Si ya conoce estos comandos, verá que por lo menos seis de los botones predeterminados de la barra de herramientas de DRAW no tienen ningún propósito. Aunque no hay un límite rígido y rápido para el número de botones que usted puede colocar en la barra de herramientas Estándar (Standard) (predeterminada), la metodología que proponemos para personalizar la barra de herramientas exige que se eliminen los botones redundantes antes de agregar otros.

En el siguiente grupo de pasos, leerá las recomendaciones para el reemplazo de botones que tal vez nunca utilice. La barra de herramientas Estándar (Standard) puede regresarse a su configuración predeterminada en cualquier momento con sólo elegir Reemplazar (Reset) del cuadro de diálogo Barras de herramientas (Toolbars). Si no le agrada su trabajo de edición de la barra de herramientas, puede deshacer fácilmente los cambios.

Cómo hacerse espacio en la barra de herramientas Estándar (Standard)

1. Haga clic con el botón derecho del ratón sobre la barra de herramientas, luego elija Barras de herramientas (Toolbars) del menú de método abreviado.

   Se despliega el cuadro de diálogo Barras de herramientas (Toolbars).

2. Haga clic en Personalizar (Customize), luego haga clic y arrastre el cuadro de diálogo Personalizar (Customize) por la barra de título para alejarla de la barra de herramientas, aunque quede parcialmente fuera de la pantalla, si así proporciona una mejor vista de la barra de herramientas y la ventana de dibujo.

   Se muestra el cuadro de diálogo Personalizar (Customize). Usted no va a utilizar ninguna de las opciones que aparecen en él; este cuadro de diálogo simplemente tiene que estar en la pantalla para eliminar o agregar botones a la caja de herramientas.

3. Haga clic y arrastre el botón Nuevo (New) (extremo izquierda) de la barra de herramientas a la ventana de dibujo.

   Un recuadro de límite aparece alrededor del botón, los otros botones se mueven a la izquierda para crear más espacio en la barra de herramientas, y el botón desaparece después de que usted suelta el botón del ratón.

4. Haga clic y arrastre el botón Abrir (Open) (ahora en el extremo izquierdo) de la barra de herramientas a la ventana de dibujo.

   Se elimina el botón Abrir (Open) de la barra de herramientas, vea la figura 2.17.

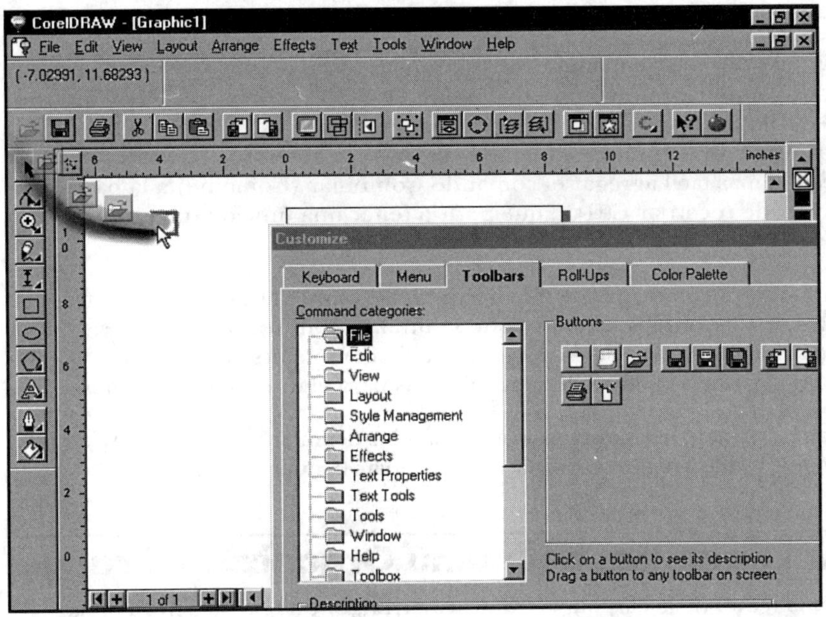

Figura 2.17
Los botones pueden eliminarse de la barra de herramientas mientras el cuadro de diálogo Personalizar (Customize) se encuentra en la pantalla.

5. Repita el paso 4 con los botones Guardar (Save), Imprimir (Print), Cortar (Cut), Copiar (Copy) y Pegar (Paste).

   Se crea una buena cantidad de espacio en la barra de herramientas para agregar otros botones que usted utiliza más a menudo.

6. Opcional: Haga clic y arrastre el botón Última persiana de transformación seleccionada (Last Selected Transform), y luego saque los botones Lanzador de aplicaciones (Application launcher), Ayuda del contexto (Context Help) y Notas del tutor (Corel Tutor) de la barra de herramientas hacia la ventana de dibujo.

   Se eliminan estos botones de la barra de herramientas. Aunque estos botones tal vez no tengan equivalentes de teclas de función rápida fáciles de recordar, los usuarios experimentados se beneficiarán muy poco con su presencia en la barra de herramientas. Éstos y otros botones pueden agregarse a una barra de herramientas personalizada, y la barra de herramientas puede desplegarse sólo cuando necesite estos accesos directos.

La barra de herramientas Estándar (Standard) tiene ahora suficiente espacio para agregar hasta 11 botones de su propia elección, y todos los botones estarán visibles cuando la barra de herramientas se encuentre inactiva. En la siguiente sección examinaremos los mejores reemplazos para los botones que ha eliminado.

Acceso rápido a comandos de Organizar (Arrange)

En ocasiones, tal vez se pregunte por qué las aplicaciones gráficas incluyen comandos de menús; los menús tienen sentido en los procesadores de palabras, pero los comandos de menús que usted necesita para editar o transformar objetos siempre parecen estar anidados en una posición inconveniente, y le exigen que aleje su cursor del diseño.

Aunque CorelDRAW ha utilizado de manera consistente las teclas de función rápida para los comandos utilizados con más frecuencia en el menú Organizar (Arrange). Hablando prácticamente, ¡usted sólo es capaz de *recordar* unas cuantas combinaciones de teclado! Como muchas *otras* aplicaciones gráficas contienen sus propios métodos abreviados de teclado, tal vez le resulte más fácil agregar el comando Combinar (Combine) a la barra de herramientas que tratar de recordar Ctrl+L, que podría tener una función diferente en otra aplicación.

En el siguiente ejemplo, verá cómo agregar a la barra de herramientas, y en un orden sensato, los comandos de Organizar (Arrange) que se utilizan con frecuencia. En este capítulo realizaremos una asignación de dibujo que puede completarse en unos 30 segundos *si* usted ha optimizado la barra de herramientas para el diseño de imágenes.

¡He aquí cómo poblar la barra de herramientas con comandos del menú Organizar (Arrange) que usted podría encontrar más útiles que Cortar (Cut), Copiar (Copy) y Pegar (Paste)!

Cómo agregar comandos del menú Organizar (Arrange)

1. Haga clic en el icono de la carpeta Organizar (Arrange) que se encuentra en la ventana Categorías (Command categories).

   Se muestran los botones de esta categoría de menú que usted puede agregar a la barra de herramientas.

2. Haga clic en el botón Combinar (Combine), luego arrástrelo a la derecha del botón Convertir en curvo (Convert to Curve) de la barra de herramientas.

   Se agrega Combinar (Combine) a la barra de herramientas, colocándose junto a otro botón del comando Organizar (Arrange). Algunos de los botones en las categorías del menú tal vez tengan iconos que sean algo difíciles de comprender. En la figura 2.18, puede ver que cuando usted hace clic en un botón, aparece una breve descripción del comando en el campo Descripción (Description) y, si usted coloca el cursor sobre el botón, aparece un título.

3. Haga clic y arrastre los botones Separar (Separate), Intersectar destino (Intersect Target), Soldar con destino (Weld Target) y Recortar destino (Trim Target) a la derecha del botón Combinar (Combine) en la barra de herramientas. Por último, haga clic en Aceptar (OK).

   Se agregan estos comandos a la barra de herramientas y se le regresa al área de trabajo. Ahora usted puede tener acceso a estos comandos con un solo clic del ratón, en lugar de recorrer varias persianas.

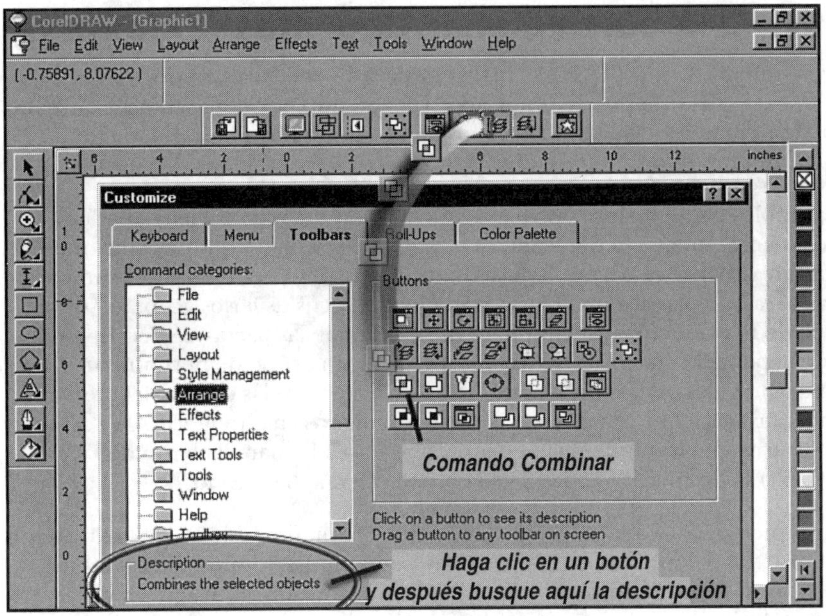

Figura 2.18
Agregue botones de comando del menú de método abreviado a la barra de herramientas en un orden que más adelante tenga sentido para usted.

Dependiendo de la manera en que usted elabora formas complejas en DRAW, el comando Separar (Separate) puede resultar indispensable en la barra de herramientas. Los objetos combinados, el texto apegado a una trayectoria y las PowerLines necesitan separar el Objeto de control (Control Object) del efecto, para trabajar de manera más rápida con las trayectorias individuales; con el botón Separar (Separate) "al frente" en DRAW, usted puede editar su trabajo mucho más fácilmente.

La flecha de selección aparecerá cuando haga clic en los botones Recortar (Trim), Intersectar (Intersect) y Soldar (Weld) y, al hacer clic en el destino, se aplicará el comando. Después de la operación, ya no queda una persiana que debe enrollarse o cerrarse para conservar el espacio de la pantalla. Al reemplazar los comandos Recortar destino (Trim Target), Intersectar destino (Intersect Target) y Soldar con destino (Weld Target) con las selecciones predeterminadas del menú, usted ha hecho de DRAW un lugar más conveniente para trabajar.

Sin embargo, debe observarse que los comandos Intersectar destino (Intersect Target), Soldar con destino (Weld Target) y Recortar destino (Trim Target) *utilizan la configuración de casillas de verificación relacionadas con el objeto* en las persianas Recortar/Intersección/Soldar (Trim/Intersect/Weld), ya sea que la persiana se encuentre en la pantalla o no. Por lo tanto, debe abrir la persiana Recortar/Intersección/Soldar (Trim/Intersect/Weld) antes de utilizar masivamente estos nuevos botones de la barra de herramientas y asegurarse, por ejemplo, de que está marcada la casilla de verificación Otros objetos (Other Object(s)) en el área Mantener el original (Leave Original), si trata de volver a utilizar los objetos recortados en un diseño. De otra manera, ¡los objetos empezarán a desaparecer cuando los utilice en combinación con el botón Recortar destino (Trim Target) de la barra de herramientas!

Una alternativa a la barra de herramientas Texto (Text)

En CorelDRAW! 6, la persiana Texto (Text) se ha reemplazado con la barra de herramientas Texto (Text), a la que puede tener acceso haciendo clic con el botón derecho del ratón en la barra de herramientas Estándar (Standard) (predeterminada) y luego eligiendo Texto (Text) del menú de método abreviado.

Hay dos métodos disponibles para que los controles de formación de Texto (Text) queden disponibles con un solo clic. Si una tarea determinada exige que se apliquen varias ediciones de texto, es posible desplegar la barra de herramientas Texto (Text) y luego cambiar la forma de la barra de herramientas para que parezca una paleta tradicional. Pocos usuarios aceptan gustosos la adición de una barra de herramientas inactiva para uso ocasional; las barras de herramientas se comen el espacio de la pantalla en CorelDRAW! 6. Para crear un grupo de herramientas de Texto (Text) más compacto y flotante, simplemente haga clic y arrastre las orillas de la ventana de la barra de herramientas hasta que tenga una paleta más o menos cuadrada. DRAW recuerda la configuración de las barras de herramientas y cuando se vuelva a llamar a la barra de herramientas Texto (Text) la desplegará en la forma en que usted la ha creado.

Otra técnica para un rápido acceso a la selección de fuentes, tamaño, ubicación y alineación es agregar el botón Carácter (Character Attributes) a la barra de herramientas. Usted no puede cambiar los estilos de texto (cómo el estilo Párrafo por omisión (Paragraph default)) en el cuadro de diálogo Atributos de carácter (Character Attributes), pero si trabaja con mucho texto artístico, tal vez el botón Carácter (Character Attributes) sea todo lo que necesita en su área de trabajo.

Cómo dar el Carácter a la barra de herramientas

1. Haga clic con el botón derecho del ratón en la barra de herramientas, elija Barras de herramientas (Toolbars) del menú de método abreviado, luego haga clic en Personalizar (Customize). En el cuadro de diálogo Personalizar (Customize), haga clic en la carpeta Propiedades de texto (Text Properties) de la ventana Categorías (Command categories).

   Se despliegan todos los comandos de texto que puede agregar a la barra de herramientas.

2. Haga clic y arrastre el botón “F” a la izquierda de la barra de herramientas.

   Se agrega el acceso directo Carácter (Character Attributes) a la barra de herramientas. Vea la figura 2.19.

Considerando el campo Propiedades de texto (Text Properties) del cuadro de diálogo Personalizar (Customize), se puede agregar a la barra de herramientas todo tipo de botones de formación de texto. Incluso puede agregarse una ventana de lista descendente Fuente (Font); así, aparecerá una presentación preliminar de las fuentes conforme las vaya seleccionando en la barra de herramientas. Sin embargo, la ventana descendente ocupará un espacio precioso en la barra de herramientas y usted siempre podrá ver una presentación preliminar de la fuente si visita el cuadro de diálogo Atributos de carácter (Character Attributes).

Aunque estos botones agilizan el trabajo de cambiar fuentes, tenga en mente que desde la versión 4 de CorelDRAW ha habido una combinación de métodos abreviados de teclado para cambiar el tamaño de fuente, la alineación y otros atributos. Después de que usted

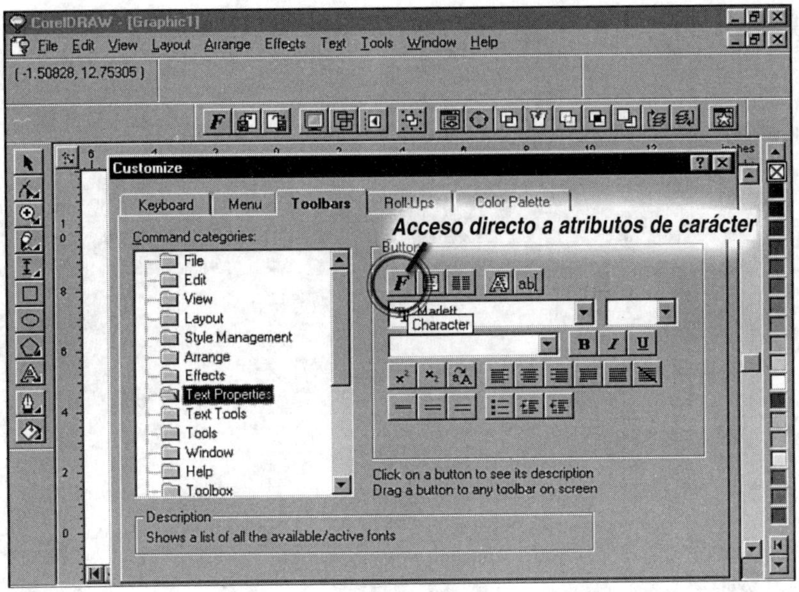

Figura 2.19
El botón de acceso directo Carácter (Character) es una manera fácil de acceder a los Atributos de carácter (Character Attributes) para Texto artístico (Artistic Text).

escribe una frase utilizando la Herramienta Texto artístico (Artistic Text tool), presione Ctrl+barra espaciadora para seleccionar todo el objeto de texto. Luego presione Ctrl+T para tener acceso al cuadro de diálogo Atributos de carácter (Character Attributes).

Por lo general la barra espaciadora es el interruptor para cambiar entre la Herramienta Selección (Pick tool) y la herramienta actual, *excepto* cuando el texto entra en la imagen: usted debe presionar Ctrl+barra espaciadora para realizar el intercambio. Para aplicar los cambios de fuente a un objeto, usted debe seleccionar un objeto de texto con la Herramienta Selección (Pick tool) o resaltar toda una frase de texto con la Herramienta Texto artístico (Artistic Text tool). Muchos usuarios experimentados (incluyendo el autor) olvidan esta excepción del teclado cuando tratan de redefinir el formato de un carácter. Los cambios marcados en Atributos de carácter (Character Attributes) no se aplican a menos que se cumpla una de las condiciones para seleccionar objetos de texto.

➔Tip Para agregar espacio en la barra de herramientas entre grupos de botones, debe desplegar primero el cuadro de diálogo para personalizar, luego hacer clic y arrastrar un botón a medio camino sobre su vecino. Así, cuando suelte el botón del ratón, se creará un espacio en el lado opuesto del botón que esté moviendo.

¡Hágale espacio a los efectos!

Si usted ha seguido los pasos hasta ahora, tendrá una barra de herramientas más sólida y útil desde el punto de vista artístico, con un pequeño espacio a la derecha para uno o dos botones más (a menos que haya agregado algunos de sus favoritos). ¿Qué otras herramientas completarían en este momento su grupo de botones de trabajo? Usted puede agregar persianas a la barra de herramientas (las persianas Extrusión (Extrude) o Lentes (Lens) son útiles). Si su trabajo se relaciona con estos efectos, debe agregarlos. En la figura 2.20, usted puede ver la carpeta Efectos (Effects) abierta en la ventana Categorías (Command categories), y los botones de efectos Perspectiva (Perspective) y Persiana de contorno (Envelope Roll-Up)) resaltados.

Figura 2.20 Si aún tiene espacio en la barra de herramientas, agregue uno o dos de los efectos más utilizados.

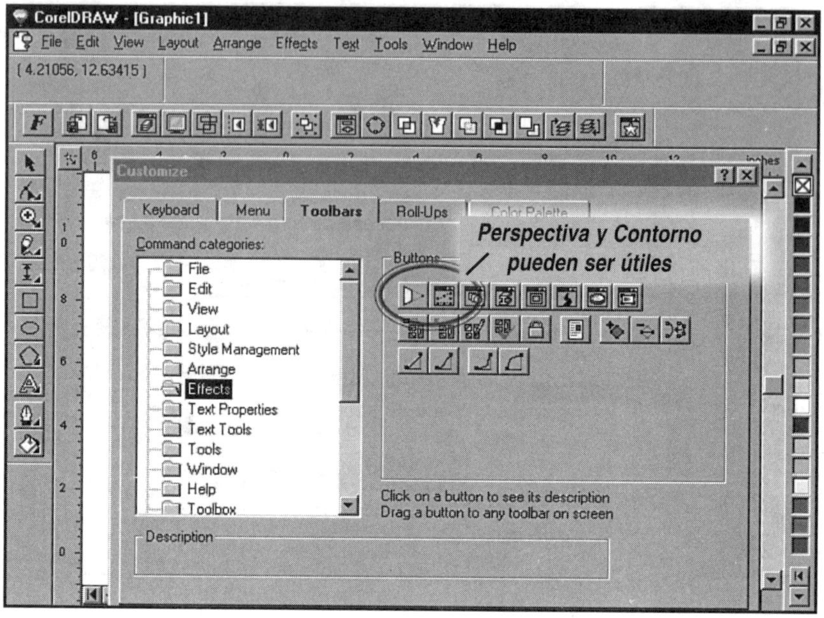

Estos botones (Perspectiva (Perspective) y Persiana de contorno (Envelope Roll-Up)) son las elecciones personales del autor para agregarlos a la barra de herramientas porque:

- ✔ El comando Perspectiva (Perspective) de Efectos (Effects) no tiene persiana, y por lo tanto no presenta las opciones que ofrece una persiana. Ahora usted puede tener acceso a todas las funciones del comando Perspectiva (Perspective) con un simple clic, en lugar de recurrir a un elemento de menú.
- ✔ La Persiana de contorno (Envelope Roll-Up) es fantásticamente útil para aplicar efectos a texto y a gráficos. Los documentos creados con programas de edición, los gráficos de las páginas de Web y los anuncios pueden beneficiarse de la capacidad para atraer la atención de un gráfico o un encabezado con un contorno. Aunque usted puede especificar su propia combinación de teclas de método abreviado para desplegar la Persiana de contorno (Envelope Roll-Up) (la opción predeterminados es Ctrl+F7, que resulta un poco difícil de memorizar), es mucho más fácil poner el botón de la Persiana de contorno (Envelope Roll-Up) o cualquier otro comando de efectos en la barra de herramientas.

Ideas sobre un espacio personalizado portátil

Le hemos llevado a través de la personalización de la barra de herramientas Estándar (Standard) para darle una idea de las técnicas que se utilizan para que estos elementos de la pantalla le resulten más valiosos en su trabajo. Y hemos utilizado la barra de herramientas Estándar (Standard) como nuestro destino experimental porque puede regresarse a sus valores predeterminados con un simple clic del ratón en el cuadro de personalización.

Pero suponga que se le llama fuera de la ciudad a una importante tarea de diseño con CorelDRAW, y no quiere gastar tiempo en personalizar el sistema anfitrión con que trabajará. La configuración de la barra de herramientas, la caja de herramientas y otros parámetros del área de trabajo que usted ha modificado se pueden encontrar en el archivo llamado CDRBARS.CFG dentro de la carpeta DRAW de su disco duro. Usted puede copiar este archivo y cargarlo en la máquina de otro usuario, pero antes de hacerlo, siga leyendo.

Siempre es una mejor idea personalizar una barra de herramientas que "viajará" con usted creando primero una barra de herramientas única, definida por el usuario, en lugar de modificar una existente. ¿Por qué? Porque las barras de herramientas estándar pueden regresarse a su estado original; si alguien hace clic inadvertidamente en el botón Remplazar (Reset) del cuadro de diálogo Personalizar (Customize), sus cambios habrán desaparecido para siempre.

En la siguiente sección se crea una nueva caja de herramientas para reemplazar la predeterminada. Usted no puede cambiar el nombre de una caja de herramientas predeterminada, pero puede sustituir su propio archivo de caja de herramientas para acelerar su trabajo.

Cómo recortar y engordar la caja de herramientas

El nuevo aspecto y el nuevo diseño de la interfaz de CorelDRAW podría presentar algunos obstáculos a los diseñadores experimentados debido al "condicionamiento". Por ejemplo, las herramientas Cota (Dimension) y Notas (Callout) ahora tienen su propia ubicación en la caja de herramientas; en las versiones 4 y 5, las herramientas Cota (Dimension) estaban metidos en el menú lateral de Herramienta Lápiz (Pencil tool). Si usted es el tipo de usuario que está tan acostumbrado a la posición de la herramienta que simplemente señala la pantalla para tener acceso a algo, ¡la versión 6 podría depararle algunas "sorpresas" de diseño!

Usted puede configurar su propia caja de herramientas para que se adecue a sus necesidades de trabajo. En el siguiente grupo de pasos, verá lo fácil que puede crear la caja de herramientas de Juan o de Sara.

Cómo personalizar las herramientas de CorelDRAW!

1. Haga clic con el botón derecho del ratón sobre la barra de herramientas (horizontal), luego elija Barras de herramientas (Toolbars) del menú de método abreviado.

   Aparece el cuadro de diálogo Barras de herramientas (Toolbars).

2. Haga clic en Nuevo (New).

   Se crea un registro Barra de herramientas 1 (Toolbar 1) en la ventana Barras de herramientas (Toolbars).

3. Escriba un nombre distintivo en el campo de texto resaltado de la ventana Barras de herramientas (Toolbars).

   Asígnele un nombre a la barra de herramientas (vea la figura 2.21). El nombre y la configuración se almacenarán en su sistema como CDRBARS.CFG. Aunque usted tiene la opción de especificar botones Pequeño (Small), Mediano (Medium) o Grande (Large) en el cuadro de diálogo Barras de herramientas (Toolbars), son parámetros globales que afectarán a todos los botones de DRAW. No cambie la opción predeterminada a menos que esté ejecutando a una resolución alta.

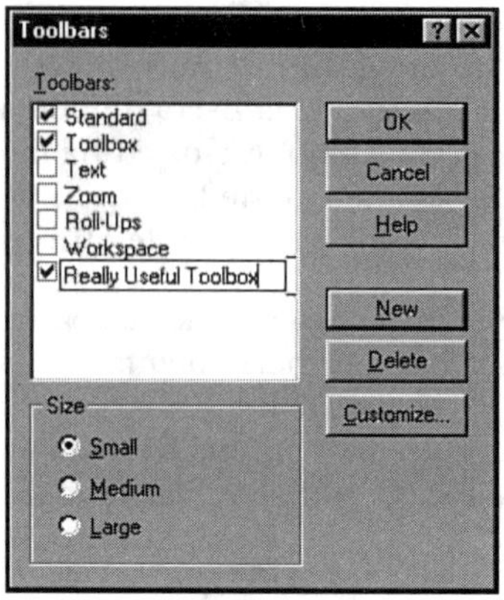

Figura 2.21
Asigne un nombre a su nueva barra de herramientas para asegurar su fácil localización e identificación.

4. Haga clic en **P**ersonalizar (**C**ustomize) y luego en la carpeta Caja de herramientas (Toolbox) de la ventana Categorías (Command categories).

   Aparece una nueva caja de herramientas, vacía, en la ventana de dibujo; se muestran los comandos y los botones disponibles para la caja de herramientas.

5. La Herramienta Selección (Pick tool) parece natural al principio de su caja de herramientas personalizada, de modo que haga clic y arrastre el botón de Herramienta Selección (Pick tool) a la caja de herramientas personalizada.

   Se agrega la Herramienta Selección (Pick tool) a la caja de herramientas personalizada.

6. Haga clic y arrastre la Herramienta Forma (Shape tool) a la caja de herramientas personalizada, luego Herramienta Rectángulo (Rectangle tool), Herramienta Elipse (Ellipse tool), Herramienta Polígono (Polygon tool) del cuadro de diálogo de personalización a la caja de herramientas personalizada.

   Se agregan estas herramientas a su caja de herramientas personalizada. Observe que el botón de la herramienta Cota (Dimension) se ha omitido de esta selección. Se trata de una preferencia personal; si usted utiliza muchas líneas acotadas, incluya este botón.

Además, mientras el cuadro de diálogo Personalizar (Customize) se encuentra en pantalla, usted tiene la posibilidad de reorganizar una o todas las herramientas de su caja de herramientas personalizada con sólo hacer clic y arrastrarla encima de otra, como lo hizo antes con los botones de la barra de herramientas.

7. Haga clic y arrastre la Herramienta Zoom (Zoom tool) de la caja de herramientas predeterminada a la caja personalizada.

   El cuadro de diálogo Personalizar (Customize) no ofrece un botón del menú lateral para la Herramienta Zoom (Zoom tool). Sin embargo, al arrastrar una herramienta de la caja predeterminada a una caja de herramientas personalizada se copia el menú lateral, u otra herramienta. Vea la figura 2.22.

8. Haga clic y arrastre el menú lateral de la Herramienta Lápiz (Pencil tool) del cuadro de diálogo Personalizar (Customize) a la caja de herramientas personalizada.

   Se agregan las herramientas Bézier y A mano alzada (Freehand) a la caja de herramientas personalizada.

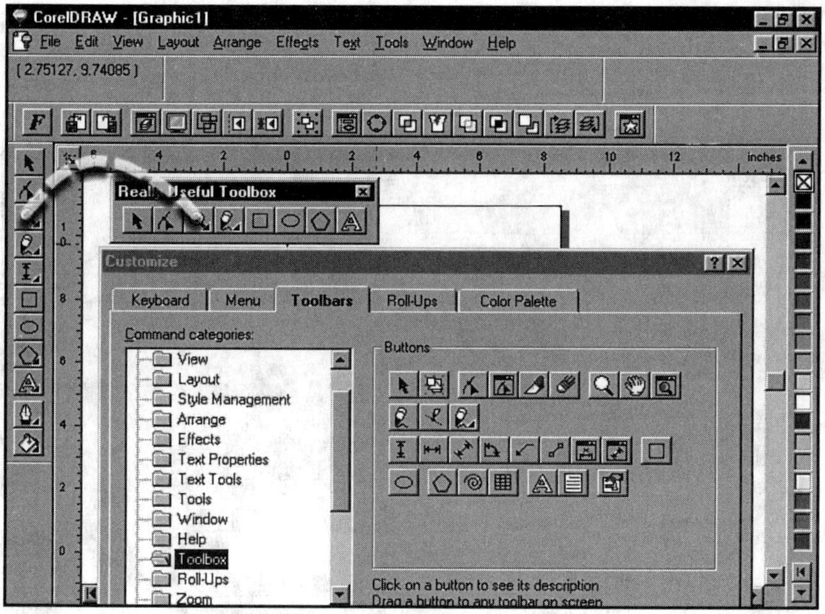

Figura 2.22
Agregue configuraciones predeterminadas a una caja de herramientas personalizada arrastrando las herramientas de una caja a la otra.

Hasta este momento, usted tiene una caja de herramientas personalizada bien organizada, con las únicas herramientas que utiliza de manera regular. Los menús laterales Rellenar (Fill) y Filete (Outline) de la caja de herramientas predeterminada contienen muchos remanentes de la versiones anteriores, que en realidad no mejoran el diseño de la versión actual. Sobre todo, por qué necesitaría anchos de filete predeterminados (que no pueden cambiarse) y tres persianas para atributos de filete, cuando una persiana podría controlar todos los cambios de los filetes. Como otro ejemplo, el menú lateral Relleno (Fill) proporciona una valiosa puerta de entrada a diferentes tipos de rellenos especiales, pero la Persiana de relleno especial (Special Fill Roll-Up) coloca las opciones en la pantalla, ocultando la ventana de dibujo, no en un cuadro de diálogo. Los siguientes pasos proporcionan una de las varias personalizaciones posibles para tener un acceso más rápido a las propiedades de filete y relleno de objetos...

9. Haga clic en la carpeta Filete (Outline) de la ventana Categorías (Command categories), luego haga clic y arrastre el botón Pluma del filete (Outline Pen) a la caja de herramientas personalizada.

   Se agrega un solo botón a la caja de herramientas, con el cual usted puede definir el ancho del filete, el tipo de conexión, el color, las puntas de flecha y la escala.

10. Haga clic en la carpeta Llenar (Fill) de la ventana Categorías (Command categories), luego haga clic y arrastre la Persiana de relleno especial (Special Fill Roll-Up) a la caja de herramientas personalizada.

    Se agrega el botón que mostrará una persiana en la ventana de dibujo para tener acceso, copiar y modificar todos los tipos de relleno de objetos, excepto Sobreimprimir relleno (Uniform fill) (vea la figura 2.23). Si usted no utiliza rellenos uniformes personalizados muy a menudo, puede tener acceso a rellenos sólidos de la paleta de color. Sin embargo, si necesita más flexibilidad, puede agregar el botón Relleno uniforme (Uniform Fill) a la caja de herramientas personalizada, además del botón de la Persiana de relleno especial (Special Fill Roll-Up).

Figura 2.23
Agregue botones a la caja de herramientas personalizada que le brinden rápido acceso a las opciones de edición y diseño más comunes.

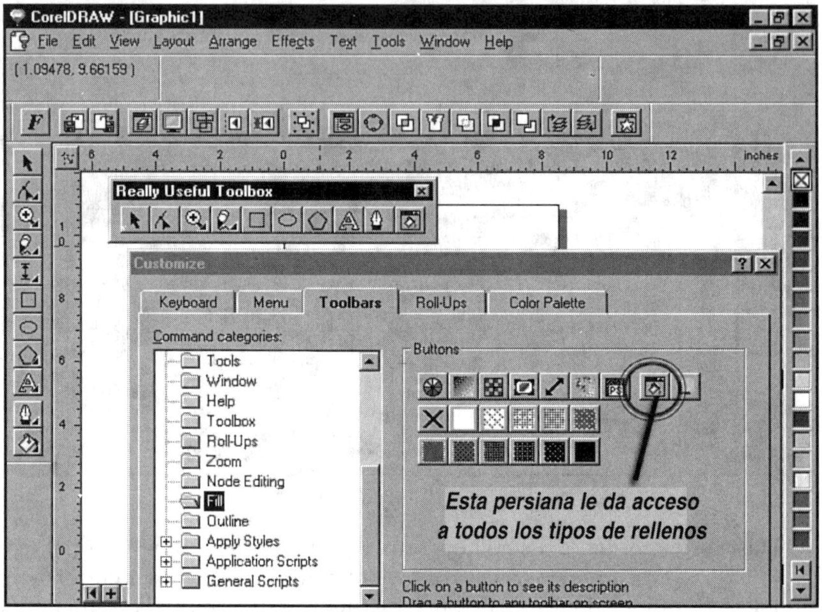

11. Haga clic y arrastre la caja de herramientas predeterminada lejos de su posición normal, haga clic en el cuadro para cerrar la caja, luego haga clic y arrastre la caja de herramientas personalizada a la posición normal, a la izquierda de la ventana de dibujo.

    Se reemplaza la caja de herramientas predeterminada con la suya. Vea la figura 2.24.

Ahora puede llevar su área de trabajo personalizada a una prueba de manejo. En la siguiente sección, le mostraremos algunas de las mejoras de accesibilidad disponibles si siguió los ejemplos hasta este paso.

La creación de formas complejas en un área de trabajo personalizada es cosa de un instante

Las herramientas de Corel parecen engranadas para la construcción de primitivos geométricos y simétricos (los primitivos son formas cuyos filetes representan los elementos más básicos). La tarea eterna de los diseñadores gráficos por computadora ha sido combinar primitivos (rectángulos, elipses y otras formas simétricas) para formar trayectorias de filetes más complejas y crear ilustraciones que la audiencia reconozca.

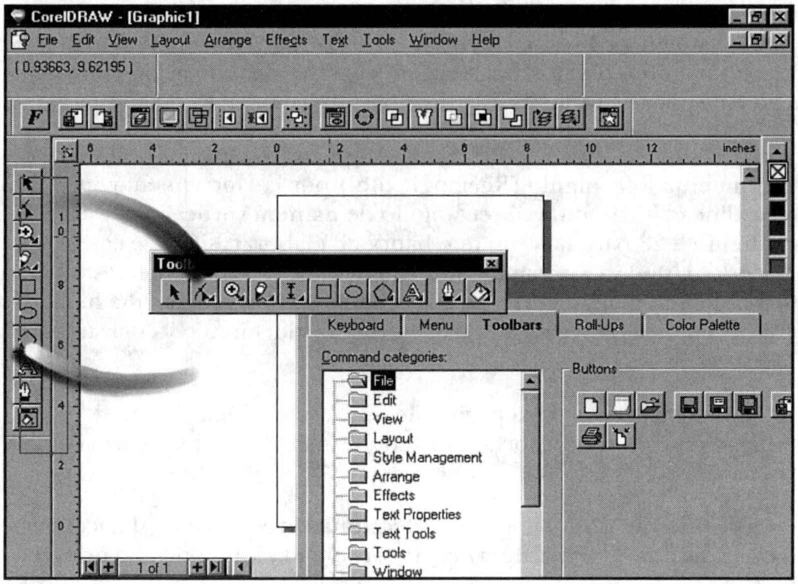

Figura 2.24
La caja de herramientas predeterminada puede restablecerse o desplegarse si se abre desde el menú de método abreviado de la barra de herramientas.

En el siguiente grupo de pasos, utilizará varios de los nuevos botones de su barra de herramientas personalizada para trabajar mejor con combinaciones de objetos. Sin embargo, no olvide que los botones Soldar con destino (Weld Target), Intersectar destino (Intersect Target) y Recortar destino (Trim Target) están definidos por las opciones de la persiana Soldar/Intersección/Recortar (Weld/Intersect/Trim). Antes de empezar con los pasos a seguir, asegúrese de que está marcada la casilla de verificación Otros objetos (Other Object(s)) del área Mantener el original (Leave Original) en la sección Recortar (Trim) de esta persiana; de lo contrario, el truco Recortar destino (Trim Target) no funcionará con este ejemplo.

He aquí un ejemplo que ilustra las posibilidades a las que usted puede tener acceso inmediato, porque ahora todo “lo bueno” está al alcance en DRAW:

Cómo crear un contorno complejo utilizando opciones automatizadas

1. Con la Herramienta Elipse (Ellipse tool), Ctrl+clic y arrastre un círculo de unos 6 centímetros en la página de impresión de un nuevo documento.

   La tecla Ctrl restringe la Herramienta Elipse (Ellipse tool) para crear elipses de radio constante (círculos).

2. Con la Herramienta Rectángulo (Rectangle tool), haga clic y arrastre un rectángulo de unos 4 centímetros de ancho y unos 7.5 centímetros de alto para que intersecte el círculo y se extienda ligeramente sobre él.

   Este objeto se volverá parte de otro más complejo, y también servirá como objeto de recorte para modificar el círculo.

3. Haga clic en el botón Persiana de alinear y distribuir (Align and Distribute Roll-Up) de la barra de herramientas. Presione la barra de espaciado, trace un recuadro de selección que cubra ambos objetos, haga clic en el botón de alineación central y vertical y luego en Aplicar (Apply).

   Se despliega la Persiana de alinear y distribuir (Align and Distribute Roll-Up), se cambia la Herramienta Rectángulo (Rectangle tool) por la Herramienta Selección (Pick tool) y se alinean el círculo y el rectángulo de manera vertical. Si desea echarle un vistazo a la figura 2.28 para saber lo que habrá de elaborar, siéntase con la libertad de hacerlo. Usted va a crear el contorno de una llave para tuercas. El rectángulo servirá como mango entre las dos cabezas en forma de media luna, pero también lo utilizaremos para recortar la parte superior del círculo y crear una de las cabezas de la llave.

4. Haga clic en un área en blanco de la página de impresión. Haga clic en el rectángulo y luego en el botón Recortar destino (Trim Target) de la barra de herramientas.

   Se dejan de seleccionar los dos objetos y se selecciona el rectángulo; al hacer clic en el botón Recortar destino (Trim Target) el cursor toma la forma de una gran flecha de selección.

5. Haga clic en el círculo con la flecha de selección.

   Se elimina el área del círculo que se sobrepone al rectángulo; se retiene el rectángulo en la página porque la opción Otros objetos (Other Object(s)) del área Mantener el original (Leave Original) fue previamente verificada en la persiana Soldar/Intersección/Recortar (Weld/Intersect/Trim). Vea la figura 2.25.

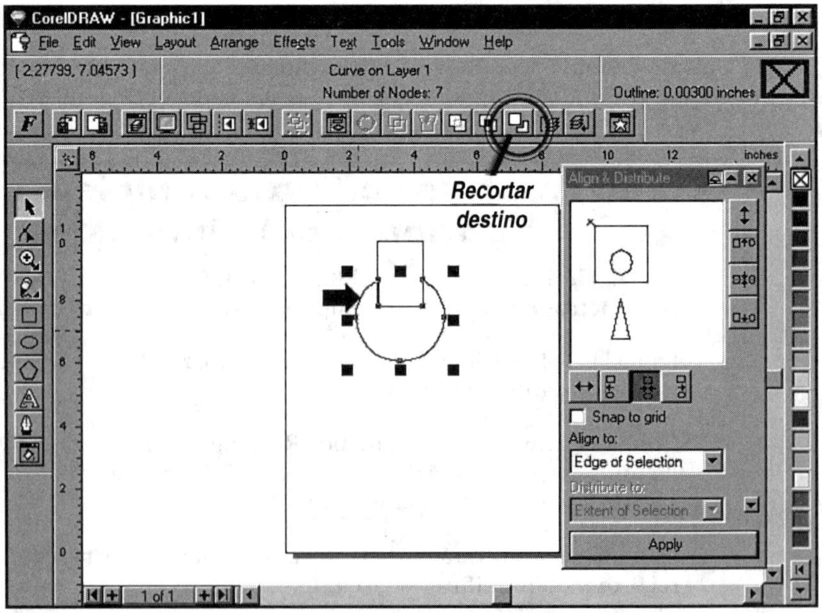

Figura 2.25
Hay menos amontonamiento en el área de trabajo cuando usted aísla las funciones que realmente necesita y les asigna botones de la barra de herramientas.

6. Seleccione el rectángulo, luego haga clic en el tirador de selección de la parte intermedia superior y arrastre hacia abajo, alrededor de unos 20 centímetros.

   Se invierte el rectángulo y se cambia su tamaño para que se vuelva el mango de la llave. Vea la figura 2.26.

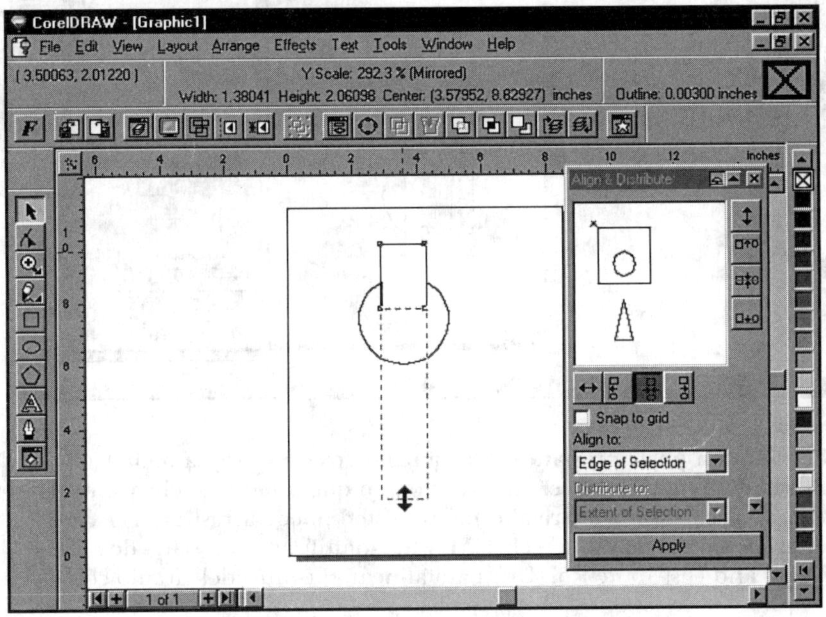

Figura 2.26
Al cambiar el tamaño de un objeto seleccionado, usted puede mantener la alineación con su lugar original.

7. Haga clic en el tirador de la parte intermedia superior, luego arrastre el lado superior hacia abajo en la forma del círculo.

   Usted utilizará el comando Soldar con destino (Weld Target) en los objetos para crear la llave; al arrastrar la parte superior del rectángulo hacia la forma del círculo no habrá áreas sobrepuestas cuando usted suelde.

8. Haga clic en la forma de círculo, luego presione Ctrl mientras hace clic y arrastra hacia abajo el tirador de la parte superior intermedia; haga clic con el botón derecho del ratón antes de soltar el botón izquierdo.

   Se crea un duplicado invertido vertical de la forma circular. Será el otro extremo de la llave. Vea la figura 2.27.

9. Ctrl+clic y arrastrar el círculo duplicado a la orilla del rectángulo; deténgase cuando el círculo se encime sobre la parte inferior del rectángulo.

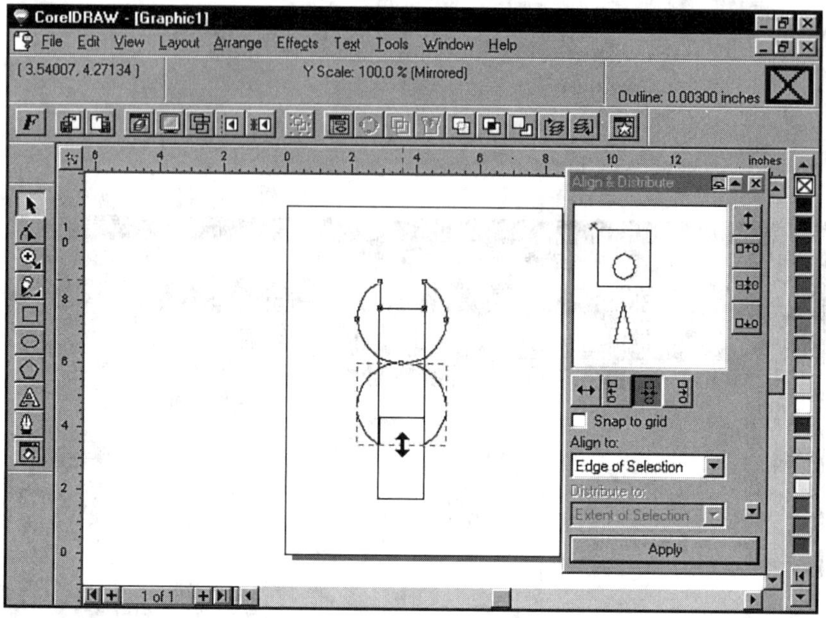

Figura 2.27
Al presionar la tecla Ctrl, hacer clic y arrastrar los tiradores intermedios y hacer clic con el botón derecho del ratón antes de soltar el botón izquierdo, se crean duplicados invertidos de los objetos.

Se coloca el círculo en posición para soldar a los otros objetos. La tecla Ctrl restringe el movimiento del círculo en la dirección en que usted hizo clic y arrastró en primer lugar (vertical). De manera alternativa, usted puede arrastrar el círculo a su posición inferior, sin presionar la tecla Ctrl, y luego utilizar la Persiana de alinear y distribuir (Align and Distribute Roll-Up) para alinear el centro del círculo con el rectángulo.

10. Seleccione con un recuadro los tres objetos. Luego haga clic en el botón Soldar con destino (Weld Target)

    El cursor toma la forma de una flecha pesada.

11. Señale cualquier objeto con la flecha y luego haga clic.

    Los objetos se sueldan, se elimina la trayectoria interior y se completa la tarea. Vea la figura 2.28.

Piense en el tiempo que ahorró y en la precisión que ganó al combinar formas primitivas para lograr su meta de diseño. En la figura 2.29, usted puede ver otras herramientas que se han elaborado con la misma técnica. El mango del desarmador se creó recortando un círculo grande con ocho círculos pequeños. Los objetos se extruyeron y sombrearon utilizando las técnicas que se analizan en el capítulo 11: "Efectos especiales para páginas de Web".

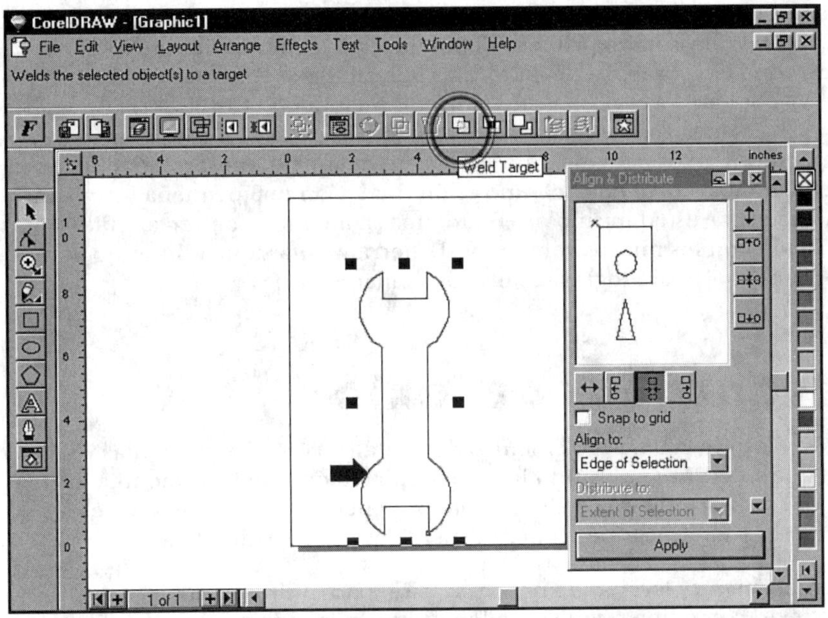

Figura 2.28
La alineación precisa y la rapidez son cualidades que usted puede elegir cuando se familiarice con las herramientas de Corel y su ubicación.

Figura 2.29
Utilice la información de este libro y sus grupos de herramientas personalizadas para crear todo lo que logre imaginar.

Admitámoslo, ni la mejor organización de herramientas de Corel sería de ayuda para terminar un diseño, si usted no visualiza primero el potencial de combinación de las formas primitivas. De acuerdo con la experiencia del autor, las herramientas Recortar (Trim), Intersección (Intersect) y Soldar (Weld) han sido la mayor mejora que Corel Corp. ha hecho a la aplicación. Antes de la versión 5, los usuarios estaban obligados a separar manualmente los segmentos curvos para elaborar un objeto complejo, sin seguridad de que se mantendría la fidelidad de la curva en la composición final. Con una pequeña inversión de tiempo, se podría encontrar usted mismo diseñando más a menudo con rectángulos y polígonos en combinación con los nuevos comandos de herramientas, que utilizando la Herramienta Lápiz (Pencil tool) para lograr resultados similares.

Opciones avanzadas de texto

Dentro de CorelDRAW y Windows 95, los elementos de pantalla, como herramientas y botones, y los objetos que usted *crea* utilizando herramientas se consideran como una misma clase de elementos. Por convención en Win95, los objetos tienen hojas de propiedades anexas que le permiten ver y modificar de manera general las propiedades de los objetos.

Aunque DRAW no sería la mejor elección de una aplicación para utilizar con un documento con tanto texto como una revista, pueden utilizarse las opciones de manejo de texto de párrafo de la versión 6 para producir rápidamente un anuncio de una página que tenga un aspecto profesional. Uno de los *ganchos* visuales que los profesionales de la publicidad utilizan para integrar elementos en un anuncio es la opción de "ajuste de texto" alrededor de un objeto. Los usuarios familiarizados con Adobe (antes Aldus) PageMaker saben lo fácil que es crear una barrera entre el texto y la imagen para que el texto fluya alrededor de una imagen o incluso de otro bloque de texto.

Las opciones de CorelDRAW proporcionan dos maneras de crear el ajuste de texto; una se puede aplicar cambiando una de las propiedades del objeto Texto de párrafo (Paragraph Text). Como este capítulo está dedicado a cambiar el aspecto de DRAW y a combinar las reglas, los ejemplos siguientes muestran cómo ajustar textos utilizando ambas técnicas.

Cómo crear un anuncio personalizado

1. Abra el documento GAMBLE.CDR de la carpeta EXAMPLES\CHAP02 del *CD de obsequio de CorelDRAW! 6 para expertos.*

   Se abre el diseño de la página que utilizará para crear un cuerpo de texto que fluya alrededor de un objeto.

2. Haga clic en el botón Importar (Import) de la caja de herramientas, luego elija GREEKING.DOC de la carpeta EXAMPLES\CHAP02 del *CD de obsequio de CorelDRAW! 6 para expertos.*

   Se trata de un archivo de texto que contiene palabras sin sentido (por lo general palabras en latín), que los diseñadores utilizan como marcador de posición hasta que el redactor finalmente llega con algún texto. Si usted no instaló el filtro para importar Word para Windows cuando ejecutó la instalación de CorelDRAW, tendrá que ejecutar la instalación otra vez para agregar este filtro. Pero para los propósitos de este ejemplo, puede abrir GREEKING.DOC en WordPad de Windows 95, copiar el contenido al Portapapeles (Clipboard), trazar un marco de texto de párrafo en el área de trabajo (utilizando la herramienta Texto de párrafo (Paragraph Text tool)) y pegar después el texto en el cuadro como texto sin formato.

3. Con la Herramienta Selección (Pick tool), haga clic y arrastre el cuadro de texto al área para pegado, fuera de la ventana de dibujo.

   Se hace espacio en la página de impresión para crear el efecto del ajuste de texto. Vea la figura 2.30.

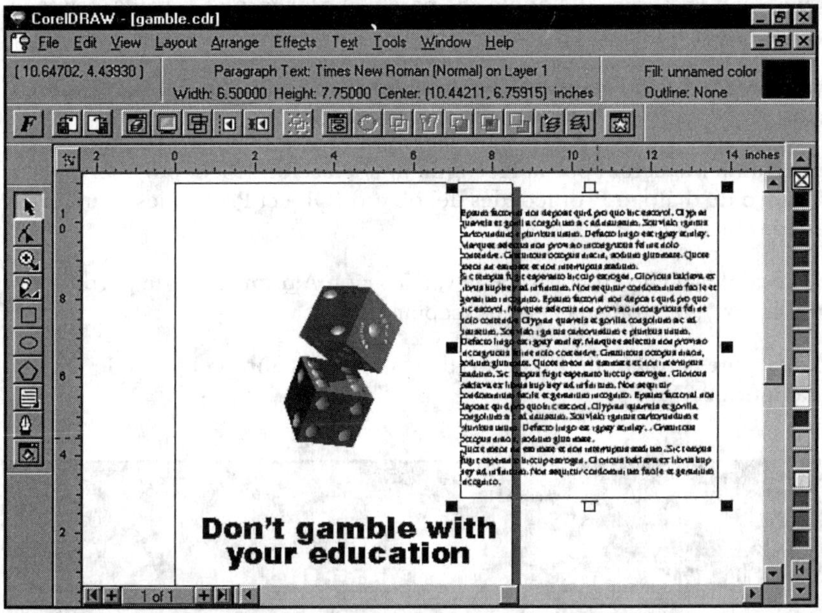

Figura 2.30
El marco que contiene el texto de párrafo es un objeto; posee propiedades que usted puede modificar.

4. *Ignore este paso y el 5 si usted utilizó el filtro Importar (Import) para traer el archivo de texto.* Con la Herramienta Selección (Pick tool), haga clic con el botón derecho del ratón sobre el texto de párrafo, luego elija Propiedades (Properties) del menú de método abreviado.

   Se despliega el cuadro de diálogo Propiedades del objeto (Object Properties). El texto que proviene del Portapapeles (Clipboard) no siempre se transfiere con los estilos originales de la aplicación, de modo que el texto que ha pegado en el cuadro tal vez sea Courier, o el estilo predeterminado para el texto de párrafo de DRAW.

5. Elija Times New Roman de la lista descendente Fuente (Font), escriba **18** en el campo Tamaño (Size) y luego haga clic en Aceptar (OK).

   Se forma el texto en Times New Roman, 18 puntos.

Nota Usted puede cambiar las propiedades de cualquier objeto en CorelDRAW utilizando esta técnica. Por lo general es más rápida que seleccionar y volver a definir un objeto utilizando las herramientas, porque el cuadro de diálogo Propiedades del objeto (Object Properties) contiene fichas de muchos aspectos diferentes que usted puede cambiar en una sola sesión.

6. Con la Herramienta A mano alzada (Freehand tool), cree un contorno de líneas rectas alrededor del dado, a medio centímetro de la orilla de los dados.

   Se crea un objeto que será utilizado como objeto para Ajustar texto de párrafo (Wrap Paragraph text). Usted no tiene control sobre una gran cantidad de objetos cuyo contorno puede repeler el texto de párrafo. Por lo tanto, necesita elaborar manualmente un objeto adicional que sirva para propósitos de diseño. Si usted no está familiarizado con la técnica del doble clic para elaborar formas cerrada, revise el capítulo 3 para conocer las instrucciones.

7. Presione la barra espaciadora, luego haga clic con el botón derecho del ratón sobre la trayectoria que ha creado, y elija Propiedades (**P**roperties).

   Se cambia la herramienta actual por la Herramienta Selección (Pick tool); se despliega el cuadro de diálogo Propiedades del objeto (Object Properties) para el objeto que usted seleccionó.

8. En la ficha General, haga clic en la casilla de verificación Ajustar texto de párrafo (**W**rap Paragraph text), luego haga clic en Aceptar (OK).

   El borde irregular que creó alrededor de los dados repelerá ahora el texto de párrafo (vea la figura 2.31).

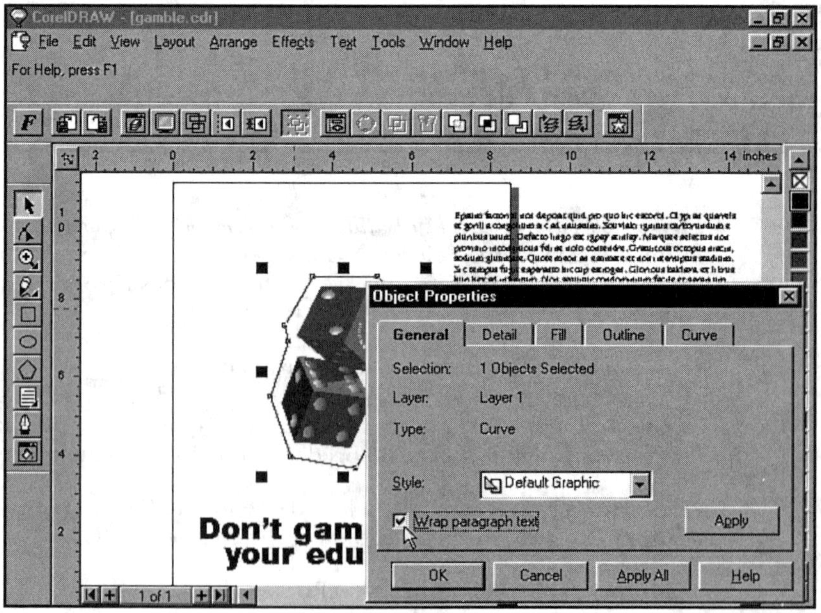

Figura 2.31
Utilice la opción Ajustar texto de párrafo (Wrap Paragraph text) con rectángulos, formas de mano alzada y otros objetos de trayectoria cerrada.

Alto Otra vez, debe subrayarse que DRAW le permitirá asignar una propiedad de corte de texto a espirales y otras formas abiertas, pero al hacerlo puede congelar su sistema, o por lo menos interrumpir la sesión de CorelDRAW. *¡Utilice únicamente* objetos cerrados *con las opciones Ajustar texto de párrafo (Wrap Paragraph text)!*

9. Haga clic y arrastre el marco de texto de párrafo al área de impresión, luego suelte el botón del ratón y deje de seleccionar cuando el recuadro punteado del contorno esté centrado en la página.

   El texto se ajusta alrededor de la trayectoria y de los dados.

10. Haga clic en la forma irregular que dibujó y luego haga clic con el botón derecho del ratón en la muestra de color blanca de la paleta de colores.

    Se selecciona un color que se mezcla con el fondo blanco del papel del diseño. ¡Ya ha terminado! Vea la figura 2.32.

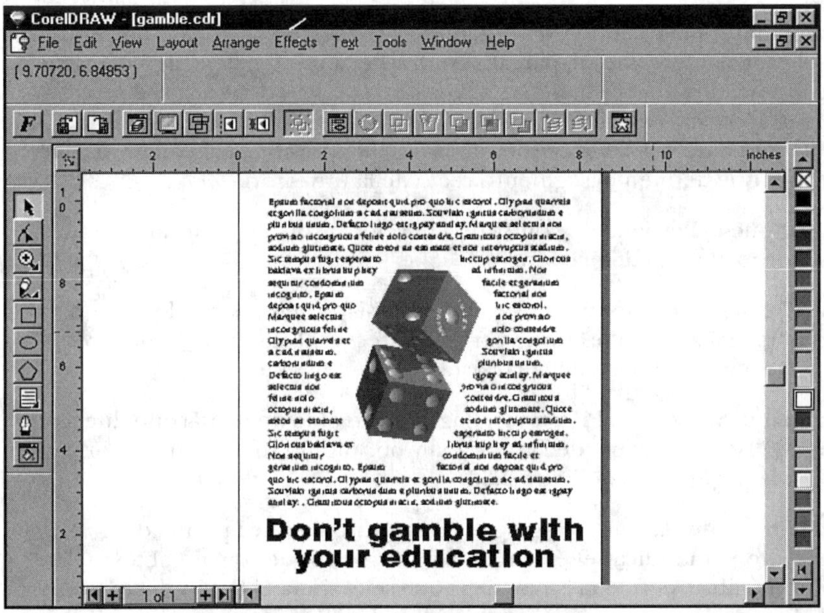

Figura 2.32
Elabore un anuncio antes de que alguien esboce apenas un concepto utilizando las propiedades avanzadas de manejo de texto de DRAW.

Aunque la Persiana de Contorno (Envelope Roll-Up) no puede aceptar una plantilla que contenga una subtrayectoria para transformaciones de texto, usted aún puede hacer algunos diseños sorprendentes con recorte de texto utilizando los *marcos* de Texto de párrafo (Paragraph Text). A diferencia del texto artístico, que está completamente sujeto a los efectos de CorelDRAW, los textos de párrafo residen en un contenedor (un marco de texto de párrafo). Usted puede modificar la forma del marco, pero no el texto de párrafo.

Esta limitación lleva al segundo método para ajustar texto.

Cómo contornear marcos de texto de párrafo

1. Haga clic y arrastre el marco de texto de párrafo fuera del área de impresión.

   El texto de párrafo vuelve a sus dimensiones originales.

2. Haga clic en el botón interruptor Dibujo de líneas (Wireframe/Preview) en la barra de herramientas, luego haga clic en el contorno irregular para ajuste de texto y presione Supr (Delete).

   Se elimina el contorno que usted ocultó en la página en el ejemplo anterior. Usted debe regresar ahora al modo de presentación preliminar.

3. Con la Herramienta Selección (Pick tool), haga clic y arrastre el objeto de dados arriba de la palabra "with" en el diseño del anuncio.

   Cambia la posición de los dados para un diseño diferente. Los objetos de dados están agrupados; no se preocupe de cambiar por accidente la posición de un componente del grupo.

4. Con la Herramienta A mano alzada (Freehand tool), haga doble clic en un borde que definirá el espacio del texto de párrafo dentro del anuncio; deje algo de espacio alrededor de los dados. Observe la figura 2.33 para ver cómo debe ser el diseño optimo de esta trayectoria cerrada. Si desea que las líneas rectas de la trayectoria sean absolutamente paralelas a los bordes de la página, presione Ctrl mientras hace clic en los puntos que definen el segmento recto de la trayectoria.

   Se crea la forma que la Persiana de contorno (Envelope Roll-Up) utilizará para aplicar un contorno al texto de párrafo.

5. Haga clic en la Persiana de contorno (Envelope Roll-Up) de su barra de herramientas personalizada (o presione Ctrl+F7 (Efectos (Effects) y Contorno (Envelope)) si no agregó la persiana a la barra de herramientas).

6. Con la Herramienta Selección (Pick tool), haga clic en el texto de párrafo, luego en el botón Crear de (Create From) de la persiana y por último sobre la trayectoria que usted diseñó en la página. Vea la figura 2.33.

   Se selecciona el texto de párrafo, se agrega un contorno de línea punteada alrededor del texto para indicar el efecto de contorno propuesto para el texto. Un contorno de forma libre, el tipo creado cuando se selecciona el botón del extremo derecho en la Persiana de contorno (Envelope Roll-Up) (que es la opción predeterminada), le permite modificar un contorno después de que se ha aplicado el efecto. Observe los nodos del recuadro punteado; tienen las mismas propiedades del objeto fuente en que usted baso el Contorno (Envelope), y los nodos y las líneas punteadas se pueden modificar utilizando la Herramienta Forma (Shape tool) en cualquier momento. Sin embargo, siempre debe hacer clic en Aplicar (Apply) para que el cambio tenga efecto en el recuadro Contorno (Envelope).

7. Haga clic en Aplicar (Apply).

   Cambia la forma del texto de párrafo para imitar la trayectoria que usted dibujó en la página.

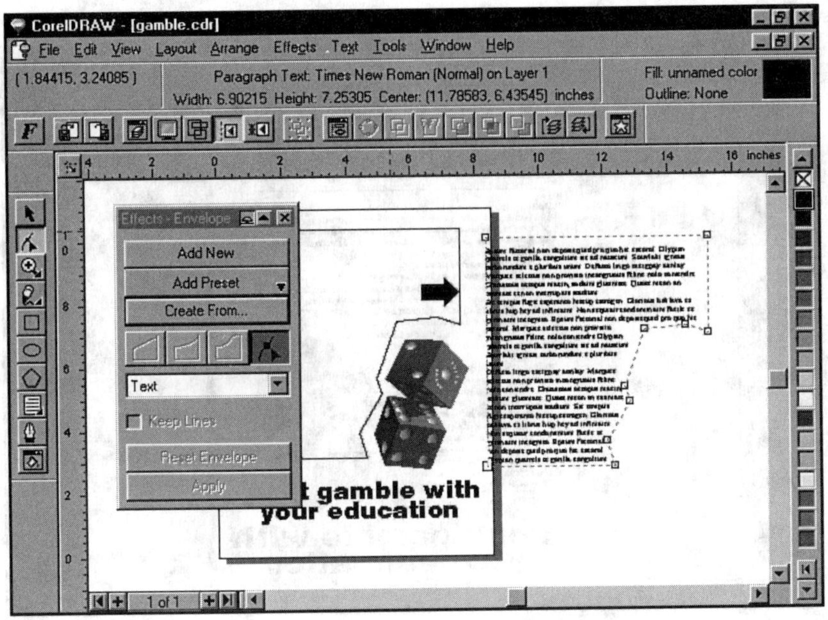

Figura 2.33
Cree una forma que el efecto Contorno (Envelope) usará como plantilla para cambiar la forma del marco del texto de párrafo.

8. Con la Herramienta Selección (Pick tool), haga clic y arrastre el texto de párrafo para que quede alineado con la trayectoria que usted dibujó en la página de impresión.

   Se coloca el texto en la posición para el diseño.

9. Presione la tecla Tab de manera repetida (y lenta) hasta que la línea de estado indique que se ha seleccionado una curva sin relleno en la capa 1, luego presione Supr (Delete).

   La tecla Tab sirve para recorrer los objetos que se encuentran en la ventana de dibujo. Se trata de una función útil cuando hay un objeto de igual tamaño y dimensiones sobre el objeto que desea eliminar. Vea el diseño terminado en la figura 2.34.

Tal vez sea difícil de creer, pero hay varias áreas más con grupos de características que usted puede personalizar en DRAW. En las siguientes secciones se describen brevemente los cambios menores que usted puede hacer para tener acceso a los comandos que más utiliza.

Cómo crear métodos abreviados de teclado

Muchas aplicaciones gráficas utilizan comandos de métodos abreviados de teclado comunes para desarrollar las mismas funciones. Por ejemplo, Ctrl+A es el método abreviado para seleccionar todos los elementos en Adobe PageMaker, Word para Windows, Photoshop y Fractal Design Painter. Sin embargo, Corel Corp. ha asignado este comando aceptado y popular para desplegar la Persiana de alinear y distribuir (Align and Distribute Roll-Up), que es la opción predeterminada, localizada como un botón en la barra de herramientas predeterminada.

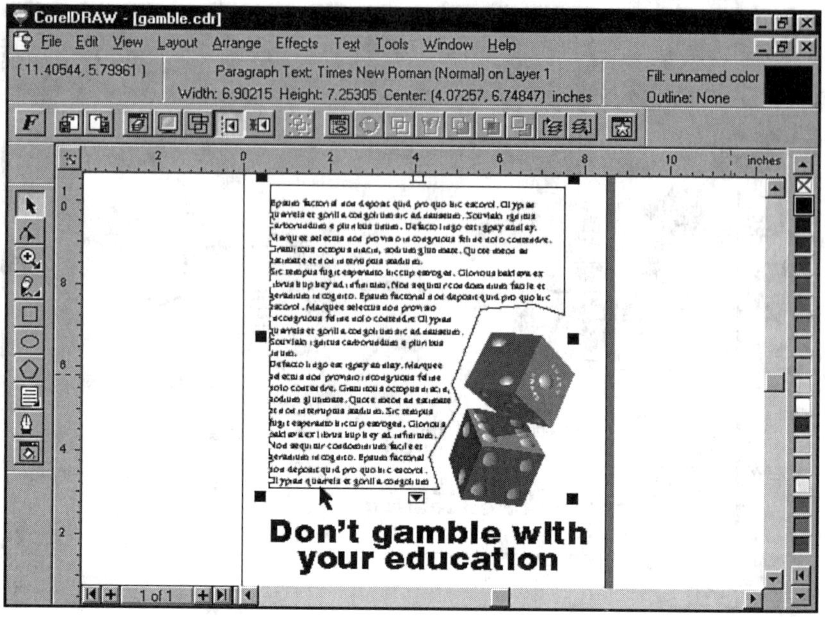

Figura 2.34 El recorte del texto de párrafo puede completarse a través de las propiedades del objeto, o con una técnica de Persiana de Contorno (Envelope Roll-Up).

Si le gustaría cambiar Ctrl+A para que seleccione todo, o crear métodos abreviados de teclado para otros comandos, he aquí la receta básica:

Cómo crear métodos abreviados de teclado personalizados

1. Elija Herramientas (Tools) y Personalizar (Customize).

   Es otra manera de mostrar el cuadro de diálogo Personalizar (Customize).

2. Haga clic en la ficha Teclado (Keyboard).

   Se muestran las opciones para asignar combinaciones de teclado a acciones del menú.

3. Haga clic en la casilla de verificación Ir a conflicto de asignación (Go to conflict on assign).

   Se despliega una advertencia cuando quiera sobreescribir un comando de teclado existente como opción predeterminada. En este ejemplo, usted ya sabe cuál es el conflicto, pero este paso es práctico cuando usted altera otras opciones predeterminadas.

4. Haga doble clic en la carpeta Edición (Edit) de la ventana Categorías (Command categories).

   Se amplía el árbol de Edición (Edit) para mostrar los comandos individuales.

5. Haga clic en el icono Seleccionar todo (Select All), luego coloque su cursor en el campo Pulse nueva tecla de método abreviado (Press new shortcut key) y presione **Ctrl** y **A** en su teclado.

Se registran las teclas presionadas en el campo. También se muestra el conflicto en el campo Teclas de método abreviado actuales (Current shortcut keys).

6. Haga clic en Asignar (Assign) y luego en Guardar como (Save As).

   Aparece el cuadro de diálogo Guardar como (Save As).

7. Escriba MIS-TECLAS.ACL en el campo Nombre de archivo (File name), luego haga clic en Guardar (Save).

   Usted la habrá agregado a lista de métodos abreviados predeterminada. Todos los demás comandos de teclado todavía se encuentran en la lista del nuevo archivo junto con el comando personalizado. Haga clic en Aceptar (OK) ahora para salir del cuadro de diálogo personalizado.

Si usted siguió el ejemplo anterior, pero ahora desea restablecer los comandos del teclado predeterminado, elija Restaurar todo (Reset All) en el menú Teclado (Keyboard).

Tip Desde la versión 4, CorelDRAW ha tenido un método abreviado "oculto" para el comando Edición (Edit) y Seleccionar todo (Select All) y tal vez prefiera utilizarlo en lugar del método abreviado del teclado. Haga doble clic en la Herramienta Selección (Pick tool). Esta acción selecciona todos los objetos de la ventana de dibujo.

Cómo cambiar comandos de menú

Es dudoso que los diseñadores tengan mucha necesidad de cambiar el orden y la estructura de los menús de DRAW, pero en la versión 6 usted puede personalizar los comandos de menú, de la misma manera en que lo hizo con las herramientas y los botones de las barras de herramientas.

Tenga cuidado, porque puede provocar un desorden increíble en la estructura de menús si decide que, por ejemplo, Pegar (Paste) sería una buena entrada para el menú Texto (Text). No obstante, si le gustaría colocar todos los comandos bajo un mismo techo, he aquí un ejemplo de cómo crear un nuevo grupo de menús y cómo copiar elementos de menús a esta nueva posición.

Cómo crear un elemento de menú personalizado

1. Elija Herramientas (Tools) y Personalizar (Customize).

   Aparece el menú de la ficha Personalizar (Customize).

2. Haga clic en la ficha Menú (Menu).

   Aparecen todos los comandos disponibles en CorelDRAW. Para asignar una tecla de función rápida se agrega un signo "&" antes de una letra en una palabra; la letra que sigue al signo & será la tecla de función rápida.

3. En la ventana Menú (Menu), haga clic en el icono Ayuda (Help) y luego en el botón Añadir Menú (Add Menu).

Se agrega el menú Menú (Menu) directamente abajo del menú Ayuda (Help). Ahora queda resaltado el título del menú.

4. Escriba **Privado** en el texto resaltado del menú.

   Se crea un elemento de menú, después de Ayuda (Help), llamado "Privado" con la P subrayada para utilizar como tecla de acción rápida.

5. En la ventana Comandos (Commands), haga clic en la tecla + que se encuentra a la izquierda de la carpeta Herramientas (Tools).

   Se realiza la misma acción que al hacer doble clic en una carpeta; la carpeta se amplía para mostrar todos los comandos del menú.

6. Haga clic en el comando Opciones (Options) y luego en Añadir (Add).

   Se agrega el comando Opciones (Options) al menú Privado.

7. Haga clic en Aceptar (OK).

   Se completa la edición del menú; ahora usted puede tener acceso al cuadro de diálogo Opciones (Options) de CorelDRAW desde el menú Privado.

Como agregó el comando Opciones (Options) al menú Privado sin eliminarlo del menú Herramientas (Tools), ahora tiene comandos idénticos bajo dos menús diferentes. ¿Esta situación anormal provoca problemas en CorelDRAW? No, ¡pero usted puede restablecer todos los elementos del menú rápidamente eligiendo el comando Restaurar todo (Reset All) en el menú Menú (Menu), después de que se haya desvanecido la novedad de crear menús personalizados!

El Corel clásico: el menú Preferencias (Preferences)

La versión 6 ha hecho a un lado el menú Preferencias (Preferences) de Herramientas (Tools) y en su lugar ahora tenemos un menú Opciones (Options) que contiene algunas opciones para mostrar, modificar y especificar el número de bandas que DRAW muestra en el relleno de un objeto.

En la siguiente sección se presenta un resumen de los elementos del cuadro de diálogo Opciones (Options). Usted no necesitara afinar nunca muchas de las opciones; otras exigen atención y pueden ayudarle a acelerar su trabajo.

El menú General de Opciones (Options)

En este menú, usted encontrará opciones para colocar un objeto duplicado. El método abreviado de teclado para Edición (Edit) y Duplicar (Duplicate) es Ctrl+D o puede presionar la tecla +; se crea automáticamente un duplicado del original. Tal vez nunca necesitará volver a especificar el valor definido para Colocar duplicados y reproducciones (Place Duplicates and clones); en todo este libro se muestran muchas combinaciones alternas para colocar objetos duplicados y originales.

También en el menú General se encuentra el valor Empujar (Nudge), una propiedad práctica del teclado a la que tal vez deseará tener acceso cuando alinea objetos manualmente. Las teclas de flecha empujan los objetos seleccionados y es en este menú donde usted especifica la cantidad de empuje.

El menú General también contiene la opción para reinstalar la pantalla de bienvenida de Corel 6. Tal vez sienta que la pantalla de bienvenida pierde su encanto después de haberla visto cinco veces. Si desea *restaurar* la pantalla de bienvenida, el área Aplicación al inicio (Application start-up) es el único lugar donde puede volver a instalar esta función.

El menú Mostrar (Display)

Este menú le permite cambiar el número de bandas de degradado para el relleno. Si usted toma una captura de pantalla para convertir instantáneamente un diseño de CorelDRAW en un mapa de bits, deseará cambiar el valor de Bandas de degradado de presentación (Preview fountain steps) a 100 o más. Sin embargo, mientras más bandas especifique, más tiempo tardará la pantalla en redibujarse para desplegar el objeto.

Además del menú Mostrar (Display) se encuentra la opción de desactivar las pistas (las etiquetas de aparición instantánea que a veces resultan útiles y que indican el nombre de la herramienta o la función, cuando usted coloca el cursor encima).

De vez en cuando su subsistema de video entablará pleitos con CorelDRAW, y el subsistema de video perderá. Cuando esto sucede, tendrá "artefactos" (es decir, *basura*) en su monitor. Cuando esto sucede, puede refrescar manualmente la pantalla presionando Ctrl+W. Si usted, por casualidad, verifica aquí la opción Renovación manual (Manual Refresh), la pantalla no se actualizará hasta que presione Ctrl+W. No saque conclusiones del título de esta opción. Con excepción de una que otra situación extraordinariamente raras (el autor no puede pensar en ninguna), siempre deseará que haya una actualización instantánea para redibujar la ventana. En otras palabras, no verifique el botón Renovación manual (Manual Refresh).

El menú Avanzado (Advanced)

En el campo Copia de seguridad (Backup) del menú Avanzado (Advanced) tal vez desee elegir un directorio diferente para los archivos que CorelDRAW crea cuando detecta una inactividad del sistema. CorelDRAW y otras aplicaciones exigen más y más espacio a su disco duro. La opción de respaldo automático podría fallar algún día porque el disco duro señalado para que contuviera el respaldo ha quedado lleno.

Alto Las otras opciones de Avanzado (Advanced) se explican por sí solas, excepto la opción Activar multitarea (Enable-multitasking). *Bajo ninguna circunstancia, jamás* marque la casilla de verificación Activar multitarea (Enable-multitasking); no con la versión D2 (600.118) de CorelDRAW! 6, y tal vez nunca hasta que Corel Corporation haya notificado a los usuarios que esta opción específica funciona correctamente con una construcción actualizada específica del programa.

Originalmente, se pretendió que la opción Activar **m**ultitarea (Enable-**m**ultitasking) de Avanzado (Advanced), Opciones (Options) y Herramientas (Tools) permitiera a los usuarios controlar la cantidad de recursos que utiliza CorelDRAW para realizar simultáneamente diferentes tareas; imprimir y dibujar al mismo tiempo, por ejemplo. Sin embargo, en la versión actual de CorelDRAW resulta una *implantación poco sólida.* La versión 6.00.118 (también conocida como versión D2 para el Servicio de Atención a Clientes de Corel) revolcará su disco duro, luego hará sushi con la información y muy probablemente *provocará daño permanente en el hardware* si usted marca esta casilla de verificación.

De modo que, en este sentido, sería mejor que usted no se considerara un usuario "avanzado".

Modificaciones, trucos y entretelones

Como puede personalizarse prácticamente cada pixel cuadrado de la interfaz CorelDRAW, usted podría pensar que no habría razón para hurgar en un archivo de configuración buscando mejoras adicionales. Sin embargo, si le gustaría personalizar la manera en que el menú Filete (Outline) crea las líneas punteadas, o cambiar el orden en que se muestran los filtros de importación y exportación en el cuadro de diálogo, éste es el único lugar para hacerlo porque DRAW no ofrece controles directos. En las siguientes secciones se ofrecen los únicos métodos para modificar algunas de las opciones más ocultas de DRAW.

Cómo mover tipos de archivo de exportación a la parte superior de la lista

La mayoría de los usuarios necesita importar tipos específicos de archivo. Por ejemplo, si le gusta agregar texto a imágenes de PhotoCD, tal vez importa imágenes TIFF de manera regular. Quizás desee exportar imágenes MetaFile de Windows (WFMs) para un cliente que todavía utiliza Windows 3.1 y la versión 2 de WinWord.

Los filtros de importación y exportación de CorelDRAW aparecen de una manera más bien revuelta en la sección Archivos de tipo (Files of type) de los cuadros de diálogo Importar (Import) y Exportar (Export); los tipos de archivo de mapa de bits y de vector parecen estar mezclados sin un orden particular. En la figura 2.35, usted puede ver al autor, que está tratando frenéticamente de cumplir con una fecha determinada, buscando una carpeta para archivos de Adobe Illustrator que habrán de importarse y convertirse al formato CorelDRAW. Observe que al principio de la lista se encuentra JPEG, GIF y Windows Icon Resource; el formato Illustrator AI se encuentra en medio de una lista larga y pesada.

Los cambios a los filtros de importación y exportación exigen el uso de un editor de texto (no de un procesador de palabras que codifica caracteres de estilo en un documento y que por lo tanto arruinaría el archivo del programa). TextPad, un editor de texto simple de shareware de 32 bits diseñado para su uso con Windows 95 y Windows NT, es una aplicación perfecta para editar archivos de página y componer comunicaciones de Internet y otros servicios en línea.

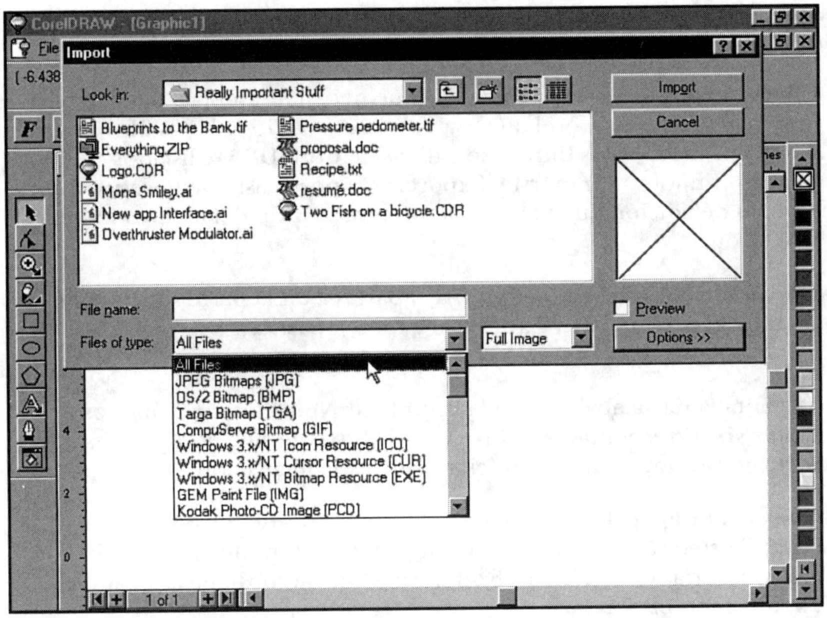

Figura 2.35
¿No sería bueno que pudiera cambiar el orden en que aparecen los filtros de importación y exportación en el campo Archivos de tipo (Files of Type)?

Una versión de shareware de TextPad puede encontrarse en el *CD de obsequio de CorelDRAW! 6 para expertos.* Si le gustaría instalar esta versión de trabajo antes de continuar con los pasos del ejemplo que han de seguir, ahora es el mejor momento. (También puede hacer el trabajo de edición que se muestra en los siguientes pasos con el Bloc de notas (NotePad) de Windows.)

He aquí la manera de cambiar el orden de los filtros que aparecen en la lista de filtros de importación y exportación de DRAW.

Cómo trucar un archivo INI

1. Asegúrese de que no se está ejecutando CorelDRAW.

   ¡Este paso no merece explicación!

2. En TextPad (u otro editor de texto), abra CORELFLT.INI de la carpeta CONFIG dentro de la carpeta de CorelDRAW! 6 en su sistema.

3. Guarde el archivo como CORELFLT.NEW.

   Se guarda el archivo original para que pueda cargarlo en caso de que cometa un error con el archivo.

Este archivo contiene una lista de filtros en el orden en que aparecen en la lista descendente Archivos de tipo (Files of type) en CorelDRAW.

4. Desplace la pantalla hacia abajo hasta llegar al encabezado de sección marcado **[Corel DRAW 6.0]**.

   Ésta es la primera de dos áreas del archivo INI que necesita cambiar. Los cambios afectarán a las aplicaciones de Corel que usan alguno (o todos) de los filtros de importación y exportación, y los filtros específicos de CorelDRAW listados en los cuadros de diálogo Importar (Import) y Exportar (Export), así que necesitará duplicar el trabajo de edición que hace en la primera sección del archivo INI para una segunda sección.

Suponga que desea que el filtro Adobe Illustrator (AI) aparezca en la parte superior de las listas descendentes de Importar (Import) y Exportar (Export). *Sustituya un filtro de su propia elección si lo prefiere, mientras seguimos adelante.*

5. Desplácese la pantalla hacia abajo, hasta la línea **FilterNo##**; los dos números después de FilterNo corresponden al filtro AI (o el filtro de su elección). Resalte toda la línea, luego presione Ctrl+C (Edición (Edit) y Copiar (Copy)).

   Se copia la línea al Portapapeles (Clipboard). Los números de filtro se atribuyen de manera relativa; si usted sólo instaló unos cuantos filtros durante la instalación de Corel, el filtro AI podría ser el número 8; el filtro AI del autor tiene asignado el número 36. Vea la figura 2.36.

Figura 2.36
No aplique estas ediciones al archivo INI original; haga un respaldo del archivo antes de empezar a editarlo.

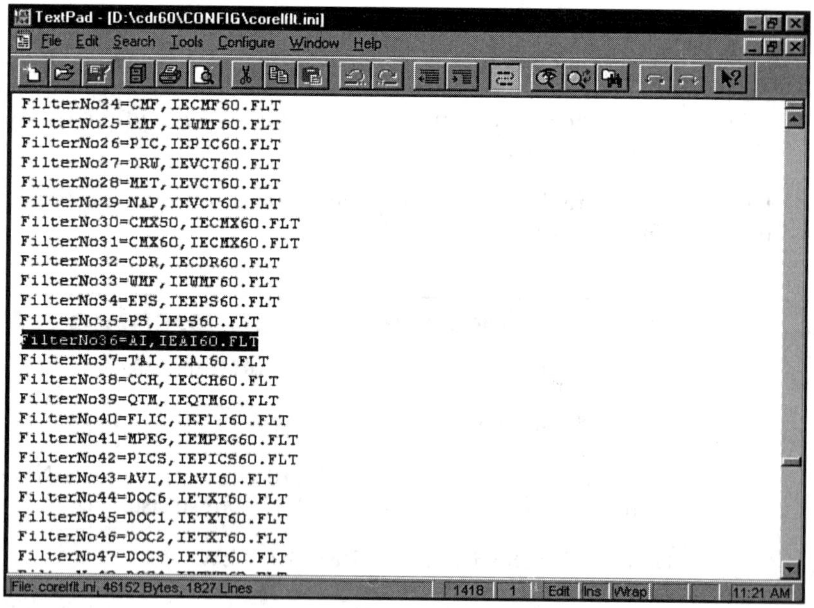

6. Desplace la pantalla hacia la parte superior, hasta llegar al encabezado de la sección **[Corel DRAW 6.0]**. Coloque su cursor a la derecha de la primera entrada de filtros, presione la barra de espaciado, luego presione Ctrl+V (Edición (Edit) y Pegar (Paste)).

   Se pega la línea después de la primera entrada, dejando un espacio para que pueda ver claramente dónde termina la línea original.

7. Resalte la primera línea, empezando directamente después del primer signo de igual y terminando exactamente después del segundo signo de igual.

   Se selecciona el texto que copiará ahora a la línea AI original en el archivo INI. La información **FilterNo** no se utilizará en la edición final del archivo; la está copiando simplemente para asegurarse de que el texto que cortará se copia en la posición correcta.

8. Presione Ctrl+X (Edición (Edit) y Cortar (Cut)).

   Se elimina la información del primer filtro de la lista, y el número de filtro del lugar en el archivo INI donde pegará el texto.

9. Desplace la pantalla al número de filtro de la línea que copió a la parte superior de la sección, teclee un espacio después del último carácter del filtro, luego presione Ctrl+V (Edición (Edit) y Pegar (Paste)).

   Pegue el nombre del filtro de la primera posición original en el espacio donde usted copió el nombre de filtro AI.

10. Elimine los caracteres FilterNo duplicados de la línea; asegúrese de que no haya espacio entre el signo de igual y el número de filtro.

    Usted ha cambiado exitosamente la posición de dos filtros en la primera mitad de las dos secciones del INI que necesitan cambiarse.

11. Repita del paso 5 al 10 con otros filtros que desee que "brinquen" a la parte superior de la lista descendente.

    Se crea una lista descendente de filtros de importación y exportación con la que usted puede trabajar fácilmente en CorelDRAW. En la figura 2.37, puede ver en acción el proceso de edición; el siguiente paso que esta figura ilustra es el corte del nombre de filtro OS2 y su posterior desplazamiento a la posición original del filtro Tiff de importación y exportación.

12. Cuando tenga sus diez filtros favoritos en la parte superior de la lista, resalte toda la lista (de la F de FilterNo1, hasta el último carácter de la última línea antes de la sección **[CorelDRAW]**), luego presione Ctrl+C.

    Se copia el contenido de la sección al Portapapeles (Clipboard).

13. Resalte todo el contenido de la sección **[CorelDRAW]** (se encuentra después de la sección **[Corel DRAW 6.0]** que usted ha editado), luego presione Ctrl+V (Edición (Edit) y Pegar (Paste)). *Tenga cuidado* de no resaltar la sección que viene después de **[CorelDRAW]**.

    Finaliza el trabajo de edición del archivo INI.

14. Elija Archivo (File) y Guardar (Save), salga del editor de texto, luego mueva CORELFLT.NEW a una posición segura, y asigne al archivo que editó el nombre CORELFLT.INI.

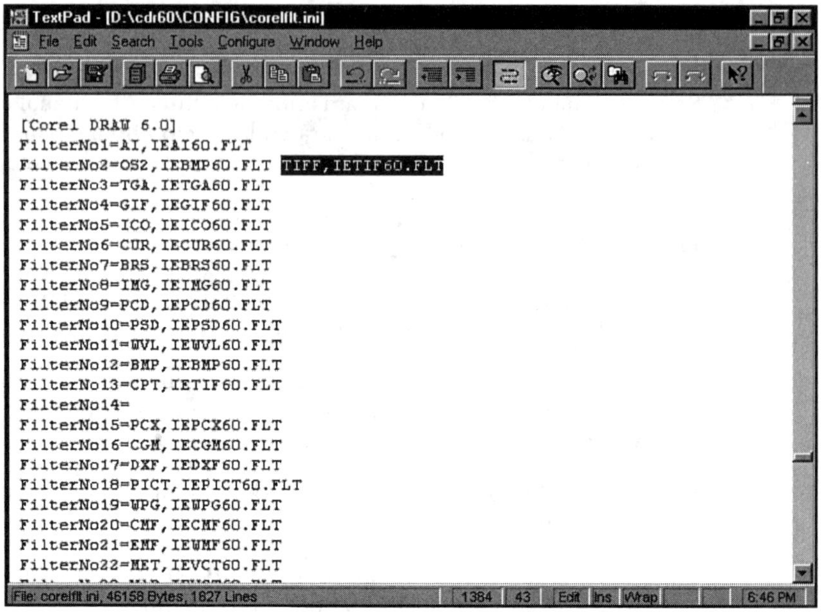

Figura 2.37
Los números de filtros (el texto antecedido por el signo de igual) deben aparecer en orden secuencial, pero los nombres de los filtros pueden reorganizarse.

Haga que el archivo editado sea el nuevo archivo INI de filtros para CorelDRAW. El nuevo archivo debe localizarse en la carpeta CONFIG para que funcione.

La próxima vez que necesite exportar o importa un archivo, quedará gratamente complacido con su ciber-cirugía. En la figura 2.38, el autor siguió los pasos anteriores, y los archivos de Illustrator aparecen en la parte superior de la ventana cuando se ha seleccionado de la lista descendente el primer tipo de archivo (después de Todos los archivos (All Files)).

Cómo crear nuevos contornos de líneas punteadas

En la Referencia Técnica de la versión 2 de CorelDRAW, página 79, hay una gema del trucaje que uno podría aplicar al cuadro de diálogo Pluma del filete (Outline Pen) con sólo editar el archivo CORELDRW.DOT. El propósito de CORELDRW.DOT no está realmente documentado en el manual de la versión 6, así que pensamos que compartiremos con usted un auténtico truco para concluir sus aventuras en el mundo de la personalización. Como opción predeterminada, el cuadro de diálogo Pluma del filete (Outline Pen) de CorelDRAW ofrece 27 estilos de líneas punteadas, pero puede acomodar hasta 40 estilos. Para algunos usuarios, 27 podría parecer suficiente, ¿pero qué pasa si usted quiere definir su propio estilo? ¡Puede hacerlo si posee un editor de texto y sabe dónde encontrar el archivo CORELDRW.DOT!

Si necesita crear un espacio específico con líneas punteadas (en un cupón, por ejemplo) y una cantidad específica de espacio entre los puntos de la línea, he aquí la modificación más segura que puede desarrollar en la versión 6.

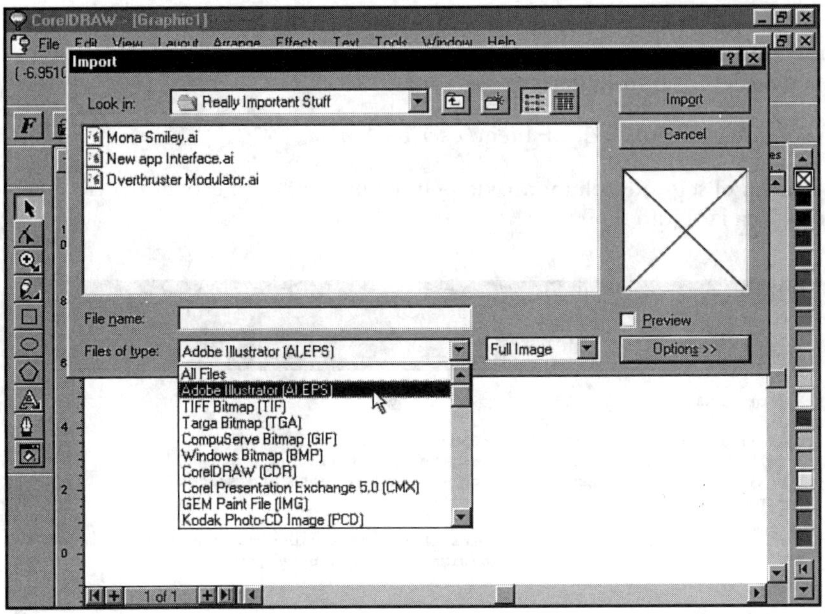

Figura 2.38
Copie los archivos importantes antes de editar. Usted puede cambiar después una multitud de opciones de CorelDRAW.

Cómo crear una línea punteada personalizada

1. Con CorelDRAW cerrado, lance un editor de texto simple, luego cargue el archivo CORELDRW.DOT, localizado en la carpeta CUSTOM de la carpeta en que se encuentra CorelDRAW en su disco duro.

   Se trata de un archivo cuidadosamente anotado que se explica por sí mismo. No obstante, recorramos el proceso para crear una línea punteada cuyos segmentos de línea alternan líneas negras de 4 pixeles de ancho y espacios de 4 pixeles de ancho.

2. Coloque el cursor después de la palabra **styles** en la última línea de los comentarios remarcados (líneas precedidas con un punto y coma), presione la tecla de flecha hacia abajo y luego presione Enter.

   Se coloca su cursor en la columna de caracteres de la izquierda; se coloca un retorno duro y se abre una línea que precede a los valores numéricos.

3. Escriba **2**.

   Se especifica que la línea punteada única que está creando consta de dos elementos (una línea y un espacio).

4. Presione una vez la barra espaciadora, luego escriba **4**.

Se especifica que el primero de los dos elementos (la línea, o "punto") será de 4 pixeles de largo (el ancho de una línea punteada se especifica en el cuadro de diálogo Pluma del filete (Outline Pen)).

5. Presione una vez la barra espaciadora, luego escriba **4**.

   Se especifica que en el segundo elemento de la línea punteada, el espacio, será de 4 pixeles de largo. Vea la figura 2.39.

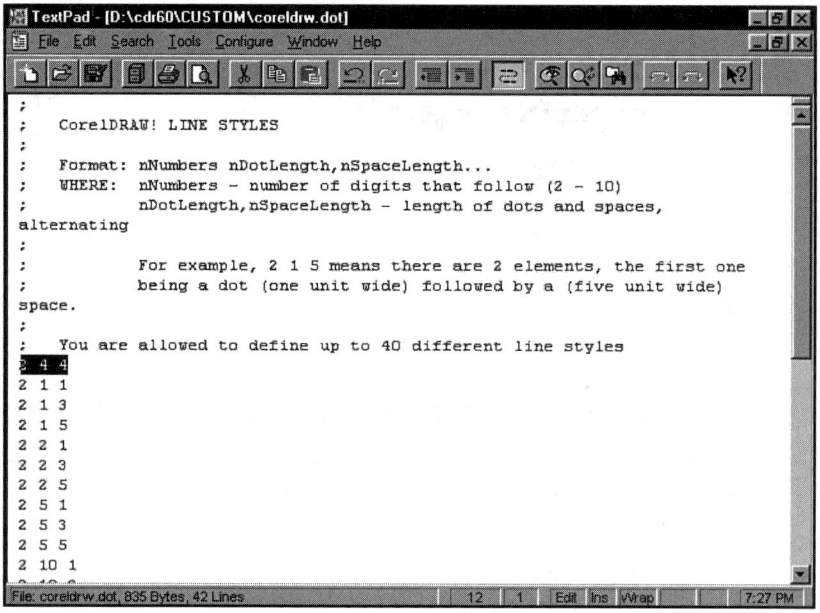

Figura 2.39
Usted puede tener hasta 40 estilos de líneas punteadas en el cuadro de diálogo Pluma del filete (Outline Pen). Después puede eliminarlas, editarlas o agregar otras por su cuenta.

6. Guarde el archivo, salga del editor de texto, y lance CorelDRAW.

   Usted ha agregado una línea punteada personalizada a la primera selección de la lista descendente Estilo (Style).

Como puede ver en la figura 2.40, el cuadro de diálogo Pluma del filete (Outline Pen) está abierto después de editar el archivo CORELDRW.DOT. Por supuesto que un punto de cuatro pixeles seguido por un espacio de cuatro pixeles es la primera entrada. Usted puede ser más creativo e incluir combinaciones de líneas punteadas exóticas, pero a veces sólo necesita un tipo específico de línea punteada.

En la figura 2.41, observará que una combinación de 0.05" de Ancho (Width) utilizada con el estilo de línea punteada personalizada atrae la atención en un espacio repleto con *otros* cupones en un página tamaño tabloide de un periódico. Además, puede agregar el icono de tijeras a los cupones con sólo hacer clic y arrastrar a la página del símbolo 33 al 35 en la fuente Dingbats de la paleta Símbolos (Symbols). Consulte el capítulo 8, "Cómo crear sus propias fuentes" para conocer más información sobre las fuentes de símbolos y cómo puede usted crear y utilizar fuentes personalizadas.

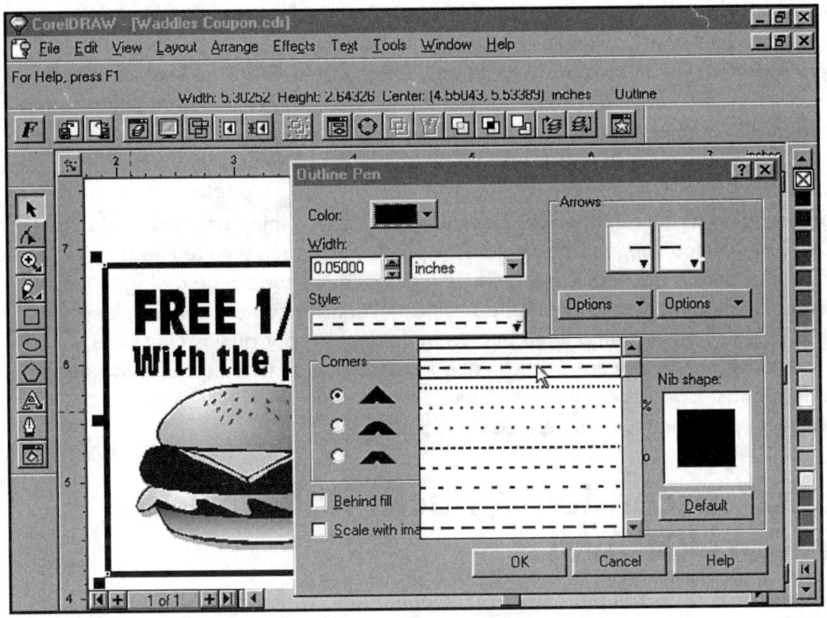

Figura 2.40
Las líneas punteadas son importantes para diseñar líneas de corte de cupones, mapas y aviones de papel.

Figura 2.41
Déle vida al contorno de un diseño con un estilo de línea punteada que usted mismo haya creado.

Tip Si no está satisfecho con los "puntos" rectangulares que ofrece la lista descendente Estilo (Style) de la Pluma del filete (Outline Pen), puede crear auténticas líneas punteadas utilizando 2, (espacio), 0, (espacio), 3 como valor de estilo en CORELDRW.DOT. Siga las instrucciones del ejemplo anterior, luego, cuando cambie las propiedades de filete de un objeto en su próxima sesión de CorelDRAW, el segundo estilo que se verá en el cuadro de diálogo Pluma del filete (Outline Pen) (el estilo debajo de la línea sólida de Estilo (Style) mostrará una presentación preliminar en blanco.

Todo está bien, lo que ha hecho es atribuir una longitud de cero pixeles a su línea personalizada en el archivo CORELDRW.DOT (2 elementos, longitud de punto 0, 3 pixeles de espacio entre líneas). Haga clic en el botón de opción redondeado de Finales de línea (Line Caps) en el cuadro de diálogo Pluma del filete (Outline Pen), especificando un **A**ncho (**W**idth) de .08 en el cuadro con el contador, luego haga clic en Aceptar (OK). El resultado será una línea punteada compuesta por puntos circulares, porque usted especificó que el segmento de cero pixeles entre los espacios de la línea punteada debe tener finales de línea redondeados. Con estos finales de línea, pero medida de línea en cero, el resultado será que se dibujarán puntos circulares perfectos alrededor del filete.

La "trayectoria" ascendente hacia habilidades más altas en CorelDRAW!

Ahora que ya aprendió algunos secretos para optimizar el espacio de trabajo de CorelDRAW, es hora de optimizar las trayectorias que usted dibuja *dentro* del área de trabajo. En DRAW es fácil construir trayectorias, ¡pero una construcción correcta de trayectorias podría marcar la diferencia entre ilustraciones que ganan premios y trabajos que no se imprimen!

El capítulo 3, "Cómo someter a los nodos y las trayectorias (la manera fácil)" es un recorrido por los métodos convencionales (y no convencionales) para producir trayectorias y subtrayectorias elegantes, complejas y respetables en menos tiempo del que puede imaginar. Con las nuevas herramientas de Corel a su disposición, todo lo que necesita es una guía.

3

capítulo

Cómo someter a los nodos y las trayectorias (la manera fácil)

Cada vez que usted selecciona la Herramienta Lápiz (Pencil tool) en CorelDRAW, está haciendo algo fantástico. Cuando usted diseña un arco, en realidad le está indicando a DRAW que grafique una curva tomando como base puntos de control relativos a la página. Entonces rápidamente se despliega en el monitor una representación de mapa de bits. Cuando se guarda el diseño, se almacena una serie de ecuaciones matemáticas (nada tan directo como los valores de color pixel por pixel de una imagen de mapa de bits).

CorelDRAW aísla al diseñador gráfico de la mayor parte de los cálculos que intervienen en el dibujo con vectores. Sin embargo, como está tratando con *representaciones* de mapa de bits en la pantalla, a veces usted puede crear una curva que rompa las reglas que permiten que se imprima (y a veces que se muestre) la ecuación matemática que la define, de la manera en que usted lo previó.

En lugar de romper reglas matemáticas, tal vez sea la hora de que los usuarios de versiones anteriores de CorelDRAW rompan algunos hábitos, empezando con esta nueva y mejorada versión del programa. Si alguna vez ha creado un diseño que falla en la salida a una impresora o que no se despliega adecuadamente cuando se copia en otra aplicación, este capítulo está dedicado a usted. Usted examinará desde sus bases el dibujo de imágenes en Corel para revelar la manera más hábil e inteligente de enfrentarse al trabajo de diseño con vectores, utilizando la multitud de nuevas funciones y opciones que ofrece la versión 6. Todo empieza con el humilde nodo y el segmento de trayectoria (los bloques de construcción de los diseños vectoriales complejos). Cuando usted comprenda las propiedades de los nodos, podrá elaborar ilustraciones que se vean bien en la pantalla, que se exporten a otros formatos con facilidad y que se impriman sin problemas.

Su conexión suavizada con el diseño avanzado

Cualquier persona con antecedentes de arte tradicional agradecerá de inmediato las ventajas de trabajar con herramientas de dibujo basadas en vectores. Por ejemplo, si usted ha utilizado estilógrafos y plantillas de curvas, ya conoce los peligros de detener el estilógrafo en medio de una curva (la tinta se esparce por la superficie del dibujo y usted deberá gastar tiempo retocando las uniones entre dos trayectorias de segmentos).

Por fortuna, cuando diseña una curva utilizando ecuaciones matemáticas en lugar de estilógrafos, usted puede hacer correcciones invisibles y unir los segmentos de las trayectorias de manera suave y sin defectos. "Suavizar" es la palabra indicada para el trabajo con el tipo de gráficos por computadora que se elabora en CorelDRAW. Si su estilo de expresión consiste en una serie de pincelazos gruesos, imprecisos y disparejos, todo lo que necesita es un programa basado en mapa de bits, como Paint de Microsoft.

Curvas, líneas de curvatura y trayectorias

Varios términos utilizados en los programas de diseño con vectores han llegado a significar lo mismo; ya sea porque se utilizan mal o porque en realidad algunos aspectos de las ilustraciones por computadora no tienen un equivalente en el arte tradicional. Una *curva* a veces se califica como *curva Bézier*, también ha escuchado el término *líneas de curvatura* en discusiones sobre gráficos son vectores y Corel tiene sus propios términos para partes de los *segmentos de trayectorias.* Técnicamente, cada curva que usted dibuja en CorelDRAW es una línea de curvatura (definición matemática de una curva basada en la manera en que la curva pasa por un conjunto de puntos de control o se acerca (se aproxima) a ellos). *¿De qué manera* los puntos de control definen la curva, *cuántos* puntos de control se utilizan y cómo se conecta un segmento curvo con el siguiente? La respuesta determina el nombre matemático apropiado para la curva. Por ejemplo, una curva Bézier (llamada así por Pierre Bézier, ingeniero francés) es una línea de curvatura que siempre tiene cuatro puntos de control: dos puntos que caen directamente sobre la curva (que son los *extremos*; el término que CorelDRAW utiliza para ellos es *nodo*), y dos puntos de control por los que no es necesario que pase la curva.

En la figura 3.1 se presenta el diagrama de una curva, tal como se dibuja en Corel utilizando la Herramienta Lápiz (Pencil tool) en modo Bézier. Los *controladores*, como se llaman en Corel, permanecen fuera de la curva, y la distancia entre ellos y los extremos de la curva determinan la "caída" (la *inercia*) de la curva. Si usted conecta los puntos que describen la curva (como se muestra con las líneas grises de la figura 3.1), verá que esta curva coincide en mucho con el polígono ABCD; los controladores AC y BD son las *tangentes*, las direcciones de la trayectoria. En CorelDRAW, las tangentes de una curva están representadas por los controladores, que se mueven al arrastrar los puntos de control. Para el diseñador, esto significa que se pueden diseñar curvas con una gran flexibilidad y exactitud.

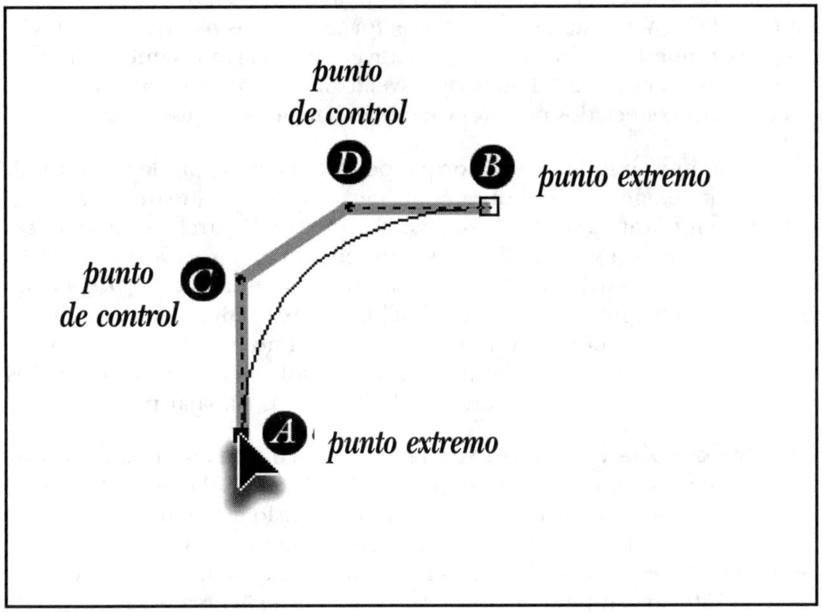

Figura 3.1
Un segmento de trayectoria que usted dibuja en CorelDRAW contiene por lo menos dos puntos de control que se encuentran al principio y al final de la curva.

Otra característica de las curvas Bézier es que se utiliza una conexión suavizada (un *nodo* suavizado) para crear la transición entre el segmento de una trayectoria completa y el siguiente. CorelDRAW utiliza cálculos de curvas Bézier cuando usted crea un diseño, pero también ofrece tres tipos diferentes de conexión cuando una trayectoria está integrada por diferentes tipos de curvas. Los nodos *asimétricos* (*conexiones*) determinan el ángulo en que un segmento de línea recta se encuentra con una curva. Usted también puede anexar una línea a un segmento curvo con un nodo de propiedad Suavizar (Smooth), pero tal vez descubra que los controladores de un nodo con tales propiedades son difíciles de manejar. Esto se debe a que es el tipo equivocado de conexión para los dos segmentos de la trayectoria, aunque CorelDRAW permite que tales conexiones se realicen. Un nodo de propiedad *Suavizar (Smooth)* es el tipo que se utiliza para conectar dos segmentos de trayectoria curvos, y los controladores del nodo siempre se oponen entre sí en un ángulo de 180 grados, aunque cada punto de control al final de cada controlador pueda estar a una distancia diferente del nodo Suavizar (Smooth). Los nodos *simétricos* crean el mismo tipo de conexión entre dos segmentos de trayectoria curvos, pero la distancia desde los puntos de control de cada controlador es siempre igual a la distancia desde el nodo.

Aunque usted puede utilizar todos estos tipos de conexiones en un diseño de CorelDRAW, el uso de un tipo inadecuado de conexión en una trayectoria específica puede significar problemas cuando se imprime en impresoras PostScript de alta resolución. Usted puede evitarse dolores de cabeza si desarrolla una metodología de dibujo que mantenga siempre de manera correcta y adecuada los cálculos matemáticos que determinan una trayectoria.

Convenciones para la ubicación de nodos

Es casi imposible crear una sola trayectoria de vector (curva) que esté mal construida, matemáticamente hablando, ¡pero la mayoría de los diseñadores que están bien cotizados trazan más de un segmento de trayectoria! El tipo de trabajo al que probablemente usted esté acostumbrado en CorelDRAW consta de varias trayectorias abiertas o cerradas. Estas trayectorias pueden estar compuestas de *subtrayectorias* (trayectorias cerradas que crean un "hoyo" dentro de otra trayectoria cerrada). Todas las trayectorias y subtrayectorias están formadas por curvas (segmentos conectados por *nodos*, también llamados puntos de control).

CorelDRAW es un programa muy complaciente, porque permite la creación de nodos en las trayectorias de acuerdo con las exigencias del diseñador. Pero *hay* reglas que definen las formas de los vectores y, si se ignoran, a menudo se termina guardando archivos que no se podrán imprimir. En la siguiente lista se describen las propiedades de las trayectorias que deben existir en todo diseño de CorelDRAW. No la considere como una lista de "deberes"; sólo utilícela como un conjunto de guías para crear trabajos exactos y digeribles para la impresora. Si usted sigue estas convenciones, verá que en realidad no limitan el trabajo artístico. Más bien, lo guían para que tenga información valiosa sobre la manera en que los elementos básicos del diseño de imágenes por computadora pueden trabajar por usted.

1. **En una trayectoria debe haber nodos en los extremos.** En una trayectoria suavizada, como una elipse, un extremo (el punto más alejado del centro de un objeto) se localiza aproximadamente a cada 90 grados. Por lo tanto, una elipse bien construida tiene cuatro nodos (puntos de control en la curva), espaciados equitativamente. Tal vez una elipse construida con menos de cuatro se vea igual en la pantalla, pero la información matemática que da forma a la curva no es la adecuada para describir la trayectoria de la elipse en una impresora. Un nodo que se fuerce para que represente más de 90 grados de un arco tendrá controladores fuera de la curva que estarán muy distantes de la propia curva. La desventaja artística de este escenario es que manipular la dirección de la curva será casi como impulsar un bote con un remo de 20 metros de largo. Y la copia impresa resultante de una elipse mal construida podría contener errores, como un "salto" en la trayectoria, porque la impresora no puede manejar la traducción de vector a mapa de bits cuando se alejan mucho de la curva.

2. **Utilice puntos de inflexión cuando una curva necesite una esquina.** Cuando una trayectoria cambia abruptamente de dirección, el punto donde tiene lugar el cambio es un *punto de inflexión.* Cuando una trayectoria curva se conecta con una línea recta, la conexión en el punto de inflexión debe ser una conexión *asimétrica.* Las conexiones suavizadas no describen con exactitud un cambio súbito en la dirección de una trayectoria. Tal vez ya se haya dado cuenta, mientras trabajaba en CorelDRAW, de que resulta casi imposible tratar de manipular un punto de inflexión suavizado entre una trayectoria recta y una curva. ¡Usted simplemente no puede cambiar la dirección del punto de control asociado con la curva!

3. **Sólo utilice los nodos necesarios para crear una trayectoria.** A menudo las utilerías de conversión de mapa de bits a vectores (como Corel OCR-Trace) crean un número innecesario y excesivo de nodos en una trayectoria. Tal vez tenga tendencia a colocar un nodo a intervalos regulares en una forma, pero usted está

diseñando con *cálculos matemáticos*, no con líneas reales en un programa de dibujo con vectores. Siga las advertencias 1 y 2 y luego utilice la Herramienta Forma (Shape tool) para eliminar nodos superfluos (aquéllos que no son relevantes para la arquitectura del diseño) en la trayectoria de un diseño. Los nodos innecesarios (o un número escaso de nodos) a menudo producen curvas excesivamente complejas. En estas situaciones, "complejo" *no* significa "elaborado" ni "intricado"; las trayectorias excesivamente complejas hacen que los cálculos matemáticos necesarios para describir una curva resulten demasiado complejos para el dispositivo de salida.

La mayor parte de los creadores de imágenes de alta definición utilizan PostScript de lenguaje RIP (raster-image processor; procesados de trama de imágenes) como medio para describir un página de imágenes antes de que un archivo se convierta en código de máquina. Los dispositivos PostScript sólo son capaces de generar (calcular) cierta complejidad en una curva. Esta cantidad, cuyos valores varían entre dispositivos, se llama *umbral de la complejidad de la curva.* Si su diseño contiene curvas cuya complejidad excede el umbral de su dispositivo de salida, su diseño no se imprimirá correctamente.

Para determinar la complejidad de una curva no basta con contar nodos. Una curva puede volverse demasiado compleja por una de las siguientes razones:

- ✔ Se utilizan muy pocos nodos para describir las curvas de la trayectoria.
- ✔ Se utilizan muchos nodos.
- ✔ Algunos nodos tienen propiedades de conexión equivocadas.
- ✔ Cualquier combinación de los factores anteriores.

Una mala conexión entre segmentos de trayectoria pueden hacer que falle un trabajo de impresión en PostScript, aunque sólo haya entre 10 y 20 nodos en la trayectoria. Por el contrario, una trayectoria con más de 400 nodos perfectamente construidos (conectados) podría fallar al utilizarse lenguaje PostScript. Todo esto complicado por el hecho de que lo que resulta demasiado complejo para una dispositivo PostScript tal vez no lo sea para otro dispositivo.

➔Tip Como regla general, mientras mayor sea la resolución del dispositivo PostScript, más probable será que la curva equivocada exceda el umbral de complejidad de la curva del dispositivo.

En la figura 3.2, se puede ver una trayectoria cuyos segmentos se conectan de diferentes maneras. La parte intermedia de la trayectoria representa un ejemplo de una conexión suavizada real, uno de cuyos puntos de control (su nodo y sus controladores asociados) se ubica a lo largo de una línea recta (son *colineales*). Hacia el extremo de la trayectoria, el autor fue un poco arrogante con la construcción y dejó de colocar un nodo en el extremo de la trayectoria. Es correcto que su diseño muestre transiciones abruptas a lo largo de una trayectoria, ¡pero *no* es correcto que las conexiones entre los nodos (los componentes matemáticos de su diseño) también muestren transiciones abruptas!

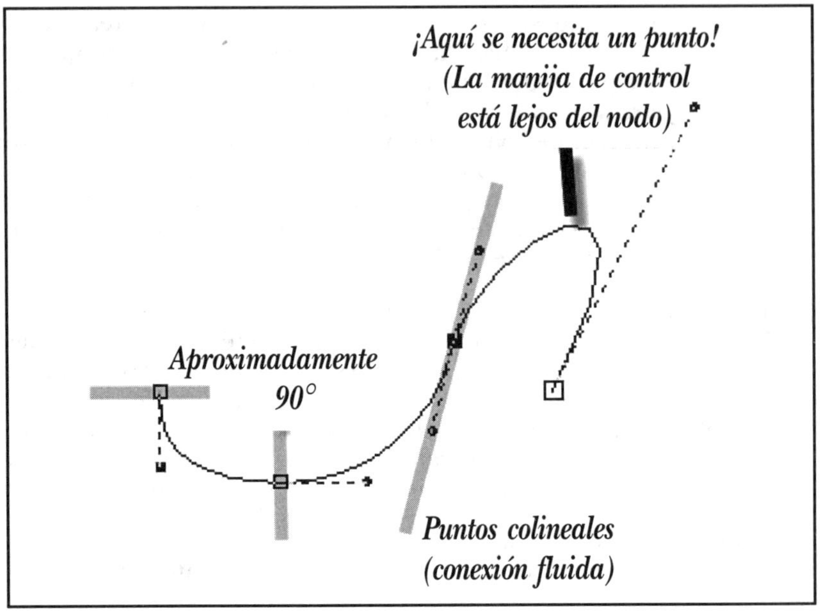

Figura 3.2 Los nodos de la trayectoria debe tener transiciones suaves y encontrarse sólo en los puntos de inflexión y en los extremos de las curvas.

En la sección anterior se han detallado las convenciones sobre la manera en que debe construirse una sola trayectoria y una serie de trayectorias conectadas, de modo que se puedan expresar adecuadamente las ecuaciones para el diseño que usted elaboró. En seguida trataremos otras convenciones, que tienen que ver con la elaboración de formas más complejas.

Arquitectura de fuentes y trayectorias

Al vuelo, las fuentes escalables son parte de todo conjunto de herramientas gráficas para el diseñador por computadora y, ya sean TrueType o Adobe Type 1, las fuentes digitales están elaboradas con trayectorias y subtrayectorias. En el análisis siguiente se analizan brevemente algunas de las verdades que usted debe conocer cuando convierta a curvas una cadena de texto artístico en CorelDRAW, por qué, cuándo y qué debe buscar para que se imprima su diseño de texto.

De que manera "observa" una fuente CorelDRAW!

En el capítulo 8, "Cómo crear sus propias fuentes" se hará una exploración más detallada de las fuentes digitales y su uso en CorelDRAW; por el momento examinemos lo que pasa cuando usted escribe un carácter en una página de impresión de DRAW y convierte el carácter a curvas. Las fuentes Type 1 y TrueType están construidas con el mismo "material de vectores" (líneas de curvatura y nodos de conexión) que todos los demás elementos que puede elaborar con las herramientas de CorelDRAW. Sin embargo, las fuentes Type 1 y TrueType utilizan una clase diferente, aunque muy parecida, de cálculos matemáticos para producir las curvas que integran sus trayectorias y subtrayectorias. La diferencia que marca el uso de cálculos matemáticos diferentes no se detecta a simple vista, pero se hace evidente cuando CorelDRAW convierte y filtra un carácter de fuente (o una cadena de texto).

TrueType fue creado por Microsoft y Apple Computer Company como alternativa para las fuentes PostScript sistema Adobe Type 1. Todo diseñador gráfico debe conocer las dos diferencias entre estas tecnologías de fuentes.

Comparación entre Type 1 y TrueType

Las fuentes Type 1 están construidas con un estricto conjunto de reglas de codificación que pertenecen al *lenguaje* descriptor de página de PostScript. Sí, PostScript es en realidad un lenguaje de computación, cuyo vocabulario puede describir de manera exacta el contenido gráfico y tipográfico de cualquier cosa que se coloque en una página digital dentro de un programa como CorelDRAW. El lenguaje PostScript es también *independiente del dispositivo.* Siempre y cuando una impresora, una fotocomponedora o una utilería de "impresión a archivo" (como un filtro de exportación EPS de Corel o Adobe Acrobat Distiller) puedan leer y escribir PostScript, el propio dispositivo no afecta la exactitud de la salida, y el dispositivo no se preocupa del programa utilizado para generar el código PostScript.

La verdad sobre TrueType

Por otra parte, TrueType es una tecnología de fuentes, pero no es un verdadero *lenguaje.* Esta tecnología, a diferencia del lenguaje PostScript, no tiene facilidad para describir a la impresora el tamaño de la página, para generar medios tonos listos para la cámara, ni puede reconocer imágenes de mapa de bits contenidas en un archivo de computadora. Cuando usted imprime en un dispositivo de PostScript, CorelDRAW ofrece la opción de convertir la información de TrueType en información de Type 1 (sacrificando la velocidad de la salida); de otra manera, TrueType se enviará a un impresora PostScript como información de imágenes, ignorándose la información especial de fuentes. La capacidad con que cuenta una fuente para ajustar los anchos del carácter y lograr una mejor salida para impresión a bajas resoluciones, es un ejemplo de la información que se encuentra en una fuente digital y que por lo general no toma en cuenta, pero que se nota cuando falta.

TrueType utiliza construcción de líneas de curvatura B cuadráticas, en contraposición a la fórmula de las curvas Bézier de Type 1. Las líneas de curvatura B crean curvas muy elegantes y suavizadas, pero Corel convierte las líneas de curvatura B en curvas Bézier cuando se simplifica un carácter para que tome la estructura de una curva. Las líneas de curvatura B por lo general *aproximan* un segmento de trayectoria curvo; los puntos de control están cerca, pero en realidad no caen en la curva. El método que utiliza Corel para manejar esta posible incompatibilidad con el tipo diferente de cálculo que se aplica para crear la curva, consiste en filtrar (convertir) la descripción del filete de una fuente TrueType para que tome la forma del filete creado con curvas Bézier que más se le parezca. Al hacer esto, se crea un exceso de nodos en la trayectoria del filete convertido; por lo general, habrá un nodo cada 45 grados en la curva de un carácter TrueType convertido.

En su carrera de diseño profesional, tal vez habrá ocasiones en que necesite combinar caracteres para crear un logotipo o un adorno de texto parecido; esto significa reducir a curvas una estructura compleja de fuentes. Cuando el texto se convierte en curvas, es mejor utilizar fuentes Type 1 en lugar de TrueType, porque las trayectorias contendrán menos nodos innecesarios que habrá que editar después. En la figura 3.3, la letra Q de la fuente VivaldiD (que se encuentra en uno de los CD de CorelDRAW! 6) se ha convertido en curvas utilizando el comando Convertir a curvas (Convert to Curves) (Ctrl+Q). A la izquierda se encuentra un carácter Type 1 convertido y a la derecha el equivalente en TrueType.

Figura 3.3 Un carácter TrueType convertido a imagen gráfica contendrá más nodos en una curva que su equivalente de Type 1.

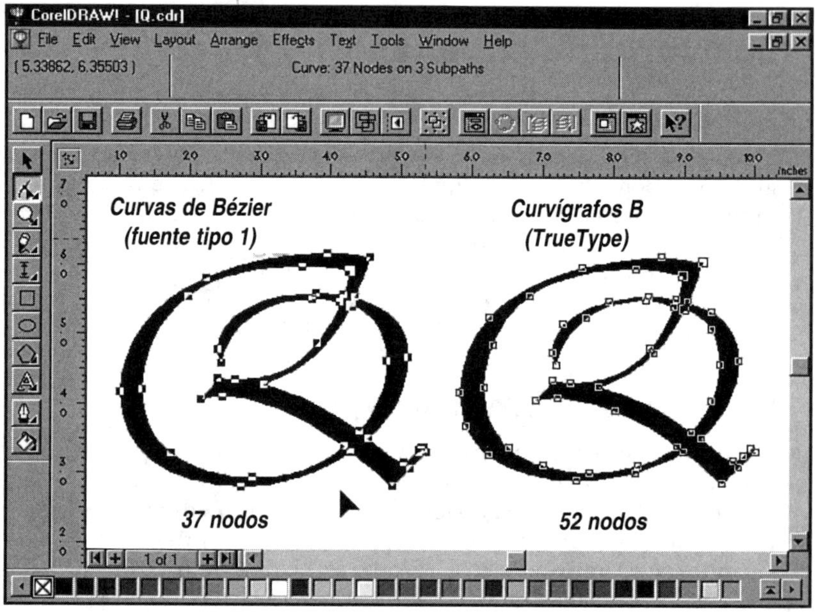

Si se tratara de un solo carácter, una impresora PostScript probablemente generaría muy bien el carácter TrueType convertido, sólo que podría haber algunas irregularidades menores, porque el curso de la trayectoria podría alterarse ligeramente por el exceso de nodos. Sin embargo, debe notar que si se convirtiera en curvas una cadena larga de texto TrueType, ésta podría fácilmente llegar a incluir más de 1,500 nodos por trayectoria, un límite que no es aconsejable exceder con impresoras PostScript de CorelDRAW ni con los descriptores usuales de PostScript. Las casi mil fuentes del CD #2 de CorelDRAW son copias Type 1 de las casi mil fuentes que se encuentran en el CD de instalación, así que mientras tenga instalado el Adobe Type Manager, sus opciones no se limitarán a las fuente TrueType. Cuando se trate de convertir texto en curvas, apéguese a las fuentes Type 1 para ahorrar mucho tiempo en la edición de imágenes. Si usted está imprimiendo en una impresora PostScript u otro dispositivo de salida basado en PostScript, utilice *siempre* fuentes Type 1 de PostScript.

Nota A menudo se habla de las fuentes Type 1 como fuentes Adobe Type 1. Esto se debe a que Adobe Systems inventó Type 1 y, hasta que Adobe liberó las especificaciones completas, fue la única compañía que produjo Type 1 "auténticos" con características de ajuste especiales y códigos de impresión optimizados. Hoy en día encontrará una amplia variedad de fuentes Type 1 de alta calidad fabricadas por varias compañías, e incluso usted puede crear las suyas. No importa quién haya diseñado la fuente, si se elaboraron de acuerdo con las "especificaciones", serán fuentes Type 1 y funcionarán tan bien (y ocasionalmente mejor que) las fuentes Adobe Type 1 genuinas (a veces hasta quienes establecieron los estándares rompen las reglas).

Los tipos de las casas de impresión comerciales se han dado a conocer porque hacen mucho ruido cuando usted utiliza fuentes diferentes de Adobe. Esto se debe por lo general a que poseen grandes colección de fuentes Adobe Type 1 y les gustaría utilizar lo que tienen. También se ponen nerviosos si menciona que las fuentes que está utilizando son de Corel. Esto se debe a que Corel liberó, en la versión 3, muchas fuentes que no se apegaron a las especificaciones y que provocaban problemas de salida. La mayor parte de estas fuentes se ha reconstruido o han sido sustituidas con fuentes más dóciles; por desgracia algunas permanecen. Si usted tiene problemas de salida con un archivo que contiene cierta fuente de Corel, verifique los datos del archivo PFB; 1992 fue un buen año, pero no perfecto para los ofrecimientos de Corel de Type 1. Si en un diseño usted *debe* utilizar fuentes que se encuentran fuera de las especificaciones, conviértalas en curvas y corríjalas utilizando las técnicas descritas en el capítulo 8.

Cómo trabajar con subtrayectorias

Una subtrayectoria es parte de una forma completa que puede estar dentro de la forma principal, como la *contra* (la subtrayectoria que crea el hoyo) dentro de la letra *O*. Además, dos subtrayectorias pueden combinarse de tal manera que estén aisladas geográficamente, como el punto y el palito de la letra *i*. Independientemente de la posición física de las subtrayectorias en una forma combinada, su conexión debe observar la *Regla de las trayectorias enrolladas* si desea que las subtrayectorias combinadas se impriman correctamente.

La Regla de las trayectorias enrolladas establece que:

Si usted va a recorrer cualquier trayectoria (o subtrayectoria de una forma combinada) cerrada, el área rellena de la forma debe estar a su izquierda.

No se trata de una alusión poética; el lenguaje PostScript necesita definir un lugar de inicio para una trayectoria cerrada, y la Regla de las trayectorias enrolladas es la convención. Existen muchas fuentes Type 1 cuyos creadores no observaron esta regla. Aunque tales fuentes pueden verse bien al vuelo, en la pantalla, una *O* podría imprimirse sin el orificio. En la figura 3.4, puede ver una divertida ilusión *gráfica* que describe la Regla de las trayectorias enrolladas...

Si le quita el polvo a su libros de geometría de la secundaria, la mayor parte de ellos describen que un *vector* debe tener coordenadas espaciales y una dirección que las describa. Entonces tiene sentido que una trayectoria rellena y cerrada, que cuenta con una subtrayectoria combinada dentro de la trayectoria principal, deba viajar en dirección opuesta para crear un relleno *negativo* (un orificio).

En casi todos los casos, CorelDRAW cumple automáticamente con la Regla de las trayectorias enrolladas; cuando usted combina dos trayectorias, no hay ninguna diferencia si uno de los componentes se creó en sentido de las manecillas del reloj o en dirección contraria (Corel ajusta la dirección de la trayectoria para que una forma combinada se imprima o se exporte correctamente). Debido a la opción de "direccionamiento automático" de CorelDRAW, tal vez no resulte evidente la relevancia que tienen la Regla de las trayectorias enrolladas para sus trabajos de diseño, excepto cuando quiera utilizar una fuente que se ve estupenda pero que está mal diseñada. En este caso, su solución es cargar la fuente, convertir a curvas el carácter o los caracteres que tienen contras (subtrayectorias), dividir el carácter, volver a combinarlo y luego exportar el carácter al registro apropiado de fuente utilizando los filtros de exportación TTF o PFB.

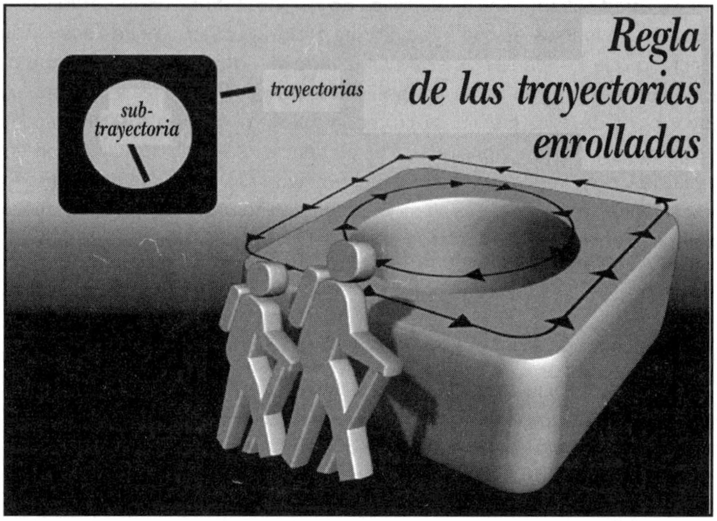

Figura 3.4
La parte rellena de una forma debe estar siempre a la izquierda de la dirección en que viaja una trayectoria.

Cómo combinar subtrayectorias

Como se mencionó en la última sección, la subtrayectoria de una forma combinada no tiene que caer necesariamente dentro de otra trayectoria cerrada. De hecho, la mayor parte de las formas de la persiana de Símbolos (Symbols) están integradas por subtrayectorias combinadas *no contiguas* (que no se tocan).

Sin embargo, cuando usted toma una fuente, u otro tipo de forma en Corel, con una construcción geométrica especial y compleja (como la que pueden crear las herramientas Rectángulo (Rectangle), Texto (Text), Elipse (Ellipse) y Polígono (Polygon)), y la combina con otra forma, *cambian* las propiedades de los nodos de la trayectoria. Hay que tomarlo en consideración cuando se pretenda crear el diseño perfecto para la impresión.

Una elipse de CorelDRAW que se ha simplificado para conectar segmentos de trayectoria a través de los métodos más convencionales (como el comando Convertir a curvas (Convert to Curves)) retiene las propiedades de nodos simétricos en cada punto de inicio o final. Sin embargo, las herramientas Borrador (Eraser), Soldar (Weld), Interseccción (Intersection) y otras opciones de edición convertirán las conexiones de segmentos de trayectoria suavizados en propiedades Asimétricas (Cusp), algo que usted probablemente no pretendía. En la figura 3.5, la forma de la derecha se construyó utilizando la Herramienta Elipse (Ellipse tool) para dibujar un círculo, luego se arrastró la Herramienta Borrador (Eraser tool) por el centro del círculo para crear dos subtrayectorias no contiguas, combinadas. En su estado actual, la figura de la derecha se imprimirá mal, en caso de que se logre imprimir, y tendrá saltos donde la Herramienta Borrador (Eraser tool) colocó conexiones asimétricas cuando simplificó la elipse. La forma de la izquierda, una copia de la derecha, se ha editado utilizando la persiana de Edición de nodos (Node Edit) para cambiar los nodos asimétricos por nodos de conexión suavizados. A diferencia de la forma mal construida, la forma de la izquierda se imprimirá correctamente porque las curvas están suavizadas.

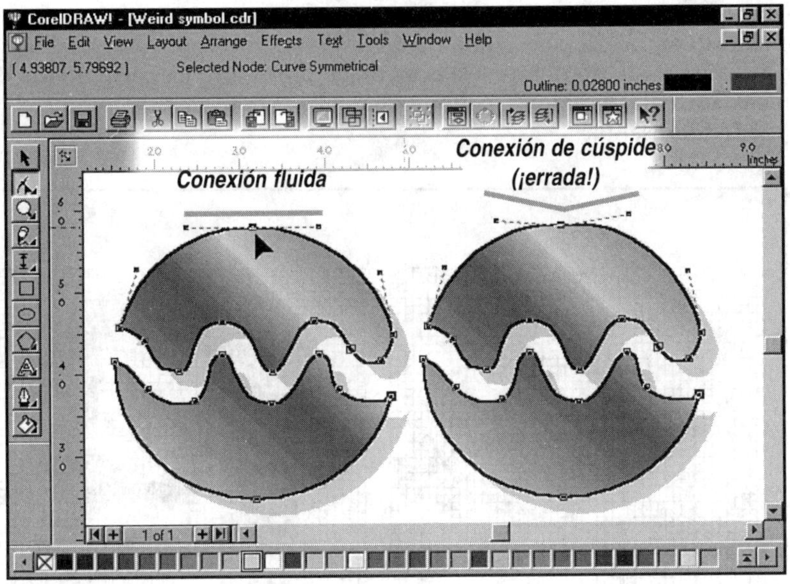

Figura 3.5
La combinación y la separación de geometrías complejas puede cambiar las propiedades asociadas con los nodos.

Nota *Geometría compleja* es un término que se utiliza con frecuencia en este libro para describir clases especiales de objetos vectoriales. Las elipses, los rectángulos, el texto y los polígonos creados con sus respectivas herramientas no se construyen matemáticamente con la misma clase de curvas que las formas creadas con los modos A mano alzada (Freehand) y Bézier de la Herramienta Lápiz (Pencil tool).

Estos objetos tienen una estructura interna que proporciona efectos especiales cuando usted hace clic y arrastra en lo que parece ser un nodo de las curvas. Para editar un objeto de geometría compleja, usted debe simplificar su estructura o combinar el objeto complejo con otro objeto. Para simplificar la estructura del objeto complejo, elija **O**rganizar (**A**rrange) y Con**v**ertir a curvas (Con**v**ert to Curves) en la barra de menús, o haga clic en el icono Convertir a curvas (Convert to Curves) de la barra de herramientas. Para combinar el objeto complejo con otro objeto, utilice las opciones Recortar (Trim), Soldar (Weld) o Intersectar (Intersect) de Corel, el comando Combinar (Combine) o la Herramienta Borrador (Eraser tool).

Para comprender mejor la manera en CorelDRAW y nosotros observamos las trayectorias, examinemos el proceso de llevar el diseño con vectores al mundo real (la impresión de un diseño). Las trayectorias dibujadas con exactitud se convierten en instrucciones exactas para el *tramado* del dispositivo de salida. El tramado es el proceso por el cual la información de vectores se grafica en una cuadrícula imaginaria que corresponde al tamaño de una *superficie de creación de imágenes*; en el caso de una salida física, la cuadrícula se encuentra en la superficie que conocemos como página de impresión. A esta cuadrícula se le llama a veces *cuadrícula de pixeles.* El proceso de tramado determina cuál cuadro de la cuadrícula debe llenarse para producir una imagen impresa que se aproxime mucho a la forma definida por las curvas vectorizadas que usted dibujó.

La figura 3.6 es mitad realidad y mitad ficción. A la izquierda se encuentra una representación de la manera en que una impresora interpreta las ecuaciones matemáticas que usted elabora, conectando y rellenando trayectorias de vectores.

A la derecha se encuentra una cuadrícula de pixeles (de *pic*ture *el*ements; elementos de imagen) que están rellenos o vacíos, dependiendo de la trayectoria sobrepuesta en la cuadrícula, a un tamaño que el usuario define a la hora de la impresión. La parte ficticia de la figura 3.6 es que una cuadrícula de pixeles ¡contiene muchos pixeles más de los que el dibujo de un artista puede representar!

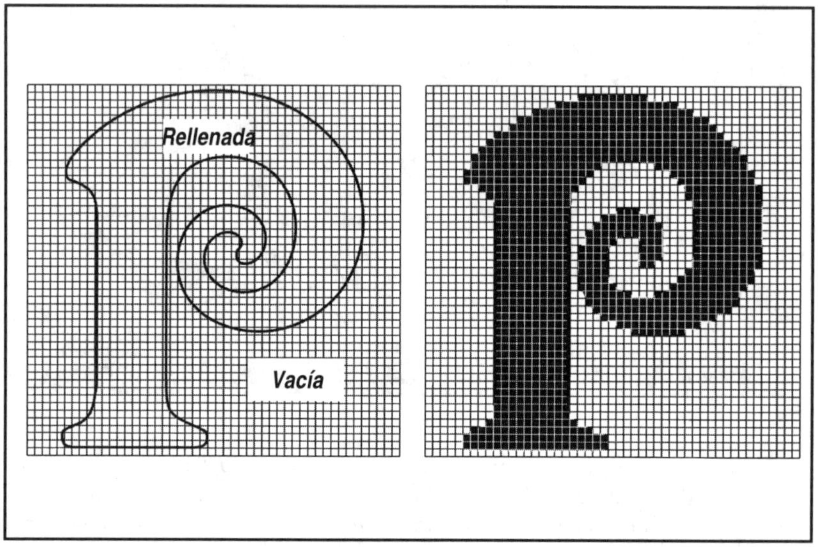

Figura 3.6 Una impresora grafica (mapea) coordenadas de un diseño definido por trayectorias en una cuadrícula de pixeles, que determina las áreas de una página que habrán de rellenarse.

Nota Además de las propiedades "relleno" y "vacío", las formas vectorizadas también tienen propiedades de *trazo*. En CorelDRAW las propiedades de trazo se establecen al definir las propiedades de Pluma del filete (Outline Pen) como color, ancho y finales de la forma. Las fotocomponedoras de alta calidad son particularmente sensibles al diseño de una trayectoria cuando usted ha definido un peso para un trazo de una trayectoria sin relleno. A menos que las conexiones de trayectoria se elijan con precisión y de manera correcta (asimétrica, suavizada o simétrica), cualquier defecto se puede volver dolorosamente obvio en la página impresa.

Al combinar trayectorias mientras trabaja con CorelDRAW, usted puede hacer cosas sorprendentes. En la siguiente sección se analiza la creación apropiada e inapropiada de una pieza diseñada con un color invertido.

Cuando las trayectorias entran en colisión

Cuando se habla de intersección con sí mismo, suena como si fuera algo doloroso o como si se describiera el deporte de unos cuantos contorsionistas, pero es algo casi imposible para una trayectoria combinada. Sí, por supuesto que usted puede dibujar un "8" utilizando una sola trayectoria que se intersecta a sí misma y rellenarlo en CorelDRAW; pero al hacerlo puede cometer varios errores de trayectorias enrolladas y tal vez el trabajo de impresión llegue a fallar cuando se le dé salida al diseño a un dispositivo PostScript. Las subtrayectorias deben ser discretas dentro de una imagen, y esto significa que no se debe relacionar físicamente un espacio negativo con el espacio definido por la trayectoria principal.

Las impresoras que usan una tecnología diferente de PostScript (como el lenguaje PCL de Hewlett-Packard) no se quejan tanto como una impresora PostScript cuando manejan un diseño que contiene una forma que se intersecta a sí misma. Esto se debe a que las impresoras que utilizan PCL y otros lenguajes a menudo son "bobas", porque deben recibir instrucciones explícitas y totales por parte del módulo de impresión de la aplicación anfitrión. Las impresoras PostScript, por otra parte, en realidad *participan activamente* en el proceso de tramado e impresión de las imágenes que usted le envía. Las impresoras PostScript pueden modificar las instrucciones que se les envían para producir los mejores resultados que se pueden lograr con esos dispositivos. Pero participación también significa que, para que pueda trabajar, debe alimentarse a la impresora PostScript con información "legal"; de otro modo, fallará el proceso de impresión.

¿Eso significa que usted sólo podrá imprimir diseños que se intersectan a sí mismos en una impresora de baja resolución, no PostScript? No siempre. La ilusión de una imagen que hace una transición de negro sobre blanco a blanco sobre negro es un gancho atractivo de diseño, el ejemplo que se ofrece a continuación contiene los pasos para elaborar una imagen gráfica estupenda que sólo aparentemente combina trayectorias que se intersectan a sí mismas.

El archivo MESSENGR.CDR se encuentra en la carpeta CHAP03 (¡anteriormente subdirectorio, bajo Win3.1!) del *CD de obsequio de CorelDRAW! 6 para expertos.* Abra MESSENGR.CDR y siga este experimento relacionado con la creación de una especie de imagen de "media luna". Como puede ver en la figura 3.7, los elementos "vivos" de este diseño son el rectángulo sin relleno que tiene la mitad del ancho del marco, un lado colocado exactamente en medio de la imagen, y una forma de plantilla, combinada, de un mensajero.

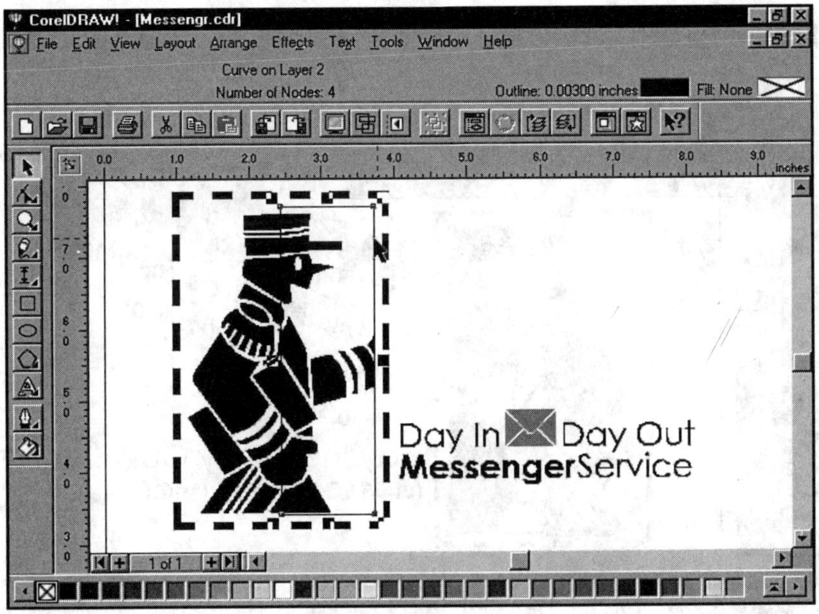

Figura 3.7
MESSENGR.CDR contiene todos los objetos que usted necesita para crear la mitad invertida de una gráfica.

Tip El objeto de texto en MESSENGR.CDR está protegido en la capa 1, y se convirtió a curvas para el caso de que no tuviera cargada la misma fuente en su sistema. Muchos diseños de ejemplo en el *CD de obsequio de CorelDRAW! 6 para expertos* tienen texto convertido en capas protegidas, cuando es importante que un diseño tenga una fuente determinada pero la propia fuente no se edita como un paso del ejemplo.

Convertir cadenas *cortas* de texto artístico es una práctica perfectamente aceptable cuando usted necesita enviar un diseño a un servicio de impresión. Al hacerlo, se asegura de que el carácter de una fuente se envía a la salida exactamente de la manera en que usted lo deseaba, sin la molestia o la irregularidad legal de enviar un disco de fuentes a su servicio de impresión. Si tiene un diseño que incluye *grandes* cantidades de texto, debe considerar seriamente el uso de fuentes incluidas en el CD de Corel, dejando el texto como texto editable (sin convertirlo a curvas) y eligiendo un servicio que también cuente con las versiones 5 o 6 de Corel. Casi todas las licencias de fuentes establecen claramente que usted compra el derecho de utilizar una fuente en su computadora o en una impresora anexa, pero que *no* tiene el derecho de distribuir copias de acuerdo con sus necesidades.

Antes de ver el "proceso correcto" del ejemplo de esta sección, veamos el "proceso equivocado" de la creación de una escena "día/noche" a partir de una sola trayectoria combinada. Usted debe hacerse a un lado y dejar que el autor haga algo que merece un tache y que es un poco tonto. En la figura 3.8 se han seleccionado el objeto de plantilla y el rectángulo sin relleno, y se ha elegido el comando Organizar (Arrange) y Combinar (Combine) (Ctrl+L). Como el rectángulo sin relleno se encuentra encima de la forma de plantilla, el color de la imagen se invierte en el punto horizontal intermedio porque la "parte exterior" de la trayectoria combinada se dobla hacia dentro para convertirse en la parte *interior* en las áreas donde el rectángulo no está encimado.

Figura 3.8 CorelDRAW le permite crear objetos complejos que pueden resultar visualmente interesantes pero que resulta imposible darles salida a una impresora PostScript.

¡Este efecto es rápido, sorprendente y un absoluto dolor de cabeza para los tipos del servicio de impresión! En el siguiente ejemplo se muestra la manera de crear el mismo efecto sin generar errores de PostScript, dando sólo algunos pasos más que los descritos en el método anterior.

Cómo utilizar los comandos Intersección (Intersect) y Recortar (Trim)

1. Abra MESSENGR.CDR de la carpeta CHP03 del *CD de obsequio de CorelDRAW! 6 para expertos.*

   Se trata de la imagen que usted convertirá en un imagen de efectos especiales.

2. Haga clic en la Herramienta Zoom (Zoom tool) de la caja de herramientas, luego trace un recuadro alrededor del diseño, dejando aproximadamente un centímetro alrededor de la parte inferior y superior de la ventana de dibujo.

   Esta es una resolución cómoda para su trabajo de edición.

3. Elija Organizar (Arrange) e Intersección (Intersection).

   Se despliega el menú de la persiana Soldar (Weld), Interctar (Intersect) y Recortar (Trim).

4. Presione la barra de espaciado, luego haga clic en el rectángulo sin relleno de MESSENGR.CDR.

   La barra espaciadora cambia de la Herramienta Zoom (Zoom tool) a la Herramienta Selección (Pick tool); al seleccionarlo, el rectángulo pasa a ser el objeto destino (los Otros objetos (Other Object(s) de la persiana Intersectar (Intersect)) esperando que usted elija los objetos destino con los que creará un objeto de intersección.

5. Asegúrese de que las casillas de verificación Objeto destino (Target Object) y Otros objetos (Other Object(s) estén marcadas (haga clic dentro de ellas, si no hay una marca de verificación).

   Se especifica que el rectángulo y el objeto destino que usted elige no se eliminarán después de desarrollar la operación de intersección.

Estas nuevas casillas de verificación de opciones pueden meterlo en problemas, aunque se incluyeron en esta versión para retener los objetos de los que usted tal vez usted desee una copia después de que los originales se han recortado, soldado o intersectado. Hasta que usted se acostumbre más a esta nueva característica, tal vez deba verificar siempre ambas casillas antes de llevar a cabo una operación.

6. Haga clic en el botón Intersectar con (Intersect With).

   Su cursor toma la forma de una flecha gigante, indicando que ahora se trata de un cursor utilizado para seleccionar el objeto que habrá de ser intersectado por el objeto seleccionado (el rectángulo sin relleno).

7. Haga clic en la plantilla del mensajero.

CorelDRAW crea un nuevo objeto, basado en las áreas del mensajero que se enciman al rectángulo (vea la figura 3.9).

Como el nuevo relleno de la forma de intersección está basado en el relleno del objeto destino (el de la plantilla del mensajero), tal vez no vea con facilidad el nuevo objeto, aunque la línea de estado indica que la forma seleccionada tiene 105 nodos mientras que la plantilla del mensajero tenía 199. Si le agrada, haga clic en un color brillante de la paleta de colores, con esta nueva forma seleccionada, para ver su trabajo.

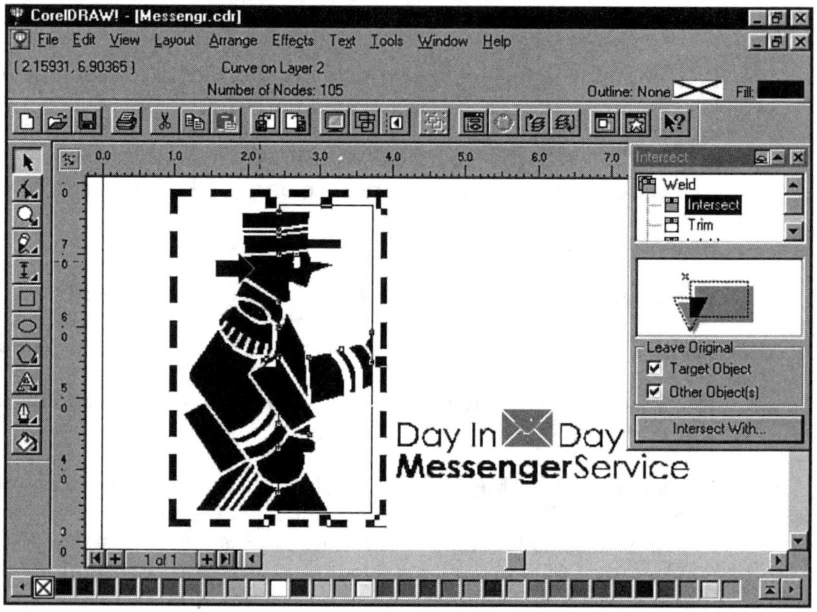

Figura 3.9 El comando Intersectar con (Intersect With) es perfecto para crear una copia de una porción de uno o más objetos encimados.

8. Desplace hacia abajo la lista de comandos de la persiana Intersectar (Intersect), luego haga clic en Recortar (Trim).

   Ahora la persiana ofrece opciones para recortar una forma destino con una forma original.

9. Haga clic en la forma de rectángulo.

   Se selecciona la forma como los Otros objetos (Other Object(s) de la operación Recortar (Trim).

10. Elimine la marca de la casilla de verificación Objeto destino (Target object).

    Se especifica que el objeto destino original (la forma del mensajero, en este ejemplo) se eliminará después de la operación Recortar (Trim).

11. Haga clic en el botón Recortar (Trim), y luego haga clic con la flecha gigante a la izquierda de la plantilla del mensajero (vea la figura 3.10).

Se elimina la mitad derecha de la plantilla del mensajero, empezando a la izquierda del rectángulo sin relleno.

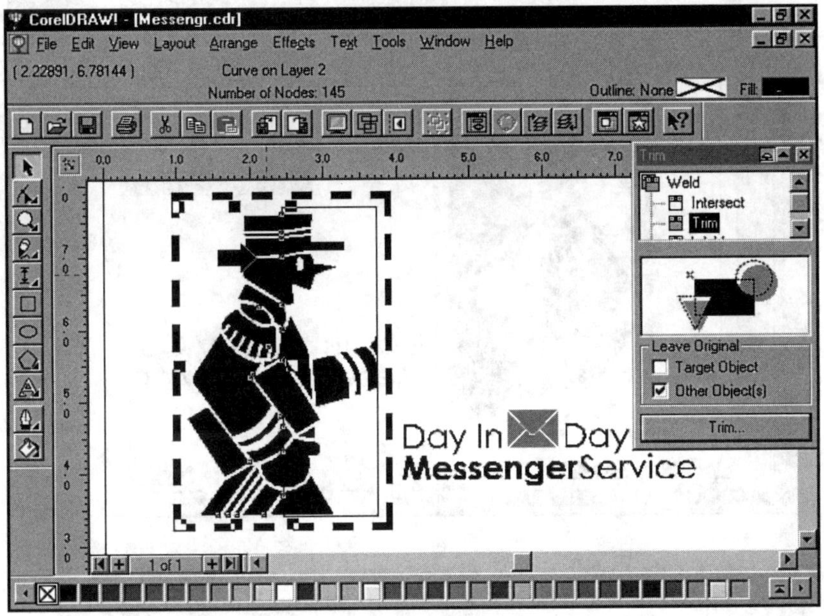

Figura 3.10
El comando Recortar (Trim) elimina el área de un objeto que está cubierto por el objeto original.

12. Haga clic en el objeto que intersecta la plantilla del mensajero (parece ser la parte derecha del mensajero original), luego haga clic con el botón izquierdo en la muestra blanca de la paleta de colores.

    Se colorea de blanco el objeto intersectado original. Debe parece invisible ahora contra la página de impresión en blanco.

13. Haga clic en el rectángulo sin relleno y luego en el botón Hacia atrás (To Back) de la barra de herramientas (o presione Mayús+AvPag (Shift+PageDown)).

    Se envía el rectángulo al fondo de la pila de objetos del diseño MESSENGER.

14. Haga clic con el botón izquierdo en la muestra negra de la paleta de colores, luego haga clic con el botón derecho del ratón en la X de la paleta.

    El rectángulo queda negro y sin filete; usted ha completado el efecto de diseño invertido (vea la figura 3.11).

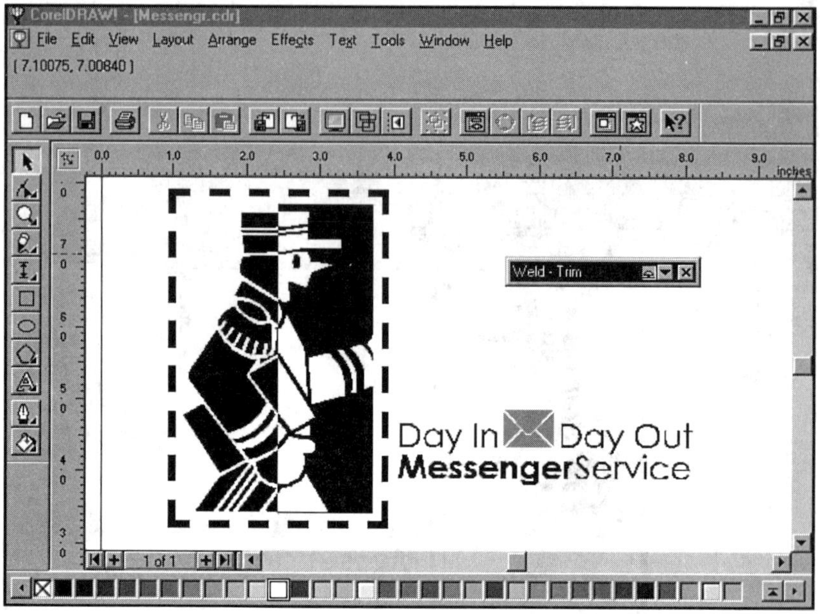

Figura 3.11 El diseño parece invertido, pero en realidad está compuesto por dos mitades perfectamente alineadas y que tienen esquemas de color contrastantes.

Para los usuarios experimentados de CorelDRAW, el ejemplo anterior podría parecer primitivo, o el "camino largo" para hacer las cosas. Es verdad que usted puede recrear este efecto si coloca el rectángulo sobre la mitad derecha del mensajero, lo rellena y le asigna la propiedad Invertir (Invert) de la persiana Lente (Lens). Los objetos de Lente (Lens) viajarán a través del Portapapeles (Clipboard) a otras aplicaciones, pero se vuelven terriblemente complejos en cuanto al número de nodos utilizados para representar un efecto como el que creó manualmente. Muchos objetos de efectos especiales se filtran a través del Portapapeles (Clipboard), creando una multitud de nodos en las trayectorias. Esto significa un tiempo de impresión más lento, y usted no puede editar fácilmente la exportación de objetos de Lente (Lens) con otras aplicaciones que carecen de herramientas de dibujo.

Además, el método de Lente (Lens) no se puede utilizar para crear una gráfica que sea candidato a su inclusión en una fuente de símbolos. El ejemplo anterior crea un diseño que, si seleccionó todos los objetos y luego los combinó, contendrá información de subtrayectorias que calificarían como un carácter de TrueType o Type 1.

La "simplicidad" es la clave para diseñar imágenes que se vean bien y que también se impriman bien. CorelDRAW ofrece por lo menos dos maneras diferentes de completar un efecto de diseño, pero depende de usted, el diseñador, decidir la mejor ruta para una meta específica. Cuando se trata de la creación de imágenes de alta calidad, usted necesita apegarse a las técnicas aceptadas por el lenguaje de la impresora.

El nuevo aspecto de la persiana Edición de nodos (Node Edit)

Como la mayor parte de los elementos gráficos en pantalla que han experimentado un renacimiento bajo el sistema operativo Win95, la persiana Edición de nodos (Node Edit), el conjunto de herramientas para modificar nodos y las propiedades del punto de control, se han visto aumentados y tienen un nuevo aspecto. Ya no existen los controles con texto escrito sobre ellos; ahora son imágenes limpias y sin mucho sentido las que indican la operación de nodo que usted puede desarrollar al seleccionar nodos y hacer clic en un icono.

Es probable que una tarea de diseño que pasa por su escritorio no pueda completarse utilizando únicamente las herramientas de forma compleja de la caja de herramientas y los comandos de Organizar (Arrange). Por lo tanto, es una buena idea que se familiarice con lo que significan los iconos de edición de nodos, lo que ofrecen las nuevas funciones y que se vuelva a poner al corriente con la edición de nodos.

Para desplegar la persiana Edición de nodos (Node Edit), haga doble clic en la Herramienta Forma (Shape tool). En la figura 3.12 se presenta una ampliación de esta persiana, con llamadas que se explican más adelante, en esta misma sección.

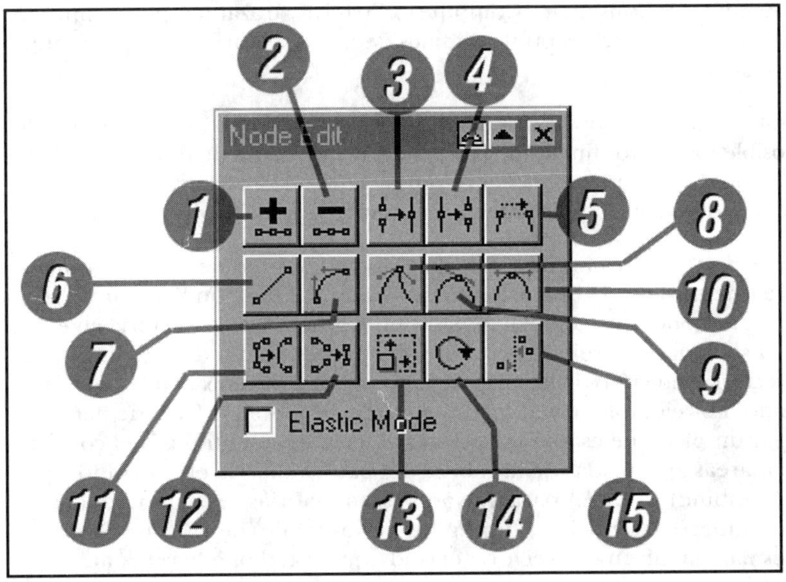

Figura 3.12
La persiana Edición de nodos (Node Edit) de CorelDRAW! 6.

1. **Agregar nodo.** Como lo sugiere el botón con el signo de más, al hacer clic en un punto de una curva (o un segmento de trayectoria recto) y luego en este botón se agrega un nodo al segmento. Al hacer clic de manera repetida en el botón Agregar nodo se duplica el número previo de nodos que usted agrega; así podrá crear rápidamente una trayectoria con varios nodos que usted pueda manipular después para crear filetes instantáneos e intricados. Cuando se hace clic de manera repetida en el botón Agregar nodos, los nodos se crean a lo largo de la trayectoria, en dirección *opuesta* a la trayectoria; por ejemplo, si usted dibuja una trayectoria de izquierda a derecha, los nodos sucesivos se agregarán de derecha a izquierda.

El método abreviado de teclado para agregar nodos, con o sin la persiana Edición de nodos (Node Edit) presente, es presionar la tecla + en la sección de números del teclado.

2. **Eliminar nodos.** Es la función inversa de Agregar nodos. Al eliminar nodos a menudo se cambia la forma de una trayectoria, así que no debe utilizar esta herramienta de modo indiscriminado.

   Métodos alternativos para eliminar nodos son seleccionar uno y presionar la tecla - del teclado numérico o la tecla Supr (Delete), o trazar un rectángulo para seleccionar varios nodos con la Herramienta Forma (Shape tool) y presionar la tecla - o la Supr (Delete). También puede seleccionar varios nodos que quiera eliminar, manteniendo presionada la tecla Mayús (Shift) y haciendo clic en los nodos que quiera agregar a la selección actual. Al utilizar la técnica de Mayús+clic (Shift+clic), se pueden seleccionar nodos no adyacentes *en cualquier lugar* de la trayectoria del objeto.

3. **Unir.** Dos nodos que son parte de la misma subtrayectoria pueden fusionarse para crear un solo nodo si traza un rectángulo para seleccionar los nodos y luego hace clic en el botón Unión. Si usted tiene dos trayectorias abiertas y separadas, puede utilizar la función Unir seleccionando primero ambos segmentos, eligiendo después Organizar (Arrange) y Combinar (Combine) (Ctrl+L) y trazando, por último, un recuadro de selección sobre los puntos finales de las trayectorias que quiera unir en una sola trayectoria.

   Por lo general es una buena práctica, cuando se utiliza el comando Unir, colocar lo más cerca posible los puntos finales de la trayectoria que habrá de fusionarse. Cuando se unen dos nodos finales que se encuentran muy separados, el nodo único resultante se colocará a una distancia equidistante de la posición original de los dos nodos.

4. **Separar.** Es la función inversa de Unir, y por lo general requiere que la función Unir restaure una trayectoria que usted ha separado. La función Separar no se concreta a separar nodos; usted puede separar un segmento de trayectoria en el lugar que lo desee. Esta función resulta especialmente útil cuando usted desea insertar una segunda trayectoria a lo largo de la curva de la trayectoria principal en la que usted está trabajando. Por ejemplo, usted ha dibujado una cabeza perfecta de pato y quiere agregar un pico que es una trayectoria abierta. Usted utilizaría el comando Separar en las áreas apropiadas de la cabeza del pato, aplicaría el comando Combinar (Combine) (Ctrl+L) para que ambas trayectorias se vuelvan no contiguas y, por último, utilizaría la función Unir en los nodos finales de las trayectorias componentes para crear una trayectoria cerrada que usted puede rellenar.

Tip Cuando usted utiliza Separar en una trayectoria cerrada con un relleno sólido, el relleno desaparece, como si la trayectoria ya no definiera una forma cerrada. Sin embargo, cuando usted una los puntos finales en la trayectoria abierta, la trayectoria recobrará el color de fondo que le había asignado.

Es posible reasignarle un relleno a una trayectoria, mientras siga abierta; no es necesario que esté cerrada para reasignarle un valor de relleno. En el momento en que cierre la trayectoria utilizando el comando Unir, las trayectorias florecerán con el color de fondo que haya seleccionado.

5. **Conectar con líneas rectas.** ¡Tal vez por el nombre de esta función es por lo que Corel terminó etiquetando así a la persiana Edición de nodos (Node Edit)! En realidad, se trata de una función nueva y práctica, propia de la versión 6, que cumple dos tareas al mismo tiempo. Conectar con líneas rectas cierra una trayectoria abierta sin volver a colocar los nodos de los finales de línea que usted ha señalado para unir. Un segmento con características de línea recta vincula los dos nodos finales; puede modificarse entonces la propiedad de línea del segmento con otras funciones de edición de nodos para cumplir una necesidad específica de diseño.

6. **A línea.** Esta función convierte un segmento de trayectoria en un segmento inflexible entre dos nodos. Se pierden los controladores para los nodos asociados con el segmento convertido.

Nota En el esfuerzo por diseñar una trayectoria, es importante que sea fácil de manipular (y que resulte legitimo a la hora de imprimir) que los nodos asociados a un segmento de línea tengan propiedades *asimétricas.* Las curvas que comparten un nodo con segmentos de línea recta no pueden unirse en una tangente flexible si la propiedad del nodo es Suavizar o Simétrica. Trate de girar el punto de control de un nodo suavizado que conecta a una línea con una curva; podrá cambiar la *distancia* entre el punto del control y el nodo, pero no podrá cambiar la *orientación* del punto de control en relación con el nodo. En un español sencillo: si un controlador no se mueve cuando intenta cambiarlo de posición, lo más probable es que la conexión del nodo sea incorrecta. Después de que haya convertido un segmento de curva en una línea, debe revisar los nodos finales para asegurarse de que sean nodos Asimétricos. Si el botón Asimétrico (llamada 8) se encuentra atenuado en la persiana Edición de nodos (Node Edit) cuando hace clic en los finales de los segmentos de línea, el nodo estará atribuido correctamente. Si no, debe hacer clic en el botón Asimétrico.

7. **A curva.** Antes de que un segmento de línea recta pueda adquirir propiedades de nodo asimétricas, suavizadas o simétricas, primero debe convertirse en una curva. La función A curva puede convertir varios nodos en asimétricos si antes traza un recuadro para seleccionar varios nodos con la Herramienta Forma (Shape tool).

Tip Cuando usted convierte una línea en una curva utilizando la función A curva, los puntos de control asociados con la curva se colocan directamente sobre la línea. A éste se le llama el *punto de lanzamiento* del punto de control, y usted necesitará hacer clic y arrastrar directamente sobre la línea convertida, lejos del centro del nuevo segmento curvo, para que se vean los puntos de control.

8. **Asimétrica.** La asignación de esta propiedad a un nodo permite que los dos puntos de control asociados con la curva se muevan independiente de alguna otra curva. En contraste, una conexión Suavizar (Smooth) ofrece puntos de control que siempre se mueven en direcciones opuestas, aunque la distancia de cada punto de control al nodo puede ser desigual.

→Tip Un atributo Asimétrico para un nodo es la conexión ideal entre un segmento de curva y un segmento de línea recta, pero debe pensar cuidadosamente en el papel que juega un nodo asimétrico en la conexión de dos curvas. Sí, usted puede hacerlo, pero considere la construcción de las conexiones del segmento de trayectoria. Un nodo asimétrico que conecta dos curvas puede convertirse en un punto de inflexión infinitamente agudo; y que algunas fotocomponedoras pueden ser incapaces de resolver apropiadamente. Además, tal vez una fuente de símbolo que usted cree en CorelDRAW para utilizarla en CorelMOTION o CorelDREAM tal vez no se extruya de manera apropiada en esos programas porque un nodo asimétrico de un carácter tiene un ángulo demasiado grande.

9. **Suavizar.** El atributo de nodo Suavizar es la mejor opción para hacer una transición perfectamente suave entre dos curvas. Usted no puede crear una conexión suavizada con dos líneas conectadas sin convertir primero la conexión en Asimétrica, pero sí puede convertir unos segmentos suavizados en líneas.

   Los puntos de control de nodo suavizado tienen una oposición de 180 grados entre sí. Los controladores pueden tener diferentes longitudes; sin embargo, al hacer clic y arrastrar un punto de control lejos del nodo asociado, se puede establecer una inclinación (inercia) más grande sólo para una de las dos curvas conectadas con un nodo suavizado.

   Si usted desea ajustar de manera precisa la inclinación de una curva conectada por un nodo suavizado, puede mantener presionada la tecla Ctrl para restringir el movimiento de un punto de control al número de grados especificados en el campo Ángulo de constricción (Constrain angle) del cuadro de diálogo Opciones (Options) del menú Herramientas (Tools). Como alternativa, puede utilizar una cuadrícula angular colocada en la misma posición y ángulo que el controlador, activar la opción encajar en las líneas guía, y luego hacer clic y arrastrar el punto de control.

10. **Simétrica.** Este tipo de conexión de nodo es parecida a la función Suavizar, excepto que la distancia entre los puntos de control y el nodo asociado permanece constante. Cuando usted arrastra un controlador lejos de un nodo, el punto de control opuesto se mueve exactamente en un ángulo de oposición de 180 grados.

    Las conexiones de nodo simétrico son útiles para construir elipses a partir de formas de mano alzada. Una curva dibujada con el modo Bézier o la herramienta A mano alzada (Freehand) despliegan conexiones simétricas.

11. **Reducción automática.** Esta función disminuye el número de nodos en una trayectoria, cuando usted traza un rectángulo para seleccionar algunos o todos los nodos de un objeto utilizando la Herramienta Forma (Shape tool). No espere una reducción importante de nodos en la trayectoria de un filete trazado automáticamente, como el que se crearía al utilizar Corel OCR-Trace en una imagen de mapa de bits. Corel tiende a considerar todos los nodos colocados por una aplicación en una trayectoria como conexiones necesarias. Sin embargo, Reducción automática puede detectar nodos superfluos en un diseño que usted ha creado y reduce el número de conexiones más o menos al mínimo. Los objetos con formato CGM y WFM que usted importe en DRAW también se pueden beneficiar con alguna reducción automática. Para importar con exactitud esos tipos de imágenes de

vectores, Corel debe filtrar (traducir) mucha información de curvas y en el proceso crea nodos de filete en intervalos cortos de un arco. Sin embargo, como objeto de CorelDRAW, estos nodos excesivos pueden y deben eliminarse, y Reducción automática es una manera muy rápida de hacerlo.

Como la función Eliminar nodo, Reducción automática puede cambiar la forma de una trayectoria de filete al eliminar los nodos. Si usted trata de utilizar esta función con frecuencia en importaciones filtradas, tal vez quiera colocar el original en una capa protegida y luego reducir los nodos de la copia en una nueva capa colocada sobre el original. Compare la copia que tiene menos nodos con el original y luego ajuste la trayectoria cuando sea necesario.

Para especificar cuántos nodos se eliminarán cuando se utilice la función Reducción automática, haga clic con el botón derecho del ratón en la Herramienta Forma (Shape tool), luego elija Propiedades (Properties). Un número bajo en el cuadro contador de Reducción automática (Auto-reduce) significa que se reducirán menos nodos, y un número alto (cercano a 1) hará que se eliminen más nodos, y dará por resultado una trayectoria menos parecida al original antes de editarse. Vea el capítulo 2 "Cómo personalizar CorelDRAW!", para conocer más información sobre las propiedades de las herramientas.

12. **Extraer subtrayectoria.** Esta función opera de manera parecida al comando Descombinar (Break apart) del menú Organizar (Arrange) (Ctrl+K), pero tiene la opción de separar todas las subtrayectorias (o sólo una) de una trayectoria principal. Suponga que ha convertido el carácter "B" en curvas y que ahora quiere eliminar la contra superior del carácter, pero desea que permanezca la contra inferior de la "B". Usted sólo seleccionaría los nodos que conforman la contra de la mitad superior de la "B" y luego haría clic en el botón Extraer subtrayectoria. La subtrayectoria seleccionada se convertirá automáticamente en su propia trayectoria y la "B" dejará de estar seleccionada.

13. **Estirar.** Usted puede hacer cosas extraordinariamente extrañas seleccionando unos cuantos nodos en la trayectoria y haciendo clic en el botón Estirar. Esta función trata segmentos conectados de la trayectoria como si fueran una forma discreta. Los puntos de selección que rodean los nodos seleccionados son tratados como los puntos de selección que rodean un objeto seleccionado. Usted puede cambiar el tamaño de segmentos de trayectoria, de manera proporcional o no, mientras que los nodos y las trayectorias no seleccionados permanecen sin cambio. Incluso puede *reflejar* los segmentos seleccionados (presionando Ctrl mientras hace clic y arrastra un tirador lateral al lado opuesto de los puntos de control).

14. **Girar.** Todos los nodos seleccionados, y los segmentos de trayectoria que gobiernan, girarán alrededor de un centro de su elección cuando usted aplique la función Girar. Esto puede crear el efecto de un objeto doblado sin utilizar la persiana Contorno (Envelope). Por ejemplo, puede crear un rectángulo, presionar Ctrl+Q para simplificarlo, trazar un rectángulo para seleccionar los nodos y convertirlos en curvas (llamada # 7), seleccionar después los nodos superiores y hacer clic en el botón Girar. Usted puede hacer que una trayectoria de orillas aparentemente rectas se inclinen o se balanceen, y también puede hacer clic y arrastrar el punto central del recuadro de contorno para crear una rotación descentrada.

15. **Alinear nodos.** Esta función trabaja únicamente con dos nodos a la vez. Suponga que ha creado una forma a mano alzada de cuatro lados y que ahora decide que le gustaría que fuera un rectángulo. Trace un rectángulo para seleccionar los dos nodos inferiores, luego haga clic en el botón Alinear nodos. El cuadro de diálogo le ofrece la opción de Alinear horizontal (Align Horizontal), Alinear vertical (Align Vertical) o Alinear Puntos de control (Align Control Points) (que coloca un nodo seleccionado directamente encima del otro). No se trata del cuadro de diálogo más sencillo, porque si desea alinear dos nodos de manera horizontal, debe *des*marcar la casilla de verificación Alinear vertical (Align Vertical) o viceversa.

Por último, la casilla de verificación Modo elástico (Elastic Mode) le permite mover a diferentes distancias un grupo de nodos seleccionados. La estética del Modo elástico (Elastic Mode) se aplica al mover dos o tres nodos seleccionados y da por resultado una transición de curva más suavizada entre los segmentos seleccionados y no seleccionados. Con el modo elástico desactivado, los nodos y las trayectorias seleccionados se mueven a igual distancia, y a veces puede obtenerse un "bulto" visible donde una trayectoria seleccionada encuentra una sin seleccionar. Si usted necesita un control preciso sobre la ubicación de la curva, es mejor dejar sin marcar Modo elástico (Elastic Mode). Sin embargo, si desea crear una auténtica forma a mano alzada, pero suavizada, el Modo elástico (Elastic Mode) puede ayudarle.

Una multitud de maneras para empezar a dibujar

El termino "vectorización" ha recibido pésimas connotaciones en los círculos profesionales; "tramposo", "copión" y "poco original" son marcados, por desgracia, como sinónimos de "vectorización". Sin embargo, si usted llega a CorelDRAW con antecedentes del arte tradicional y utilizaba herramientas físicas en un mesa de dibujo o un restirador, podría dedicar la mayor parte del tiempo productivo en CorelDRAW a elaborar una "plantilla" del diseño final. Al usar, por ejemplo, un mapa de bits "crudo" de un diseño debajo de su trabajo con la Herramienta Lápiz (Pencil tool), puede rápidamente convertirlo en formas geométricas y luego afinar el trabajo conforme avanza.

Aunque CorelDRAW incluye muchos equivalentes digitales de las herramientas físicas de diseño, es una locura creer que uno puede transportar cómodamente las habilidades tradicionales a las que se utilizan en los medios electrónicos, sin alguna invención humana. La Herramienta Lápiz (Pencil tool) de Corel *no* es un lápiz real, y por lo tanto necesita cambiar su metodología cuando diseña con vectores. Además, si usted ha experimentado con otras aplicaciones de dibujo como Freehand o Designer, la Herramienta Lápiz (Pencil tool) de Corel no funciona de la misma manera.

En las siguientes secciones, usted explorará cuatro técnicas diferentes que puede adoptar para crear trayectorias de manera rápida y precisa en CorelDRAW, utilizando los modos Bézier y A mano alzada (Freehand) de la Herramienta Lápiz (Pencil tool), junto con las funciones de la persiana Edición de nodos (Node Edit).

Método 1 de dibujo con CorelDRAW: cómo empezar con la vectorización automática

En el área de trabajo de CorelDRAW hay una opción que funciona como un mini Corel OCR-Trace: la Herramienta Lápiz (Pencil tool) puede trazar de manera automática un mapa de bits importado con sólo hacer clic en un área de alto contraste dentro de la imagen de mapa de bits. Aunque esta opción no trata de reemplazar a Corel OCR-Trace, y la exactitud de las trayectorias producidas al trazar rangos automáticamente apenas pasa de ser regular, crea una trayectoria cerrada que usted puede modificar para formar en un instante la plantilla de mapa de bits.

Usted puede establecer que la vectorización automática cree un filete que coincida con la orilla de los colores contrastantes de un mapa de bits de manera muy cercana (produciendo muchos nodos a lo largo de la trayectoria) o muy suelta (produciendo un trayectoria menos exacta con menos nodos). Para cambiar los parámetros de vectorización automática, haga doble clic en la Herramienta Lápiz (Pencil tool) y luego, en el menú Propiedades de la herramienta (Tool Properties), utilice el cuadro contador Seguimiento de vectorización automática (Autotrace tracking) para establecer la tolerancia de la cercanía de la trayectoria del dibujo con el área de mapa de bits que desea vectorizar. La calidad de la imagen que utilice para la vectorización automática también juega un papel importante en la precisión de la trayectoria vectorizada. Si necesita que un árbol sea parte de un diseño, por ejemplo, lo mejor sería que utilizara una imagen de alto contraste, con mucha posterización y áreas claramente definidas donde empieza y termina un tono. Además, sería una buena idea tomar la foto de semejante árbol en un día claro, sin nubes, para mantener claramente el perfil del árbol contra un tono sólido.

He aquí un ejemplo de la manera en que usted se puede ahorrar algunos pasos en CorelDRAW utilizando una imagen de mapa de bits como fuente de un elemento de diseño junto con la opción de vectorización automática.

Cómo utilizar la vectorización automática con una imagen de mapa de bits

1. En CorelDRAW, elija Archivo (File), Nuevo (New) y Documento (Document) (o presione Ctrl+N).

   Se abre la ventana de un nuevo documento.

2. Elija Archivo (File) e Importar (Import) (o haga clic en el botón Importar (Import) de la barra de herramientas), elija su unidad de CD-ROM en la lista descendente Buscar en (Look in), haga doble clic en la carpeta CHAP03, haga clic en el archivo DIMBULB.TIF y luego en Importar (Import).

   Se importa la imagen en mapa de bits y queda como objeto seleccionado en la página imprimible (vea la figura 3.13).

3. Haga clic en la Herramienta Lápiz (Pencil tool), luego coloque el cursor especial para que su parte derecha (la línea punteada) se coloque sobre la orilla del foco contrastante y el fondo, luego haga clic.

   Se crea una trayectoria de filete que tiene casi la misma forma que el foco (vea la figura 3.14).

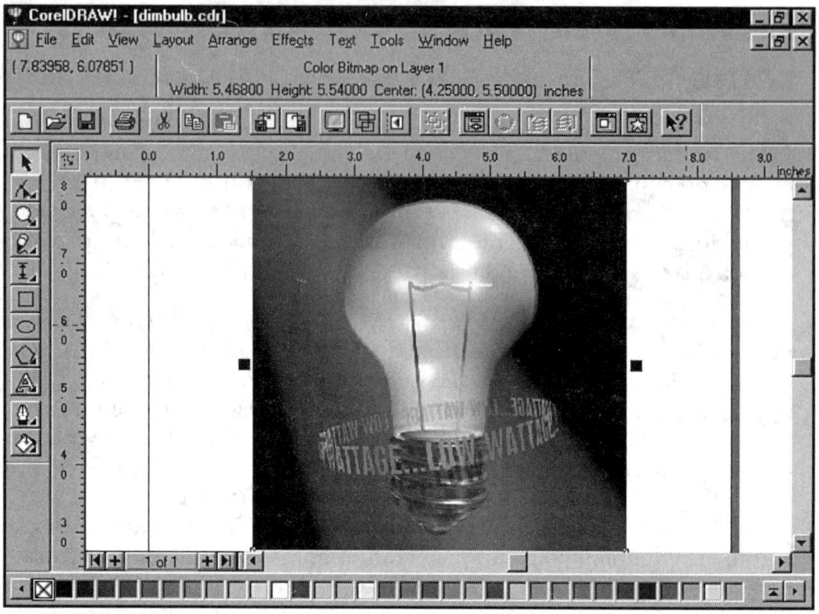

Figura 3.13 Usted puede importar muchos tipos diferentes de imágenes por computadora y de texto sin especificar la extensión en la lista Archivos de tipo (Files of Type).

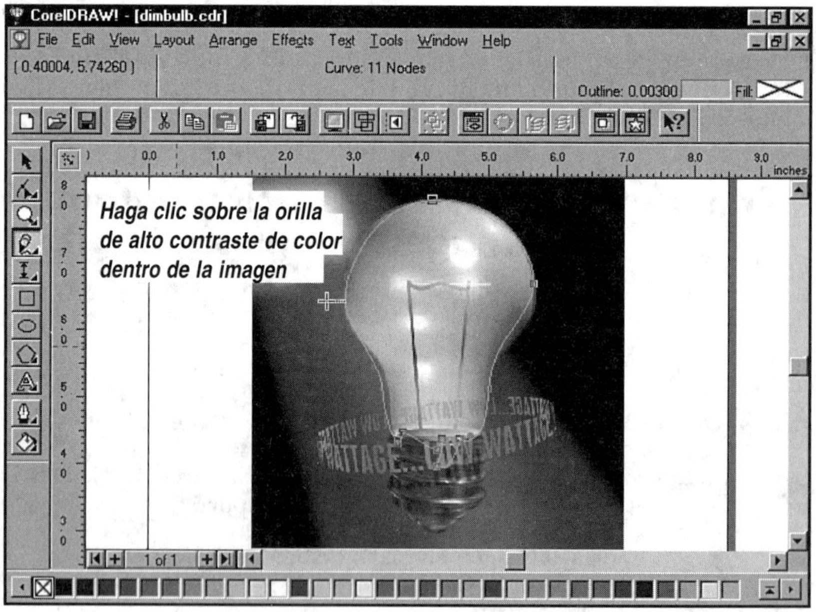

Figura 3.14 Una trayectoria cerrada, con nodos en los puntos de inflexión, se crea al hacer clic en el mapa de bits con el cursor de vectorización automática.

Como la vectorización automática no reemplaza al talento artístico, tal vez encuentre que se trata de una trayectoria simple y a la que le falta mucho trabajo, pero que no describe perfectamente la forma del foco. Ahora que tiene una buena forma de inicio, es hora de "trabajar" la composición pasando de los detalles generales a los específicos.

4. Con la trayectoria de vectorización automática seleccionada, haga clic con el botón derecho del ratón sobre la muestra de color verde brillante de la paleta de colores.

   El filete de la trayectoria cambia del color predeterminado al verde brillante. De modo que puede separar visualmente la trayectoria del mapa de bits a color que se encuentra debajo.

5. Haga clic en la Herramienta Zoom (Zoom tool) y luego trace un rectángulo para seleccionar la tercera parte superior del foco.

   Le proporciona una vista cómoda para editar los nodos.

6. Haga doble clic en la Herramienta Forma (Shape tool).

   Se cambian las herramientas y se despliega la persiana Edición de nodos (Node Edit).

7. Haga clic y arrastre el nodo superior para que quede en la orilla superior entre el foco y su fondo.

   Se reposiciona el nodo para pasar exactamente por el filete del foco que se vectorizó automáticamente.

8. Haga clic en el nodo superior de la trayectoria del filete, luego haga clic en botón Suavizar de la persiana Edición de nodos (Node Edit).

   Se convierte el nodo a la propiedad Suavizar (vea la figura 3.15).

Si la vectorización automática que llevó a cabo no produce un nodo en la parte superior del filete, siga el siguiente paso:

9. Haga clic en la parte superior del filete, luego presione la tecla + del teclado numérico.

   Se crea un nodo suavizado en la parte superior de la trayectoria.

Nota Cuando usted agrega nodos a una trayectoria, como opción predeterminada se agregan nodos suavizados en las curvas. Esto se debe a que Corel supone que cuando usted agrega un nodo a una curva, no querrá que el "flujo" de la curva se interrumpa con una propiedad Asimétrica, lo que es cierto la mayor parte de las veces.

Sin embargo, cuando agregue nodos a trayectorias de línea recta la conexión del nodo resultante tiene propiedades rectas. Esto es así para crear continuidad entre segmentos de trayectoria; si ningún otro segmento tiene puntos de control fuera de la curva, al agregar un nodo no se producirán puntos de control fuera la curva.

10. Repita los pasos para cambiar de posición y atribuir a los nodos una característica Suavizar (Smooth) a los otros nodos de la trayectoria.

    Usted está duplicando la forma del foco en la imagen.

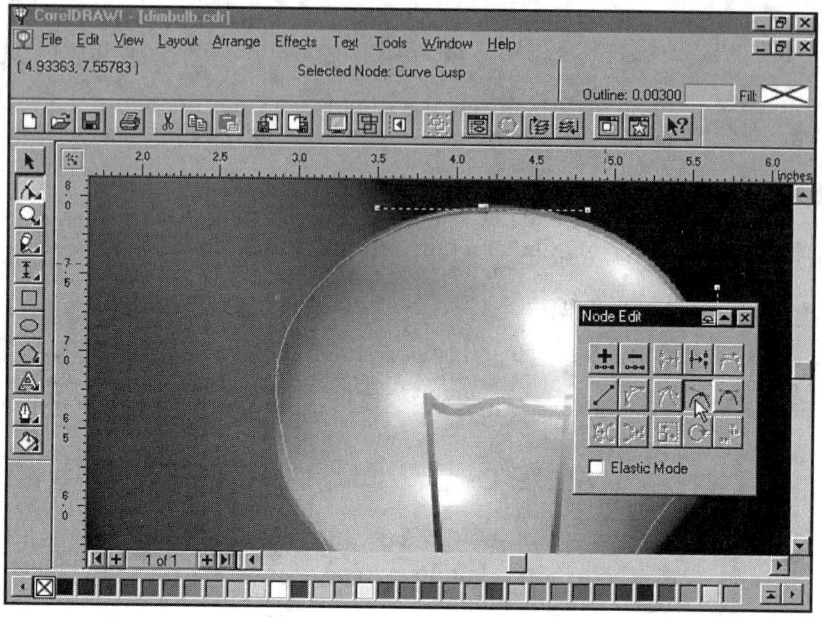

Figura 3.15
Usted necesita ajustar manualmente las propiedades de los nodos en un objeto vectorizado automáticamente para que refleje el tipo de forma que usted diseña.

11. Cuando quede satisfecho con el filete, elija Archivo (File) y Guardar (Save) (Ctrl+S), luego guarde el diseño como FOCO1.CDR en su disco duro.

    Se guarda su trabajo para usarlo en el siguiente ejemplo.

Hay muchos métodos para rellenar el filete que usted creó en el ejemplo anterior y terminar una ilustración; en el capítulo 4, "Cómo dominar la herramienta Relleno y los modelos de color" se presentan varias sugerencias creativas para combinaciones y rellenos personalizados. Pero una ilustración terminada no es el tema de esta sección (necesita desarrollarse una metodología de trabajo sólida con CorelDRAW para que su diseño llegue a ser una tarea inspirada en lugar de una simple tarea). Y siempre es mejor revisar detenidamente sus opciones para crear el marco de trabajo general de un diseño.

También es importante utilizar una fuente de imagen de mapa de bits como opción, pero no para depender demasiado de ella. Con tantas fotografías digitales disponibles hoy en día, no es difícil crear, casi sin proponérselo, una que infrinja las leyes de los derechos de autor. Deje que una plantilla de mapa de bits sea una guía para el flujo de una composición, pero no vectorice algo para representar la verdadera esencia de la pieza. Además de las fotografías, las aplicaciones de modelado son un excelente punto de partida para generar plantillas de mapa de bits. CorelDREAM 3D viene con varias formas preestablecidas que usted puede seleccionar y generar, para traer después la imagen a Corel como material de plantilla. De hecho, DIMBULB.TIF es un modelo generado, y buena parte de las imágenes prediseñadas del CD de Corel empezó como un trabajo físico de pluma y tinta que se escaneó y luego se convirtió manualmente a formato de vectores utilizando algunas de las mismas técnicas sobre las que está leyendo ahora.

Método 2 de dibujo con CorelDRAW: doble clic para diseñar trayectorias

Muchas aplicaciones que cuentan con herramientas de trayectoria siguen la convención de hacer un clic para producir líneas rectas conectadas y progresivas, y un doble clic para cerrar una trayectoria. Si usted está familiarizado con este grupo de funciones de otra aplicación, estos pasos son exactamente lo opuesto de la manera en que CorelDRAW dibuja segmentos de trayectorias conectados (un doble clic conecta y produce un segmento de trayectoria recto y un solo clic en el punto de partida cierra una trayectoria).

A veces es más fácil crear una trayectoria manualmente que hacer una vectorización automática alrededor de áreas de una imagen de mapa de bits. Como la mayor parte de las tareas de dibujo requieren que se utilice una combinación de las herramientas Lápiz (Pencil) y Forma (Shape), es una buena idea mantener a mano las herramientas de edición de nodos. El siguiente ejemplo demuestra la manera en que usted puede utilizar el método de dibujo de doble clic para definir una forma, y cómo las propiedades de línea recta de los segmentos de trayectoria pueden convertirse instantáneamente en curvas que se pueden afinar. Los *puntos de inflexión,* como se describieron antes, deben utilizarse como guía del lugar en que deben ir los nodos en la vectorización manual (cada 90 grados entre segmentos de trayectoria, y en los puntos de la curva donde la trayectoria toma una dirección diferente de manera notoria).

Cómo hacer doble clic en una trayectoria creada manualmente

1. Abra FOCO1.CDR de su disco duro, elimine la trayectoria de vectorización automática, luego elija Archivo (File) y Guardar como (Save As) y guarde este archivo en el disco duro como FOCO2.CDR.

   Se evita tener que importar DIMBULB.TIF otra vez en un nuevo documento. Este archivo contiene el mapa de bits que usted vectorizará automáticamente.

Si no tiene un archivo FOCO1.CDR porque no recorrió el ejemplo anterior, siga los primeros dos pasos del ejemplo anterior para importar DIMBULB.TIF.

2. Haga clic en la Herramienta Zoom (Zoom tool), luego, con el botón derecho del ratón, sobre la ventana del dibujo y elija Zoom para ajustar (Zoom to Fit) del menú de método abreviado.

   Se hace un acercamiento a la imagen de mapa de bits para llenar verticalmente la ventana de dibujo. Si usted ha elegido personalizar la Herramienta Zoom (Zoom tool) para que opere de la manera tradicional, o para que el botón derecho haga un alejamiento, utilice los parámetros predeterminados para acercar la imagen de mapa de bits.

3. Haga clic en la Herramienta Lápiz (Pencil tool) A mano alzada (Freehand) es la opción predeterminada) y luego en la orilla izquierda, donde el foco encuentra la base.

   Este es el punto de partida para la trayectoria que dibujará.

4. Haga doble clic aproximadamente dos centímetros arriba, en la orilla, donde el foco comienza a curvearse hacia afuera.

   Se crea una línea recta entre el primero y el segundo nodos; el segundo nodo será un punto de inflexión.

5. Haga clic con el botón derecho del ratón en la muestra blanca de la paleta de colores.

   El filete que está creando se vuelve blanco, que es más fácil de ver y con el que se puede trabajar mejor.

6. Siga haciendo doble clic en sentido contrario de las manecillas del reloj, alrededor de la orilla del foco, colocando un nodo aproximadamente cada 90 grados alrededor de la parte superior, y donde la orilla del foco cambia de dirección. Deténgase a la derecha, donde el foco se encuentra con la base.

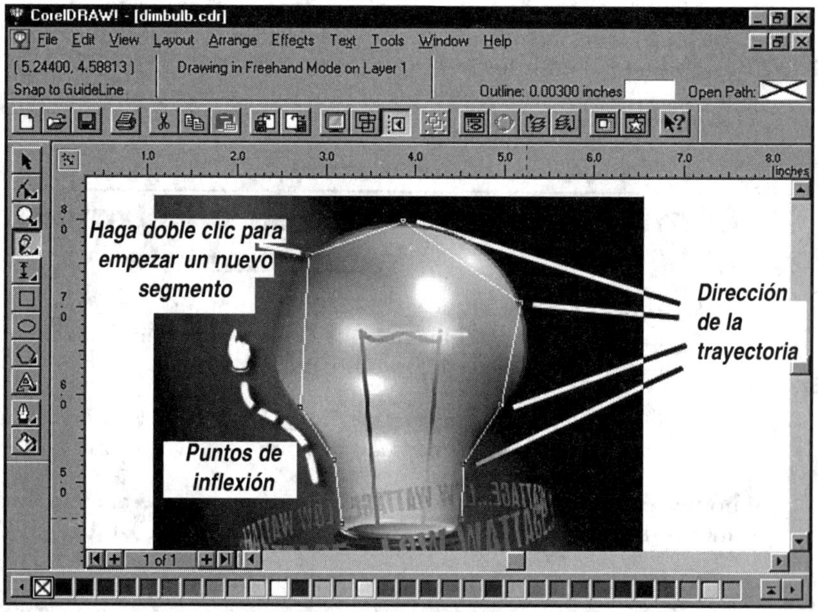

Figura 3.16 Acérquese a la forma del foco arrastrando líneas rectas entre extremos (puntos de inflexión) junto con el filete del foco.

   Se crea un filete burdo del foco. En la figura 3.16 se observan los lugares en que se recomienda hacer doble clic.

7. Haga un solo clic en el punto de partida de la trayectoria.

   Se cierra la trayectoria.

8. Haga doble clic en la Herramienta Forma (Shape tool).

   Se cambia de herramienta; se despliega la persiana Edición de nodos (Node Edit).

9. Con la trayectoria seleccionada, trace un rectángulo para seleccionar todos los nodos de la trayectoria, haga clic en el botón A curva y luego en el botón Suavizar.

   Se crea un filete más adecuado a la forma del foco (vea la figura 3.17).

Nota Mantenga presionado Ctrl+Mayús (Ctrl+Shift) y haga clic en un nodo de una trayectoria seleccionada para seleccionar automáticamente todos los nodos.

Figura 3.17
Los nodos de conexión suavizados describen con exactitud la forma del foco.

Nota Al convertir las líneas rectas en curvas no se cambia la forma de la trayectoria; pero sí lo hace, como ha visto, al convertir las líneas asimétricas en suavizadas. Como procedimiento, un línea recta siempre debe convertirse en una curva antes de que el nodo de conexión pueda tomar la propiedad suavizada, y la curva inicialmente debe tener la propiedad asimétrica. Las funciones de la persiana Edición de nodos (Node Edit) que se encuentran atenuadas indican las características de nodos que no se aplican o que no están disponibles para un nodo seleccionado.

Sin embargo, un segmento de trayectoria Suavizado, Asimétrico y Simétrico puede convertirse directamente en una línea recta.

A diferencia del experimento con la trayectoria de vectorización automática, la trayectoria que usted creó manualmente alrededor del foco tiene todos sus nodos sobre la orilla de la imagen del foco de mapa de bits. Por lo tanto, para concluir esta tarea, tiene dos opciones para una posterior edición de nodos: darle forma a la inclinación (*inercia*) de las curvas o especificar la dirección de las curvas. Sigamos adelante...

10. Haga clic en el centro de una trayectoria, luego haga clic y arrástrela lentamente lejos del centro.

    Se cambia la dirección y la inclinación del segmento de trayectoria; también afecta la dirección del segmento de trayectoria que lo precede (vea la figura 3.18).

Figura 3.18
Usted puede manipular directamente una trayectoria curva, pero una conexión suavizada siempre significa que usted cambia la curva del segmento de trayectoria de conexión.

El método de manipulación directa funciona a veces para corregir la curvatura de una trayectoria, pero no es la manera más precisa de ajustar una curva a una orilla. He aquí otro métodos...

11. Haga clic y arrastre un punto de control lejos del nodo.

    Se crea un arco más inclinado en la curva.

12. Haga clic en un punto de control, luego arrástrelo en una dirección revolvente alrededor del nodo, *sin* cambiar la longitud del controlador.

    Se establece el "punto" de la curva en una dirección diferente (vea la figura 3.19).

Una vez que usted ha afinado una curva cambiando la orientación del punto de control y su distancia del nodo, y que el segmento de curva resultante coincida de manera cercana con la curva de la imagen del foco, modifique el resto de los nodos, hasta que la forma de la trayectoria se adecue a la orilla del bulbo.

Figura 3.19
En realidad cuando usted cambia el ángulo entre un nodo y un punto de control está estableciendo una nueva tangente para una curva; usted "dirige" la curva.

Método 3 de dibujo con CorelDRAW: dibujo a mano alzada

Hay otra manera de utilizar el modo A mano alzada (Freehand) de la Herramienta Lápiz (Pencil tool) para crear manualmente un contorno alrededor de una plantilla, y de aquí es de donde el modo A mano alzada (Freehand) obtiene su nombre. Basta con que haga clic y arrastre el cursor para crear una forma, tal como utilizaría la herramienta de pincel de un programa de pintura. Sin embargo, la curva resultante tendría una forma irregular y usted estaría obligado a bajar la velocidad del cursor al final de la trayectoria a mano alzada para asegurarse de que se cierre en su punto de partida, que *no* es una inclinación natural del diseño. Además, el dibujo con el modo a mano alzada necesita una gran cantidad de edición de nodos para corregir las inexactitudes en el segmento de trayectoria, las propiedades de conexión de nodos, las posiciones de nodos y la necesidad ocasional de agregar y eliminar nodos.

→Tip Hablando de manera general, los propietarios de tablillas de digitalización pueden hacer un mejor uso del modo A mano alzada (Freehand) de la Herramienta Lápiz (Pencil tool), porque el estilógrafo de la tablilla puede guiarse como un lápiz físico y las líneas resultantes son más fluidas, precisas y de aspecto más natural.

Guía para trayectorias perfectas

He aquí una lista de verificación que reúne las secuencias para crear trayectorias curvas sin que importe la técnica que decida utilizar con la Herramienta Lápiz (Pencil tool). El énfasis se coloca sobre los nodos, no sobre las trayectoria, porque los nodos gobiernan el aspecto de un diseño de CorelDRAW.

- ✔ **Posición exacta de nodos.** ¿Las coordenadas XY de un nodo en la página de impresión expresan adecuadamente el lugar donde pasará la curva? De no ser así, utilice la Herramienta Forma (Shape tool) para volver a colocar el nodo.
- ✔ **Propiedad de nodo correcta.** ¿La conexión entre los segmentos de trayectoria es correcta para expresar una forma? Si una línea recta se conecta a una curva, el nodo debe ser asimétrico; cuando dos curvas se encuentran, la conexión por lo general debe ser suavizada. En incidencias aisladas, donde la distancia entre dos nodos es muy pequeña, es correcto colocar un nodo asimétrico entre dos segmentos curvos. Las fotocomponedoras pueden interpretar de manera apropiada y darle salida a esquinas agudas y curvas, pero usted no debe crear un arco largo que cambie de dirección abruptamente y siga como un segmento curvo sin colocar nodos suavizados, intermedios, como "abrazaderas" cercanas y a cada lado del nodo asimétrico.
- ✔ **Distancia del punto de control al nodo.** La distancia entre un punto de control y un nodo puede medirse con el controlador del punto de control. La distancia determina la severidad del segmento de trayectoria curvo asociado (qué tanta inclinación toma la trayectoria de sus nodos de conexión). En general, si el controlador de un punto de control parece medir más que la mitad de la distancia del segmento de trayectoria que controla, usted debe acortar la distancia y reducir la curvatura de la trayectoria o agregar un nodo en medio de la curva.
- ✔ **Aspecto del punto de control a un nodo.** Los puntos de control pueden girarse de manera relativa al nodo que controlan, y el giro afecta la dirección de la trayectoria curva asociada. Si en realidad un punto de control se localiza en una trayectoria, usted no necesita este punto, y la trayectoria probablemente sería una línea recta (el nodo debe ser asimétrico).

Método 4 de dibujo con CorelDRAW: el modo Bézier de dibujo

Las curvas Bézier pueden utilizarse para describir más objetos de los que usted podría imaginar, pero su creación no es tan fácil intelectualmente. Esto se debe en parte a la implantación de la herramientas de diseño Bézier. La mayor parte de los programas, incluyendo CorelDRAW, utilizan la metáfora gráfica de una herramienta de lápiz que produce curvas *después* de que usted hace clic y arrastra, y luego sólo despliega una línea guía de la *tangente* que se supone que usted establecería ¡entre la última curva y la curva que esta *por* crear!

No obstante, en CAD se han utilizado las herramientas de dibujo de Bézier desde el principio del diseño asistido por computadora. Si usted pudiera "pensar" en una curva Bézier, mejorará su talento creativo y creará formas curvas complejas más rápido que con cualquier método descrito en este capítulo. Si usted tiene muchos elementos ondulados en un diseño (olas del océano, platos diseñados a la moda, cables telefónicos enrollados), revise el siguiente ejemplo sobre la manera de hacer que el modo Bézier de la Herramienta A mano alzada (Freehand tool) funcione para usted. Al mismo tiempo, profundicemos un poco más en las opciones de CorelDRAW que pueden acelerar su producción de trabajos complicados de diseño; en el siguiente conjunto de pasos hay algunos trucos que deseará agregar a su repertorio de CorelDRAW.

He aquí cómo establecer una plantilla de vectorización para esta sección sobre dibujo con curvas Bézier; tal vez encuentre que funciona para *todos* los tipos de trabajo de diseño en CorelDRAW...

Cómo configurar una capa de plantilla protegida

1. Elija Archivo (File), Nuevo (New) y Documento (Document) (Ctrl+N).

   Se abre una nueva ventana de dibujo.

2. Elija Archivo (File) e Importar (Import), elija la unidad de CD-ROM en la lista descendente Buscar en (Look in), haga doble clic en EXERCISE, luego en CHAP03, haga clic en BIGTOP-P.TIF y luego en Importar (Import).

   Se importa BIGTOP-P.TIF, una imagen monocroma (blanco y negro, un bit por pixel) para utilizarse como plantilla.

3. Con BIGTOP-P.TIF seleccionado, haga clic con el botón derecho del ratón sobre la muestra negra de 30% en la paleta de colores.

   Los pixeles de BIGTOP-P.TIF toman el color gris.

En CorelDRAW pueden colorearse los tipos de imágenes de mapa de bits que sólo contienen un bit de información de color por pixel; al hacer clic con el botón izquierdo sobre una muestra de la paleta de colores, se cambia el color de fondo de un mapa de bits monocromo seleccionado. Esto facilita que se vea la vectorización con el color predeterminado de CorelDRAW de filete negro contra la imagen del mapa de bits. Este truco *no* funciona con imágenes de mapa de bits con opciones más altas de color.

4. Elija Diseño (Layout) y Gestor de capas (Layers Manager) (Ctrl+F3), luego haga clic con el botón derecho del ratón sobre el área de lista de la persiana Capas (Layers) y seleccione Nuevo (New).

   Aparece la persiana Capas (Layers); se crea una nueva capa con el nombre predeterminado resaltado (vea la figura 3.20).

5. Escriba **Vectorización (Tracing)** en el cuadro de texto Capa 2 (Layer 2) resaltado.

   Esto hace que la capa que vectorizará resulte más fácil de utilizar como referencia en el futuro.

Los usuarios de versiones anteriores de CorelDRAW se han ido acostumbrando cada vez más a hacer clic en el botón de menú de aparición súbita de la persiana, el triángulo que ahora está bajo el botón cerrar (close) para tener acceso a las opciones de una persiana. Pero como CorelDRAW! cumple completamente con Win95, casi todos los objetos que ve en la pantalla tienen un menú de método abreviado, incluyendo la lista Capas (Layers). El paso anterior (donde usted añadió la nueva capa Vectorización (Tracing)) le muestra que hay dos rutas para un destino común.

Como cada capa que usted crea tiene su nombre predeterminado resaltado, usted puede cambiar rápidamente el nombre de una nueva capa; así es fácil ver en cuál capa está trabajando con sólo hacer referencia a la línea de estado, que actualiza de manera continua la información de la ventana de dibujo.

El interruptor que usted puede establecer para trabajar entre capas es nuevo en CorelDRAW! 6. La opción predeterminada, activada en el menú de método abreviado de aparición súbita es Editar en las capas (Edit Across Layers). Usted puede "proteger" la Capa 1 (Layer 1), la capa que contiene actualmente el mapa de bits monocromo, de una de dos maneras: usted puede eliminar la marca de verificación en Editar en las capas (Edit Across Layers) del menú de método abreviado, o...

Figura 3.20
Cree una nueva capa que le permita trabajar sobre ella; haga que la plantilla de mapa de bits permanezca en una capa separada.

6. Haga clic en el icono de lápiz a la izquierda de la Capa 1 (Layer 1) en la lista Capas (Layers).

   El contenido de la Capa 1 (Layer 1) se protege contra la edición o selección.

7. Elija Archivo (File) y Guardar (Save), luego guarde el nuevo documento como BIGTOP.CDR en su disco duro.

   Éste es el archivo en que creará una vectorización de curvas Bézier.

Ahora que se ha configurado la plantilla para el dibujo de Bézier, es hora de familiarizarse con el modo de la Herramienta Lápiz (Pencil tool) que produce curvas Bézier. Usted notará que el contenido visual del mapa de bits importado BIGTOP-P se presta para el tipo de curvas suavizadas que las curvas Bézier definen; los cacahuates y las ondulaciones alrededor del cuello del payaso incluyen algunos cambios de dirección "duros" en una trayectoria que describiría estas áreas. Y cuando *sí* se da un cambio abrupto en una trayectoria vectorizada, el siguiente ejemplo le muestra cómo hacerlo.

La persiana Capas (Layers) ha sufrido algunos cambios en esta nueva versión de CorelDRAW, y el cuadro de diálogo Opciones (Options) ha desaparecido. Todas las opciones de impresión, de vista y de protección se encuentran al frente de la lista Capas (Layers). La columna que incluye la flecha grande indica la capa de edición actual. Asegúrese de que esta flecha señale ahora al título de la capa Vectorización (Tracing); de lo contrario, haga clic en la columna de flecha que se encuentra junto a la capa Vectorización (Tracing) para mover la flecha de selección. Una vez que haya hecho esto, puede cerrar la persiana Capas (Layers) (haciendo clic en el botón para cerrar) para conservar el espacio de la pantalla.

He aquí una "prueba de manejo" simple para tener una idea del diseño con el modo Bézier de la Herramienta Lápiz (Pencil tool).

Cómo diseñar curvas Bézier

1. Con el archivo BIGTOP.CDR abierto, elija la Herramienta Zoom (Zoom tool), luego trace un rectángulo para seleccionar un área pequeña alrededor de los cacahuates sobre las letras "PE" en la plantilla del mapa de bits.

   Se trata de un área destino para empezar una curvas Bézier.

2. Haga clic y mantenga presionado el botón sobre la Herramienta Lápiz (Pencil tool), mientras mueve el cursor al botón Bézier, luego suéltelo.

   Se elige el modo Bézier de la Herramienta A mano alzada (Freehand tool) para dibujar.

3. Haga clic, mantenga presionado el botón y arrastre a la herramienta Bézier; haga clic en el punto de inflexión (la parte media de una curva) en uno de los cacahuates de la imagen de mapa de bits.

   Se crea un punto de partida para una trayectoria; del primer nodo surgen puntos de control y controladores.

4. Mueva el cursor hasta que los controladores formen una tangente a la curva del mapa de bits que señala el siguiente punto que usted utilizará para crear una curva.

   Está dándole forma al principio de una curva que se completará haciendo clic en un segundo nodo.

Ésta es una manera de hacer una curva Bézier que frustra a los usuarios acostumbrados a dibujar una trayectoria y luego darle forma utilizando la Herramienta Forma (Shape tool). Con la herramienta de modo Bézier, cada "arrastre" que se haga después del clic es en realidad un movimiento de *edición*. Su cursor cambia funciones de inmediato después de hacer clic en un punto; el cursor se convierte en una herramienta de edición, y al arrastrar usted establece la longitud de ambos controladores del nodo y determina la dirección de la curva. De cierta manera, cuando usted hace un solo clic en un punto y luego arrastra, el modo Bézier se intercambia entre una herramienta de dibujo y una herramienta de forma. Un solo procedimiento de hacer clic y arrastrar establece la mitad de la curva que creará, y un segundo procedimiento completará la trayectoria curva y establecerá la inclinación y el ángulo de la otra mitad de la curva.

5. Encuentre otro punto en el filete de la plantilla de cacahuates donde éste cambie de dirección, luego haga clic en un punto y arrastre el cursor.

Se completa un segmento de trayectoria; al arrastrar el cursor se modela la trayectoria para dar forma a una plantilla de cacahuates.

6. Haga clic y arrastre hacia el siguiente punto en la curva de la plantilla de cacahuates donde usted vea un punto de inflexión en el filete.

   Se establece el nodo que conecta el segmento anterior con el próximo; se da forma a la última mitad de la curva anterior y se establece la dirección de la curva futura (vea la figura 3.21).

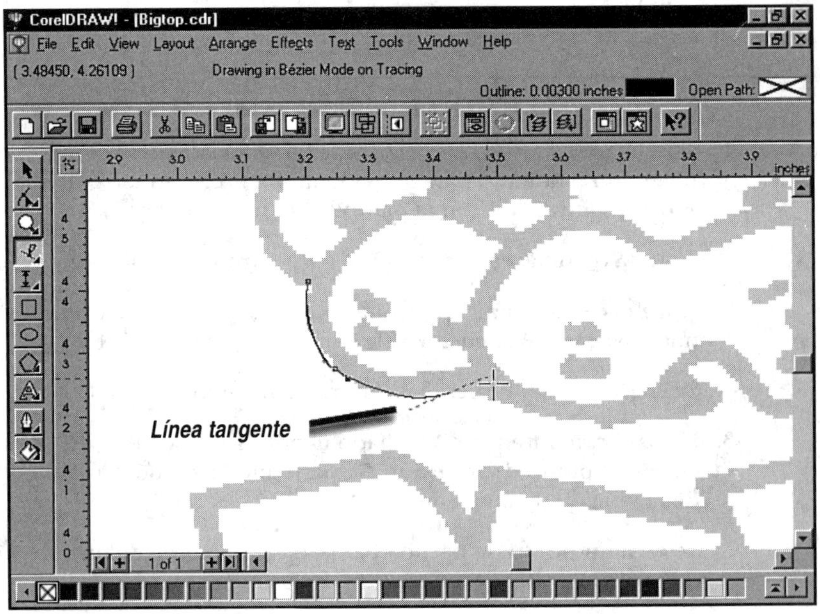

Figura 3.21 La línea tangente creada por el tirador de un nodo determina la inclinación y dirección de las curvas que conectan al nodo.

Cuando usted llega a un punto de conexión que debería ser asimétrico (todas las conexiones de curvas Bézier son simétricas), dibuje una curva con un punto de inflexión en el lugar donde el nodo *debe* ser asimétrico, luego coloque un nodo *más allá* de este punto asimétrico haciendo clic y arrastrando (vea la figura 3.22).

Un punto final de una curva Bézier no puede cambiarse a una propiedad Suavizar porque ésta hace referencia a la conexión entre dos segmentos de trayectoria; sin continuar la trayectoria, usted no *tendría* una conexión que corregir. En los siguientes pasos verá la manera en que cambia la conexión simétrica con un mínimo de interrupciones en su trabajo de diseño...

7. Después de que haga clic y arrastre un punto *más allá* del nodo que debería ser asimétrico en la trayectoria, presione F10.

   Se cambia la Herramienta lápiz (Pencil tool) por la Herramienta Forma (Shape tool).

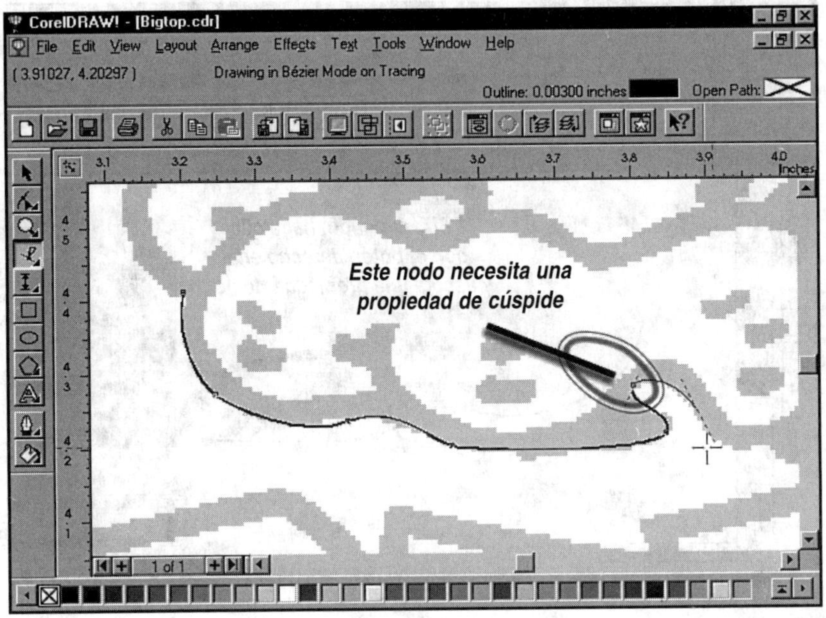

Figura 3.22
Aunque un nodo podría tener una propiedad equivocada, dibuje más allá del nodo y luego regrese para ajustar la conexión (y las trayectorias de conexión).

8. Haga clic en el nodo que desee convertir en propiedad asimétrica y luego, con el botón derecho del ratón, en el nodo.

   Se despliega un menú de método abreviado sensible al contexto para las propiedades del nodo.

9. Elija Asimétrica (Cusp) del menú de método abreviado.

   Se convierte el nodo de conexión Suavizar a la propiedad Asimétrica (vea la figura 3.23).

10. Haga clic y arrastre los puntos de control en la trayectoria curva para que el segmento de trayectoria se ajuste a la plantilla de cacahuates.

    Los puntos de control del nodo Asimétrico pueden manipularse independientemente de los otros. Usted puede darle forma a un segmento sin cambiar el segmento de conexión (vea la figura 3.24).

Como se mencionó antes, tal vez una impresora de alta definición falle al interpretar los nodos asimétricos entre las curvas; así que para asegurarse de que la trayectoria, tenga un conjunto suavizado de transiciones de segmento...

11. Haga clic en un punto entre el punto final de la curva Bézier y el nodo asimétrico, luego haga clic en la tecla + del teclado numérico.

    Se agrega un nodo suavizado a la trayectoria Bézier (vea la figura 3.25).

Figura 3.23
Para usar las funciones de la persiana Edición de nodos (Node Edit) a partir de un menú de método abreviado, seleccione un nodo o trayectoria y luego haga clic con el botón derecho del ratón.

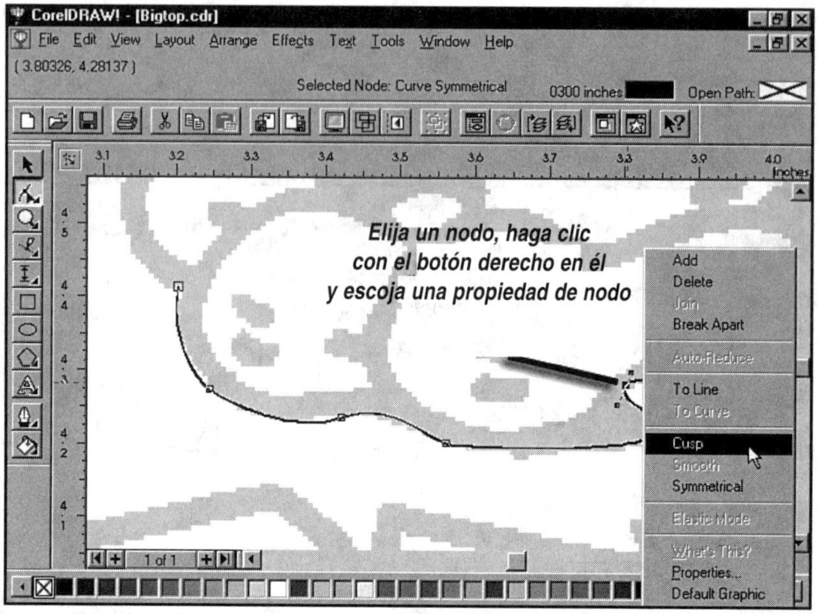

Figura 3.24
Las propiedades de nodo asimétrico le permiten la manipulación individual de puntos de control alrededor de un nodo.

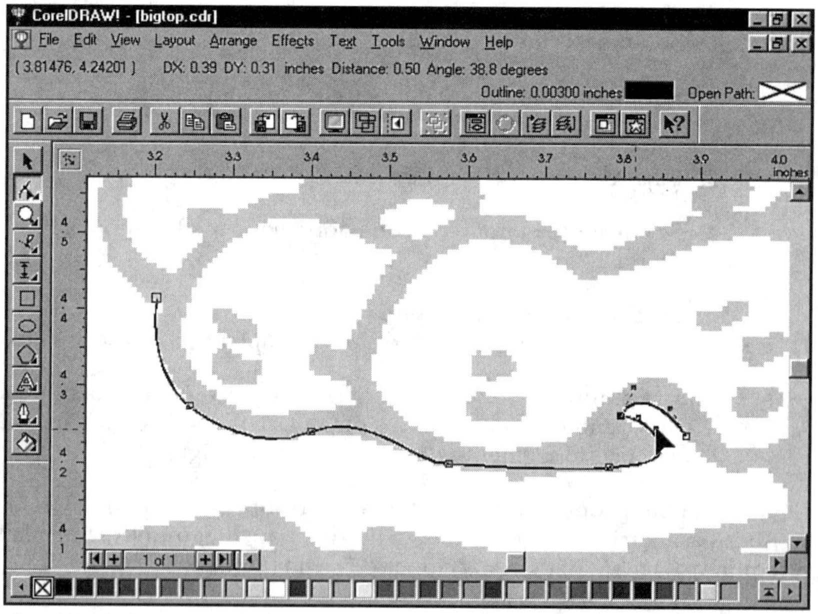

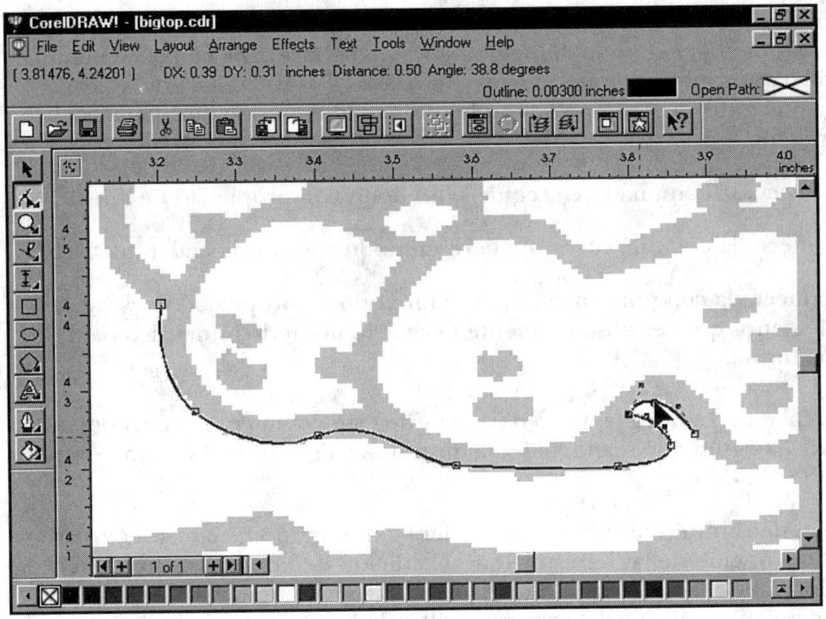

Figura 3.25
Los puntos agregados a un segmento curvo se convierten en nodos con la propiedad suavizada.

12. Para seguir vectorizando la curva Bézier, presione F5.

    F5 es el acceso directo a la caja de herramientas para la última herramienta de curvas utilizada (el modo Bézier de la Herramienta Lápiz (Pencil tool)).

13. Haga clic en el punto final, luego arrastre.

    Se reanuda la trayectoria Bézier; se hace una conexión suavizada, no simétrica, en el punto final.

14. Siga haciendo clic y arrastrando para crear nodos en los puntos de inflexión a lo largo de la plantilla de cacahuates, hasta que se sienta a gusto con la manera en que funciona el modo Bézier.

    Usted ya ha dominado el funcionamiento del modo Bézier de la Herramienta Lápiz (Pencil tool).

Nota Dejar de editar un nodo de curvas Bézier mientras se diseña podría ser una técnica que distrae, y seguramente completará una trayectoria cerrada y luego tendrá que seleccionar nodos y trayectorias para afinar. Pero la técnica mostrada en el ejemplo anterior le asegura que un diseñador no olvidará afinar una conexión incorrecta de nodo. En ocasiones deseará utilizar una combinación de modos Bézier y A mano alzada (Freehand) para completar una forma. Alternar entre la edición y el dibujo de nodos también ayuda a reducir los movimientos repetitivos que se provocan al crear diseños complejos.

Al principio del ejemplo anterior, se mencionó que usted no puede hacer clic en un punto final para cambiar la propiedad del nodo. Sin embargo, puede hacer clic en un segmento de trayectoria y establecer propiedades asimétricas, suavizadas y otras; al hacerlo, podría crear una trayectoria que entre "en conflicto" con la propiedad del nodo que conecta el segmento con el segmento *siguiente*.

- ✔ Una línea conectada con una línea requiere un nodo con propiedad de línea.
- ✔ Una línea conectada con una curva requiere un nodo con propiedad asimétrica.
- ✔ Una curva conectada con una curva requiere un nodo de propiedad suavizada (o simétrica), a menos que sea absolutamente necesario un nodo asimétrico para expresar una forma.

La única diferencia real entre una conexión suavizada y una simétrica en una curva es que una conexión simétrica asegura que sean iguales la dirección y el valor de la curva de ambos segmentos que conecta el nodo.

En la sección final de este capítulo se viaja un poco fuera del dominio de las trayectorias y se concentra en una nueva opción de las herramientas de edición de nodos de CorelDRAW: la Herramienta Borrador (Eraser tool). Usted puede utilizarla para eliminar grandes secciones de trayectorias cerradas y producir trayectorias con orillas de forma irregular. Como descubrirá en el capítulo 5, "Rellenos complejos y combinación de sombras", mientras mejor comprenda cómo manipular segmentos de trayectoria, más fácil podrá elaborar objetos compuestos que logren expresar lo que usted pretende.

El borrado como método de manipulación de trayectorias

La Herramienta Borrador (Eraser tool) utiliza algoritmos (un conjunto de procedimientos matemáticos) similares a los del efecto Contorno (Contour), que se analizará detalladamente en el capítulo 8. Pero en lugar de ampliar el filete de una sola trayectoria dibujada, va un paso más allá y recorta el objeto sobre el que se arrastra la Herramienta Borrador (Eraser tool). Como último paso de limpieza, borra la trayectoria hecha por la herramienta. Corel ha refinado, en la versión 6, los cálculos matemáticos detrás de los algoritmos de Contorno (Contour) para producir pincelazos del borrador y contornos que contienen muchos nodos externos menos en la trayectoria destino, lo que hace que sea más placentero trabajar con ambas opciones de CorelDRAW! 6.

Cómo borrar su camino al gran arte

La Herramienta Borrador (Eraser tool) no borra, para ser exactos; si desea eliminar una línea de la Herramienta Lápiz (Pencil tool), será mejor que la elimine o que presione Mayús (Shift) mientras retrocede la trayectoria de la línea con su cursor. La Herramienta Borrador (Eraser tool) tiene el propósito de eliminar áreas de una trayectoria cerrada, al estilo a mano alzada, mientras deja la forma destino rellena como una o más trayectorias cerradas.

En el ejemplo siguiente, verá uno de los usos creativos de la Herramienta Borrador (Eraser tool): crear una orilla irregular en el dibujo de una hoja de papel. Si usted no utiliza una tablilla de digitalización con CorelDRAW, verá que la Herramienta Borrador (Eraser tool) puede ser un dispositivo maravillosamente expresivo para la producción de combinaciones con apariencia natural en una trayectoria cerrada. También es una manera muy rápida de crear dos o más segmentos de trayectoria no contiguas en una sola trayectoria cerrada.

He aquí cómo tomar un diseño de una hoja de papel limpia y convertirla rápidamente en una hoja ligeramente *rasgada.*

Usos creativos de la Herramienta Borrador (Eraser tool)

1. Abra el archivo TEAR-OFF.CDR de la carpeta CHAP03 en la carpeta EXERCISE del *CD de obsequio de CorelDRAW! 6 para expertos,* luego guarde el archivo como TEAR-OFF.CDR en su disco duro.

   Se trata de un archivo de muestra con el que trabajará en este ejemplo.

Si usted examina este diseño, observará que el alfiler de plástico y la sombra son objetos agrupados; como tales, no pueden utilizarse con la Herramienta Borrador (Eraser tool). Este experimento sólo se relaciona con la hoja de papel que el alfiler está clavando.

2. Haga clic en la Herramienta Zoom (Zoom tool), luego trace un rectángulo de acercamiento en el diseño, dejando aproximadamente 1 centímetro en la parte superior y unos dos centímetros y medio en la parte inferior.

   Se hace un acercamiento a una vista adecuada del diseño; se deja espacio para editar en la parte inferior del diseño.

3. Haga clic y mantenga presionado el botón sobre la Herramienta Forma (Shape tool), luego haga clic en la Herramienta Borrador (Eraser tool).

   Se selecciona la Herramienta Borrador (Eraser tool).

4. Haga doble clic en la Herramienta Borrador (Eraser tool).

   Se despliega el menú Propiedades de la herramienta (Tool Settings); la Herramienta Borrador (Eraser tool) se muestra como herramienta activa en la lista descendente.

5. Resalte el valor del campo Grosor (Thickness), luego escriba **.4**.

   Se establece el ancho de la Herramienta Borrador (Eraser tool).

6. Asegúrese de que la casilla de verificación Reducir automáticamente los nodos de los objetos resultantes (Auto-reduce nodes of resulting objects), luego haga clic en Aceptar (OK).

Figura 3.26 Revise las reglas de CorelDRAW antes de establecer el grosor de la Herramienta Borrador (Eraser tool); Grosor (Thickness) debe estar de acuerdo con el tamaño del objeto que habrá de borrarse.

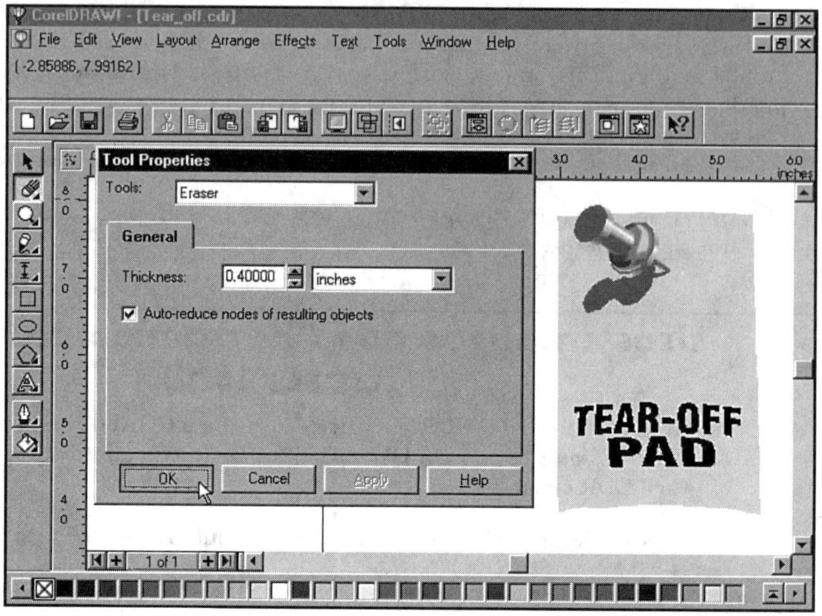

Se asegura que los objetos resultantes del uso de Herramienta Borrador (Eraser tool) sólo contienen nodos en los puntos donde la Herramienta Borrador (Eraser tool) crea un cambio de dirección en la trayectoria (vea la figura 3.26).

7. Presione la barra espaciadora, haga clic en el objeto de hoja para seleccionarlo, luego vuelva a presionar la barra espaciadora.

   Se cambia de la Herramienta Borrador (Eraser tool) a Herramienta Selección (Pick tool); al presionar de nuevo la barra espaciadora, se regresa a la última herramienta seleccionada.

8. Imagínese que algo está golpeando su codo mientras trata de dibujar una línea recta a lo largo de la parte inferior del objeto de la hoja de papel. Haga clic dos centímetros y medio a la izquierda de la hoja, luego arrastre y suelte a dos centímetros y medio del objeto.

   Se produce una "apariencia de rasgado" en la orilla del objeto de papel (vea la figura 3.27 y vea la Nota que sigue).

9. Elija Archivo (File) y Guardar (Save) (Ctrl+S).

   Se guarda su trabajo hasta este punto.

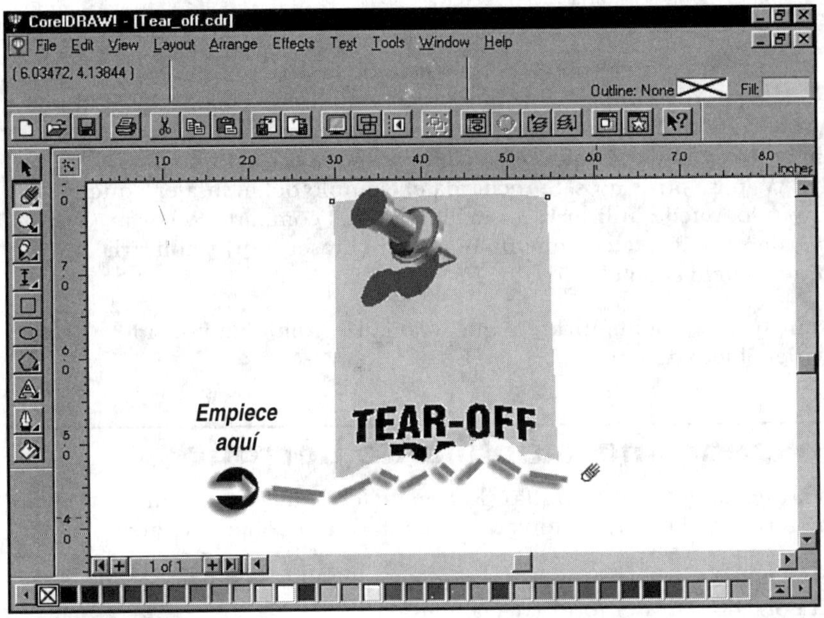

Figura 3.27
La Herramienta Borrador (Eraser tool) cambia los segmentos de trayectoria del objeto sobre el que usted hace clic y arrastra; se borran las áreas que se encuentran directamente abajo de la herramienta.

Nota Las herramientas Borrador (Eraser) y Contour (Contorno) todavía tienen un "problema" en la versión 6. El algoritmo que crea la forma fuera de una trayectoria "se enrosca" en los puntos de inicio y finales; la trayectoria se dobla hacia fuera de estos puntos.

A veces este fenómeno produce resultados inesperados en su ilustración. El truco para crear una trayectoria con la Herramienta Borrador (Eraser tool) consiste en empezar a borrar fuera de un objeto y concluir el borrado fuera del objeto.

Corel Corporation está al tanto de esta extrañeza, y planea corregirla en futuras actualizaciones del programa. Sin embargo, usted podría agilizar la modificación futura contactando a Corel Corporation directamente, en Estados Unidos, al 613/728-8200, o dejando un correo electrónico en CompuServe en la sección de Servicio a clientes del foro CorelAPPS.

Usted observará que aunque el objeto de hoja parece rasgado, la Herramienta Borrador (Eraser tool) no tocó las letras (el texto convertido a curvas). La Herramienta Borrador (Eraser tool) funciona únicamente sobre un objeto seleccionado a la vez, y no borrará objetos agrupados, por lo que dejará esta obra de arte sin terminar. La clave para este problema (y la solución) se encuentra en la siguiente sección.

Cómo repetir un borrado

Como la trayectoria aleatoria que usted dibujó en el objeto de hoja del último ejemplo no permanece después del borrado, es improbable que pueda duplicar exactamente el último uso de la Herramienta Borrador (Eraser tool) en las letras que se encuentran todavía encima de la hoja. Sin embargo, una vez que se ha elaborado una trayectoria, puede duplicarse en CorelDRAW para otros usos. Si recuerda el ejemplo del mensajero que se vio al principio de este capítulo, puede utilizar la misma técnica del comando Recortar (Trim) para crear una *plantilla* del uso de la Herramienta Borrador (Eraser tool) y aplicarla al objeto de letra para que coincida con el borrado.

He aquí cómo crear una trayectoria idéntica a la que dejó la Herramienta Borrador (Eraser tool) y eliminar parte del objeto de letras.

Cómo crear una plantilla de borrado

1. Haga clic en la Herramienta Rectángulo (Rectangle tool), luego trace un rectángulo y arrastre una forma que incluya la tercera parte inferior del objeto de hoja.

   Ésta es la forma básica a partir de la cual creará una plantilla de trabajo con la Herramienta Borrador (Eraser tool) (vea la figura 3.28).

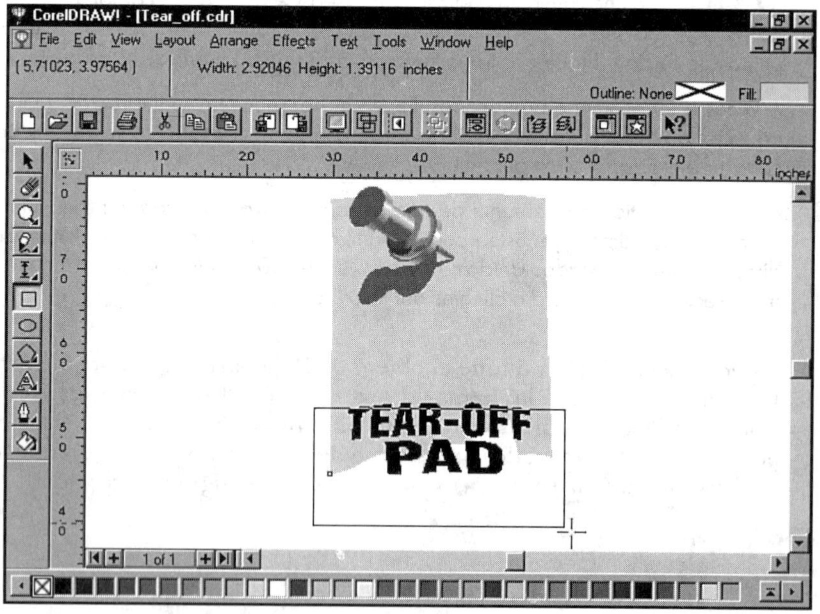

Figura 3.28
Incluya la mayor parte del objeto de letra en el rectángulo que usted diseñe; la letra se "borrará" parcialmente utilizando la plantilla.

2. Elija Organizar (Arrange) y Recortar (Trim).

   Aparece las persiana que agrupa Recortar (Trim), Intersectar (Intersect) y Soldar (Weld).

3. Con la Herramienta Selección (Pick tool), seleccione el objeto de papel, elimine la marca de la casilla de verificación Objeto destino (Target Object) en la persiana Recortar (Trim), marque la casilla de verificación Otros objetos (Other Object(s)) y luego haga clic en Recortar (Trim).

   El objeto de papel recortará el objeto destino (destruyendo el destino original). El objeto de papel permanecerá; el cursor toma la forma de una flecha gigante que le indica que debe seleccionar el objeto destino con ella.

4. Haga clic en el rectángulo.

   Se elimina la porción del rectángulo sobre la que se encima el objeto de papel (vea la figura 3.29).

Figura 3.29
El rectángulo se convierte en una trayectoria irregular, la forma inversa de la parte inferior del objeto de papel; perfecto para recortar las letras.

5. Con la Herramienta Selección (Pick tool), haga clic en el rectángulo recortado.

   Elija el rectángulo como el “otro objeto” (el objeto recortado) para otra maniobra de recorte.

6. Elimine la marca de la casilla de verificación Otros objetos (Other Object(s)).

   Se especifica que después de que el rectángulo recortado recorte, a su vez, otra forma se eliminará.

7. Haga clic en Recortar (Trim) y luego, con el cursor de flecha, haga clic en el objeto de letra (vea la figura 3.30).

Se recortan las letras exactamente de la misma manera en que se borró el papel; se elimina del área de trabajo el rectángulo recortado.

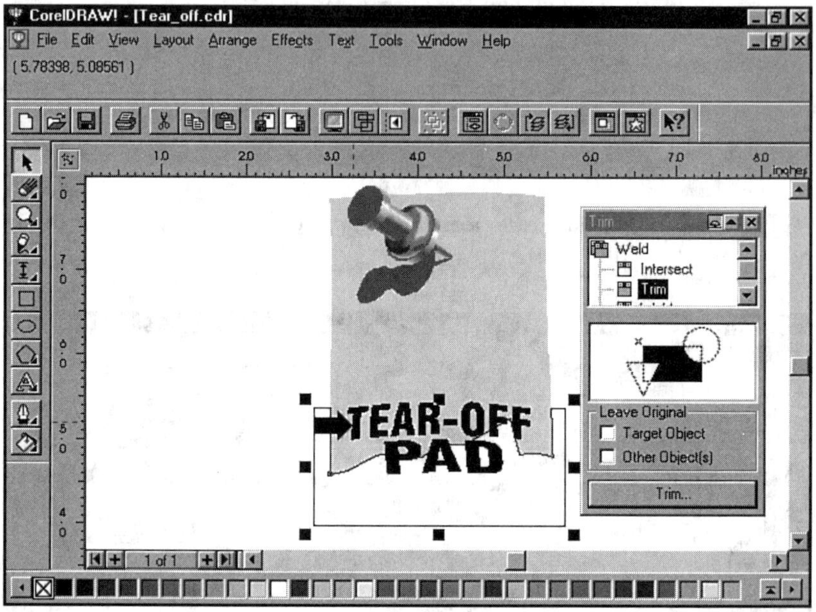

Figura 3.30 La plantilla invertida de la trayectoria borrada duplica el efecto de borrado de la letra.

8. Presione Ctrl+S (Archivo (File) y Guardar (Save)).

   Se guarda su trabajo hasta este punto.

Sólo le falta una cosa a esta ilustración. Si lo nota, el alfiler arroja una sombra sobre la hoja de papel. Pero para que esta pieza adquiera verdadera dimensión, sería bueno que el *papel* arrojara una sombra sobre el fondo (¡la página de impresión blanca del documento!).

Esto se hace fácilmente en la siguiente sección, que muestra cómo y por qué las herramientas y los efectos de CorelDRAW funcionan mejor cuando se utilizan en conjunto.

Cómo crear sombras instantáneas

En el capítulo 5 verá cómo crear una sombra semitransparente que se vea tan real como una fotografía, pero en esta tarea usted verá un "truco barato" efectivo que simula una sombra proyectada.

Es importante comprender, como artista, la manera en que reacciona la luz en las superficies. Una comprensión de la dirección y las propiedades de la luz, así como la respuesta de la superficie a la luz le permitirá simular mejor texturas realistas. Esto, a su vez, hace el trabajo más realista y ayuda a los que no son artistas a visualizar un concepto que se ejecuta gráficamente.

El simple estudio de la geometría y la iluminación de esta sección exige uno o dos pasos para hacer más creíble la escena de una pieza de papel rasgada clavada contra una superficie. El espectador no debe preocuparse de qué superficie se trata, sino de que la atracción principal, la hoja de papel, tenga opacidad, y *arroje una sombra en el mismo ángulo que el alfiler.*

Nota La ilustración del alfiler es un grupo de formas simples. Lo que hace verosímil al alfiler es el sombreado (grupos de objetos combinados y rellenos tramados).

El alfiler se vectorizó a partir de la plantilla de un *modelo* (como en CorelDREAM 3D) de un alfiler. Vea el capítulo 9 "Como trabajar entre CorelDRAW! Y CorelDREAM 3D", para aprender más sobre la creación de su propia realidad virtual.

He aquí cómo agregar un poco de dimensión a la ilustración TEAR-OFF.CDR.

Cómo agregar una sombra a un objeto

1. Con la Herramienta Selección (Pick tool), haga clic y arrastre el objeto de papel hacia abajo y a la izquierda de su posición original, aproximadamente 8 milímetros, luego haga clic con el botón derecho del ratón antes de soltar ambos botones.

   Se copia el objeto de papel seleccionado y se mueve la distancia que usted lo arrastre. Se selecciona ahora la copia de papel seleccionada, y se encuentra en la parte superior del original.

2. Haga clic en el botón Hacia atrás (To Back) (vea la figura 3.31) en la barra de herramientas (o presione Mayús+AvPág (Shift+PageDown).

Figura 3.31
Utilice la barra de herramientas para mover rápidamente el orden de los objetos seleccionados.

Se mueve la copia de la página a la parte trasera de la orden de objetos en la ilustración.

3. Haga clic en la muestra 40% Negro (40% Black) de la paleta de colores, luego presione Ctrl+S (Archivo (File) y Guardar (Save)).

   Se rellena la copia con una sombra de gris para representar una sombra arrojada.

¡Llegamos al final! En la figura 3.32 usted puede ver la imagen TEAR-OFF.CDR terminada. Admitamos que el último ejemplo contribuye con poco a la edición de nodos, pero demuestra la manera en que funcionan juntas las herramientas de CorelDRAW. Como parte de su metodología de trabajo, usted debe evaluar durante el curso de una tarea cuáles funciones de CorelDRAW pueden utilizarse mejor para completarla.

Figura 3.32
El diseño TEAR-OFF es una combinación feliz de líneas entrecortadas y limpias, y un flujo realista y natural. En el arte los opuestos crean interés.

Lleve algunas de las técnicas que usted ha aprendido en esta capítulo al siguiente y vea cómo trabajar con formas complejas (polígonos, rectángulos, elipses y trayectorias a mano alzada: todos pueden utilizarse para completar una idea. El *uso inspirado* de una herramienta es el mejor método para obtener lo máximo de la fantástica colección de características de CorelDRAW. Y la mejor manera de inspirarse es comprendiendo el potencial de cada herramienta.

4 capítulo

Cómo dominar la herramienta Relleno y los modelos de color

Un *modelo* es algo que usted elabora para trabajar con cualquier cosa que el modelo represente. Un simulador de vuelo es un modelo del trabajo con una aeronave (o una nave espacial) que permite que los novatos comprendan mejor lo que significa navegar en semejante nave (sin los peligros de la inexperiencia).

De igual manera, los *modelos de color* se utilizan en la creación de imagen por computadora para representar la conducta física de la luz. Los monitores que trabajan con una aplicación como CorelDRAW pueden simular el color de cierto pigmento en un lienzo o la tinta impresa en un papel brillante. CorelDRAW ofrece diferentes vistas de los arreglos de color y cada modelo está diseñado para un propósito específico. Si usted trata de imprimir un diseño, hacer una diapositiva de 35mm a partir de ella o incluir su trabajo de CorelDRAW en una presentación multimedia, puede asegurarse de que la reproducción de color sea fiel a lo que ve en la pantalla si comprende la manera en que funcionan los diferentes modelos de color.

Color visible y sus subgrupos: el color del monitor

El monitor de su PC es una ventana al mundo mucho más amplio del espectro de la luz visible. Los monitores crean los colores que usted ve en la pantalla combinando las luces roja, verde y azul. Como un monitor de computadora y una tarjeta de video están confinadas a expresar todos los colores posibles como valores de brillantez de combinaciones de rojo, verde y azul en una escala de 0 a 255, el espacio del color de un monitor está confinado a 16.7 millones de colores. Este total le da al usuario una paleta de colores aceptablemente grande para expresar la mayor parte de los conceptos gráficos.

Los grupos de fósforos rojo, verde y azul de su monitor son cargados por una serie de señales de voltaje enviadas por su PC para desplegar los colores del modelo de color *RGB* (por red, green, blue: rojo, verde, azul). El color RGB es un *subgrupo* del espectro visible, porque no puede expresar *todos* los colores que el ojo humano puede percibir. A diferencia del ojo humano, el color digital debe ser *cuantificado* (dividido en valores discretos, de números enteros) antes de que una imagen de color digital pueda escribirse en un medio digital como su disco duro. Son insignificantes los intervalos que el color digital no puede mostrar de la misma manera que los receptores de color de su ojo, y los defectos del subsistema de video de su PC no deben quitarle el sueño por la noche.

De hecho, el color RGB fue creado para el monitor de la computadora como el método que mayor mimetismo electrónico proporcionaba en relación con los receptores rojo, verde y azul del ojo humano. Pero el espacio de color RGB, expresado como modelo de color, *no* es el más intuitivo con el que usted puede trabajar, sobre todo porque los artistas han sido educados para obtener los colores mezclando los pigmentos que reflejan la luz, no agregando diferentes cantidades de luz coloreada. A veces resulta difícil que los artistas se adapten al método que utiliza la PC para mezclar colores, utilizando los principios de añadir luz en lugar de los principios de restar pigmentos.

Aunque RGB es el modelo físico que su monitor utiliza para desplegar el color, la salida final de su diseño probablemente no sea a un monitor de color. Lo más probable es que su trabajo de diseño terminado se imprima en algo que utiliza la resta de pigmentos o tintas para recrear los colores que usted ha elegido. Otros modelos de color, como CMYK (cyan, magenta, yellow (amarillo) y black (negro); el proceso de impresión "a todo color"), y un sistema de coincidencia de color como Pantone, se han desarrollado para facilitarle a un artista por computadora la elección de los colores, de modo que se impriman como se esperaba. CorelDRAW ofrece muchos modelos de color y sistemas de coincidencia de colores diferentes que usted puede utilizar para "especificar" el color. En este capítulo, verá cómo el trabajo con el modelo de color apropiado le permitirá trabajar más rápido y con más eficiencia.

Gama de color y modelos de color sobrepuestos

No todos los colores se pueden expresar con el modelo de color RGB, o cualquier otro modelo de color utilizado para describir las relaciones entre colores y el espacio de color. La incapacidad de la computadora para ofrecer todos los colores del espectro visible imita la experiencia del mundo real donde no se pueden crear todos los colores mezclando tintas y pigmentos. El método y los materiales utilizados para imprimir un color determinan el número de colores que se pueden expresar.

Como ejemplo, las cuatro tintas de color process que utiliza una prensa comercial normalmente para imprimir "a todo color" producen un conjunto diferente de colores que los que produce una impresora digital que utiliza tóner, cera o tinta. El rango de color que puede producirse con un modelo de color o un dispositivo de salida se llama *gama* de color. Una gama de color es siempre un conjunto de colores más pequeño, o un *subgrupo* del rango de color visible.

En la figura 4.1, usted puede ver un modelo del espectro visible con subgrupos de colores de computadora en su interior. Fuera del dibujo en forma de lengua (el espacio de color del espectro visible), una rueda de color incluye los nombres que describen los colores primarios y secundarios. La rueda de color tradicional es una convención imprecisa usada para describir las *relaciones* entre colores; tal como nuestros ojos perciben el color, el espacio de color del espectro visible se desplaza de manera desproporcionada hacia los verdes y se aleja de los azules. Este desplazamiento se debe a que la mayor parte de los receptores del ojo humano son sensibles a la longitud de onda de energía que vemos como verde, y pocos están dedicados a las longitudes de onda asociadas con el azul.

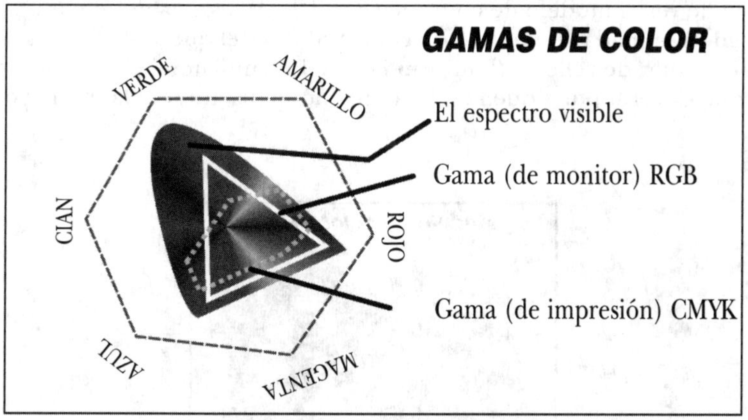

Figura 4.1
El espectro visible es el espacio de color más grande, dentro del cual existen otros modelos de color para video e impresión.

Si usted toma en consideración la salida final de la mayor parte de las tareas de diseño, verá que la impresión comercial y el despliegue en pantalla son las dos áreas más importantes en las que juega un papel la exactitud del color. Por ejemplo, si diseña un patrón de color gris azulado para el logo de una empresa, hace una copia impresa que parece más bien de color turquesa y luego la remite al cliente, habrá fallado al comunicar su diseño. Este tipo de falla en la comunicación por lo general ocurre porque alguien no comprende que el color del monitor (expresado en el modelo de color RGB) no corresponde exactamente a los colores "process" que integran una imagen impresa (expresada en el modelo de color CMYK). Si vuelve a mirar la figura 4.1, verá que los modelos de color CMYK y RGB ocupan áreas diferentes del espectro visible, y que hay una pequeña área en que se sobreponen.

Esta área de sobreposición de los modelos de color RGB y CMYK podría parecer un área de color pequeña, pero la mayor parte del glorioso color que usted ve en las revistas y los libros de lectura fácil utilizan el modelo de color CMYK para expresar el concepto del creador. En las siguientes secciones se hablará de los modelos de color, de los espacios que CorelDRAW le ofrece a los usuarios y de la mejor manera de enfocar el diseño. Con esas secciones se asegura de que su diseño en pantalla se comunicará adecuadamente a través de los medios que utilizan otros modelos de color y que tienen diferentes gamas de color.

Cómo trabajar con el modelo de color CMYK de Corel

El color *process* es una combinación de tres pigmentos primarios (cyan, magenta y amarillo) además de un cuarto pigmento, el negro, para expresar un imagen a todo color. Como los pigmentos de color primario a menudo contienen impurezas, se ha utilizado una placa de color process *clave* de negro para asegurar que las áreas negras de una imagen a todo color se representan en realidad como negro. Aunque hay poca correspondencia entre los tres pigmentos primarios y los componentes primarios de luz encontrados en el modelo de color RGB, puede crearse en Corel una representación CMYK para darle al diseñador un estimado de la manera en que se imprimirá un diseño de color.

En la figura 4.2, usted puede ver el modelo de color de CorelDRAW para la definición CMYK. Como opción predeterminada, el modelo de color CMYK es el que se ofrece cuando usted hace clic en el botón Color de relleno (Uniform Fill) del menú lateral Herramienta Relleno (Fill Tool), porque Corel supone que la salida final de su diseño será la impresión comercial.

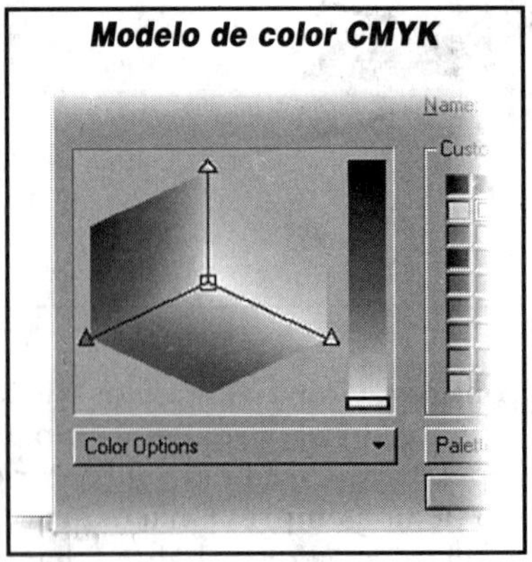

Figura 4.2 El espacio de color CMYK de CorelDRAW le ofrece a los usuarios la selección de todos los colores que caen dentro de la gama de color CMYK para impresión.

El archivo CORELDRAW.CPL, la paleta de color que se muestra en la parte inferior de la ventana de dibujo de CorelDRAW, consta de valores de color CMYK. A simple vista, parece que el artista de Corel tiene restringido su trabajo cuando se diseña una pieza de color "legal" (un diseño que sólo contiene colores que caen dentro de la gama CMYK). Sin embargo, hay dos razones importantes por las que usted *no debería* confiar en sus ojos cuando se diseña una pieza para salida en CMYK.

- ✔ Como opción predeterminada, los colores de monitor RGB no representan colores similares basados en el modelo de color CMYK. CorelDRAW y otras aplicaciones de gráficos deben desarrollar cálculos al vuelo para desplegar valores CMYK, y como ésta es una tarea muy pesada para el procesador, CorelDRAW y otras aplicaciones permanecen en el modo RGB a menos que usted solicite explícitamente una conversión del despliegue de color. Hablaremos más adelante de esto.
- ✔ Los valores CMYK desplegados en la pantalla son aproximaciones. Incluso cuando usted elige un despliegue CMYK para CorelDRAW, le estará indicando a un programa que utilice un modelo RGB interno para desplegar un modelo de color diferente en un monitor que utiliza fósforos rojo, verde y azul (no cyan, magenta y amarillo). Por lo tanto, hay una discrepancia entre los colores que necesita para imprimir y los colores que la computadora utiliza para mezclar un color específico.

Puede resultar una tortura para los ojos cambiar el modo de color RGB de Win95 y de otra aplicación por el despliegue CMYK de CorelDRAW. La configuración predeterminada para el despliegue de CorelDRAW es Ver (View), Corrección de color (Color Correction) y Ninguna (None) (configuración RGB). El modo de despliegue CMYK de Corrección de color (Color Correction) está diseñado para echar una mirada sobre la manera en que se verá un diseño, desde el punto de vista del color.

La mejor manera de trabajar rápidamente en un diseño, *y* de mantener los colores que usted utiliza dentro de la gama de impresión comercial legal, es empezando por calibrar su monitor.

Su siguiente paso es crear un perfil para su impresora, si aún no se ha definido uno, ejecutando el Asistente para color (Color Wizard). Elija Herramientas (Tools), Gestor de color (Color Manager) y Seleccionar perfil de color (Select Color Profile) en CorelDRAW, luego seleccione el perfil con el que su diseño se enviará a la salida.

Por último, a intervalos regulares, elija Ver (View), Corrección de color (Color Correction) y Precisa (Accurate) y seleccione la opción de menú Simular impresora (Simulate Printer). Esto activa la presentación preliminar CMYK, que ayuda a determinar si los colores de la pantalla que ha elegido se imprimirán como lo desea. La opción Corrección de color (Color Correction) puede desactivarse después de que haya evaluado los colores que ha utilizado, y de que haya reasignado los valores con base en el despliegue de Corrección de color (Color Correction) para crear colores legales CMYK en su composición.

Para ayudarle en la búsqueda de objetos de una composición que se encuentren fuera del modelo de color legal CMYK, elija Ver (View), Corrección de color (Color Correction) y Aviso de gama (Gamut Alarm), cuando la corrección de color Rápida (Fast) o Precisa (Accurate) esté activada. La opción Aviso de gama (Gamut Alarm) cambia el color de despliegue de los objetos cuyo color de relleno (o contorno) caiga fuera de la gama CMYK.

La opción Aviso de gama (Gamut Alarm) no es útil si el color del despliegue del aviso de gama es similar a los colores que usted utiliza en la composición. Para establecer un color único para el aviso de gama, seleccione Herramientas (Tools) y Opciones (Options), luego haga clic en la ficha Avanzado (Advanced). Haga clic en la muestra Color del aviso de gama (Gamut Alarm Color) y luego elija un color que contraste con la mayor parte de los colores utilizados en la composición, luego salga del menú Opciones (Options).

Cómo definir colores CMYK personalizados

La paleta de colores predeterminada de CorelDRAW despliega 101 colores; la mayor parte de ellos se muestran en la pantalla tal como se imprimirán. Sin embargo, no deben confundirse los ofrecimientos de color de Corel de la paleta predeterminada con todos los colores CMYK disponibles. Usted puede añadir colores a la paleta CMYK predeterminada de Corel, o incluso iniciar una nueva paleta basada en las especificaciones de color solicitadas por un cliente. El siguiente ejemplo lo guía por el proceso utilizado para crear un paleta personalizada de colores CMYK que se basa en la paleta predeterminada de Corel. No hay una manera "correcta" o "equivocada" de realizar el siguiente ejemplo; se trata sólo de una exploración del cuadro de diálogo Relleno uniforme (Uniform Fill) y de las especificaciones de color CMYK, y no hay un final perfecto para la exploración.

Cómo crear una paleta CMYK personalizada

1. En CorelDRAW, abra una ventana de documento nuevo, luego elija la Herramienta Rectángulo (Rectangle tool) y trace un recuadro en la página.

   Para definir un nuevo color en una paleta, usted necesita crear primero un objeto cerrado.

Si no tiene un objeto seleccionado en una ventana de documento antes de hacer clic en la Herramienta Relleno (Fill tool), Corel supondrá que usted desea que todos los objetos que cree sean llenados con el color que defina o elija después. Sin un objeto seleccionado, aparece un cuadro de diálogo que le pregunta si todas las imágenes futuras, Texto de párrafo (Paragraph Text) o Texto artístico (Artistic Text) deben crearse con el color que usted está por seleccionar. Como no tiene la intención de editar las configuraciones de relleno predeterminadas, es mejor que empiece a crear una paleta personalizada seleccionando un objeto en la ventana del documento.

2. Haga clic en la Herramienta Relleno (Fill tool) y luego en el botón Color de relleno (Uniform Fill) (el icono de rueda de color en el menú lateral).

   Se despliega el cuadro de diálogo Relleno uniforme (Uniform Fill) (vea la figura 4.3).

3. Haga clic en el área del espacio de color CMYK.

   Se mueve el selector de color de guías de dibujo a través de dos dimensiones para especificar un color CMYK compuesto por dos colores primarios.

4. Haga clic y arrastre el tirador selector de color del centro hacia afuera.

   Se agrega el valor de un tercer componente primario al color que está definiendo.

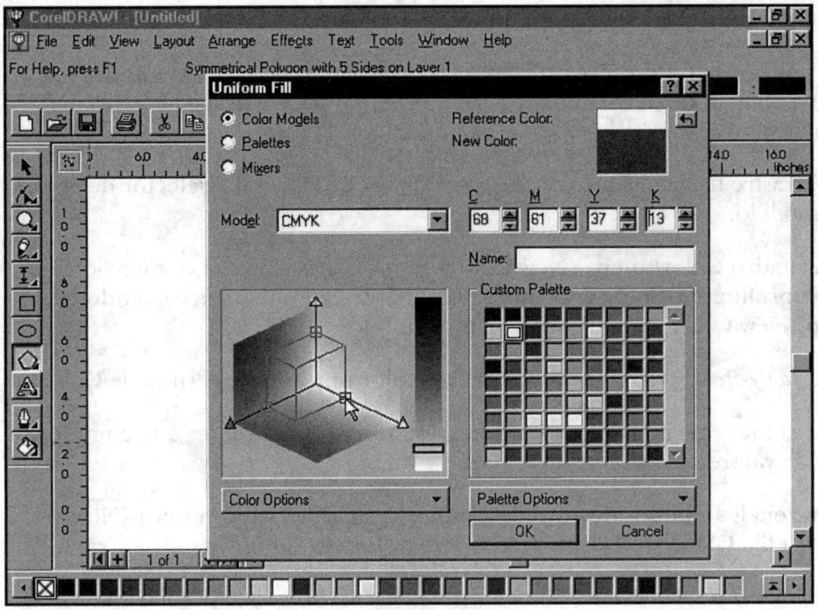

Figura 4.3
El cuadro de diálogo Relleno uniforme (Uniform Fill) tiene opciones para elegir diferentes modelos de color y paletas, y para crear y editar paletas.

5. Haga clic y arrastre los tiradores del selector de color opuesto, uno a la vez, hacia el centro del espacio de color CMYK.

   Usted está eliminando pigmentos del color especificado; el color se hace más claro.

6. Haga clic y arrastre la barra de desplazamiento negra hacia la parte superior.

   Se agrega negro a los pigmentos primarios; se hace más oscuro y menos vivo el color resultante, que se ve en el cuadro de presentación preliminar Color nuevo (New Color).

Como el modelo de color CMYK sólo está compuesto por colores legales, todos los colores especificados dentro del cuadro de diálogo serán "legales" CMYK, y se desplegarán en pantalla con mucha precisión, si usted hace una presentación preliminar utilizando las opciones de corrección de color.

Sin embargo, el modelo de color CMYK es muy *in*amigable con el usuario; notará que resulta difícil definir un tono específico agregando colores componentes que ensucian y oscurecen el color resultante. Eliminemos el color clave, negro, del modelo de color, y hagamos la prueba especificando un color utilizando sólo los componentes C, M y Y...

7. Haga clic en la lista descendente Mod<u>e</u>lo (Mod<u>e</u>l), luego elija CMY.

   El modelo parece quedar inalterado, pero ha desaparecido el campo de entrada numérico para K (Clave o Negro).

8. Haga clic y arrastre la barra de desplazamiento negra hacia la parte superior.

   Cantidades iguales de C, M y Y se utilizan para crear tonos de gris (porcentajes de negro); las tres barras de desplazamiento se mueven al parejo desde el centro del espacio de color.

9. Haga clic y arrastre hacia el centro cualquiera de los tiradores del selector de color dentro del modelo.

   El color del cuadro Color nuevo (New Color) se hace más claro; el cuadro de presentación preliminar Color imprimible (Printable Color) aparece cuando el Color nuevo (New Color) sale de la gama imprimible.

10. Haga clic en la flecha doblada junto al cuadro Color imprimible (Printable Color).

    Se cambia el color especificado por colores componentes diferentes que cumplen los criterios de valores CMYK legales.

11. Eche un vistazo a los campos de entradas numéricas para el Color nuevo (New Color), luego elija CMYK en la lista descendente Modelo (Model).

    El cuadro de Color nuevo (New Color) conserva el mismo color, pero los valores C, M y Y cambian con la adición de K.

12. Haga clic en la lista descendente Opciones de colores (Color Options) y luego elija Añadir color a la paleta (Add Color to Palette).

    Se añade el nuevo color a la paleta predeterminada de Corel.

13. Haga clic en la lista descendente Opciones de la paleta (Palette Options), luego elija Guardar como (Save As) y asígnele a la paleta el nombre CMYK.CPL.

    Se guarda la paleta añadida con un nombre único; no se altera la paleta predeterminada.

14. Haga clic en Aceptar (OK).

    Se regresa a su espacio de trabajo; el objeto se rellena ahora con el nuevo color. La paleta de colores de la parte inferior de la ventana de dibujo contiene ahora un nuevo color al final de la paleta.

Además de definir un nuevo color y de crear una paleta personalizada, el ejemplo anterior muestra cómo diferentes modelos de color a veces, pero no siempre, contienen los mismos valores. El modelo de color CMY es "ficticio"; una buena impresora comercial nunca ejecutaría un diseño de color de cuatricromía sin utilizar una placa clave, pero a un diseñador le resulta un poco más fácil especificar un tono exacto de color manipulando tres componentes y no cuatro. No obstante, usted vio que los valores de los componentes cambiaron drásticamente cuando se convirtió un color entre modelos, y que se puede crear un nuevo color dentro de un espacio CMY, sin que sea un color CMYK legal.

Además, el modelo de color CMYK255 se encuentra disponible en la lista descendente Modelos (Modelo); ofrece el mismo espacio de color dentro del que se pueden definir colores, pero mide los componentes C, M, Y y K en incrementos de brillantez (de 0 a 255) en lugar de los porcentajes tradicionales de 0 a 100 por ciento de las tintas C, M, Y y K.

Tip El modelo de color CMYK es el único modelo del cuadro de diálogo Relleno uniforme (Uniform Fill) que ofrece una barra de desplazamiento que funciona independientemente de los tiradores del selector de colores primarios en la porción de la rueda del modelo. Cuando se trabaja con el modelo de color CMYK, primero debe definir un color dentro de la rueda de color y luego agregar negro a los componentes CMYK, pero únicamente cuando sus ojos le indiquen que es necesaria la contribución del negro.

La opción Color imprimible (Printable Color) que elige el color legal más cercano al color ilegal que usted ha especificado, es nueva en CorelDRAW! 6 y ofrece una "facilidad" para afinar un nuevo color y que coincida con la gama de color CMYK. Pero la elección de Corel de la coincidencia de color más cercana no siempre podría ser la que usted desea. En la siguiente sección verá la manera de trabajar con otros modelos de color disponibles y de editar manualmente un color para que sea legal en CMYK *y* coincida con su propia estética.

Los modelos de color RGB y HSB

Al manipular componentes de colores primarios dentro de un modelo de color no necesariamente obtendrá la definición de color que busca (sea un azul marino o un ocre pálido) con la misma rapidez que le ofrecen otros modelos de color de CorelDRAW. En la figura 4.4, puede ver el espacio de color RGB en el cuadro de diálogo Relleno uniforme (Uniform Fill). Parece el hexágono del modelo de color CMYK "invertido", donde los colores RGB reemplazan a los colores CMY, y el negro se encuentra en el centro del hexágono, en lugar del blanco.

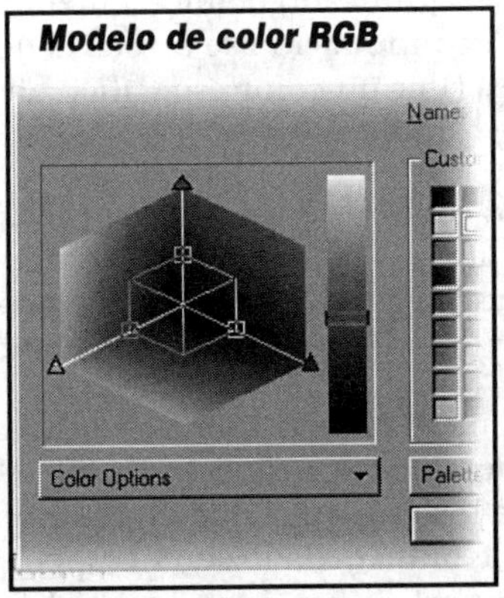

Figura 4.4
El modelo de color RGB en el cuadro de diálogo Relleno uniforme (Uniform Fill).

Como el modelo para la luz, RGB, se basa en los principios de adición, en lugar de los principios de resta de CMYK, que es un modelo basado en pigmentos, valores de menor brillantez para los colores compones de RGB dan por resultado un color cercano al negro. A diferencia del modelo de color CMYK, al mover la barra de desplazamiento que se encuentra junto a la porción de la rueda de color del modelo RGB se mueven todos los valores de color primario en una dirección (hacia los tonos más claros o más oscuros del color que usted especifique).

La característica que los modelos de color RGB y CMYK comparten es que son modelos empíricos, orientados a las matemáticas; por ello los ingenieros y los programadores son quienes más se benefician con ellos; y los diseñadores quienes se benefician menos. Es importante comprender la relación entre los valores de los colores primarios en los modelos de color, pero para trabajar rápidamente con el fin de definir un color que usted desea utilizar, tal vez lo mejor sea el modelo de color HSB (de Hue/Saturación/Brightness; tono/saturación/brillantez).

En 1978, el doctor Alvy Smith vio que los artistas tradicionales tenían necesidad de describir el color cuando trabajaban con imágenes por computadora y desarrolló el modelo de color Hue-Saturation-Value (HSV; de tono-saturación-valor) que engendra el espacio de color RGB, pero que ofrece una estructura organizacional más parecida a una paleta y que resulta fácil de utilizar. Más o menos por la misma época, Gerald Murch de Tektronix creó el modelo de color HLS o Hue-Lightness-Saturation (tono-luminosidad-saturación), y se han creado después varios modelos más que hacen que la descripción del color en las computadoras sea amigable con el usuario.

CorelDRAW utiliza los modelos de color HSB (con brillantez en lugar de valores) y HLS para definir el espacio de color RGB; y son como trabajar en un día de campo. Pero debe tomar en cuenta que los espacios de color HSB y HLS tienen una gama de color diferente de la gama del modelo de color CMYK, lo que significa que es fácil especificar colores que no son legales en CMYK. Si pretende dar salida a acetatos en lugar de una fotocomponedora (lo que exige el uso del modelo de color CMYK) o planea una presentación que se reproducirá en un monitor, las especificaciones de color CMYK son irrelevantes; usted puede diseñar libremente sin las restricciones de la gama del espacio de color.

HSV, HSB y HSL se convertirán en siglas de significado oculto, a menos que comprenda lo que significan los componentes de color. A continuación se ofrece la definición de las características de color que le ayudan a describir un color específico en el cuadro de diálogo Relleno uniforme (Uniform Fill).

- ✔ **Matiz (Hue).** Es lo que percibimos como la característica primaria distinguible de un color. Azul oscuro, azul pastel y azul cielo son los tonos del espectro visible que están integrados primordialmente por las longitudes de onda que producen el azul. Lo que afecta al tono o al matiz de un tono es cuánto negro o blanco se agrega al color.
- ✔ **Saturación (Saturation).** Es la medida de la fuerza relativa de una longitud de onda de luz. Un dulce azul, por ejemplo, se ve delicioso por el color reflejado hacia el espectador, porque el azul se refleja mientras que el dulce absorbe casi completamente otras longitudes de onda de la luz en el espectro visible. Una escena con poca saturación, como una fotografía en escala de grises, no tiene un color predominante, y todas las frecuencias de longitudes de onda de luz se reflejan en la foto en cantidades iguales.
- ✔ **Brillantez, luminosidad, valor (Brightness, Lightness, Value).** Estos tres términos se han vuelto sinónimos en relación con los colores por computadora,

básicamente porque estas características de color describen la manera en que la luz física (no la luz generada por un monitor) choca con una superficie, o la manera en que interactúan los pigmentos físicos. *Brillantez* es la medida de la fuerza con que una luz se refleja (o atraviesa) una superficie.

Luminosidad es una combinación de saturación de color y brillantez. La luminosidad es una descripción más exacta del fenómeno del color en el mundo real, pero, con todo y su exactitud, a los artistas les resulta más difícil trabajar con el modelo HLS. El valor es la medida relativa de cuánto negro o blanco puro se agrega a un color para producir un *tono* (color mezclado con negro) o un *matiz* (color mezclado con blanco).

CorelDRAW! 6 tiene un nuevo modelo de color para representar los componentes HSB, y si ha estado aceptando el modelo CMYK como especificación de color predeterminada, debe revisar el modelo HSB. En el siguiente ejercicio se le muestra cómo trabajar con el modelo para definir un color con el modelo HSB que también sea legal en el espacio de color CMYK.

Cómo especificar (y manchar) con el modelo HSB

1. Cree un objeto cerrado en una ventana de documento de CorelDRAW.

   Usted necesita seleccionar un objeto destino para tener acceso al recuadro Relleno uniforme (Uniform Fill) sin volver a restablecer las imágenes predeterminadas ni los atributos de texto.

2. Haga clic en la Herramienta Relleno (Fill tool) de la caja de herramientas y luego en el botón Color de relleno (Uniform Fill) del menú lateral.

   Aparece el cuadro de diálogo Relleno uniforme (Uniform Fill).

3. Elija HSB en la lista descendente Modelo (Model).

   Se despliega el modelo para definir colores utilizando Matiz (Hue), Saturación (Saturation) y Brillantez (Brightness).

4. Haga clic y arrastre la "x" alrededor de la periferia del anillo de color del modelo.

   Se determina el tono del color que desea definir.

5. Haga clic y arrastre el cuadro en el triángulo de color hacia abajo a la izquierda.

   Se especifica que el matiz para el color tiene 100 por ciento de saturación; el matiz es completamente predominante sobre otras frecuencias de onda de luz que podrían estar presentes, si el color se viera en una superficie real, física.

6. Haga clic y arrastre el recuadro al punto medio del lado derecho del triángulo de color.

Se elimina la saturación del color; todas las frecuencias de luz están presentes en cantidades iguales; el color es un gris medio y neutro.

Para lograr matices de color, haga clic y arrastre el cuadro hacia la izquierda del triángulo, luego hacia arriba, donde se encuentra la esquina blanca. Para sombrear un color, arrastre hacia la parte inferior y derecha del triángulo de color.

7. Haga clic y arrastre el recuadro en el triángulo de color hasta que aparezca la presentación preliminar Color imprimible (Printable Color) en la parte superior derecha del cuadro de diálogo.

   Se indica que el color que ha seleccionado no puede reproducirse con tintas de color process.

8. Haga clic y arrastre el cuadrado en un arco, hacia cualquiera de los extremos de brillantez del triángulo.

   Se cambia el color por uno de CMYK que sea legal (vea la figura 4.5).

Figura 4.5
Corel puede elegir automáticamente un color alternativo legal CMYK para el modelo HSB, o usted puede elegirlo manualmente.

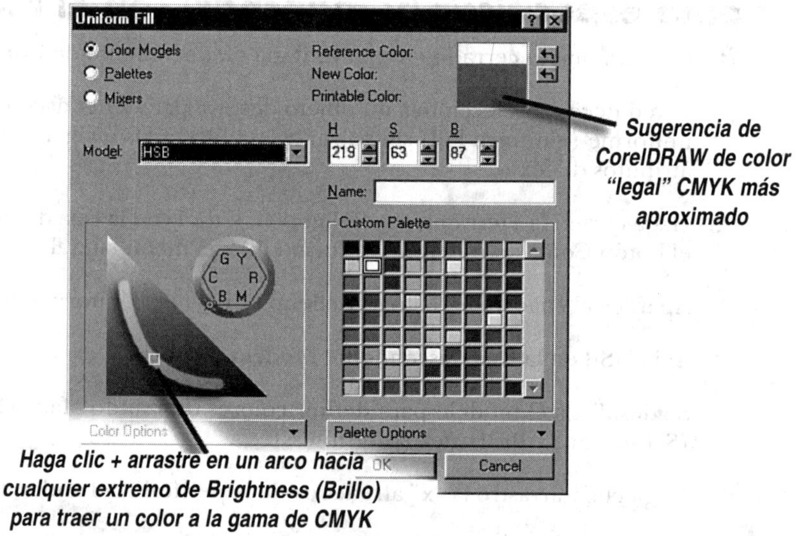

9. Haga clic en Aceptar (OK).

   Se le regresa a la ventana de dibujo; se rellena el objeto con el color que usted ha seleccionado.

La clave para definir colores que sean artísticamente útiles y legales en CMYK es hacer ajustes manuales a un color que usted haya decidido traer de regreso a la gama CMYK. No deje que CorelDRAW decida cuál es la mejor aproximación al color CMYK. CorelDRAW es una aplicación, ¡y no se compra para que haga trabajos de diseño! En lugar de eso, recorra el cuadro dentro del triángulo de color saturación/brillantez en un arco, moviendo hacia una mayor saturación (la esquina del triángulo inferior izquierda) conforme llega al punto intermedio del triángulo. Si disminuye la saturación conforme mueve el recuadro hacia los extremos de la orilla de brillantez (el lado derecho del triángulo) desaparecerán la leyenda Color imprimible (Printable Color) y la flecha doblada; eso significa que el color que se encuentra abajo del recuadro es legal dentro de la gama CMYK.

Los modelos de color son invaluables para ayudar a que los artistas visualicen la relación entre los componentes de color; pero resultan aún más útiles las paletas en las que se pueden elegir colores. En la siguiente sección se presenta una introducción a la teoría del color de CorelDRAW, cómo puede tener impacto en su trabajo y cómo puede usted personalizar una paleta para que satisfaga una necesidad específica de diseño.

Cómo utilizar paletas de colores para especificaciones de color

Después de que ya tenga una estructura para especificaciones de color como la que proporciona un modelo de color, sólo es natural que un *muestreo* de colores dentro de una determinada gama de color acelere la creación de un diseño en CorelDRAW. De la misma manera en que los modelos de color se inventaron para describir el color, *los sistemas de coincidencia de color* se inventaron para organizar los colores y hacer posible que las empresas de diseño de ambos continentes utilicen exactamente los mismos colores para llevar a cabo un trabajo. En las siguientes secciones se describe la manera en que las empresas de color y los diseñadores pueden compartir y organizar colores personalizados utilizando CorelDRAW.

PANTONE, DuPont, FOCOLTONE, TRUMATCH y otras paletas

Existen varias especificaciones de color estándares que los diseñadores y las empresas pueden elegir para asegurar que un logo café y marrón oscuro, por ejemplo, siempre se vea igual en un paquete en Guadalajara y en la ciudad de México.

Cuando usted acepta un trabajo de identidad corporativa, siempre resulta una buena idea preguntar las especificaciones de color para el logo, el empaque de los materiales o cualquier otro lugar donde un diseño pueda utilizarse. También resulta prudente preguntar cuáles son los estándares de coincidencia de color que utilizan las prensas comerciales de la compañía y luego ir a una tienda de arte para comprar el libro de muestras que corresponda al sistema de especificación de color. La coincidencia de color es un arte y una ciencia, y usted puede eliminar muchas de las incertidumbres de su trabajo de diseño si tiene muestras de tinta física impresas en papel frente a usted mientras recorre las simulaciones digitales que Corel ha comprado en forma de paletas.

PANTONE es el estándar de especificación de color más ampliamente utilizado; le resultaría muy difícil encontrar una impresora comercial que no compre o tenga licencia para el uso de tintas PANTONE. Otros sistemas de coincidencia de colores no son tan universalmente aceptados, pero si usted tiene un cliente en Japón (consejo: utilice la paleta Toyo), o si quiere un amplio surtido de colores CMYK arreglados en porcentajes de tintas (utilice TRUMATCH), puede utilizar sus paletas de video correspondientes en CorelDRAW.

El sistema de coincidencia de color PANTONE viene en muchas configuraciones diferentes, pero los dos tipos que usted utilizará con más frecuencia y al que CorelDRAW le da soporte son las especificaciones de *color cuatricromía* y las especificaciones *de color directo.* La diferencia entre el color directo y la cuatricromía utilizados en CorelDRAW se puede resumir como sigue:

- ✔ El *color a base de cuatricromía* se crea al aplicar a la página impresa placas de tinta cyan, magenta, amarilla y negra, en secuencia, para crear la ilusión de color. Los colores de cuatricromía de PANTONE utilizan un valor específico para tintas CMYK, y las tintas se mezclan en cantidades especificadas por PANTONE, Inc. Usted notará que cuando selecciona PANTONE (u otro sistema de coincidencia de color) en la lista descendente **P**aletas (**P**alettes), los campos CMYK del cuadro de diálogo Relleno uniforme (Uniform Fill) aparecen atenuados. Esto se debe a que si usted cambia el porcentaje de las tintas PANTONE, estará especificando un color que no es PANTONE. Por el contrario, al copiar los valores CMYK que se encuentran en los campos numéricos de PANTONE para crear un color utilizando el modelo de color CMYK, el color que se despliega en la pantalla no coincidirá con la salida física porque los colores PANTONE corresponden a una fórmula única que no sólo toma en cuenta la formulación de la tinta, sino también el tipo de papel básico (satinado y no satinado).
- ✔ Un *color directo* es una tinta premezclada que se aplica en un solo paso a un área específica de un diseño. A diferencia del color de cuatricromía, un color directo no tiene que crearse al aplicar en secuencia los colores componentes. Un color directo puede ser el segundo color de una impresión en blanco y negro, o varios colores directos pueden aplicarse en placas adicionales de impresión a un proceso de impresión de cuatro colores. Los colores directos se utilizan normalmente para resaltar un área de diseño (por ejemplo, a veces se utilizan tintas fluorescentes o metálicas como colores directos para llamar la atención hacia el nombre del producto o hacia una caja de cereal o detergente).

Aunque CorelDRAW ofrece una bonita selección de Colores Directos de PANTONE en la lista descendente Tip**o** (Typ**e**) de la opción **P**aletas (**P**alettes), reserve su uso para tareas donde se necesite un color especial, *además* de los colores de cuatricromía CMYK. Corel Corp. ha experimentado una pesadilla anual con el Concurso Mundial de Diseño, porque los artistas a veces remiten trabajos que contienen especificaciones de color directo. ¿El resultado? Cuando el módulo de impresión de CorelDRAW remite la información de separación a una fotocomponedora, cada color diseñado como color directo genera una parte de una película. ¡Imagine un diseño compuesto por 500 objetos, cada uno relleno con un color directo diferente!

A diferencia de la paleta personalizada o de la paleta predeterminada de Corel, se puede tener acceso a las paletas de coincidencia de color en la parte inferior de la ventana de dibujo con un clic o dos. Elija **V**er (**V**iew) y Paleta de co**l**ores (Co**l**or Palette), luego elija el sistema de coincidencia que necesita para una tarea. Cuando desee regresar a la familiar paleta predeterminada de Corel, elija Colores personalizados (Custom Colors) de la lista Paleta de colores (Color Palette).

Tip Para buscar rápidamente un color PANTONE en el cuadro de diálogo Relleno uniforme (Uniform Fill), coloque el cursor de texto dentro del campo Buscar (Search), luego escriba el número del color que desea. El campo Buscar (Search) sólo aparece cuando usted ha elegido un sistema de coincidencia (haga clic en el botón de opción **P**aletas (**P**alettes)) y, donde sea aplicable, puede escribir sufijos alfabéticamente para un nombre de coincidencia de color. Por ejemplo, SpectraMaster Color BS104 se busca escribiendo **BS104** en el campo Buscar (Search). Sin embargo, como todos los Colores Directos PANTONE tienen el prefijo S, al escribir 122 se debe desplegar el color directo PANTONE S12-2.

Cómo tomar muestras de colores para crear una paleta personalizada

Cuando usted necesita que un color de CorelDRAW coincida con unas especificaciones exactas, la opción Paletas (Palettes) de Relleno uniforme (Uniform Fill) puede resultar invaluable. Además, pueden remitirse colores que no pertenecen a un sistema de coincidencias a compañeros comerciales, proporcionando los valores numéricos de un color.

¿Pero cómo *crear* un color que usted imagina? Por ejemplo, no es tan fácil como parecería especificar un determinado tono de color carne. Aunque dependemos de nuestros ojos para las evaluaciones de color exactas, nuestra mente a menudo influye en nuestra elección de color. Si usted simplemente empieza haciendo clic y arrastrando un modelo de color para llegar a lo que siente que será el tono de color carne que se utilizará, podría sorprenderse cuando compare el color que ha establecido con la muestra de color carne de una fotografía.

La gente se siente atraída naturalmente por los colores brillantes, saturados, y esto puede afectar nuestra capacidad para evaluar el color. Por fortuna, CorelDRAW tiene una función de mezcla de color en el cuadro de diálogo Relleno uniforme (Uniform Fill) que facilita el proceso de tomar muestras digitales de fotografías. Usted puede elaborar toda una paleta de tonos color carne, verdes boscosos u otras combinaciones de colores reales para utilizarlos en un diseño que requiera esquemas de color realistas.

En el siguiente ejemplo verá la manera de crear una paleta de colores en menos de 5 minutos y que puede utilizarse para rellenar una composición cuyos objetos conformen una imagen estilizada de una mano. Al elegir colores que se encuentran en la imagen escaneada de una persona, usted puede asegurarse de que el espectador considere verosímiles y auténticos los colores con los que trabaja en un diseño que requiere tonos de color carne.

Cómo crear una paleta de tonos color carne

1. Abra una nueva ventana de dibujo, luego cree una forma cerrada utilizando las herramientas Rectángulo (Rectangle), Elipse (Ellipse) o Polígono (Polygon).

Se crea un objeto sin relleno que le permite tener acceso al cuadro de diálogo Relleno uniforme (Uniform Fill) sin cambiar los valores de relleno predeterminados.

2. Haga clic en la Herramienta Relleno (Fill tool) y luego en Color de relleno (Uniform Fill).

   Aparece el cuadro de diálogo Relleno uniforme (Uniform Fill).

3. Haga clic en la lista Opciones de la paleta (Palette Options), luego elija **P**aleta nueva (**N**ew Palette).

   Se despliega el cuadro de diálogo Paleta nueva (New Palette), en la que debe proporcionar un nombre para la nueva paleta.

4. Escriba **TONOCARNE.CPL** en el campo **N**ombre del archivo (File **n**ame), luego haga clic en **G**uardar (OK).

   Se le regresa al cuadro de diálogo Relleno uniforme (Uniform Fill), con un campo Paleta personalizada (Custom Palette) en blanco para rellenarlo con nuevos colores.

5. Haga clic en el botón circular Me**z**cladores (Mi**x**ers), luego elija Zona de mezcla (Mixing Area) de la lista descendente Mod**o** (Mod**e**).

   Se despliega una paleta de ejemplo para las muestras de color mezcladas.

6. Haga clic en el botón Opciones de colores (Color Options), luego seleccione **A**brir bitmap (**L**oad Bitmap) de la lista desplegable.

   Se despliega el cuadro de diálogo Abrir archivo de mezcla de áreas (Load Mixing Area File).

7. Asegúrese de que el *CD de obsequio de CorelDRAW! 6 para expertos* se encuentre en su unidad de CD-ROM, luego selecciónelo en la lista descendente **B**uscar en (Look **i**n).

   Usted está buscando un archivo creado especialmente para este ejemplo.

8. Haga doble clic en la carpeta EXAMPLES y luego en la carpeta CHAP04.

   Se muestran los archivos creados para ejemplo de este capítulo.

9. Haga clic en SWATCH.BMP, luego haga clic en **A**brir (**O**pen).

   Se carga el mapa de bits SWATCH.BMP en la zona de mezcla de la imagen.

10. Con la herramienta de gotero, haga clic en una parte de la cara de la imagen de mapa de bits.

    Se despliega un nuevo color en la parte superior derecha del cuadro de diálogo Relleno uniforme (Uniform Fill).

11. Haga clic en Opciones de colores (Color Options) y luego en Añadir color a la paleta (Add Color to Palette).

    Se agrega este color a la paleta personalizada.

12. Haga clic en un área diferente de la cara, luego elija Añadir color a la paleta (Add Color to Palette).

    Se agrega este color a la paleta personalizada.

13. Haga clic en el icono de pincel, luego dé unos pincelazos en la zona vacía que se encuentra a la derecha de la cara de la imagen.

    Se pinta con el color actual en la zona vacía.

14. Haga clic en la primera muestra de color del campo Paleta personalizada (Custom Palette), luego haga clic y arrastre el pincel por los pincelazos que usted creó en la zona vacía del último paso.

    Se mezclan los primeros pincelazos con el color actualmente seleccionado.

Como opción predeterminada, la contribución del color del pincel a los colores existentes en la zona de mezcla es de 50 por ciento. Si desea que se mezcle una cantidad menor del color seleccionado con el color existente, haga clic y arrastre la barra de desplazamiento Mezclar (Blend), que sólo se activa cuando se elige el icono del pincel.

Además, si le gustaría una forma diferente para la punta del pincel, elija Tamaño del pincel (Brush Size) o Tipo del pincel (Brush Type) de la lista descendente Opciones de colores (Color Options). También puede modificar un color de muestra si elige entre diferentes modelos de color en la lista descendente Opciones de colores (Color Options) y luego cambia los valores numéricos para modelos de colores CMYK, RGB o HSB.

15. Haga clic en la herramienta de gotero, luego haga clic sobre la mezcla de los primeros y los segundos pincelazos.

    Se toma una muestra de la mezcla de color que usted ha creado.

16. Elija Añadir color a la paleta (Add Color to Palette).

    Se agrega el color mezclado a las muestras de la Paleta personalizada (Custom Palette).

17. Siga tomando muestras y mezclando nuevos colores, y agréguelos a las muestras de la Paleta personalizada (Custom Palette) hasta que tenga unos 30 tonos únicos de color carne.

    Se crea una paleta de color que puede utilizar para necesidades especiales de diseño. (Vea la figura 4.6.)

18. Haga clic en Opciones de la paleta (Palette Options) y luego en Guardar paleta (Save Palette).

    Se guardan los cambios que ha hecho a la paleta de tonos de color carne.

Figura 4.6 Guarde una imagen digitalizada como BMP y luego cárguela en el área de mezcla de colores para tomar una muestra de colores y utilizarla con CorelDRAW.

19. Haga clic en Aceptar (OK).

    Se regresa a la ventana de dibujo, con la paleta personalizada en la parte inferior de la ventana de dibujo.

Si quiere cambiar el tamaño de una imagen o recortarla por su cuenta para utilizarla como imagen de muestreo de color, la zona de mezcla es de 177 por 122 pixeles. Las imágenes de mapa de bits pueden cambiarse de tamaño con CorelPHOTO-PAINT o con otro software de edición de imágenes. Si carga una imagen mayor de 177x122 pixeles, CorelDRAW cambiará el tamaño de la imagen dinámicamente para ocupar la zona de mezcla. Las imágenes muestra pueden ser de 24 bits por pixel, y es mejor recortarlas alrededor de un área de la imagen que quiera tomar como muestra, porque usted no puede hacer acercamientos a la zona de muestra para seleccionar un color de manera precisa. La única característica adicional que una imagen de muestra debe tener para utilizarse en la zona de mezcla es que la imagen debe guardarse en el formato de imagen BMP.

Hasta ahora se le ha pedido que dibuje una forma simple y cerrada, que después la rellene con colores tomados de varios modelos de color, paletas e imágenes de ejemplo. Como el trabajo de diseño real por lo general consta de objetos más intricados que los rectángulos y las elipses, en la carpeta CHAP04 de la carpeta EXAMPLES del *CD de obsequio de CorelDRAW! 6 para expertos* se puede encontrar PALM.CDR. Este archivo es una sinfonía inconclusa; usted debe completar el diseño utilizando la paleta de tonos color carne que creó en el ejemplo anterior. Si no creó la paleta de colores personalizada, SKINTONE.CPL también se encuentra en la carpeta CHAP04 y se creó utilizando los métodos descritos en el ejemplo anterior. Si le gustaría terminar la composición, he aquí una lista breve de pasos a seguir:

Cómo utilizar una paleta de colores personalizada

1. Abra el archivo PALM.CDR de la carpeta EXAMPLES\CHAP04 del *CD de obsequio de CorelDRAW! 6 para expertos.*

   Se trata de un diseño sin terminar, cuyas áreas de color se llenaron utilizando la paleta de color SKINTONE.CPL.

2. Haga clic en un objeto sin relleno utilizando la Herramienta Selección (Pick tool).

   Se selecciona el objeto.

3. Haga clic en la Herramienta Relleno (Fill tool) y luego en el botón Color de relleno (Uniform Fill).

   Aparece el cuadro de diálogo Relleno uniforme (Uniform Fill).

4. Elija Abrir paleta (Open Palette) de la lista descendente Opciones de la paleta (Palette Options), luego elija SKINTONE.CPL de la carpeta EXAMPLES\CHAP04 del *CD de obsequio de CorelDRAW! 6 para expertos.*

   Se carga la paleta personalizada de colores.

5. Aparte el cuadro de diálogo de la vista de la ventana del documento haciendo clic y arrastrando la barra de título.

   Se le ofrece una vista sin obstrucciones del diseño PALM.CDR.

Evalúe qué color combina mejor con el objeto en que ha hecho clic. Tenga en cuenta que el diseño de la mano sugiere una fuente de luz que se encuentra directamente sobre la página. Por lo tanto, los objetos que se encuentran más cerca de la parte inferior de la página deben llenarse con tonos más oscuros, que son los que están al principio de la paleta de colores SKINTONE.

6. Regrese el cuadro de diálogo Relleno uniforme (Uniform Fill) a la pantalla, haga clic en un color de la paleta personalizada y luego haga clic en Aceptar (OK).

   Se rellena el objeto con el color seleccionado; se sale del cuadro de diálogo. La paleta de colores de la parte inferior de la ventana de dibujo es reemplazada con los colores de SKINTONE.CPL (vea la figura 4.7).

7. Haga clic con el botón derecho del ratón sobre la X de la paleta de colores que se encuentra en la parte inferior de la pantalla.

   Se elimina el contorno negro del objeto relleno.

8. Seleccione un objeto diferente, sin relleno, con la Herramienta Selección (Pick tool), luego haga clic en una muestra de la paleta de colores que considere apropiada para el objeto.

   Se rellena el objeto seleccionado.

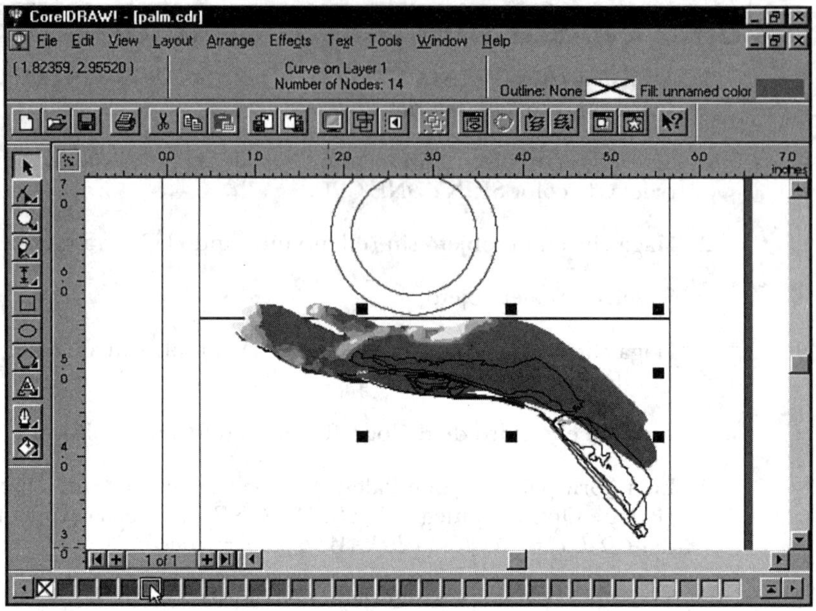

Figura 4.7 Elija (o cree) una paleta de colores, en la parte inferior de la ventana de dibujo, cuyos colores coincidan con el tema de su dibujo.

9. Repita los dos últimos pasos hasta que todos los objetos que conforman la mano estén rellenos y ya no tengan atributos de contorno.

   Se completa el diseño de la mano.

10. Elija **A**rchivo (**F**ile) y G**u**ardar como (Save **A**s), luego guarde el archivo como PALMACOLOR.CDR en su disco duro.

    Se guarda el diseño en este estado intermedio. (Lo utilizará nuevamente en la siguiente sección.)

Cuando haya terminado de utilizar una paleta de colores personalizada, es buena idea hacer clic con el botón derecho del ratón sobre el borde de la paleta de colores (no sobre una muestra, sino sobre el fondo de color neutral), elegir **A**brir (**O**pen) del menú de método abreviado y seleccionar CORELDRW.CPL de la carpeta COREL60\CUSTOM. Esto restablece la paleta de colores en la parte inferior de la ventana de dibujo.

Otros rellenos disponibles en CorelDRAW dependen de la paleta de colores que haya seleccionado en el cuadro de diálogo Relleno uniforme (Uniform Fill) para colores disponibles. Por ejemplo, si en este momento elige Relleno degradado (Fountain Fill) para una ilustración suya, su selección de colores degradados de principio y de fin estará confinada a los colores carne.

En la siguiente sección se empezará a explorar los otros rellenos que se encuentran en el volante de la Herramienta Relleno (Fill tool) y se le introducirá en las complejidades de la composición PALM y otros diseños utilizando rellenos de objetos menos comunes.

Cómo pasar a rellenos de color complejos

Aunque el arte vectorial sólo cuenta con rellenos y contornos para describir formas, se puede utilizar una multitud de *tipos* diferentes de rellenos para crear conceptos gráficos realistas, exóticos e incluso surrealistas. La Herramienta Relleno (Fill tool) de CorelDRAW le ofrece a los usuarios avanzados casi todas las herramientas de diseño que uno encontraría en los programas de edición de mapa de bits como Corel PHOTO-PAINT y Adobe Photoshop. En las siguientes secciones verá la manera de integrar algunas de las características de diseño de CorelDRAW para que el relleno de objetos sea la "estrella" de una composición, y también la manera de establecer una metodología de trabajo para el relleno de objetos que pueda aplicar en trabajos de diseño extremadamente complejos y llamativos.

Cómo trabajar con los diseños del editor de mapa de bits

El trabajo de detallado es importante en el diseño gráfico; un destello le agrega dimensión a un vaso de cristal y las sugerencias de contornos de hojas en el diseño de un árbol hace que se vea más... arbóreo. Sin embargo, los diseños con vectores (los que produce CorelDRAW) están hechos con objetos discretos, y dibujar todas y cada una de las hojas de un árbol es una tarea problemática. A menos que hubiera un premio para el Artista Más Diligente, el puro y simple arte con vectores resultaría un modo equivocado de expresión artística para diseñar una composición que parezca arena en la playa, o que represente miles de hojas en un árbol. Un mejor conjunto de herramientas de diseño para tales imágenes sería un editor de mapa de bits, donde unas cuantas hojas pudieran detallarse y el resto del árbol fuera "simulado" (baños de color podrían sugerir el resto de las hojas).

Cuando usted llega al trabajo de detalle en un diseño de CorelDRAW, cuenta con varias alternativas (la mayor parte de ellas tienen que ver con las propiedades de relleno de objetos) que pueden ayudarle a evitar la elaboración de una pesada, laboriosa, compleja y tardada página de impresión con relleno de objetos. Una de tales funciones es el Editor de patrones a dos colores (Two-Color Bitmap Editor), una opción de la Herramienta Relleno (Fill tool) que crea un patrón interminable dentro de un objeto cerrado.

En el diseño PALM.CDR, se ha protegido el fondo y se le ha sobrepuesto un color azul para permitir que usted se concentre en el elemento de fondo, la mano vuelta hacia arriba. Sin embargo, en el siguiente conjunto de pasos, verá cómo desproteger la capa, agregarla a la composición y luego salpicar algunas estrellas contra el cielo nocturno sin tener que dibujar cada estrella como un objeto.

Es un truco simple, claro y efectivo para agregar una sugerencia a un detalle de fondo de su trabajo. He aquí cómo incluir información de mapa de bits en el dibujo vectorial:

Cómo utilizar el Editor de patrones a dos colores (Two-Color Bitmap Editor)

1. Abra la imagen PALMACOLOR.CDR de su disco duro, o abra PALM.CDR del *CD de obsequio de CorelDRAW! 6 para expertos*, si no siguió el ejemplo anterior.

Se trata del diseño al que le agregará un objeto de relleno de mapa de bits.

2. Elija Diseño (Layout) y Gestor de capas (Layers Manager) (Ctrl+F3).

   Se despliega la persiana Capas (Layers).

3. Haga clic con el botón derecho del ratón sobre el título Layer 1 (Capa 1), luego elija Valores (Settings) del menú de método abreviado.

   Aparecen las propiedades de la Capa 1 (Layer 1) seleccionada.

4. Elimine la marca de la casilla de verificación Sobreescribir visión completa del color (Override full color view), luego haga clic en Aceptar (OK).

   La capa de fondo cambia las líneas coloreadas por una presentación preliminar a todo color.

5. Haga clic y arrastre la flecha de la persiana Capas (Layers) de Layer 2 a Layer 1.

   Se especifica la capa que desea editar.

Como alternativa, usted puede hacer clic con el botón derecho del ratón en el título Layer 1 y seleccionar la opción Editar en las capas (Edit Across Layers). Esta opción *debe* ser la opción predeterminada para los diseños en capas, pero no causa problemas si selecciona esta opción.

6. Haga clic en la Herramienta Lápiz (Pencil tool) en modo A mano alzada (Freehand), luego cree un objeto de cuatro lados a la derecha de la pelota con relleno degradado de Layer 1.

   Usted puede utilizar el método de línea recta y doble clic descrito en el capítulo 3, "Cómo someter a los nodos y las trayectorias (la manera fácil)".

7. Haga clic en la Herramienta Relleno (Fill tool) y luego en el botón Patrón de bitmap de dos colores (Two-Color Bitmap Pattern) (el tablero de ajedrez que se encuentra en la segunda fila de los botones de opción).

   Aparecen las opciones para el relleno Patrón de bitmap de dos colores (Two-Color Bitmap Pattern).

8. Haga clic en Crear (Create).

   Se despliega el Editor de patrones a dos colores (Two-Color bitmap Editor)

9. Haga clic en el botón de opción 32 × 32 del área Tamaño del bipmap (Bitmap size), luego haga clic en el botón de opción 1 × 1 del área Tamaño de la pluma (Pen Size).

   Se especifica que la cuadrícula para el diseño del mapa de bits es de 32 × 32 pixeles y que la pluma utilizada para crear el diseño es de un solo pixel de alto y ancho.

10. Haga clic en varios lugares al azar en la cuadrícula de mapa de bits.

    Se definen los lugares donde se colocará el color de fondo dentro del diseño (vea la figura 4.8).

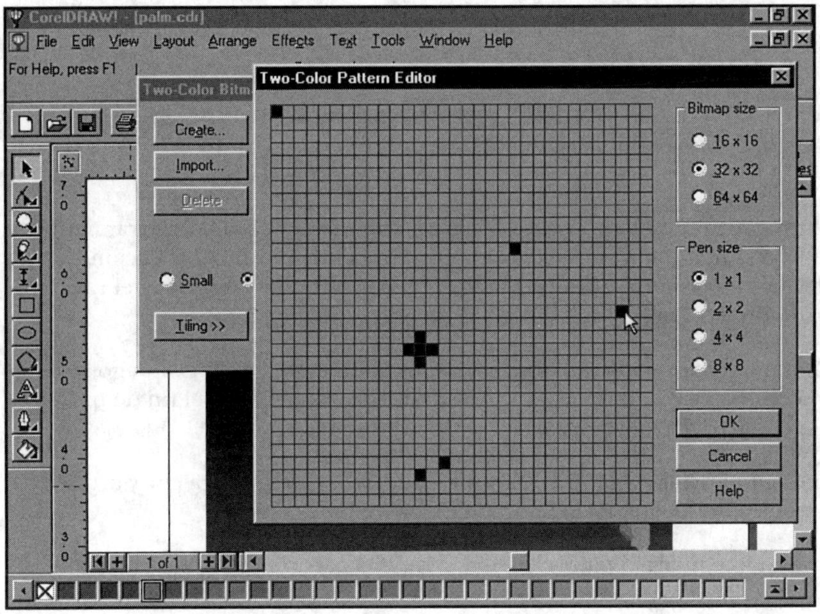

Figura 4.8
Usted puede establecer el tamaño del lienzo de mapa de bits y el tamaño del lápiz dentro del Editor de patrones a dos colores (Two-Color Bitmap Editor).

Si por error dibuja un punto, haga clic con el botón derecho del ratón en el pixel para cambiar sus atributos por los del color de fondo. "Esparcir" es un concepto clave cuando se diseña un patrón que servirá como relleno de estrellas. Recuerde que este patrón se repetirá dentro de la forma seleccionada en el diseño PALM.CDR, de modo que no necesita muchos pixeles de fondo.

11. Haga clic en Aceptar (OK).

    Se le regresa al cuadro de diálogo Patrón de bitmap de dos colores (Two-Color Bitmap Pattern).

12. Haga clic en el botón Fondo (Back) del área Colores (Colors), y elija un morado claro en la paleta de colores, luego haga clic en el botón Frente (Front) del área Colores (Colors), y elija negro.

    Se establecen los colores utilizados en el relleno de mapa de bits de dos colores.

Las imágenes de mapa de bits por lo general aplican un color oscuro al frente contra un fondo claro. Pero como este diseño de cielo estrellado utiliza valores de colores invertidos (fondo oscuro, frente claro), usted necesita elegir colores de frente/fondo que sean lo inverso de lo que parece correcto en los cuadros de selección de color.

13. Haga clic en el botón de opción **M**ediano (**M**edium).

    Se establece que el patrón que usted creó se repita más a menudo dentro del objeto seleccionado.

14. Haga clic en Aceptar (OK).

Se le regresa a la ventana de dibujo; el objeto que usted creó ahora está relleno con un patrón de mosaico de estrellas.

Los patrones se vuelven obvios cuando usted los coloca en formas simétricas. Sin embargo, puede disfrazar la propiedad de patrón de mapa de bits del relleno creando un objeto de forma irregular.

15. Con el objeto de patrón de mapa de bits seleccionado, haga clic en la Herramienta Zoom (Zoom Tool), luego haga clic con el botón derecho del ratón, seleccione Ampliar a selección (Zoom to selection), haga clic con el botón derecho del ratón otra vez y elija Reducir (Zoom Out) del menú de método abreviado.

    Se le acerca a una vista apretada del objeto de relleno de mapa de bits. Luego se le aleja para ofrecer un poco más de espacio alrededor del objeto con el fin de que pueda editarlo con mayor libertad.

16. Elija la Herramienta Forma (Shape Tool) (presione F10), luego haga clic y arrastre un nodo o más lejos del objeto de relleno de mapa de bits.

    Se crea una forma irregular; el patrón de mapa de bits parece más azaroso (vea la figura 4.9).

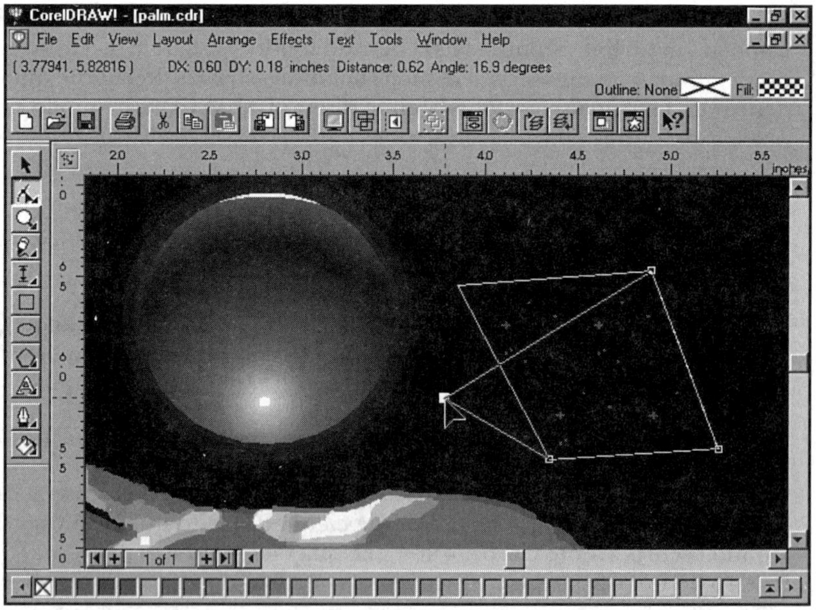

Figura 4.9 La trayectoria que rodea a un relleno de mapa de bits es una ventana al diseño; usted puede ocultar partes del diseño cambiando la forma de la trayectoria.

17. Elija Archivo (File) y Guardar (Save) (Ctrl+S), luego guarde la pieza terminada como PALMAHECHA.CDR en su disco duro.

    Se guarda la composición completa.

En la figura 4.10, usted puede ver la ilustración PALMA terminada, En el capítulo 5, "Rellenos complejos y combinación de sombras", veremos cómo se creó la pelota brillante; por ahora puede hacerse una valiosa observación sobre los objetos de CorelDRAW que están rellenos con mapas de bits:

Tip Dentro de los objetos, los mapas de bits están orientados y existen dentro de su propio espacio. Al cambiar la trayectoria del contorno del filete no cambia el contenido visual del relleno de mapa de bits.

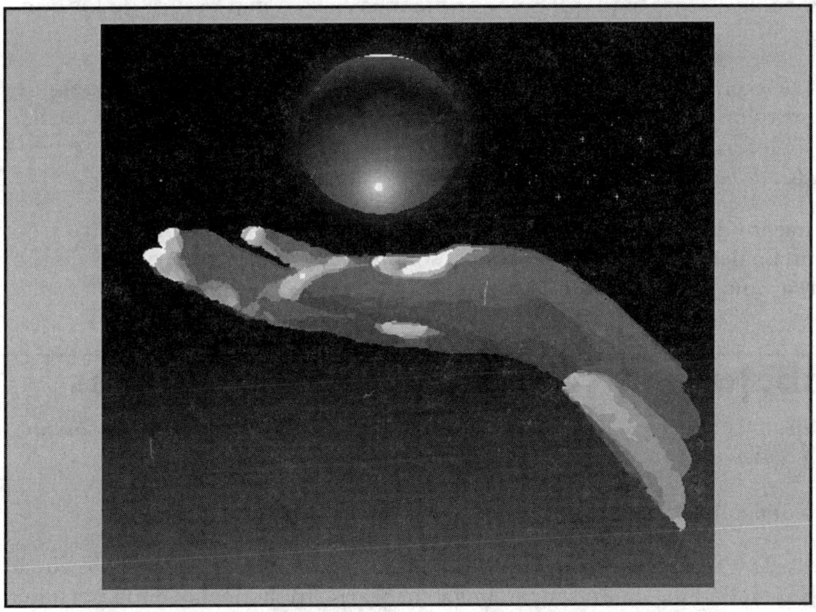

Figura 4.10
Los diseños que requieren varios objetos de forma simple y parecida pueden expresarse mejor a través del uso de un patrón.

Además de crear un patrón de mapa de bits de dos colores, usted puede seleccionar entre los prestablecidos que vienen con CorelDRAW, si hace clic en la flecha hacia abajo del cuadro de presentación preliminar. También puede importar una imagen de mapa de bits monocromo (1 bit por pixel) de un programa de edición de mapa de bits; tales mapas puede estar en un amplio número de formatos de archivo, pero las posibilidades de color deben ser de 1 bit por pixel.

Nuestras excursiones por los diferentes tipos de rellenos que ofrece CorelDRAW no estarían completas sin examinar los rellenos de escala de grises, el tipo que se utiliza más a menudo en gráficas destinadas a salidas en blanco y negro. Retrocedamos un poco en la siguiente sección y visitemos de nuevo el cuadro de diálogo Relleno uniforme (Uniform Fill) para trabajar con diseños de escala de grises.

Diseños en escala de grises, impresión en blanco y negro

En este capítulo se ha hecho énfasis en los rellenos de color y en los colores legales CMYK, sobre todo porque el mundo es a todo color y es posible hacerse impresión a color a costos menores en los años recientes. Sin embargo, la impresión en blanco y negro aún alimenta muchas necesidades gráficas, y en esta sección hablaremos sobre esta necesidad.

En este libro se ha hecho énfasis en que usted siempre debe tomar en consideración su salida final antes de elegir la Herramienta Lápiz (Pencil tool). Es cierto que puede imprimir un diseño a color en un impresora láser en blanco y negro, pero perderá control sobre los tonos que se generan en el papel. Los colores por computadora, como ha visto en este capítulo, contienen componentes de valores primarios, y un diseño de color impreso en una salida en blanco y negro ocasionalmente sufre porque podría haber partes negras ocultas en cualquier color, lo que hará que se imprima más claro o más oscuro de los que usted preveía.

Para evitar esta falta de coincidencia en la salida, y que CorelDRAW se vuelva un ambiente adecuado para la impresión en blanco y negro, usted puede elaborar una paleta de escala de grises para la parte inferior de la ventana de dibujo o, mejor aún, utilizar la que se proporciona con el *CD de obsequio de CorelDRAW! 6 para expertos.*

He aquí cómo rellenar un diseño con valores apropiados para la impresión en blanco y negro, cómo crear una paleta de escala de grises personalizada y cómo conservar el diseño para que sea fácil crear una copia adicional a color.

Cómo trabajar con valores de escala de grises

1. Abra el diseño OUTPUT.CDR de la carpeta EXERCISE\CHAP04 del *CD de obsequio de CorelDRAW! 6 para expertos.*

   Es el diseño que coloreará utilizando valores de escala de grises.

Los elementos del diseño OUTPUT están protegidos en la capa Layer 1, y la capa de edición actual debe ser la etiquetada Fill. De no ser así, haga clic y arrastre la flecha, en la persiana Capas (Layers) para que señale a Fills. Usted editará Layer 1 un poco después, de modo que en algún momento necesitará desprotegerla.

2. Con la Herramienta Lápiz (Pencil tool) (modo A mano alzada (Freehand)), utilice la técnica del doble clic para crear una forma cerrada que deje un pequeño espacio vacío a la izquierda de la parte superior de la caricatura de la impresora.

   Se define el área que se rellenará en el diseño OUTPUT (vea la figura 4.11).

Al *no* definir completamente la parte superior de la caricatura de la impresora, usted está creando la iluminación dentro del diseño; el área izquierda sin relleno aparecerá en blanco cuando se imprima, creando una zona de brillo en el diseño, sugiriendo que la luz viene de arriba a la izquierda en el diseño.

El "extra" para rellenar formas en la capa que se encuentra debajo de los elementos principales de diseño es que usted no tiene que ser terriblemente preciso con los objetos de relleno. Las formas negras que representan el contorno de la impresora de caricatura en

Layer 1 disfrazan el contorno de los objetos de relleno en la capa Fills, y usted tiene un pequeño "juego" para el contorno del relleno porque los objetos de Layer 1 lo cubren.

Figura 4.11
Usted puede rellenar elementos del diseño creando y rellenando el contorno de una capa que se encuentra debajo de la composición principal.

3. Haga clic en la Herramienta Relleno (Fill tool) y luego seleccione Color del relleno (Uniform Fill).

   Se despliega el cuadro de diálogo Relleno uniforme (Uniform Fill).

4. Haga clic en Opciones de la paleta (Palette options) y luego elija Abrir paleta (Open Palette).

   Se despliega el cuadro de diálogo Relleno uniforme (Uniform Fill).

5. Elija GRAY32.CPL de la carpeta EXERCISE\CHAP04 del *CD de obsequio de CorelDRAW! 6 para expertos,* luego haga clic en Abrir (Open).

   Se carga una paleta de colores diseñada a partir de 32 valores de negro, con un marcador de posición rojo en el punto del 50 por ciento.

6. Haga clic en la muestra de color de 17% Black (17% de negro).

   Se selecciona 17% de negro como relleno para el objeto que creó en el documento OUTPUT (vea la figura 4.12).

Usted puede asignarle un nombre a un tono que haya definido si escribe un nombre en el campo Nombre (Name) directamente después de elegir un nuevo color de cualquier modelo de color. Así es como se puede recuperar fácilmente un color por nombre, y así fue creada la pequeña paleta de escala de grises (cambiando la cantidad de negro en el modelo de color CMYK y luego cambiando el valor en incrementos de 1 para tener cada tono nuevo).

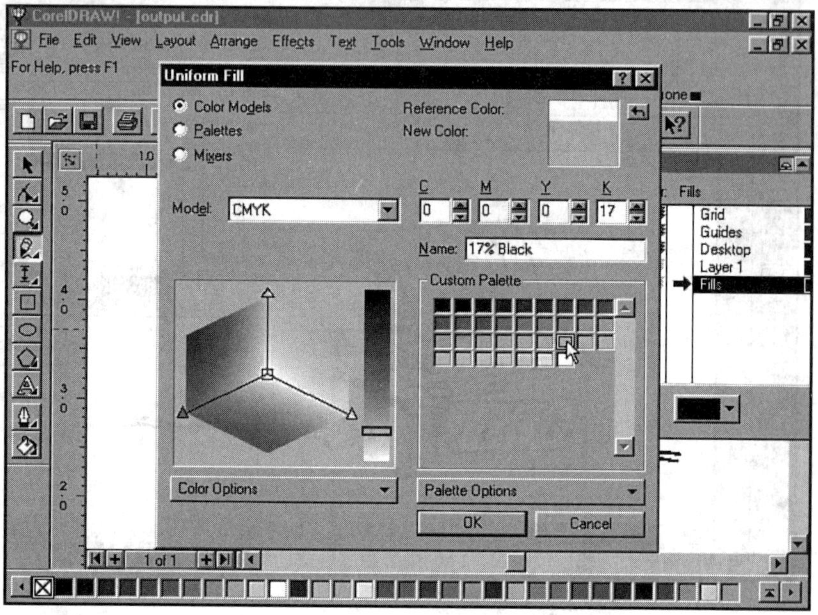

Figura 4.12 Los colores que se han agregado a una paleta pueden tener un nombre que aparecerá en la barra de estado de CorelDRAW cuando usted coloque el cursor sobre la muestra.

7. Haga clic en Aceptar (OK).

   Se regresa a su diseño; se carga la paleta de colores GRAY32 en la parte inferior de la ventana de dibujo (vea la figura 4.13).

Usted realmente no está limitado al número de muestras que se agrega a una paleta personalizada; el sistema RAM es, básicamente, la limitación (el sistema de color TRUMATCH tiene 2,000 entradas) ¿Entonces, por qué sólo 32 bloques de sombras en la paleta GRAY32.CPL? Porque sólo se muestra un número limitado de espacios disponibles sin tener que ampliar la paleta de colores (haciendo clic en la flecha hacia arriba), ni desplazar la paleta. Con 32 tonos de escala de grises a la mano, usted puede tener acceso rápidamente a rangos más amplios de tonos neutros que los 10 disponibles en la paleta de colores predeterminada.

8. Cree un contorno alrededor del papel que sale de la impresora de caricatura con la Herramienta Lápiz (Pencil tool) (A mano alzada (Freehand)).

   Es la siguiente área que se llenará utilizando la paleta personalizada GRAY32.

Las líneas rectas no definen con exactitud el objeto de papel porque el contorno de Layer 1 sugiere una curva. Para definir un objeto de relleno, haga doble clic en un contorno de línea recta alrededor de la forma de papel, luego seleccione la Herramienta Forma (Shape Tool), haga clic en una línea que necesite curvarse, haga clic con el botón derecho del ratón y seleccione A curva (To Curve) del menú de método abreviado. Luego haga clic y arrastre la línea convertida hasta que coincida con la curvatura de la hoja de papel.

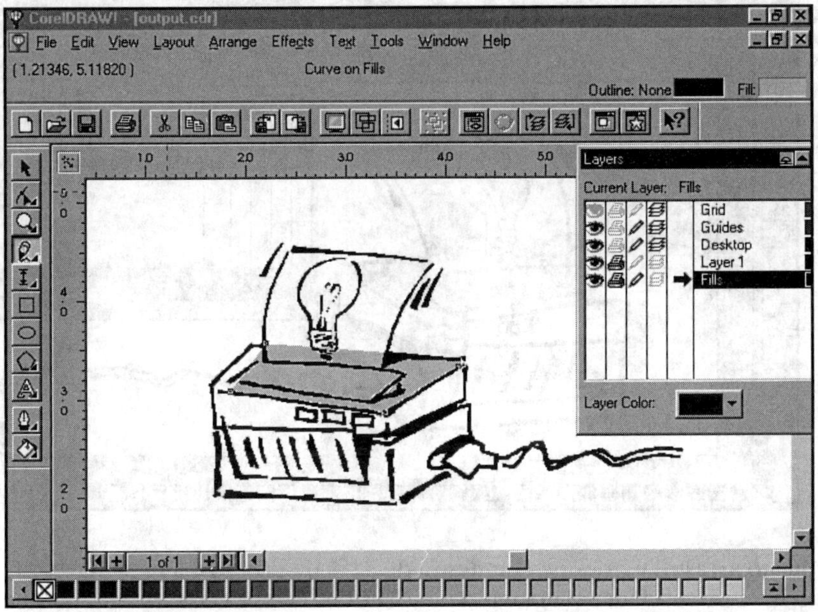

Figura 4.13
Un muestra que sólo incluya valores de escala de grises en la paleta de colores resulta ideal para trabajar con imágenes cuya salida será en blanco y negro.

9. Haga clic en la muestra 5% Black (5% Negro) de la paleta de colores.

   Se rellena la forma que se encuentra debajo de la forma de papel con 5% de negro (vea la figura 4.14).

Aunque se trata de una bonita colección de sombras de escala de grises, suponga que quiere un color que no se encuentra en la paleta GRAY32.CPL, como 32% de negro. Siga estos pasos:

10. Cree una forma detrás de la parte frontal de la impresora de caricatura.

    Es el área que se rellenará a continuación.

11. Haga clic en la Herramienta Relleno (Fill tool) y luego en el botón Relleno de color (Uniform Fill).

    Aparece el cuadro de diálogo Relleno uniforme (Uniform Fill).

12. Haga clic en la muestra 30% Black (30% de negro), luego haga clic dos veces en el botón hacia arriba del contador K.

    Se aumenta el valor del nuevo color a 32% de negro.

13. Escriba **32% Black** en el campo Nombre (Name), haga clic en Opciones de color (Color Options) y luego en Añadir color a la paleta (Add color to Palette).

    Se agrega el color a la paleta GRAY32, al final de las muestras.

Figura 4.14 Al asignarle un nombre a un color en el cuadro de diálogo Relleno uniforme (Uniform Fill), usted puede tener fácilmente una referencia al colocar el cursor sobre la muestra.

14. Haga clic y luego arrastre y coloque la muestra de 32% de gris arriba de la muestra de 30% de gris en el área Paleta Personalizada (Custom Palette).

    Se cambia la posición de la muestra para que se conserve la secuencia de sombras.

15. Haga clic en la lista descendente Opciones de la paleta (Palette Options) y luego en Guardar como (Save As) y guarde la paleta como GRAY32 en su disco duro.

    Se guarda la paleta con los cambios en su disco duro; ¡los archivos de CD-ROM no se pueden editar!

16. Haga clic en Aceptar (OK).

    Se rellena la trayectoria con 32% de negro.

17. Elija Archivo (File) y Guardar como (Save As), luego guarde el diseño como IMPRESORA.CDR en su disco duro.

    Se guarda el diseño en su disco duro.

Para completar el diseño de la impresora de caricatura, necesitan hacerse dos cosas. La primera es crear objetos rellenos detrás de las áreas sin color de la caricatura. Ponga atención a la iluminación. Como usted ha establecido una fuente de luz arriba a la izquierda, debe seguir el efecto de iluminación llenando formas abajo a la izquierda con sombras más oscuras de negro, y dejar áreas en blanco en las áreas de diseño de arriba a la izquierda para sugerir un brillo.

La segunda cosa necesaria para completar este diseño es volver a asignar formas rellenas con negro en la capa protegida Layer 1. En la siguiente sección se abren algunas posibilidades interesantes de diseño cuando usted empieza con un diseño en blanco y negro en una capa, y agrega rellenos a una capa de abajo.

Cómo utilizar objetos como elementos brillantes

Cuando usted idea un diseño de CorelDRAW con sombras en escala de grises para los colores, y empieza la pieza como blanco y negro, hay una posibilidad en el camino del diseño de que los elementos de blanco y negro se integren con las sombras. El contenido visual de un diseño viene de dos lugares: el contorno (o forma básica) de un objeto, y el relleno, el patrón, reflexión de la superficie u otra *textura* que va en la forma.

A diferencia de las aplicaciones de modelado/generación de mapa de bits, los programas de dibujo con vectores tienen la capacidad de modificar las características del relleno y el contorno; en la impresora de caricatura, lo que ve como un dibujo de contorno en blanco y negro en realidad está compuesto por objetos rellenos sin propiedades de contorno. Y no hay razón para que un componente de la "forma" de la impresora de caricatura no pueda convertirse en sombreado, suavizando por lo tanto la composición y haciendo que tenga un aspecto menos severo al cambiar el color de alguno de los objetos que conforman el diseño en blanco y negro.

En la siguiente serie de pasos, verá una técnica para sombrear objetos en un diseño que se pretendió que representara el contorno de la impresora de la caricatura. Es importante elegir objetos *no críticos* (aquéllos cuya existencia no interfiere para que se reconozca el dibujo de una impresora). Por ejemplo, los objetos que representan las orillas de la impresora de la caricatura no contribuyen a que el observador considere que la caricatura es una impresora. Desprotejamos Layer 1 y veamos cómo al sombrear parte del diseño, que se pretende que sean objetos de contorno, se puede mejorar la pieza.

Cómo sombrear contornos de objetos

Con IMPRESORA.CDR como ventana del documento activo en CorelDRAW...

1. Presione Ctrl+F3 (o elija Diseño (Layout) y Gestor de capas (Layers Manager)).

2. Haga clic en el icono de lápiz que se encuentra cerca de Layer 1.

   Este icono se vuelve negro, indicando que ahora puede editarse Layer 1 (vea la figura 4.15).

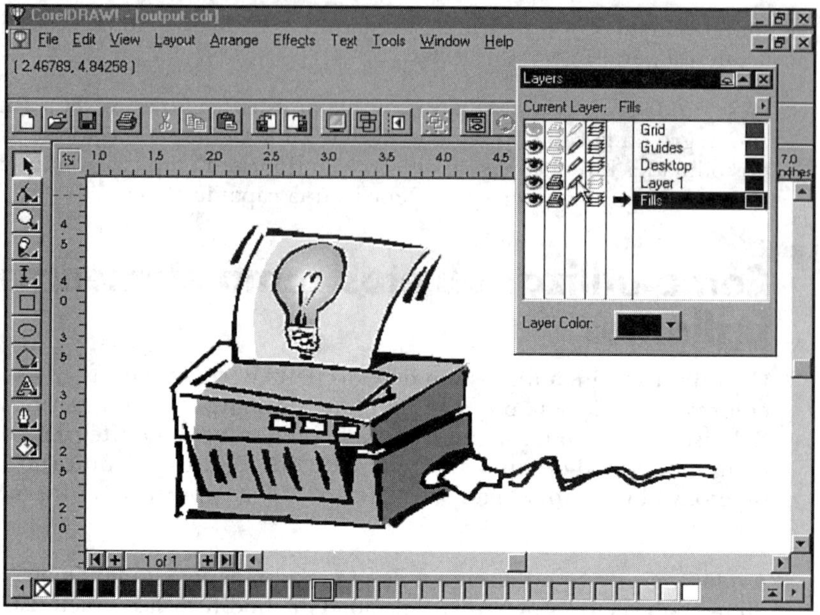

Figura 4.15
A diferencia de las versiones anteriores de CorelDRAW, proteger (y desproteger) capas es ahora un atributo que usted activa con sólo hacer clic en el icono de lápiz.

Asegúrese de que la opción Editar en las capas (Edit Across Layers) esté activa haciendo clic con el botón derecho del ratón en cualquier lugar del campo de título de la persiana Capas (Layers) y comprobando que esta opción tenga una marca de verificación junto a ella en el menú de método abreviado. Como alternativa, puede hacer clic y arrastrar la flecha en el campo de título para que señale hacia Layer 1; de cualquier manera, Layer 1 está ahora desprotegida y puede editarse.

3. Haga clic en la orilla negra que divide el frente de la parte lateral de la impresora de caricatura, luego haga clic en 25% de negro de la paleta de colores.

   Se agrega un relleno de escala de grises al objeto.

4. Haga clic en el objeto de orilla negra que divide la parte derecha de la parte superior de la impresora de caricatura, luego haga clic en 40% Black (40% de negro) en la paleta de colores.

   Se hace que la orilla se vea más clara, sugiere luz en la orilla.

5. Haga clic en el objeto de orilla negra que divide la parte frontal de la parte superior de la impresora de caricatura, luego haga clic en la muestra 5% Black (5% de negro) en la paleta de colores.

   Se aclara el objeto; se crea la impresión de que la impresora tiene orillas ligeramente suaves (vea la figura 4.16).

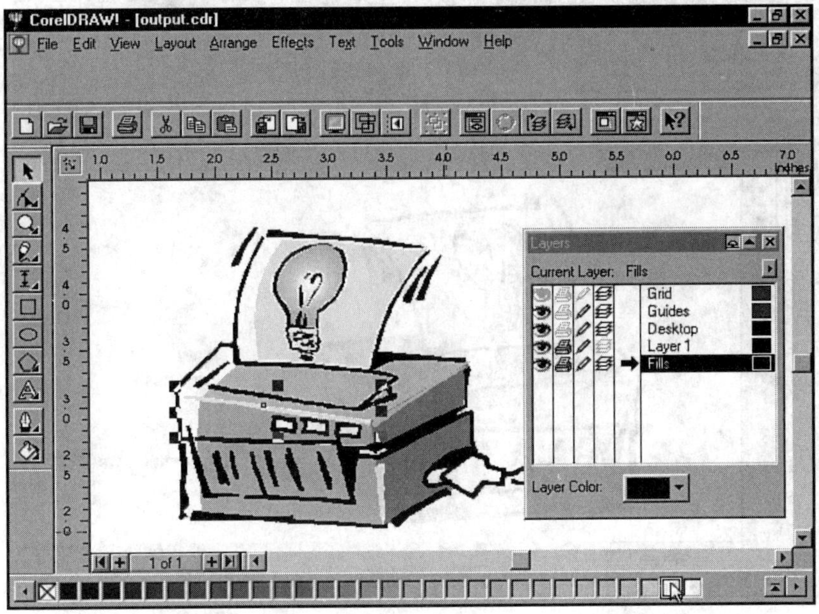

Figura 4.16
El uso de tonos de luz para describir las orillas del elemento de la composición ayuda a que los elementos se vean más suaves y con mayor dimensión.

6. Elija Archivo (File) y Guardar (Save) (Ctrl+S).

   Se guarda el diseño completo IMPRESORA.CDR.

Notará que hay muchos objetos negros más que definen la impresora de caricatura y que se pueden sombrear con colores diferentes sin destruir el "contorno" de la caricatura. En la figura 4.17 usted observa que la pieza terminada sigue pareciéndose a la original. Sin embargo, la impresora de caricatura tiene ahora características más definidas, y el diseño se imprimirá como se ve en la pantalla, porque sólo está compuesta por sombras de negro, sin influencias de color en los tonos primarios.

La impresora de caricatura se creó utilizando Corel OCR-TRACE, un escáner y un dibujo de pluma y tinta. Para aprender más sobre este método de trabajo con ilustraciones físicas convertidas en CorelDRAW, lea el capítulo 7 "Corel OCR-Trace: cómo convertir mapas de bits en vectores".

Debe ser evidente que la textura de un objeto relleno puede ser tan importante para el contenido de un diseño como la forma que describe el objeto. La *textura* tiene una definición interesante cuando describe las imágenes por computadora; los colores, la superficie, los detalles, la reflexión y otras características caen bajo un solo techo, porque son características que rellenan una forma de contorno. En la siguiente sección, verá un experimento que tiene que ver con el aumento de la riqueza visual de una forma a través del uso de rellenos degradados (bandas geométricas de color que pueden simular una variedad de texturas del mundo real).

Figura 4.17
Un simple dibujo cuidadosamente sombreado puede adquirir la apariencia de un diseño más complejo.

Cómo crear y compartir rellenos degradados

El relleno degradado tiene diferentes nombres, dependiendo de la aplicación que utilice. *Desvanecidos* y *rellenos de gradiente* son sinónimos de los Rellenos degradados (Fountain Fills) de Corel y la Herramienta Relleno (Fill tool) ofrece muchas variaciones en la transición dentro de un relleno entre un color y otro.

Los rellenos degradados a menudo reemplazan el uso de las mezclas de color (vea el capítulo 5) para crear una transición gradual de un color a otro (por lo tanto, ahorrando varios pasos y momentos preciosos en la creación de una composición de sombras realistas). Aunque Corel Corp. ha proporcionado algunos controles exquisitos para definir rellenos degradados no de 2 sino hasta de 100 colores únicos, CorelDRAW nunca ha tenido la posibilidad de guardar un relleno degradado personalizado en un archivo que los usuarios puedan compartir. En una parte de la siguiente sección se cubre un método para distribuir rellenos degradados creados por usted, guardar un relleno degradado de muestra para su uso futuro y crear un relleno degradado personalizado.

Cómo copiar y guardar un relleno degradado personalizado

En el siguiente ejemplo FILLS.CDR, que se encuentra en la carpeta EXERCISE\CHAP04 del *CD de obsequio de CorelDRAW! 6 para expertos,* es un "libro de muestras" de rellenos de degradados exóticos, divertidos y visualmente atractivos, (vea la figura 4.18), que fueron creados en los cuadro de diálogo de relleno degradado y de relleno de texturas.

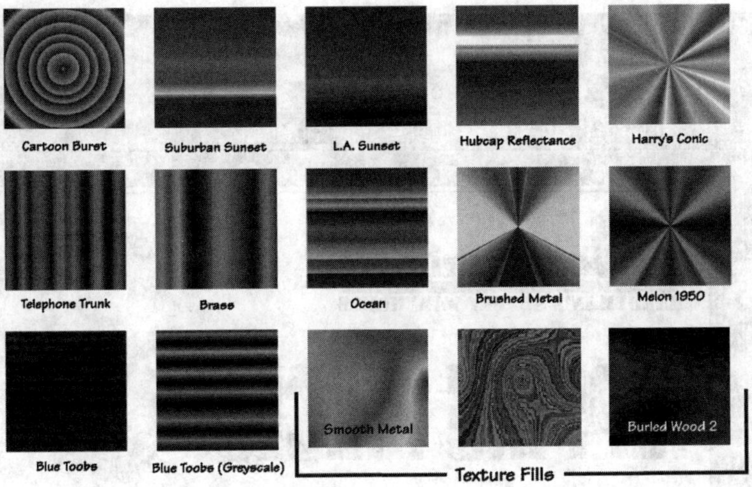

Figura 4.18
Estos ejemplos se pueden agregar a su colección predeterminada y usted los puede utilizar después en sus propias tareas.

La imagen de ejemplo es para una supuesta tienda de hardware que comisionó a un competente, pero poco inspirado artista que utiliza CorelDRAW para ´que hiciera un anuncio. El anuncio muestra el uso creativo de la Herramienta Polígono (Polygon tool) y de la persiana Extruir (Extrude) (vea el capítulo 11, "Efectos especiales para páginas Web", para obtener un informe sobre la persiana Extruir (Extrude)), pero verá que al anuncio le falta algo. A ese algo se le llama textura, y he aquí cómo copiar un ejemplo de una textura apropiada y utilizarla para completar el anuncio.

Cómo agregar un relleno degradado a una colección

1. Abra el diseño S&P.CDR de la carpeta EXERCISE\CHAP04 del *CD de obsequio de CorelDRAW! 6 para expertos.*

   Es el diseño que necesita algo de ayuda utilizando relleno degradado.

Como puede ver en la figura 4.19, la imagen S&P.CDR está bien trazada, pero parece plana, aunque la hoja de la sierra simule estar en 3D. Los colores planos y los objetos dimensionales luchan entre sí en la composición. La capa de texto se ha convertido a curvas y está protegida (en la capa titulada Locked); Layer 1 contiene los únicos elementos con los que trabajará en este ejemplo.

2. Abra el archivo FILLS.CDR de la carpeta EXERCISE\CHAP04 del *CD de obsequio de CorelDRAW! 6 para expertos,* luego elija Ven**t**ana (**W**indow) y **M**osaico Vertical (Tile **V**ertically).

   Se ordenan verticalmente los dos archivos para cubrir la ventana de dibujo.

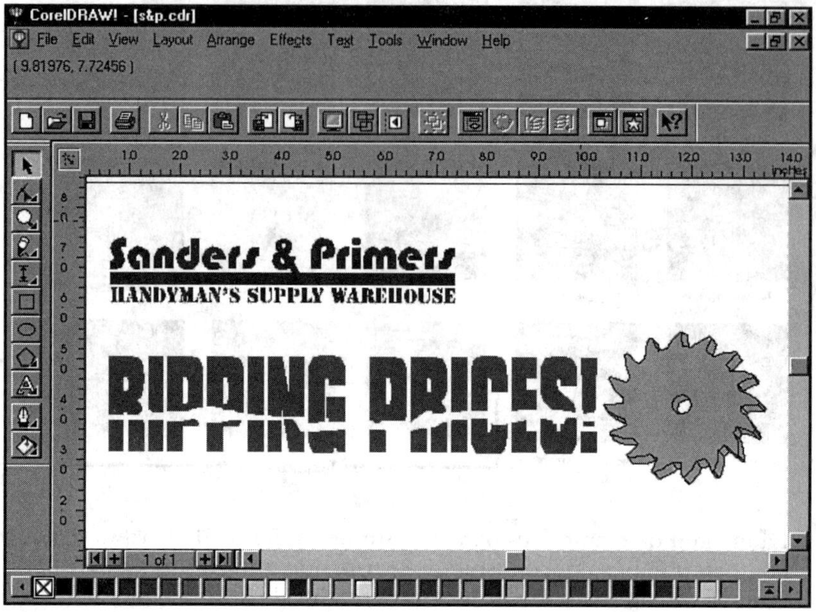

Figura 4.19 Una composición "plana" depende de sus elementos, no del sombreado, para atraer la atención del observador. ¡Qué aburrido!

3. Haga clic en la ventana de documento de S&P.CDR, luego trace un recuadro para acercamiento alrededor de la sierra.

   Es el objeto que se rellenará con un degradado.

4. Haga clic en la barra de título FILLS.CDR, haga clic en la Herramienta Zoom (Zoom tool), luego trace un recuadro de acercamiento alrededor de la muestra titulada "Brushed Metal" (Metal pulido).

   Es el relleno que agregará a su colección prestablecida personal y que utilizará para sombrear la sierra.

5. Con la Herramienta Selección (Pick tool), haga clic en la muestra de relleno degradado y luego en la Herramienta Relleno (Fill tool); elija el botón Relleno degradado (Fountain Fill) (el icono con el relleno degradado lineal; vea la figura 4.20).

   Se despliega el cuadro de diálogo Relleno degradado (Fountain Fill); el relleno personalizado que usted seleccionó se encuentra desplegado.

6. Escriba **Brushed Metal** en el cuadro de texto Predeterminados (Presets), luego haga clic en el botón +.

   Se agrega el relleno personalizado a su colección de predeterminados y puede utilizarse en cualquier diseño en el futuro (vea la figura 4.21).

7. Haga clic en Cancelar (Cancel), luego haga clic en el botón para cerrar de la ventana del documento FILLS.CDR.

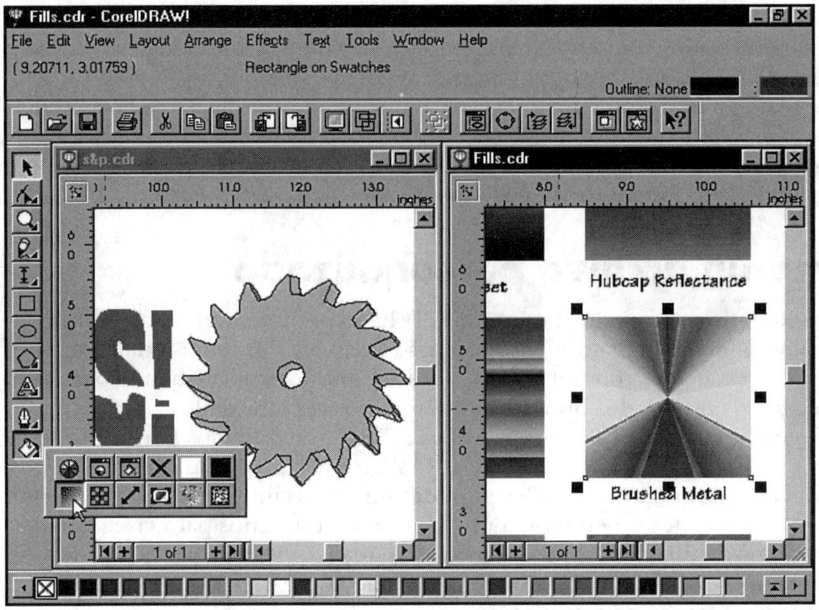

Figura 4.20
Usted puede ver cómo se creó un relleno degradado personalizado seleccionándolo y luego eligiendo el cuadro de diálogo Relleno degradado (Fountain Fill).

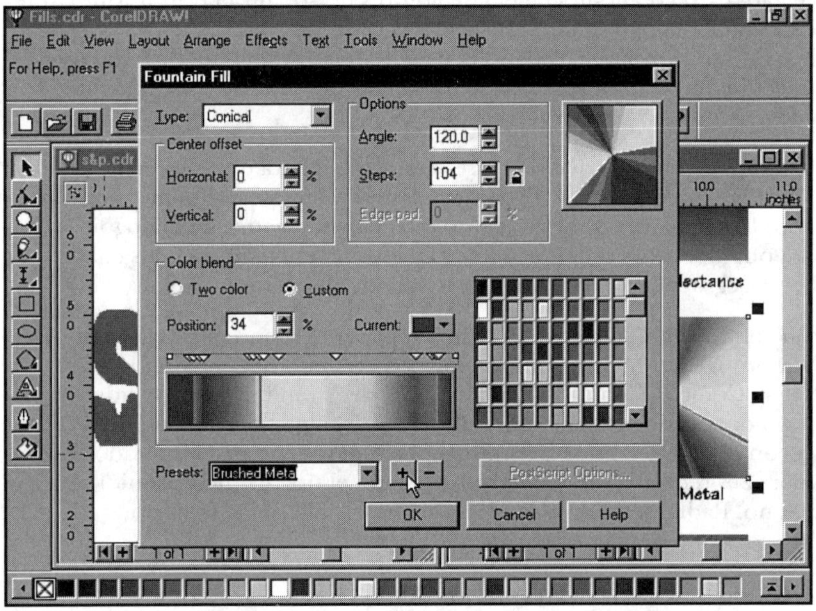

Figura 4.21
Usted puede crear, o copiar, todos los rellenos degradados que desee a la lista de predeterminados, para que se apliquen en diferentes objetos.

Usted ha tomado una muestra del relleno personalizado sin aplicarla de nuevo al archivo de solo lectura (¡CorelDRAW se queja de esto cuando usted trata de hacerlo!).

En la siguiente sección se analizan las técnicas para crear un relleno degradado como el que ha copiado a su lista Predeterminados (Presets) en el ejemplo anterior. El punto importante que hay que recordar, siempre, cuando se toman muestras de colores o rellenos de texturas es cancelar el cuadro de diálogo después de tomar la muestra. Si usted hace clic en Aceptar (OK), Corel aplicará de nuevo el relleno que usted sólo desea tomar como muestra y le indicará (cuando intente cerrar el archivo) que la imagen ha cambiado (¡cuando en realidad usted no hizo nada para cambiarla!). A todos nos da un poco de pánico cuando esto ocurre.

Cómo se crea un archivo personalizado

El cuadro de diálogo Relleno degradado (Fountain Fill) ha experimentado unas cuantas mejoras desde la versión 5. Se ha ido la opción Arco iris (Rainbow), aunque todavía se pueden crear rellenos de espectro cromático. Para hacerlo, ahora se seleccionan colores de principio y de fin que caen en los lados opuestos del espectro de color de los cuadros de selección de color Desde (From) y A (To). Aunque los rellenos degradados **P**ersonalizados (**C**ustom) no son una nueva característica de CorelDRAW, los usuarios ocasionalmente pasan por alto esta opción porque los controles para definir un archivo personalizado están ocultos. En la siguiente lista se describen paso a paso los procedimientos para crear un relleno personalizado; no se utiliza el formato tradicional de ejemplo porque es más útil proporcionar una "receta" genérica, de modo que usted pueda crear cualquier tipo de relleno personalizado que necesite para una tarea.

1. Tal vez desee cargar (o crear) una paleta de colores personalizada (uniforme) antes de abrir el cuadro de diálogo Relleno degradado (Fountain Fill). Las sombras de color metálico que conforman el relleno Brushed Metal (Metal pulido) que usted copió en la sección anterior en realidad se tomaron como muestra de una foto digitalizada de una tubería industrial.

   La paleta de colores actual es la que se le presenta a usted para que elija en los cuadros de diálogo de relleno degradado y de textura. Usted puede seleccionar colores fuera de la paleta predeterminada, pero tiene que recorrer un cuadro de diálogo adicional para obtener otros rellenos sólidos cuando se encuentre en los cuadros de diálogo Relleno degradado (Fountain Fill) o Relleno de textura (Texture Fill).

2. Elija el patrón (el tipo geométrico de transición para el relleno personalizado que desea crear). CorelDRAW le ofrece transiciones de relleno degradado Lineal (Linear), Radial, Cónico (Conic) y Cuadrado (Square) (en la lista descendente **T**ipo (**T**ype)). El tipo de transición debe tener, idealmente, alguna armonía en la composición con el objeto en que pretende aplicar el relleno personalizado. Por ejemplo, la sierra es redonda, de modo que se eligió el tipo Cónico (Conic) al diseñar el relleno. Radial sería otro candidato para el relleno de la sierra, especialmente para una sierra radial.

3. Un relleno personalizado se crea empezando con una serie de colores intermedios. Haga clic en el botón de opción **P**ersonalizado (**C**ustom). Como opción predeterminada, aparece un relleno degradado en la ventana de presentación preliminar Opciones (Options) y, como área de *Mezcla de colores (Color Blend),* en la parte inferior del cuadro de diálogo. En el área de Mezcla de colores (Color Blend) es donde usted establece los colores. En la ventana de presentación preliminar Opciones (Options) usted establece la cantidad de transición, la dirección y las características únicas del tipo de relleno degradado.

4. Haga doble clic en un punto dentro del área Mezcla de colores (Color Blend), o sobre ésta. Aparece un marcador dentro de una banda sobre el área Mezcla de colores (Color Blend). Indica un paso intermedio en la transición entre los colores Desde (From) y A (To).

5. Si no está contento con la posición del paso intermedio, haga clic y arrástrelo a la izquierda o la derecha, o coloque con precisión el marcador escribiendo un valor en el campo Posición (Position), después de seleccionar el marcador al hacer clic en él. Entonces puede establecer el color de este punto de mezcla de transición, haciendo clic en una muestra de la paleta de colores actual, que se encuentra a la derecha del área de Mezcla de colores (Color Blend).

6. Para rellenos cónicos, como el tipo especificado para el ejemplo del metal pulido, es útil establecer los colores Desde (From) y A (To) exactamente con el mismo tono. Para esto, haga clic en el pequeño círculo blanco en cualquier extremo de la banda marcadora y luego seleccione un color idéntico para ambos en la paleta de colores actual. Al hacerlo, se evita que el relleno cónico empiece abruptamente un nuevo ciclo de color en los extremos.

7. En la ventana de presentación preliminar es donde usted establece la dirección de los rellenos lineales y la posición del centro relativo del relleno personalizado, en relación con el centro del objeto que rellena. En la mayor parte de los casos, un archivo personalizado no parece correcto cuando se aplica a un objeto (el centro del relleno parecerá descentrado porque es difícil ver el centro exacto de un objeto sólido o sin relleno). Usted puede aplicar correcciones posteriores al centro de un objeto rellenado personalizado si hace clic en Aceptar (OK), en el cuadro de diálogo Relleno degradado (Fountain Fill), y despliega después la persiana Relleno Especial (Special Fill) en la ventana de dibujo (el icono del menú lateral Herramienta Relleno (Fill tool) que tiene una pequeña cubeta de pintura dentro de un menú). La persiana Relleno especial (Special Fill) puede tomar una muestra del relleno de un objeto dentro de un documento; luego usted puede hacer cambios menores al relleno y volver a aplicarlo sin un viaje de regreso al cuadro de diálogo Relleno degradado (Fountain Fill).

8. Sin embargo, antes de hacer clic en Aceptar (OK) para salir del cuadro de diálogo, verifique el valor de Relleno del borde (Edge Pad) para el relleno personalizado. Este valor aumenta la tasa de transición entre los colores intermedios. Por ejemplo, si usted ha diseñado algunos tubos utilizando los controles del cuadro de diálogo Relleno degradado (Fountain Fill), puede hacer tubos más pequeños o más anchos si ajusta el valor de Relleno del borde (Edge Pad). La ventana de presentación preliminar Opciones (Options) despliega una vista de baja resolución del efecto de la configuración de Relleno del borde (Edge Pad).

9. También considere el número de Etapas (Steps) en un archivo personalizado. Como opción predeterminada, el número está colocado en 50. Corel Corp. hizo esto para ahorrarle a los usuarios tiempo de redibujo y para eliminar etapas innecesarias de relleno a la hora de la impresión. Un valor alto de Etapas (Steps) da por resultado rellenos personalizados más suaves (bandas menos visibles), pero tenga en cuenta que el lenguaje PostScript está limitado a la descripción de 256 colores únicos en un relleno degradado. Significa que éste es el número máximo permitido en el campo Etapas (Steps) y que es posible crear una mezcla personalizada que supere este límite. Y esto significa que usted tendrá bandas *y* una impresión más lenta si aumenta este valor. Así

que siga adelante y utilice su imaginación con sus rellenos personalizados, pero recuerde que hay una limitación en lo que usted puede dar como salida.

También revise el menú Mostrar (Display) de Herramientas (Tools) y Opciones (Options), si no puede lograr una mezcla personalizada suave en la pantalla. CorelDRAW muestra 50 bandas de color para representar un relleno. Es posible maximizar el número de Etapas (Steps) en el cuadro de diálogo Relleno degradado (Fountain Fill), y aún así ver rellenos pésimos en pantalla porque no se asignó un valor más alto a esta opción.

10. Por último, guarde cualquier cosa que haya creado y que le guste, o que al menos *crea* que le guste, como una entrada de Predeterminados (Preset); si no guarda el objeto que rellena, ese relleno personalizado se habrá ido para siempre. Presione el botón + para guardar un relleno personalizado y presione el botón - para eliminarlo.

Hay uno o dos trucos más para que Relleno degradado (Fountain Fill) trabaje por usted en CorelDRAW. En el siguiente ejemplo, retocará el anuncio de Sanders and Primers y trabajará con una nueva característica del cuadro de diálogo Relleno degradado (Fountain Fill).

Cómo agregar rellenos estándar personalizados (y no tanto)

1. Haga clic en la imagen de sierra en el documento S&P.

   Se selecciona la forma para que se pueda rellenar.

2. Haga clic en la Herramienta Relleno (Fill tool) y luego en el botón Color de relleno (Fountain Fill).

   Aparece el cuadro de diálogo Relleno degradado (Fountain Fill).

3. Haga clic en la flecha hacia abajo del campo Predeterminados (Presets), luego escriba **B**.

   Se avanza a la sección "B" de la lista Predeterminados (Presets).

CorelDRAW viene con una serie de opciones predeterminadas diferentes, y la mejor manera de recuperar/encontrar las suyas son anteponiendo un prefijo a un nombre con un signo de admiración (!) para llevarlo a la parte superior de la lista de Predeterminados (Presets), limpiando las opciones predeterminadas de fábrica que usted ya no utiliza o que no le importan y determinando una tecla de función rápida en una sección del alfabeto (como lo acaba de hacer).

4. Encuentre "Brushed Metal" y haga clic en esta opción.

   Se selecciona la opción predeterminada que usted copió en el ejemplo anterior.

El grado de rotación de Brushed Metal (Metal pulido) tal vez no se vincule mucho con esta tarea. Para que las áreas más oscuras del relleno degradado aparezcan en la parte inferior derecha de la hoja de la sierra...

5. Haga clic y arrastre hacia arriba o hacia abajo el control del cuadro contador Ángulo (Angle).

Se cambia el grado en que aparece el principio y el final de la forma rellena.

6. Haga clic en Aceptar (OK).

   Los cambios no se han aplicado al relleno degradado personalizado, sino al objeto de sierra (vea la figura 4.22).

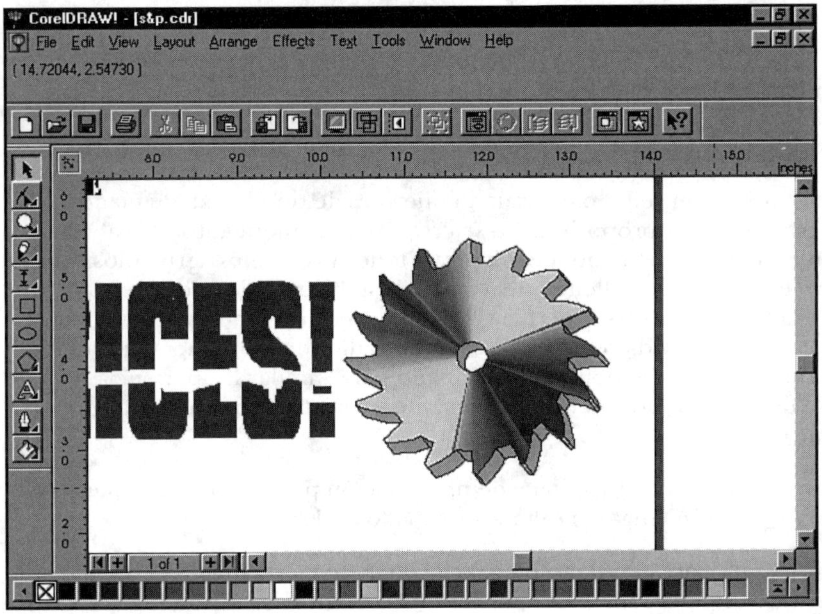

Figura 4.22
Usted puede personalizar un relleno degradado predeterminado ajustando sus propiedades para que cumplan necesidades específicas de diseño.

7. Elija **A**rchivo (**F**ile) y **G**uardar (**S**ave), luego guarde el diseño como S&P.CDR en su disco duro.

   Se guarda su trabajo hasta este punto.

El control Punto medio (Mid-point) es nuevo en la versión 6 y sólo está disponible cuando se especifica un relleno degradado de **D**os colores (T**w**o color). El control Punto medio (Mid-point) le permite especificar dónde se encontrará el punto medio entre los colores Desde (From) y A (To). Esta opción le permite "preferir" una porción mayor de un color de transición que de otro en un relleno degradado estándar. Si usted observa las orillas de la sierra extruida, notará que no se ha aplicado en ellas el relleno degradado personalizado, porque son objetos separados y agrupados. Para este ejemplo, la extrusión se dividió y se simplifico; si se aplicara relleno degradado a una extrusión creada por CorelDRAW, hasta una rápida Pentium se echaría a dormir durante varios minutos mientras CorelDRAW calcula y vuelve a dibujar el objeto.

Un relleno degradado simple funciona bien aquí para agregar sombras a los lados de la sierra; es un compromiso entre el sombreado elegante que se tomará una eternidad redibujar e imprimir, y el relleno plano y uniforme al lado de la sierra.

He aquí cómo sombrear los lados de una sierra.

Cómo vestir un diseño con rellenos

1. Haga clic en cualquier objeto, que no sea el frente de la sierra.

   Se eligen los objetos agrupados que conforman el lado de la sierra.

2. Haga clic en la Herramienta Relleno (Fill tool) y luego elija el botón Color de relleno (Fountain Fill).

   Aparece el cuadro de diálogo Relleno degradado (Fountain Fill).

Como opción predeterminada, un relleno degradado nuevo es de tipo lineal, de blanco a negro. Esto está bien para nuestros propósitos. No se crearán de manera automática sombras aplicadas con exactitud y de manera equitativa a todos los objetos agrupados, con sombreados vivos, pero está bien. Un relleno lineal aplicado a docenas de pequeños objetos da la sensación de que la luz golpea una superficie desde varias direcciones, y así es como se ven los dientes de una sierra en la vida real. El secreto aquí radica en mantener con fluidez y en movimiento la sombra dentro del objeto seleccionado para simular la apariencia de metal pulido. El frente de la sierra, con su relleno elegante, es la atracción principal y "carga" la composición.

3. Haga clic y arrastre dentro de la ventana de presentación preliminar hasta que en el campo Ángulo (Angle) se tenga un valor aproximado de 120°.

   Se establece el ángulo para el relleno Lineal (Linear), de modo que la sierra parezca iluminada desde la esquina superior izquierda de la composición.

4. Haga clic y arrastre la barra de desplazamiento Punto medio (Mid-point) hasta el **22**.

   El blanco predominará en el relleno degradado, con ligeras cantidades de tonos oscuros y de negro.

5. Haga clic y arrastre entre los botones elevadores del cuadro contador Relleno del borde (Edge pad) hasta que el valor sea de 25%.

   Se aumenta la tasa de transición entre el blanco y el negro (el metal muestra transiciones más marcadas entre sombras y brillos).

6. Haga clic en Aceptar (OK).

   Se aplica el relleno degradado a los objetos seleccionados y agrupados (vea la figura 4.23).

7. Presione Ctrl+S (Archivo (File) y Guardar (Save)).

   Se guarda la composición terminada.

Figura 4.23
El sombreado no necesita ser exacto en todas las formas rellenas para crear una sensación de realismo y atraer la atención.

En el ejemplo anterior, aparentemente se lanzaron a los cuatro vientos la exactitud y el realismo, al agregar un relleno degradado a los objetos agrupados que forman los lados de la sierra. Por supuesto, la exactitud y el realismo se habían descontado; sin embargo, hay una buena razón para recomendar esto. Se llama "ahorro de tiempo", y es una de las razones por las que los artistas utilizan CorelDRAW para obtener soluciones gráficas. Los detalles de fondo pueden afinarse hasta que sean técnicamente exactos, pero el tiempo es un lujo que no se pueden permitir muchos diseñadores profesionales. Los lados de la sierra son detalles menores; no representan el foco principal de la composición; y resulta secundario el hecho de que cada diente de la sierra esté sombreado adecuadamente (un detalle que no será importante para la mayoría de los observadores del anuncio).

Lo fundamental se encuentra en el hecho de que la exactitud es una herramienta artística poderosa que nos ofrece la computación, pero la decisión de cuándo utilizarla en una pieza comercial depende del buen juicio y de la sapiencia del artista. Cuando usted ejercita su sensibilidad artística y puede comparar el peso de la inversión de tiempo adicional con las restricciones de una fecha límite, no tendrá que disculparse porque un profesional y usted hayan saltado un gran obstáculo que la tecnología de la computación ha puesto ante los artistas: saber cómo arreglar algo para la satisfacción de las grandes audiencias, y saber cuándo un diseño esta terminado.

Más allá de los rellenos automáticos

Como mencioné antes, los rellenos degradados son un método rápido para sombrear objetos, pero por supuesto no son el único método que usted deseará utilizar en sus tareas.

¿Qué sucede cuando tiene un objeto en forma de elipse que quiere sombrear? ¡No hay un tipo de relleno degradado en forma de elipse! ¿Y qué hay de las otras opciones de la Herramienta Relleno (Fill tool)? En el capítulo 5 se encuentra una ampliación de este capítulo que lo pone a trabajar con formas *como* si fueran rellenos, y no simplemente contenedores de una opción predeterminada. En el siguiente capítulo aprenderá cómo obtener lo mejor de las herramientas de dibujo de mapa de bits y de vectores en un sólo espacio de trabajo: CorelDRAW.

5 capítulo

Rellenos complejos y sombreado de mezclas

¿Qué es lo primero que recuerda usted de la silla junto a la que pasó hace unos minutos? ¿Era una silla de madera? ¿Era una silla Breuer (con tubos de cromo y falso bambú)? Lo importante es que su capacidad para discernir rápidamente los objetos del mundo real depende de dos características del objeto: la *forma* propia del objeto, y el sombreado (la textura) que rellena la forma.

Con mucha frecuencia, la textura de un objeto juega el papel principal en la manera en que los espectadores reconocen un objeto. De acuerdo con esto, un artista visual que tiene éxito para comunicarse ocupa mucho tiempo afinando la luz, los reflejos de la superficie, las irregularidades y otros aspectos de una composición que son, en resumen, los que conforman todas las cosas.

En el capítulo 4, "Cómo dominar la herramienta Relleno y los modelos de color", se analizó la especificación de color como base de todo trabajo creativo que resulta expresivo y que toma forma en la salida tal como usted lo esperaba. Sin embargo, los rellenos de color uniforme ocupan un nicho limitado en la creación de imágenes gráficas por computadora, porque las sombras planas de un color representan al mundo de una manera extraordinariamente estilizada y abstracta. Los espectadores esperan mucho del realismo, del fotorrealismo e incluso del surrealismo cuando ven una pieza generada por computadora. El realismo es la clave (el gancho emocional) que atrae al espectador hacia una composición.

Afortunadamente, usted tiene a la mano dos herramientas que le ayudarán a darle una apariencia más llamativa, provocadora y atractiva a su expresión artística, a través del sombreado elegante de los objetos: CorelDRAW! 6 y este capítulo. La *integración* de formatos de mapas de bits y vectores en las imágenes por computadora es la clave para alcanzar la mayor flexibilidad al diseñar lo que usted imagina, y este capítulo le muestra cómo cumplir este objetivo utilizando la suite de aplicaciones de Corel.

Cómo maneja CorelDRAW los mapas de bits

Aunque las herramientas de CorelDRAW puede utilizarse para crear y editar información de *vectores* (el tipo de relleno y contorno que puede tener una trayectoria) las imágenes por computadora también pueden utilizarse como parte integral de una composición de CorelDRAW. Además de la posibilidad de importar una imagen de mapa de bits, CorelDRAW también tiene generadores *internos* de mapas de bits que pueden utilizarse para rellenar una forma.

Esta feliz coexistencia entre la información de mapa de bits y de vectores dentro de un solo documento de CorelDRAW amplía muchísimo las posibilidades que tiene el diseñador por computadora para crear imágenes. Sin embargo, existen algunas limitaciones en relación con la manera en que usted puede manejar los mapas de bits dentro de un documento de CorelDRAW. Cada vez que especifica un tipo de relleno de mapas de bits para una trayectoria cerrada, el mapa se extiende hasta los extremos horizontal y vertical de la forma (aunque la trayectoria de vectores no llene completamente las medidas horizontal y vertical). Por ejemplo, usted nunca podrá ver el pixel del extremo superior derecho en un relleno de mapa de bits cuya forma padre sea un ovalo; la forma del óvalo simplemente no se extiende hasta donde empieza el mapa de bits. Es útil pensar que una forma de vector rellena con información de mapa de bits es un *portal* (una vista limitada, de la información visual total del mapa de bits).

Usted puede lograr varios efectos con rellenos de mapa de bits que consumirían mucho tiempo o que sería imposible realizar sin las posibilidades de CorelDRAW para manejar diferentes tipos de imágenes gráficas por computadora. Empezaremos la exploración de los rellenos exóticos y las sombras realistas con la función Relleno de textura (Texture Fill), un conjunto de variaciones casi ilimitadas de diseños de fractal.

Cómo trabajar con texturas de fractal: cómo utilizar rellenos de textura

El término *fractal* se utiliza sobre todo en aplicaciones de diseño por computadora para indicar un tipo específico de ecuación matemática cuyo aspecto es muy parecido a las texturas que usted encontraría en la naturaleza. Fractal Design Painter, de Fractal Design Corp, y KPT Texture y Fractal Explorer de HSC Software utilizan el mismo tipo de algoritmos de fractal que CorelDRAW y PHOTO-PAINT para crear texturas ¡que parecen acercamientos fotográficos a algo que por lo general es una "cosa" especificada!

Un *algoritmo* es un conjunto declarado de procedimientos dentro de una ecuación; por ejemplo, si usted especifica una paleta de colores y luego especifica que esta paleta se utiliza para rellenar un área distribuyendo los colores a partir de un valor aleatorio, usted tiene las bases para el relleno de fractal. ¿Así de simple se crea una ecuación matemática de fractal? No, pero por fortuna los diseñadores no tienen que adentrarse en las matemáticas para modificar una ecuación de fractal, y pueden crear una gran variedad de texturas diferentes con un solo algoritmo de fractal.

En los siguientes pasos, verá cómo utilizar al cuadro de diálogo Relleno de textura (Texture Fill) de una manera innovadora, creando una textura de madera a partir de uno de los algoritmos de fractales que proporciona Corel. Usted empezará especificando un *número de semilla* (una de las 32,767 permutaciones diferentes de un algoritmo de fractal... un "prestablecido") y luego utilizará los controles del cuadro de diálogo Relleno de textura (Texture Fill) para modificar la textura de modo que satisfaga sus necesidades de diseño. Los controles del cuadro de diálogo Relleno de textura (Texture Fill) son los elementos gráficos que ayudan a manipular parte de las matemáticas; básicamente, usted especificará que los colores del relleno de textura resultantes se *modularán* (se cambiarán los valores HSB o RGB) de acuerdo con un valor matemático establecido dentro del algoritmo.

Para demostrar las posibilidades de los rellenos de texturas en un trabajo de diseño con CorelDRAW, se utilizará una técnica de grabado que por lo general se aplica con los filtros de los programas de mapa de bits. La mayor parte de los filtros de conexión permiten la aplicación de un efecto de grabado al copiar la información sobre la forma que se grabará, al mover las copias que se encuentran debajo del original y al asignarle a estas copias una sombra más clara o más oscura, para sugerir brillos y sombras a los lados de la forma grabada. Los mejores tipos de sombras que se pueden utilizar para la creación de un efecto de grabado son las plantillas (siluetas de formas) con un contorno muy detallado y con poco (o nada) de complicaciones visuales dentro de la trayectoria de contorno de los objetos. He aquí cómo crear brillos y sombras con texturas para darle forma a un anuncio de una organización de ajedrez ficticia. La apariencia de madera se puede aplicar en muchas situaciones profesionales en las que usted necesita reproducir los anuncios de tiendas como los que normalmente se encuentran en Nueva Inglaterra desde 1600 hasta hace 15 minutos.

Cómo crear una textura personalizada

1. En CorelDRAW, abra el documento CHESCLUB.CDR de la carpeta EXAMPLES\CHAP05 del *CD de obsequio de CorelDRAW! 6 para expertos.*

   Este documento contiene las formas básicas que usted utilizará para crear el diseño de madera grabada (vea la figura 5.1).

2. Con la Herramienta Selección (Pick tool), haga clic en el letrero negro de Chess Club (Club de ajedrez).

   Se selecciona el letrero.

Observe que la pieza de ajedrez y el letrero son un solo objeto mezclado; usted le agregará textura a todos los objetos del frente. La razón de que los objetos estén mezclados es que usted necesita una textura contigua (que se expanda por la parte frontal del diseño) para que parezca esculpido en una sola pieza de madera. Si los objetos estuvieran agrupados o, de otro modo, sin mezclar, cada uno recibiría un patrón de diseño discreto y el diseño global se vería como si se hubieran utilizado diferentes piezas de madera.

Figura 5.1 Empiece un diseño grabado creando la silueta de los objetos. Las copias de todas las formas se moverán y se rellenarán con diferentes texturas.

3. Haga clic en la Herramienta Relleno (Fill tool), luego haga clic en el botón Relleno de textura (Texture Fill) (el icono con apariencia de nube que se encuentra a la izquierda del icono de PostScript con la "PS").

   Se despliega el cuadro de diálogo Relleno de textura (Texture Fill).

4. Elija Estilos (Styles) de la lista descendente Biblioteca de texturas (Texture library).

   Se muestran las texturas "maestras" de fractales en la Lista de texturas (Texture list).

5. Desplace el cuadro Lista de texturas (Texture list) hasta que encuentre Mineral.Veteado 2 colores ("Mineral.Cloudy 2 Colors") y haga clic en él.

   Se especifica el tipo de algoritmo de fractal que usted modificará para crear un aspecto de madera.

6. Escriba **23694** en el campo Textura nº. (Texture #).

   Se especifica una configuración prestablecida para la textura de fractal.

El autor eligió los valores utilizados en este ejemplo, y funcionan bien; pero si usted descubre una mezcla de valores más interesante y siente que se parece más a la madera, ¡utilícela! También siéntase con la libertad de utilizar cualquier modelo de color ofrecido por CorelDRAW para especificar los colores de textura; los colores se sugieren en este ejercicio en formato RGB, pero también puede trabajar con modelos HSB o CMYK.

7. Haga clic en el cuadro descendente Primer mineral (1st mineral), haga clic en el botón Otros (Others) en la parte inferior del cuadro descendente de colores, luego elija R:217, G:168 y B:99 en el modelo de color RGB; haga clic en Aceptar (OK).

   Se especifica uno de los componentes de color para esta textura de fractal.

8. Haga clic en el cuadro descendente de color Segundo mineral (2nd mineral), haga clic en el botón Otros (Others), luego elija R:173, G:130 y B:46 del modelo de color RGB; haga clic en Aceptar (OK).

   Se especifica el otro componente de color en esta textura de fractales.

9. Escriba **73** en el cuadro contador Suavidad % (Softness %) (o haga clic y arrastre los botones elevadores para cambiar los valores).

   Se especifica que el patrón de fractal está compuesto por más ondas que las "manchas" aleatorias del patrón de color (producido al introducir valores bajos de Suavidad % (Softness %)).

10. Escriba **27** en el cuadro contador Grano % (Grain %).

    Se aumenta el contraste entre las "ondas" de color en el patrón de fractal; se crea un aspecto más parecido a la madera.

11. Escriba **3** en el cuadro contador Grano arco iris % (Rainbow grain %); luego haga clic en Simulación (Preview).

    Se introduce una cantidad de mezcla de valores de colores aleatorios en el patrón de fractal. (Vea la figura 5.2.)

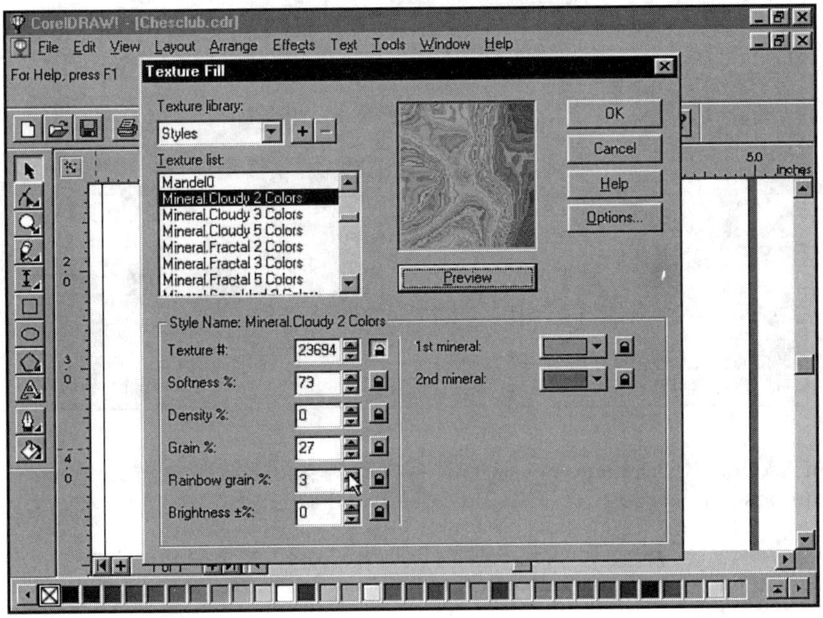

Figura 5.2
Al cambiar los valores de la ecuación matemática de una textura, usted puede crear una apariencia completamente diferente.

Cada que le agrade una variación prestablecida de textura, es muy importante guardarla asignándole un nombre a una colección de texturas. Como existen tantas variaciones de parámetros, es poco probable que vuelva a crear después una variación de textura que no haya guardado.

12. Haga clic en el botón + que se encuentra a la derecha de la lista descendente Biblioteca de texturas (Texture library).

    Se despliega el cuadro de diálogo Guardar textura como (Save Texture As).

13. Escriba **Madera de ajedrez (Chesswood)** en el cuadro Nombre de textura (Texture name), escriba **Natural** en el cuadro Nombre de biblioteca (Library name), luego haga clic en Aceptar (OK).

    Se agrega Madera de ajedrez (Chesswood) a la biblioteca Natural; al crear una nueva biblioteca (Natural) se separan los prestablecidos de Corel de las texturas personalizadas que usted ha creado.

En la figura 5.3, usted puede ver que se ha seleccionado Opciones (Options) para textura de fractales. Tal vez nunca tenga que cambiar estos valores, pero se relacionan con el número de pixeles por pulgada que contiene la textura de un objeto que usted rellena. El tema de la resolución del mapa de bits se trata en el ejemplo siguiente.

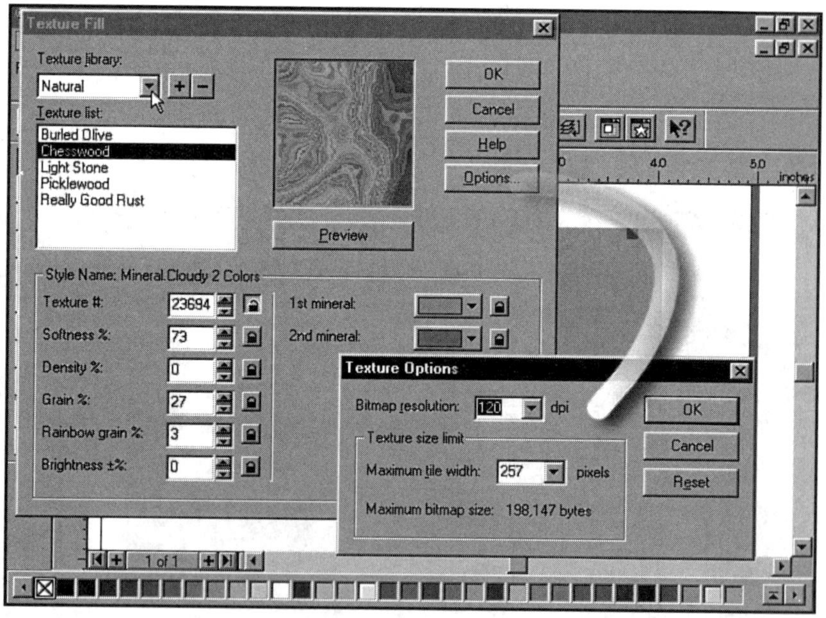

Figura 5.3
Usted tiene la opción de guardar la configuración de una textura, y de especificar la resolución de cualquier relleno de textura en el cuadro de diálogo Relleno de textura (Texture Fill).

14. Haga clic en Aceptar (OK), luego elija Archivo (File) y Guardar como (Save As) y guarde la composición como CHESCLUB.CDR en su disco duro.

    Se rellenan las letras y la pieza de ajedrez en el diseño (es un objeto mezclado); guarde la composición en este estado intermedio. (Vea la figura 5.4.)

Figura 5.4
La textura Madera de ajedrez (Chesswood) rellena el objeto seleccionado con un patrón, midiendo de la esquina superior izquierda a la esquina inferior derecha del objeto.

A medida que explore y modifique los prestablecidos de textura diferentes de Mineral.Veteado 2 colores (Mineral.Cloudy 2 Colors), encontrará diferentes controles en forma de cuadros contadores que se relacionan con el fractal específico. Aunque los nombres de los controles son poco directos y ocasionalmente caprichosos, cada cuadro contador hace que cambie un componente de la ecuación matemática y que se produzca, por tanto, un patrón diferente. El cuadro de diálogo Opciones (Options) de Relleno de textura (Texture Fill) no cambia el aspecto de la textura de fractal, pero sí afecta la manera en que se muestra y se imprime la textura, porque los rellenos de texturas de fractal de mapa de bits tienen una *resolución* fija a la hora de guardar e imprimir un archivo. Éste es el tema de la siguiente sección.

Cómo comprender la dependencia de la resolución

Antes de continuar con el ejemplo del anuncio grabado, ocupe un momento para meditar en las consecuencias de las limitaciones y la individualidad de un relleno de mapa de bits dentro de un objeto vectorial. Aunque los objetos vectoriales y las imágenes gráficas de mapa de bits utilizan cálculos completamente diferentes para representar una forma, ambos se mapean a la pantalla y al dispositivo de salida como entidades *dependientes de la resolución*; los monitores tienen un número determinado de pixeles para sus despliegues y las impresoras tienen una capacidad máxima para expresar una imagen en puntos de tóner por pulgada.

Sin embargo, como las imágenes de vectores son independientes de la resolución, es fácil aumentar o disminuir el tamaño de un diseño vectorial sin perder detalles dentro del diseño. Un objeto vectorial sólo se convierte a una resolución fija (un número finito de pixeles de pantalla o de puntos de tóner) cuando ve el diseño (cada tanto tiempo) o decide imprimirlo.

Los rellenos de mapas de bits (como la textura de fractal con que estamos trabajando aquí) necesitan *mapear* cada *bit* de información visual dentro de un sistema de coordenadas relacionado con el objeto que se está rellenando. Si usted aumentara ahora el tamaño del letrero de la pieza de ajedrez, el contorno se vería bien en la pantalla y se imprimiría suavemente, porque en el diseño original sólo ha cambiado la distancia entre los nodos que integran la trayectoria. Sin embargo, el relleno de textura se vería distorsionado y antiestético, porque usted ha instruido a CorelDRAW para que utilice el mismo número de pixeles para representar un objeto de mayores dimensiones físicas. CorelDRAW no cambia el tamaño de los rellenos de mapa de bits de manera dinámica.

Por lo tanto, siempre resulta mejor decidir las dimensiones finales de un objeto que pretende rellenar con un fractal u otro relleno de mapa de bits, antes de rellenarlo. Usted también debe considerar la salida de su diseño: ¿cuál es la frecuencia de pantalla de su dispositivo de salida? Si está utilizando una impresora PCL, la opción **F**recuencia de barrido (**S**creen frequency) aparecerá atenuada en la ficha Opciones (Options) del menú Opciones de impresión (Print Options) del cuadro de diálogo Imprimir (Print); esto significa que la impresora PCL, no PostScript, no puede generar una línea de pantalla exacta, y es mejor que deje los valores predeterminados de **R**esolución del bitmap (Bitmap **r**esolution) y Anchura **m**áxima del mosaico (Maximum **t**ile) de Opciones de textura (Texture Options).

Sin embargo, si su diseño tendrá salida a una impresora PostScript (o una fotocomponedora), marque la opción **F**recuencia de barrido (**S**creen frequency) en la pestaña Opciones (Options) del menú Opciones de impresión (Print Options) del cuadro de diálogo Imprimir (Print) (medida en líneas por pulgada), luego recuerde el valor, porque necesitará especificar la mejor resolución de textura en la serie de pasos que sigue.

He aquí cómo especificar la mejor resolución del mapa de bits para cualquier diseño que utilice rellenos de textura de fractales.

Cómo definir al resolución de un objeto con relleno de textura

1. Tome nota mental del tamaño del objeto, en pulgadas, antes de hacer algo.

   El lado más largo del área límite de un objeto determina la resolución que necesita utilizar para que el relleno de textura se imprima correctamente.

2. Seleccione el objeto, haga clic en la Herramienta Relleno (Fill tool) y en el botón Relleno de textura (Texture Fill) del volante, elija el relleno de fractal que desee en la Lista de **t**exturas (**T**exture list), luego haga clic en **O**pciones (**O**ptions).

   Se elige una opción prestablecida de textura; se despliega el cuadro de diálogo Opciones de textura (Texture Options).

3. Establezca los puntos por pulgada de **R**esolución del bitmap (Bitmap **r**esolution) al doble de la frecuencia de la línea de pantalla utilizada para la salida. Si tiene dudas, elija 266 puntos por pulgada en la lista descendente (la mitad de 266 es 133, que es la frecuencia de líneas por pulgada normal para fotocomponedoras de 2,540 puntos por pulgada y superiores).

   Se especifica la resolución que utilizará para un dispositivo de salida específico.

4. Multiplique el valor de puntos por pulgada por la dimensión más larga del objeto que pretende rellenar en el diseño. Por ejemplo, si la dimensión mayor del objeto es de 3 pulgadas, multiplique 3x266; esto da el valor de 798 pixeles. Tenga en mente este número para el paso siguiente.

   Se crea un valor para que usted lo introduzca en el cuadro Anchura **m**áxima del mosaico (Maximum tile).

5. De la lista descendente Anchura **m**áxima del mosaico (Maximum tile), elija el primer valor que coincida o con 798 pixeles o lo supere. En este ejemplo, usted elegiría 1,025 en esta lista descendente, lo que da por resultado un relleno de mapa de bits de 3.15 Mb.

   Se especifica un tamaño para la textura que se utilizará como mosaico dentro del objeto que está rellenando. 3.15 Mb es un relleno grande y hará que, cuando lo guarde, su archivo resulte muy grande; si desea la mejor salida, los mapas de bits dependientes de la resolución dentro de un archivo de CorelDRAW exigen tamaños grandes de archivo.

6. Haga clic en Aceptar (OK) y luego en Aceptar (OK) del cuadro de diálogo Relleno de textura (Texture Fill).

   Se le regresa al diseño de su documento; se rellena el objeto seleccionado.

"Puntos por pulgada" es un término inapropiado para Corel; en realidad usted está especificando la resolución de *pixeles* por pulgada para el relleno de textura, que no es el equivalente de la medida de puntos por pulgada de la resolución de impresión. La opción predeterminada de 120 puntos por pulgada del cuadro de diálogo Opciones de textura (Texture Options) es adecuada para imprimir en una impresora láser personal de 300 o 600 puntos, pero querrá aumentar la resolución de la textura si su documento de CorelDRAW está destinado a una fotocomponedora de alta resolución.

Para más información sobre salida, vea el capítulo 12, "Outputing Your Input" (Cómo darle salida a su información) en su CD de obsequio.

Si cambia el tamaño de un objeto con relleno de textura dentro de su documento, no cambiarán los valores del cuadro de diálogo Opciones de textura (Texture Options). Si usted ha cambiado el tamaño de un objeto con relleno de textura sin guardar una proporción (ha arrastrado la parte media de un tirador de cambio de tamaño hacia uno u otro lado) el relleno se distorsionará de manera proporcional. Si ésta no es su intención, hay un procedimiento rápido de restauración que no necesita cálculos de resolución: elija Persiana de relleno especial (Special Fill Rool-up) del menú lateral de la Herramienta Relleno (Fill tool), haga clic en Actualizar desde (Update From), luego haga clic en el relleno del objeto distorsionado. Con el objeto seleccionado, haga clic en Aplicar (Apply). Con esto, se vuelve a aplicar el relleno de textura para que refleje la nueva forma del objeto. Este truco también funciona con objetos a los que se les cambia el tamaño de manera proporcional, pero usted no puede volver a especificar la resolución de un mapa de bits con la persiana Relleno especial (Special Fill).

Usted puede comprimir una textura dentro de un objeto a medida que cambia su tamaño, pero no puede girarla ni aplicarle contornos, extrusiones ni perspectivas como modificaciones al contenido visual de la textura original. Más adelante, en este mismo capítulo, usted aprenderá sobre estas limitaciones para moldear los sombreados y la forma de un objeto.

Cómo agregar sombreado a un grabado con textura

El color es la única característica de los rellenos de textura que los usuarios de CorelDRAW pueden cambiar con toda seguridad sin preocuparse por la resolución o la distorsión de la cuadrícula de información del mapa de bits. Como los colores se seleccionan independientemente de la brillantez, la suavidad u otros parámetros del relleno de textura, usted puede crear fácilmente un duplicado del letrero de ajedrez, cambiarle los valores de color para sugerir madera sombreada y modificar la posición de la copia para que parezca una sombra del original.

En este ejercicio se le muestra cómo completar el anuncio del club de ajedrez utilizando variaciones de la textura Madera de ajedrez (Chesswood) original que usted creó en el último ejemplo.

Cómo crear un efecto de grabado

1. En el documento CHESCLUB.CDR, haga clic en el letrero con relleno de madera y luego, con el botón derecho del ratón, haga clic sobre la "x" de la paleta de colores.

   Se asigna un trazo sin color y con un ancho de cero a la trayectoria del contorno del objeto.

2. Haga clic en el rectángulo de fondo de CHESCLUB.CDR, luego elija **E**dición (**E**dit) y Copi**a**r propiedades de (Copy Properties **F**rom).

   Aparece el cuadro de diálogo Copiar propiedades (Copy Properties).

3. Haga clic en la casilla de verificación **R**elleno (**F**ill), luego en Aceptar (OK) y, por último, sobre el texto con relleno de madera con el cursor de flecha gigante.

   Se copia la textura Madera de ajedrez (Chesswood) en el rectángulo.

4. Haga clic con el botón derecho del ratón en la "x" de la paleta de colores.

   Se asigna un trazo sin color y con un ancho de cero a la trayectoria del rectángulo.

Está bien, es un poco difícil seguir adelante con esta tarea de prueba si los objetos de frente y de fondo están rellenos con la misma textura. La solución se encuentra en una característica de CorelDRAW! 6, el menú Ven**t**ana (**W**indow). Como CorelDRAW cumple con la función MDI (de multiple document interface; interfaz de documentos múltiples), usted puede abrir una segunda vista de CHESCLUB y asignarle una vista de líneas de dibujo. De esta manera, observará cómo se conforma la composición, y podrá seleccionar los objetos con toda exactitud mientras la crea.

5. Elija Ven**t**ana (**W**indow) y N**u**eva ventana (**N**ew Window), luego elija Ven**t**ana (**W**indow) y **M**osaico vertical (Tile **V**ertically).

   Se abre una segunda ventana, titulada CHESCLUB.CDR:2.

6. Haga clic en la barra de título de la ventana CHESCLUB.CDR:1 y luego en el botón interruptor Dibujo de líneas (Wireframe) de la barra de herramientas (o presione Mayús+F9 (Shift+F9).

Se cambia su vista en la ventana original CHESCLUB.CDR:1 a la vista de dibujo de líneas.

7. Haga clic en Herramientas (Tools) y Opciones (Options), escriba **5 (0.2 pulgadas)** en el cuadro contador Empujar (Nudge) de la ficha General, luego haga clic en Aceptar (OK).

   Se determina el valor de empuje para los objetos seleccionados del documento.

8. En la ventana de la vista dibujo de líneas, haga clic en el letrero con la Herramienta Selección (Pick tool).

   Se selecciona el letrero con relleno de madera.

9. Presione la tecla + del teclado numérico, luego presione una vez la flecha hacia abajo y hacia la derecha del teclado.

   Se duplica el objeto seleccionado, se desplaza la selección 5 milímetros (0.2 pulgadas) hacia la derecha y hacia abajo (vea la figura 5.5.)

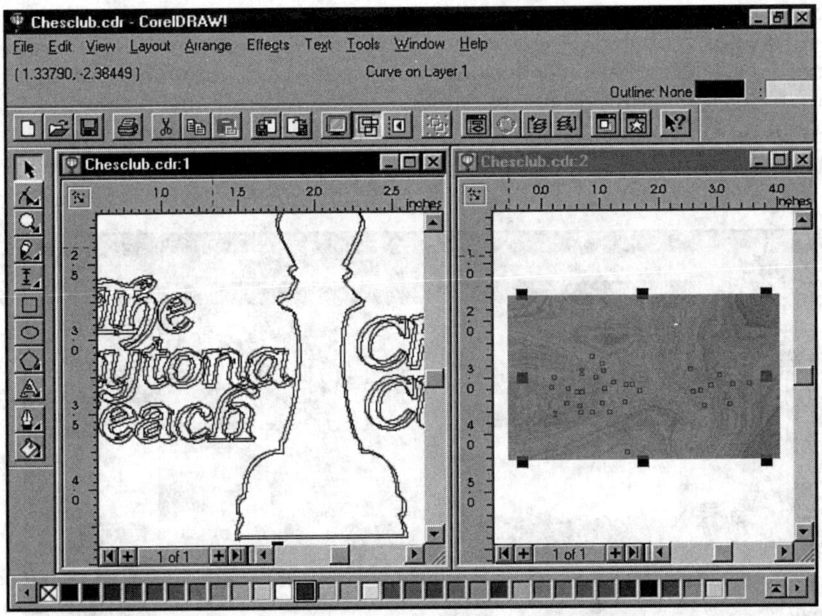

Figura 5.5
Duplique un objeto seleccionado, luego desplácelo una distancia mínima utilizando las teclas de flecha.

10. Presione Ctrl+Av Pág (Ctrl+PageDown).

    Se mueve el duplicado del letrero un objeto hacia el fondo de la pila de objetos; aparece directamente abajo del original.

11. Haga clic en la Herramienta Relleno (Fill tool) y luego en el botón Relleno de textura (Texture Fill).

    Aparece el cuadro de diálogo Relleno de textura (Texture Fill).

12. Haga clic en la paleta de colores descendente Primer mineral (1st mineral) y luego en Otros (Others). Por último, haga clic y arrastre la barra de desplazamiento de color compuesto (a la derecha del modelo de color RGB) hacia abajo, hasta que la muestra Nuevo color (New Color) sea notoriamente más oscura que la muestra Color de referencia (Reference Color).

    El color para el primer mineral es más oscuro, pero se ha cambiado poco el matiz del color original.

13. Haga clic en Aceptar (OK).

    Se le regresa al cuadro de diálogo Relleno de textura (Texture Fill).

14. Haga clic en la paleta de colores Segundo mineral (2nd mineral), luego haga clic en el color café de la primera columna y la quinta fila de la paleta desplegable.

    Se selecciona un segundo mineral nuevo y más oscuro. Vea la figura 5.6.

El color del segundo mineral se seleccionó en la lista descendente en lugar de hacerlo en el modelo de color uniforme porque funciona con este ejemplo; usted está creando un relleno de sombra de textura cuyo valor principal debe acercarse al negro, sin llegar a serlo. En sus propios trabajos, tal vez desee seleccionar cuidadosamente las sombras de los modelos de color CMYK o HSB para todos los colores de un relleno de textura, o cargar una paleta personalizada de colores uniformes para tareas donde resulten críticos los colores específicos de la textura.

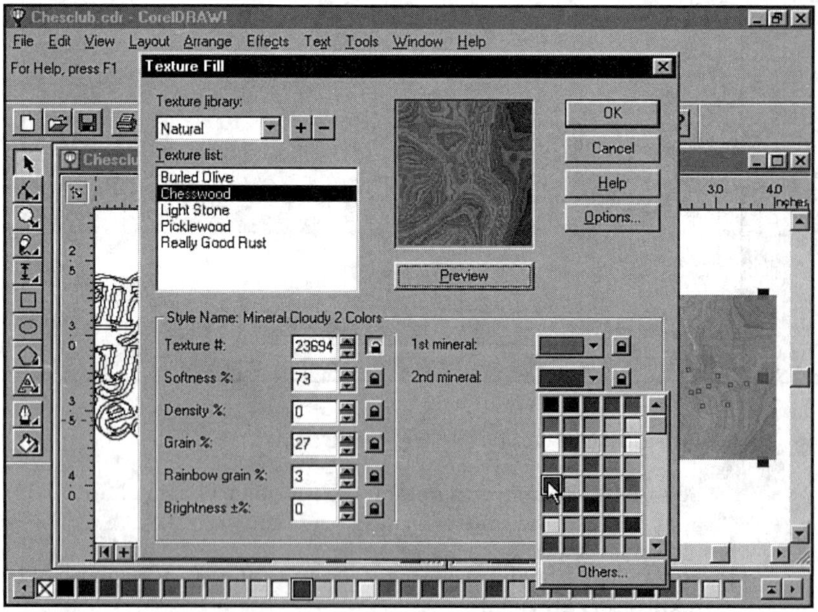

Figura 5.6
Elija sombras más oscuras de café para representar las áreas sombreadas del anuncio grabado del club de ajedrez.

15. Haga clic en Aceptar (OK).

    Se agrega a la copia del letrero un relleno de textura con valores de color más oscuros.

Si desea minimizar la ventana del dibujo de líneas y maximizar la ventana de presentación preliminar, puede hacer un acercamiento a la pieza para examinar la diferencia que crea una textura cuando se añade una sombra (el primero de los dos elementos que producirá el efecto de grabado). En la figura 5.7, puede ver que la copia más oscura del letrero no es una sombra simple y uniforme, sino que está compuesta por los mismos patrones de colores que conforman la textura personalizada Madera de ajedrez (Chesswood). Así es como se comporta la madera real cuando la ilumina la luz del sol; se muestra una parte, pero no mucho, de las características de la superficie del objeto.

Figura 5.7
La cantidad correcta de textura agregada para apoyar a los objetos de una composición puede resaltar un diseño y acentuar una "apariencia".

En los pasos anteriores, no se guardó el relleno de textura más oscuro y, por lo tanto, no aparecerá como un prestablecido de Relleno de textura (Texture Fill) cuando abra un documento nuevo o diferente.

Tip Una manera alternativa pero ligeramente riesgosa de almacenar prestablecidos es copiarlos (cuando sea necesario) de un documento al que usted necesita tener acceso y que contiene muchas texturas de fractales diferentes. No es una metodología de trabajo inteligente, porque si usted pierde el archivo, perderá los prestablecidos, pero los valores y colores específicos de una textura están grabados en un documento y usted puede recuperarlos y copiarlos si está en un apuro. Así se creó la pieza FILLS.CDR utilizada en los ejemplos del capítulo 4, y usted puede agregar texturas de FILLS.CDR a su propia colección con sólo seleccionarlas, ir al cuadro de diálogo Relleno de textura (Texture Fill) y luego hacer clic en el botón +.

En el siguiente ejercicio, terminará la composición agregando un objeto con brillo y textura:

Cómo agregar un brillo al diseño con textura

1. Con la Herramienta Selección (Pick tool), haga clic en el objeto original, presione + en el teclado numérico y, luego, Ctrl+AvPág (Ctrl+PageDown).

   Se crea un duplicado del objeto original y del relleno de fractal; se mueve la copia detrás del original.

2. Presione una vez la flecha hacia la izquierda del teclado y luego la flecha hacia arriba.

   Se mueve la copia 5 milímetros (.2 pulgadas) a la izquierda y 5 milímetros hacia arriba.

3. Haga clic en la Herramienta Relleno (Fill tool) y luego en el botón Relleno de textura (Texture Fill).

   Aparece el cuadro de diálogo Relleno de textura (Texture Fill).

4. Haga clic y arrastre los botones elevadores del cuadro contador Brillo + % (Brightness (+/-) %) hasta que se lea 17 en el campo, luego haga clic en **S**imulación (**P**review).

   Aumenta el valor de brillo de los colores de Madera de ajedrez (Chesswood) (vea la figura 5.8).

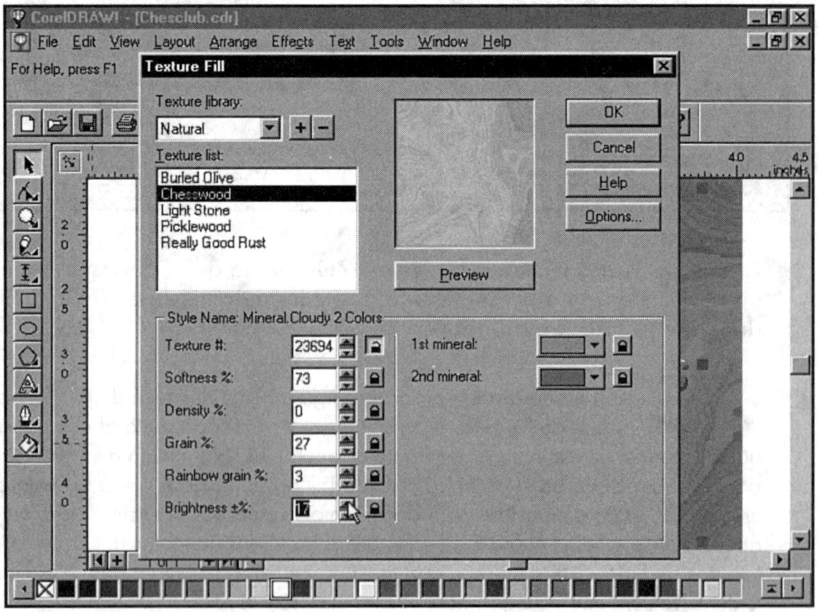

Figura 5.8
Independientemente del tipo de textura prestablecida que usted elija, todas las texturas de fractales tienen un cuadro contador Brillo (Brightness).

5. Haga clic en Aceptar (OK) y luego presione Ctrl+S (Archivo (File) y Guardar (Save)).

   Se completa la composición; se guarda la pieza en el disco duro.

Hay una diferencia cualitativa entre ajustar el valor de brillo para una textura prestablecida y especificar diferentes colores. Cuando el valor de brillo se cambia por una cantidad extrema muchos de los prestablecidos cambian de manera inesperada, y a veces crean combinaciones de colores horribles. Por eso ayuda el hecho de tener diferentes alternativas cuando desea cambiar las cualidades tonales, pero no el patrón de una textura de fractal. En la figura 5.9, usted puede ver el anunció terminado del club de ajedrez. Es un balance afortunado de la forma (los contornos que contribuyen a la forma geométrica) y la sombra, la característica que los espectadores buscan que le preste la sustancia a un diseño.

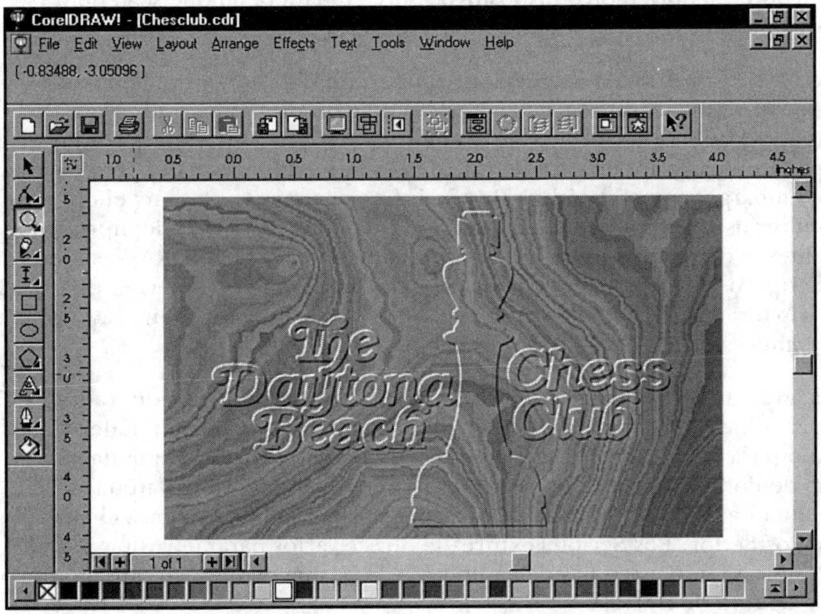

Figura 5.9
Al utilizar las técnicas descritas en esta sección, usted puede crear un diseño grabado de cualquier relleno de textura.

También puede utilizar algunos de los prestablecidos de Corel, sin modificaciones, junto con los pasos de grabado para crear mármol, metal y otras texturas. Además, las variaciones prestablecidas que usted crea en CorelDRAW se guardan con una extensión prestablecida. De modo que las categorías Madera de ajedrez y Natural del ejemplo anterior también aparecerán en Corel PHOTO-PAINT y viceversa.

Nota Es importante observar que, en el ejemplo anterior, el efecto de grabado que usted creó no es una verdadera representación de una forma grabada sobre otra. Un grabado real, físico, muestra un contorno parejo alrededor de la forma, con áreas de resalte mezcladas gradualmente con las áreas sombreadas. El truco del "grabado fuera de lugar" falla porque no muestra los lados del objeto grabado (los objetos de brillo y sombra simplemente desaparecen detrás del objeto original en cierto punto) pero el ojo del espectador tiende a pasar por alto este hecho; casi todo le parece correcto y el truco del grabado fuera de lugar es una técnica de arte efectiva.

Para lograr un efecto de grabado verdadero y fotográfico, revise el filtro de conexión The Boss de CorelPHOTO-PAINT 6 o la nueva aplicación de 32 bits versión 2.0 de los filtros de Alien Skin Software (vea la Resource Guide (Guía de recursos) del *CD de obsequio de CorelDRAW! 6 para expertos* para conocer más detalles).

Opciones de textura PostScript

A diferencia de los rellenos de mapa de bits a los que se tiene acceso con el menú lateral de la Herramienta Relleno (Fill tool), las texturas PostScript son más o menos independientes de la resolución. PostScript es un lenguaje de dispositivo de salida que da instrucciones a una impresora, fotocomponedora u otro dispositivo sobre la manera en que se genera (se trama) una escena gráfica por computadora.

Las texturas PostScript de CorelDRAW pueden agregarse a un objeto, y un objeto con relleno PostScript se imprime tal como se ve en la presentación preliminar, aunque usted no tenga una impresora PostScript. Corel tiene un módulo de interpretación que convierte el código PostScript a no PostScript en caso de que desee darle salida a una impresora láser basada en PCL. Sin embargo, como el código PostScript normalmente no tiene el objetivo de verse en un monitor, usted no puede tener una presentación preliminar de un relleno PostScript sin el contexto de una composición en un documento de CorelDRAW; si desea ver el relleno PostScript, usted debe hacer clic en Simulación de relleno (Preview fill) en el cuadro de diálogo Textura PostScript (PostScript Texture), o darle salida a un archivo para imprimir una copia impresa.

¿Entonces cuál es la gran atracción de las texturas PostScript, si usted no puede trabajar con ellas como rellenos de objetos "normales"? Un objeto con relleno PostScript puede cambiarse de tamaño para que satisfaga cualquier necesidad de diseño; la implantación en Corel de un relleno de PostScript contiene patrones de vectores y algoritmos tipo fractales, no colores de pixel de una imagen de mapa de bits con resolución fija. Además, el cuadro de diálogo Textura PostScript (PostScript Texture) le ofrece varios parámetros para cada prestablecido de PostScript que usted puede cambiar de la misma manera en que modificó un prestablecido de textura de fractal.

En la figura 5.10, verá el cuadro de diálogo Textura PostScript (PostScript Texture) y el prestablecido Paisaje (Landscape). Dependiendo del prestablecido, usted puede cambiar los valores de escala de grises, el tamaño de los mosaicos, el ancho de las líneas y la función aleatoria para la mayor parte de los rellenos de apariencia orgánica.

Como el código PostScript es independiente del dispositivo, incluso puede imprimir un diseño de Adobe Acrobat Distiller, y el archivo PDF resultante puede verse en pantalla con la textura PostScript intacta. Sin embargo, en cada paquete prestablecido de Textura PostScript (PostScript Texture) hay algunas descripciones gráficas que no pueden crearse manualmente ni con otros tipos de relleno de CorelDRAW. Y en lo que se refiere a la composición, es difícil visualizar una textura de PostScript porque el despliegue en pantalla consta de pequeños marcadores de posición de mapa de bits "PS", no de una presentación preliminar de la imagen.

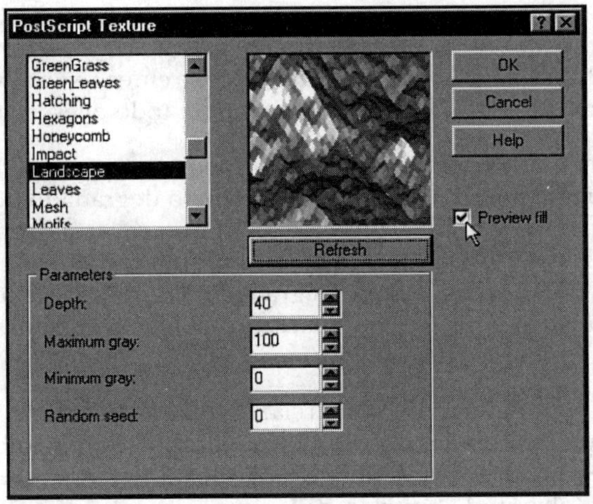

Figura 5.10
Los rellenos PostScript cuentan con una gran variedad de prestablecidos que usted puede editar e imprimir en dispositivos PostScript (e incluso los que no lo son).

Alto Asegúrese de que tiene una poderosa razón para hacer clic en el botón Simulación de relleno (Preview fill) del cuadro de diálogo Textura PostScript (PostScript Texture). Incluso con un rápido procesador Pentium, el módulo de tramado de CorelDRAW puede tardar 15 segundos en interpretar la presentación preliminar de una textura de PostScript.

Permítame repetirlo, la función principal de PostScript no es verse en el monitor de una aplicación; se trata de un método compacto, independiente de la plataforma y el dispositivo para describir una página que habrá de imprimirse. Si usted está diseñando la pantalla de una página Web para Internet. O una presentación multimedia, las texturas PostScript simplemente no son adecuadas. Los colores de pantalla CMYK, la capacidad para rellenar un objeto de dimensiones no especificadas y la capacidad para compartir un archivo que contiene código PostScript con usuarios de Macintosh y Unix hacen que el relleno de textura PostScript sea una buena elección para la edición por computadora y otro tipo de salidas físicas.

Cómo sobreponerse a las limitaciones de los rellenos automatizados

No cometa un error: los rellenos degradados, de mapa de bits a color y todos los otros que usted puede utilizar a partir del volante de la Herramienta Relleno (Fill tool) sólo satisfacen las necesidades generales de diseño. Por ejemplo, si necesita un relleno degradado lineal para 100 objetos diferentes en una página, muchas otras aplicaciones de dibujo lo obligan a crear el efecto utilizando objetos mezclados. Esto crea un archivo innecesariamente grande, y también se envía a la salida con mucho más lentitud que si se utilizara un simple relleno degradado.

Pero los rellenos degradados (en realidad todos los rellenos de Efectos especiales (Special Effects) de CorelDRAW) sufren el síndrome de "visto a través de una ventana"; el objeto que lo contiene puede manipularse para sugerir perspectiva, y los nodos se pueden editar, pero la perspectiva del relleno, vista a través de la forma del objeto que la contiene, permanece constante. La razón para esta conducta inamovible es que los objetos vectoriales en realidad *son* "ventanas de evaluación" para el patrón prestablecido; usted puede modificar el contenedor, pero las acciones no afectan la orientación del relleno. Los patrones de la Herramienta Relleno (Fill tool) empiezan y terminan en los extremos vertical y horizontal de un objeto (sin importar si las dimensiones del objeto ocupan todo el espacio de relleno).

En el ejemplo siguiente, NEON.CDR, se proporcionan dos patrones que parecen iguales; uno se creó utilizando una serie de mezclas; el otro es un relleno degradado personalizado. Por lo general, ocupa mucho tiempo y no se aconseja elaborar un relleno degradado a partir de objetos mezclados sobrepuestos, pero ésta no es una situación normal. Suponga que necesita envolver un objeto 3D con un relleno degradado. Usted no puede obtener una textura dimensional (un degradado de colores que parezcan doblarse en la esquina de un plano en perspectiva) utilizando rellenos degradados.

La siguiente serie de pasos podrían parecer un comercial clásico de televisión, una "prueba de tortura" entre la Marca X (un relleno degradado personalizado) y nuestro héroe, la mezcla "sintética de relleno degradado". Usted puede dejar de participar en la primera mitad de la prueba, si lo desea (el método equivocado), pero asegúrese de probar lo moldeable y dimensional que es la mezcla de NEON.CDR y cómo puede utilizar la mezcla en una multitud de tareas especiales de diseño.

Nota El documento NEON.CDR tiene varias capas, así que no se alarme si ciertos objetos no se pueden mover con la Herramienta Selección (Pick tool) cuando haga la prueba con este ejemplo. El texto se ha convertido en curvas, el contorno dimensional de un cubo delineado con azul claro está protegido en Layer 1 (Capa 1) y usted puede trabajar con los objetos de relleno localizados en Layer 2 (Capa 2).

He aquí la manera equivocada (y la correcta) de agregar un sombreado dimensional a un grupo de objetos con una perspectiva 3D:

Cómo crear superficies 3D

1. Abra el archivo NEON.CDR, de la carpeta EXAMPLES\CHAP05 del *CD de obsequio de CorelDRAW! 6 para expertos.*

   Se trata del documento que contiene dos objetos diferentes que parecen idénticos.

2. Elija Diseño (Layout) y Encajar en objetos (Snap to Objects).

   Se crea un ambiente en la ventana de dibujo donde los objetos y los nodos resultan atraídos por los objetos y los nodos de otras formas.

3. Con la Herramienta Selección (Pick tool), haga clic y arrastre el objeto marcado "Fountain Fill" ("Relleno degradado") hacia el contorno del cubo. Antes de soltar el cursor, haga clic con el botón derecho del ratón.

   Se deja una copia del objeto de relleno degradado donde lo colocó; el original permanece en la misma posición de la página.

4. Haga clic en la Herramienta Forma (Shape Tool) (o presione F10) y luego en la esquina superior izquierda del relleno degradado y arrástrela para que se ajuste a la esquina superior izquierda del contorno del cubo.

Usted está formando el relleno degradado para que se adecue al lado izquierdo de la forma del contorno del cubo.

5. Repita el último paso con las otras tres esquinas del relleno degradado (vea la figura 5.11).

   La cara izquierda del contorno del cubo se rellena con el degradado.

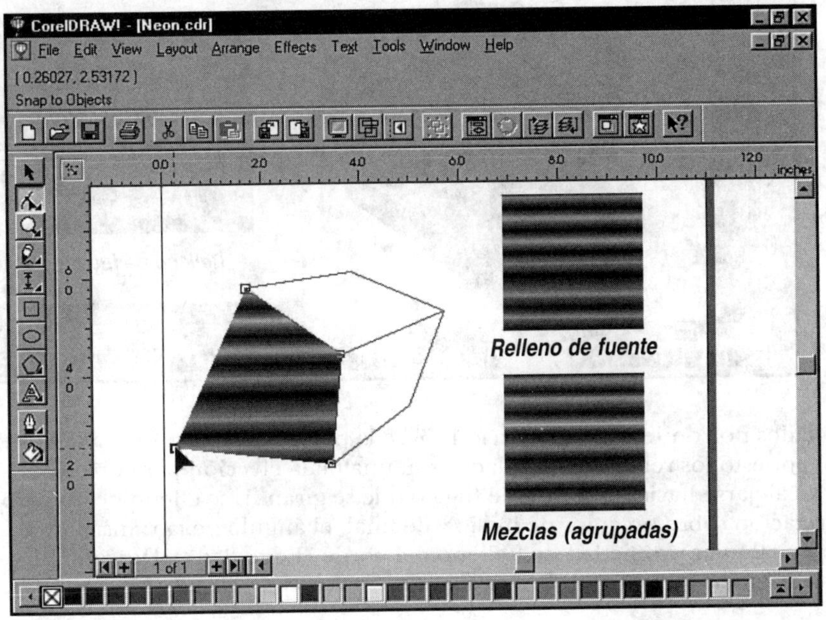

Figura 5.11
Un relleno degradado puede ajustarse a cualquier forma para crear diferentes diseños geométricos, pero el patrón conserva su orientación.

6. Presione la barra espaciadora, luego haga clic y arrastre el relleno degradado original hacia la parte superior del contorno del cubo. Antes de soltar el cursor, haga clic con el botón derecho del ratón.

   Se cambia de la Herramienta Forma (Shape Tool) a la Herramienta Selección (Pick tool); se deja una segunda copia del relleno degradado junto al contorno del cubo.

7. Presione la barra espaciadora, luego repita los pasos anteriores utilizados para que el relleno degradado se ajuste a la cara superior del contorno.

   Se cambia de la Herramienta Selección (Pick tool) a la Herramienta Forma (Shape Tool); se rellana el segundo lado del contorno del cubo.

8. Repita los últimos dos pasos, luego elija Archivo (File) y Guardar como (Save As), y guarde el archivo como NEON.CDR en su disco duro.

   Se completa el relleno del contorno del cubo; se guarda su trabajo hasta este punto (vea la figura 5.12).

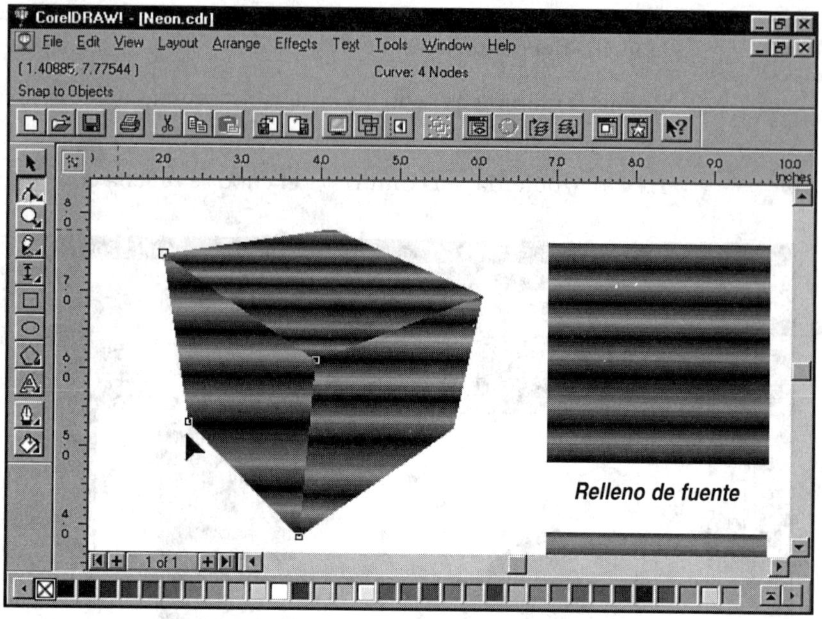

Figura 5.12
El detalle visual del objeto con relleno degradado no corresponde a los contornos dimensionales que la forma sugiere.

Los rellenos degradados no contienen información sobre la perspectiva ni la forma del objeto que rellena; por esto los rellenos degradados son una mala elección para objetos realistas que parecen alejarse hacia un punto de fuga o que se giran. Un relleno degradado sólo contiene información sobre un color de inicio y de final, el ángulo de la transición de relleno degradado y cualquier propiedad de Relleno del borde (Edge Pad) y Descentrado (Offset) que le haya asignado.

Hasta cierto punto, usted puede mejorar un relleno degradado al que le falta "dirección" cambiando el Ángulo (Angle) del relleno (haga clic y arrastre en el cuadro de presentación preliminar), pero esto no resuelve el problema inherente a una propiedad rectangular del relleno especial; el relleno degradado, de 2 colores, de color y otros tipos de relleno especial siempre crearán un patrón dentro de un área rectangular que *abarca* la forma destino. Así que es improbable que usted pueda rellenar de manera precisa un objeto no rectangular con un patrón.

En el siguiente ejercicio, el objeto mezclado en NEON.CDR se manipula de un manera similar al relleno degradado, pero con resultados completamente diferentes. Se crea un efecto angular y dimensional utilizando una mezcla, porque cada objeto de la mezcla tiene las mismas propiedades que cualquier otro objeto que haya creado en CorelDRAW (usted puede distorsionar y girar los objetos de una mezcla agrupada). Esto crea algunas maravillosas posibilidades de diseño, pero como los objetos de la mezcla están agrupados, usted no puede manipular la colección de objetos con la Herramienta Forma (Shape Tool). En vez de eso, utilizará el comando Contorno (Envelope), que funciona de manera parecida a la edición directa de los nodos de un objeto con la Herramienta Forma (Shape Tool) (excepto que la edición puede desarrollarse con muchos objetos agrupados a la vez). He aquí cómo rellenar un cubo dándole dimensión.

Cómo rellenar un objeto con una serie de otros objetos

1. Si completó el ejercicio anterior, elija la Herramienta Selección (Pick tool), trace un recuadro para seleccionar los tres rellenos degradados que se distorsionaron sobre el contorno del cubo y luego presione Supr (Delete) antes de empezar con este ejemplo.

2. Elija la Herramienta Selección (Pick tool). En el documento NEON.CDR, haga clic y arrastre los objetos etiquetados "Blends (grouped)" ("Mezclas (Agrupado)") hacia la cara izquierda del contorno del cubo, luego haga clic con el botón derecho del ratón antes de soltar el cursor.

   Se coloca una copia de la mezcla agrupada sobre la cara izquierda del cubo.

3. Elija Efectos (Effects) y Añadir perspectiva (Add Perspective).

   Aparece un recuadro punteado alrededor de los objetos mezclados y agrupados; la Herramienta Forma (Shape Tool) se selecciona automáticamente.

4. Haga clic y arrastre la esquina superior izquierda de los objetos agrupados hacia la esquina superior izquierda de la cara izquierda del contorno del cubo.

   La esquina se ajusta en la esquina de la cara izquierda del cubo.

5. Repita el último paso con las otras tres esquinas del objeto mezclado.

   Se completa el relleno de la cara izquierda del cubo (vea la figura 5.13).

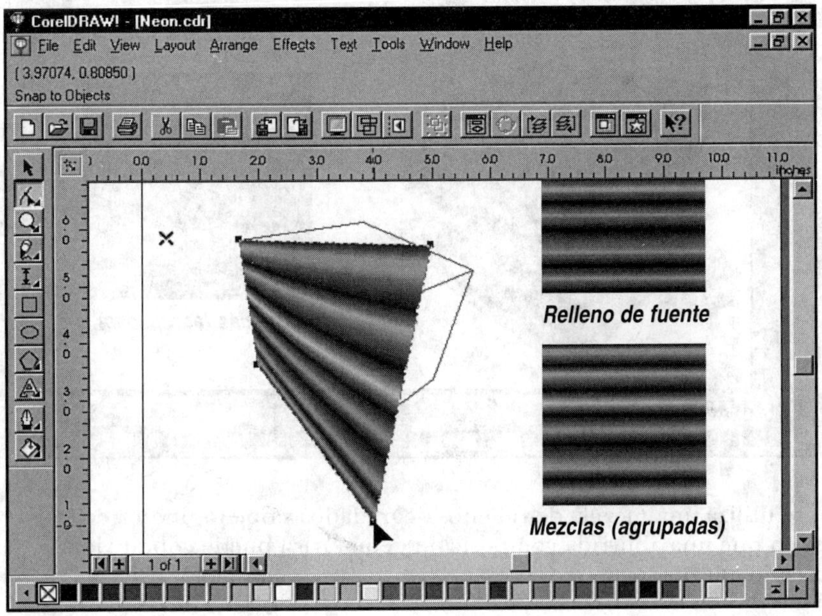

Figura 5.13
Una colección de objetos discretos puede distorsionarse de una manera que no se puede lograr con Relleno especial (Special Fills).

Siéntase con la libertad de jugar un poco con los objetos mezclados. Observará que el efecto de un relleno degradado personalizado puede cambiarse en gran medida como un solo objeto de CorelDRAW.

6. Repita los cuatro pasos anteriores con los lados superior y derecho del contorno del cubo.

   Se completa el diseño del cubo.

7. Presione Ctrl+S (Archivo (File) y Guardar (Save)).

   Se guarda la pieza terminada en su disco duro.

8. Elija **D**iseño (**L**ayout), luego elimine la marca de verificación del comando Encajar en **o**bjetos (Snap to **O**bjects).

   Se elimina el estado de ajuste para su trabajo posterior en CorelDRAW; ¡evita que llegue a pensar que la conducta futura de la ventana de dibujo es extraña!

En la figura 5.14 usted puede ver el resultado del ejemplo anterior; parece como si el cubo se hubiera tapizado con vinil rayado, pero lo más importante es que la textura sigue las líneas de perspectiva del cubo.

Figura 5.14
Un relleno debe sugerir el mismo punto de vista que un objeto; los objetos mezclados ayudan a integrar la forma con el sombreado.

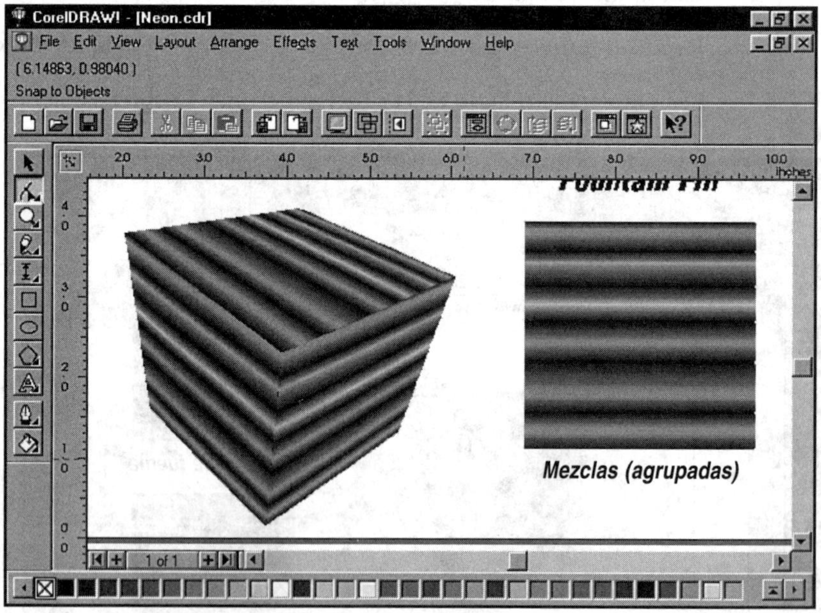

En la siguiente sección se utiliza una mezcla de rellenos degradados y objetos mezclados para mostrar la manera en que una aburrida composición geométrica puede cobrar vida con el uso de un sombreado adecuado.

Cómo utilizar combinaciones de sombreado manual y automático

La *integración* es el concepto clave para el uso del grupo de opciones de CorelDRAW y de otras aplicaciones para crear una composición. Como verá hacia el final de este capítulo, los rellenos para los objetos vienen de muchos lugares diferentes. Las imágenes de CorelPHOTO-PAINT pueden mejorar un diseño e incluso jugar un papel central en una composición.

Su elección de los tipos de relleno para un diseño necesariamente está determinada por la forma (el contorno geométrico) de los elementos de diseño, como vio en las secciones anteriores. Ha llegado la hora de integrar objetos de mezcla agrupados con rellenos para crear sombreados en un diseño que necesita ambas técnicas para rellenar un espacio. En el ejemplo que sigue, un póster para un festival de animación ilustra en cinco pasos una pelota rebotando, como se muestra en la figura 5.15.

Figura 5.15
Se necesitan diferentes tipos de rellenos para sombrear de manera realista diferentes tipos de formas outline shapes.

En algunos puntos de la trayectoria de la pelota, ésta se distorsiona al golpear el piso. Las formas perfectamente esféricas se sombrean idealmente con los rellenos degradados radiales, porque este tipo de relleno degradado empieza con un círculo de color que emana hacia afuera en bandas de color perfectamente concéntricas. Sin embargo, un relleno degradado radial no puede imitar las sombras reales de un círculo distorsionado porque siempre mantiene su propiedad de sombreado circular.

En los siguientes pasos usted creará rellenos de sombra para las versiones redondas de la pelota del póster del festival; después, en los últimos pasos, creará mezclas complejas para rellenar las formas aplastadas de la pelota. Para aumentar el sentido de dimensión en la pelota rebotando, utilizará un relleno degradado radial (conformado por pasos de relleno al principio, al final *y* en medio). El efecto produce un brillo en la pelota, un sombreado y también una *luz de hundimiento* (una fuente de luz secundaria que se utiliza frecuentemente en una escena para definir la orilla de un objeto cuyo contorno podría perderse en las áreas de sombra de una escena).

Nota el documento FESTIVAL.CDR contiene elipses sin relleno en Layer 1 (Capa 1); la capa Background (Fondo) y la capa Locked (Protegida) contienen otras partes de la escena, y están protegidas. Además, los elementos de texto se han convertido en curvas para asegurar que usted pueda ver la composición como se pretendió, sin que deba tener las mismas fuentes instaladas en su sistema.

Todo lo que necesita hacer para completar la composición de ejemplo es trabajar con el objeto en Layer 1 (Capa 1), pero sienta la libertad de desproteger las otras capas para ver cómo se crearon los demás elementos de la escena.

He aquí cómo crear un relleno degradado personalizado que puede utilizar en muchos objetos redondeados cuando trabaje con CorelDRAW.

Cómo crear el relleno 3D de una esfera

1. Abra el documento FESTIVAL.CDR de la carpeta EXAMPLES\CHAP05 del *CD de obsequio de CorelDRAW! 6 para expertos.*

   Se trata de la composición a la que agregará sombras.

2. Elija la Herramienta Zoom (Zoom tool), haga clic con el botón derecho del ratón sobre la ventana del documento y elija Zoom para ajustar (Zoom To Fit) del menú de método abreviado.

   Se crea una vista de edición cómoda. Si no tiene especificada Acción por defecto (Default action) para propiedades de la Herramienta Zoom (Zoom tool) (vea el capítulo 2, "Cómo personalizar CorelDRAW!"), y tiene en cambio Reducir (Zoom out) o Usar tradicional zoom lateral (Use traditional zoom flyout) especificadas como propiedades de la Herramienta Zoom (Zoom tool), simplemente trace un rectángulo de selección alrededor del diseño. utilizando la Herramienta Zoom (Zoom tool).

3. Elija la Herramienta Selección (Pick tool), haga clic en el contorno de la elipse de la izquierda, luego en la Herramienta Relleno (Fill tool) y, por último, en el botón Relleno degradado (Fountain Fill).

   Se despliega el cuadro de diálogo Relleno degradado (Fountain Fill).

4. Elija Radial de la lista descendente Tipo (Type), luego haga clic y arrastre en el cuadro de presentación preliminar para que el centro del relleno quede en la esquina superior derecha del cuadro.

   Se selecciona el tipo adecuado de sombreado para la elipse; se establece la dirección de la fuente de luz para el diseño.

A partir de este momento, cualquier cosa que usted agregue a FESTIVAL.CDR debe mostrar características de iluminación que coincidan con la dirección del brillo de la pelota que acaba de especificar. En otras palabras, la luz debe proyectarse desde la parte superior izquierda de la composición; por lo tanto, el sombreado debe darse en la esquina inferior derecha de todos los objetos futuros.

5. Haga clic en el botón de opción **P**ersonalizado (C**u**stom), luego haga doble clic sobre el área Mezcla de colores (Color Blend).

   Se crea un paso intermedio en el relleno degradado radial; como opción predeterminada, el color de principio, negro, se encuentra asignado al paso intermedio.

6. Haga clic y arrastre el marcador de la zona de color a la derecha hasta que se lea 33 en el cuadro contador Posición (Position).

   Se coloca con exactitud el paso de relleno intermedio.

7. Haga clic en la muestra de 80& de negro de la paleta de colores.

   Se asigna 80% de negro al paso de color intermedio seleccionado en el relleno.

8. Haga clic en el marcador de color que se encuentra a la izquierda del área de mezcla de color, luego haga clic en 10 % de negro en la paleta de colores.

   Se hace que el relleno degradado se mueva de 10% a 80% de negro y luego al final predeterminado de color de blanco.

9. Escriba **10** en el cuadro contador Relleno del **b**orde (**E**dge Pad) (o utilice los botones elevadores).

   Aumenta la tasa de transición entre los componentes de colores del relleno degradado (vea la figura 5.16).

Notará que al aumentar el valor de Relleno del **b**orde (**E**dge Pad) se desalinean los marcadores del área Zona de color (Color Blend). Esto está bien, y usted debe restablecer los marcadores que creó. El valor del relleno del borde opera de manera independiente de los pasos de relleno degradado intermedios para aumentar la tasa cambio en un relleno; por esto el último paso en la creación de tal relleno debe ser cambiar la configuración del relleno del borde para un relleno personalizado. Ahora debe guardar el relleno que ha creado:

10. Escriba **Pelota 3D (3D Ball)** en el campo Predeterminados (Presets) y luego haga clic en el botón + a la derecha del campo Predeterminados (Presets).

    Se agrega a la lista de predeterminados el relleno degradado que ha diseñado.

11. Haga clic en Aceptar (OK).

    Se le regresa a FESTIVAL.CDR, con la elipse de la izquierda ya rellenada.

12. Haga clic con el botón derecho del ratón sobre la “x” de la paleta de colores.

    Se asigna un valor nulo al contorno de la elipse.

Figura 5.16
Usted puede crear una segunda fuente de iluminación dentro de un relleno degradado agregando pasos intermedios a la zona de mezcla de colores.

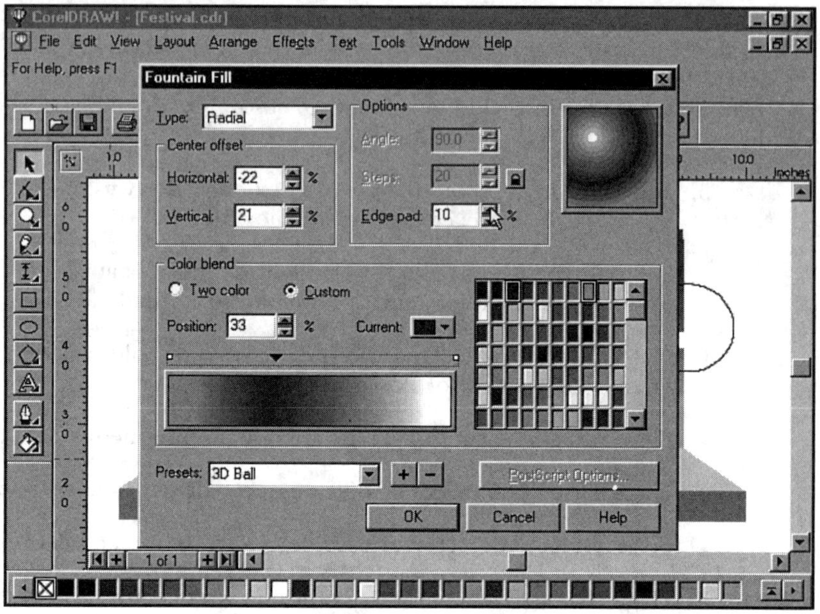

13. Elija Archivo (File) y Guardar como (Save As), luego guarde la composición como FESTIVAL.CDR en su disco duro.

    Se guarda su trabajo en el estado intermedio.

Como puede ver en la figura 5.17, la bola que rebota se roba el show; el relleno degradado dimensional tiene un patrón parecido a la forma del contorno del objeto. Cada vez que necesite iluminar un objeto para que parezca de 3D, elija el tipo de sombreado que coincida con la forma del objeto que se supone que el relleno está sombreando.

Otras dos pelotas de FESTIVAL son idénticas a la pelota que usted ha sombreado. Para rellenarlas, puede seleccionarlas y regresar al cuadro de diálogo Relleno degradado (Fountain Fill), pero es mucho más rápido copiar el color y el ancho del contorno (que es nulo) y el relleno de la pelota 3D existente. Para hacerlo, seleccione las dos elipses sin relleno (números 2 y 5 en la secuencia de izquierda a derecha), elija Edición (Edit) y Copiar propiedades de (Copy Properties From), haga clic en las casillas Pluma del contorno (Outline Pen), Color del contorno (Outline Color) y Relleno (Fill) para marcarlas, haga clic en Aceptar (OK), luego señale con el cursor de flecha grande a la pelota que ya ha copiado y haga clic, como se muestra en la figura 5.18.

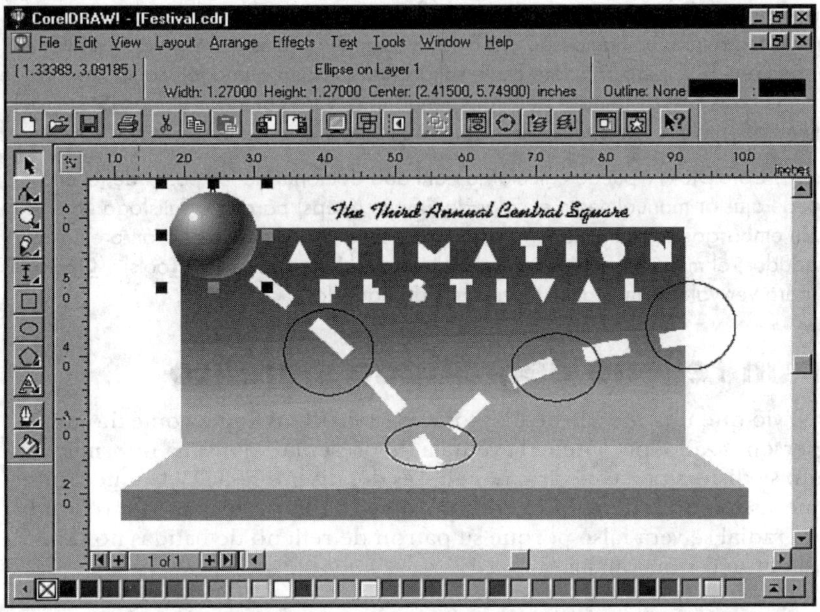

Figura 5.17
El juego de colores claros contra oscuros en un relleno degradado imita el sombreado de objetos en el mundo real.

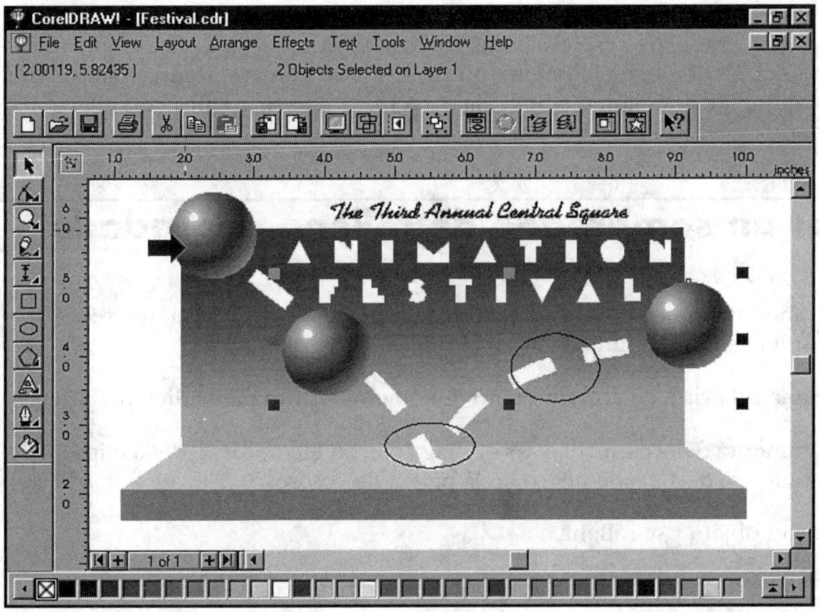

Figura 5.18
Usted puede copiar las propiedades de un objeto a otros utilizando el comando Copiar propiedades de (Copy Properties From) de Edición (Edit).

Tip 50 es el número predeterminado de pasos en rellenos degradados, porque Corel Corp. supone que usted quiere un tiempo de redibujo de pantalla óptimo. Este valor era bueno para el ejemplo de imagen anterior, pero si quiere darle salida a la imagen a una fotocomponedora de alto nivel, aumente el número de **E**tapas (**S**teps), desprotegiendo el cuadro contador **E**tapas (**S**teps) del cuadro de diálogo Relleno degradado (Fountain Fill) y luego aumentando el número.

A la hora de la impresión, CorelDRAW puede calcular la cantidad opcional de los pasos de relleno degradado, o usted puede ajustar manualmente el valor de **E**tapas (**S**teps) para que satisfaga una necesidad particular. Sin embargo, no aumente el valor si sólo desea ver una presentación preliminar con más rellenos degradados; el menú Mostrar (Display) del comando **H**erramientas (**T**ools) y **O**pciones (O**p**tions) es su boleto para ver valores más altos de rellenos degradados.

Cómo crear un relleno degradado sintético

En el ejemplo NEON, vio que una mezcla de objetos de CorelDRAW imita con éxito un relleno degradado personalizado, pero tiene la ventaja de presentar la misma información de sombreado cuando se distorsiona o se gira. Las elipses del diseño FESTIVAL que aún se tienen que rellenar necesitan un relleno de mezcla porque no son perfectamente redondas; un relleno degradado radial se verá falso porque su patrón de relleno de bandas no corresponderá con la elipse distorsionada.

Por lo tanto, es hora de crear una mezcla de color de dos pasos que utiliza los mismos valores de color que definió en el relleno personalizado del último ejemplo. Como las mezclas son dinámicas, los tres objetos que creará para que representen las transiciones de color intermedias pueden cambiarse (reposicionarse) después de que se aplica el efecto de Mezcla (Blend), para que se obtenga fácilmente un relleno que parezca idéntico al relleno degradado personalizado. He aquí cómo crear una mezcla que sea armónica con el sombreado del relleno degradado personalizado.

Cómo crear un sombreado de relleno degradado manual

1. Con la Herramienta Zoom (Zoom tool), trace un recuadro de selección alrededor de la elipse intermedia (la número 3) en el diseño FESTIVAL.

   Se proporciona una vista de acercamiento del objeto destino para edición.

2. Con la Herramienta Selección (Pick tool), haga clic en el contorno de la elipse y luego en la muestra de 10% de negro en la paleta de colores.

   Se selecciona el objeto y se rellena.

3. Presione +, luego haga clic en la muestra de 80% de negro de la paleta de colores.

   Se copia la elipse seleccionada; se rellena con un 80% de color.

4. Haga clic en el tirador intermedio, a la derecha de la elipse de 80% de negro, luego haga clic y arrastre a la izquierda hasta que en la línea de estado se lea X escala: 80% (X Scale: 80%).

Se cambia la dimensión horizontal de la elipse de manera desproporcionada.

5. Haga clic en el tirador, que se encuentra en la parte media e inferior de la elipse con el relleno de 80% de negro, luego arrastre hacia arriba hasta que se indique en la barra de estado que la escala de Y es de aproximadamente 90%, luego suelte el cursor.

   Se cambia la dimensión vertical de la elipse de manera desproporcionada (vea la figura 5.19).

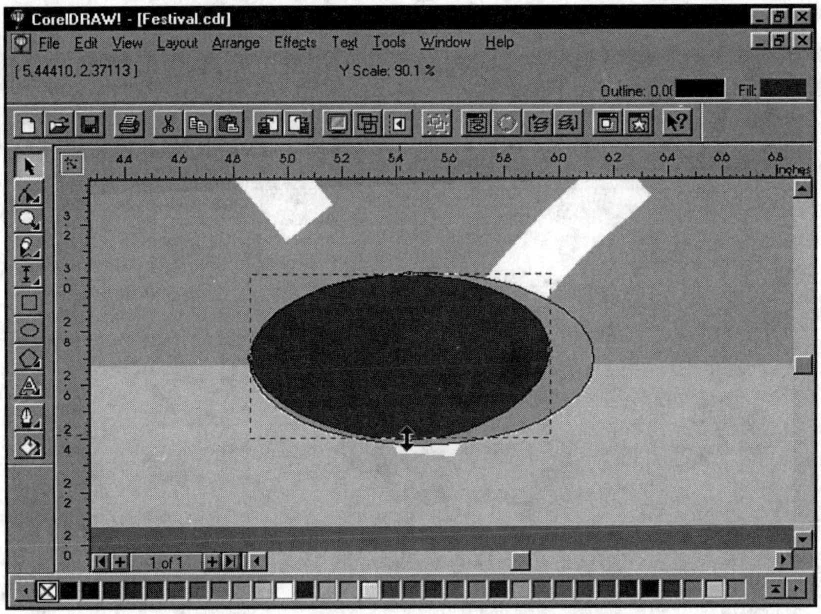

Figura 5.19
Cree una copia del objeto original, luego cambie su tamaño para que coincida con el área de transición de color del relleno degradado personalizado que creó.

Lo que ha hecho en el último paso es crear un área de transición de color para la pelota distorsionada; esta área corresponde al área sombreada en el degradado con el que están rellenas las otras tres pelotas. Ahora creará la *transición* entre los dos objetos.

6. Seleccione ambas elipses con un marco, luego elija Efectos (Effects) y **M**ezcla (**B**lend) (Ctrl+B).

   Aparece la persiana Mezclar (Blend).

Piense por un momento en la salida antes de crear la mezcla. Si usted imprime la pieza terminada en una impresora común de 300 puntos por pulgada, el número máximo de sombras de escala de grises únicos que puede generar esta imagen es de 49. Esto va del blanco al 100% de color (por lo general negro). Además, la pelota no es muy grande; sólo mide unos 2.5 centímetros (una pulgada) de diámetro, y el área de transición es incluso más pequeña. Usted sólo verá alrededor de 3 milímetros (1/8 de pulgada) de los objetos mezclados entre el principio y el fin del objeto. Además el color de transición del efecto Mezcla (Blend) se crea a través de los objetos intermedios de 10% a 80%, así que no requerirá 49 sombras de medios tonos en la impresora.

Debe hacer la prueba con una cantidad de etapas de mezcla *menor* que el 20 predeterminado; 14 es un número arbitrario (suele trabajar de manera eficiente), y le ayuda a limitar el número de objetos en la página, mejorando el tiempo de generación y de redibujo de la pantalla.

7. Escriba **14** en el cuadro contador Etapas (Steps), luego haga clic en Aplicar (Apply) (vea la figura 5.20).

   Se crean 14 pasos intermedios (objetos) con valores de transición entre las elipses de 80% y 10% de negro.

Figura 5.20
Evalúe el número de pasos de mezcla para un elemento de diseño basado en el tamaño de la mezcla de la transición y la capacidad de la impresora.

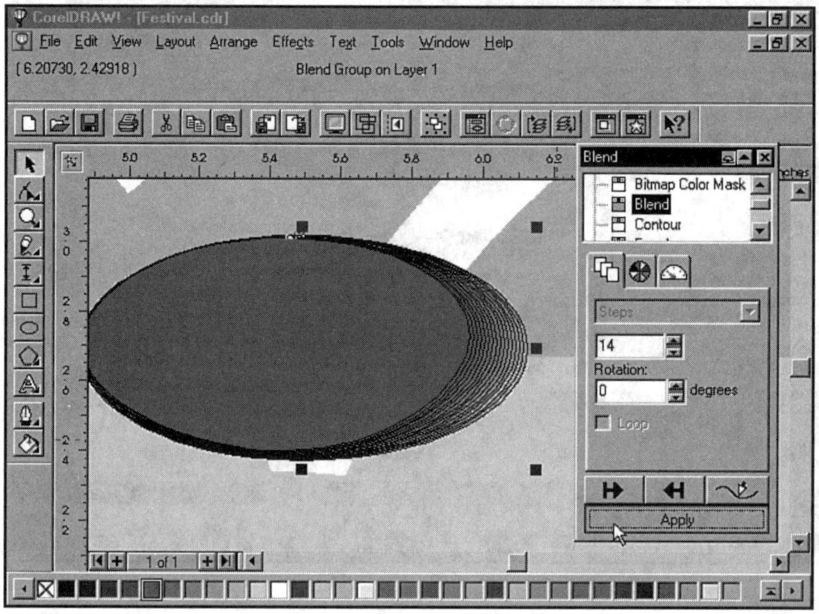

8. Haga clic con el botón derecho del ratón sobre la "x" de la paleta de colores.

   Se elimina el contorno de las elipses de mezcla y de control.

9. Haga clic en el fondo de FESTIVAL.CDR y luego en la elipse de 80% de negro.

   Se deja de seleccionar el grupo de mezcla, luego se selecciona la elipse de 80% de negro.

Por lo general, usted seleccionaría accidentalmente los objetos de fondo al hacer clic sobre ellos en un intento por dejar de seleccionar el grupo de mezcla. Sin embargo, los objetos de fondo se encuentran en la capa protegida de FESTIVAL.CDR; CorelDRAW no reconoce los objetos de una capa protegida, de modo que el último paso sí funcionó.

10. Presione +, luego haga clic en la muestra blanca de la paleta de colores.

Se crea una copia de la elipse de control de 80% de negro; se rellena con blanco.

11. Haga clic y arrastre los tiradores intermedios de la elipse blanca hasta que la elipse sea básicamente circular (menos distorsionada), luego haga clic y arrastre el tirador que se encuentra en la parte inferior derecha, hasta que el círculo blanco sea de aproximadamente el 1/15 de la elipse de 80% de negro (revise la línea de estado mientras lo hace).

    Usted ha creado el "paso final" para esta mezcla compuesta.

12. Haga clic y arrastre el círculo blanco hasta que esté colocado dentro de la esquina superior izquierda de la elipse de 80% de negro.

    Al cambiar el tamaño de los objetos también se tiende a cambiar su posición.

13. Con el círculo blanco seleccionado, presione la tecla Mayús (Shift) y haga clic en la elipse de 80% de negro, escriba **20** en el campo Etapas (Step) de la persiana Mezclar (Blend), luego haga clic en Aplicar (Apply).

    Se aplica una mezcla entre la elipse de 80% de negro y la blanca.

14. Presione F3 (o amplíe la vista con la Herramienta Zoom (Zoom tool)).

    Se le aleja a una vista que incluye la mezcla compuesta y, por lo menos, uno de los rellenos degradados.

Si la pelota mezclada compuesta se ve sombreada de manera parecida a las pelotas rellenadas con el degradado, lo ha hecho bien. Si el sombreado parece descentrado o poco parecido a las pelotas con el relleno degradado, seleccione una de las elipses de control con la Herramienta Selección (Pick tool) y muévala. Los objetos de la mezcla se reajustarán para compensar cualquier cambio que haga en los objetos de control, porque las mezclas están vinculadas a los objetos "padre". Además, tal vez quiera restablecer el valor de Empujar (Nudge) en la ficha General del cuadro de diálogo Opciones (Options) a .18 milímetros (.007 pulgadas) y tratar de empujar en lugar de manipular directamente un objeto de control.

15. Presione Ctrl+S (Archivo (File) y Guardar (Save)).

    Se guarda su trabajo en esta etapa intermedia.

En la figura 5.21, puede ver el resultado de los pasos anteriores.

Corel Corp. no puede anticipar sus necesidades personales de diseño y, por lo tanto, no puede acomodarlas con un relleno degradado elíptico, trapezoide, con forma de tostador, etcétera. Sin embargo, ahora ha aprendido cómo crear manualmente una transición de color suave entre objetos de control intermedios y puede utilizar esta técnica en casi cualquier situación de diseño que exija efectos suaves tipo pincel de aire.

Aún falta rellenar la pelota número 4, pero no tiene que repetir los pasos del ejemplo anterior. Como vio en el ejemplo de NEON, una mezcla agrupada puede cambiarse de

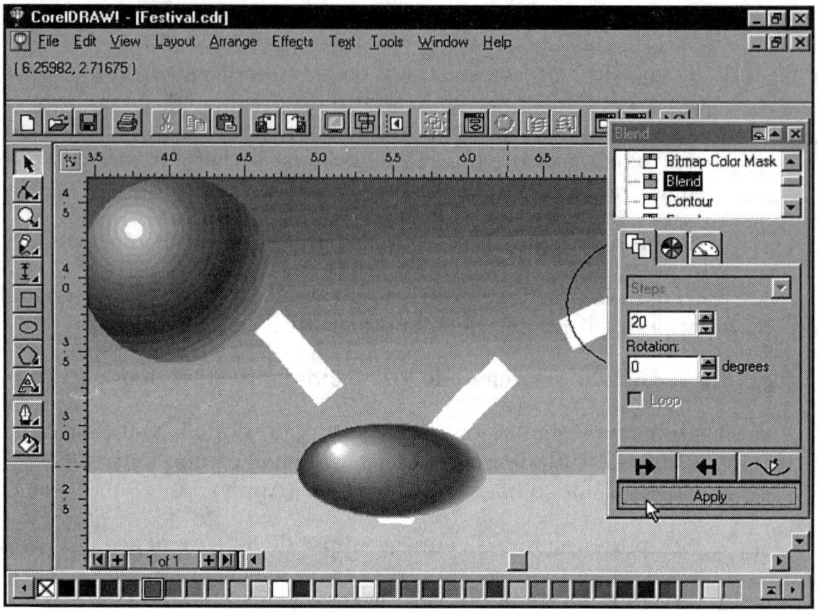

Figura 5.21
Usted puede crear sus propios efectos de iluminación fotorrealistas cuando utilice objetos mezclados junto con rellenos degradados.

forma y ajustar los patrones internos de manera proporcional para que refleje los cambios. Para sombrear la pelota número 4, siga estos pasos:

1. Trace un rectángulo para seleccionar todos los objetos que componen la mezcla con la Herramienta Selección (Pick tool). Asegúrese de que la línea de estado indique que la selección actual es un Objeto compuesto de 5 elementos (Compound Object of five Elements). Si por error selecciona un objeto de control en lugar de todos los componentes, se distorsionará la mezcla compuesta, pero no se moverá en el siguiente paso.

2. Haga clic, mantenga presionado el botón del ratón y arrastre los objetos a la parte inferior de la elipse número 4, luego haga clic con el botón derecho del ratón para colocar una copia en la elipse número 4 mientras el conjunto original permanece donde lo creó.

3. Haga clic y arrastre hacia arriba el tirador que se encuentra en la parte superior intermedia del objeto compuesto, hasta que el contorno de presentación preliminar (la línea punteada azul) encuentre la parte superior de la elipse número 4, luego suelte. (Vea la figura 5.22.)

4. Elimine el contorno número 4, luego presione Ctrl+S para guardar su trabajo.

Cuando quiera crear objetos dimensionales, he aquí un consejo que a veces hasta los mejores diseñadores profesionales pasan por alto. Si una forma 3D tiene un brillo (consejo: las pelotas de esta escena lo tienen), es luz reflejada. Eso significa que el objeto es opaco. Por lo tanto, parte de la luz de la fuente *no* está atravesando el objeto. ¡Esto significa que le falta algo a la superficie 3D que hace las veces de piso en el escenario de FESTIVAL.CDR (como las sombras que aprenderá a elaborar en la siguiente sección)!

Figura 5.22 Usted puede distorsionar una mezcla compuesta para acomodar un área de tamaño diferente.

Cómo utilizar los rellenos y distorsiones correctos con sombras

Una *sombra* sirve para muchos propósitos de diseño, más allá de resaltar la característica realista de iluminación de una escena. Una sombra puede ayudar a definir la orilla de un objeto y agregarle contraste global a una escena compuesta por colores pastel y suaves. Una sombra también puede cambiar el foco de atención de una composición.

Las sombras también tienen diferentes propiedades de textura. Sus orillas pueden ser suaves o duras, dependiendo de la distancia de la fuente de luz al objeto, y puede variar el grado de opacidad de sus sombras. Todas estas consideraciones relacionadas con las sombras se atribuirían por lo general a los trabajos creados en un programa de edición de mapa de bits, pero, si usted conoce algunos trucos para trabajar con sombras y mezclas, puede crear sombras verosímiles y sutiles en cualquier diseño de CorelDRAW.

Cómo agregar sombras a la escena FESTIVAL

Si examinamos el objeto dimensional dentro del diseño de FESTIVAL, resulta evidente que la pelota repetida está rebotando en el objeto que percibimos como piso. Por lo tanto, debajo de cada pelota debe haber una sombra que corresponda a cada "versión" de la pelota rebotando, con un pequeño sombreado extra a la derecha de cada sombra, porque la fuente de luz de la escena (la dirección en que se refleja el brillo de cada pelota) viene de la parte superior izquierda.

Como el espectador observa el piso aparentemente en un ángulo inclinado, cada sombra debe tener la forma de una elipse. Esto hace que resulte imposible el uso de un relleno degradado para crear las sombras, pero usted ya aprendió cómo "imitar" un relleno degradado utilizando objetos mezclados.

Antes de iniciar el siguiente ejemplo, es importante observar que los objetos de principio y final de la mezcla para la sombra no deben estar centrados; el "centro" de la sombra debe encontrarse a la izquierda del punto más débil de la sombra, para sugerir una sombra proyectada en una superficie por un objeto que ilumina en ángulo (no de arriba). También el objeto de suelo (aunque se encuentra en una capa protegida y no se tiene acceso fácilmente a él) tiene un relleno de 10% de negro. Usted necesita esta información para elaborar sombras porque, idealmente, una sombra debe desvanecerse desde una sombra oscura hasta el tono exacto de la superficie sobre la que se está proyectando la orilla de la sombra.

He aquí cómo darle un poco más de sustancia a esta escena 3D.

Cómo crear mezclas de sombra

1. Con la Herramienta Elipse (Ellipse tool) (presione F7), haga clic y arrastre una elipse estrecha debajo de la primera pelota, dentro del piso del escenario.

   Se crea el objeto exterior para el primer elemento de sombra.

2. Haga clic en la muestra de 10% de negro de la paleta de colores.

   Se rellena la elipse con un 10% de negro.

3. Haga clic y arrastre una segunda elipse, de 1/3 del tamaño de la primera, dentro de esta elipse; haga clic en la muestra de 40% de negro de la paleta de colores.

   Se crea el "núcleo" del elemento de sombra.

4. Presione la barra espaciadora, luego haga clic y arrastre la elipse de 40% de negro para que quede un poco hacia la esquina superior derecha de la elipse más grande.

   Se mueve de lugar la segunda elipse; la mezcla estará descentrada.

5. Presione la tecla Mayús (Shift) y haga clic en la elipse mayor de 10%.

   Se agrega la segunda elipse de su selección (de la elipse de 40% de negro).

6. Escriba **12** en el campo Etapas (Steps) de la persiana Mezclar (Blend), luego haga clic en Aplicar (Apply).

   Se crea la sombra para la pelota número 1 (vea la figura 5.23).

7. Trace un rectángulo para seleccionar los objetos de mezcla de sombra (o seleccione *cuidadosamente* la mezcla, pero no el objeto de control), luego haga clic y arrastre los objetos de la mezcla para que los objetos "núcleo" queden bajo la pelota número 1, y la mitad de la sombra quede a la derecha de la pelota.

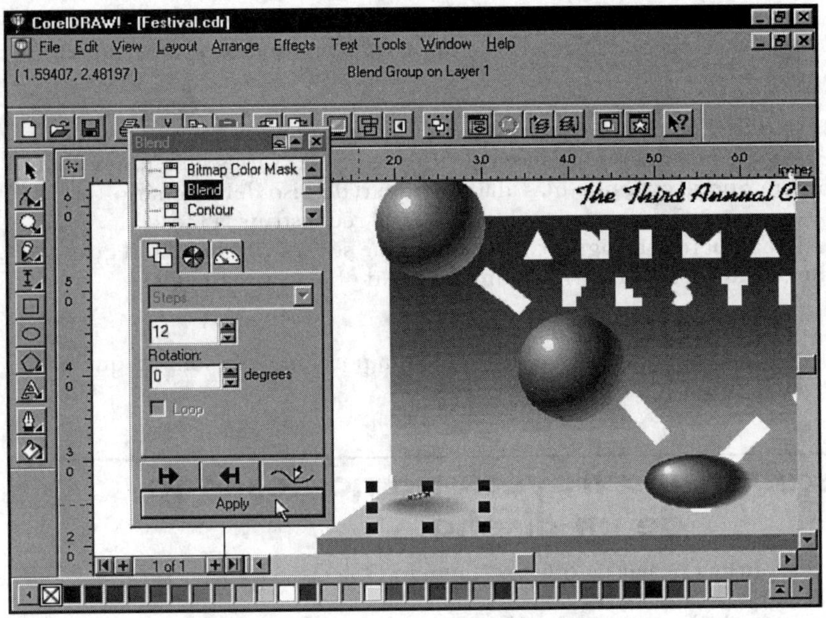

Figura 5.23
Una sombra de orillas suaves puede crearse a partir de diferentes objetos de control de tamaños muy distintos.

Coloque la sombra para que sugiera exactamente que la pelota la está proyectando.

8. Haga clic y arrastre los objetos de la mezcla para que queden abajo de la pelota número 2, luego haga clic con el botón derecho del ratón y suelte el cursor.

   Se coloca una copia de la sombra original debajo de la pelota número 2.

9. Repita el último paso para las pelotas 3, 4 y 5.

   Se crean sombras para el resto de las pelotas que rebotan.

10. Presione Ctrl+S (Archivo (File) y Guardar (Save)).

    Se guarda su trabajo en esta etapa intermedia.

En este momento usted puede realizar varios cambios artísticos a la composición que mejorarán la apariencia dimensional del diseño. Primero, la pelota número 3 en realidad toca el objeto del piso; por lo tanto la sombra puede encimarse y oscurecer la pelota. Las sombras casi nunca hacen esto en la vida real, así que haga clic en la mezcla y presione Mayús+AvPág (Shift+PageDown) para enviar la mezcla de sombras a la parte posterior de la pila de objetos en Layer 1 (Capa 1) (o haga clic en el botón Hacia atrás (To Back) de la barra de herramientas).

Además, las sombras se vuelven más densas y sus orillas un poco más definidas cuando un objeto se encuentra cerca de una sombra. Para imitar este fenómeno, puede hacer más oscuro el núcleo de la sombra número 3 (la de la elipse de control de 40%), digamos 70% de negro, y puede agrandar la elipse un poco. Al cambiar el tamaño, se ajustará dinámicamente la mezcla para que ocupe menos espacio visible en el elemento de sombra, y la transición entre la elipse de control de principio y fin se dará en menos espacio, afilando la orilla de la sombra.

Un punto final de su aventura en la elaboración de sombras: la sombra número 5 parece un poco tonta porque rebasa la orilla del piso del escenario, ¿o no? Hay varias soluciones para cortar el área de la sombra que se extiende más allá del objeto de piso del escenario (la mayor parte de ellas requieren mucho trabajo). Usted puede reconstruir la mezcla recortando la elipse original, pero esto significa que tiene que separar y eliminar el grupo de mezcla; las funciones de Recortar (Trim) no funcionan en objetos vinculados o agrupados.

He aquí el método más directo para ocultar (no eliminar) la porción de la sombra que sale del objeto del piso del escenario.

Cómo ocultar una trayectoria no deseada de un diseño

1. Elija Diseño (Layout) y Encajar en objetos (Snap to Objects).

   Se activa la propiedad "de atracción" de nodos y objetos dentro de la ventana de la imagen activa.

2. Haga un acercamiento al lado derecho del piso del escenario.

   Aquí es donde hará la edición.

3. Elija la herramienta de lápiz (o presione F5), luego haga clic en la esquina superior derecha del objeto del piso del escenario.

   Se crea el primer punto de un objeto; el punto "se pega" al vértice del objeto del piso del escenario.

4. Haga doble clic, en sentido contrario a las manecillas del reloj, alrededor del área sobrante de la sombra número 5, luego haga un solo clic al principio de la trayectoria.

   Usted ha creado una trayectoria cerrada que describe el área donde la sombra 5 no debe ser visible (vea la figura 5.24).

5. Haga clic en la muestra blanca de la paleta de colores y luego, con el botón derecho del ratón, haga clic en la "x" de la paleta de colores.

   Se asigna un relleno blanco y sin contorno al nuevo objeto.

6. Presione Ctrl+S (Archivo (File) y Guardar (Save)) y luego presione F9.

   Se guarda la imagen completa y se despliega una presentación preliminar a toda pantalla (vea la figura 5.25).

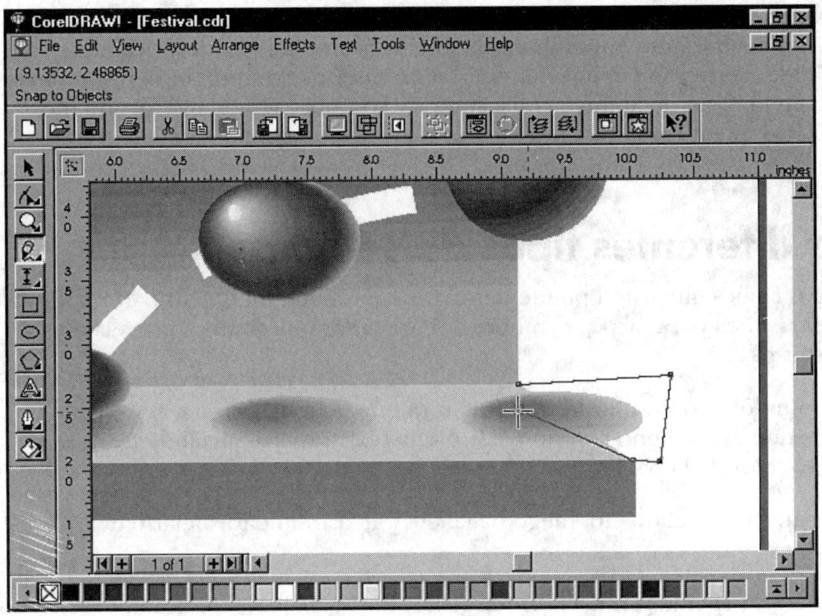

Figura 5.24
Las propiedades de ajuste aseguran que los objetos que usted dibuje estarán alineados de manera precisa con otros objetos.

Figura 5.25
El diseño completo. Central Square en realidad no tiene un festival de animación, pero es un bonito lugar para visitar en la parte norte de Nueva York.

7. Presione F9, luego elija Diseño (Layout) y elimine la marca de Encajar en objetos (Snap to Objects).

   Se le regresa al espacio de trabajo; los objetos ya no tienen la propiedad de atraer otros elementos.

Con el ejemplo anterior se demuestra el uso creativo de un objeto rellenado con el mismo color que la página del documento. Sin embargo, debe utilizarse con moderación una corrección virtual fluida. Si necesita editar demasiado un diseño, generalmente resulta más adecuado conservar un tamaño de archivo conservador y con poca complejidad, editando directamente los objetos que no le agradan, en lugar de "hacer pegotes" en ellos, como acaba de hacer.

Cómo crear diferentes tipos de sombras

Uno de los trucos más fáciles que usted puede desarrollar para que un objeto parezca flotar sobre un página es la técnica para "arrojar sombras". Para crear una sombra proyectada en CorelDRAW, siga estos pasos:

1. Empiece con un objeto simple (idealmente uno que no tenga subtrayectorias) y asegúrese de que está relleno con un color o una textura substancialmente más oscura que el color de la página.

2. Presione + para copiar el objeto, luego haga clic y arrástrelo para alejarlo del original.

Por lo general, las sombras se mueven hacia la derecha y hacia abajo del original, pero usted puede desplazar la copia en la dirección que le dicten sus inclinaciones artísticas.

3. Rellene el objeto copiado con un relleno de 20 0 30% de negro, luego envíe la copia detrás del original (presione Ctrl o Mayús+AvPág (Shift+PageDown). ¡Obtendrá un efecto de sombra instantáneo!

La razón de que una sombra no debe contener subtrayectorias es que la sombra se ve a través de los orificios de un objeto; sin embargo, esto a veces crea un diseño interesante.

Además de las sombras simples, lo más probable es que vea un segundo tipo de sombras (una *sombra proyectada*) debajo de objetos reales con una fuerte iluminación. En la figura 5.26, puede verse un ejemplo de los dos tipos de sombras que expresan los resultados de una iluminación común y de una sola fuente. Una sombra movida da la impresión de que un objeto está levantado de la página, mientras que una sombra *proyectada* sugiere que se está viendo *hacia el interior* de la página, y que la página tiene profundidad. La sombra proyectada se aleja hacia un punto de perspectiva.

La razón de que se analicen ahora los diferentes tipos de sombras es que en la siguiente sección se mostrará la manera de utilizar una imagen fotográfica como relleno para un objeto de CorelDRAW y usted necesitará saber cómo *integrar* una imagen de mapa de bits con otros objetos de CorelDRAW. Las sombras crean la ilusión de estar unidas a un objeto con mucha exactitud. Y las sombras proyectadas son casi tan fáciles de crear como una sombra movida, basta con que comprenda los efectos de la iluminación.

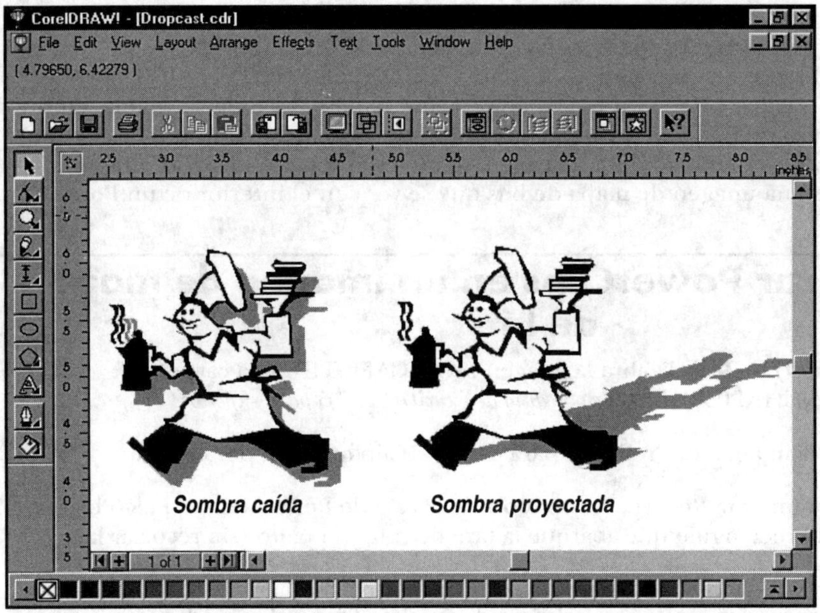

Figura 5.26
Las sombras caídas y proyectadas crean la ilusión de profundidad en una ilustración plana.

Cómo utilizar la función PowerClip

PowerClip no es un miembro de las opciones de la Herramienta Relleno (Fill tool), pero opera de la misma manera gráfica que los rellenos de textura o degradado. *PowerClip* es un objeto cuyo relleno está compuesto por cualquier cosa que pueda crear o importar en CorelDRAW; objetos vectoriales, mapas de bits e incluso texto pueden "enmascararse" a través de la forma de un objeto de PowerClip para que sólo se vea el interior del objeto de PowerClip. En este sentido, la vista "ventaneada" de un relleno equivale a la vista limitada por un objeto de PowerClip para observar su contenido.

He aquí la metodología y los pormenores de la siguiente tarea que funciona con PowerClips y la opción Patrón de bitmap de color (Full-color Bitmap Pattern):

El Modern Café (que probablemente se localiza en Central Square) necesita un póster a color para colgarlo afuera. Los elementos vectoriales y las imágenes gráficas de mapa de bits se encuentran en orden aquí; el póster necesita texto y elementos gráficos, y el texto por lo general se genera más limpiamente en un formato vectorial. Se proporcionan las imágenes de mapa de bits de una taza de café y algunos granos de café, y le corresponde a usted crear la escena.

Se han eliminado algunos de los elementos de diseño, como la composición y la elección de fuentes (la imagen CAFE:CDR del *CD de obsequio de CorelDRAW! 6 para expertos* contienen esos elementos en una capa oculta); todo lo que necesita es experimentar durante un rato. En el proceso, descubrirá algunas posibilidades únicas de CorelDRAW! 6 y la manera en que puede integrar sombras, mapas de bits y trabajo con vectores en una composición sin costuras.

Antes de iniciar la tarea, es importante que tenga instalado CorelPHOTO-PAINT en su sistema; se necesita este programa para afinar las imágenes MOD-CAFE.TIF y CAFEBEAN.TIF utilizadas en este ejemplo. La tarea empieza en PHOTO-PAINT porque necesita recortar la imagen MOD-CAFE. Los PowerClips ocultan las áreas de la imagen fuera de sus contornos, pero no eliminan el área "recortada" de un mapa de bits importado. Por lo tanto, para conservar el tamaño del archivo guardado es esta tarea, es mejor que sólo importe las áreas de una imagen de mapa de bits que se verá en el interior de un PowerClip.

Como utilizar PowerClips en un imagen de mapa de bits

1. En CorelPHOTO-PAINT, abra la imagen MOD.CAFE.TIF de la carpeta EXAMPLES\CHAP05 del *CD de obsequio de CorelDRAW! 6 para expertos.*

   Se trata de la imagen de "relleno" para el PowerClip que está por crearse.

2. Elija la Herramienta Recorte (Crop tool) de la caja de herramientas, luego haga clic y arrastre un rectángulo que abarque la taza de café y el plato (sin recortar las orillas).

   Se crea un recuadro límite con ocho tiradores alrededor del recuadro.

3. Haga clic y arrastre los tiradores intermedios para ajustar el cuadro de recorte.

   Se refina la selección de la taza del café y el plato (vea la figura 5.27).

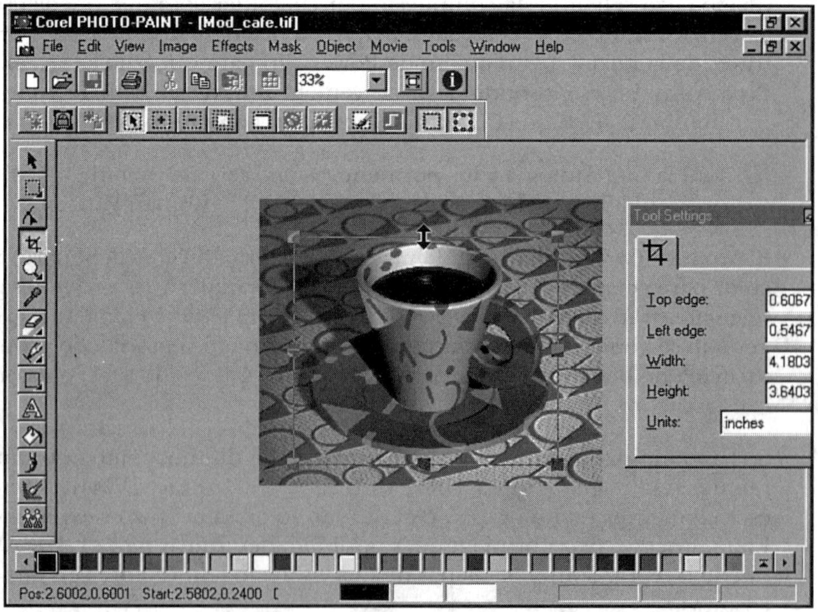

Figura 5.27
Usted puede refinar con precisión un cuadro de recorte haciendo clic y arrastrando los tiradores de un cuadro de recorte.

4. Haga doble clic dentro del recuadro límite.

   Se ejecuta el recorte; ahora el tamaño del archivo de imagen y la imagen son más pequeños.

5. Elija Archivo (File) y Guardar como (Save As), luego guarde la imagen como MOD-CAFE.TIF en su disco duro.

   Se guarda la imagen recortada para su uso futuro.

Alto Si su sistema está equipado con menos de 12 Mb de RAM, estará patinando sobre hielo delgado y no debe tener más de una aplicación abierta a la vez en Win95. Incluso con multitareas preventivo, el autor recomienda que cuando termine su trabajo en un programa, lo cierre antes de abrir otra aplicación.

Tenemos una buena regla para estimar la cantidad de RAM que su sistema *realmente* necesita para ejecutar una aplicación de Windows con un buen grado de velocidad y estabilidad. Multiplique por 2 la cantidad de memoria que se recomienda en el empaque del software y así tendrá los requisitos *mínimos* de RAM de su sistema.

6. Haga clic en el cuadro para cerrar la ventana del documento MOD-CAFE y en el cuadro para cerrar la ventana de la aplicación PHOTO-PAINT, luego lance CorelDRAW desde el Explorador (Explorer).

   Se cierra PHOTO-PAINT; se inicia CorelDRAW.

7. Abra el documento CAFE.CDR de la carpeta EXAMPLES\CHAP05 del *CD de obsequio de CorelDRAW! 6 para expertos.*

   Este documento contiene los elementos adicionales que necesitará para completar el diseño; están ocultos en una capa protegida.

8. Haga clic en el botón Importar (Import) de la barra de herramientas (o elija Archivo (File) e Importar (Import)).

   Se despliega el cuadro de diálogo Importar (Import).

9. Elija el archivo MOD-CAFE.TIF de su disco duro (*no* del CD de obsequio) en la lista descendente Buscar en (Look in)), luego haga clic en Importar (Import).

   Se importa la imagen recortada que usted guardó en su disco duro.

10. Presione F4 (el menú de método abreviado de Zoom para ajustar (Zoom to fit)), o haga clic y arrastre la Herramienta Zoom (Zoom tool) para crear una vista de acercamiento de la imagen TIFF importada.

    Se le acerca para que tenga una vista cómoda para la edición.

11. Haga clic en un área vacía de la página de impresión. Elija la herramienta de lápiz (modo A mano alzada (Freehand)) (presione F5), luego haga clic en un punto de la orilla superior de la taza de café.

    Se deja de seleccionar la imagen TIFF; se inicia una trayectoria.

12. Haga doble clic, en sentido de las manecillas del reloj, donde el contorno cambie de dirección alrededor de la orilla de la taza y el plato, luego haga un solo clic en el primer punto.

    Se crea una trayectoria cerrada de líneas rectas alrededor de la taza (vea la figura 5.28).

Figura 5.28
Haga doble clic para crear un nodo en un punto de inflexión (los extremos de una forma del contorno) y elaborar una trayectoria de contorno rudimentaria.

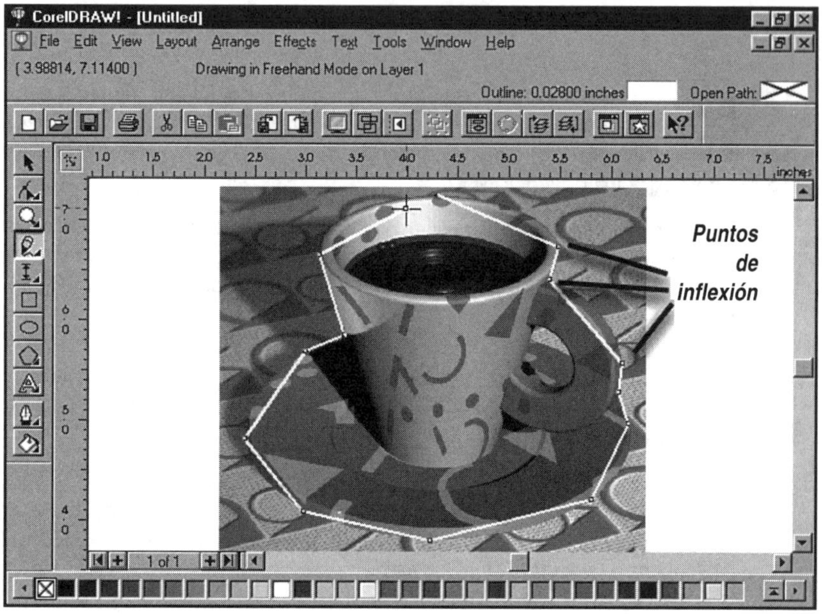

13. Elija **A**rchivo (**F**ile) y G**u**ardar como (Save **A**s), luego guarde su trabajo como MOD-CAFE.CDR en su disco duro.

    Se guarda su trabajo en esta etapa intermedia.

Nota La trayectoria que se ve en las figuras se ha exagerado para ilustrar más claramente la trayectoria que debe crear alrededor de la taza y el plato. Usted puede crear con toda exactitud un contorno utilizando el ancho predeterminado para la Herramienta Lápiz (Pencil tool) de .003 pulgadas (en la figura se muestra una línea de .28 pulgadas), pero querrá darle a la trayectoria un color brillante o blanco para separarla más fácilmente del patrón del fondo de la imagen de la taza y el plato.

En la siguiente serie de pasos, finalizará la construcción de la trayectoria que describe la forma de la taza en la imagen TIFF; el asa requiere una subtrayectoria y usted necesita refinar la trayectoria para que refleje el contorno de la taza y el plato de manera más exacta.

Como mencioné en el capítulo 3, "Cómo dominar los nodos y las trayectorias (la manera fácil)", las curvas Bézier se examinaron como una alternativa para crear y modificar las trayectorias de línea recta que describen una forma. El método de la línea recta se utiliza en este ejemplo porque es una combinación de segmentos rectos y curvos lo que describe el contorno de la taza y el plato, y es más rápido convertir con exactitud en curva y darle forma a un segmento recto que corregir el nodo y el segmento de una curva Bézier para crear un segmento de línea recta.

He aquí cómo concluir el contorno que utilizará como PowerClip en la imagen de la taza.

Cómo finalizar el contorno

1. Haga clic en el punto superior donde el asa se une con la taza.

   Usted está iniciando una segunda trayectoria que describe el interior del asa.

2. Haga doble clic alrededor de la parte interior del asa, en dirección de las manecillas del reloj, luego haga un solo clic en el punto de partida.

   Usted ha creado una trayectoria cerrada.

3. Presione la barra espaciadora, luego oprima la tecla Mayús (Shift) y haga clic en el contorno de la taza y el plato.

   Se cambia a la Herramienta Selección (Pick tool); se seleccionan ambos objetos.

4. Elija **O**rganizar (**A**rrange) y **C**ombinar (**C**ombine) (Ctrl+L).

   Se combinan las dos trayectorias; la trayectoria combinada tiene un "espacio negativo" en el interior del área del asa de la taza.

5. Presione F10 (o haga clic en la Herramienta Forma (Shape Tool)), trace un rectángulo para seleccionar todos los nodos de la trayectoria, luego haga clic con el botón derecho del ratón sobre un nodo y elija A curvas (To Curve) del menú de método abreviado.

   Se convierten todos los segmentos en curvas; todos los nodos ahora tienen la propiedad Asimétrica (vea la figura 5.29).

6. Con todo cuidado, haga clic y luego haga clic y arrastre los segmentos de línea para que las curvas coincidan con la orilla de la imagen de la taza y el plato.

   Se cambian los controladores asociados con los nodos en cualquier parte final del segmento; se cambia la forma de los segmentos curvos. (Vea la figura 5.30.)

En el paso anterior se hizo énfasis en el término "con todo cuidado" porque la manipulación directa de una curva a menudo produce resultados inesperados; de pronto la curva puede salirse de la vista de la ventana a menos que usted haga clic primero en un segmento para seleccionarlo y luego haga clic y arrastre lentamente el segmento curvo hacia el objeto en la *parte media* del segmento. Al arrastrar el punto medio de un segmento se asegura que usted está moviendo los puntos de control en cualquiera de las orillas del segmento curvo en una cantidad igual, y por lo general en una dirección complementaria.

Figura 5.29 El menú de método abreviado (de aparición súbita) es sensible al contexto; usted debe hacer clic en un nodo para redefinir las propiedades del nodo.

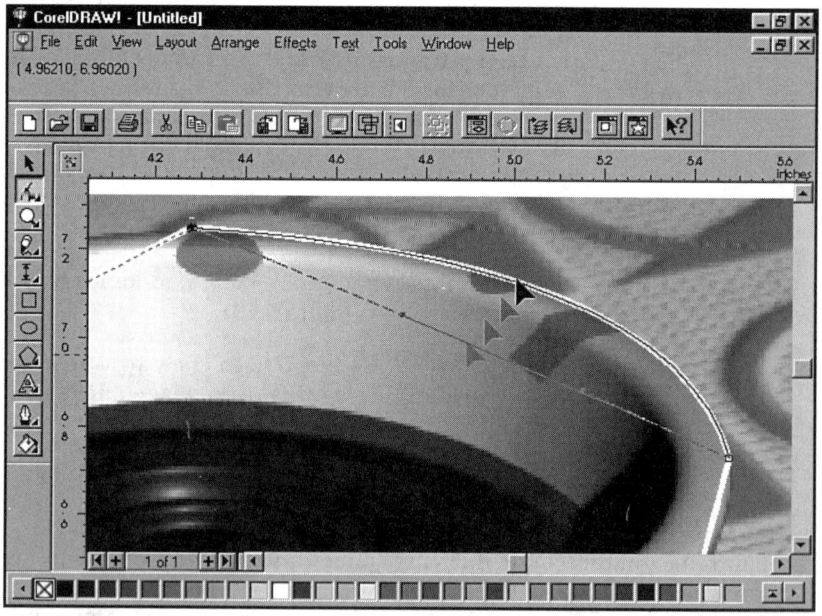

Figura 5.30 La manipulación directa de una curva puede ahorrarle tiempo al seleccionar y cambiar los dos controladores de la curva.

Conforme refina la curva para que coincida mejor con el contorno de la taza de café y el plato, querrá convertir los nodos de conexión de la parte superior de la taza y de la parte inferior del plato en conexiones suavizadas. Haga esto seleccionando el nodo y luego haciendo clic con el botón derecho del ratón para tener acceso a las opciones de la persiana

Edición de nodos (Node Edit). Además, los lados de la orilla de la taza son rectos, y usted querrá hacer clic en estos segmentos y regresarlos a líneas rectas. La conexión entre una curva y un segmento recto debe ser Asimétrica; usted puede cambiar las propiedades del nodo haciendo clic en él y seleccionado el tipo de conexión apropiada en el menú de método abreviado.

Para tareas rápidas y menores de edición, en realidad no necesita tener la persiana Edición de nodos (Node Edit) dentro del área de trabajo; sin embargo, si se siente más cómodo utilizándola para la edición, basta con hacer doble clic en la Herramienta Forma (Shape Tool) para desplegar la persiana, como se hacía en la versión 5.

7. Presione Ctrl+C (Edición (Edit) y Copiar (Copy)).

   Se copia la trayectoria en el Portapapeles (Clipboard). Dentro de poco necesitará una copia de la trayectoria.

8. Elija Herramientas (Tools) y Opciones (Options) y asegúrese de que no está marcada la casilla Centrar automáticamente el contenido nuevo de PowerClip (Automatically center new PowerClip contents); haga clic en Aceptar (OK) cuando el cuadro quede sin marcar.

   Se asegura que el archivo TIFF importado se convertirá en el contenido de PowerClip en la misma posición relativa de la trayectoria que ha creado, y no que se centrará automáticamente. El centro de la imagen no es el centro de la trayectoria del PowerClip; usted casi nunca tendrá necesidad de utilizar la opción de centrado automático y es mejor dejar esta opción desactivada.

9. Presione la barra espaciadora, haga clic en la imagen de mapa de bits, luego elija Efectos (Effects), PowerClip y Situar dentro del contenedor (Place Inside Container) (vea la figura 5.31).

   El cursor se convierte en una flecha grande.

10. Haga clic en la trayectoria de contorno que ha creado.

    CorelDRAW coloca el mapa de bits dentro de la trayectoria que usted ha creado (vea la figura 5.32).

11. Haga clic con el botón derecho del ratón en la "x" de la paleta de colores.

    Se eliminan los atributos de contorno de la trayectoria que contiene el mapa de bits; la imagen se ve más plausible ahora.

12. Presione Ctrl+V (Edición (Edit) y Pegar (Paste); luego presione Ctrl+AvPág (Ctrl+PageDown).

    Se pega una copia de la trayectoria sin relleno en la parte superior del objeto PowerClip; se mueva la trayectoria sin relleno a la parte trasera del objeto PowerClip.

13. Presione Ctrl+S (Archivo (File) y Guardar (Save)).

    Se guarda su trabajo hasta este punto.

Figura 5.31
El comando PowerClip necesita que el objeto que se colocará en el interior de un objeto diferente esté seleccionado antes del comando.

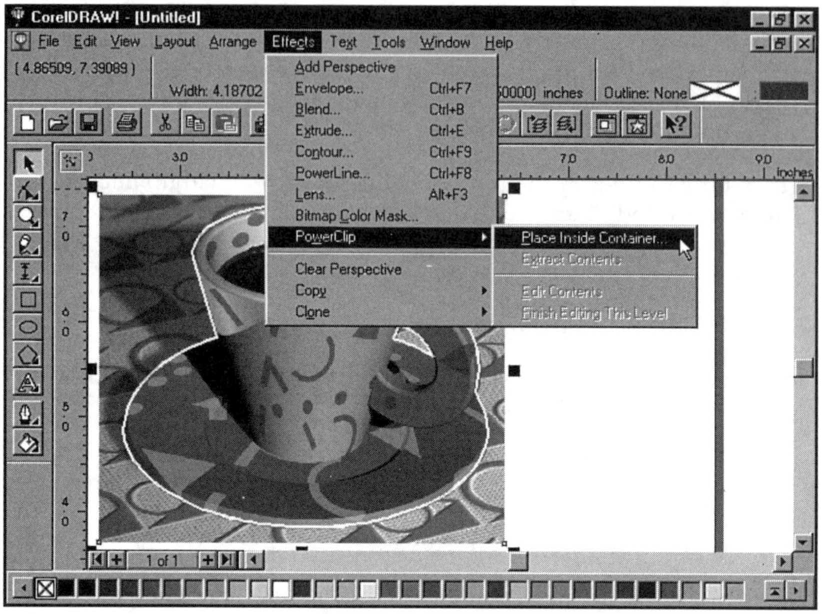

Figura 5.32
El objeto contenedor en realidad es una mascarilla (el contenido que queda *fuera del* contenedor permanecerá oculto y no podrá seleccionarse).

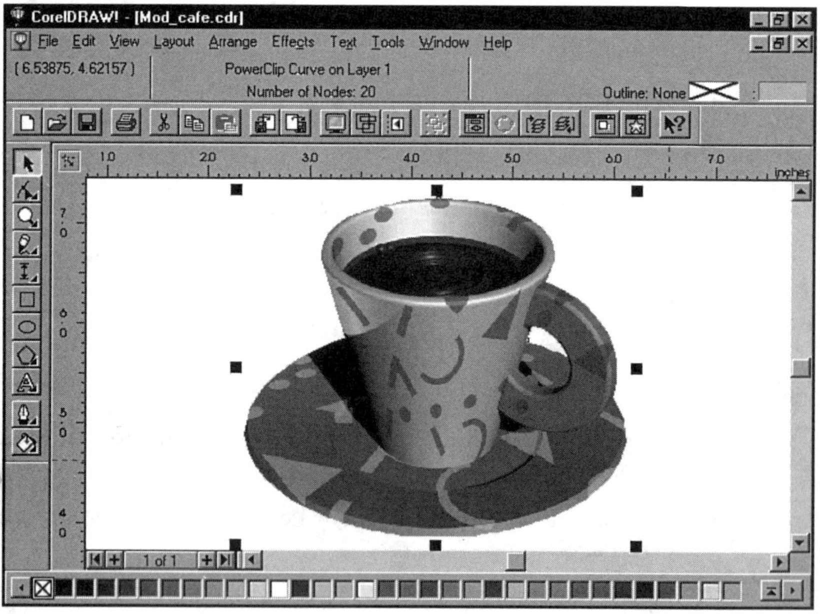

Como pasa con la mayor parte de los trabajos de edición que desea desarrollar en CorelDRAW, hay diferentes maneras de realizar una tarea. Por ejemplo, necesitará una copia del contorno de la taza y el plato para crear una sombra; la maniobra en la que intervino la copia del Portapapeles (Clipboard) sólo fue un medio para este fin. También podría duplicar la trayectoria antes de convertirla en PowerClip, pero al hacerlo añadirá un elemento de página innecesario.

De igual manera, usted pudo abrir una nueva ventana de documento y arrastrar la copia a ese sitio de almacenaje temporal, pero no es tan rápido como enviar una copia al Portapapeles (Clipboard).

Nota Sólo hay dos cosas que deben recordarse sobre el Portapapeles (Clipboard) de Windows 95, que vienen de Windows 3.1x; usted sólo puede copiar un objeto a la vez (la copia más actual hace a un lado a la copia anterior), y los objetos grandes del Portapapeles (Clipboard) le disminuyen el buen funcionamiento de la aplicación porque ocupa recursos del sistema.

Cómo crear variaciones en sombras

Una de las opciones extras más importantes de diseño que viene con los objetos de PowerClip es la posibilidad de colocar otros objetos enfrente, o *detrás*, del PowerClip. Antes de la versión 5, los usuarios estaban obligados a utilizar un contorno exacto o una forma de mapa de bits como máscara; el contorno se combina con una forma más grande para crear una "ventana" a través de la cual usted puede ver la imagen de mapa de bits. El inconveniente de enmascarar imágenes de mapa de bits es que no hay manera de colocar objetos adicionales detrás del mapa de bits; los artistas que trabajan con CorelDRAW han cocinado muchos trabajos elegantes y que les ocuparon mucho tiempo, pero PowerClip proporciona la solución para crear un contorno irregular en un mapa de bits importado.

Como usted puede colocar ahora cualquier objeto detrás de la taza y el plato, empecemos experimentando con la adición de una sombra de vector para que la taza parezca situada dentro de la página, más que encima de ella. La dirección de la sombra está claramente sugerida dentro del contenido del PowerClip: hay un recordatorio de una sombra en el plato, y aunque no fuera así, los brillos están hacia la izquierda y la parte inferior de la taza (exigiendo que el sombreado se dé hacia la derecha y la parte superior del diseño).

Hay unos cuantos métodos para crear diferentes tipos de sombras, pero todos empiezan con una copia de la silueta del contenido de PowerClip, he aquí cómo crear una sombra proyectada para el póster de Modern Café.

Cómo crear una sombra proyectada sólida

1. Con la copia del contorno seleccionada en MOD-CAFE.CDR, haga clic en la copia.

   Los tiradores cambian y el contorno seleccionado ahora se encuentra en modo estirar/girar.

2. Haga clic y arrastre a la izquierda el tirador intermedio de la parte superior, hasta que en la línea de estado indique un desplazamiento aproximado de 30°.

   Se desplaza el objeto seleccionado (vea la figura 5.33).

Figura 5.33
Un objeto (o un grupo de objetos seleccionados) puede ponerse en modo estirar/girar haciendo clic en el objeto (o los objetos).

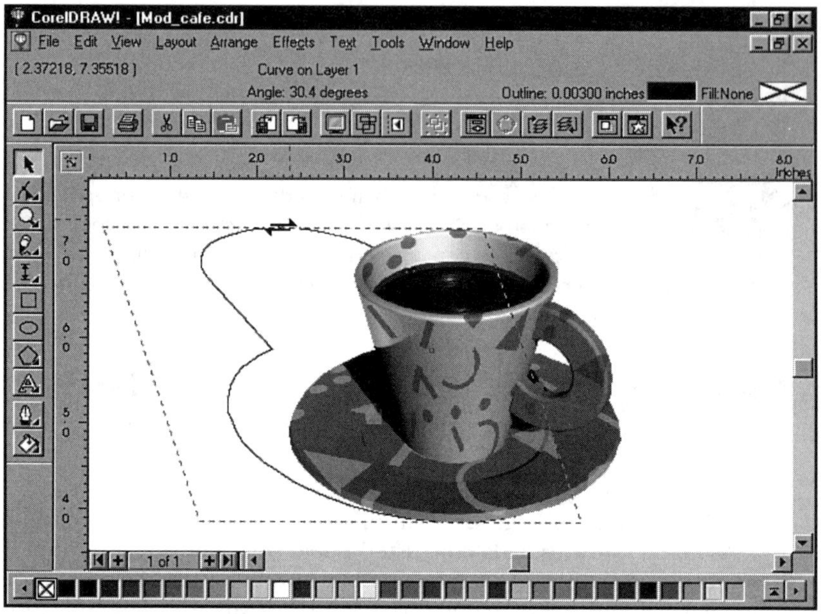

Algunas breves observaciones antes de continuar: 30° no es el "número mágico" para crear una sombra proyectada de una copia de un objeto. 30° fue la opción para este ejemplo a través de la prueba y el error (sobre todo el error). La sombra dentro del plato, proyectada por la taza, fue el "estudio" para esta sombra proyectada; si usted puede lograr que coincida con el ángulo de la sombra natural dentro de una imagen, podrá duplicarla de manera convincente. Naturalmente, esto sólo se puede lograr si la imagen ya contiene parte de una sombra. También puede medir el ángulo de una orilla diagonal utilizando la Herramienta cota angular (Angular Dimension line tool), si un contorno debe coincidir con una orilla en una imagen de mapa de bits. Si la taza no arrojara sombras en el plato, usted pdría crear una sombra proyectada estirando una copia del contorno en 20° o incluso 40°, y la forma estirada resultante se vería correcta al agregarse a la escena.

3. Haga clic en la muestra negra de la paleta de colores y luego haga clic con el botón derecho del ratón en la "x" de la paleta de colores.

   Se rellena de negro el contorno estirado; se elimina la propiedad del contorno (vea la figura 5.34).

4. Presione Ctrl+S (**A**rchivo (**F**ile) y **G**uardar (**S**ave)).

   Se guarda su trabajo hasta este punto.

Figura 5.34
Un buen ejemplo de la integración de información de vectores y de mapa de bits dentro de un documento de CorelDRAW.

Ahora debe tener una sombra proyectada superficial "detrás" del objeto de PowerClip que indica que la taza y el plato están posados sobre una superficie blanca y dura. La sombra proyectada tiene orillas duras; desaparecen abruptamente (las superficies de material duro no dispersan la luz al reflejarla).

Para reducir la dureza de la sombra, usted puede hacer más de una cosa. Un color más claro para la sombra sugeriría que la luz no se evade por completo del área sombreada, sino que se difunde en una superficie más burda, y parte de la luz se expande por la sombra.

Una segunda técnica consiste en suavizar la orilla de la sombra. En el diseño FESTIVAL, las sombras de las pelotas están compuestas por varias capas mezcladas, y si usted utiliza la misma técnica con dos objetos de forma sombreada en el póster Modern Café, obtendrá una sombra más suave y fotorrealista. He aquí cómo hacer que cada byte de una sombra sea tan real como las sombras que se encuentran en las fotografías digitalizadas:

Cómo crear un sombreado fotorrealista

1. Haga clic en el objeto relleno de negro detrás del PowerClip, luego haga clic en la muestra de 50% de negro de la paleta de colores.

   Cambia el color del objeto a 50% de negro.

2. Presione la tecla + del teclado numérico, luego presione Ctrl+AvPag (Ctrl+PageDown).

   Se crea una copia del objeto y se le envía debajo del original.

3. Haga clic en la muestra de 10% de negro en la paleta.

   Se rellena la copia seleccionada con un 10% de negro; es más fácil distinguirla del objeto de 50% de negro mientras se edita.

4. Presione F10 (o elija la Herramienta Forma (Shape tool)), luego haga clic y arrastre unos cuantos nodos de la copia seleccionada aproximadamente 3 milímetros (1/8 de pulgada) fuera del objeto.

   La copia será utilizada como objeto inicial de control para la mezcla; necesita ser más grande que su duplicado para crear el efecto de mezcla.

5. Siga haciendo clic y alejando los nodos de la copia de 10% de negro del objeto original, hasta que haya creado un objeto que sea 3 milímetros (1/8 de pulgada) mayor.

   Este objeto será la orilla externa de la mezcla de la sombra suave (vea la figura 5.35).

Figura 5.35
Una sombra de orilla suave puede crearse utilizando dos objetos de tamaño y color ligeramente diferentes.

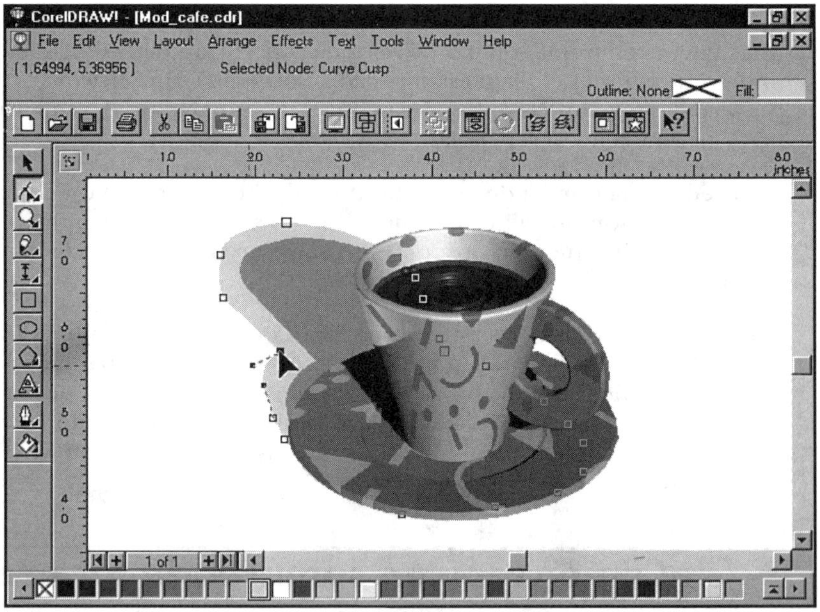

6. Presione la barra espaciadora, luego mantenga presionada la tecla Mayús (Shift) y haga clic en el objeto original de 50% de negro.

   Se seleccionan ambos objetos.

7. Presione Ctrl+B (E**f**ectos (Effe**c**ts) y **M**ezcla (**B**lend)).

Se despliega la persiana Mezclar (Blend).

8. Haga clic en Aplicar (Apply).

   Se aplica una mezcla de 20 pasos (predeterminados) a los dos objetos.

Si no le complace el 10% de negro como fondo para la transición, las mezclas se actualizan dinámicamente con sólo cambiar los atributos de uno o de ambos controles (padres). Por ejemplo, en la figura 5.36 usted puede ver que el objeto de 10% de negro se ha cambiado por uno blanco y que la sombra de mezcla se desvanece sin costuras hasta el fondo. Además, tal vez no sea perfecta la forma de la sombra. Usted puede cambiar la mezcla general editando los nodos de cualquiera de los objetos de control.

Figura 5.36
Usted puede cambiar el color o la forma general de una sombra de mezcla editando los objetos de control después de que se ha creado la mezcla.

9. Presione Ctrl+S (**A**rchivo (**F**ile) y **G**uardar (**S**ave)).

   Se guarda su trabajo en esta etapa intermedia de trabajo.

Tip Además de cambiar la forma y/o el color de una mezcla, también puede volver a especificar, en cualquier momento, *cuántos* objetos se crean en la mezcla entre los objetos de control.

Por ejemplo, si desea abrir MOD-CAFE.CDR dentro de un mes, y decide que 20 pasos de mezcla son demasiados para una impresión de baja resolución, todo lo que necesita hacer en el grupo de mezcla (pero no en los objetos de control), es abrir la persiana Mezclar (Blend), escribir un nuevo valor de Etapas (Steps) y luego hacer clic en Aplicar (Apply).

Por cualquier razón, si decide separa el vínculo dinámico entre los objetos de mezcla y de control, su única opción es hacer clic en las mezclas y luego elegir **O**rganizar (**A**rrange) y S**e**parar (**S**eparate). Este comando también se utiliza para separa el vínculo entre objetos en extrusiones y otros efectos de objetos múltiples.

Como mencioné al principio de esta sección, el póster de Modern Café está compuesto por varios objetos; uno de ellos es un fondo de granos de café. En el ejemplo anterior se estudiaron los diferentes tipos de sombreado que usted puede crear manualmente para integrar diferentes tipos de objetos en CorelDRAW. En la siguiente sección seguirá explorando la integración de objetos dentro de un diseño, pero pasará de las mezclas como rellenos a la opción Patrón de bitmap de color (Full-color Bitmap Pattern) en CorelDRAW.

Mosaicos sin costuras de manera manual

¿Alguna vez ha hecho la prueba de utilizar uno de los módulos de "mosaico sin costuras" en los más populares programas de diseño? Para casi todos, un "mosaico sin costuras" es una promesa excesiva. Cuando mucho, los programas suelen suavizar las orillas de un solo mosaico de imagen, luego mezclan parte de los colores de la orilla de la imagen izquierda con los colores de la orilla de la imagen derecha; la misma técnica se aplica a las orillas superiores e inferiores. CorelDRAW no es una excepción para estas promesas, y tal vez sea hora de clarificar lo que significa mosaico sin costuras, o lo que *debe* significar, para el diseñador de imágenes gráficas por computadora.

La palabra clave que se olvida con las imágenes en mosaico es *patrón*. Es la visible *repetición de patrones*, que por lo general se dejan en las orillas de una imagen unida como mosaico, la que duele como un pulgar machucado en un trabajo de diseño. Este capítulo se ha concentrado en la integración de objetos sombreados, y esta sección es una breve excursión por el método para crear una imagen que pueda importarse a través de la opción Patrón de bitmap de color (Full-color Bitmap Pattern) de CorelDRAW, que carece de costuras cuando se ordena como mosaico, y no llama la atención sobre un patrón repetitivo. Por ejemplo, la imagen de una pared de ladrillos no sirve de mucho si se une de tal manera que usted pueda ver intervalos regulares donde se recortan uno o más ladrillos y de pronto empieza un nuevo ladrillo. En el ejemplo a seguir, visitaremos una vez más CorelPHOTO-PAINT para demostrar cómo una pequeña imagen de granos de café puede duplicarse en ciertas áreas para crear metros y metros de granos de café que *no* parezcan repetirse como si se unieran como mosaico para formar objetos más grandes.

La ventaja de crear una colección personal de imágenes armadas como mosaico interminables es que usted puede utilizarlos como recursos de trabajos de diseño sin tener megabytes de archivos de imagen en su disco duro. Hay varios patrones de mosaico sin costuras, personalizados en el *CD de obsequio de CorelDRAW! 6 para expertos* y en el siguiente ejemplo se muestra cómo pueden crearse.

Cómo crear un patrón de mosaico personalizado

1. Cierre CorelDRAW; luego lance CorelPHOTO-PAINT desde el Explorador (Explorer).

   PHOTO-PAINT es donde usted creará un patrón sin costuras.

2. Abra la imagen CAFEBEAN.TIF.

   Se trata de la imagen destino para este trabajo de edición.

3. Elija Efectos (Effects), Efectos 2D (2D Effects) y Descentrado (Offset)

   Se despliega el cuadro de diálogo Descentrado (Offset).

4. Escriba **50** en los cuadros **H**orizontal y Vertic**a**l (**V**ertical) del área Mayús (Shift); marque la casilla de verificación **C**ambiar valor al % de cotas (**S**hift value as % of dimensions).

   Usted le da instrucciones a PHOTO-PAINT para que inicie la imagen CAFEBEAN en el centro de la ventana de la imagen.

5. Haga clic en Simu**l**ar (Pre**v**iew).

   Se confirman los valores que usted establece. La imagen parece definitivamente sin pies ni cabeza (vea la figura 5.37).

Figura 5.37
Una manera de disfrazar las orillas del mosaico de una imagen es colocarlas en el centro de una imagen utilizando el efecto Descentrado (Offset).

¡Esto tendrá sentido en un momento! Las orillas de la imagen CAFEBEAN.TIF (las orillas superior, inferior, izquierda y derecha) se pegarán sin costuras contra las copias del mosaico, porque la información de la orilla está copiada de una textura continua originalmente localizada en el centro de la imagen. Todo esto hace que la parte interior de la imagen parezca un revoltijo por el momento, pero como un montón de granos de café presentan detalles al azar, no es difícil utilizar la Herramienta Reproducir (Clone tool) de PHOTO-PAINT para copiar los granos de café de otras áreas de la imagen para duplicarlos en las orillas duras que se encuentran en el centro de la imagen. Así se hace:

6. Haga clic en Aceptar (OK) en el cuadro de diálogo Descentrado (Offset). Haga doble clic en la Herramienta Reproducir (Clone tool) (en la parte inferior de la caja de herramientas).

   Se aplica el efecto de descentrado; se selecciona la Herramienta Reproducir (Clone tool) y se despliega la persiana Herramientas (Tool Settings), con opciones para la reproducción.

7. En la persiana Herramientas (Tool Settings), haga clic en la punta de pincel suave de 10 pixeles de diámetro localizado en el cuadro descendente de la izquierda del cuadro contador Estilo de fuente (Size) (o escriba **10** en el cuadro contador Estilo de fuente (Size) y **80** en el campo Suavizar filo (Soft edge)).

   La punta de la Herramienta Reproducir (Clone tool) tendrá un tamaño pequeño para un trabajo de precisión; la orilla será suave para ocultar los pincelazos dentro de la imagen que habrá de editar.

8. Escriba **100** en el cuadro Nivel de zoom (Zoom level).

   Se establece una vista cómoda de la imagen para desarrollar una reproducción precisa.

9. Presione la tecla Mayús (Shift) y haga clic en el centro de un grano de café entero (que no esté dividido por una orilla).

   Se establece el punto de ejemplo para la Herramienta Reproducir (Clone tool).

10. Haga clic y arrastre lentamente por la orilla horizontal de la imagen CAFEBEAN; siga con cuidado el viaje del cursor de muestreo y deje de arrastrar cuando alcance la orilla del grano de café tomado como muestra.

    Se copia el grano de café de ejemplo para cubrir la orilla dentro de la imagen, ocultándola.

Los dos últimos pasos representan la suma total del secreto para crear un patrón de mosaico sin costuras. Usted toma un ejemplo de un grano de café al presionar Mayús (Shift) y hacer clic, luego se pinta sobre las orillas visibles de la imagen. Trate de elegir un grano, o varios, que se vean parecidos a los granos de café que se encuentran sobre o cerca de las orillas visibles de la imagen. Tenga cuidado de no crear un patrón de repetición obvia conforme hace la reproducción; disperse unas cuantas reproducciones de granos en áreas que *no* necesitan ocultar las orillas. Tal vez desee utilizar la opción Difuminar grueso (Thick Smear) de la Herramienta Efectos (Effect tool) (el icono que parece cotonete) para mezclar áreas oscuras que contengan una orilla. El detalle es importante para que esta imagen parezca un mosaico sin costuras, pero las áreas que no tienen mucho detalle (¡excepto un pliegue) dentro de la imagen no merecen horas de atención. Como puede ver en la figura 5.38, el proceso de reproducción está completado a medias.

Dedique unos 15 minutos a esta tarea, y si no se siente a gusto con los resultados, utilice BEANTILE.TIF (en la carpeta CHAP05 del CD de obsequio) para completar la tarea de esta sección. BEANTILE.TIF es la imagen terminada que creó el autor. Cuando crea que ya acabó de eliminar todos los trazos de la imagen:

11. Elija Archivo (File) y Guardar como (Save As), luego guarde la imagen como BEANTILE.TIF en su disco duro.

Figura 5.38
Oculte las orillas que creó con el efecto Descentrado (Offset) reproduciendo muestras de otros granos de posiciones poco obvias.

Figura 5.39
Reemplace las orillas con muestras reproducidas de granos enteros de café para crear un patrón que no mostrará un efecto de mosaico.

Se guarda la imagen para utilizarla en el diseño MOD-CAFE.CDR. (Vea la figura 5.39.)

12. Cierre CorelPHOTO-PAINT, luego lance CorelDRAW desde el menú Inicio (Start) de Windows.

Usted ha terminado de crear el mosaico, es hora de aplicarlo al diseño MOD-CAFE.

Conforme acepte trabajar para una gran variedad de clientes, encontrara que cada vez hay más usos para los mosaicos sin costuras. Por ejemplo, una nueva mejora del visualizador de Netscape permite que las páginas Web se construyan con imágenes de mapa de bits en forma de mosaico. Usted puede crear un mosaico sin costuras de clips para una papelería que desee anunciarse en Internet utilizando la misma técnica que se describió en la última sección. Un pequeño patrón de mapa de bits puede convertirse en un gran fondo para incluir texto, u otros objetos gráficos, como verá en breve.

Nota Si decide crear una imagen de patrón personalizado utilizando las técnicas que se analizaron en la sección anterior, tal vez desee tener en mente dos cosas antes de crear o escanear el boceto de la imagen destino: CAFEBEAN.TIF mide 500x500 pixeles (o 10 por 10 cm) y tiene 125 pixeles por pulgada, lo que crea una imagen de 733 K al escribirse en el disco (o aproximadamente 75,000 tazas de café recién hechas).

Se trata de un mapa de bits grande para utilizarse como relleno de mosaico, pero también garantiza una buena salida a fotocomponedoras capaces de dar más de 1,500 puntos por pulgada. El mapa de bits de la taza de café tiene una resolución similar a MOD-CAFE.CDR.

Planee la escala y el tamaño de un mapa de bits que utilizará en un diseño de CorelDRAW tomando en consideración la salida final. Y las imágenes de mapa de bits que van a utilizarse como mosaico son más fáciles de cambiar de tamaño y de calcular cuando las dimensiones y/o la resolución son enteros. ¡Esto lleva a la necesidad de detener su trabajo y tratar de pescar una calculadora de bolsillo!

Cómo utilizar el relleno de Patrón de bitmap de color (Full-color Bitmap Pattern)

Con la versión 6 de CorelDRAW, el relleno de color se ha dividido en dos opciones: el relleno de Patrón de vector (Vector Pattern) y el relleno de Patrón de bitmap de color (Full-color Bitmap Pattern) ahora son funciones independientes de la Herramienta Relleno (Fill tool). En el capítulo 6, “Mapas de bits y diseños vectoriales”, cubriré el Patrón de vector (Vector Pattern), porque la creación de rellenos vectoriales es muy parecida a la creación de símbolos personalizados, otro aspecto importante de la creación de publicaciones.

En la versión 6, los patrones a color pertenecen a la esfera exclusiva de las imágenes gráficas de tipo mapa de bits, y aunque CorelDRAW viene con una buena colección de mapas de bits prestablecidos, el objetivo aquí es utilizar la función de relleno para expresar una idea que tal vez no se ofrezca como prestablecida.

En el siguiente ejercicio, utilizará el recuadro vacío que rodea al PowerClip de la taza de café en MOD-CAFE.CDR como objeto destino para una tonelada de granos de café. He aquí cómo completar la imagen de PowerClip con una textura de fondo tan fotográfica y detallada como un fondo de una imagen TIF.

Cómo trabajar con la función Patrón de bitmap de color (Full-color Bitmap Pattern)

1. Después de lanzar CorelDRAW, abra el documento MOD-CAFE.CDR que acaba de guardar en su disco duro.

Se trata del diseño que usted completará.

Hay posibilidades de que este documento se encuentre en la lista del área de los últimos cuatro archivos utilizados que se encuentran en la parte inferior del menú Archivo (File).

2. Haga clic en el objeto de control superior de la mezcla de sombras, luego presione Ctrl+C.

   Se copia el objeto de control superior en el Portapapeles (Clipboard).

3. Haga clic en los objetos de mezcla, luego presione Supr (Delete).

   Se elimina la sombra de mezcla de MOD-CAFE.CDR porque estos objetos no se necesitan para este ejemplo.

Ahora es un buen momento para elegir Archivo (File) y Guardar como (Save As), y cambiar el nombre del archivo actual, si desea conservar la sombra de mezcla que creó al final. Sin embargo, el PowerClip y el contorno de sombra del Portapapeles (Clipboard) se utilizarán en la composición final.

4. Presione Ctrl+V y luego Mayús+AvPag (Shift+PageDown).

   Se pega la copia del Portapapeles (Clipboard) de la sombra original de 50% de negro en el documento; Mayús+AvPag (Shift+PageDown) envía el objeto a la parte trasera de la pila de objetos de Layer 1 (Capa 1).

La copia del Portapapeles (Clipboard) no es un objeto de control porque no está vinculada a la mezcla. Como ahora se encuentra en el fondo de Layer 1, permanecerá bien resguardada mientras usted experimenta con el recuadro y la opción Patrón de bitmap de color (Full-color Bitmap Pattern). Cuando el recuadro esté relleno, oscurecerá su vista de la sombra de la copia del Portapapeles (Clipboard), pero no hay problema. Usted sólo utilizará el objeto hasta el final de esta tarea.

5. Haga clic en el recuadro que rodea al PowerClip de la taza de café, luego en la Herramienta Relleno (Fill tool) y finalmente en el botón Patrón de bitmap de color (Full-color Bitmap Pattern) (el icono con el dibujo de un marco que se encuentra a la izquierda del botón Relleno de textura (Texture Fill).

   Aparece el cuadro de diálogo Patrón de bitmap de color (Full-color Bitmap Pattern).

6. Haga clic en Importar (Import), luego rastree y seleccione BEANTILE.TIF, ya sea de su propio disco duro (si completó su ejemplo anterior) o de la carpeta EXAMPLES\CHAP05 del *CD de obsequio de CorelDRAW! 6 para expertos* (si no hizo el ejemplo anterior).

   Se selecciona la imagen de mapa de bits con que desea rellenar el recuadro seleccionado en el diseño MOD-CAFE.CDR.

7. Haga clic en Aceptar (OK).

   Se le regresa al cuadro de diálogo Patrón de bitmap de color (Full-color Bitmap Pattern). La imagen de granos aparece en el cuadro de presentación preliminar.

8. Haga clic en Mosaico (**T**iling).

   Se extiende el cuadro de diálogo para ofrecer más opciones de mosaico.

Las dimensiones del recuadro seleccionado son de aproximadamente 16.5 x 22.5 cm (6 1/2 × 9). Como se mencionó en la NOTA anterior, la imagen BEANTILE es de 10 cm de lado. Para que los granos sean un elemento de diseño importante, sería bueno, también, utilizar unas cuantas veces el patrón como mosaico para maximizar el tamaño de la imagen.

9. Haga clic en la casilla de verificación Escalar patrón con objeto (Scale pattern with object), luego escriba **50** en los cuadros Ancho (**W**idth) y Alto (**H**eight).

   La opción Escalar patrón con objeto (Scale pattern with object) cambia los campos de medida a porcentajes relativos de incrementos absolutos como pulgadas. (Vea la figura 5.40.)

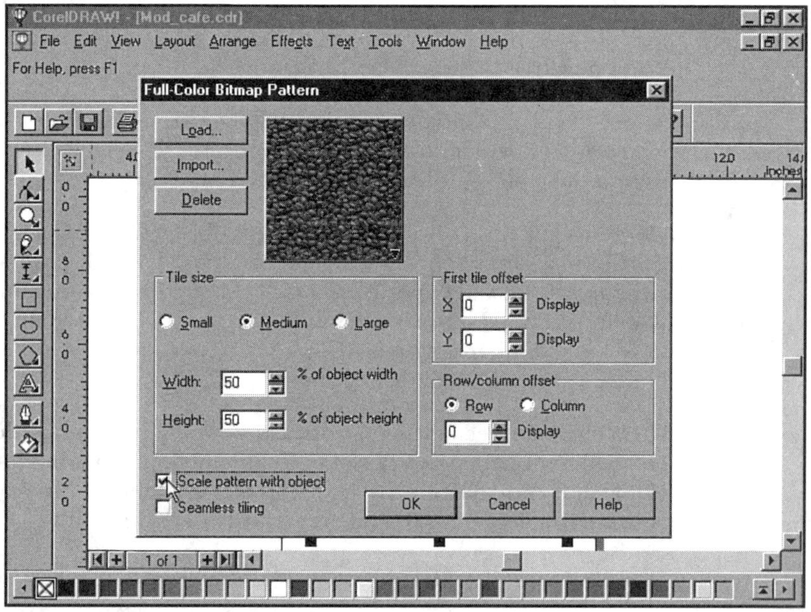

Figura 5.40
Usted puede elegir medidas absolutas para un mosaico de mapa de bits, o elegir especificaciones de factores relativos y a escala.

El paso anterior asegura que si usted quiere cambiar el tamaño del diseño terminado, los granos se encogerán proporcionalmente con la imagen. Si siempre quiere un relleno a color para desplegar elementos de un tamaño constante, deje esta casilla sin marcar. Sin embargo, tenga en cuenta que si usted cambia el tamaño de un objeto que contiene un relleno de mapa de bits para que sea mayor que la imagen del mapa de bits original, CorelDRAW reducirá la resolución del mapa de bits (el número de pixeles por pulgada) y la salida impresa podría verse un poco burda.

10. Haga clic en Aceptar (OK).

Las opciones restantes, como las del descentrado del mosaico de mapa de bits, no son importantes en este ejemplo. Se le regresa a la composición y una multitud de granos de café rellenará el recuadro. Perciba el aroma y vea la figura 5.41.

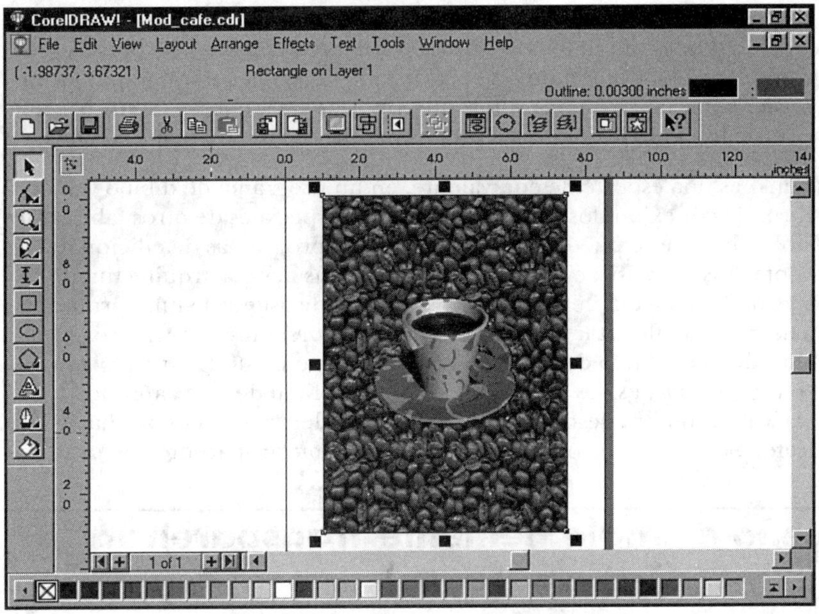

Figura 5.41
Como la imagen BEANTILE se retocó cuidadosamente, no hay rastros de mosaicos en el relleno de fondo.

11. Presione Ctrl+S (Archivo (File) y Guardar (Save)).

    Se guarda su trabajo en esta etapa intermedia.

En la siguiente sección completará el diseño del póster, con un poco de ayuda por parte de los objetos ocultos en la capa protegida dentro del documento, y de la persiana Lente (Lens) de CorelDRAW.

Cómo combinar elementos de vectores y de mapa de bits en una composición

Bastaría con dejar caer algo de texto en la parte superior del póster del Modern Café para quedar en paz. Sin embargo, algo falta en el póster (el sombreado) que frustra la interacción entre la taza de café y el fondo de granos en mosaico. ¿Así que cómo agrega sombras a un patrón tan complejo como un montón de granos? La respuesta está en la persiana Lente (Lens).

La intención de los ingenieros de software de Corel Corp. es proporcionar casi las mismas posibilidades de creación de imagen en CorelDRAW que las que se tienen en PHOTO-PAINT. Esta afirmación resulta ambiciosa, por decirlo así: ¿cómo pueden igualar una aplicación de dibujo vectorial las herramientas y los efectos encontrados en un editor de mapa de bits? En este capítulo usted ha visto cómo pueden funcionar de manera armoniosa las mezclas con calidad de pistola de aire con los rellenos de mapa de bits, y el póster Modern Café está casi por completo compuesto por mapas de bits, y no por diseños de vectores. En este capítulo se ha tratado de que el artista de imágenes por computadora de "tipo de dibujo" se sienta más en casa con diferentes tipos de imágenes, y de probar que el sombreado realista no sólo es territorio de los programas de edición de mapas de bits.

La persiana Lente (Lens) es una especie de equivalente, en un programa de dibujo vectorial, de un conjunto de filtros de conexión, los módulos de efectos especiales de otros fabricantes como Kai's Power Tools a los que se puede tener acceso desde programas de edición de mapas de bits que aceptan las especificaciones de Adobe Systems para la arquitectura de utilerías de conexión. Con la persiana Lente (Lens), usted puede asignarle una forma a la propiedad Lente (Lens) y luego alcanzar algunos matices y distorsiones maravillosos en objetos que usted coloca bajo el objeto de la lente. Los objetos de Lente (Lens) afectan a los diseños de mapa de bits *y* de vectores, de modo que el ejemplo final de este capítulo muestra cómo proyectar una sombra desde la taza de café (y el letrero adicional) hacia el fondo de granos de café, para crear un sombreado realista y semitransparente.

Un pequeño ejemplo del lente Transparencia (Transparency)

1. Haga clic en el recuadro relleno con granos, luego presione Mayús+AvPag (Shift+PageDown).

   Se envía el rectángulo al fondo de la pila de objetos en Layer 1 (Capa 1). El objeto de 50% de negro que usted copió en el fondo de la pila debe ser visible ahora.

2. Presione F4.

   Se hace un acercamiento a la resolución de vista de Zoom para ajustar (Zoom To Fit) (página).

3. Haga clic en el objeto de 50% de negro, luego haga clic en la muestra negra (100%) de la paleta de colores.

   Se rellena el objeto con negro.

Si no ha reorganizado ninguno de los objetos dentro de la composición, el objeto negro debe estar ligeramente arriba y a la izquierda del objeto de PowerClip. De no ser así, haga clic y arrástrelo a la posición en que creó la sombra de mezcla al principio de este capítulo.

4. Elija Efectos (Effects) y Lentes (Lens) (Alt+F3).

   Aparece la persiana Lente (Lens).

5. Elija Transparencia (Transparency) de la lista descendente Lente (Lens), luego haga clic y arrastre los botones elevadores del cuadro contador hasta que la cantidad sea 45.

Se especifica que el objeto negro tendrá una opacidad de menos de la mitad cuando se convierta en un objeto de Lente (Lens).

Como la mayor parte de los valores sugeridos en este libro, éstos no pasan de ser sugerencias. Cuando un objeto negro con una transparencia menor del 50% cubre un mapa de bits oscuro, crea una sombra densa, pero aún puede observarse el detalle visual de los granos de abajo. Por ejemplo, si usted está utilizando un mapa de bits diferente, como un mosaico de naranjas, tal vez desee utilizar un valor de transparencia más alto, y especificar una sombra café en lugar de negra, para crear un objeto sombreado más atractivo.

6. Haga clic en Aplicar (Apply).

   Se aplica la propiedad Lente (lens) al objeto de sombra seleccionado (vea la figura 5.42).

Figura 5.42
El sombreado de áreas visualmente complejas de un diseño puede hacerse rápidamente si se crea un objeto de Lente (Lens).

7. Elija **D**iseño (**L**ayout) y **G**estor de capas (**L**ayers Manager) (Ctrl+F3).

   Se despliega la persiana Capas (Layers).

8. Haga clic en el icono de ojo a la izquierda del título Layer 2 (Capa 2).

   Se hacen visibles los objetos protegidos en la Layer 2 (Capa2) y la composición queda completada.

9. Presione Ctrl+S (**A**rchivo (**F**ile) y **G**uardar (**S**ave)).

   Se guarda el diseño completo en el disco duro.

Debe dedicar ahora un poco de tiempo para desproteger la Layer 2 (Capa 2) y examinar los elementos que se crearon para completar el diseño (haga clic en el icono de lápiz a la izquierda del título Layer 2 (Capa 2)). Todas las técnicas utilizadas para la creación de esta capa se cubrieron en este capítulo, el letrero no es más que texto artístico convertido en curvas (el tipo no es parte de la colección de Corel), y los objetos de Lente (Lens) que crean las sombras proyectadas para el letrero también tienen la propiedad de 45% de transparencia. En la figura 5.43 puede ver el diseño completo, sólo que es más pequeño y en blanco y negro.

Figura 5.43 El póster de Modern Café combina elementos de vectores, imágenes de mapa de bits y efectos especiales de Lente (Lens).

Tome lo que ha aprendido en este capítulo sobre tipos de imágenes gráficas de mapa de bits y vectores, sombreado exacto y la extraordinaria posibilidad de integrar diferentes medios en una composición sólida y excitante, y mezcle este conocimiento con los ejemplos de otros capítulos. El sombreado sólo es un componente del total de sus herramientas de diseño en CorelDRAW, y conforme avance por otros ejemplos, verá cómo la herramienta más importante es su propia capacidad para seleccionar el efecto, la herramienta o la opción correctos para expresar sus propias ideas.

Parte II

El documento es lo importante: cómo utilizar CorelDRAW! como centro de diseño para su trabajo

6 capítulo

Mapas de bits y diseño vectorial

Los diseños creados en CorelDRAW ofrecen la flexibilidad artística del cambio suave de tamaño, y la posibilidad de separar y combinar las formas componentes sin dejar un rastro de la edición. Pero las imágenes vectoriales (como las que produce CorelDRAW) no pueden representar el enfoque de la parte frontal, reflejos y otras características fotorrealistas sin requerir una gran inversión de habilidad y de tiempo. Por el contrario, un editor de imágenes como CorelPHOTO-PAINT no ofrece toda la flexibilidad de edición que se encuentra en formas de vectores porque los gráficos por computadora de *mapa de bits* se crean con una estructura digital completamente diferente.

Si usted limita sus ideas a una perspectiva "de uno u otro", se abrirá un abismo virtual ante el diseñador cuando quiera combinar elementos de diseño vectorial y de mapa de bits dentro de una sola composición. En este capítulo se analizan dos métodos diferentes para tareas similares: mostrar cómo las ilustraciones con vectores se pueden integrar con las imágenes de mapa de bits, y viceversa. Si su cliente requiere una pieza terminada en formato vectorial o de mapa de bits, en las siguientes secciones se le muestra cómo crear las ilustraciones que cumplan con el contenido visual y las necesidades del formato del archivo.

Cómo retocar imágenes de mapa de bits con CorelDRAW!

Los fabricantes manejan el diseño de paquetes en dos divisiones diferentes: un grupo de diseño que crea los paquetes prototipo, y el grupo de creación de imágenes, que trabaja en los esquemas de color, el logotipo corporativo y el mejoramiento de las etiquetas de apoyo. En la primera tarea de este capítulo, usted participará en el grupo de diseño, y la responsabilidad de su grupo consistirá en crear la etiqueta de la botella del perfume Timeless.

Ya se diseño el empaque de Timeless, y se ha fotografiado un prototipo. Ahora, las partes involucradas necesitan un poco de ayuda para visualizar la manera en que se verá la etiqueta en el frasco. Para complicar las cosas, la imagen de la botella de perfume necesita distribuirse en la empresa y entre los compradores potenciales como una imagen de mapa de bits; en esta situación no puede utilizarse un archivo de CorelDRAW porque tal vez el público no tenga CorelDRAW.

Por lo tanto, esta tarea consta de dos partes: crear una etiqueta para el perfume e integrar el diseño en un formato de mapa de bits para que parezca que la etiqueta se encontraba en el paquete a la hora de fotografiarse.

Como crear una plantilla de diseño

El primer paso en la creación de una etiqueta para la imagen que ya se ha fotografiado consiste en convertir una copia de una imagen original a baja resolución para que pueda utilizarse en CorelDRAW como plantilla. Las imágenes RGB de alta calidad utilizadas comercialmente tienen un archivo de entre 4 y 30 Mb y es ridículo importar semejante imagen para trazar sobre ella en CorelDRAW, porque los tiempos de redibujo serían demasiado lentos y el archivo guardado sería más grande de lo necesario. PERFUME.TIF es la imagen del paquete que usted utilizará en este ejemplo como destino para la etiqueta. La imagen es pequeña para los propósitos del ejemplo; es menor de 1 Mb, lo que no producirá una impresión de calidad profesional, pero servirá a la perfección para nuestro trabajo *conceptual.*

En los pasos siguientes, verá la manera de utilizar CorelPHOTO-PAINT para convertir una copia de PERFUME.TIF y utilizarla como plantilla en CorelDRAW.

Cómo trabajar con los modos de color de CorelPHOTO-PAINT!

1. Lance CorelPHOTO-PAINT desde el Explorador (Explorer), luego abra la imagen PERFUME.TIF, de la carpeta EXAMPLES\CHAP06 del *CD de obsequio de CorelDRAW! 6 para expertos.*

   Se abre la imagen con la que trabajará en este ejemplo.

2. Elija Imagen (Image), Separar canales en (Split Channels To) y luego elija HSB.

   CorelPHOTO-PAINT crea tres archivos de imagen basados en los valores componentes del original PERFUME.TIF. En la figura 6.1 puede ver la imagen original PERFUME.TIF y a la derecha tres ventanas individuales de imagen; la del frente es la imagen basada en los valores de brillantez (B-0).

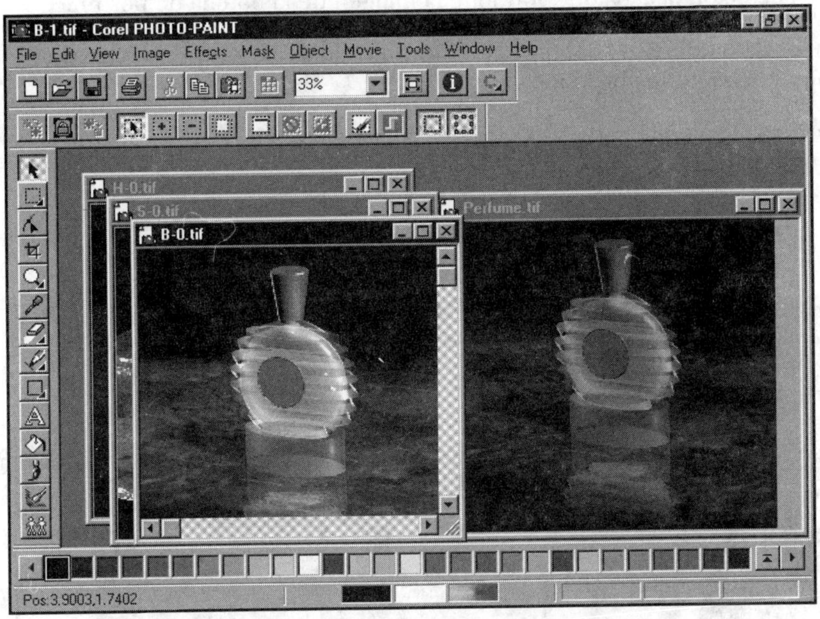

Figura 6.1
A partir de una imagen original, pueden copiarse imágenes en escala de grises individuales que representan cantidades de matiz, saturación y brillo.

3. Haga clic en la barra de título B-0.TIF, luego elija Archivo (File) y Guardar (Save) (Ctrl+S) y guarde la imagen como PERFUME-G.TIF en su disco duro.

   Se guardar la imagen de escala de grises para Brillantez (Brightness) en su disco duro para que la utilice posteriormente.

4. Cierre CorelPHOTO-PAINT, sin guardar las imágenes H-0 y S-0; luego lance CorelDRAW.

   Se sale del programa; se lanza CorelDRAW.

5. Elija Archivo (File) e Importar (Import) (Ctrl+I; o haga clic en el botón Importar (Import) de la barra de herramientas).

   Aparece el cuadro de diálogo Importar (Import).

6. Elija PERFUME-G.TIF de su disco duro, luego haga clic en Importar (Import).

   Se importa una copia de la imagen de escala de grises que usted guardó en su disco duro.

7. Elija **D**iseño (**L**ayout) y **G**estor de capas (**L**ayers Manager) (Ctrl+F3).

   Se despliega la persiana Capas (Layers).

8. Haga clic en el icono de lápiz que se encuentra a la izquierda del título Capa 1 (Layer 1).

   Se protege de la edición la capa que contiene la imagen de la botella de perfume.

9. Haga clic con el botón derecho del ratón en los títulos de las capas y elija **N**uevo (**N**ew) del menú de método abreviado.

   Se crea una nueva capa en la parte superior de Capa 1 (Layer 1).

10. Escriba **Logo** en el texto resaltado de la persiana Capas (layers).

   Se asigna un nombre a la capa 2, para una fácil referencia futura (vea la figura 6.2).

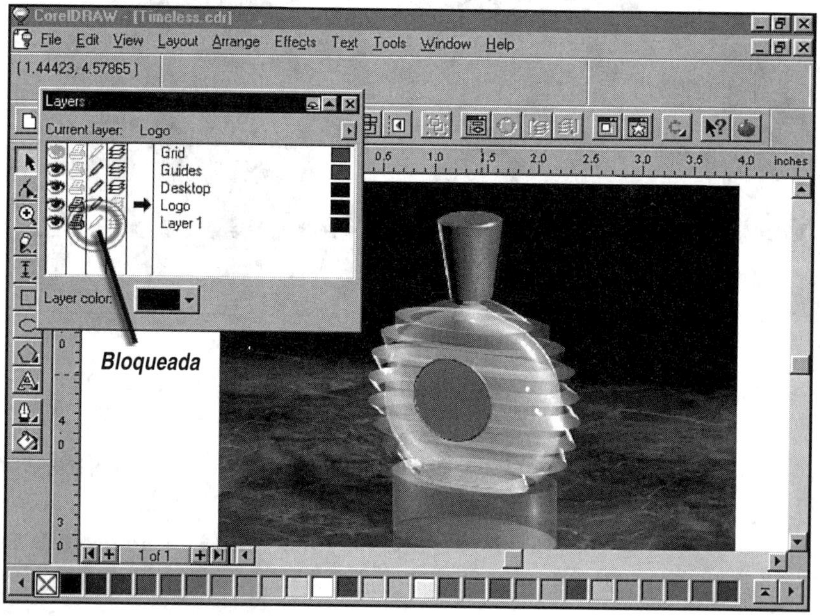

Figura 6.2 Proteja la capa que contiene la plantilla de la imagen, luego cree una nueva capa sobre la que creará el logotipo.

11. Elija **A**rchivo (**F**ile) y **G**uardar (**S**ave) (Ctrl+S), luego guarde el archivo como TIMELESS.CDR en su disco duro.

   "Timeless" será el nombre del perfume.

Aunque este capítulo está orientado a un objetivo, usted necesita regresar un poco en la siguiente sección y encontrar algunas respuestas a unas cuantas preguntas. ¿Por qué se le pide que lleve a cabo una maniobra aparentemente fantasiosa para copiar la imagen PERFUME.TIF en el último ejemplo? ¿Por qué no crear una imagen en escala de grises cambiando los modos de la imagen? ¿Qué es un canal de imagen? Las imágenes de mapa de bits tienen estructuras de archivo fundamentalmente diferentes de los diseños vectoriales, y le ayudará a comprender la manera en que se mapean los bits de información en un formato de archivo para crear mejores trabajos en menos tiempo.

Modos de imagen y mapeo de colores

La mayor parte de las imágenes de mapa de bits que usted encontrará en su trabajo profesional caerán en dos diferentes categorías: *color indexado* y *color de canal*; cada uno de estos tipos de mapa de bits se guardan en el disco en un formato de archivo especial utilizado para expresar valores de color de una manera única. A diferencia de los dibujos vectoriales (como los que produce CorelDRAW) todas las imágenes de mapa de bits despliegan el contenido de la imagen y los valores de color a través de un arreglo de pixeles (*pic*ture *el*ements; elementos gráficos). En otras palabras, los pixeles representan el relleno de color de una fotografía de una pelota, pero los pixeles también representan el contorno de la pelota y sus brillos y sombras.

Como los mapas de bits (o imágenes *tramadas*) dependen por completo de bloques de construcción rectangulares (los pixeles) para la forma y el sombreado del contenido de la imagen, a menudo volteamos a la capacidad de color y el arreglo de pixeles en un formato de archivo para obtener la descripción cualitativa de una imagen de mapa de bits. El término *mapa de bits* fue inventado para describir un solo bit de información mapeado en una cuadrícula invisible que define las dimensiones de una imagen. Sin embargo, un solo bit de información digital únicamente puede expresar un estado de activo o inactivo para un pixel (dando como resultado una imagen de mapa de bits con 2 opciones de color (por lo general se utiliza el blanco y negro)).

Conforme aumenta la capacidad de cálculo de las computadoras personales, se puede almacenar más información en un pixel, y el término mapa de bits es actualmente una frase heredada, porque los *bytes* de información pueden utilizarse ahora para expresar un rango más amplio de valores de color. Las imagen RGB tienen una capacidad de 16.7 millones de valores únicos de color dentro de un formato de imagen de mapa de bits guardado, porque las imágenes RGB tienen 24 bits de información por pixel de color (o 2 a la 24 potencia). Las imágenes de escala de grises, como la que guardó en el ejemplo anterior, tiene una capacidad de ocho bits (un *byte*) de información por pixel.

Las aplicaciones de diseño utilizan esquemas codificados para organizar la información de color en un formato de archivo fácil de recuperar e independiente de la plataforma. Aunque los usuarios eligen el *tipo* de archivo de mapa de bits (BMP, PCX, TIFF, etcétera) para guardar una imagen, el formato de las imágenes de mapa de bits puede dividirse en dos categorías diferentes, como verá en las siguientes secciones.

Imágenes de color indexadas

Las *imágenes de color indexadas* por lo general tienen una capacidad máxima de color de 8 bits por pixel, dando como resultado imágenes que contienen 256 valores de color únicos. Una imagen de color indexada se almacena a través de una aplicación de diseño que guarda una tabla de color (también llamada *tabla de búsqueda* o *paleta de colores*) como parte de la información de encabezado de un archivo de color indexado. Una aplicación lee este índice de valores específicos de color antes de cargar un archivo guardado en ese formato.

Obviamente, la gama completa de colores visibles no puede guardarse de manera confiable en un formato de color indexado, y programas como CorelPHOTO-PAINT desarrollan una *reducción de color* para eliminar colores en la creación de imágenes de color indexadas. Usted a menudo ve *vibraciones*, la dispersión de pixeles de color al azar, a través de una imagen indexada, como resultado del intento de un programa de edición de imágenes por "falsear" colores que no pueden existir dentro de la paleta de colores limitada de una imagen indexada.

El formato de color indexado no es una opción ideal para llevar a cabo la edición. La mayor parte de las utilerías de conexión de CorelPHOTO-PAINT no funcionan ni producen resultados aceptables. Sin embargo, las imágenes de color indexadas ofrecen una estructura compacta de archivo utilizada con el formato GIF (para imágenes gráficas de páginas Web) y otros formatos de archivos aplicados en presentaciones electrónicas.

Imágenes de canales de color

Las *imágenes de canales de color* ofrecen el espectro más amplio de colores disponibles porque a diferencia de las imágenes indexadas, la información de color se almacena como fuerza relativa de componentes de color. La mayor parte de las imágenes TIF, Targa y CPT (el formato de mapa de bits propietario de CorelPHOTO-PAINT) utilizan tres canales discretos de color para expresar una imagen de color compuesta; estos tres canales de color se presentan ante el usuario como canales de escala de grises de 8 bits, cuya brillantez relativa constituye una contribución del canal de color a la imagen general.

Como ejemplo, si usted observa el canal azul de una silla azul en CorelPHOTO-PAINT, el canal despliega muchas áreas blancas, porque la contribución del canal azul a la imagen general RGB es alta. Lo más probable es que vea representaciones escasas en escala de grises de los canales de color verde y rojo para esa imagen, porque el rojo y el verde no contribuyen mucho a la información de pixel de una silla azul.

Las imágenes de canales de color no se cargan tan rápido en una aplicación de edición de imágenes como las imágenes de color indexado, porque la aplicación no lee un encabezado para la información de color. En lugar de eso, los *valores explícitos de brillantez* para la información de color del rojo, el verde y el azul están mezclados para presentar la *composición* (la vista RGB) de una imagen de canales de color.

Aunque las imágenes de escala de grises están confinadas a 256 tonos, se pueden considerar como una imagen de canal de un solo color. Es verdad que puede utilizarse una paleta de colores indexada para crear una imagen de escala de grises, pero las imágenes que se escanean en modo de escala de grises, o las imágenes de color que se reducen a escala de grises a partir del formato RGB, retienen la organización del formato del canal del color. Es este formato de canal de color el que usted utilizará en este capítulo para las imágenes de mapa de bits, porque las imágenes de canales de color, incluso las de escala de grises, se ven mejor cuando se les da salida a un medio impreso, y pueden contener más valores de colores únicos que las imágenes indexadas.

Este formato de canal de imágenes de mapas de bits le presentan a los diseñadores gráficos algunas posibilidades maravillosas y flexibles. En el ejemplo anterior, usted le indicó a CorelPHOTO-PAINT que dividiera los canales de PERFUME.TIF en un arreglo de canales de Matiz (Hue), Saturación (Saturation) y Brillantez (Brightness). Aunque PERFUME.TIF se diseñó originalmente alrededor de arreglos de canales Rojo (Red), Verde (Green) y Azul (Blue), esta hazaña fue posible porque hay una relación directa entre los espacios de color RGB y HSB. Los espacios de color definidos como fuerzas de los componentes de color, y no como valores indexados y prestablecidos, pueden mapearse para cumplir varios propósitos de diseño (como en los que acaba de participar).

El canal Brillantez (Brightness) que CorelPHOTO-PAINT creó de la imagen PERFUME en RGB sólo contiene los tonos de la imagen original (sin información sobre los matices originales, o la cantidad de *matiz predominante* (llamado *saturación*) dentro del original). Este truco resulta particularmente útil cuando se convierte un color en escala de grises, porque las conversiones directas entre los modos de color frecuentemente dan por resultado una imagen apagada. Trate de fotocopiar una imagen a color; el resultado por lo general es opaco debido a que el dispositivo de imágenes de la fotocopiadora lee la fuerza relativa de los colores *además* de la información sobre *tonos* (la escala de grises neutra) contenida dentro de una imagen. Los rojos quedan más oscuros de lo que esperaba, y los azules quedan más claros cuando el color RGB se transforma directamente en un modo de escala de grises.

Sin embargo, el truco de la conversión de canales HSB evita el riesgo de incluir información de color en una reducción de color. Los canales de saturación y matiz por lo general no tienen valor como producto de la división de canales; la información es ininteligible para el ojo humano, por eso la descartamos en el ejemplo anterior.

El archivo TIMELESS.CDR contiene una tercera parte de la información completa de PERFUME.TIF, y por lo tanto sólo tendrá una tercera parte del tamaño total de la imagen. Usted puede trabajar rápidamente con esta plantilla para diseñar un logotipo, incluso en un sistema cuya RAM sea modesta.

Cómo crear el logotipo de carátula de reloj de Timeless

Cada vez que usted analiza una necesidad de diseño, es mejor buscar "ganchos" visuales obvios que comunicar de inmediato al espectador lo que usted está tratando de decir. En este ejemplo, como el perfume se llama Timeless (es decir, intemporal), y la forma vacía de la botella es redonda, el diseño de una carátula refuerza visualmente la marca.

El ejemplo que sigue utiliza la función Mezcla (Blend) de CorelDRAW para crear números romanos girados alrededor de un círculo. Uno de los primeros impulsos cuando se da una tarea similar es utilizar Texto (Text) y Adaptar texto a trayecto (Fit Text to Path). Sin embargo, ésta es la función errónea. La persiana Adaptar texto a trayecto (Fit Text to Path) resulta estupenda para frases cortas, pero los números individuales necesitan colocarse de manera precisa y a intervalos regulares alrededor de un círculo en esta tarea. Por desgracia, la selección correcta de una opción de CorelDRAW, la persiana Mezcla (Blend), no puede retener las propiedades de texto de los objetos (el texto se convierte en curvas en la mezcla, de modo que no pueden crearse números únicos en la trayectoria de mezcla). Sin embargo, hay una técnica simple de edición manual que puede utilizarse *después* de utilizar la persiana Mezclar (Blend) y que sirve para alcanzar nuestra meta. Después de este ejemplo, verá cómo editar el grupo de mezcla de números romanos para representar una carátula de reloj tradicional.

He aquí como crear el diseño básico del logotipo.

Cómo mezclar una carátula

1. Abra el documento TIMELESS.CDR en CorelDRAW.

2. Presione AvPag (PageDown).

   Se despliega el cuadro de diálogo Insertar página (Insert Page).

3. Presione Enter (o haga clic en Aceptar (OK)).

   Se agrega el número predeterminado de páginas (1) a TIMELESS.CDR y se le pasa a la vista de la página 2. Este paso le permite trabajar sin mostrar la imagen protegida en la página 1. Usted se encuentra en el mismo documento, pero trabajará más rápidamente en esta etapa preliminar sin el estorbo de desplegar un mapa de bits de 300K en el documento.

4. Elija la Herramienta Elipse (Ellipse tool) (o presione F7), luego presione la tecla Ctrl y haga clic y arrastre un círculo de unos 5 centímetros de diámetro (2 pulgadas), empezando de la esquina superior izquierda y terminando en la esquina inferior derecha de la página.

   Al mantener presionada la tecla Ctrl se restringe la elipse a la forma de un círculo; es la forma del logotipo del perfume. La dirección en que usted haga clic y arrastre un círculo tiene un impacto en la manera en que el grupo de mezcla se organiza alrededor de la trayectoria representada por el círculo; dibuje la elipse de izquierda a derecha y luego de arriba hacia abajo de la página para crear un círculo cuya trayectoria de contorno sea *en el sentido de las manecillas del reloj*.

5. Presione F8 (o haga clic en la herramienta Texto artístico (Artistic Text) y luego en la página) y a continuación escriba **XII.**

   Usted ha creado el primer número romano para la carátula del reloj.

6. Presione Ctrl+barra espaciadora y luego Ctrl+T (Te**x**to (Te**x**t) y **C**arácter (**C**haracter).

   Se cambia a la Herramienta Selección (Pick tool); se despliega el cuadro de diálogo Atributos de carácter (Character Attributes).

7. Elija una fuente clásica, haga clic en la ficha Alineación (Alignment), haga clic en el botón de opción Centro (Center) y luego en Aceptar (OK).

   Se selecciona el tipo utilizado para el diseño del logotipo.

Algunos de los diseños que creará utilizando la persiana Mezclar (Blend) necesitan reemplazarse en un ejemplo posterior. Por razones que verá pronto, el número de texto artístico necesita tener una propiedad de alineación Centro (Center).

Optima es la selección de fuente utilizada en este ejemplo, por unas buenas razones de diseño. Primero, Optima es legible en tamaños pequeños, lo que exigen muchos productos gráficos. Optima es estilizada, pero resulta más conservadora que la mayor parte de las fuentes que vienen en CorelDRAW, y se le haría un mal favor a un perfume "intemporal" que se utilizara una fuente "gorda". También, a tamaños pequeños, los tipos con patines tienden a perderse, sobre todo cuando una ilustración vectorial se convierte en un formato de mapa de bits, como lo hará en este capítulo. De modo que Optima es una opción "limpia", pero siéntase con la libertad de sustituirla si tiene una fuerte preferencia.

8. Presione Alt+F9 (Organizar (Arrange), Transformar (Transform) y Escalar y reflejar (Scale and Mirror).

   Se despliega la persiana Escala y reflejo (Scale and Mirror).

9. Haga clic en el círculo con la Herramienta Selección (Pick tool), escriba **80** en los cuadros contadores H y V del área Escala (Scale), luego haga clic en Aplicar para duplicar (Apply to Duplicate).

   Se crea un círculo más pequeño dentro del original (vea la figura 6.3).

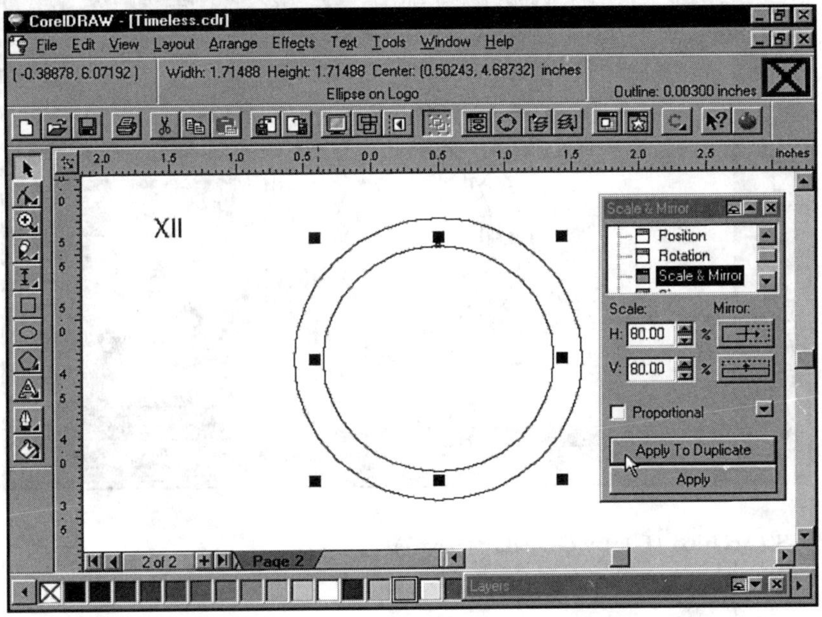

Figura 6.3
La opción Escala y reflejo (Scale and Mirror) puede ayudarle a crear círculos concéntricos dentro o fuera del original.

10. Haga clic en el texto "XII", arrástrelo a unos 5 centímetros (2 pulgadas) a la derecha de su posición original y luego haga clic con el botón derecho del ratón antes de soltarlo.

    Se coloca un duplicado del XII a la derecha del original.

11. Trace un recuadro de selección alrededor de ambos números romanos con la Herramienta Selección (Pick tool), luego elija Efectos (Effects) y Mezcla (Blend) (Ctrl+B).

    Se despliega la persiana Mezclar (Blend).

12. Escriba **10** en el cuadro contador Etapas (Steps), luego haga clic en Aplicar (Apply).

    Se hace una mezcla de 10 objetos intermedios entre los números romanos.

13. Haga clic en el botón de trayectoria de la persiana Mezclar (Blend), elija **N**uevo trayecto (**N**ew Path) y luego haga clic con el cursor en el círculo duplicado, más pequeño de la página.

    Se define el círculo como la trayectoria que seguirán los números de la mezcla.

14. Marque la casilla de verificación Tray. Completo (Full Path), luego haga clic en Aplicar (Apply).

    Se aplica el efecto (vea la figura 6.4).

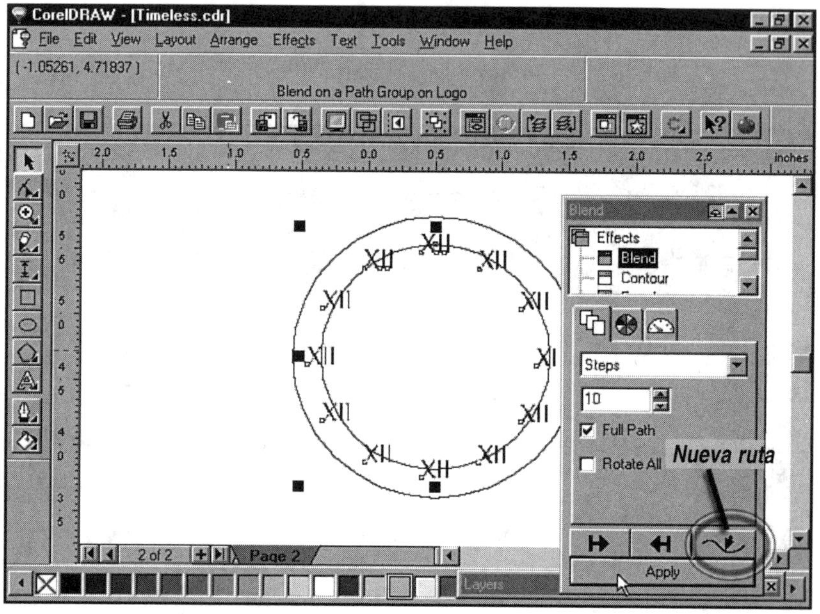

Figura 6.4 Usted puede mezclar varios objetos en una trayectoria, especificando un objeto dentro del documento.

15. Presione Ctrl+S (**A**rchivo (**F**ile) y **G**uardar (**S**ave)).

    Se guarda su trabajo en esta etapa intermedia.

En la siguiente sección verá la manera de separar un vínculo dinámico de un objeto de mezcla y cómo corregir los valores numéricos que ha creado.

Cómo utilizar la opción Alinear y distribuir (Align and Distribute)

Es hora de aplicar la parte manual del proceso de creación del logotipo. Una carátula de reloj con 12 símbolos XII idénticos resulta increíble para una caricatura, pero no sirve para los propósitos de este diseño. El grupo de mezcla consta actualmente de dos objetos de control (los XII original y duplicado en tipo Optima) y un subgrupo de 10 objetos que parecen texto pero que en realidad son curvas.

En la siguiente serie de pasos, usted reemplazará la colección de objetos con copias del texto artístico dentro del diseño, luego volverá a escribir el texto para representar la hora correspondiente en la carátula. Hay un ritmo para esta técnica de edición, y si usted comprende los pasos, podrá reemplazar rápidamente cualquier secuencia de objetos en su propio trabajo.

Cómo sustituir texto mezclado

1. Haga clic en cualquier lugar del grupo de mezcla de objetos (no en los objetos de control, que se encuentran a las 12 y a la 1 en el reloj), luego elija Organizar (Arrange) y Separar (Separate).

   Se separa el grupo en dos objetos individuales de texto artístico y un grupo de 10 objetos.

2. Haga clic en el grupo de 10 objetos y luego en un color claro de la paleta de colores (el cyan es adecuado).

   Se cambia el color de todo el grupo de objetos. Volver a colorear los anteriores objetos de la mezcla mientras aún se encuentran agrupados es un método bueno y rápido para que se distingan claramente del texto de reemplazo que usted creará.

3. Presione Ctrl+U (Organizar (Arrange) y Desagrupar (Ungroup); o haga clic en el botón Agrupar/desagrupar (Group/Ungroup) de la barra de herramientas).

   Se desagrupan 10 objetos.

4. Haga clic en el botón Persiana de alinear y distribuir (Align and Distribute Roll-Up) de la barra de herramientas.

   Se despliega la persiana Alinear y distribuir (Align and Distribute).

5. Haga clic en el objeto de texto artístico XII que se encuentra a las 12 del reloj, luego presione + en el teclado numérico.

   Se duplica el XII.

6. Presione la tecla Mayús (Shift) sobre el objeto cyan de las 2 de la tarde del círculo, haga clic en los botones para centrar vertical y horizontalmente en la persiana Alinear y distribuir (Align and Distribute), luego haga clic en Aplicar (Apply).

   Se alinea el texto artístico XII con el objeto cyan de las 2 en el reloj.

7. Presione la barra espaciadora, luego presione tres veces la tecla de retroceso y escriba **II**.

   Se cambia a la última herramienta utilizada (la herramienta Texto artístico (Artistic Text)); se reemplaza el XII con el número más apropiado para la posición de la carátula. *Por esto* recomendamos que el texto artístico XII original debe tener un atributo de alineación de carácter Centro (Center). Como puede ver, el "II" está perfectamente centrado sobre el objeto de color cyan.

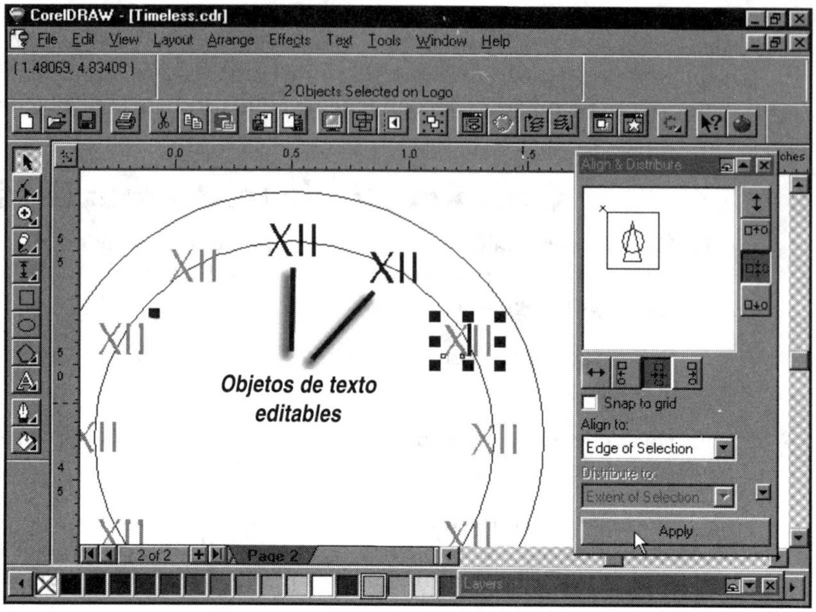

Figura 6.5
Usted puede alinear los objetos de reemplazo dentro de un diseño utilizando la persiana Alinear y distribuir (Align and Distribute).

8. Repita los últimos tres pasos con los demás objetos color cyan alrededor del círculo, escribiendo el número correcto después de alinear un duplicado del objeto de texto artístico.

   Se completa el elemento de números del logotipo de carátula del reloj.

9. Seleccione el otro texto artístico XII y escriba **I**.

   Se completa al carátula del reloj.

10. Presione Ctrl+S (**A**rchivo (**F**ile) y **G**uardar (**S**ave)).

    Se guarda su trabajo en este estado intermedio.

Usted debe eliminar los marcadores de posición (los objetos color cyan) después de reemplazarlos con los números romanos. Básicamente, ya ha completado la forma y la mayor parte de la imagen gráfica para la etiqueta del perfume. En la figura 6.6, puede ver la persiana Escala y reflejo (Sacale and Mirror) utilizada para crear un duplicado más pequeño del círculo original. Se han combinado dos círculo interiores y a todos los objetos componentes se les ha asignado un relleno blanco o negro.

En la siguiente sección, verá la manera de agregar texto al logotipo. La elección de texto y números romanos en blanco es importante porque, después de que el logotipo se exporte a formato de mapa de bits para utilizarlo en la imagen TIMELESS.TIF, un modo de mezcla especial (que dejará fuera el color blanco) compondrá el logotipo en la imagen TIF.

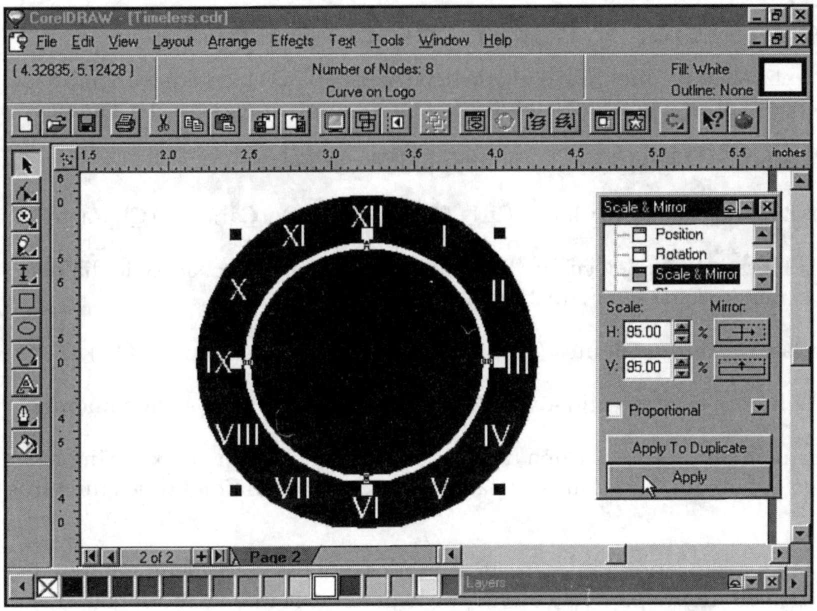

Figura 6.6
Cree círculos alineados automáticamente para el diseño del logotipo obteniendo duplicados con la persiana Escala y reflejo (Scale and Mirror).

Cómo modificar cadenas de texto artístico

Casi cualquier libro que se haya escrito sobre las fuentes escalables para computadora incluyen la advertencia de que usted sólo debe utilizar dos o tres fuentes por documento. La razón para esta advertencia es evitar el efecto de "nota de rescate" (los usuarios que de pronto poseen más de mil fuentes de Corel de alta calidad a menudo sienten la necesidad de utilizarlas todas en un solo diseño).

Aunque un documento basado en texto puede tener la apariencia de los periódicos amarillistas, el diseño de paquetes a menudo requiere el uso de un puñado de tipos diferentes para lograr cierta apariencia. Si usted entiende el peso de las fuentes, las características de los patines y tiene un gusto artístico para mezclar fuentes, puede crear logos atractivos.

En el ejercicio siguiente, verá cómo se utilizan las fuentes Shelley Allegro, Copperplate y Futura para completar el diseño del logotipo de Timeless. Si estas fuentes no están instaladas en su sistema, puede instalarlas cargando el CD de Corel número 1 y eligiéndolas. El formato TrueType es aceptable para este ejemplo, porque las fuentes se convertirán a mapa de bits durante este ejemplo, por lo que no resulta útil una interpretación PostScript. Si la imagen va a permanecer en CorelDRAW y el texto se quedara como texto editable, se recomienda el formato Type 1. Vea el capítulo 8, "Cómo crear sus propias fuentes", para obtener consejos e información sobre el trabajo con formatos de fuentes digitales.

He aquí cómo crear un diseño de texto para el logotipo del perfume.

Cómo mezclar y hacer coincidir tipos

1. Presione F8 (o elija la herramienta Texto artístico (Artistic Text)), coloque un punto de inserción haciendo clic en el centro del diseño del logotipo, luego escriba **Timeless**.

   Se agrega "Timeless" al logotipo en la fuente predeterminada.

2. Presione Ctrl+Barra espaciadora y luego Ctrl+T (Te**x**to (Te**x**t) y **C**arácter (**C**haracter)).

   Se cambia a la Herramienta Selección (Pick tool); se despliega el cuadro de diálogo Atributos de carácter (Character Attributes).

3. Elija Copperplate de la lista **F**uentes (**F**onts), luego haga clic en Aceptar (OK).

   Se convierte la fuente predeterminada en Copperplate; se regresa a su documento.

4. Haga clic y arrastre un tirador por una de las esquinas que rodean el texto Timeless, hacia el centro del objeto, hasta que quepa dentro del área definida por los números romanos.

   Se reduce el texto a la proporción correcta. A menos que usted tenga un tamaño de fuente específico en mente para una tarea, por lo general es más fácil cambiar el tamaño del texto utilizando la Herramienta Selección (Pick tool) que introducir un tamaño en el cuadro de diálogo Atributos de carácter (Character Attributes). Usted observará que el texto es muy pequeño (tal vez sólo sea de cinco puntos) porque la plantilla que usted creó de la imagen TIF original es pequeña. En trabajos propios, debe tratar de utilizar tamaños de 8 a 12 puntos para elementos de diseño de paquetes parecidos.

5. Haga clic en un área vacía del documento, presione la barra espaciadora, coloque un punto de inserción debajo de "Timeless" y escriba **"PERFUME"**.

   Se agrega un segundo elemento de texto al diseño.

6. Presione Ctrl+Barra espaciadora y luego Ctrl+T.

   Se cambia a la Herramienta Selección (Pick tool); se despliega el cuadro de diálogo Atributos de carácter (Character Attributes).

7. Haga clic en Futura en la lista **F**uentes (**F**onts), luego haga clic en Aceptar (OK).

   Se cambia el texto a la fuente Futura.

8. Haga clic y arrastre la esquina del tirador de PERFUME, hacia el centro, hasta que se indique en la línea de estado que su fuente es de unos cuatro puntos.

   Se reduce el tamaño del texto para cumplir con su diseño del logotipo.

9. Haga clic en la Herramienta Forma (Shape tool), luego haga clic y arrastre el tirador de la derecha del texto hacia el lado derecho hasta que queden espacios de tres o cuatro caracteres de ancho entre las letras.

La Herramienta Forma (Shape tool) crea espaciado entre caracteres más anchos para el texto artístico PERFUME. Se trata de una "apariencia" artística que los diseñadores gráficos por computadora han estado utilizando en los años recientes para que el texto se convierta en un elemento más del diseño. Con la Herramienta Forma (Shape tool), se trata de un embellecimiento fácil, pero también puede crearlo si especifica 400% en el cuadro contador Carácter (Character) del área Espaciado (Spacing) en la ficha Alineación (Alignment) del cuadro de diálogo Atributos de carácter (Character Attributes).

10. Haga clic en el texto "Timeless" y luego en el primer nodo de selección de texto.

    Se selecciona el texto, luego se selecciona únicamente el carácter "T".

11. Presione Ctrl+T.

    Se despliega el cuadro de diálogo Atributos de carácter (Character Attributes).

12. Elija Shelley Allegro de la lista Fuentes (Fonts), escriba **14** en el campo Tamaño (Size), luego haga clic en Aceptar (OK).

    Se cambia únicamente la "T" a Shelley Allegro (vea la figura 6.7).

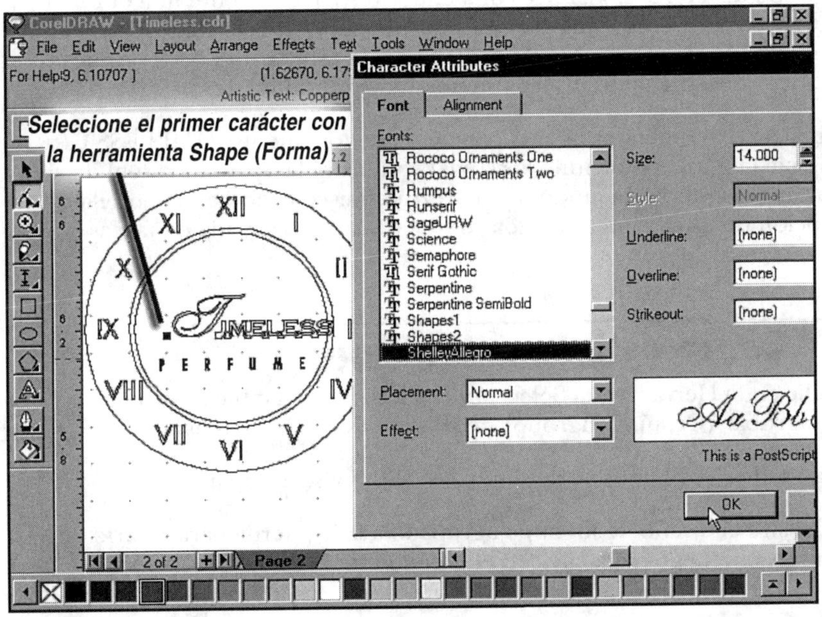

Figura 6.7
Usted puede cambiar la posición, la fuente, el tamaño y otros atributos de un solo carácter seleccionándolo con la Herramienta Forma (Shape tool).

13. Haga clic y arrastre el nodo de selección de texto para crear una mejor composición entre la T y el pequeño texto en Copperplate.

    Se mueve únicamente el carácter Shelley Allegro, de manera relativa en relación con el resto de la palabra "Timeless".

14. Con la Herramienta Selección (Pick tool), haga clic y arrastre Timeless y PERFUME hasta que queden centrados dentro del diseño del logotipo.

    Se termina el logotipo. Como alternativa, puede empujar pequeños objetos utilizando las flechas del teclado para colocarlos de manera precisa. Establezca la cantidad de Empujar (Nudge) en la ficha General de Herramientas (Tools) y Opciones (Options).

15. Presione Ctrl+S (Archivo (File) y Guardar (Save)).

    Se guarda su trabajo en esta etapa intermedia.

Hasta ahora, el logotipo podría estar listo para imprimirse, pero no está listo para representar un elemento fotográfico en TIMELESS.TIF. Como puede ver en la página 1 del documento de CorelDRAW, el producto se fotografió en ángulo, y el área destinada para contener la etiqueta no es circular. La manera de superar este obstáculo se tratará en la siguiente sección.

Cómo distorsionar un grupo de objetos

El área vacía y sin logotipo de TIMELESS.TIF es una elipse (específicamente una elipse distorsionada hacia el espectador en un ángulo de cámara superior). Esto significa que es necesario estirar el logotipo hacia abajo para que coincida con esta distorsión (lo opuesto del ángulo de la cámara) y necesita condensarse un poco horizontalmente.

En el siguiente ejercicio, copiará el logotipo a la página 1 del documento TIMELESS.CDR (nunca utilice un original cuando distorsione las cosas) y utilizará la opción manual de estirar/girar para ajustar el logotipo de modo que parezca estar colocado en la botella de perfume. La nueva opción de línea guía inclinada resulta de inmensa ayuda en tareas como ésta.

Cómo estirar el logotipo

1. Haga doble clic en la Herramienta Selección (Pick tool), luego haga clic en el botón Agrupar/Desagrupar (Group/Ungroup) de la barra de herramientas.

   Se seleccionan todos los objetos de la ventana de dibujo; se agrupan.

2. Haga clic y arrastre el diseño de logotipo agrupado a la izquierda para sacarlo de la página de impresión, luego haga clic con el botón derecho del ratón antes de soltarlo.

   Se coloca un duplicado del logotipo en la porción de pegado de la ventana de dibujo. El área de pegado resulta estupenda para dejar partes de objetos, pero también es un área "común" entre páginas de documentos múltiples. Esto hace que resulte fácil copiar el logotipo a la página 1, que contiene la imagen de mapa de bits, sin utilizar el Portapapeles (Clipboard) de Windows.

3. Presione RePág (PageUp).

   Se pasa a la página 1 del documento TIMELESS.CDR.

4. Haga clic y arrastre el logotipo a la página de impresión.

   Se mueve la copia del logotipo a la página uno, permaneciendo en la capa Logo (vea la figura 6.8).

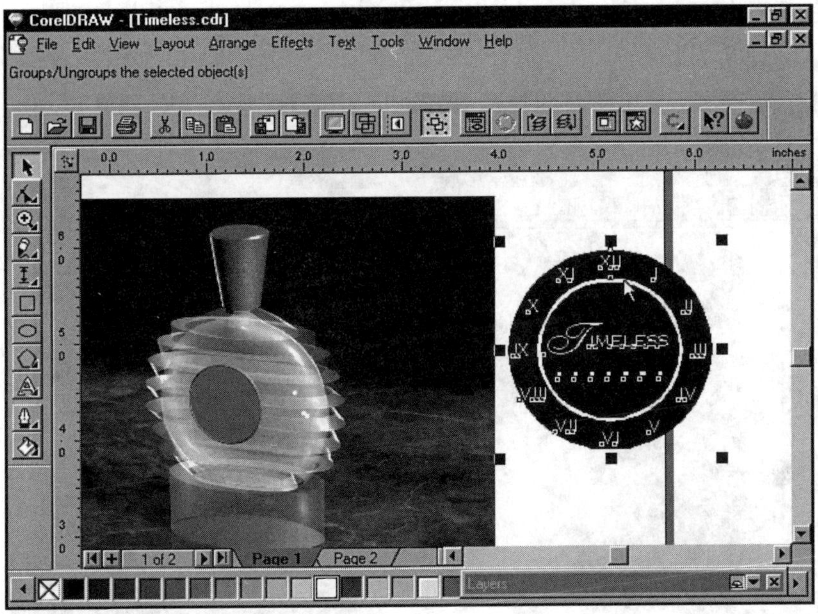

Figura 6.8
El Portapapeles (Clipboard) de Windows utiliza los recursos del sistema. Consérvelos utilizando los comandos de duplicación internos de Corel o la zona de pegado.

5. Haga clic y arrastre una línea guía desde la regla horizontal y colóquela en la tercera parte inferior de la imagen del perfume.

   La línea guía se utilizará para determinar la cantidad de estiramiento que se aplicará al diseño del logotipo.

6. Haga clic y arrastre el tirador de la línea guía de la izquierda para colocarla de manera paralela a las muescas de la botella de perfume.

   La línea queda paralela al ángulo de inclinación dentro de la imagen de mapa de bits. El ángulo correcto para la línea es de 7°; usted puede verificar esta cifra haciendo doble clic en la línea y luego revisando la pestaña Inclinado (Slanted) de cuadro de diálogo Configuración de líneas guía (Guidelines Setup).

7. Haga clic en la Herramienta Selección (Pick tool) y luego haga clic y arrastre el logotipo para que quede sobre el área del círculo distorsionado de la imagen. Haga clic y arrastre un tirador de la esquina hacia el centro del objeto, hasta que pueda ver las orillas del círculo distorsionado de la imagen de mapa de bits.

Se coloca y se cambia el tamaño del diseño del logotipo. El logotipo es más pequeño que su tamaño final, pero usted necesita ver las orillas del área destino del mapa de bits.

8. Haga clic en el logotipo seleccionado.

   Cambian los tiradores por tiradores de estirar/girar.

9. Haga clic y arrastre el tirador derecho para estirar el logotipo (vea la figura 6.9).

   Se aplica la cantidad correcta de estiramiento hasta que la parte inferior de la orilla del cuadro límite del logotipo sea paralelo a la línea guía inclinada.

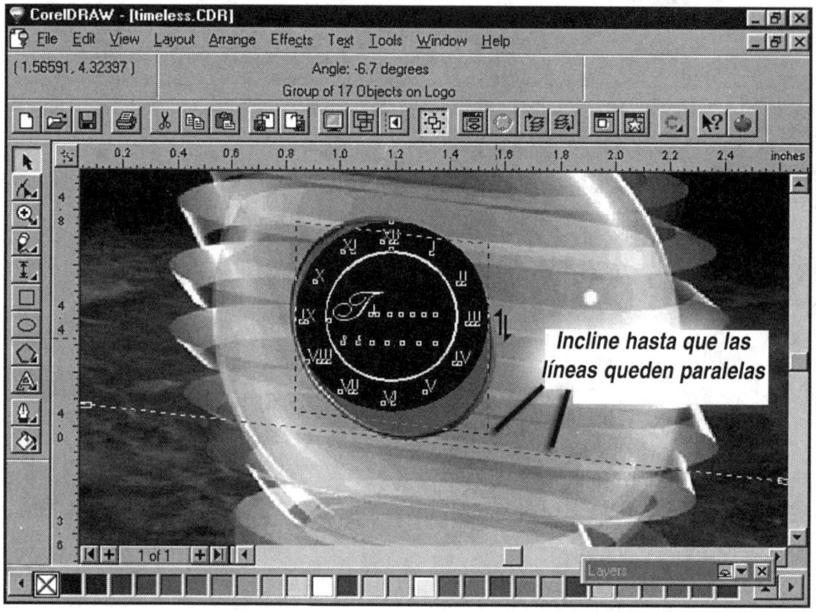

Figura 6.9 Utilice una línea guía inclinada para sincronizar la cantidad de distorsión de la imagen y la que aplica a un objeto.

Ahora se requiere una cantidad menor de ajustes y movimientos para que el logotipo ajuste perfectamente dentro del área correspondiente de la botella.

10. Haga clic en el objeto de logotipo agrupado.

    Regresan los tiradores a su función normal de cambio de tamaño.

11. Haga clic en la parte superior del tirador y arrástrelo hacia fuera del grupo de objetos.

    Se cambia la medida vertical del grupo de manera desproporcionada.

12. Haga clic en la parte derecha del tirador y arrástrelo hacia fuera del objeto.

    Se cambia la medida horizontal del grupo de manera desproporcionada.

13. Presione Ctrl+S (Archivo (File) y Guardar (Save)).

    Se guarda su trabajo en esta etapa intermedia.

Cómo prepararse para exportar el logotipo

Como se mencionó antes en este mismo capítulo, el logotipo se adecua mejor a este diseño si el letrero y los números romanos son blancos. Muchos programa tienen la capacidad de ignorar ciertos colores, Las imágenes gráficas GIF que utilizan las página World Wide Web, por ejemplo, pueden desarrollar una función para dejar fuera un color; y, como verá en el capítulo 9, "Como trabajar entre CorelDRAW! y CorelDREAM 3D", DREAM 3D puede asignar blanco en una imagen importada para el estado transparente.

En esta sección, verá la manera de exportar un diseño vectorial de logotipo y de importarlo después como mapa de bits en CorelPHOTO-PAINT. Sin embargo, debe dejar un poco de espacio blanco alrededor de una selección que usted exporta (facilita el recorte de un área seleccionada en la aplicación anfitrión). Por lo tanto, si sabe de antemano que el blanco se dejará a un lado en este diseño de logotipo, si coloca un rectángulo blanco detrás del logotipo, también se dejará fuera cuando se ensamble la imagen final.

Además, como CorelDRAW transformará este logotipo en un formato de mapa de bits, resultará importante la resolución del mapa de bits exportado. TIMELES.TIF tiene 150 pixeles por pulgada; por lo tanto, bajo circunstancias normales, si el diseño vectorial ocupa perfectamente un área de un mapa de bits importado, cabrá perfectamente en la imagen cuando se importe en la misma resolución y tamaño. Sin embargo, la opción anti-alias debe aplicarse sobre el logotipo exportado si se pretende que sus orillas sean suaves como el resto de TIMELESS.TIF. ¿Pero qué es anti-alias?

Anti-alias es la colocación de sombras de un color similar al que rodea las áreas de una imagen de mapa de bits para proporcionar una transición suave entre un área de color y otras dentro de una imagen. El *alias* se da en la conversión de información vectorial en mapa de bits porque las computadoras son muy precisas y literales. Las imágenes vectoriales necesitan *resolverse* a nivel de pixeles (dividirse en unidades de color completo) porque los mapas de bits contienen un número finito de pixeles, mientras que un diseño vectorial contiene cualquier número de elementos de imagen cuando usted los despliega en la pantalla o los imprime. Sin la ayuda de la función anti-alias, la mayor parte de las aplicaciones "ven" un cambio de color abrupto entre pixel y pixel, en lugar de una transición suave, porque el arte vectorial no contiene información sobre la transición de color de pixel (como arte vectorial, no lo *necesita*).

Aunque CorelPHOTO-PAINT asegura que tiene la posibilidad de importar y exportar imágenes con anti-alias (y una casilla de verificación es visible en los cuadros de diálogo Importar/Exportar (Import/Export)), la *calidad* del anti-alias deja mucho que desear en la versión 6.00.118 de PHOTO-PAINT. El filtro de anti-alias de PHOTO-PAINT coloca un número inaceptablemente bajo de pixeles de anti-alias en orillas de contraste de color dentro de una imagen vectorial importada, cuando se encuentra marcada la casilla de verificación Anti-alias en el cuadro de diálogo Importar a bitmap (Import into Bitmap). Hable con el servicio a clientes de Corel para obtener la última versión de la suite Corel; tal vez la opción anti-alias funcionará mejor en versiones posteriores.

Sin embargo, no es tan complicado aplicar la función anti-alias manualmente, si usted comprende el proceso. Para asegurar que el logotipo se coloque en la composición final en mapa de bits con un mínimo de orillas en forma de cola o de escalera (*con alias*), necesitan definirse los colores de los pixeles de las orillas utilizando copias de diferentes resoluciones de la información vectorial. Muchas aplicaciones generan imágenes anti-alias muestreando un mapa de bits a varias resoluciones y promediando, después, los colores de pixeles para la imagen terminada. A esto se le llama a menudo *submuestreo*. Si usted exporta el diseño a 300, no a 150 pixeles por pulgada, entonces podrá utilizar el comando Nuevo muestreo (Resample) de CorelPHOTO-PAINT para *crear* orillas suaves y con anti-alias en el logotipo importado de mapa de bits.

Si dedica un poco de tiempo a comprender por qué los programas hacen lo que hacen para crear un efecto, usted no sólo se volverá menos dependiente del grupo de opciones de una aplicación específica, sino que también se volverá una persona más habilidosa.

He aquí cómo traducir el logotipo que ha creado para el perfume a un formato que CorelPHOTO-PAINT puede importar.

Cómo exportar a un archivo de vectores para PHOTO-PAINT

1. Presione F6 (o elija la Herramienta Rectángulo (Rectangle tool)) y luego haga clic y arrastre un rectángulo que encuadre al logotipo agrupado.

   Se crean las dimensiones exteriores de la imagen que importará CorelPHOTO-PAINT.

2. Presione Mayús+AvPag (Shift+PageDown) (o haga clic en el botón Hacia atrás (To Back) de la barra de herramientas).

   Se envía el rectángulo a la parte posterior de la pila de objetos de la capa Logo.

3. Haga clic con el botón izquierdo del ratón en la muestra blanca de la paleta de colores, luego haga clic con el botón derecho del ratón en la "x" de la paleta.

   Se asigna al rectángulo un relleno blanco y ningún atributo de contorno (vea la figura 6.10).

En la figura 6.11 hemos incluido una mejora para la imagen terminada en esta tarea; se ha creado un logotipo invertido y se ha colocado sobre el área reflejada del mapa de bits. Para esto, copie el logotipo de la página 2 del documento e inviértalo verticalmente: presione Ctrl y luego haga clic y arrastre hacia abajo el tirador que se encuentra en la parte superior. Por último, estire en la dirección contraria del primer logotipo. Para exportarlos, acerque el logotipo invertido a su contraparte. Como seleccionará los logos importados individualmente para colocarlos, si importa ambos logotipos con un gran espacio intermedio obtendría una imagen de mapa de bits innecesariamente grande.

Figura 6.10
Las áreas blancas del diseño exportado quedarán fuera de la imagen de mapa de bits terminada en CorelPHOTO-PAINT.

Figura 6.11
Utilice la opción de estirar en una copia invertida del logotipo original para crear una etiqueta de perfume para la imagen reflejada en TIMELESS.TIF.

4. Elija Archivo (File) y Exportar (Export) (Ctrl+H; o haga clic en el botón Exportar (Export) de la barra de herramientas).

Aparece el cuadro de diálogo Exportar (Export).

5. Elija Corel Presentation Exchange 6.0 (CMX) de la lista descendente Guardar como tipo (Save as type), asígnele al archivo el nombre TIMELESS.CMX, haga clic en la casilla de verificación Sólo seleccionado (Selected only), elija una ubicación conveniente en el disco duro recuerriendo la lista Guarda en (Save in), y por último haga clic en Exportar (Export).

   Se exporta el logotipo seleccionado. Como los formatos de archivo de vector como CMX son independientes de la resolución, CorelDRAW no le preguntará la resolución del archivo resultante.

6. Cierre CorelDRAW.

   Se abandona la aplicación para que usted pueda lanzar PHOTO-PAINT en la siguiente serie de pasos, sin saturar innecesariamente los recursos de su sistema.

Ahora que el logotipo para la botella de perfume se ha exportado a las dimensiones correctas para el trabajo de edición y colocación en PHOTO-PAINT, sigamos la tarea en el programa de edición de imágenes de mapa de bits de Corel.

Cómo importar y retocar el diseño de la etiqueta

1. Lance CorelPHOTO-PAINT del menú Inicio (Start) de Win95.

   Es la aplicación en que usted importará el archivo CMX.

2. Abra PERFUME.TIF de la carpeta CAHP06 del CD de obsequio.

   Es la imagen que se retocará.

3. Elija Archivo (File) y Abrir (Open) (Ctrl+O), luego elija TIMELESS.CMX de su disco duro.

   Se muestra el cuadro de diálogo Importar a bitmap (Import into Bitmap).

4. Elija 256 tonos de gris (256 Shades of Gray) de la lista descendente Color, 1 a 1 (1 to 1) en Tamaño (Size), marque Valores idénticos (Identical Values), *no* marque la casilla de verificación Anti-aliasing, escriba **300** en el cuadro contador Horizontal (Horizontal DPI), luego haga clic en el cuadro contador Vertical (Vertical DPI).

   Se determina la resolución y el modo de color para la imagen CMX importada (vea la figura 6.12).

Anti-alias sólo debe aplicarse una vez en imágenes de mapa de bits; dos aplicaciones de anti-alias tienden a volver borrosos los detalles de la imagen, El filtro de importación Anti-aliasing que se encuentra en el cuadro de diálogo Importar a bitmap (Import into Bitmap) proporciona muy poco anti-alias para crear una suave importación de mapa de bits, pero la suficiente para hacer borrosa la etiqueta si se aplicara junto con los siguientes pasos.

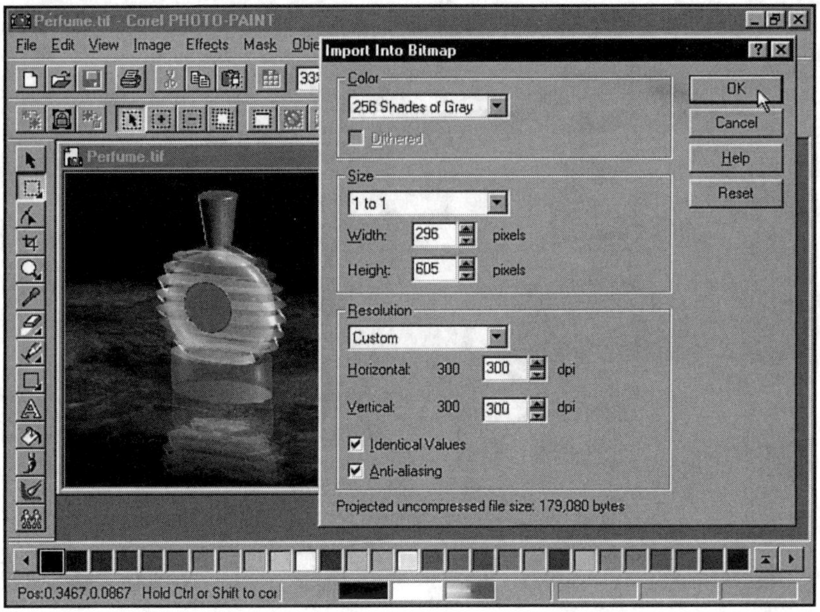

Figura 6.12
Las imágenes gráficas exportadas de CorelDRAW no tienen tamaños fijos ni resolución hasta que usted las define como importaciones de imágenes gráficas de mapa de bits.

5. Haga clic en Aceptar (OK).

   Una versión de mapa de bits de TIMELESS.CMX aparece en una nueva ventana de documento.

6. Elija **I**magen (**I**mage) y **N**uevo muestreo (R**e**sample).

   Se despliega el cuadro de diálogo Nuevo muestreo (Resample).

7. En el área Tamaño de imagen (Image Size), deje **A**nchura (**W**idth) y Al**t**ura (**H**eight) en su 100% predeterminado, elija Anti-alias del cuadro descendente **P**roceso (**P**rocess), marque **M**antener relación de aspecto (**M**antain aspect ratio) y *des*marque Ma**n**tener el tamaño original (Maintain original **s**ize). Escriba **150** en el cuadro contador H**o**rizontal del área Resolución (Resolution), coloque el cursor en el cuadro contador **V**ertical, luego haga clic (**M**antener relación de aspecto (**M**antain aspect ratio) cambia automáticamente la resolución vertical para que coincida con la resolución horizontal).

   Se especifica que TIMELESS.CMX se tomará como muestra a la mitad de su tamaño importado original (vea la figura 6.13).

Aunque la opción anti-alias del cuadro de diálogo Importar a bitmap (Import into Bitmap) no crea una cantidad adecuada de anti-alias, volver a muestrear la resolución *después* de que se ha importado el logotipo crea un logotipo más fotográfico. El proceso anti-alias en el cuadro Nuevo muestreo (Resample) funciona porque usted le ha indicado a CorelPHOTO-PAINT que reasigne pixeles dentro de la imagen TIMELESS.CMX para representar una imagen de diferente tamaño, y al hacer esto, CorelPHOTO-PAINT analiza y promedia el contenido de la imagen original para crear el cambio.

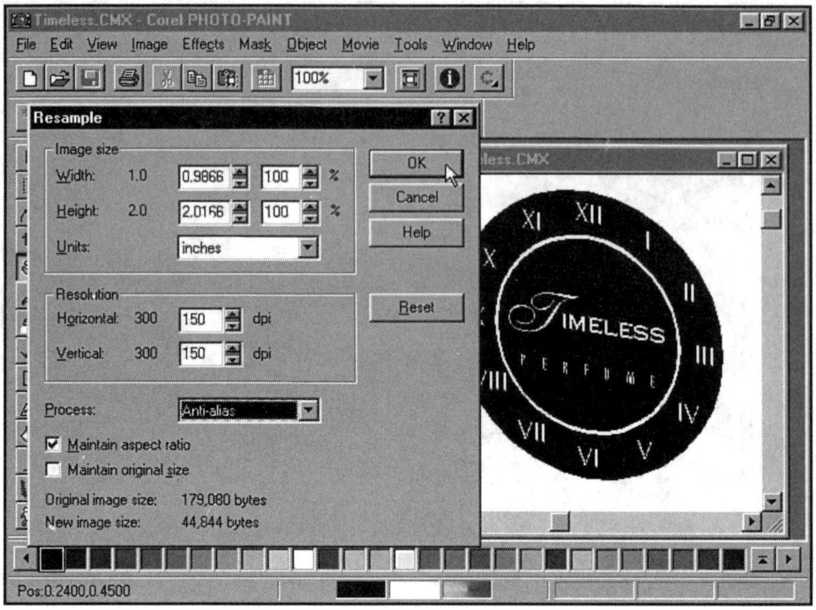

Figura 6.13
Al volver a muestrear el diseño de logotipo importado, tendrá el tamaño exacto para la botella de perfume, y las orillas serán suaves por el uso de la opción anti-alias.

8. Haga clic en Aceptar (OK), luego elija **A**rchivo (**F**ile) y G**u**ardar como (Save **A**s). Guarde la imagen como LOGO.TIF en su disco duro.

   Se guarda la copia importada del logotipo en su disco duro.

A una resolución de vista uno a uno, el nuevo logotipo de mapa de bits muestra características fotográficas similares a las de la botella de perfume. Las imágenes digitalizadas casi nunca presentan orillas duras. Si usted hace un acercamiento a una imagen de PhotoCD, por ejemplo, verá que hasta las más claras y definidas orillas de un objeto están formadas por una banda de pixeles cuyos colores se mezclan con los colores de fondo.

La resolución de la imagen (el número de pixeles por medida de alto o ancho) es inversamente proporcional al tamaño de una imagen de mapa de bits. En el ejemplo anterior, se desmarcó la casilla de verificación Ma**n**tener el tamaño original (Maintain original **s**ize), porque con la opción activada, al reducir a la mitad la resolución, se hubiera incrementado en un 200 por ciento el ancho y el largo de TIMELESS.CMX. En este caso, no se hubiera aplicado el anti-alias ni hubieran ocurrido cambios reales en la imagen.

Como la tarea del perfume Timeless es un pequeño ejemplo diseñado para mostrar los principios de la edición y la conversión de archivos, tal vez note que las letras de la imagen del logotipo no están muy detallas. Esto se debe a que las imágenes de mapas de bits pequeñas cuentan con un número limitado de pixeles para representar el detalle general. En tareas propias, la resolución adecuada para un logotipo importado se obtiene al elegir una imagen huésped más grande (4Mb o más) y cambiando después el tamaño del logotipo en CorelDRAW, de manera acorde. Resoluciones altas *o* grandes dimensiones de la imagen proporcionarán un número grande de pixeles para crear la tipografía del logotipo.

Cómo utilizar los modos de fusión de objetos de CorelPHOTO-PAINT!

CorelPHOTO-PAINT tiene la posibilidad de hacer flotar un área de un mapa de bits copiado sobre una imagen de mapa de bits diferente, cambiando la posición y editando el objeto de mapa de bits, en una acción desarrollada de manera independiente de las áreas de fondo de la imagen. Sin embargo, una imagen de mapa de bits orientada a objetos *no* es un formato gráfico estándar (es uno proporcionado para facilitar la edición de imágenes, y los objetos deben *fusionarse* con la imagen de fondo, si el mapa de bits se va a guardar en un formato de archivo común).

Nuestro interés por los objetos de mapa de bits está en las opciones de CorelPHOTO-PAINT para hacer que los objetos flotantes se fusionen con el fondo. En esta sección, hará que el logotipo se vuelva un objeto flotante sobre la imagen PERFUME.TIF. Se pueden aplicar 16 modos diferentes de fusionar, mientras un objeto se convierte en una parte unida a un fondo de mapa de bits. Los modos de fusión ofrecen una manera para que el diseñador especifique cuáles pixeles se reemplazarán en un objeto flotante con los pixeles del fondo.

El modo de fusiona con el que trabajará en esta tarea es Multiplicar (Multiply) (este modo combina la densidad de color de los pixeles del objeto con los del objeto que flota arriba). Por lo tanto, las áreas blancas del logotipo desaparecen cuando se fusionan con la imagen del perfume porque el blanco es más claro que el fondo de la imagen del perfume, y las áreas negras del logotipo permanecen negras y oscurecen las áreas más claras de la botella de perfume. En este ejercicio se muestra cómo agregar el logotipo con la imagen del perfume.

Cómo crear una objeto de imagen de mapa de bits

1. Con LOGO.TIF como ventana de imagen activa, elija la Herramienta Máscara a mano alzada (Freehand Mask tool) del volante del menú de máscaras (el icono punteado con contorno de forma libre).

   Es la herramienta para crear áreas de selección irregulares en una imagen.

2. Haga clic y arrastre un borde suelto alrededor del logotipo, luego haga doble clic donde empieza el rectángulo de selección.

   Se cierra el borde de selección; las líneas de selección indican el área seleccionada.

3. Presione Ctrl+F7 (Ver (View), Persianas (Rolls-Ups) y Objetos (Objects).

   Se despliega la persiana Objetos (Objects).

4. Organice las ventanas en CorelPHOTO-PAINT para que tenga una visión clara de PERFUME.TIF y LOGO.TIF.

Usted necesita ver ambas ventanas: para copiar la selección de una ventana a la otra.

5. Con LOGO.TIF como ventana activa, haga clic en el botón para convertir en objetos de la persiana Objetos (Objects).

   Cambia el logotipo seleccionado para crear un objeto flotante en LOGO.TIF; la Herramienta Máscara a mano alzada (Freehand Mask tool) cambia por la Herramienta Selector de objetos (Object Picker tool).

6. Presione la tecla Ctrl y haga clic y arrastre el objeto hacia la ventana de la imagen PERFUME.TIF.

   Se copia el logotipo en PERFUME.TIF (vea la figura 6.14).

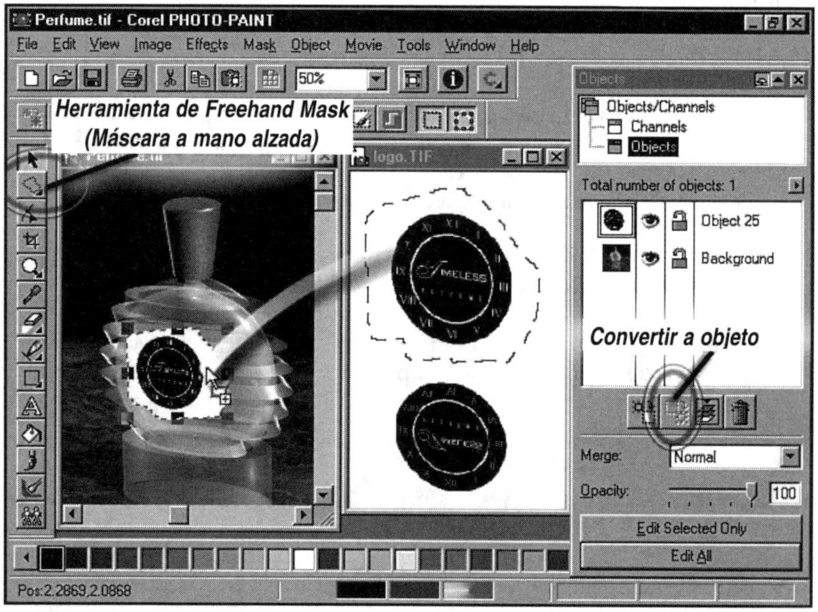

Figura 6.14
Copie objetos entre ventanas de imágenes presionando Ctrl y haciendo clic y arrastrándolas.

7. Elija Multiplicar (Multiply) de la lista descendente Fusionar (Merge) en la persiana Objetos (Objects).

   El blanco se queda fuera del objeto de logotipo; usted ahora sólo ve el logotipo y la imagen de fondo del perfume (vea la figura 6.15).

Los objetos flotantes no se fusionan automáticamente cuando usted los copia; en vez de eso, puede ver una presentación preliminar del efecto de modo de fusión en objetos, si los selecciona y cambia los modos.

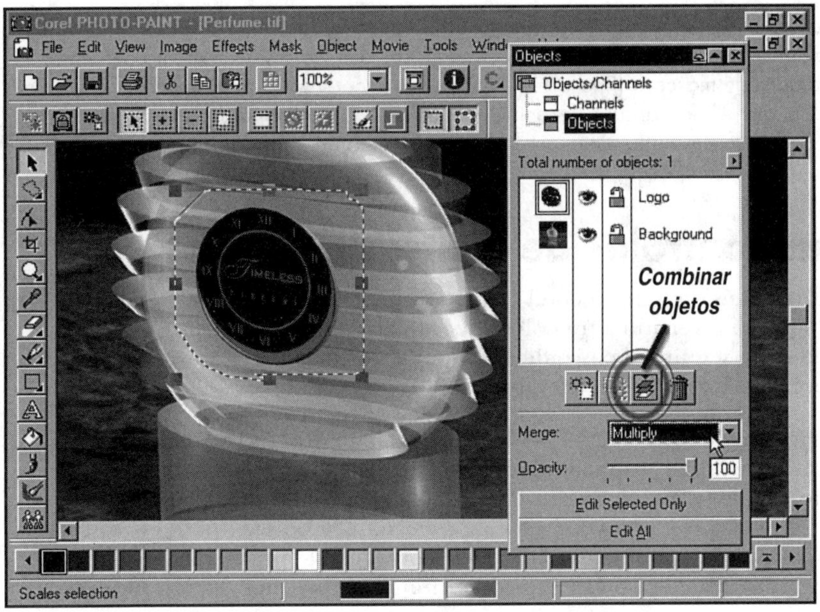

Figura 6.15
Los modos de fusión ofrecen diferentes maneras de reemplazar (o combinar) los pixeles de un objeto flotante con los de la imagen de fondo.

8. Haga clic y arrastre el objeto de logotipo hasta que quede dentro del área de la etiqueta circular de la botella de perfume.

   El valor predeterminado de empujar en PHOTO-PAINT es un pixel por teclazo; utilice las teclas de flechas para una ubicación precisa.

Hemos llegado al final del ejemplo de modo de fusión, pero no elija Guardar (save) ahora. Vea las explicaciones que siguen.

Usted ya casi ha terminado de editar la imagen PERFUME para agregar el logotipo, pero para conservar espacio en el disco duro (y evitar algo de confusión), no debe guardar aún la imagen PERFUME.

Nota En las imágenes de mapa de bits, los objetos son parte de la estructura digital de la imagen. Usted no puede guardar una imagen que contiene un objeto en TIF, Targa, BMP ni otros formatos de archivo utilizados normalmente, porque estos formatos no reconocen los objetos.

Si en realidad necesita interrumpir una sesión de edición de imagen, su única alternativa para guardar su trabajo en esta etapa es utilizando un archivo CPT, el formato propio de CorelPHOTO-PAINT que *puede* guardar información de objetos. Sin embargo, si tiene tiempo para completar la tarea, no guarde la imagen PERFUME.TIF como archivo CPT (estaría creando un archivo con 1Mb extra en su disco duro. En lugar de eso, vaya a la siguiente sección para cubrir una de las dos técnicas de mejora de CorelPHOTO-PAINT que harán que esta imagen de producto realmente llame la atención.

Tip Si las líneas de corte de una imagen le distraen, pueden ayudarle dos iconos de la barra de herramientas Máscara/Objeto (Mask/Object). Los dos iconos del extremo derecho son los botones Mostrar recuadro de máscara (Show/Hide Mask Marquee) y Mostrar el recuadro del objeto (Show/Hide Object Marquee). Al activarlos o desactivarlos, usted puede eliminar las marcas de corte visibles de un área seleccionada o de un objeto, sin fusionar el objeto ni dejar de seleccionar un área de imagen.

Cómo aplicar controles de contraste al fondo

Si decidió gastar un poco más de tiempo en el trabajo de CorelDRAW de esta sección, tendrá un segundo logotipo invertido para colocar como objeto en la imagen PERFUME.TIF. Usted debe seguir los pasos del ejemplo anterior para lograr esto antes de entrar en las mejoras de imagen de esta sección.

Los objetos en las imágenes de CorelPHOTO-PAINT son elementos mutuamente exclusivos; usted puede colorear, distorsionar y aplicar algún otro tipo de edición en un objeto sin alterar el otro, ni el fondo de una imagen. En PERFUME.TIF, notará que las áreas transparentes del logotipo le permiten ver área café oscuro de la botella, pero el contraste entre las áreas del logotipo y la etiqueta es malo. Para corregir este problema, abrillantará las áreas, creando un brillo que hará más legibles los números romanos del logotipo.

He aquí cómo utilizar la Herramienta Efectos (Effects tool) para aplicar las correcciones únicamente en un área pequeña de la imagen general de PERFUME.

Cómo utilizar la Herramienta Efectos (Effects tool)

1. Haga clic en el icono de protección que se encuentra a la derecha del icono del logotipo, en la persiana Objetos (Objects).

   Se evita la edición accidental del objeto de logotipo.

Usted notará que la lista descendente Fusionar (Merge) se atenuará cuando protege un objeto. Es la confirmación visual de que no editará objetos; en vez de eso, sí editará el área del fondo de PERFUME.TIF.

2. Haga doble clic en la Herramienta Efecto (Effects tool) (el icono con forma de cotonete) de la caja de herramientas.

   Se selecciona la herramienta y se despliega la persiana Herramientas (Tool Settings).

3. Recorra hacia arriba la lista de iconos en la persiana Herramientas (Tool Settings), luego haga clic en el icono de Aumentar brillos (Brighten) (debe ser el tercero de la izquierda, en la fila superior del área de iconos de la persiana Herramientas (Tool Settings)).

   Se elige el tipo de Herramienta Efecto (Effects tool) que abrillantará las áreas sobre las que usted haga clic y arrastre.

4. Haga clic y arrastre el cursor sobre el área de los números romanos de la imagen (vea la figura 6.16).

   Se abrillanta el área del fondo de la etiqueta sin afectar el objeto del logotipo.

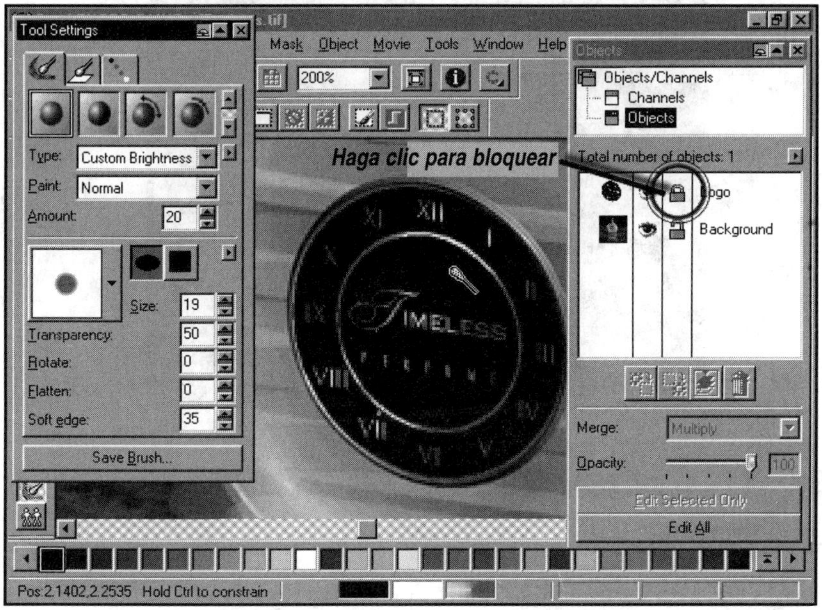

Figura 6.16
Al proteger objetos, usted puede aplicar efectos "a través" de los objetos, que sólo afectan a las áreas de la imagen de fondo.

5. Cuando las letras sean legibles, haga clic en el icono de candado y luego en el icono para combinar (a la izquierda del icono de basura) en la persiana Objetos (Objects).

   Se desprotege el objeto del logotipo; se fusiona el objeto con el fondo para crear una imagen de mapa de bits estándar, no sólo propia de la aplicación.

6. Elija Archivo (File) y Guardar como (Save As), luego guarde la imagen como TIMELESS.TIF en su disco duro.

   Se guarda la imagen completa.

Hay un motivo posterior para las tareas de este capítulo; hacer que los usuarios de CorelDRAW desconfíen un poco menos de las opciones de CorelPHOTO-PAINT. Ambas aplicaciones contienen herramientas con las que deben familiarizarse los profesionales gráficos. ¡El comercio no se limita a un solo formato de archivo de imágenes por computadora!

La imagen completa, como se muestra en la figura 6.17, es el resultado de saber cómo combinar los formatos de archivo de imágenes, pero también adquiere independencia de plataformas cuando sabe cómo mover los lementos de CorelDRAW a formatos de mapa de bits. La imagen TIMELESS.TIF puede ser utilizada por profesionales que no poseen CorelDRAW ni CorelPHOTO-PAINT; quienes tienen sistemas Macintosh y UNIX también pueden leer la imagen.

Figura 6.17
Cuando un diseño se encuentra en un formato que se utiliza mejor en CorelPHOTO-PAINT, pero las herramientas de edición se encuentran en CorelDRAW, utilice *ambos* programas.

Cómo agregar mejoras vectoriales a una imagen

A menudo los diseñadores pasan por alto la flexibilidad del trabajo entre los tipos de imágenes gráficas de vectores y mapas de bits. Esto se debe a que las herramientas de edición para cada tipo de trabajo se localizan a menudo en dos aplicaciones diferentes.

Si usted tiene una colección de ilustraciones en PhotoCD, por ejemplo, tal vez necesite trabajar con una señal de tráfico. Pero la señal debe decir 30% de descuento en lugar de ALTO. Usted puede trabajar durante horas con CorelPHOTO-PAINT en una imagen como esa, pero tal vez resulte la aplicación errónea para la tarea. CorelDRAW maneja el texto de manera mucho más elegante que CorelPHOTO-PAINT, pero esta aplicación *parece* la ideal porque ofrece herramientas de edición de mapa de bits (lo opuesto a las herramientas vectoriales). Si desea que el texto sugiera dimensión, o si quiere aplicar una calcomania a un modelo generado, la solución más rápida a menudo consiste en importar el mapa de bits en CorelDRAW y terminar la composición como un híbrido entre una imagen vectorial y de mapa de bits.

En esta sección, verá la manera de integrar las posibilidades de manejo de texto y de efectos especiales de CorelDRAW con una imagen de mapa de bits a la que le falta algo.

Cómo preparar una imagen de mapa de bits para salida en CorelDRAW!

En el capítulo 4, "Cómo dominar la herramienta Relleno y los modelos de color", se proporciona una base sólida para la comprensión y el trabajo con modelos de color digitales, pero una breve recapitulación en este momento proporciona una razón por la que a menudo necesita convertir una estructura de color de una imagen.

Como se mencionó ya en este capítulo, la mayor parte de las imágenes de mapa de bits de alta calidad están guardadas en un formato de archivo adecuado a las contribuciones relativas de colores rojo, verde y azul expresados como brillo en los canales de color. Los tipos de imagen RGB se han organizado de esta manera porque su monitor utiliza fósforos rojo, verde y azul para desplegar una imagen, y el ojo humano tiene fotorrecepetores rojos, verdes y azules. Los colores rojo, verde y azul se combinan para crear la gama del color visible en un modelo de color RGB.

El material impreso se basa en un modelo de color diferente (el de la reflexión (resta) de los pigmentos cyan, magenta, amarillo y negro). Las imágenes CMYK no son equivalentes de las imágenes RGB, y la gama CMYK es más estrecha que la RGB. CorelDRAW aplica conversiones al vuelo de imágenes RGB que usted importa e imprime en formato CMYK, pero usted no tiene control sobre la manera en que se separan las tintas componentes y no hay manera de corregir colores fuera de la gama con un mapa de bits RGB importado.

Aunque su monitor está diseñado alrededor del modelo de color RGB, CorelPHOTO-PAINT y CorelDRAW pueden *simular* en pantalla el espacio de color CMYK y presentarle una representación muy exacta de la manera en que se imprimirá la imagen. Además, CorelPHOTO-PAINT puede detectar y le permite corregir áreas dentro de una imagen RGB que no tiene equivalente CMYK (los colores *fuera de la gama*). En la tarea de esta sección, usted agregará texto a la imagen de mapa de bits de un libro, mostrando técnicas de edición *y* la manera de obtener lo máximo de su trabajo cuando sepa por anticipado que una composición terminada se guardará en el formato de archivo de CorelDRAW.

En la siguiente serie de pasos, usted convertirá 9PM.TIF (de la carpeta CHAP06 del CD de obsequio) en un formato CMYK, luego revisará y corregirá cualquier color fuera de la gama. El libro de la imagen necesita algo de texto para completar la composición, pero usted traducirá la imagen a un modelo de color diferente antes de crear el elemento de texto. Cuando CorelDRAW importa una imagen de mapa de bits CMYK, no aplica traducciones de modelos de color (porque la imagen ya se ha convertido), y usted puede estar seguro de que lo que ve en pantalla se imprimirá con toda la fidelidad posible al original. En el siguiente ejercicio se muestra cómo convertir un mapa de bits para impresión y cómo resolver problemas de fuera de la gama.

Cómo cambiar gamas de colores y formatos

1. En CorelPHOTO-PAINT, abra la imagen 9PM.TIF de la carpeta EXAMPLES\CHAP06 del *CD de obsequio de CorelDRAW! 6 para expertos.*

   Es la imagen con la que trabajará en esta tarea.

2. Elija Herramientas (Tools) y Opciones (Options), luego haga clic en la ficha Configuraciones avanzadas (Advanced).

   Se despliega un menú de opciones avanzadas de CorelPHOTO-PAINT.

3. Haga clic en la lista descendente de colores de Alarma de la gama (Gamut Alarma), luego elija verde brillante.

Se elige un color que no se encuentra en 9PM.TIF; hace que las áreas fuera de la gama sean más fáciles de localizar (vea la figura 6.18).

Figura 6.18
Elija un color para la Alarma de la gama (Gamut Alarm) que sea diferente de los colores predominantes en la imagen de mapa de bits.

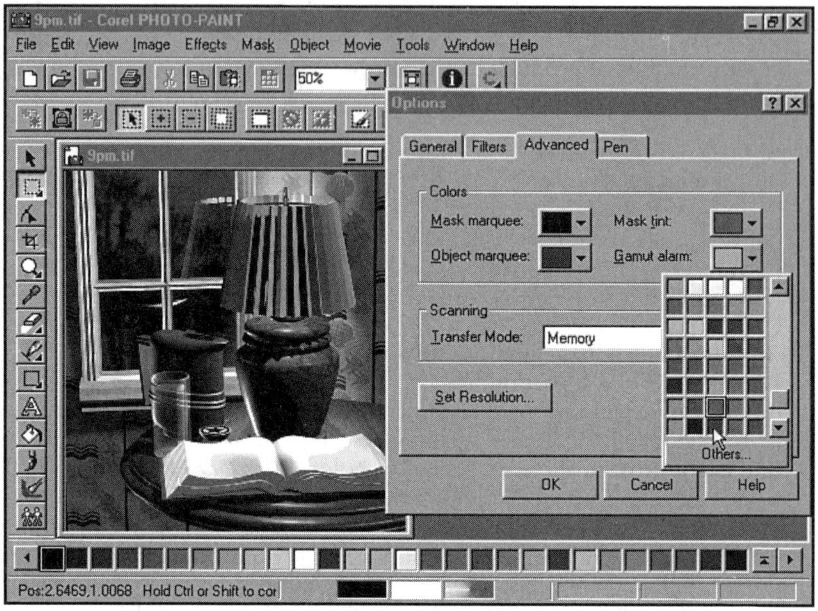

La alarma de gama despliega áreas de "problema" dentro de una imagen en el color de su elección. Este color de alarma de gama *no* es parte de la imagen; se coloca sobre la imagen en una capa de despliegue de la misma manera en que lo hace un cursor.

4. Haga clic en Aceptar (OK), elija **V**er (**V**iew), Correcció**n** de color (**C**olor Correction) y Precis**a** (**A**ccurate); luego elija **V**er (**V**iew), Correcció**n** de color (**C**olor Correction) y Aviso de **g**ama (**G**amut Alarm).

   Se muestran cambios en CorelPHOTO-PAINT para simular tintas de impresión; las áreas de colores fuera de la gama toman un color verde brillante.

Las figuras de este libro se encuentran en blanco y negro, de modo que usted no puede ver en realidad el efecto de la opción Aviso de gama (Gamut Alarm). Sin embargo, si da este paso, verá verde brillante en las nubes, la base de la lámpara y el yo-yo en 9PM.TIF. Aquí, usted necesita hacer una llamada juiciosa basada en sus necesidades artísticas y en el tiempo del que dispone. CorelPHOTO-PAINT puede regresar automáticamente la mayor parte, pero no todos, los colores fuera de gama a un rango imprimible.

Sobre todo, se ha eliminado la saturación de los colores a través de la conversión del modelo de color, y en una imagen de luz débil como 9PM.TIF, no habrá una diferencia significativa en una calidad de imagen cuando CorelPHOTO-PAINT lo haga. Cada fotografía tiene su propio y único rango de color y sus problemas de fuera de gama asociados, pero para los propósitos del ejemplo, dejemos que CorelPHOTO-PAINT haga una reducción de color de RGB a CMYK para ver qué tan bien se llevan los colores a un rango imprimible.

5. Elija Imagen (Image) y Convertir a (Convert To), luego elija Color CMYK (32 bits) (CMYK Color (32-bit)).

   Cambia ligeramente el rango de color de 9PM, la mayor parte de las sobreposiciones de color de Aviso de gama (Gamut Alarm) desaparece.

6. Haga doble clic en la Herramienta Efecto (Effects tool), luego elija Esponja (Sponge) de la lista de iconos Herramientas (Tool Settings).

   Se despliega la persiana Herramientas (Tool Settings); se elige la herramienta que elimina la saturación de las áreas de una imagen.

7. Escriba **-7** en el cuadro contador Cantidad (Amount), escriba **1** en el cuadro contador Estilo de fuente (Size) y escriba **40** en el cuadro contador Suavizar filo (Soft edge).

   Se especifica una punta de pincel que puede utilizarse para eliminar la saturación de una parte muy pequeña de la imagen: la configuración de Cantidad (Amount) en -7 especifica que se eliminará una cantidad mínima de color.

8. Haga un acercamiento a una vista de 200% en el yo-yo, luego haga clic y arrastre, cuidadosamente, sobre la imagen (vea la figura 6.19).

   Desaparece el verde, indicando que se ha eliminado suficiente color para que caiga dentro del rango imprimible.

Figura 6.19
Cuando el color de la Alarma de la gama (Gamut Alarm) desaparece de la imagen, usted ha llevado los colores de pixeles a un rango imprimible en CMYK.

9. Elija Archivo (File) y Guardar como (Save As), luego guarde la imagen como 9PM-CMYK.TIF en su disco duro.

   Se guarda la imagen CMYK para uso futuro.

Nota En el modo RGB, usted sólo puede regresar áreas a un rango imprimible reemplazando colores, o reduciendo el color componente en ciertas áreas, como lo hizo en el ejemplo anterior.

Las imágenes CMYK son llamadas *imágenes de 32 bits* por una razón poco obvia. Aunque es cierto que una imagen digital CMYK consta de cuatro canales de color, integrado por 8 bits por pixel de información de color, no crea que una imagen CMYK tiene mayor calidad de color que las imágenes RGB de 24 bits por pixel.

Aunque el número de colores posibles en una imagen CMYK es mayor, su rango general de valores de color único y expresable está limitado, en comparación con el color RGB. Los colores que usted ve en un monitor están *cuantificados* (es decir, deben tener un valor numérico fijo para que se guarden en un formato digital). El hecho de que la estructura de la imagen CMYK contenga más enteros no significa que su rango de colores expresables sea más alto que la estructura de color RGB, ni que el color CMYK tenga mayores posibilidades de color.

Piense en esto: en los mejores lugares donde se vende pizza para llevar, usted tiene la opción de que corten la pizza en 6 u 8 piezas. ¿Una pizza mediana cortada en 8 rebanadas contiene más información de pizza que una grande cortada en 6 piezas?

CorelPHOTO-PAINT aplica la reducción de color cuando lleva a cabo la traducción entre modelos de color; por esto, usted debe asegurarse de que no convierta una imagen CMYK de vuelta en RGB. Usted puede deshacer conversiones de color de la lista de deshacer del menú Edición (Edit), pero es mucho mejor que edite manualmente una imagen CMYK para cumplir con el color, y siempre mantenga el original RGB de una imagen a la mano para posteriores modificaciones. Los colores CMYK no vuelven a la vida cuando los regresa al modo RGB; el proceso de filtrado en imágenes de mapa de bits disminuye *progresivamente* la calidad de la imagen.

CorelDRAW! como el mezclador de medios

La copia CMYK de la imagen 9PM es sólo una parte de esta composición de mezcla de medios. BROWNING.DOC se encuentra en la carpeta CHAP06 del CD de obsequio, y este documento contiene texto guardado en el formato Word para Windows 2.0. CorelDRAW puede importar un documento formado, con la opción de preservar fuentes y alineaciones, pero en esta tarea veremos la aplicación de un efecto especial y esto significa el uso de texto artístico, no de texto de párrafo en CorelDRAW.

Como opción predeterminada, el texto importado en CorelDRAW se convierte en texto de párrafo. Éste, que tiene una mucho mayor capacidad que el texto artístico (hasta 32,000 caracteres por párrafo), se utiliza para la creación de folletos y diseños de página, pero usted no puede desarrollar efectos especiales con texto de párrafo. El texto artístico tiene un límite de aproximadamente 32,000 caracteres (dependiendo sobre todo de la complejidad de la fuente utilizada), pero este número es aceptable para el contenido de la composición. Además, usted puede utilizar todas las opciones de efectos de CorelDRAW con el texto artístico; la siguiente serie de pasos muestra cómo agregar el texto y la imagen 9PM-CMYK a un documento de CorelDRAW.

Cómo reunir los elementos de una composición

1. Lance CorelDRAW desde el Explorador (Explorer) de Windows, haga clic en el botón Importar (Import) de la barra de herramientas (Archivo (File) e Importar (Import); Ctrl+I).

   Aparece el cuadro de diálogo Importar (Import).

2. Elija 9PM-CMYK.TIF de su disco duro, luego haga clic en Importar (Import).

   Se importa la imagen CMYK en el centro del documento [Gráfico 1 (Graphic 1)].

3. Presione Ctrl+F3 (Diseño (Layout) y Gestor de capas (Layers Manager)), luego haga clic en el icono de lápiz a la izquierda del título Capa 1 (Layer 1).

   Se protege la imagen 9PM en Capa 1 (Layer 1). Ahora no se puede mover por accidente.

4. Haga clic con el botón derecho del ratón en la lista de la persiana Capas (Layers), elija Nuevo (New) del menú de método abreviado, luego escriba **Texto (Text)** en el título resaltado de la nueva capa.

   Se crea una capa nueva y editable arriba de Capa 1 (Layer 1): se le asigna un nombre para una fácil referencia futura (vea la figura 6.20).

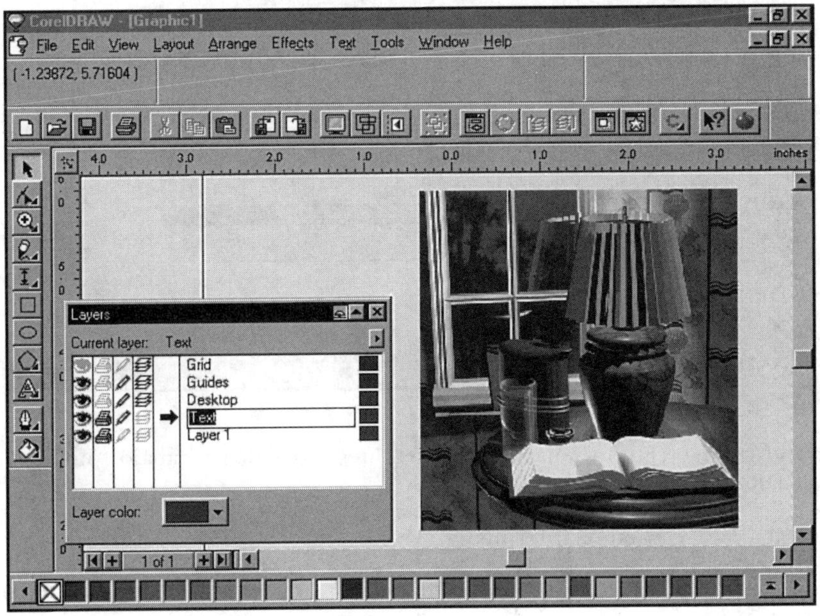

Figura 6.20
Dentro de unos meses, usted podrá saber de una sola mirada por qué los mapas de bits importados no se mueven cuando usted trata de seleccionarlos.

5. Haga clic en la ventana del documento, presione AvPag (PageDown) y luego presione Enter.

   Se cambia la atención de CorelDRAW de la persiana Capas (Layers) al documento; se despliega el cuadro de diálogo Insertar página (Insert Page); se aceptan los parámetros predeterminados para agregar una página después de la 1; se le mueve a la vista del documento de la página 2.

6. Haga clic en el botón Importar (Import) de la barra de herramientas (Ctrl+I; Archivo (File) e Importar (Import)), haga clic en BROWNING.DOC de la carpeta EXAMPLE\CHAP06 del CD de obsequio), luego haga clic en Importar (Import).

   Se despliega el cuadro de diálogo Importar (Import); se importa el documento de WinWord como texto de párrafo.

7. Elija Texto (Text) y Convertir a texto artístico (Convert to Artistic Text) (vea la figura 6.21).

   Se convierte el texto de párrafo en texto artístico; usted puede manipular ahora el texto utilizando los efectos de CorelDRAW.

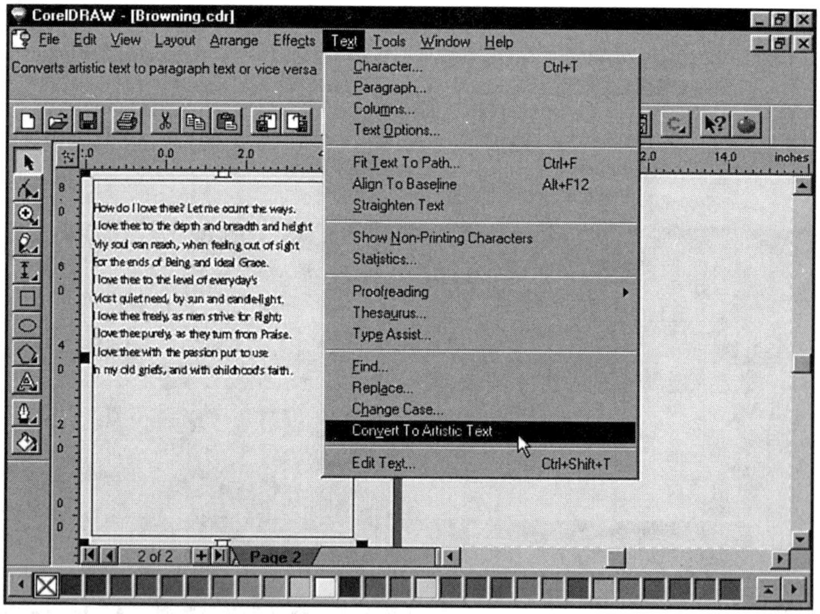

Figura 6.21 Usted puede convertir texto de párrafo inflexible en texto artístico con el nuevo comando de texto de CorelDRAW.

8. Presione Ctrl+S (Archivo (File) y Guardar (Save)), luego guarde su trabajo como BROWNING.CDR en su disco duro.

   Se guarda su trabajo en esta etapa intermedia.

El texto artístico también se puede convertir en texto de párrafo, pero el texto debe seleccionarse con la Herramienta Selección (Pick tool), no con la herramienta de texto. Pero si usted elige separar un bloque de texto de párrafo, puede convertir los bloques de párrafos vinculados en texto artístico. Además, el texto importado en CorelDRAW retiene el formato, pero éste se pierde si lo convierte entre texto de párrafo y artístico. Por lo general es una buena idea recordar la fuente utilizada cuando creó un documento de procesador de palabras.

El libro en la imagen 9PM está abierto, y sería bueno que ambas páginas abiertas contuvieran las líneas clásicas del soneto de Elizabeth Browning. En la siguiente sección, verá la manera de definir los límites para que usted haga que el texto fluya en áreas de imagen, de modo que parezca como si la escena contuviera originalmente el soneto.

Cómo crear plantillas de contorno

El secreto para hacer que el texto en 2D parezca tener otra dimensión en una composición de CorelDRAW radica en saber la manera de utilizar la persiana Contorno (Envelope). Aunque las posibilidades de esta persiana para mezclar texto artístico se restringe al límite de caracteres para el texto artístico, la versión truncada de "How Do I Love Thee" consta de 364 caracteres; será fácil manipularla, y si usted se vuelve más ambicioso con sus propios trabajos, puede hacer la prueba con pasajes más largos de texto.

Nota La persiana Contorno (Envelope) puede utilizar cualquier trayectoria cerrada que usted cree como plantilla para distorsionar objetos. Parte del truco consiste en mantener la definición de la plantilla del contorno lo más simple posible; utilice nodos para trazar el contorno de las páginas del libro sólo cuando sea necesario. La persiana Contorno (Envelope) calcula contornos basándose no sólo en la forma de la trayectoria de la plantilla, sino también en la dirección y el número de nodos de una trayectoria.

He aquí la manera de crear una plantilla que será utilizada para hacer fluir el texto en una composición.

Cómo crear trayectorias para mezclar texto

1. Presione RePag (PgDown), luego haga un acercamiento al área del libro de la imagen 9PM y presione F5 (o haga clic en la Herramienta A mano alzada (Freehand tool).

   Se mueve su vista a la página 1; se elige la herramienta de lápiz.

2. Haga clic en una esquina de la página izquierda del libro; luego haga doble clic a la derecha, donde el libro se curva hacia abajo.

   Se crea un segmento de trayectoria que termina en un punto de inflexión de trayectoria.

3. Siga haciendo doble clic en los puntos donde haya cambios importantes de dirección a lo largo de la trayectoria de la página del libro, luego haga un solo clic al principio de la trayectoria.

Se crea una trayectoria rústica alrededor de la página izquierda del libro.

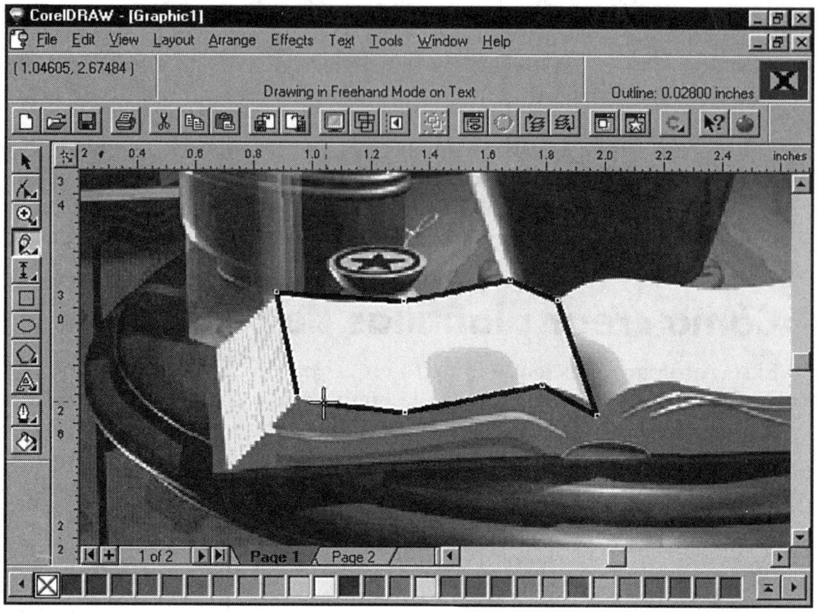

Figura 6.22
Cree una trayectoria de línea recta con conexiones de nodos en los puntos donde el contorno de la página del libro muestra un cambio de dirección.

4. Presione F10 (o haga clic en la Herramienta Forma (Shape tool)), trace un recuadro de selección alrededor de todos los nodos de la trayectoria, haga clic con el botón derecho del ratón y luego elija A curva (To Curve) del menú de método abreviado.

   Se convierten los segmentos de trayectoria recta en curvas.

Los lados izquierdo y derecho del contorno de la página necesitan ser rectos; mientras que sería fastidioso convertir cada segmento de trayectoria que se necesita en curva, usted a menudo puede completar la edición de nodos en menos pasos si convierte toda una colección de nodos a la propiedad de curvas y luego regresa para corregir uno o dos nodos.

5. Haga clic en el lado izquierdo de la trayectoria, luego haga clic con el botón derecho del ratón para elegir A línea (To Line) del menú de método abreviado; repita esto con el lado derecho de la trayectoria.

   Se convierten los segmentos de trayectoria derecho e izquierdo en líneas.

6. Trace un recuadro de selección alrededor de los nodos superiores e inferiores; luego haga clic con el botón derecho del ratón y elija Suavizar (Smooth) del menú de método abreviado.

   Se crea una transición suavizada de curva en los lados superior e inferior para que coincidan con las curvas de la página del libro.

7. Si es necesario, haga clic y arrastre los tiradores de nodos individuales para afinar la forma de la trayectoria.

   Se crea una trayectoria que puede utilizarse para elaborar un contorno con el texto importado (vea la figura 6.23).

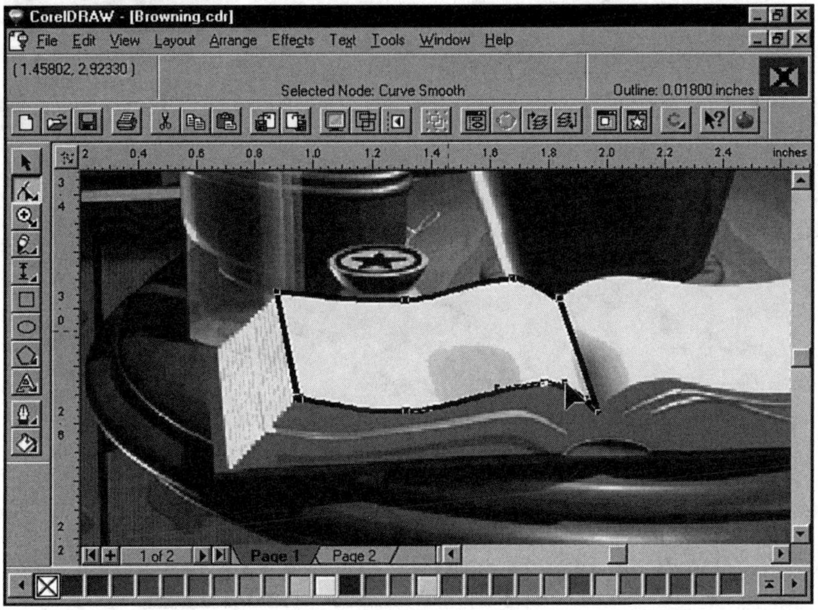

Figura 6.23
Refine la forma de la trayectoria para que describa el contorno de la página del libro.

No olvide que esta trayectoria sirve como una buena descripción de página de libro, pero ¿qué pasa con los márgenes del texto? A diferencia de los procesadores de palabras, el texto artístico de la página de Corel no contiene márgenes, así que a menos que desee que se vea como si el texto se estuviera escapando de la página del libro, necesita mover las orillas de la trayectoria hacia el interior. Por fortuna, cuando usted selecciona varios nodos de una trayectoria, se mueven de manera sincronizada, de modo que el flujo de la orilla de la trayectoria permanece igual.

8. Trace un recuadro de selección en los nodos de la parte inferior, luego haga clic y arrástrelos aproximadamente 2 milímetros hacia arriba (1/10 de pulgada).

   Se crea un margen inferior en la página izquierda.

9. Repita el último paso con la trayectoria de los lados izquierdo, derecho y superior.

   Se crea un contorno ideal dentro del cual fluirá el texto (vea la figura 6.24).

Figura 6.24 Los libros tienen márgenes; tómelos en cuenta cuando cree plantillas de contorno de texto.

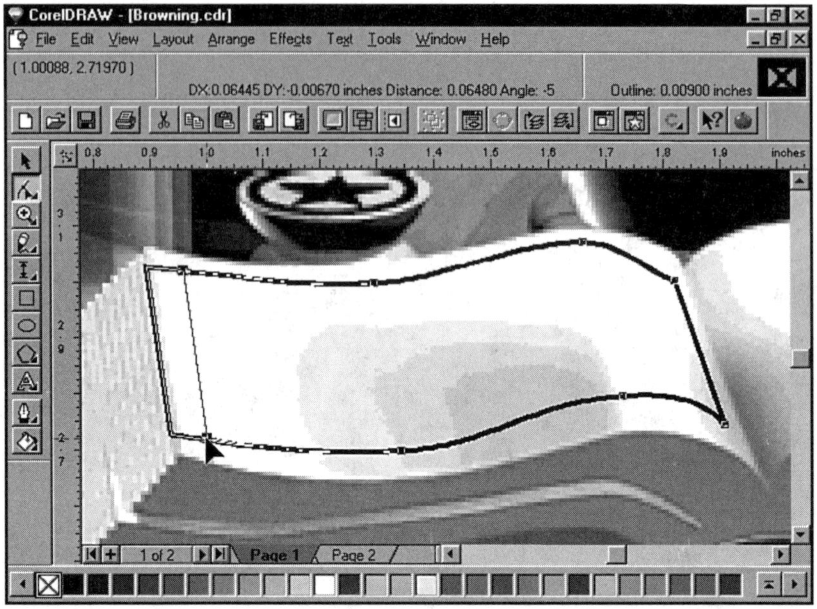

10. Utilizando los mismos pasos descritos en esta sección, cree una plantilla para la página derecha del libro.

    Se completa la creación de una plantilla para esta composición.

Formación y cambio de tamaño de texto

Como se mencionó antes, los atributos de texto asignados a un documento en un procesador de palabras se retienen cuando CorelDRAW importa el texto, pero el documento se revierte a la fuente predeterminada de Corel cuando se convierte entre texto artístico y de párrafo. Esto le da la oportunidad de elegir una fuente apropiada para el libro, y también de observar una característica nueva en esta versión.

Si usted no tiene Lydian BT instalada en la colección de tipos de Corel, tal vez quiera considerar su instalación; Lydian es una fuente clásica que se utiliza en publicaciones religiosas y documentos intemporales, y tiene una apariencia legible, romana y sin patines, la que resulta perfecta aquí debido al tamaño pequeño que debe tener en el libro. Lydiann.pbf es el nombre de la fuente Type 1 que se encuentra en la carpeta Type 1\B del CD de Corel; recomendamos Type 1, no TrueType en este ejemplo, porque el texto (a diferencia de la botella de perfume) se imprimirá como texto en una fotocomponedora, y ésta utiliza fuentes Type 1 estándar de PostScript.

He aquí cómo preparar el texto para el efecto de Contorno (Envelope).

Cómo cambiar el tamaño y especificar el tipo

1. Haga doble clic en la Herramienta Selección (Pick tool) de BROWNING.CDR.

   Se seleccionan todos los objetos (no protegidos) de la página 1.

2. Presione Ctrl+C, luego AvPag (PageDown) y, por último, Ctrl+V.

   Se copian las plantillas de contorno a la página 2; se mueve su vista a la página 2.

3. Haga clic en el texto artístico, luego presione Ctrl+T.

   Se despliega el cuadro de diálogo Atributos de carácter (Character Attributes).

4. Elija Lydian BT de la lista Fuentes (Fonts), luego haga clic en Aceptar (OK).

   Se cambia el texto artístico de la fuente predeterminada a Lydian BT.

5. Con la Herramienta Selección (Pick tool), haga clic y arrastre el tirador de selección por la parte inferior derecha, hacia el centro del text,o hasta que la línea de contorno del cuadro límite parezca ocupar el ancho de una de las plantillas de página.

   Se cambia el tamaño del texto para que quepa en la plantilla del contorno (vea la figura 6.25).

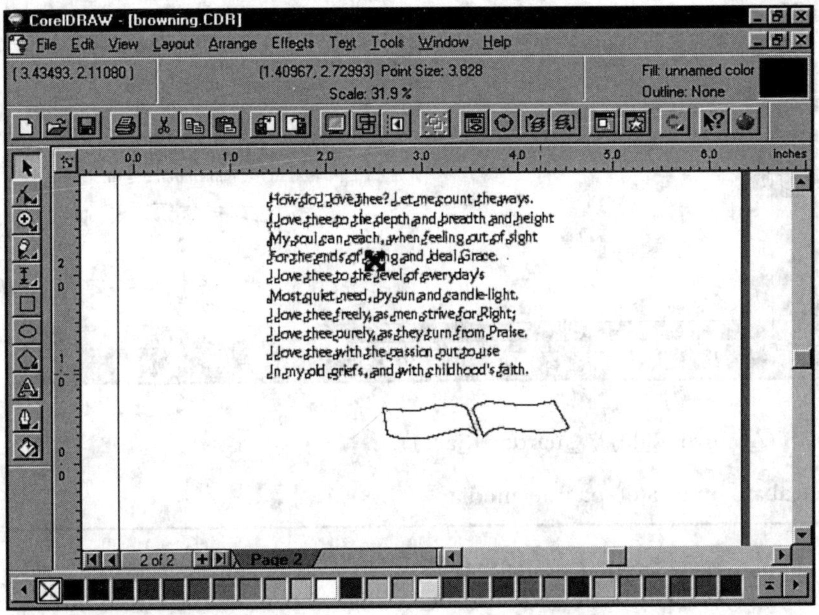

Figura 6.25
Si se cambia la posición y el tamaño del texto antes de llevarlo a un contorno, el efecto de Contorno (Envelope) se aplicará más rápido.

En general es mejor hacer todo lo posible para que el texto, u otros objetos, queden en un estado que requieran cálculos mínimos para aplicar el efecto de contorno. Al cambiar el tamaño del texto para que el efecto Contorno (Envelope) no lo tenga que hacer, usted se ahorra tiempo de edición.

6. Presione Ctrl+K (Organizar (Arrange) y Descombinar (Break apart)).

   ¡Eso es! La nueva función de Corel que separa el texto artístico en líneas individuales.

7. Trace un recuadro de selección alrededor de las 5 líneas superiores de texto, luego presione Ctrl+L (Organizar (Arrange) y Combinar (Combine)).

   Se combinan las 5 líneas de texto en un solo bloque de texto artístico.

8. Trace un recuadro de selección alrededor de las 5 líneas inferiores, luego presione Ctrl+L.

   Se combinan las otras 5 líneas en un solo bloque de texto artístico (vea la figura 6.26).

Figura 6.26
El texto artístico no pierde su propiedad editable cuando usted utiliza los comandos Combinar (Combine) y Descombinar (Break apart).

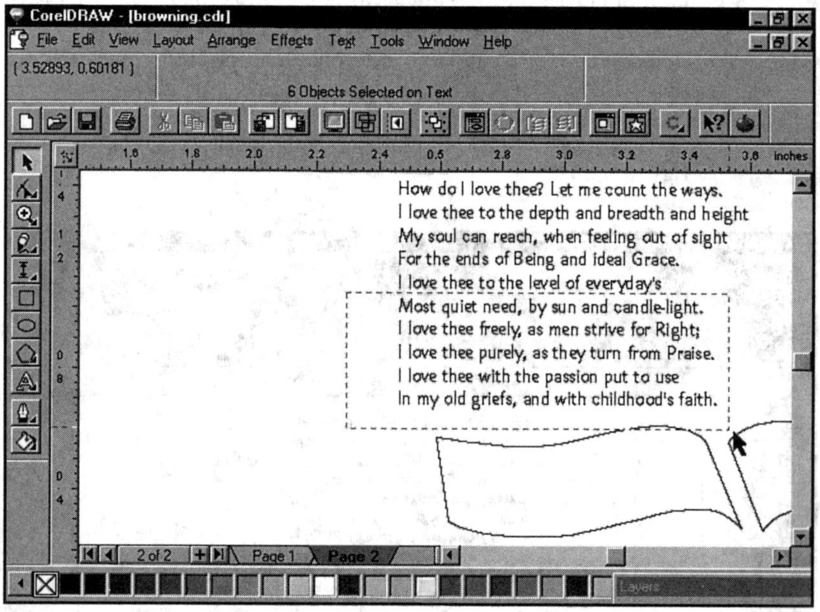

9. Presione Ctrl+S (Archivo (File) y Guardar (Save)).

   Se guarda su trabajo en esta etapa intermedia.

Esta nueva opción de manejo de texto de CorelDRAW ofrece una gran cantidad de posibilidad. Si usted toma una sola línea de texto artístico y elige el comando Descombinar (Break apart), pueden seleccionarse las palabras individuales. El proceso inverso también funciona utilizando el comando Combinar (Combine), pero obtendrá resultados inesperados si intenta combinar palabras cuya posición en la página está fuera de secuencia. ***¡Puede verse***

así! Además, si usted gira una línea de texto que es el último (el objeto superior) agregado a la página, y luego lo combina con texto sin girar, el texto artístico combinado se girará.

El contorno, por favor

Para concluir el ejemplo y esta composición, es hora de traer a escena a la persiana Contorno (Envelope). Esta persiana ofrece muchas maneras de distorsionar contornos, pero la más flexible es el modo Modelable (Putty), donde se crea una trayectoria editable alrededor del objeto destino. Usted desea cambiar la forma de los elementos de texto para que se adecuen a las plantillas que usted creó para las páginas del libro. El contorno Modelable (Putty) crea una trayectoria de contorno con nodos idénticos a los de las plantillas de trayectoria, y los nodos de contorno y los segmento de trayectoria tienen propiedades idénticas a las plantillas de trayectoria originales. He aquí cómo vaciar los bloques de texto en las plantillas del libro.

Cómo envolver texto artístico

1. Con la Herramienta Selección (Pick tool), haga clic en el primer bloque de texto.

   Se selecciona el texto.

2. Presione Ctrl+F7 (Efectos (Effects) y Contorno (Envelope)).

   Se despliega la persiana Contorno (Envelope).

3. Haga clic en Crear desde (Create From).

   El cursor toma la forma de una flecha grande.

4. Haga clic en la plantilla de la página izquierda, luego haga clic en Aplicar (Apply) (vea la figura 6.27).

   Se aplica la forma de la página izquierda al texto; se cambia la herramienta actual por la Herramienta Forma (Shape tool).

Notará que el texto permanecerá fijo después de que se ha aplicado el efecto. Tendrá que mover el texto dentro del contorno a su posición correcta. Para hacerlo, trace un recuadro de selección alrededor de todos los nodos del contorno con la Herramienta Forma (Shape tool), cambie la posición del texto y luego haga clic en Aplicar (Apply) o cambie a la Herramienta Selección (Pick tool) y haga clic en el texto y arrástrelo. Un contorno es un "objeto vivo" en el área de trabajo; si usted cambia su forma *o* lo mueve, debe ejecutar la edición haciendo clic en Aplicar (Apply) de la persiana Contorno (Envelope).

5. Haga clic en el segundo bloque de texto, sin distorsión (con la Herramienta Forma (Shape tool) o la Herramienta Selección (Pick tool)), luego haga clic en Crear desde (Create From) en la persiana Contorno (Envelope).

   El cursor toma la forma de una flecha grande.

6. Haga clic en la plantilla de la trayectoria restante, luego haga clic en Aplicar (Apply).

   Se aplica la forma de la plantilla al bloque de texto.

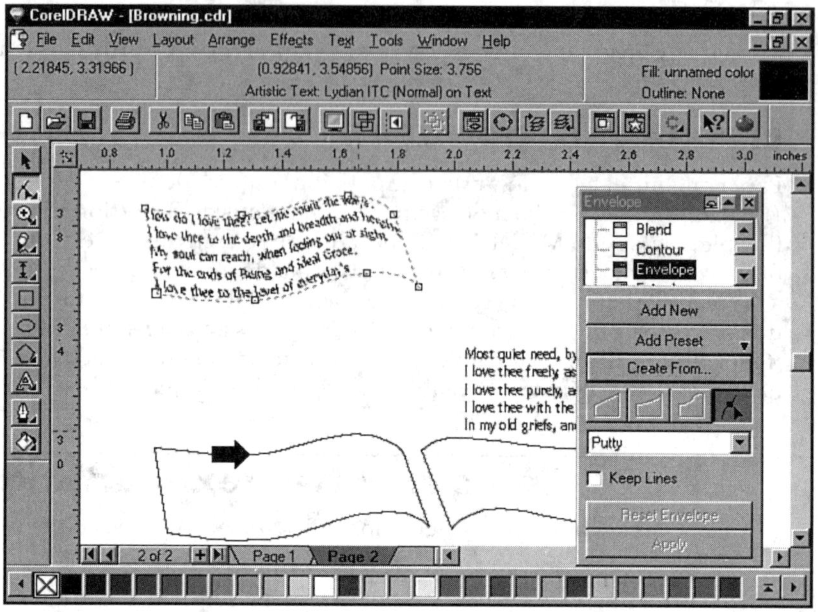

Figura 6.27 Seleccione una trayectoria destino en la persiana Contorno (Envelope) para aplicar el efecto al objeto seleccionado actualmente.

7. Presione la barra espaciadora, luego haga clic y arrastre cada bloque de texto dentro de un contorno, hacia la correspondiente plantilla de trayectoria.

   Se cambia a la Herramienta Selección (Pick tool); se alinea el texto en relación con las formas de plantilla (vea la figura 6.28).

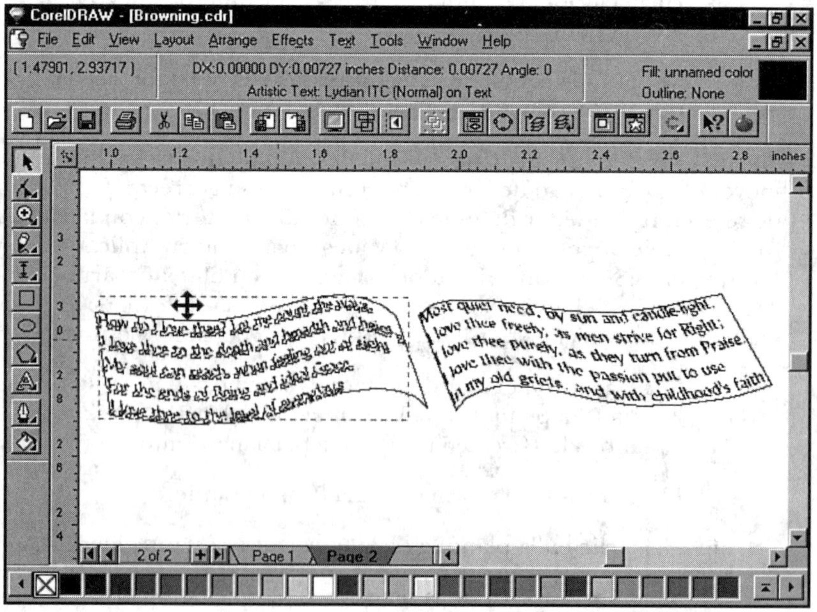

Figura 6.28 Usted puede colocar el texto de la página 2 en la misma posición relativa que su destino en la página 1, alineándolo con las trayectoria de plantilla.

8. Presione la tecla Mayús (Shift) y haga clic en el otro bloque de texto, luego presione Ctrl+C

   Se selecciona el bloque de texto restante además del actual; se copian ambos al Portapapeles (Clipboard).

9. Presione RePág (PageUp), luego presione Ctrl+V.

   Se mueve su vista a la página 1; se pega una copia de los bloques de texto moldeados en la parte superior de la imagen 9PM.

10. Presione Ctrl+S (**A**rchivo (**F**ile) y **G**uardar (**S**ave)).

    Se guarda su trabajo en esta etapa intermedia.

Los objetos que usted copia en el Portapapeles (Clipboard), o que duplica presionando +, retienen su orientación con respecto al objeto original, cuando aparecen. Como las trayectorias de la plantilla de contorno no se movieron al copiarse a la página 2, el texto dentro del contorno cabe perfectamente sobre la imagen de mapa de bits.

En la figura 6.29, puede ver el trabajo retocado a última hora de un bloque de texto. El cálculo del efecto de contorno es perfecto, pero a veces produce un efecto diferente del que se deseaba; por ejemplo, el arco de la esquina inferior izquierda del texto, en la figura 6.29, necesita ser un poco más agudo.

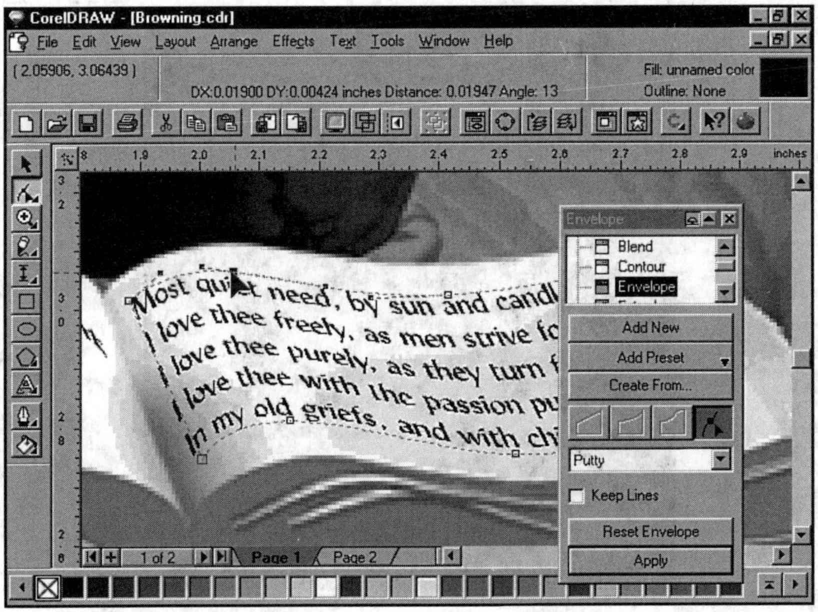

Figura 6.29
Aunque un contorno puede ser visible haciendo clic en él con la Herramienta Forma (Shape tool), se necesita la persiana para aplicar los pasos de edición.

Tip Usted también puede tener acceso a los mismos comandos que utilizaba con la persiana Edición de nodos (Node Edit) si hace clic con el botón derecho del ratón mientras se encuentra sobre un nodo de contorno o un segmento de trayectoria de contorno con la Herramienta Forma (Shape tool). Al hacer esto se despliega el menú de método abreviado, con comandos sensibles al contexto relacionados con las propiedades de nodos y trayectorias.

Usted puede limpiar este documento ahora eliminando la página 2 (Diseño (Layout) y Borrar página (Delete Page)), y las trayectorias de plantilla originales no son necesarias en la página 1. El documento se imprimirá espléndidamente en separaciones para impresión comercial, y el texto negro se agregará automáticamente a la placa K (Negro, o clave).

La persiana Contorno (Envelope) no está disponible en CorelPHOTO-PAINT, y espero que haya encontrado una buena razón para utilizar CorelDRAW como base para composiciones de mezcla de medios. CorelDRAW es la única aplicación de dibujo por el momento (para PC o Macintosh) que ofrece control de contorno (de texto o de otros tipos) completo y definido para el usuario. Usted puede utilizar la propiedad de fluido del efecto de contorno para "entrar" en una imagen, no sólo para colocar texto en una imagen importada.

En la figura 6.30, puede ver la composición completa. Se agrupó un símbolo floral con el bloque de texto para agregar una floritura a la página; usted puede incluir objetos que no son de texto en un contorno para crear mini diseños dentro de composiciones semejantes, o envolver un logotipo alrededor de la fotografía de una taza de café (así se creó el diseño de la taza de café de MOD-CAFE en el capítulo 5, "Rellenos complejos y sombreado de mezclas").

Figura 6.30
El retoque de imágenes no es sólo terreno de los editores de mapas de bits. Usted puede cambiar la realidad utilizando el conjunto de opciones de CorelDRAW.

Las imágenes de ejemplo de este capítulo se crearon en una aplicación de modelado/ generación, pero pudo tratarse de fotografías y se hubieran aplicado las mismas técnicas de edición. La próxima vez que necesite mejorar una imagen de PhotoCD, o una creación de DREAM 3D, considere el uso del mejor mundo para la edición de mapa de bits y vectores. Las herramientas se encuentran en diferentes aplicaciones, pero están listas para que usted las utilice.

capítulo 7

Corel OCR-Trace: cómo convertir mapas de bits en vectores

El formato vectorial de diseño representa varias ventajas para los usuarios de CorelDRAW. Hasta la más complicada obra maestra elaborada en CorelDRAW ocupa poco espacio en un archivo guardado y por lo general cabe en un disco flexible. Los diseños vectoriales pueden cambiarse de tamaño para que quepan en la cabeza de un alfiler o en un anuncio exterior y nunca pierden su detalle, porque los vectores son independientes de la resolución.

Sin embargo, el medio de las imágenes gráficas de *mapa de bits* (tramados) por computadora, tal como se analizó en el capítulo 5, "Rellenos complejos y sombreados de mezclas", es esencial para la creación de imágenes fotográficas. Las herramientas de edición de mapa de bits están más relacionadas con las herramientas físicas del diseño tradicional. Cuando un artista tradicional elige una herramienta de lápiz o de pincel en una aplicación, el resultado es el mismo que uno esperaría de un equivalente físico.

Como la computadora personal tiene una maravillosa capacidad para traducir formatos de datos, no importa mucho en qué medio electrónico empieza una ilustración. Dentro de CorelDRAW hay filtros disponibles para crear una copia de mapa de bits de un diseño de vector, y cuando usted quiera una imagen de mapa de bits para ofrecer la flexibilidad y la independencia de la resolución de una imagen vectorial, sólo necesita conocer un poco sobre Corel OCR-Trace. La versión 6, a diferencia de las versiones anteriores del programa, se ha vuelto a trabajar y fue mejorada por los programadores de Corel para presentarle aún más oportunidades de diseño al usuario profesional y de negocios.

Comprensión del reconocimiento y la vectorización de caracteres

Corel OCR-Trace tiene las siguientes dos funciones discretas:

- ✔ Reconocimiento óptico de caracteres (Optical Character Recognition; OCR).
- ✔ *Vectorización:* uso de formas vectoriales para crear contornos a partir de áreas contrastantes en imágenes de mapa de bits.

Aunque en este capítulo el énfasis recae sobre las posibilidades artísticas de OCR-Trace (la posibilidad de vectorización) tal vez necesite de vez en cuando utilizar la opción de reconocimiento de caracteres para convertir una hoja física de texto a un formato de procesador de palabras. Por lo tanto, usted debería saber cómo funciona el reconocimiento de caracteres y cómo aprovechar al máximo sus opciones. En la siguiente sección se cubren los métodos y los parámetros para obtener los mejores resultados del reconocimiento óptico de caracteres.

Antes de que lance OCR-Trace

Aunque el proceso de reconocimiento de caracteres es un método rápido para convertir texto impreso en electrónico, el poco tiempo que gaste en optimizar el hardware de digitalización y el documento original puede hacer que la experiencia resulte más productiva. La lista siguiente le proporciona la información que debe considerar antes de lanzar OCR-Trace para reconocimiento de caracteres *o* vectorización automática de una imagen gráfica.

- ✔ Si sólo tratara de digitalizar texto o imágenes simples, de alto contraste, su opción de digitalización sería fácil. Un escáner de 256 tonos de escala de grises es útil para texto impreso, fotografías en blanco y negro y dibujos a pluma y tinta, y OCR-Trace acepta imágenes digitalizadas en escala de grises.
- ✔ Si desea que OCR-Trace convierta más de tres páginas tamaño carta de texto en un archivo de texto, su mejor apuesta es un escáner de cama plana. Los precios han bajado mucho en los últimos años para los escáneres de cama plana de escala de grises y a color. Usted puede comprar ahora un escáner de cama plana elemental al mismo precio al que se vendían originalmente los escáneres manuales (menos de $300).

Alto Aunque las imágenes gráficas se pueden digitalizar satisfactoriamente en un escáner manual, un escáner de escala de grises manual es inaceptable para trabajar con reconocimiento de caracteres, por dos razones.

- ✔ Los titubeos inherentes que se crean al arrastrar un escáner manual por un documento pueden producir numerosos errores en el proceso de reconocimiento de OCR-Trace. Tal vez le resulte más rápido y exacto volver a introducir manualmente un texto impreso en un procesador de palabras

- ✔ Los escáneres manuales por lo general ofrecen una superficie de escaneo de diez centímetros. Muchos escáneres manuales incluyen una utilería de pegado automático que alinea múltiples pasos del escáner y que crea una página digitalizada más amplia, pero esta opción es a veces inadecuada y por lo general consume mucho tiempo.

- ✔ Verifique que el escáner que utiliza cumpla con las disposiciones TWAIN para asegurarse de que pueda digitalizar un documento directamente en OCR-Trace, ahorrándose el paso extra de adquirir y guardar una imagen digitalizada en un programa diferente. TWAIN, un estándar creado por un consorcio de fabricantes de software y hardware, permite que las aplicaciones "le den la mano" a los periféricos presentes y futuros (como las cámaras digitales y los escáneres), para proporcionar una interfaz común a la que se puede tener acceso dentro de una aplicación. Una reunión de los dos (twain, en inglés). Cada vez más fabricantes están adoptando la convención TWAIN para trabajar con los programas de otros fabricantes. Corel Corp. ha escrito incluso interfaces que cumplen con el estándar TWAIN para los modelos de escáneres más populares.

  Si, cuando ejecutó la instalación de Corel, usted no eligió una marca entre la lista de hardware de digitalización a la que se le brinda soporte, necesita ejecutar nuevamente la instalación para elegir de la lista.

  Cuando agregue hardware de digitalización al sistema operativo Windows 95, tenga en cuenta que el sistema operativo y las aplicaciones de 32 bits necesitan el módulo TWAIN de 32 bits; o que la aplicación de 32 bits debe tener opciones interconstruidas de compatibilidad de 16 bits. No espere que el software de controlador de escaneo de 16 bits que viene con el escáner que compró en 1994 funcione automáticamente con los programas de Windows 95. Tal vez necesite volver a instalar los controladores del software o verificar el BBS o el sitio en línea del fabricante para obtener los controladores más recientes para el hardware particular del fabricante.

- ✔ Aún los escáneres de precio más modesto son más sensibles a las manchas, las pelusas, el polvo y otras partículas de lo que se podría pensar. Si tiene un documento deficiente (cuyo texto se encuentra en malas condiciones de legibilidad debido al abuso o la edad), debe mantener el escáner en muy buena forma limpiando periódicamente las partes accesibles al usuario (como la superficie de digitalización). Mientras menos polvo tenga que leer OCR-Trace, más exacto será el reconocimiento de caracteres.

- ✔ Colocar la orilla de una página impresa de manera que coincida con las orillas de la superficie de digitalización podría parecer una rutina excesiva, pero el texto que se encuentra movido (en ángulo con la superficie de escaneo horizontal) crea problemas de exactitud en el reconocimiento de caracteres. Si alguien le da una docena de imágenes digitalizadas que se encuentran torcidas, su recurso es utilizar la opción Enderezar (Deskew) del menú Valores OCR (OCR Settings) de Vectorización OCR (OCR-Trace) para corregir el documento, antes de realizar el reconocimiento de caracteres. Esta opción sólo aparece cuando ha cargado la imagen que habrá de digitalizarse. Sin embargo, la opción Enderezar (Deskew) debe considerarse como una medida desesperada, que sería innecesaria si alguien se tomará la molestia de alinear el documento antes de digitalizarlo.

- ✔ La mayor parte de los escáneres ofrecen múltiples rangos de muestreo, especificados por lo general en puntos o pixeles por pulgada. OCR-Trace prefiere un rango de muestreo de 300 pixeles por pulgada para documentos de texto digitalizado (aunque los archivos de fax electrónicos sólo se envían a 200 pixeles por pulgada). Si especifica un archivo cuya resolución es menor de 300 pixeles por pulgada, OCR-Trace se lo notificará en un cuadro de diálogo y le preguntará si desea intentar de todos modos una sesión de reconocimiento de caracteres. Por lo general, cuando esté realizando usted mismo la digitalización, debe indicarle a OCR-Trace la resolución del documento que se necesita. Si un archivo de mapa de bits le llega con menos resolución, su mejor apuesta es intentar de todos modos el reconocimiento de caracteres. Si la imagen original digitalizada se encuentra en un tipo limpio y legible, podría obtener los resultados que necesita con una imagen de menos resolución.
- ✔ "Si entra basura, sale basura" ha sido la máxima de los programadores de computadora durante más de una década, y se aplica de manera especial a documentos originales que usted quiera digitalizar. OCR-Trace es un programa, no un lector de mentes; por lo tanto, textos en cursivas o escritos a mano, fuentes de adorno (como Fette Fractur) o textos del tamaño de las etiquetas de las botellas de aspirina son candidatos poco probables para el reconocimiento de caracteres. La mejor oportunidad para que sea exitosa la conversión de texto impreso en texto electrónico es adquirirlo de una página impresa en un tipo con espacios equitativos (Courier es el favorito de siempre), no menor de 10 puntos, con un formato simple. OCR-Trace puede reconocer y formar texto de varias columnas, e incluso tablas dentro de un documento, pero cuando un documento tiene una composición compleja usted introduce la posibilidad de errores en el reconocimiento de caracteres.
- ✔ Un archivo digitalizado a partir de un documento debe tener un mínimo de opciones de color. 1 bit por pixel es la estructura preferida por OCR-Trace; el programa sólo evalúa los pixeles de texto blanco y negro. Por lo tanto, si el documento original se ve un poco manchado o denso, tal vez quiera utilizar PHOTO-PAINT para limpiar la imagen digitalizada antes de realizar el reconocimiento de caracteres. La mayor parte de los escáneres tienen controles manuales de brillo y contraste; piense en utilizarlos antes de digitalizar para que se vea blanco el interior de caracteres como "d" y "o". Los caracteres con un interior bloqueado provocan errores durante el reconocimiento y no hay ninguna opción de "entrenar" a OCR-Trace para que corrija esos errores; si aparece en muchas páginas el mismo carácter defectuoso, necesita corregirse manualmente o editarse después de la sesión de reconocimiento de caracteres.

Si una página se digitaliza a una resolución suficiente, si las orillas del documento coinciden con la orilla de la superficie digitalizada y si el texto del documento es claro y legible, necesitará hacer muy pocas correcciones al archivo digitalizado con OCR-Trace.

Cómo reconoce el texto OCR-Trace

Existen varias aplicaciones de software comercial cuyo propósito es ayudar a los usuarios para que conviertan documentos físicos en un formato electrónico. Sin embargo, si usted sólo ocasionalmente tiene necesidad de convertir texto impreso, Corel OCR-Trace debería ser su mejor apuesta. La exactitud del reconocimiento óptico de caracteres depende en gran medida de la calidad de su entrada.

OCR-Trace desarrolla la identificación de caracteres y patrones cuando crea texto con base en el aspecto de una página digitalizada. Como ejemplo, OCR-Trace evalúa la letra O escrita como si tuviera propiedades similares a la forma de una O que está almacenada dentro del programa. Véalo como si se tratara la letra O de una plantilla. Si usted fuera a colocar esta plantilla sobre una O impresa de una medida similar, sería visible la mayor parte (o toda) la O. Aunque Corel OCR-Trace es más complejo y sofisticado, este ejemplo es el equivalente físico de lo que Corel OCR-Trace le hace a un área seleccionada de una página digitalizada.

Si usted tiene un artículo de una revista que necesita enviar rápidamente a todo el mundo por medio de un servicio en línea (como CompuServe o America Online), o si desea preservar una tesis impresa que usted escribió hace 20 años, deje que OCR-Trace mecanografíe por usted.

La siguiente serie de pasos le muestra cómo utilizar la opción de reconocimiento de caracteres de Corel OCR-Trace. Para este ejercicio, utilizará la imagen RECTANGL.TIF de la carpeta EXAMPLES\CHAP07 que se encuentra en el CD de obsequio. La imagen TIF contiene un corto párrafo de texto, digitalizado a 250 pixeles por pulgada (menos de los 300 puntos recomendados por Corel), con una opción de color de 1 bit por pixel.

Cómo utilizar el reconocimiento óptico de caracteres

1. En OCR-Trace, presione Ctrl+O (**A**rchivo (**F**ile) y Ab**r**ir (**O**pen)), luego elija RECTANGL.TIF de la carpeta EXAMPLES\CHAP07 del *CD de obsequio de CorelDRAW! 6 para expertos.*

   Se trata de un documento de ejemplo que utiliza el reconocimiento óptico de caracteres.

2. Elija Vectorización **O**CR (**O**CR-Trace) y Valores O**C**R (O**C**R Settings).

   Se despliega un menú con fichas con opciones de OCR.

3. En la ficha Idioma (Lenguaje), asegúrese de que esté elegido Inglés (English) en la lista descendente **I**dioma (**L**anguage), seleccione **C**omprobar ortografía (**C**heck Spelling) y haga clic y arrastre la barra de desplazamiento C**o**nfianza (C**o**nfidence) a 70.

   Se especifica que se realizará una revisión ortográfica en el lenguaje utilizado por el documento; el módulo de ortografía desplegará un cuadro de diálogo después de la conversión; un valor de confianza bajo disminuye la velocidad de trabajo de OCR, pero asegura que siempre se le preguntará sobre caracteres cuestionables después del reconocimiento de caracteres.

4. Haga clic en la ficha Contenido (Content), luego ponga una marca en la casilla de verificación Texto de columna ú**n**ica (**S**ingle column text).

   La imagen RECTANGL.TIF es una digitalización de un texto de una sola columna.

En sus propias sesiones de reconocimiento óptico de caracteres, usted debe verificar las áreas que se aplican a la imagen digitalizada. Los valores recomendados aquí sólo se aplican al contenido de RECTANGL.TIF. En la ficha Origen (Source), hay opciones para diferentes tipos de imágenes originales electrónicas de mapa de bits. Por ejemplo, si recibió un archivo de fax electrónico, usted debe seleccionar fax de la lista descendente **O**rigen (**S**ource); también debe especificar la orientación del papel y cualquier opción de enderezamiento, si el documento original se digitalizó mal.

5. Haga clic en la ficha Dando formato (Formatting).

   Se muestran las opciones de formato.

Las opciones de formato pueden facilitarle la vida si tiene un documento complejo con sangrías, diferentes anchos de columna o fuentes especiales. La imagen RECTANGL.TIF no tiene características especiales, de modo que la única razón para hacer clic en esta ficha en el último paso es que desee familiarizarse con esas opciones en su trabajo futuro.

6. Haga clic en Aceptar (OK).

   Se le regresa a la ventana del documento.

7. Elija Vectorización **O**CR (**O**CR-Trace) y Realizar **O**CR (Perform **O**CR).

   OCR-Trace reconoce los elementos de texto de la imagen. Cuando termina, aparece el cuadro de diálogo ¿Verificación? (Verification).

Está bien, hay una palabra inventada en el archivo RECTANGL.TIF: GeometryLand. El módulo de verificación se lo hace ver, porque reconoció el texto, pero no la palabra.

8. Haga clic en **I**gnorar (**I**gnore).

   Se cierra el cuadro de diálogo ¿Verificación? (Verification); el documento se habrá convertido en texto editable, electrónico.

9. Con el cursor, resalte el texto en la ventana Vista Texto (Text view), luego escriba **12** en el cuadro contador de tamaño de fuente que se encuentra en la barra de herramientas y, por último, presione Enter.

   Se reduce el texto a un tamaño más apropiado para un documento.

Como el tipo digitalizado no tiene una relación directa con el tamaño de la fuente (es en realidad una imagen que OCR convierte), después de una sesión de reconocimiento óptico de caracteres podría encontrar tamaños risibles. Usted puede corregir los tamaños de fuente, o incluso la fuente elegida dentro de un documento de OCR-Trace, utilizando las funciones de la barra de herramientas Texto (Text).

10. Elija **A**rchivo (**F**ile), **G**uardar (**S**ave) y **T**exto (**T**ext).

    Se despliega el cuadro de diálogo Guardar texto (Save Text).

11. Guarde el documento en el formato del procesador de palabras que usted tenga.

    Se guarda el texto en un formato que un procesador de palabras puede abrir.

12. Cierre OCR-Trace sin guardar la imagen RECTANGL.TIF.

    Sale del programa.

Si sus necesidades de reconocimiento de caracteres son sólo ocasionales, la versión 6 de OCR-Trace es gratis cuando usted actualiza o compra CorelDRAW, de modo que es un extra en el paquete. Para una conversión más extensa de documentos, se encuentran disponibles varios productos cuyo precio oscila entre 200 y 700 dólares y que pueden manejar la formación, la verificación de ortografía y el aprendizaje de errores repetidos en un texto digitalizado. La repetición de errores se debe a la imposibilidad recurrente de un módulo de reconocimiento de caracteres para detectar con exactitud un carácter específico, o un grupo de caracteres, porque el material de origen no le resulta legible al módulo de lectura de reconocimiento de caracteres. Por ejemplo, tal vez una máquina de escribir tenga un carácter "o" con un exceso de tinta. OCR-Trace podría ver consistentemente la "o" como una "e", y usted no tendría opciones de "educar" a OCR-Trace para que viera esta "o" como una "o" dentro del documento específico. Pero OCR-Trace *es* flexible; usted puede resaltar el texto dentro de la ventana Vista texto (Text view), copiarlo al Portapapeles (Clipboard) y corregir manualmente los errores antes de guardarlo en un archivo.

Cómo llevar un trabajo artístico del caballete a CorelDRAW!

La parte de vectorización de Corel OCR-Trace opera de una manera idéntica al reconocimiento óptico de caracteres, con la diferencia de que no se aplica a la identificación de caracteres. En lugar de eso, OCR-Trace "ve" una línea cada que hay un cambio importante en la transición de color dentro de una imagen de mapa de bits, y crea una trayectoria. La definición de *trayectoria* queda un poco suelta aquí; OCR-Trace puede crear contornos rellenos, líneas centradas, formas de grabado de madera e incluso pirámides en 3D a partir de una simple imagen digitalizada.

La capacidad de OCR-Trace para convertir imágenes de mapa de bits en contornos vectorizados le proporciona estupendas posibilidades a los artistas tradicionales y a los fotógrafos. Cuando permite que OCR-Trace evalúe áreas de contorno en un mapa de bits y luego cree el equivalente vectorial de la ilustración, usted puede preservar la mayor parte del contenido de una foto digitalizada, el diseño de un programa de pintura o incluso un borrador hecho con pluma y tinta.

Cuando se analice el uso artístico de OCR-Trace, más adelante, en este mismo capítulo, se le mostrará cómo tomar una simple caricatura, cómo hacer que OCR-Trace la convierta en una copia para un formato de computadora con el que pueda trabajar CorelDRAW y, por último, verá las técnicas para adornar la caricatura con rellenos degradados y mezclas. Es posible empezar únicamente con el borrador de los detalles gráficos en papel y terminar con una bonita obra de arte, si usted conoce alguna de las técnicas para llevar una ilustración física a un formato electrónico.

Cómo digitalizar dentro de PHOTO-PAINT

A menos que usted haya creado una imagen de pixeles utilizando PHOTO-PAINT, Fractal Design Painter u otro programa de pintura, el primer paso para crear o recrear un equivalente digital es digitalizar una imagen. ANTSCAN.TIF, una imagen de mapa de bits que se encuentra en el *CD de obsequio de CorelDRAW! 6 para expertos*, se creó como imagen de ejemplo y se digitalizó a 150 pixeles por pulgada utilizando un escáner de cama plana en modo de escala de grises.

Antes de que toque el interruptor del escáner, necesitan analizarse algunos conceptos sobre el trabajo con medios físicos y electrónicos para crear ilustraciones.

No utilice sombreados en su diseño físico

Para empezar, usted debe omitir siempre el sombreado en los dibujos a pluma y tinta, si sabe de antemano que creará el sombreado utilizando CorelDRAW. Por ejemplo, la imagen ANTSCAN.TIF sólo tiene una sugerencia de sombreado; hay unas cuantas áreas oscuras que representan sombras en la ilustración, pero cuando se entintó la imagen se dejaron fuera, a propósito, las rayas de sombra, los punteados y otros atributos de línea. Esto podría parecer un punto sutil, pero debe aprender a dejar una pieza "inacabada", porque tendría que hacer trabajo extra cuando necesite eliminar o reemplazar el sombreado original.

Además, como la manera en que funciona OCR-Trace es mágica, sería una buena idea agregar un estilo de líneas entrecortadas a su repertorio artístico. Es más difícil para OCR-Trace crear trayectorias exactas cuando describe líneas largas que cuando lo hace con líneas cortas; OCR-Trace creará una trayectoria adicional cuando encuentre las líneas de tinta cerradas. Acorte sus líneas físicas y desconéctelas cada tanto; más tarde puede utilizar CorelDRAW para cerrar trayectorias a partir de líneas cortas.

Seleccione materiales de arte físico que se digitalicen bien

Usted es quien elige el material de arte; el autor prefiere papel común para impresoras láser, ocasionalmente paquetes de papel bond "para todo propósito", un lápiz del número 2 comprado en la papelería y el bolígrafo que tiene dos corazones en el clip para colgarse de la ropa. Su selección de material podría cambiar (¡y tal vez ser de menor calidad!) cuando se dé cuenta de que su salida final se hará a partir de una fuente digital, y que la ilustración física es sólo un paso intermedio en la producción artística. Las tintas líquidas tardan mucho tiempo en secarse antes de la digitalización, y para un escáner la única cualidad importante de una tinta es que cubra un área que se tomará como muestra de un color sólido.

En el ejercicio siguiente, se dará un paseo por la fase de adquisición de un dibujo de pluma y tinta. La sesión de muestreo tiene lugar en CorelPHOTO-PAINT, porque la mayor parte de las ilustraciones necesitan retocarse antes de que se utilice OCR-Trace para convertirlo en un formato de imagen gráfica. Si está siguiendo este ejemplo con uno de sus propios dibujos hechos con pluma y tinta, coloque su escáner en modo de adquisición de escala de grises (que se explicará posteriormente en esta sección), y digitalice a una resolución no

"Astrotexto"

Ingredientes: CorelDRAW! v2.01.

Finalista en el Tercer Concurso Anual Mundial de Diseño de CorelDRAW!

"Palma"

Ingredientes: CorelDRAW! 6

CAPÍTULO 4, "Cómo dominar la herramienta Relleno y los modelos de color"

"Tarea"

Ingredientes: CorelDRAW! 6, MacroModel, PIXAR RenderMan, Fractal Design Painter, Adobe Photoshop.

CAPÍTULO 6, "Mapas de bits y diseño vectorial"

CorelDRAW 6! para expertos

"Tira de película"

Ingredientes: CorelMOTION 3D, CorelDRAW, MacroModel, PIXAR RenderMan, Fractal Design Painter, Adobe Photoshop.

CAPÍTULO 8, "Cómo crear sus propias fuentes"

CorelDRAW 6! para expertos

"Bahaman Geometry"

Ingredientes: CorelDRAW, CorelDEPTH, CorelPHOTO-PAINT, Fractal Design Painter.

CAPÍTULO 10, "Cómo agregar DEPTH y MOTION"

"The Smirks"

Ingredientes: CorelDRAW, dibujo digitalizado a pluma y tinta.

CoreDRAW 6! para expertos

"¡Sorpresa!"

Ingredientes: CorelDRAW dibujo digitalizado a pluma y tinta.

CorelDRAW 6! para expertos

"Attitude"

Ingredientes: CorelDRAW, Renderize Live, Fractal Design Painter. Ensamblado en Adobe Photoshop.

"Gráfico de pato"

Ingredientes: CorelDRAW

"Cactus Todd's"

Ingredientes: CorelDRAW, CorelMOTION 3D.

CAPÍTULO 10, "Cómo agregar DEPTH y MOTION"

CorelDRAW 6! para expertos

"Document Exchange"

Ingredientes: CorelDRAW,

Dibujo a pluma y tinta digitalizado, Fractal Design Painter.
Ensamblado en Adobe Photoshop.

"Más, nulo, menos"

Ingredientes: CorelDRAW.

"Café moderno"

Ingredientes: CorelDRAW, Fractal Design Painter, MacroModel, PIXAR RenderMan.

CAPÍTULO 5, "Rellenos complejos y sombreado de mezclas"

"Big Top"

Ingredientes: CorelDRAW, Renderize Live, MacroModel, Fractal Design Painter.

CAPÍTULO 3, "Cómo someter los nodos y las trayectorias (la manera fácil)"

Rellenos degradados y de textura

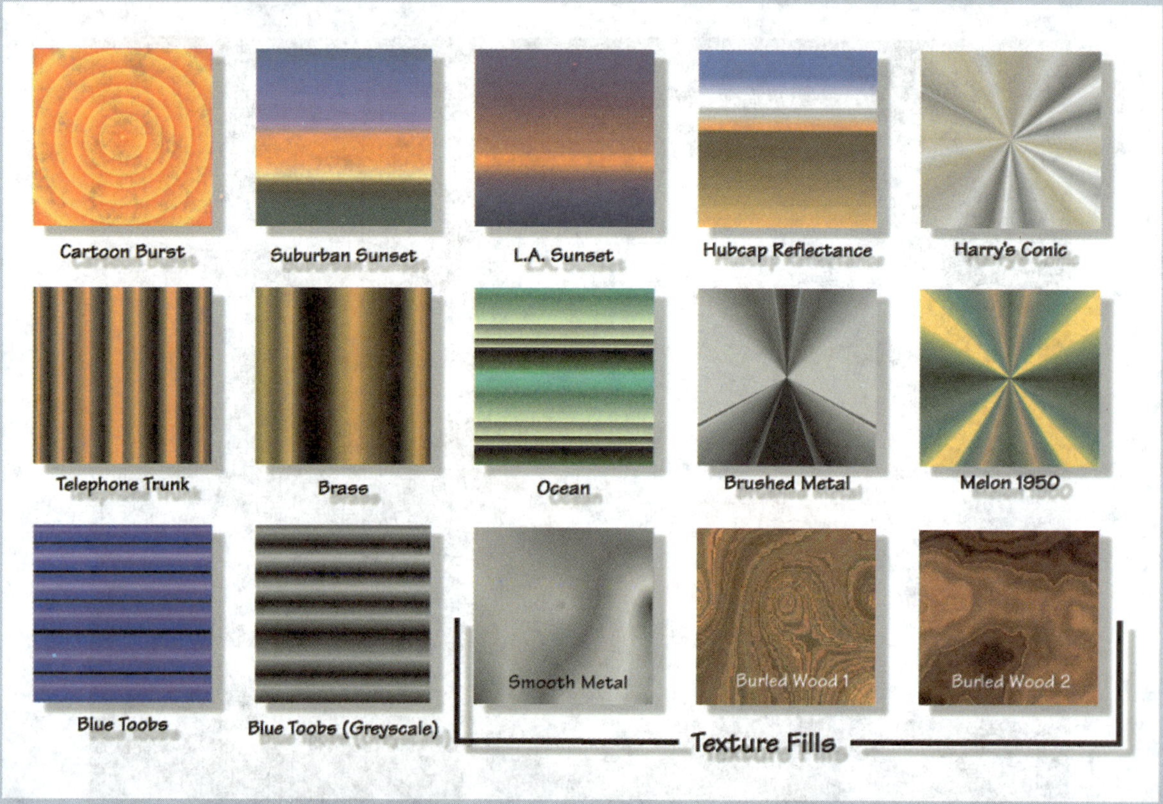

Ingredientes: CorelDRAW

CAPÍTULO 4. "Cómo dominar la herramienta Relleno y los modelos de color"

Estilos personalizados de CorelDEPTH

Ingredientes: CorelDRAW, CorelDEPTH.

CAPÍTULO 10, "Cómo agregar DEPTH y MOTION"

"Timeless"

Ingredientes: CorelDRAW, MacroModel, PIXAR RenderMan. Ensamblado en Adobe Photoshop.

CAPÍTULO 6, "Mapas de bits y diseño vectorial"

menor de 100 pixeles por pulgada, pero no mayor de 200. Por la manera en que OCR-Trace observa un diseño digitalizado, un número excesivo de muestras por pulgada pueden hacer lenta la vectorización de trayectorias, y las trayectorias resultantes pueden llegar a tener un aspecto realmente molesto y con muchas "mordeduras" si se presentan muchos datos en OCR-Trace.

Cómo muestrear un trabajo a tinta

Si usted no elige utilizar la imagen ANTSCAN.TIF para este ejemplo, asegúrese de que su escáner esté conectado, prendido y que tiene una ilustración en la superficie de digitalización antes de lanzar CorelPHOTO-PAINT.

1. En PHOTO-PAINT, elija Archivo (File), Obtener imagen (Acquire Image) y luego Obtener (Acquire).

   Se despliega la interfaz TWAIN específica de su marca y modelo de escáner.

2. Utilice la aplicación nativa específica de su escáner para recortar la ilustración y ajustar el tono, el tamaño de la muestra, la profundidad del color y la resolución (en pixeles por pulgada o dpi).

   Se crean las condiciones para la digitalización más exacta con los mayores detalles para su uso con OCR-Trace.

En la figura 7.1 puede ver la interfaz TWAIN para el escáner a color de cama plana Microtek. Su interfaz TWAIN probablemente se verá diferente debido a las especificaciones del fabricante, pero debe haber equivalentes para la resolución de imagen, el modo de digitalización en color, el recorte, la brillantez y el contraste. Trate de dejar un pequeño borde alrededor del área digitalizada, ¡pero no digitalice toda la página cuando la imagen destino ocupe sólo una parte de ella! Al hacerlo se ocupan innecesariamente los recursos del sistema y crea un archivo mucho más grande que lo que se necesita en OCR-Trace.

3. Haga clic en Aceptar (OK) (o en Digitalizar (Scan)).

   Se lanza el proceso de digitalización; dependiendo de su escáner, se le debe regresar a PHOTO-PAINT después de digitalizar. De otra manera, tal vez necesite hacer clic en un botón Cerrar (Close) u Aceptar (OK) para regresar a PHOTO-PAINT.

4. Elija Archivo (File) y Guardar como (Save As), luego guarde su imagen en el disco duro.

   Se guarda la imagen de mapa de bits.

El proceso de digitalización no exige mucho, desde el punto de vista intelectual, pero usted no puede seguir adelante con el proceso de conversión en OCR-Trace a menos de que se preocupe por tomar muestras de la imagen con la que trabaja.

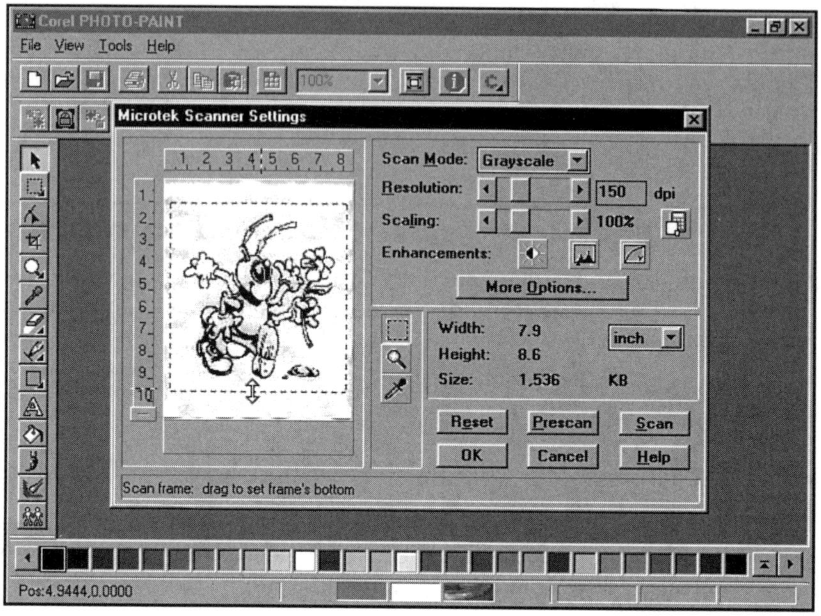

Figura 7.1 Trate de utilizar los controles TWAIN para corregir hasta donde sea posible una imagen destino; usted ahorrará tiempo de retoque después de la digitalización en PHOTO-PAINT.

La capacidad de color es una característica elusiva cuando se trata de digitalizar con exactitud una imagen a pluma. OCR-Trace proporciona los mejores resultados (la trayectoria más exacta) cuando se presenta un mapa de bits con profundidad de color de 1 bit por pixel, y un dibujo hecho con pluma y tinta, en blanco y negro, debe reflejarse con exactitud en una muestra de 1 bit por pixel. Sin embargo, la escala de grises es un mejor modo de *adquisición* de trabajos en blanco y negro, porque una imagen digitalizada de 8 bits por pixel (escala de grises, 256 tonos) tiene más información y el grupo de herramientas de PHOTO-PAINT ofrece más opciones cuando la imagen destino se encuentra en escala de grises. Por ejemplo, la Herramienta Pintar (Paint tool) ofrece orillas suaves, desvanecidas para corregir un punto que tal vez se haya salido de su curso mientras entintaba su ilustración, pero sólo cuando la imagen destino se encuentra en escala de grises o en un modo de color más alto. En el modo de blanco y negro, de 1 bit por pixel, la Herramienta Pintar (Paint tool) está atenuada y usted no puede utilizarla en PHOTO-PAINT.

Es natural que su imagen destino contenga una línea con la que no esté de acuerdo. O tal vez no borró suficientes líneas de lápiz y actualmente aparecen manchas en la imagen digitalizada. Las opciones del escáner tal vez no corrijan todos los defectos contenidos en el dibujo original hecho con pluma y tinta, por eso es que se analiza PHOTO-PAINT en este capítulo. En la siguiente sección verá lo fácil que se puede retocar una imagen para que OCR-Trace la convierta en un formato vectorial.

El retoque y PHOTO-PAINT

Olvídese de los dibujos sin raspaduras ni líquido corrector cuando su trabajo con pluma y tinta se habrá de convertir en un diseño digital. Como mencioné al principio de este capítulo, un diseño físico sólo es una guía para que OCR-Trace cree una colección de trayectorias vectoriales que CorelDRAW pueda aceptar. En PHOTO-PAINT usted tiene filtros y "pintura" digital que se seca al contacto y que le ayudan en su trabajo de limpieza después de la digitalización.

En la figura 7.2, puede ver que el autor fue ordenado (pero no obsesivo) al eliminar las marcas de lápiz de ANTSCAN.TIF. Hay elementos menores, pero claramente visibles que obstaculizan la capacidad de OCR-Trace para vectorizar con exactitud el contorno; a menos que se eliminen, OCR-Trace los incluirá en el archivo convertido final. ANTSCAN.TIF no es un ejemplo exagerado; los escáneres son muy sensibles a todos los materiales que usted utiliza y la única manera de asegurarse de que no habrá marcas indeseables en una digitalización sería entintar una hoja limpia colocada sobre el boceto a lápiz.

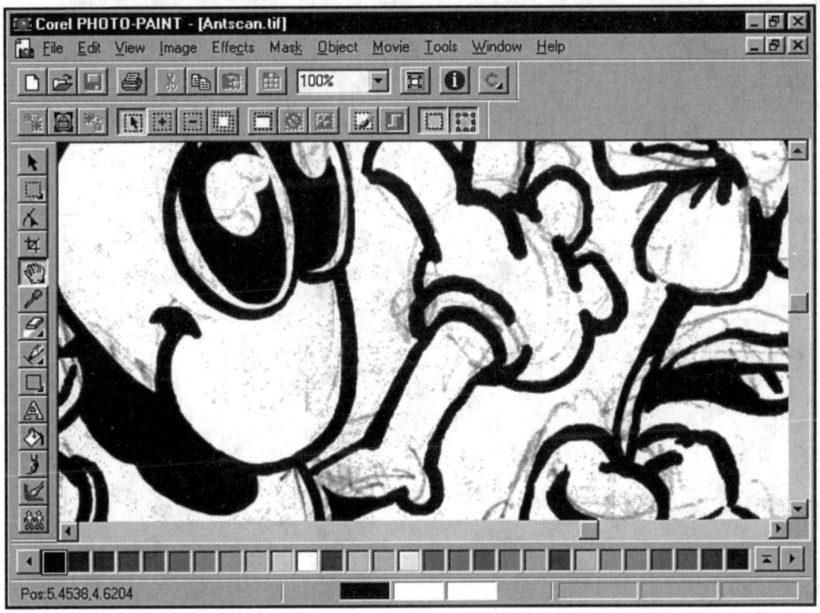

Figura 7.2
Dependiendo de sus materiales de dibujo, tal vez persistan las marcas de lápiz; los filtros y las herramientas de PHOTO-PAINT pueden corregir estos errores.

Por fortuna, hasta las marcas de lápiz más densas pueden filtrarse en una imagen digitalizada, y las imágenes en escala de grises permiten que las herramientas de punta suave de PHOTO-PAINT ajusten el contenido visual de una imagen de mapa de bits. He aquí cómo limpiar ANTSCAN.TIF o una imagen de su propiedad que desee utilizar en la aventura por OCR-Trace.

Cómo limpiar una imagen digitalizada

1. En PHOTO-PAINT, abra ANTSCAN.TIF que se encuentra en la carpeta EXAMPLES\CHAP07 del *CD de obsequio de CorelDRAW! 6 para expertos.*

   Se trata de la imagen que se utilizará en el ejemplo de conversión y mejoramiento de una ilustración de este capítulo.

2. Elija Efectos (Effects), Ajustes de color (Color Adjust) y Brillo/contraste/intensidad (Brightness-Contrast-Intensity).

   Aparece el cuadro de diálogo Brillo/contraste/intensidad (Brightness-Contrast-Intensity).

3. Haga clic y arrastre la barra de desplazamiento de Intensidad (Intensity) hasta el 36, luego haga clic en Simular (Preview).

   Se aumenta el brillo y el contraste únicamente en los pixeles más claros de la imagen; tienden a quedarse fuera las marcas de lápiz sin que cambien los tonos negros (vea la figura 7.3).

Figura 7.3
La intensidad aumenta al brillo y al contraste simultáneamente, eliminando las sombras más claras de una imagen original en escala de grises.

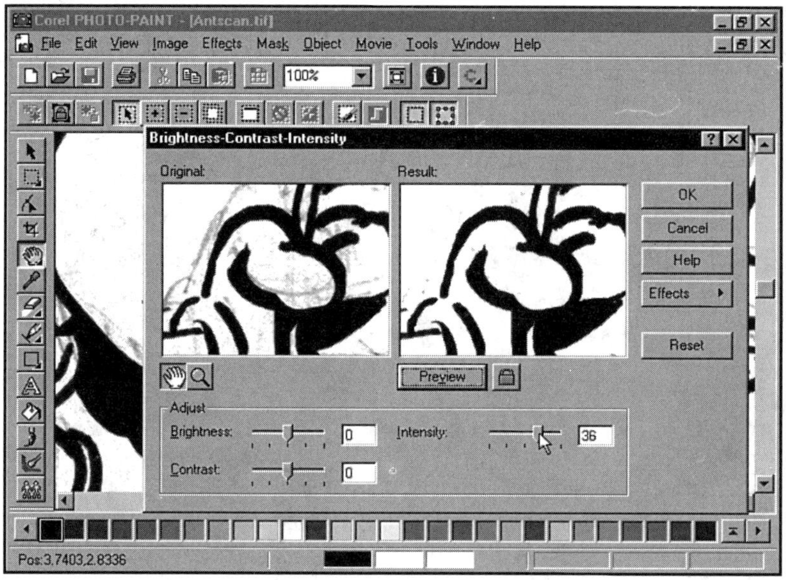

4. Haga clic en Aceptar (OK).

   Se le regresa a la imagen; ya se han ido todas, o la mayor parte de las marcas de lápiz.

Usted puede utilizar varios filtros diferentes para eliminar partes de una imagen a parir de un rango estrecho de valores tonales; los comandos Gamma y Mapa de tonos (Tone Map) del submenú Ajuste de color (Color Adjust) también pueden eliminar las sombras "intermedias" de una imagen sin modificar las líneas de tinta. Sin embargo, Intensidad (Intensity) es el método más rápido para eliminar los tonos superiores de una composición en escala de grises. Para eliminar *todos* los defectos de ANTSCAN.TIF, utilice estos pasos:

5. Haga doble clic en la Herramienta Pintar (Paint tool), luego establezca estos valores para Pers. Aerógrafo (Custom Art Brush): Pintura (Paint): Normal, Estilo de fuente (Size): **10**, Transparencia (Transparency), Rotar (Rotate) y Aplanar (Flatten): **0**, y Suavizar filo (Soft edge): **80**.

   Se elige la Herramienta Pintar (Paint tool) y se despliega la persiana Herramientas (Tool Settings). Se crea una punta suave y pequeña para la herramienta.

En el último paso usted ha creado una herramienta de borrado especial. Por desgracia, la selección de la punta de la Herramienta Borrador (Eraser tool) está confinada a 1 bit por pixel, lo que no sería adecuado para la edición de una imagen de escala de grises debido a la orilla burda que deja.

6. Haga clic en la muestra blanca de la paleta de colores.

   Se establece que el blanco sea el color de primer plano para la Herramienta Pintar (Paint tool).

7. Escriba **200** en el campo Nivel de zoom (Zoom level) de la barra de herramientas, luego recorra la ventana hasta que encuentre un área donde aún se vean las líneas de lápiz.

   Se hace un acercamiento a la ilustración para una edición más precisa; se encuentra el área o las áreas de destino para el retoque.

8. Haga clic y arrastre la Herramienta Pintar (Paint tool) alrededor de las áreas que tengan marcas de lápiz en la imagen.

   Se eliminan las marcas de lápiz. (Vea la figura 7.4.)

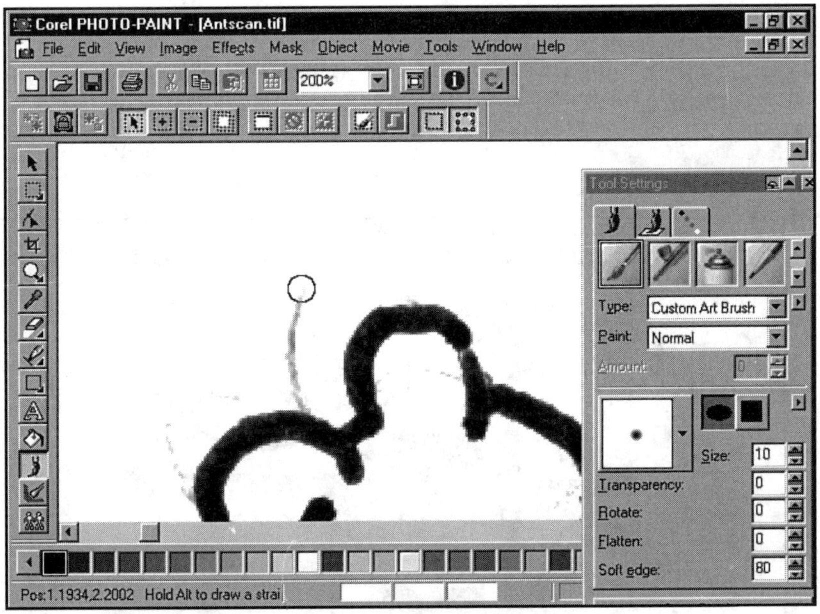

Figura 7.4
Utilice la herramienta de aerógrafo como un borrador de orilla suave para retocar las áreas no deseadas en la ilustración.

Si comete un error, presione Ctrl+Z (Edición (Edit) y Deshacer (Undo)) para deshacer su última acción. Siga retocando las áreas que necesitan que las líneas de lápiz se eliminen; luego, cuando haya terminado:

9. Elija Archivo (File) y Guardar como (Save As), luego guarde la imagen como ANTCLEAN.TIF en su disco duro.

   Se guarda su trabajo retocado.

Tip Si siente que los cursores predeterminados de PHOTO-PAINT estorban su vista para la edición o la pintura de su trabajo, puede especificar un cursor de forma más pequeña, como los que se muestran en las figuras de esta sección. Elija Herramientas (Tools) y Opciones (Options), luego marque la casilla de verificación Utilizar cursor forma (Use shape cursor).

Como mencioné antes, los trazos cortos, con ocasionales cortes de la línea en el trabajo original pueden agilizar la conversión de la ilustración en un formato vectorial. Además, resultará más fácil trabajar con la colección resultante de trayectorias en CorelDRAW. Sin embargo, si los trazos cortos no van con su estilo artístico, puede utilizar un truco en PHOTO-PAINT para editar la ilustración digitalizada; este truco se analizará en la siguiente sección.

Cómo "ve" OCR-Trace una imagen

Trátese de ilustraciones a color o en blanco y negro, cuando OCR-Trace crea trayectorias vectoriales, evalúa las áreas de la imagen en mapa de bits de la misma manera; el programa "busca" áreas de alto contraste, luego crea una trayectoria en la orilla del contraste. Debido a este método, las trayectorias cerradas se dibujan *sobre* las trayectorias para representar un diseño original. Pongamos como ejemplo la ilustración de una pelota con un contorno grueso: OCR-Trace empieza con un fondo blanco, crea una trayectoria rellena de negro y luego una trayectoria rellena de blanco para representar a la pelota. En la figura 7.5, se han utilizado dos métodos artísticos para dibujar una pelota: las líneas rotas generarán varios contornos rellenos sin una forma de "interior", mientras que OCR-Trace vectorizará el original de líneas sólidas como una colección de formas que se colocan una encima de la otra.

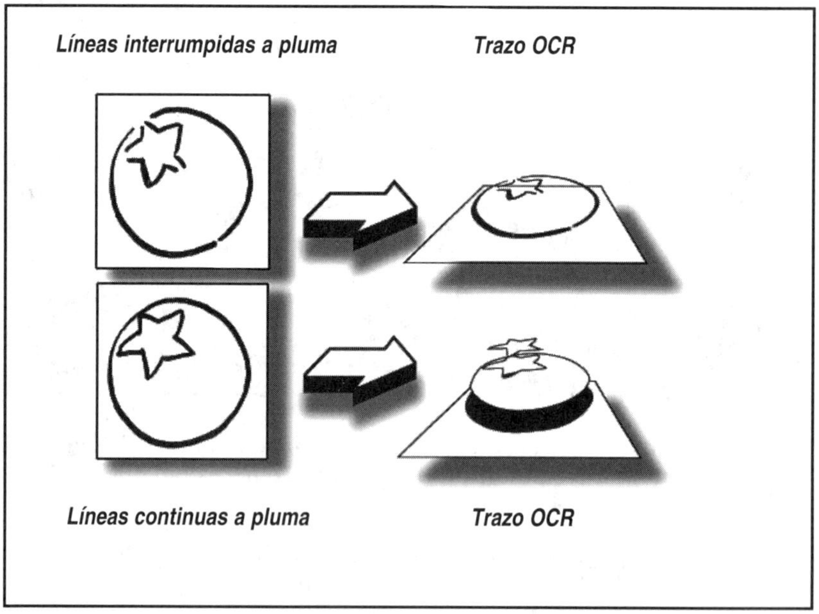

Figura 7.5 OCR-Trace ve una ilustración con formas cerradas como un pila de capas de trayectorias cerradas y rellenadas.

OCR-Trace no puede combinar trayectorias para crear objetos "abiertos" cuyo interior se pueda rellenar; esta realidad lleva a dos diferentes métodos para crear, en una ilustración vectorial, "huecos" manualmente que usted puede rellenar después en CorelDRAW. El primer método consiste simplemente en dejar que OCR-Trace cree las trayectorias a partir de las áreas de color en la ilustración de mapa de bits y en utilizar después, en CorelDRAW, el comando Combinar (Combine) con dos o más objetos para crear subtrayectorias ("huecos"). A la técnica de la combinación le llamaremos el "método de postproducción"; más adelante, en este mismo capítulo, utilizaremos esta técnica después de que el archivo de OCR-Trace se haya importado en CorelDRAW.

Sin embargo, por el momento consideremos una alternativa para la "cirugía" en postproducción de la trayectoria y miremos una manera de optimizar la imagen de mapa de bits para OCR-Trace *antes* de que se realice la vectorización; el "método de preproducción" puede ahorrarle molestias a la larga; el hecho de que se necesite una menor edición de nodos en CorelDRAW puede significar que usted tendrá más tiempo para sombrear y afinar la ilustración. En la siguiente serie de pasos analizaremos este método para optimizar una imagen de mapa de bits antes de utilizar OCR-Trace; sin embargo, los pasos delineados para editar en CorelDRAW las imágenes de OCR-Trace que se verán más adelante, en este mismo capítulo, utilizan las técnicas de edición de "postproducción".

Si usted examina con cuidado la imagen ANTSCAN.TIF, verá que el contorno de la hormiga en realidad es un trazo continuo (el cuerpo superior está conectado a las manos y usted puede vectorizar visualmente un contorno largo alrededor de la hormiga). Si el diseño final (la copia vectorizada que se ha importado y mejorado en CorelDRAW) se va a enviar a una fotocomponedora con un contorno de trayectoria larga y compleja, sin rompimientos, el diseño tal vez no se imprima. Esto significa que debe hacer un poco de trabajo de preproducción en PHOTO-PAINT para dividir el contorno continuo en pequeñas formas, o utilizar los métodos descritos más adelante, en este mismo capítulo, para dividir con CorelDRAW la trayectoria que OCR-Trace produjo a partir del contorno original a pluma.

En la figura 7.6 usted puede ver que se ha creado una pequeña división en uno de los brazos de la hormiga. Al hacer esto, se permite que OCR-Trace vea el brazo como una forma separada que habrá de contornearse, y el cuerpo principal de la hormiga se representa como un objeto vectorial que tiene varios nodos menos.

Para cortar una línea continua de mapa de bits debe elegir la Herramienta Pintar (Paint tool), con una orilla dura (vea los valores que se muestran en la figura 7.6), y debe planear divisiones en una línea de mapa de bits en lugares que resulte fácil fusionar después utilizando las herramientas de CorelDRAW. En el ejemplo de la figura 7.6, las divisiones del brazo pueden conectarse fácilmente, creando objetos pequeños, con la herramienta de lápiz de Corel: los objetos se rellenan de blanco y la pieza impresa nunca revela que el contorno de la hormiga se compone de varios objetos.

Sin embargo, usted no tiene que aplicar los pasos de la edición anterior con el ejemplo de la hormiga (la técnica se menciona sólo como una de las que puede utilizar en su propio trabajo, cuando haya una enorme cantidad de líneas conectadas en la imagen digitalizada). La imagen de la hormiga no es tan compleja como para que se deba recurrir a la edición de mapa de bits antes de llevarla a OCR-Trace, y en este ejemplo, con la información vectorial sobre la imagen de la hormiga, haremos en CorelDRAW todo el trabajo de edición para combinar las trayectorias como una técnica de "postproducción".

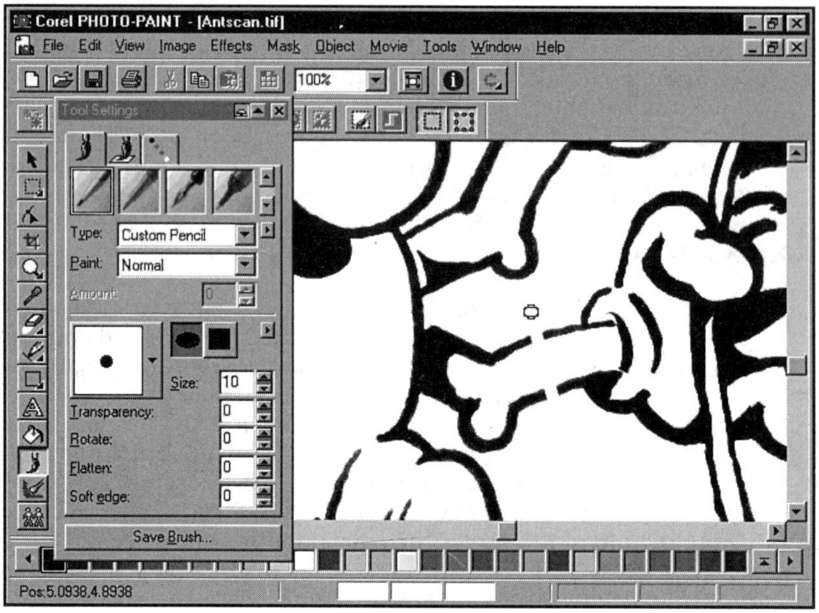

Figura 7.6 Cree una división en una línea continua dentro de una imagen de mapa de bits, para que OCR-Trace cree trayectorias más pequeñas y numerosas.

Cómo configurar las opciones en OCR-Trace

El archivo ANTCLEAN.TIF se proporciona en el *CD de obsequio de CorelDRAW! 6 Edición para expertos* (en la carpeta EXAMPLES\CHAP07); se trata de una versión digitalizada de la caricatura original, que se ha limpiado para utilizarla en OCR-Trace. En el siguiente ejemplo se explican los pasos y las opciones para convertir la caricatura de la hormiga, o la imagen digitalizada de su elección, en un formato vectorial.

Cómo obtener lo mejor de la conversión en vectores

1. Lance Corel OCR-Trace con el menú Inicio (Start) de Win95.

   Se carga la aplicación utilizada para convertir la imagen digitalizada.

2. Presione Ctrl+O (Archivo (File) y Abrir (Open)), elija ANTCLEAN.TIF de la carpeta EXAMPLES\CHAP07 del *CD de obsequio de CorelDRAW! 6 para expertos.*

   Se carga la imagen ANTCLEAN.TIF en la ventana Vista bitmap (Bitmap view).

3. Elija Imagen (Image) y Convertir a blanco y negro (Convert to Black and White).

   Aparece el cuadro de diálogo Convertir a blanco y negro (Convert to Black and White).

Nota Aunque usted podría dedicar un poco de tiempo a retocar una imagen en escala de grises, por lo general es mejor convertir una copia a blanco y negro (1 bit por pixel) en OCR-Trace, para asegurarse de que la vectorización no detecte valores de mapa de bits *diferentes* del blanco y negro. Como OCR-Trace es capaz de detectar las orillas entre los colores, una imagen en escala de grises podría generar varias trayectorias no deseadas alrededor de áreas casi blancas o casi negras, haciendo más lento el proceso y dando como resultado un diseño vectorial excesivamente complejo.

4. Marque la casilla de verificación Presentación preliminar (Preview), coloque el cursor entre los botones elevadores del cuadro contador Umbral (Threshold) y luego aumente el valor a 195.

   Se aumenta al "punto de quiebre" en que OCR-Trace ve como negros los pixeles grises en la imagen digitalizada. (Vea la figura 7.7.)

Figura 7.7
El cuadro de diálogo Convertir a blanco y negro (Convert to Black and White) le permite especificar si las sombras de gris que se encuentran en una digitalización se convierten en blanco y negro.

La opción Umbral (Threshold) es estupenda para "engrosar" las líneas de la ilustración digitalizada. Un valor alto de Umbral (Threshold), en este ejemplo, crea más áreas negras en la imagen ANTCLEAN, y OCR-Trace creará trayectorias que no están bien definidas y con las que no es tan fácil trabajar. Sin embargo, si su ilustración ya tiene líneas gruesas, tal vez desee reducir el valor de Umbral (Threshold); un valor de 128 significa que los pixeles que tienen con menos de 50% de negro se volverán blancos, y que los pixeles con más de 50% de negro se volverán negros.

5. Haga clic en Aceptar (OK).

   Se reduce la imagen ANTCLEAN en áreas en blanco y negro.

Antes de ejecutar la vectorización de la ilustración, desviémonos un poco para demostrar gráficamente cuáles son sus opciones de vectorización. En la figura 7.8, usted puede ver una forma tenue de "O", construida con pixeles de mapa de bits. Cuando OCR-Trace evalúa las áreas tonales de esta "O", primero coloca un objeto circular alrededor de una muestra promedio de los pixeles del mapa de bits de color; la forma vectorial resultante contiene nodos en los puntos de inflexión (cambios de trayectoria) y es de aspecto suave porque la interpretación de OCR-Trace del contorno del mapa de bits es una aproximación (promedia las orillas de los pixeles de la forma y los convierte en trayectorias suavizadas). Además, OCR-Trace crea un segundo objeto sobre el primero para crear la contra de la "O". El resultado es un relleno blanco encima de la forma negra.

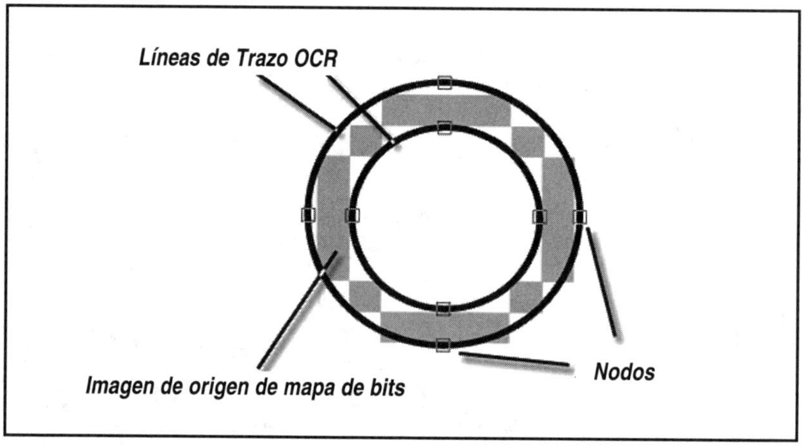

Figura 7.8
OCR-Trace promedia la forma construida por pixeles de orilla dura para producir objetos vectoriales redondos y suavizados.

En el mundo de las imágenes gráficas por computadora, *ruido* es un término que se utiliza para describir pixeles aleatorios alrededor de la orilla de contraste de color en una imagen. En la figura 7.9, usted puede ver una curva de 1 bit por pixel con ruido producto de la conversión en blanco y negro de los pixeles en escala de grises. Eliminar manualmente el ruido de la imagen es un proceso que consume mucho tiempo; por fortuna OCR-Trace tiene una opción para ignorar el ruido alrededor de las áreas de color. Lo veremos a continuación.

6. Elija Vectorización OCR (OCR-Trace) y Valores y vectorización (Trace Settings).

   Aparece el cuadro de diálogo Valor del vector (Trace Settings). Como opción predeterminada, se muestra la ficha perteneciente al método Contorno (Outline) de vectorización, que se utilizará en este ejemplo.

7. Haga clic y arrastre la barra de desplazamiento Reducción de nodo (Node Reduction) hasta el 70.

   Se especifica que la vectorización resultante tendrá menos nodos (y será una vectorización ligeramente menos exacta).

8. Haga clic y arrastre la barra de desplazamiento Tolerancia al color (Color tolerance) hasta el 0.

   Se especifica que usted quiere que OCR-Trace siga con mucha exactitud las orillas de color en la ilustración.

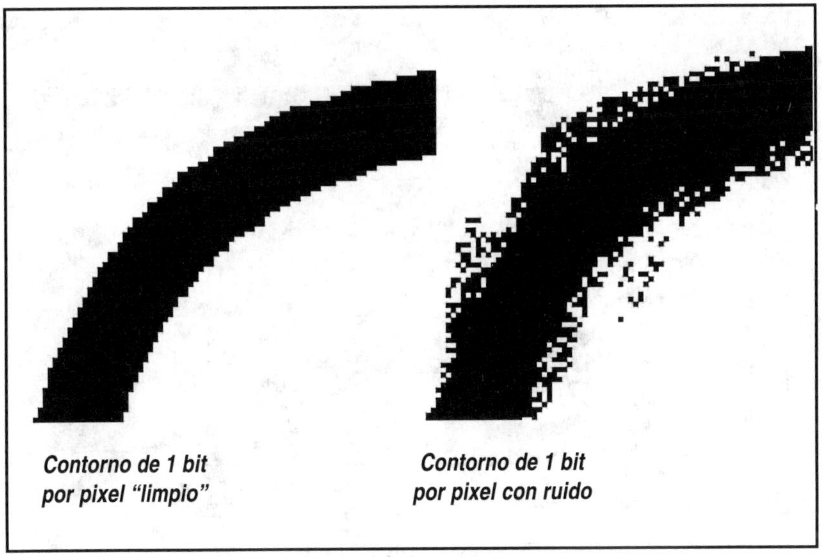

Figura 7.9
Ocasionalmente, una imagen en escala de grises convertida en blanco y negro produce ruido alrededor de las orillas de la imagen.

La tolerancia al color por lo general se utiliza para especificar qué tan exactas son las trayectorias vectoriales creadas a partir de una diferencia de color que OCR-Trace detecta en la imagen de origen. Sin embargo, en ANTCLEAN.TIF sólo hay blanco y negro, de modo que el resultado de colocar Tolerancia al color (Color tolerance) en 0 es que OCR-Trace ajustará con un buen grado de exactitud las curvas vectoriales a la trayectoria que "ve" en ANTCLEAN.TIF.

9. Introduzca **14** en el cuadro contador Reducción de ruido (Noise reduction) (o utilice los botones elevadores). (Vea la figura 7.10.)

   Se especifica que los pixeles que se encuentren en la ilustración a menos de 14 pixeles de un grupo importante de pixeles se considerarán como parte de la forma vectorial resultante.

10. Haga clic en Aceptar (OK).

    Se le regresa a su área de trabajo de OCR-Trace.

11. Elija Vectorización OCR (OCR-Trace), Realizar vectorización (Perform Trace) y por Esquema (by Outline).

    OCR-Trace crea varios objetos vectoriales para describir las líneas dibujadas en ANTCLEAN.TIF.

Dependiendo de la complejidad de la imagen de origen y de la velocidad y la memoria de su computadora, el proceso de vectorización puede llevarse desde cinco segundos hasta varios minutos. En la figura 7.11, para mostrar mejor el trabajo de OCR-Trace, se ha elegido Ver (View), Objetos (Objects) y Marco (Wire Frame). Usted puede ver claramente que la caricatura de la hormiga ahora está muy bien representada por una colección de objetos vectoriales sobrepuestos.

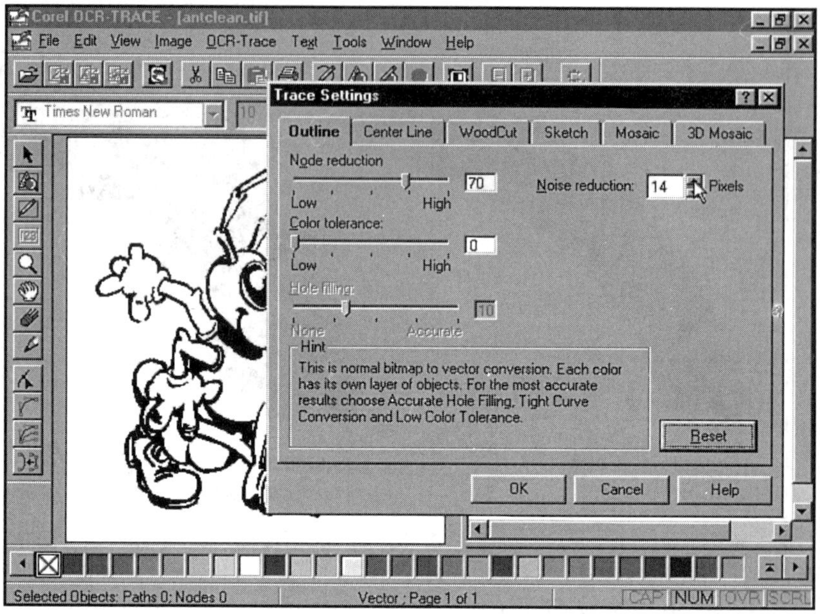

Figura 7.10 La complejidad (número de nodos) de una curva vectorizada y la fidelidad al dibujo de mapa de bits se especifican en el cuadro de diálogo Valores del vector (Trace Settings).

Figura 7.11 OCR-Trace crea una copia de la información de color en una imagen de mapa de bits como una colección de trayectorias vectoriales sobrepuestas.

12. Elija Archivo (File), Guardar (Save) y Vector.

    Aparece el cuadro de diálogo Guardar vector (Save Vector).

13. Haga clic en la lista descendente Guardar como tipo (Save as type), y elija Corel Presentation Exchange 6.0 (CMX).

    Se especifica un formato vectorial para el trabajo de OCR-Trace que es compatible con CorelDRAW.

14. Asígnele al archivo el nombre MARCHANT.CMX y guárdelo en su disco duro.

    Se guarda la vectorización en su disco duro.

15. Cierre OCR-Trace; no guarde los cambios a la imagen ANTCLEAN.TIF.

    Usted no necesita que una ilustración convertida a blanco y negro ocupe espacio en su disco duro.

El formato Corel Presentation Exchange es un subconjunto limitado del formato de archivo de CorelDRAW; puede contener información de vectores, pero no información sobre vínculos ni objetos de control, como los que se producen con las mezclas, las extrusiones y las líneas de dimensión. Sin embargo, OCR-Trace no genera objetos vinculados dinámicamente, de modo que el formato es adecuado para importarlo en CorelDRAW. Como alternativa, los formatos AI (Adobe Illustrator) y Windows Metafile (WMF) pueden describir con éxito las formas vectoriales creadas por OCR-Trace en una organización de formato que CorelDRAW puede importar.

Cómo trabajar con archivos de vectores importados

Después de que OCR-Trace ha creado la versión vectorial de una ilustración, es hora de adornar su obra de arte; en la siguiente sección se describe la manera de separar los objetos, agregar rellenos y terminar un dibujo digitalizado a la manera de un ejercicio de "color by number". Como esta sección se concentra en la manera de trabajar con los objetos producidos por OCR-Trace, vamos a eliminar del diseño las consideraciones sobre el color y trabajaremos únicamente en escala de grises. Todos los pasos que aprenderá en esta sección *podrían* agregar color al diseño; siéntase con la libertad de experimentar con el color mientras mejora el diseño.

En el siguiente ejemplo, elegimos no editar la imagen de mapa de bits con la técnica de "preproducción" que se explica antes, en este mismo capítulo, para darnos una oportunidad de trabajar con las conversiones de mapa de bits en vectores, al estilo de una "postproducción" dentro de CorelDRAW. Veamos cómo una trayectoria excesivamente compleja puede editarse manualmente utilizando las herramientas de CorelDRAW. MARCHANT.CMX se encuentra en la carpeta EXAMPLES\CHAP07 del *CD de obsequio de CorelDRAW! 6 expertos*; usted puede utilizar este trabajo de OCR-Trace si no llevó a cabo el ejemplo anterior. He aquí cómo importar y editar el archivo de imagen de OCR-Trace:

Cómo importar y editar una imagen de OCR-Trace

1. Lance CorelDRAW y luego haga clic en el botón Importar (Import) de la barra de herramientas (o elija Archivo (File) e Importar (Import); Ctrl+I).

   Se despliega el cuadro de diálogo Importar (Import).

2. Elija MARCHANT.CMX de la carpeta EXAMPLES\CHAP07 del *CD de obsequio de CorelDRAW! 6 para expertos,* luego haga clic en Importar (Import).

   Se importa la vectorización creada en OCR-Trace (vea la figura 7.12).

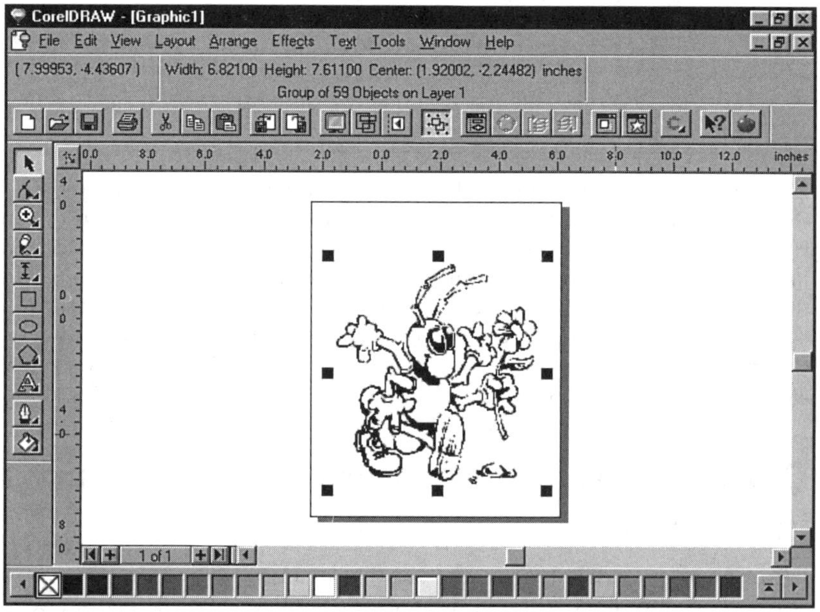

Figura 7.12
Los objetos creados en OCR-Trace se importan siempre como una colección de objetos agrupados.

Ocasionalmente, un grupo importado de vectores no se centra automáticamente en la página de diseño de CorelDRAW. Si esto sucede, puede hacer clic y arrastrar el grupo al centro de la página o, si es necesaria la precisión en un trabajo, haga clic en el botón Persiana de Alinear y distribuir (Align and Distribute Roll-Up) de la barra de herramientas (o presione Ctrl+A), haga clic en los botones para alinear al centro de manera vertical y horizontal y luego elija Centro de la página (Center of Page) de la lista descendente Alinear con (Align to).

3. Elija la Herramienta Zoom (Zoom tool) y luego trace un rectángulo de selección en al área donde la mano de la hormiga sostiene la flor.

   Es el área que se editará primero.

4. Presione la barra espaciadora, luego haga clic en el botón Agrupar/desagrupar (Group/Ungroup) de la barra de herramientas (o elija Organizar (Arrange) y Desagrupar (Ungroup); Ctrl+U).

Se cambia a la Herramienta Selección (Pick tool); se desagrupa el diseño importado; la línea de estado debe indicar que hay 48 objetos seleccionados.

5. Haga clic en cualquier lugar fuera de la caricatura, presione F10 y luego haga clic en el contorno de la orilla negra alrededor del brazo de la hormiga.

   Se dejan de seleccionar 48 objetos; se cambia a la Herramienta Forma (Shape tool); se muestran todos los nodos que conforman la trayectoria vectorial del contorno (vea la figura 7.13).

Figura 7.13
Una línea no dividida de mapa de bits puede producir varios cientos de nodos vectoriales en una trayectoria.

Dependiendo de los valores de Reducción de nodos (Node Reduction) que haya utilizado en OCR-Trace, este contorno de la hormiga podría estar compuesto por 300 o 400 nodos. Es un número inaceptablemente grande de puntos de control para una sola forma vectorial (en el estado actual, el diseño podría tener problemas para imprimirse en una fotocomponedora). Para corregir este problema, utilice estos pasos:

6. Presione la barra espaciadora, luego Ctrl+C (**E**dición (**E**dit) y **C**opiar (**C**opy)) y, por último, AvPag (PageDown).

   Se cambia a la Herramienta Selección (Pick tool), se copia el objeto seleccionado al Portapapeles (Clipboard), se abre el cuadro de diálogo Insertar página (Insert Page).

7. Presione Enter y luego Ctrl+V (**E**dición (**E**dit) y Pe**g**ar (**P**aste).

   Se confirman los valores predeterminados (para agregar una sola página después de la página 1); se pega una copia de la forma seleccionada en la página 2.

Hay varias maneras de aislar un objeto en una página para su edición, pero quizás la más rápida consiste en copiarlo a una nueva página. CorelDRAW pega la copia de la trayectoria excesivamente compleja en la misma posición relativa que ocupaba su original de la página 1, de modo que no haya problema, cuando haya terminado, para insertar de nuevo su trabajo editado en el diseño.

8. Presione la barra espaciadora, haga clic en la parte inferior del brazo de la hormiga y luego haga clic con el botón derecho del ratón y elija **D**escombinar (**B**reak Apart) del menú de método abreviado.

   La trayectoria excesivamente compleja se vuelve una trayectoria abierta (vea la figura 7.14).

Figura 7.14
Una trayectoria que contiene demasiados nodos puede dividirse en dos o más trayectorias.

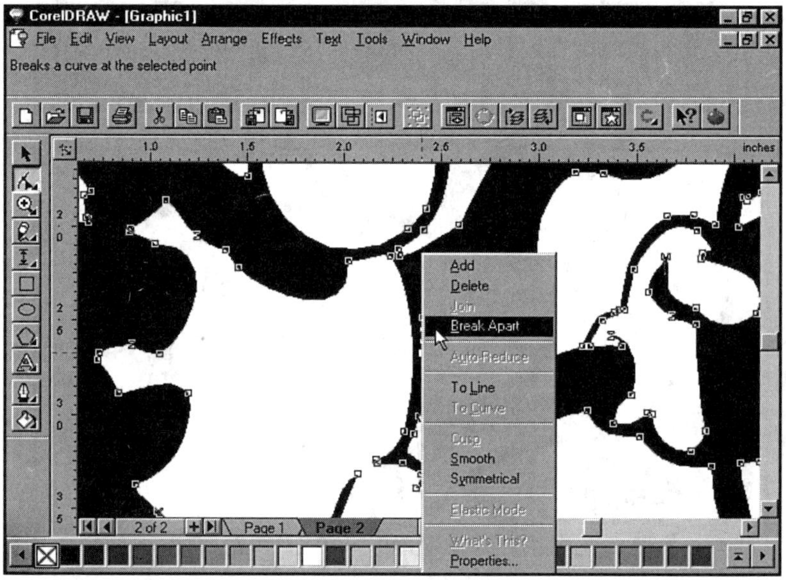

Cuando se descombina una trayectoria rellenada, pierde su relleno. Por esta razón, usted debe pasar a la vista de dibujo de líneas para seguir la edición, ¡porque este objeto es invisible ahora en el modo de presentación preliminar!

9. Haga clic en el botón interruptor Dibujo de líneas (Wireframe) de la barra de herramientas (o presione Mayús+F9 (Shift+F9)).

   La ventana del documento activo pasa a la vista de dibujo de líneas.

10. Haga clic en el otro lado del brazo de la hormiga, luego haga clic con el botón derecho del ratón y elija **D**escombinar (**B**reak Apart) del menú de método abreviado.

    Usted tiene ahora una sola trayectoria, con dos divisiones en ella.

11. Presione Ctrl+K (**O**rganizar (**A**rrange) y Desco**m**binar (**B**reak Apart)).

    En el punto donde creó las divisiones en la trayectoria, ésta se descombina en dos trayectorias abiertas; la Herramienta Forma (Shape tool) es reemplazada por la Herramienta Selección (Pick tool).

Tip Hay una diferencia entre crear una división en una trayectoria y descombinar un objeto. Una trayectoria dividida sigue siendo una sola trayectoria, con elementos de subtrayectoria combinados. Por eso necesita utilizar el comando Descombinar (Break Apart) del menú Organizar (Arrange) para separar el objeto excesivamente complejo.

12. Haga clic fuera de la trayectoria.

    Se dejan de seleccionar las dos trayectorias.

13. Elija Diseño (Layout) y Encajar en objetos (Snap to Objects).

    Los objetos nuevos y los existentes serán atraídos por los objetos o nodos que usted cree o edite.

14. Haga clic en la parte del brazo de la trayectoria.

    Se selecciona la trayectoria; la línea de estado debe decir que ha seleccionado una curva con un poco más de 100 nodos y que la trayectoria no tiene contorno ni relleno.

15. Presione F5 (o elija la herramienta de lápiz), haga clic en un nodo visible y luego en el otro nodo visible.

    Se conecta y se cierra la trayectoria para el brazo de la hormiga (vea la figura 7.15).

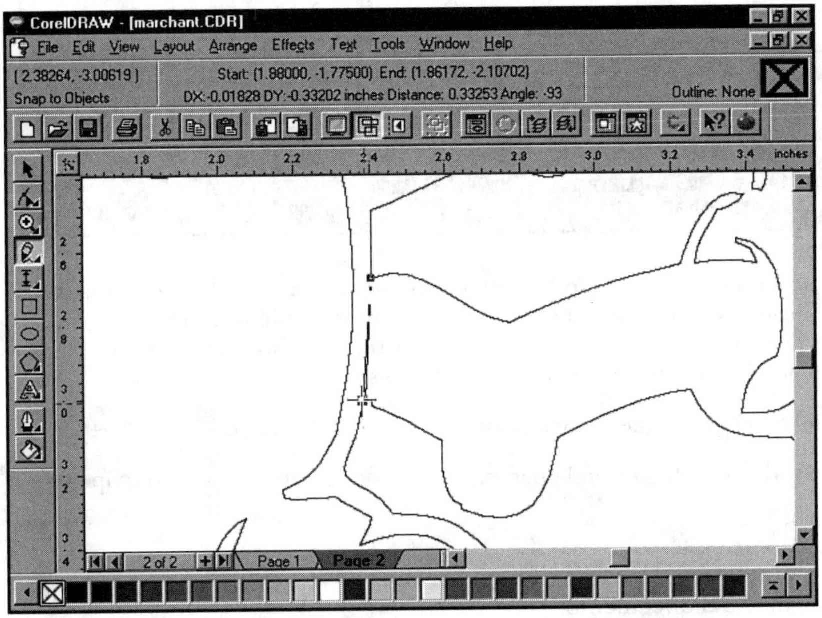

Figura 7.15
El comando Encajar en objetos (Snap to Objects) facilita el cierre preciso de una trayectoria utilizando la herramienta de lápiz.

16. Presione la barra espaciadora, haga clic en la parte del cuerpo de la trayectoria, presione la barra espaciadora y repita el paso anterior.

    Se selecciona la trayectoria abierta restante; se cambia a la herramienta de lápiz, se cierra la trayectoria.

Si usted es ambicioso, tal vez quiera tratar de crear divisiones en otras áreas de la trayectoria, como el brazo derecho de la hormiga. Utilice el comando Descombinar (Break Apart) de Organizar (Arrange) para crear trayectorias abiertas adicionales, luego ciérrelas con la herramienta de lápiz, como se ve en la figura 7.16.

Figura 7.16
Las trayectorias rellenadas de la manera más simple pueden imprimirse con más facilidad en fotocomponedoras de alta resolución.

Como la opción Encajar en objetos (Snap to Objects) atrae su cursor de la herramienta de lápiz, usted puede estar seguro de que los objetos creados al descombinar esta trayectoria compleja están perfectamente alineados y que las divisiones no se mostrarán cuando imprima el diseño. Cuando haya terminado la edición, siga estos pasos.

17. Haga doble clic en la Herramienta Selección (Pick tool) y luego presione Ctrl+C.

    Se seleccionan todos los objetos en la página. Se copian los objetos al Portapapeles (Clipboard).

18. Presione RePág (PageUp).

    Se pasa a la página 1 del documento.

19. Con la Herramienta Selección (Pick tool), haga clic en el objeto original y excesivamente complejo, luego presione Supr (Delete).

    Se elimina el objeto original.

20. Presione Ctrl+V (Edición (Edit) y Pegar (Paste)) y luego Mayús+AvPag (Shift+PageDown).

    Se pega la colección de los objetos del Portapapeles (Clipboard) en la página 1; Mayús+AvPag (Shift+PageDown) mueve los objetos al fondo de la "pila" de objetos.

21. Presione Ctrl+S (Archivo (File) y Guardar (Save)), luego guarde el archivo como MARCHANT.CDR en su disco duro.

    Se guarda su trabajo en esta etapa intermedia.

Usted puede eliminar la página 2 del documento MARCHANT.CDR en este momento eligiendo Diseño (Layout) y Borrar página (Delete Page); especifique página 2 en el cuadro contador Eliminar página (Delete Page) y luego haga clic en Aceptar (OK). También debe eliminar la marca de verificación de Encajar en objetos (Snap to Objects) en el menú Diseño (Layout) inmediatamente después de que haya terminado con esta opción (¡como ahora!); Encajar en objetos (Snap to Objects) es una opción que no resulta bienvenida cuando usted desea editar, dibujar y mover formas sin restricciones.

Cómo rellenar "huecos" vectoriales con rellenos

Hay varias áreas en el diseño MARCHANT donde las líneas originales, dibujadas a pluma, estaban desconectadas; por lo tanto, existe un espacio vacío dentro del diseño. Estos espacios pueden rellenarse con objetos de CorelDRAW. Éste es el principio para convertir un dibujo en blanco y negro en una ilustración magnifica y a color.

Como los objetos que conforman el diseño no están agrupados ahora (ni deben estarlo, para permitirle el libre acceso a un objeto individual), sería difícil trabajar con una pieza sin crear primero una nueva capa para los objetos adicionales.

Empezaremos lentamente en la composición MARCHANT en los siguientes pasos, para que usted vea cómo elaborar una metodología de trabajo conforme crea una composición más compleja. He aquí cómo organizar y trabajar dentro del diseño vectorial importado.

Cómo organizar y rellenar el diseño

1. Elija Diseño (Layout) y Gestor de capas (Layers Manager) (o presione Ctrl+F3).

   Se despliega la persiana Capas (Layers).

2. Haga clic con el botón derecho del ratón sobre el título Capa (Blanco y Negro) (Layer (Black and White)) en el área de lista de capas, luego elija Eliminar (Delete) del menú de método abreviado.

   Se elimina una capa superflua que no contiene información sobre el diseño de la hormiga. La exportación de OCR-Trace en el formato CMX produce esta capa cuando un archivo CMX se importa en CorelDRAW, y Corel Corp. no tiene explicación para este fenómeno curioso pero inofensivo.

3. Haga clic con el botón derecho del ratón en la lista de capas y seleccione Nuevo (New) del menú de método abreviado.

   Aparece una nueva capa en la lista, titulada Capa 2 (Layer 2).

4. Escriba Rellenos (Fills).

   El texto resaltado Capa 2 (Layer 2) cambia por Rellenos (Fills).

5. Haga clic fuera del título Rellenos (Fills), luego haga clic y arrastre este título al título Capa 1 (Layer 1).

   Se cierra el modo de edición de texto para el título Rellenos (Fills); cambia de orden en la página para que quede debajo de la Capa 1 (Layer 1).

6. Haga clic y arrastre el apuntador de selección de capas al título Rellenos (Fills).

   Se especifica que todos los objetos de dibujo adicionales en la composición se crearán en la capa Rellenos (Fills) (vea la figura 7.17).

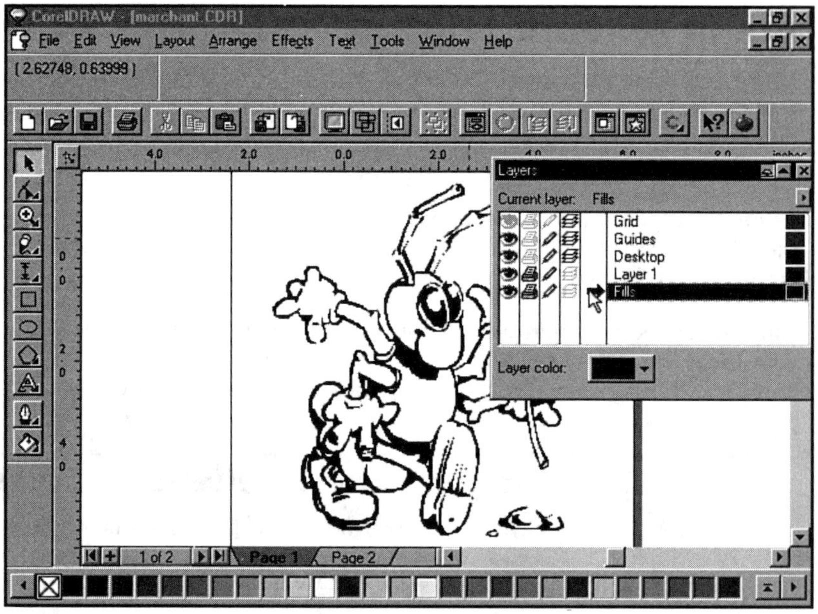

Figura 7.17
Todas las capas de la imagen pueden editarse, pero la *creación* de objetos está limitada a la capa actualmente seleccionada.

7. Con la Herramienta Zoom (Zoom tool), trace un rectángulo de selección en el brazo de la hormiga que está sosteniendo la flor.

   Se trata de la primera área a la que aplicará un color.

8. Con la Herramienta Selección (Pick tool), haga clic en los dos primeros dedos de la mano de la hormiga.

La línea de estado indica que la trayectoria rellenada está cerrada y que contiene un color sin nombre (es blanco) en la capa 1. A menos que una trayectoria cerrada esté rellenada con un color de la propia paleta de colores predeterminada de Corel, el color aparecerá "sin nombre" en la barra de estado. Sin embargo, si usted revisa los valores RGB del objeto, utilizando el cuadro de diálogo Relleno uniforme (Uniform Fill), verá que los valores componentes de color del objeto son R: 255, G: 255 y B: 255. En otras palabras, el relleno es blanco.

Ocasionalmente, "fisgonear" un diseño vectorial importado para ver cuáles áreas están en la página de impresión y cuáles áreas contienen relleno blanco es el método más fácil y rápido para ver cuáles áreas pueden volverse a colorear y cuáles necesitan un trayectoria cerrada y rellena debajo de ellas para agregar sombras a una composición. Como los dedos son una forma cerrada en la Capa 1 (Layer 1), todo lo que necesita hacer para colorearlos es decidir un relleno. He aquí un método sugerido que hará que el diseño parezca tener más dimensión, como si se hubiera pintado con un aerógrafo.

9. Haga clic en la Herramienta Relleno (Fill tool) y luego en el botón Relleno degradado (Fountain Fill).

   Se despliega el cuadro de diálogo Relleno degradado (Fountain Fill).

10. Haga clic y arrastre hacia la derecha la dirección del cuadro de presentación preliminar, hasta que el relleno lineal haga una transición de izquierda a derecha, de blanco a negro.

    Los dedos de la caricatura de la hormiga tienen una sombra debajo y a la derecha de ellos. Esto sugiere que la fuente de luz viene de la parte superior derecha del dibujo, de modo que la dirección del relleno degradado sería similar.

11. Haga clic en el cuadro de color negro De: (From:) en el campo Mezcla de colores (Color blend) y luego haga clic en la muestra de 30% de negro.

    Se hace el sombreado menos intenso, un gris medio no competirá con los objetos negros del diseño para llamar la atención.

12. Haga clic en Aceptar (OK).

    Los dedos de la hormiga se rellenan.

Aceptémoslo: recurrir al cuadro Relleno degradado (Fountain Fill) (a través de la Herramienta Relleno (Fill tool)) resulta un proceso tedioso para sombrear una ilustración completa. Usted puede personalizar la barra de herramientas y agregarle el cuadro de diálogo Relleno degradado (Fountain Fill) para tener un acceso más rápido (vea el capítulo 2 "Cómo personalizar CorelDRAW!"), pero también puede utilizar en CorelDRAW dos opciones invaluables como métodos para copiar y acelerar el proceso de sombreado. He aquí un método:

13. Haga clic en el dedo blanco inferior de la hormiga.

    La línea de estado indica que este objeto ya está rellenado, de modo que resulta estupendo copiar un relleno para él.

14. Elija Edición (Edit) y Copiar propiedades de (Copy Properties From).

    Se despliega el cuadro de diálogo Copiar atributos (Propiedades) (Copy Attributes (Properties)) (vea la figura 7.18).

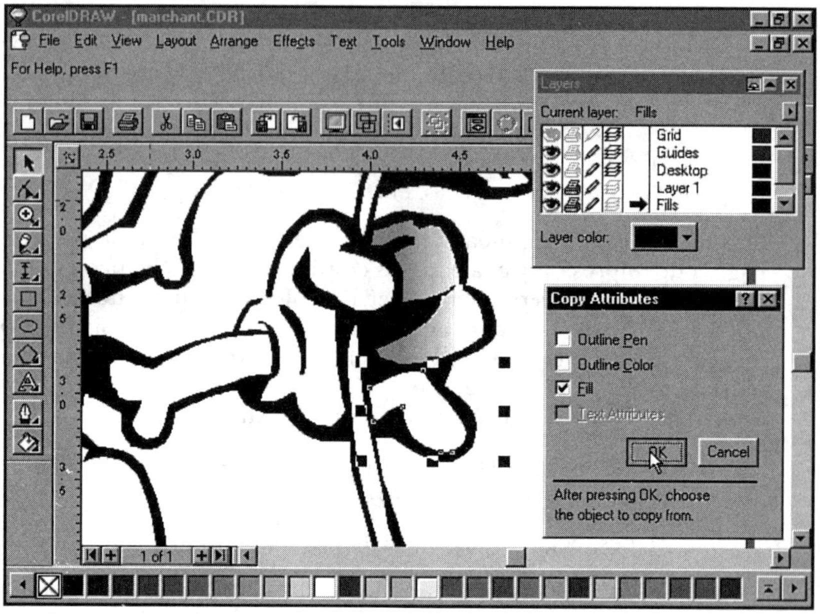

Figura 7.18
Utilice el comando Copiar propiedades de (Copy Properties From) para asignar rápidamente el mismo relleno a varios objetos.

15. Haga clic en **R**elleno (**F**ill) y luego en Aceptar (OK).

    El cursor se vuelve una flecha grande, con la que se supone que debe hacer clic sobre el objeto de origen.

16. Haga clic sobre los dedos con relleno degradado.

    Se copia el relleno a la forma del segundo dedo.

17. Presione Ctrl+S (**A**rchivo (**F**ile) y **G**uardar (**S**ave)).

    Se guarda su trabajo hasta este punto.

Una de las ventajas de trabajar con la vectorización de su diseño, en lugar de tratar de hacer algo con las herramientas nativas de CorelDRAW, es que las formas que representan el contorno de un diseño hecho con pluma y tinta tienen un aspecto más humano. Usted notará, cuando haga un acercamiento, que son visibles y obvios los matices sutiles de un trazo irregular de la pluma (y el control sobre el flujo de un ángulo o una curva). Con las herramientas de Corel, usted no puede obtener la misma "sensación" de un dibujo original físico, pero sus opciones convierten estos dibujos en un formato que, como puede ver, se convierten en una mezcla agradable e incluso motivante de métodos artísticos electrónicos y tradicionales.

Además, como los objetos que representan los contornos de un bosquejo a pluma y tinta son más anchos que las líneas predeterminadas de Corel, usted puede ocultar ahora un contorno dibujado burdamente debajo de estos objetos para rellenar áreas del diseño. En la siguiente sección verá cómo se utiliza una técnica rápida e inusual para completar el diseño.

Todas las partes de un diseño pueden ser un relleno

Un objeto rellenado sin atributos de contorno puede reemplazar fácilmente a un atributo de contorno para una trayectoria cerrada, y al utilizar trayectorias como contornos, usted puede tener muchas ventajas de diseño. Una trayectoria cerrada y rellena *que juegue el papel visual* de un contorno puede cambiarse de tamaño sin ajustar ningún ancho de contorno. Si lo piensa, sólo hay dos atributos en un objeto vectorial: el contorno y el relleno. Una caricatura como la de esta hormiga puede construirse con un mínimo de trayectorias, asignando un contorno pesado y rectangular a los objetos, como sustituto de los muchos objetos del diseño MARCHANT.CDR que representan las líneas originales del dibujo hecho con pluma y tinta. Sin embargo, la expresividad de los objetos que representan los contornos del diseño no puede imitarse con las propiedades de contorno. La irregularidad de los objetos de "contorno" contribuye al diseño general, y usted debe tener en cuenta este hecho cuando diseña.

Actualmente hay áreas en el diseño MARCHANT.CDR que no tienen relleno y que se muestran en el color del papel, a diferencia los objetos rellenos de blanco. Para colorearlos, usted utilizará la capa Rellenos (Fills) que creó en el último ejemplo. Aunque los objetos que conforman el contorno de la caricatura de la hormiga sugieren curvas en muchas áreas, con el siguiente ejemplo se demuestra que los segmentos de trayectoria rectos y cortos pueden utilizarse de manera muy efectiva para crear un objeto rellenado y cerrado.

Cómo rellenar un área de diseño abierta

1. Presione F3.

   Se regresa la vista del documento a su último estado de acercamiento.

2. Presione F5 (o haga clic en la herramienta de lápiz).

   Se selecciona la herramienta de lápiz.

Si usted observa de cerca el área donde la mano de la hormiga se une con su brazo, hay un hueco entre los objetos que representan el contorno de la hormiga en la Capa 1 (Layer 1). Usted también puede hacer clic en esta área con la Herramienta Selección (Pick tool) para descubrir que es un área sin relleno, pero lo importante es que el área vacía necesita rellenarse.

3. Haga clic en el punto donde el puño de la mano de la caricatura se encuentra con la mano.

   Usted ha empezado una trayectoria con la herramienta de lápiz.

4. Haga doble clic en el primer nudillo del pulgar, luego siga haciendo doble clic, en el sentido de las manecillas del reloj, hasta el punto donde el contorno de la mano cambia repentinamente de dirección.

   Se está creando una trayectoria para rellenar en la capa Rellenos (Fills), debajo de la capa 1.

Asegúrese de que los segmentos de la trayectoria permanecen dentro de los objetos de la Capa 1 (Layer 1). En la figura 7.19 puede ver la trayectoria necesaria para crear un objeto de relleno.

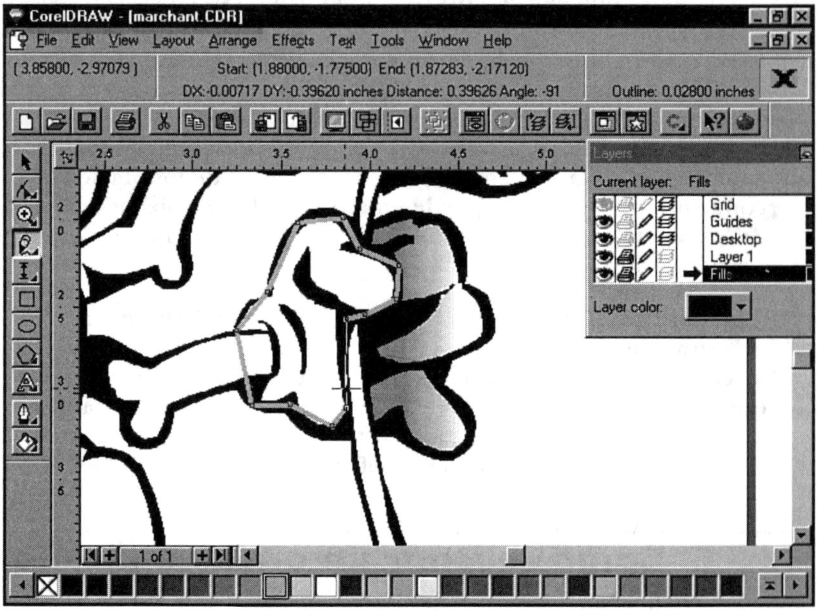

Figura 7.19
Utilice segmentos de línea recta y mantenga el contorno de trayectoria oculto debajo de los objetos de Capa 1 (Layer 1).

La figura anterior esta exagerada para enfatizar la trayectoria (es más ancha que las líneas predeterminadas creadas con la herramienta de lápiz, y como la trayectoria se dibuja debajo de los objetos en la Capa 1 (Layer 1), probablemente sólo verá las líneas de presentación preliminar inversas a medida que crea la trayectoria).

Si usted encuentra que algunas áreas de la trayectoria que ha creado caen dentro de los objetos de la mano de la Capa 1 (Layer 1), estás áreas no se llenarán. Para remediar esto, puede agregar nodos a la trayectoria (haga clic en un trayectoria con la Herramienta Forma (Shape tool) y luego presione +) o:

5. Presione F10, haga clic en un segmento de línea y luego haga clic con el botón derecho del ratón y elija A curva (To Curve) del menú de método abreviado.

   Se convierte un segmento de trayectoria recto en uno curvo (vea la figura 7.20).

6. Haga clic en la Herramienta Relleno (Fill tool) y luego en el botón Persiana de relleno especial (Special Fill Roll-Up) del menú lateral.

   Se despliega la persiana Relleno espacial (Special Fill).

7. Haga clic en Actualizar desde (Update From) y luego en el relleno de los dedos.

   La presentación preliminar de la persiana Relleno espacial (Special Fill) cambia por el relleno degradado en que usted hizo clic.

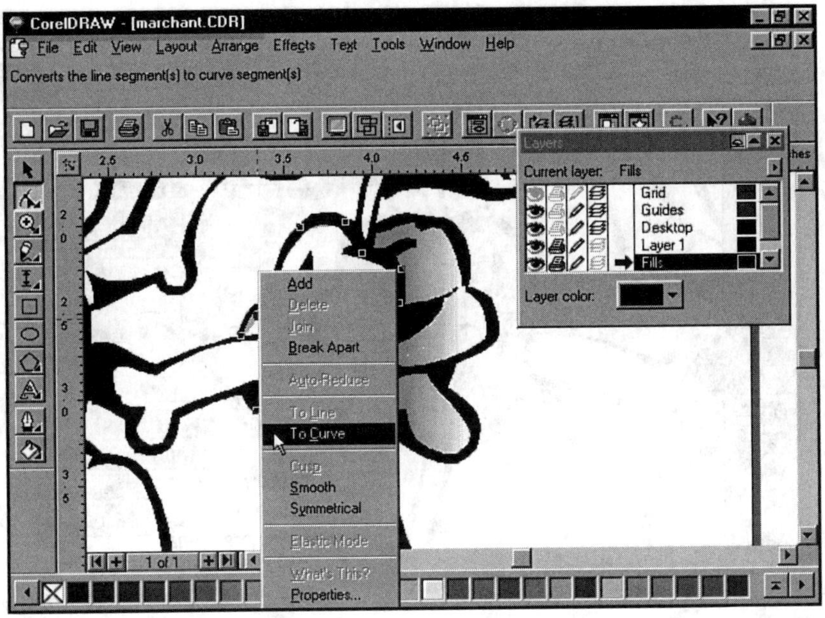

Figura 7.20
Excepto por operaciones especializadas como Alinear (Align), el menú de método abreviado es una buena alternativa para la persiana Edición de nodos (Node Edit).

8. Haga clic y arrastre la presentación preliminar de Relleno espacial (Special Fill) para que el relleno de 30% de negro se encuentre a la derecha y el blanco a la izquierda.

   Se invierte la dirección del relleno degradado.

9. Asegúrese de que aún está seleccionada la trayectoria que creó, luego haga clic en Aplicar (Apply).

   Se aplica el relleno degradado invertido a la trayectoria debajo de la forma de mano (vea la figura 7.21).

10. Haga clic con el botón derecho del ratón sobre la "x" de la paleta de colores.

    Se elimina la propiedad de contorno del objeto.

11. Presione Ctrl+S (**A**rchivo (**F**ile) y **G**uardar (**S**ave)).

    Se guarda su trabajo hasta este momento.

En los últimos dos ejemplos, usted ha visto cómo hacer un trabajo rápido de rellenado en la caricatura, empezando con un solo relleno degradado. Al copiar y editar un relleno degradado no sólo se ahorra tiempo, sino que también asegura una consistencia tonal dentro del diseño.

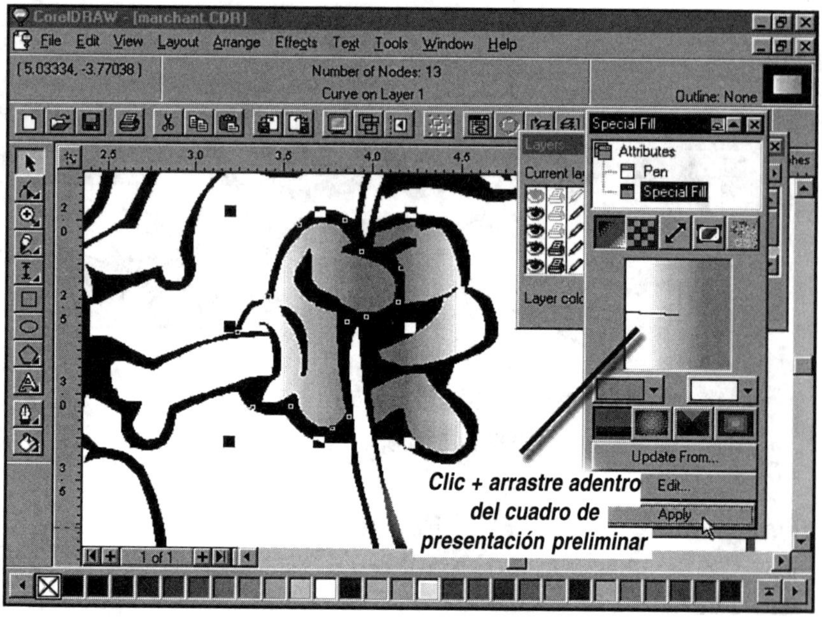

Figura 7.21 Cuando utilice la persiana Relleno espacial (Special Fill), usted puede copiar y alterar las propiedades de relleno.

Tip Un objeto que se dibuja utilizando líneas rectas de trayectoria es menos complejo que un objeto compuesto por segmentos curvos. Las formas vectoriales con líneas rectas también ocupan menos espacio en el archivo guardado que las composiciones con líneas curvas.

En el ejemplo anterior, y en su propio trabajo, puede ser un poco menos indulgente con la adición de nodos a los objetos de líneas rectas. Es más probable que los rellenos complejos, como los degradados, se impriman cuando rellenan un área definida por una trayectoria de líneas rectas. Un objeto que tenga únicamente líneas rectas es mucho más fácil de describir en lenguaje PostScript y por lo general usted no deberá tener problemas al imprimir este tipo de objeto, siempre y cuando el número de nodos no exceda de 1,500 para una sola trayectoria.

Aunque usted no puede cambiar directamente en la persiana el Punto medio (Mid-point) ni el Relleno del borde (Edge pad) ni el número de pasos en el relleno degradado, la persiana Relleno espacial (Special Fill) puede llevarlo a la mayor parte de una tarea de diseño. Resulta más conveniente para tener acceso a un amplio rango de texturas, degradados y otros rellenos que hacer clic constantemente en la Herramienta Relleno (Fill tool); además, usted puede enrollarla, sin cerrarla, cuando sea importante preservar el espacio de la pantalla.

En la figura 7.22, se ha modificado una vez más el relleno degradado original, esta vez con un color de principio más oscuro, y usted puede ver que el tono y la dirección resultan un relleno perfecto para el otro objeto blanco de la Capa 1 (Layer 1).

Nota Usted puede crear una transición más marcada entre los colores del relleno degradado y mover el punto medio del relleno en el cuadro de diálogo Relleno degradado (Fountain Fill), pero la *linealidad* (la manera en que un color hace una transición al siguiente) siempre permanece constante.

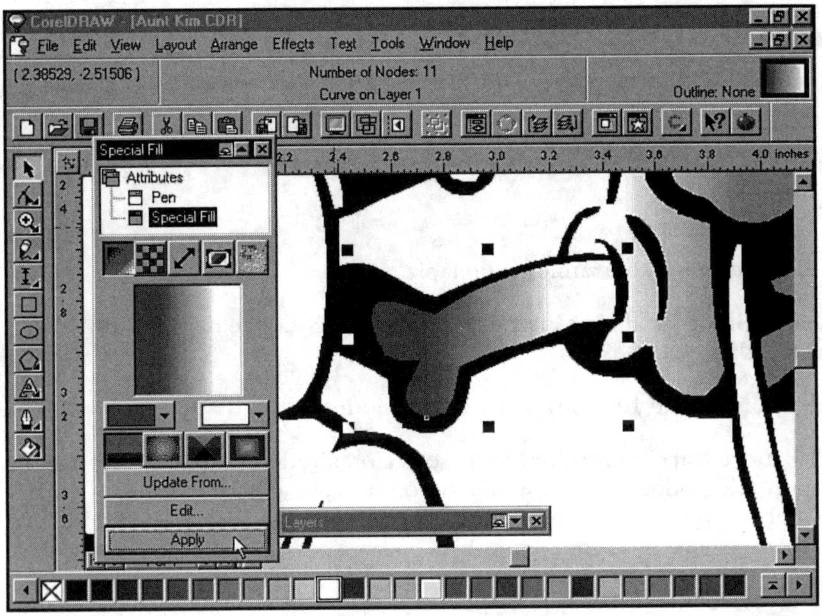

Figura 7.22
Con la persiana Relleno espacial (Special Fill), usted puede cambiar los colores De (From) y A (To) de un relleno de muestra y aplicarlo después al nuevo objeto.

Para crear la *apariencia* de que un relleno degradado "se queda" en el color original por un momento y luego hace la transición de color en un modo no lineal, haga la prueba de descombinar dos objetos separados como se describió en el primer ejemplo de la caricatura de la hormiga. Luego, rellene un objeto con un color uniforme, que sea igual que el color del relleno degradado, y luego rellene el otro objeto con el relleno degradado. Si revisa el archivo MARCHANT.CDR (la tarea terminada que se encuentra en la carpeta GALLERY de la carpeta CHAP07), verá que así fue como se aplicó un sombreado más definido y no lineal a los brazos de la hormiga.

Los objetos irregulares necesitan pasos de mezcla

En el capítulo 5, "Rellenos complejos y sombreado de mezclas", se utilizó la opción Mezcla (Blends) para rellenar una pelota que rebotaba con lo que parecía ser un relleno degradado. Las mezclas (la creación automática de objetos intermedios y de colores entre los dos objetos de control) pueden ser un salvavidas cuando un objeto de forma irregular necesita un relleno sombreado y suave.

La cabeza de la hormiga es uno de estos objetos irregularmente sombreados. En el siguiente ejemplo, usted creará una trayectoria en la capa Rellenos (Fills) (la cabeza de la hormiga es una forma abierta en la Capa 1 (Layer 1)), modificará la trayectoria para que coincida con los objetos de línea de la Capa 1 (Layer 1) y luego utilizará una mezcla compuesta para darle a la cabeza de la hormiga la misma "apariencia" que las manos.

Cómo crear un sombreado de mezcla compuesto

1. Utilice las flechas de la barra de desplazamiento para mover su vista a la cabeza de la hormiga.

   Se trata del área que rellenará a continuación.

2. Presione F5.

   Se cambia el cursor por la herramienta de lápiz.

3. Haga doble clic alrededor de la cabeza de la hormiga hasta que haya creado una trayectoria cerrada.

   No debe necesitar más de 10 subtrayectorias (10 nodos).

4. Presione F10, luego trace un rectángulo de selección alrededor de todos los nodos, haga clic en un solo nodo, haga clic con el botón derecho del ratón y elija A curva (To Curve) del menú de método abreviado, por último haga clic con el botón derecho del ratón y elija Suavizar (Smooth).

   Se cambia a la Herramienta Forma (Shape tool); se convierten todos los nodos del objeto en suavizados; todos los segmentos de trayectoria rectos son curvos (vea la figura 7.23).

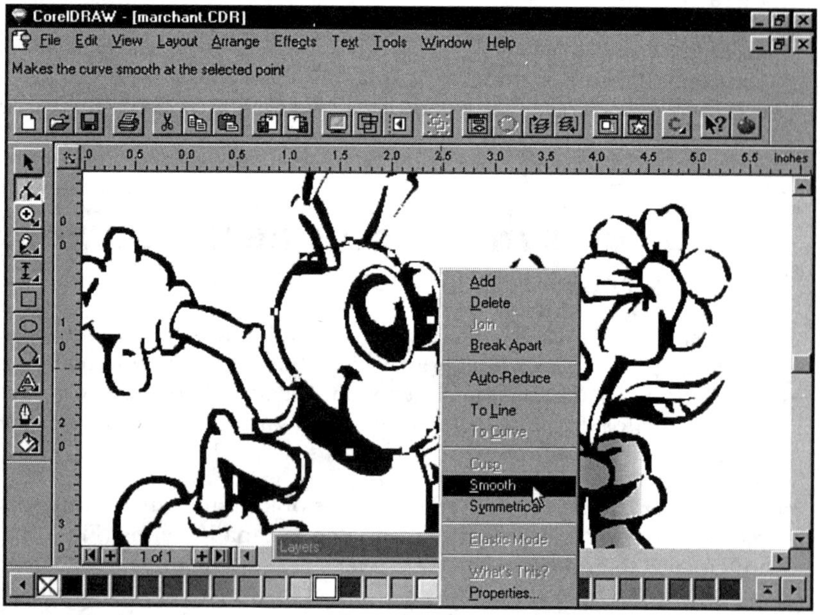

Figura 7.23
Usted puede crear rápidamente un objeto redondeado cambiando los segmentos de línea recta en curva y aplicando luego la propiedad de nodo Suavizar.

Tal vez necesite utilizar la Herramienta Forma (Shape tool) para ajustar unos cuantos nodos y ocultar todas las partes de los segmentos de trayectoria detrás de los objetos negros de contorno de la Capa 1 (Layer 1). Una vez que haya hecho esto, utilice estos pasos:

5. Presione la barra espaciadora, haga clic en la muestra de 10% de negro en la paleta de colores, luego presione +.

   Se cambia a la Herramienta Selección (Pick tool); se rellena el objeto con 10% de negro; se duplica el objeto y el duplicado está ahora seleccionado.

6. Haga clic en la muestra de 50% de negro de la paleta de colores, luego haga clic y arrastre el tirador de la esquina inferior izquierda hacia arriba y a la derecha.

   Se cambia el relleno del duplicado, se cambia el tamaño de la forma y se mueve hacia la esquina superior derecha de su posición original.

7. Haga clic y arrastre el objeto duplicado hacia el interior de la forma original.

   Se mantiene la parte inferior izquierda dentro del original. Este objeto duplicado se utilizará como objeto de control para la mezcla.

8. Mantenga presionada la tecla Mayús (Shift) y haga clic en el original de 10% de negro, luego presione Ctrl+B.

   Se agrega el original a la selección actual, se despliega la persiana Mezclar (Blend).

9. Escriba **14** en el cuadro contador Etapas (Steps), haga clic en Aplicar (Apply) y, luego con el botón derecho del ratón, en la "x" de la paleta de colores.

   Se agregan 14 formas intermedias entre los objetos seleccionados; el relleno de las formas mezcladas hace una transición entre las formas de los objeto seleccionados (*objetos de control*); se elimina la propiedad de contorno de todas las trayectorias de los objetos componentes de la mezcla (vea la figura 7.24).

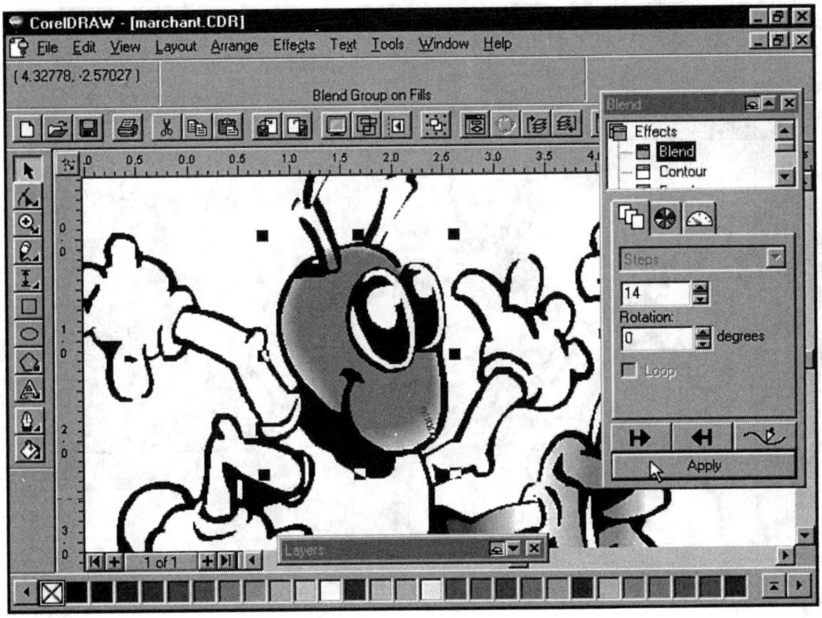

Figura 7.24
Los objetos de mezcla pueden hacer una transición de color suave entre el principio y el final en objetos cuyas formas no son simétricas.

10. Haga clic fuera de los objetos de la mezcla y luego en la forma de 50% de negro.

    Se deja de seleccionar el grupo de mezcla; se selecciona sólo el objeto de control de 50% de negro.

11. Presione +, luego haga clic y arrastre el tirador de la parte inferior izquierda de la forma hacia arriba y hacia la derecha, hasta que la forma tenga unos 6 milímetros (1/4 de pulgada) de ancho o alto.

    Se copia el tercer objeto, se cambia su tamaño y su posición.

12. Haga clic y arrastre el objeto más pequeño dentro del borde del segundo objeto para que quede en la esquina superior izquierda del objeto de 50% de negro.

    Se coloca el objeto en una posición donde pueda representar un brillo en la frente de la hormiga.

13. Haga clic en la muestra blanca de la paleta de colores.

    El objeto más pequeño se vuelve blanco.

14. Presione la tecla Mayús (Shift) y haga clic en el objeto de 50% de negro.

    Ahora están seleccionados el pequeño objeto blanco y el otro objeto de 50% de negro.

15. Haga clic en el botón Aplicar (Apply) de la persiana Mezclar (Blend).

    Se crean 14 objetos de mezcla entre el objeto de 50% de negro y el objeto blanco; se eliminan los atributos de contorno de todos los objetos (vea la figura 7.25).

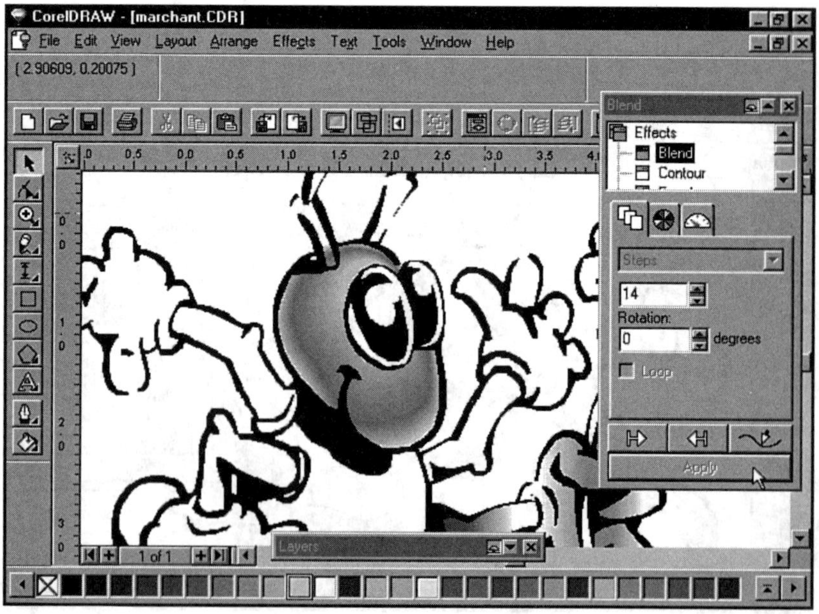

Figura 7.25
La inversión de las transiciones de sombreado puede lograrse con el uso de dos mezclas diferentes en la misma área de diseño.

16. Presione Ctrl+S (Archivo (File) y Guardar (Save)).

    Se guarda su trabajo en esta etapa intermedia

Ahora tiene dos trucos sustanciales bajo la manga para sombrear una ilustración en blanco y negro. Conforme avance con la imagen, es importante que eche una mirada a la forma de la composición, tome en cuenta la manera en que la luz se reflejaría en el mundo real y luego cree el brillo y las sombras apropiadas. A través de mezclas y de rellenos degradados, el sombreado debe parecer como resultado de la misma fuente de luz.

Pero ¿qué sucede cuando un área de la caricatura está rellenada con un objeto blanco y la forma no puede rellenarse con un tipo de degradado que sugiere dimensión? En la siguiente sección, trataremos esto con una nueva técnica de edición.

Cómo combinar objetos de OCR-Trace

Al principio de este capítulo, se recomendaba, como un paso de edición de "preproducción", que separara objetos complejos en varios objetos que, naturalmente, contuvieran menos nodos. La principal razón para esto es la salida; no hay un límite fijo para la complejidad de una curva, pero es probable que un objeto con 700 nodos y con un relleno degradado no se imprima en una fotocomponedora PostScript. Por desgracia, no hay un "número mágico" para la complejidad de una curva, porque la descripción PostScript de una curva depende de una combinación de factores: la memoria de la fotocomponedora, la descripción de la curva, el tipo de relleno, etcétera. Además, si una aplicación mal escrita le "roba" a Windows 95 algunos recursos de memoria, tampoco se copiará de manera apropiada un objeto excesivamente complejo al Portapapeles (Clipboard).

La segunda "ventaja" de dividir formas complejas es que se tiene la oportunidad de utilizar el comando Combinar (Combine) en formas más simples para crear huecos (*contras, subtrayectorias*) utilizando otras formas. La caricatura de la hormiga representa un buen ejemplo de dónde se podría necesitar una combinación de objetos (el brazo superior derecho de la hormiga está rellenado con un objeto de OCR-Trace, y usted no va a encontrar fácilmente un tipo de relleno degradado que pueda sombrear este objeto de manera realista). No sude: en la última sección usted aprendió cómo utilizar las mezclas para crear rellenos degradados simulados. He aquí una serie de pasos que muestra lo fácilmente que puede combinar el objeto de brazo con el contorno para crear un área "transparente" que exponga lo que se encuentra en el área Rellenos (Fills).

Cómo combinar objetos y mezclas en un relleno personalizado

1. Con la Herramienta Selección (Pick tool), haga clic en el brazo derecho de la hormiga.

   Se selecciona el objeto de la Capa 1 (Layer 1) que combinará con el objeto de contorno de la hormiga.

2. Presione la tecla Mayús (Shift) y haga clic en el objeto negro que representa la orilla del brazo de la hormiga.

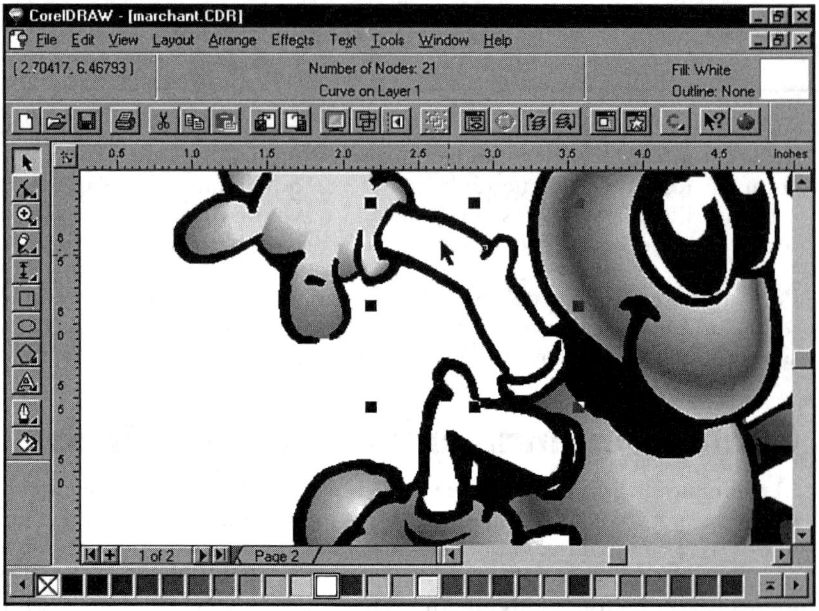

Figura 7.26 Si desea crear un hueco (una subtrayectoria) en un diseño, elimine el objeto del frente combinándolo con el objeto de fondo.

Ahora tiene dos objetos seleccionados; la tecla Mayús (Shift) sirve para agregar una nueva selección a la selección actual.

3. Presione Ctrl+L (Organizar (Arrange) y Combinar (Combine)).

   Los objetos blancos desaparecen y ahora hay un hueco con forma de objeto blanco sobre el fondo negro del objeto.

4. Presione F5 (o haga clic en la herramienta de lápiz); luego haga clic y arrastre la flecha de estado hacia el título Rellenos (Fills) en la lista del Gestor de capas (Layers Manager).

   Se selecciona la última herramienta utilizada (la herramienta de lápiz); se mueve su trabajo de edición a la capa Rellenos (Fills), debajo de la Capa 1 (Layer 1).

5. Haga clic en una esquina del brazo de la hormiga, haga doble clic alrededor del borde del área vacía y, por último, haga un solo clic sobre el punto de partida.

   Se crea una trayectoria en la capa Rellenos (Fills) que describe el área que habrá de rellenarse.

6. Presione la barra espaciadora y luego +.

   Se cambia a la Herramienta Selección (Pick tool); se duplica la trayectoria.

7. Presione F10, luego haga clic y arrastre los nodos intermedios de esta trayectoria hacia el centro.

   La copia será el objeto de control final de la mezcla.

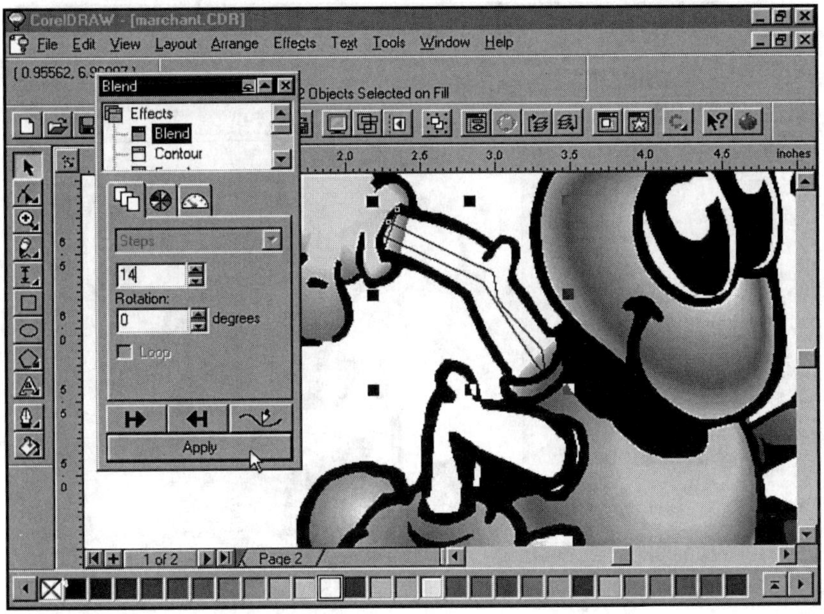

Figura 7.27
Una mezcla entre estas dos formas da como resultado las dos formas con sombreado "tubular" en el brazo de la hormiga; tiene dimensión y está en armonía con otro sombreado.

8. Presione la barra espaciadora, haga clic en la muestra blanca de la paleta de colores, presione la tecla Tab y luego haga clic en la muestra 40% de negro de la paleta de colores.

   Se rellena el objeto de arriba; la tecla Tab selecciona el siguiente objeto en la pila de objetos de la capa Rellenos (Fills); el objeto más grande está relleno con un 40% de negro.

9. Presione la tecla Mayús (Shift), haga clic en el objeto blanco y luego en Aplicar (Apply) de la persiana Mezclar (Blend).

   Se crean 14 objetos que mezclan la forma y el color del objeto del frente con el del fondo.

En la figura 7.28, usted puede ver cómo se utiliza la Herramienta Forma (Shape tool) para mezclar una curva con una línea en la trayectoria que se ha cambiado. Básicamente, usted ha visto en este capítulo todos los pasos de edición para sombrear por completo la caricatura de la hormiga.

10. Con todos los objetos de mezcla seleccionados, haga clic con el botón derecho del ratón sobre la "x" de la paleta de colores.

    Se eliminan los atributos de contorno de todos los objetos seleccionados.

11. Presione Ctrl+S (Archivo (File) y Guardar (Save)).

    Se guarda su trabajo.

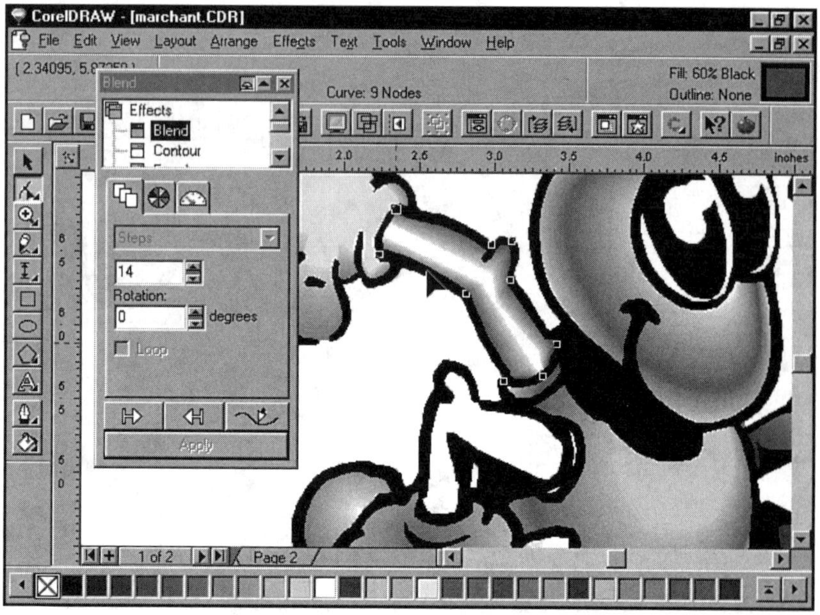

Figura 7.28
A menudo es más fácil afinar un objeto de control después de que se ha hecho una mezcla; la edición de los cambios se aplican entonces a toda la mezcla vinculada.

En los pasados ejemplos se han visto varias técnicas que tal vez desee aplicar en sus propios trabajos de ilustración con CorelDRAW.

- ✔ **Deje contornos predeterminados alrededor de los objetos componentes de la mezcla hasta que termine la edición.** Es mucho más fácil eliminar los atributos de contorno en la mezclas creadas como último paso. La razón para esta sugerencia es que resulta fácil localizar y editar los nodos de un objeto con un contorno. Usted puede cambiar al modo de dibujos de línea donde se delinean todos los objetos, pero este paso lo aleja de su interés primordial y cada tanto tendrá que regresar al modo de presentación preliminar (así que es una especie de esfuerzo redundante).

- ✔ **Los valores predeterminados de las persianas de CorelDRAW son sugerencias, no obligaciones.** He utilizado menos de 20 etapas de mezcla en varias ilustraciones, y se han enviado a la salida muy bien. Al limitar el número de mezclas se reduce el tiempo de redibujo, la complejidad general del archivo y el tamaño de éste. Trate de "adelgazar" el número de pasos en Mezclar (Blend) y vea si las imágenes se imprimen bien. Para áreas pequeñas (de menos de una pulgada) y para transiciones de color entre, digamos, 10 y 40% de negro, tal vez quiera utilizar menos de 20 pasos de mezcla.

- ✔ **Es más fácil de lo que imagina utilizar la técnica de línea recta y doble clic para empezar una forma rudimentaria.** Al convertir el polígono resultante en curvas y luego en curvas Suavizadas, por lo general llega a un objeto redondeado que se encuentra muy cerca del objeto relleno que tiene en mente. Si usted ve con atención dónde deben colocarse los puntos de inflexión (nodos en un cambio de dirección repentino del vector), sólo se necesitará una edición menor de nodos para completar el objeto que necesita. El dibujo con curvas Bézier produce curvas suavizadas desde el principio de un diseño, pero son un poco más difíciles de manipular que los segmentos de trayectoria generados por la herramienta de lápiz en modo A mano Alzada (Freehand).

Cómo crear fondos instantáneos

En lo que se refiere a la composición, la hormiga es la "estrella" del diseño; ¡poca gente se maravillaría con las dos piedras que se encuentran a los pies de la hormiga! Sin embargo, algo pasa con las dimensiones de esta hormiga; tal vez se deba a que no hay fondo. Cuando usted elabora un diseño, sobre todo con CorelDRAW, es fácil olvidarse de que un observador necesita un punto de referencia, por lo menos en un plano 2D, detrás del dibujo, para ayudar a que la vista se oriente dentro de la composición.

Sin embargo, esto *no* significa que se requiera un fondo detallado e intrincado en MARCHANT.CDR. Demasiado trabajo de detalle en el fondo, incluso un árbol o algo parecido, competiría o hasta podría rebasar la importancia de nuestro héroe del frente.

Durante décadas, los caricaturistas e ilustradores publicitarios han utilizado una *estela* para darle más realce a un elemento principal y acercarlo a los ojos del espectador, sin introducir un elemento de diseño que le haga competencia. Una estela artística es simplemente un color vago, abstracto, que se desvanece con el color del papel en las orillas. Históricamente, las estelas se han creado utilizando colores de agua o pastel, pero como ha visto, los objetos de mezcla pueden imitar cualquier cosa, desde un relleno degradado hasta una generación de aerógrafo.

He aquí un ejemplo de la manera en que una estela, detrás del diseño de la hormiga, puede ayudarle a redondear su composición.

Cómo crear una estela digital

1. Presione F4 y luego F3.

   Se le acerca a una vista que incluye todos los objetos de la página, luego se le aleja a un campo. Es una vista cómoda para crear la estela.

2. Haga clic con el botón derecho del ratón en la persiana Capas (Layers), luego elija Nuevo (New) del menú de método abreviado.

   Se crea una nueva capa.

3. Escriba **Fondo (Background)**, haga clic en el título de lista Fondo (Background) y luego arrastre el título debajo del título de capa Rellenos (Fills).

Se le asigna un nombre a la nueva capa; se coloca debajo de la capa Rellenos (Fills).

4. Haga clic en la ventana del documento, presione F5 (o haga clic en la herramienta de lápiz), luego cree un fondo abstracto, como el que se muestra en la figura 7.29, utilizando el método de dibujo del doble clic.

   Al hacer clic en la ventana del documento se activa el documento en lugar de la persiana Capas (Layers); se crea una forma rudimentaria que usted afinará utilizando la Herramienta Forma (Shape tool).

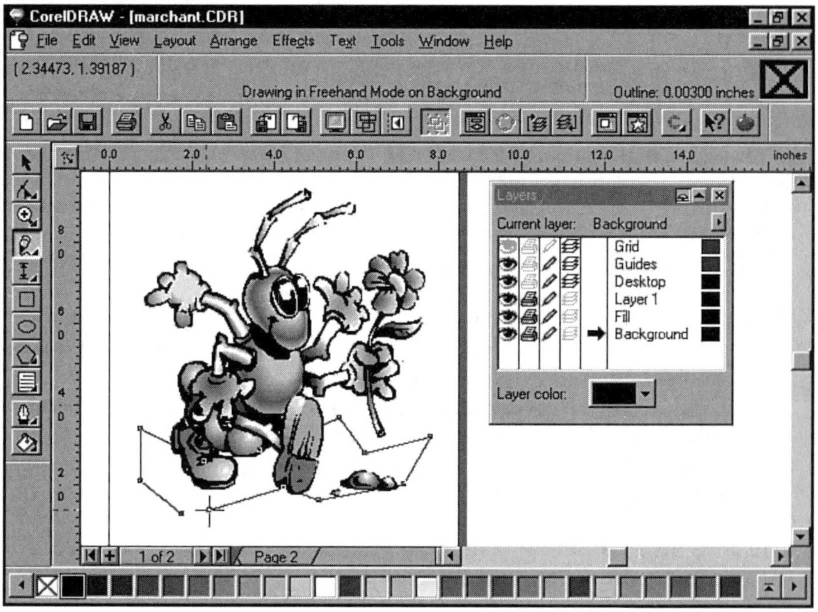

Figura 7.29
Los fondos no tienen que "decirle" algo a un espectador; a veces, se necesita un fondo para reforzar el frente.

Ahora que se ha creado la forma rudimentaria del fondo, no es necesario desplegar la hormiga ni la capa Rellenos (Fills) en la pantalla. CorelDRAW se toma tiempo para redibujar los objetos, y todos los rellenos degradados y mezclas harán más lento su trabajo.

5. Haga clic en los iconos de ojo de la persiana Capas (Layers) que se encuentran junto a Capa 1 (Layer 1) y Rellenos (Fills).

   Estas capas se hacen invisibles.

6. Haga clic en la muestra blanca de la paleta de colores, presione la barra espaciadora y luego +.

   Se cambia a la Herramienta Selección (Pick tool); se crea un duplicado de la forma que usted dibujó.

7. Haga clic en la muestra de color de 30% de negro.

   Se hace 30% negro el objeto duplicado (arriba).

Cuando usted duplica un objeto, el nuevo objeto se encuentra siempre en la parte superior de la pila de objetos en una capa. Por eso es que funcionó el último paso para rellenar el duplicado, no el objeto original previamente seleccionado.

8. Presione F10 (o elija la Herramienta Forma (Shape tool)), luego haga clic y arrastre las orillas del objeto duplicado hacia dentro de la forma original.

   Se crea un objeto de control "final" para el grupo de mezclas (vea la figura 7.30).

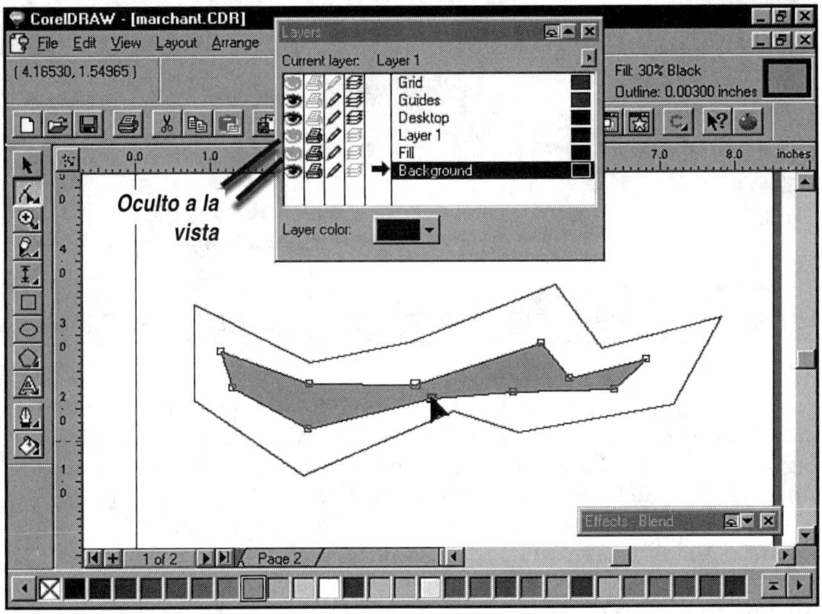

Figura 7.30
Empiece un fondo de "estela" digital definiendo un área con segmentos de trayectoria rectos, luego duplique el objeto y coloréelo.

9. Seleccione ambos objetos con la Herramienta Selección (Pick tool), escriba **25** en el cuadro contador de la persiana Mezclar (Blend), haga clic en Aplicar (Apply), luego haga clic con el botón derecho del ratón con el "x" de la paleta de colores.

   Se crean 25 objetos de transiciones entre el objeto blanco y el de 30% de negro; se elimina la propiedad de contorno para el grupo de objetos de mezcla (vea la figura 7.31).

10. Haga clic en los iconos de ojo de la persiana Capas (Layers) para los títulos Capa 1 (Layer 1) y Rellenos (Fills).

    Se restauran las vistas de estas capas.

11. Presione Ctrl+S (**A**rchivo (**F**ile) y **G**uardar (**S**ave)).

    Se guarda el trabajo terminado en su disco duro.

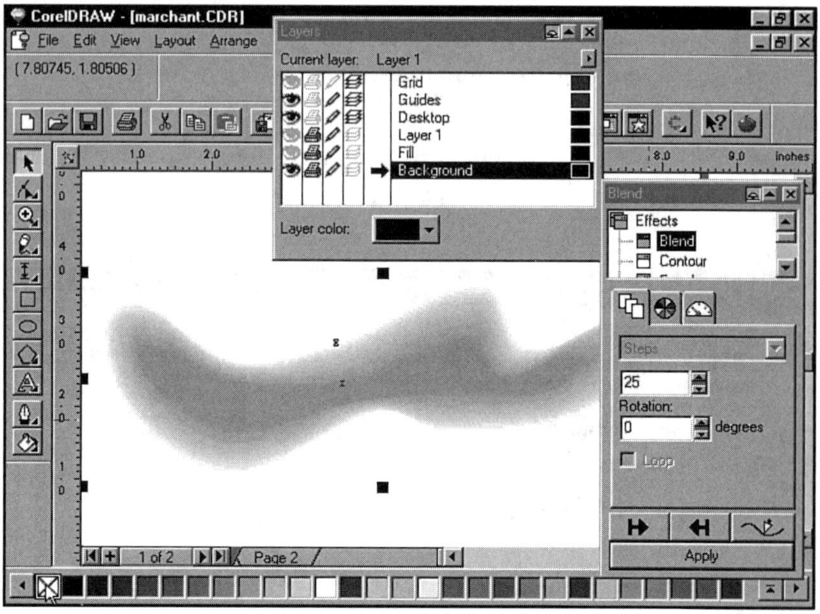

Figura 7.31 Un número grande de pasos de mezcla crea una estela de tono extremadamente difuso, perfecto para resaltar elementos del frente.

Aunque se ha sugerido que un bajo número de pasos de mezcla por lo general funcionan mejor para los interiores de sombreado de un diseño de frente, en el ejemplo anterior se especificó un número grande porque el área de transición (la distancia entre los objetos de control exterior e interior) es mucho mayor que las áreas interiores de la hormiga de la caricatura. Mientras mayor sea la distancia, usted deseará utilizar un número mayor de pasos de mezcla. Además, una buena manera de asegurar que el personaje del frente se separe visualmente de la estela del fondo es utilizar un relleno diferente. El relleno de la hormiga utiliza una diferencia tonal mayor entre los objetos de control de principio y final, y su aspecto es un poco menos burdo que la estela de fondo de 25 pasos.

En la figura 7.32 se encuentra la composición terminada, que también puede verse en la pantalla cargando la imagen MARCHANT.CDR de la carpeta GALLERY de la carpeta CHAP07 del *CD de obsequio de CorelDRAW! 6 para expertos.* ¿Por qué no cargarla, verla y tal vez descomponerla para ver cómo se construyeron sus elementos?

Necesitamos regresar un poco sobre nuestros pasos en la siguiente sección, porque se han pasado por alto algunas opciones de OCR-Trace. Si usted desea crear un patrón de "grabado en madera" vectorial, OCR-Trace puede ayudarle en un 90%.

Figura 7.32
Un concepto simple puede llegar a ser una "obra de arte" cuando convierte la ilustración y utiliza el conjunto de opciones de CorelDRAW.

Cómo crear una ilustración estilizada en OCR-Trace

Dentro de OCR-Trace existe lo más cercano que usted encontrará a una "máquina de arte instantánea". Todo lo que necesita es una idea, un bosquejo burdo y un poco de familiaridad con las opciones de OCR-Trace; así, podrá generar iconos, capitulares o un simple relleno para una revista en lo que dura un pestañeo.

Cómo crear un diseño vectorial de grabado en madera

Los ingenieros de CorelDRAW parecen tener la obsesión de crear "trucos cercanos a la realidad" y los inventan para incluirlos en los módulos de Corel. Por ejemplo, OCR-Trace sería un filtro de conversión de mapa de bits en vectores perfectamente adecuados si sólo utilizara el método de vector de contorno. Pero no: también están disponibles contorno, boceto, mosaico, mosaico 3D y grabado en madera, y aunque las técnicas para convertir imágenes gráficas digitalizadas a estos tipos exóticos son embarazosamente simples, casi todas las consideraciones críticas para producir arte que llame la atención tienen que ver con el *contenido* de su imagen digitalizada.

Por lo tanto, no voy a explayarme en pasos de ejemplo en esta sección. En vez de eso, me concentraré en qué tipo de ilustración produce los mejores grabados en madera, mosaico de pirámide en 3D, etcétera.

Básicamente, el método de línea central de vectorización es útil si usted quiere afinar un mapa de carreteras digitalizado, o un diseño esquemático, donde no es importante el grueso de las líneas, y el objetivo no es tener trayectorias rellenas y conectadas. Línea central

(Center Line) es el único filtro de OCR-Trace sin efectos y también puede ser útil para grabadores profesionales o para diseñar señales que necesiten datos de líneas centradas cuyo ancho de trayectoria se defina con una punta de acero, un estilógrafo o una pluma física. Las mejores ilustraciones que se pueden digitalizar para utilizar con este tipo de vectorización es el trabajo a pluma y tinta, aunque grandes áreas rellenadas y cerradas pueden ocupar mucho tiempo de procesamiento, y el archivo vectorial resultante no desplegará ningun área rellenada. Además, como las trayectorias de Línea central de OCR-Trace no están conectadas, esta opción es mala para caricaturas e ilustraciones a línea.

Las opciones Mosaico (Mosaic) y Mosaico 3D (3D Mosaic) producen una vista "a vuelo de pájaro" de un original digitalizado (el detalle visual se reduce a un patrón burdo de grandes puntos). Por lo general, puede lograr este efecto utilizando el filtro Pixelizar (Pixelate) de PHOTO-PAINT, o la utilería de conexión Halftone de Adobe's Gallery Effects, y usted tendrá más control artístico sobre los resultados utilizando un editor de mapa de bits. Las imágenes digitalizadas en blanco y negro producen menos resultados sorpresivos que las imágenes a color, pero usted debe elegir su original digitalizado con mucho cuidado. Los objetos simples, grandes y primitivos, con mucho contraste de color, ofrecen los resultados más atractivos dentro del estilo de mosaico de OCR-Trace.

Mosaico 3D (3D Mosaic) produce una colección de pixeles 3D agrandados y juntos, vistos desde una perspectiva aérea, en su opción de estilos de pirámide, ladrillo o ventilador (persianas venecianas). El contenido visual de la imagen digitalizada original se pierde casi por completo en la vectorización de mosaico 3D; el contenido artístico en realidad radica en el estilo de generación de la vectorización. Aunque el estilo Mosaico 3D tiene una utilidad extremadamente limitada para los diseñadores talentosos, usted debe revisar el estilo de ladrillo para utilizarlo en la creación de iconos de interfaz o para adornar otras formas extremadamente simples.

Boceto (Sketch) y Grabado en madera (Woodcut) son procedimientos muy similares en OCR-Trace, que producen una serie de líneas de forma desigual, una especie de media tinta de una fotografía. Tanto boceto como grabado en madera pueden utilizarse con diseños de mapa de bits estilo plantilla, simples, para producir una intrincada variación en los vectores del contenido visual del original.

En el siguiente ejemplo, FRUIT.TIF, se encuentra el blanco para el estilo de vectorización de grabado en madera. FRUIT.TIF puede encontrarse en la carpeta EXAMPLE\CHAP07 del *CD de obsequio de CorelDRAW! 6 para expertos*; es un dibujo a pluma y tinta de 1 bit por pixel de una tradicional naturaleza muerta con frutas. Observe cómo las áreas negras densas de la composición juegan un papel interesante para los valores de afilamiento del efecto. Si usted tiene un solo carácter simple, en negritas, la idea de un logotipo simple en blanco y negro, o una composición similar que utiliza mucho negro sobre blanco, he aquí cómo hacer que la ilustración tenga un aspecto más ornamental.

Cómo utilizar el estilo de vectorización de grabado en madera

1. En OCR-Trace, abra la imagen FRUIT.TIF del *CD de obsequio de CorelDRAW! 6 para expertos.*

   Se trata de la imagen para la vectorización de grabado en madera.

2. Elija Vectorización OCR (OCR-Trace) y luego Valores y vectorización (Trace Settings).

   Se abre el cuadro de diálogo Valor del vector (OCR-Trace-Trace).

3. Haga clic en la ficha Grabado en madera (Woodcut), luego haga clic y arrastre la barra de desplazamiento Reducción de nodo (Node Reduction) al 70.

   Se asegura que la vectorización resultante contendrá el mínimo de nodos para describir la escena.

4. Establezca la barra de desplazamiento Umbral (Threshold) en 128.

   Se especifica que la vectorización resultante contiene la misma proporción de áreas claras y oscuras que la imagen digitalizada original.

5. Haga clic en la casilla de verificación Extremos en punta (Tapered Ends).

   Extremos en punta (Tapered Ends) proporciona la vectorización de grabado en madera más remarcada, con líneas gruesas desvaneciéndose hacia otras delgadas en áreas de contraste de la imagen (orillas de color de la imagen digitalizada).

6. Escriba **45** en el cuadro contador Ángulo de corte (Angle of cut).

   Se especifica que OCR-Trace creará líneas vectoriales de grabado en madera en un ángulo de 45º, en relación con la vertical de la página.

Si desea convertir un logotipo en formas vectoriales de grabado en madera, tal vez quiera considerar el ángulo a 90° para que las líneas resultantes corran horizontalmente, imitando las líneas de velocidad de las medias tintas fotográficas.

7. Escriba 10 en el cuadro contador Ancho de la muestra (Sample width).

   Se especifica que el ancho máximo de las líneas labradas será de 10 pixeles. El ancho mínimo no puede definirse en OCR-Trace.

8. Haga clic en Aceptar (OK) y luego en el botón Vectorización (Trace) de la barra de herramientas (el icono del lápiz que dibuja un círculo).

   Se lanza el proceso de vectorización. (Vea la figura 7.33.)

9. Elija Archivo (File), Guardar (Save) y Vector, luego guarde el archivo en el formato CMX en su disco duro.

   Se guarda la vectorización en un formato que puede importarse en CorelDRAW.

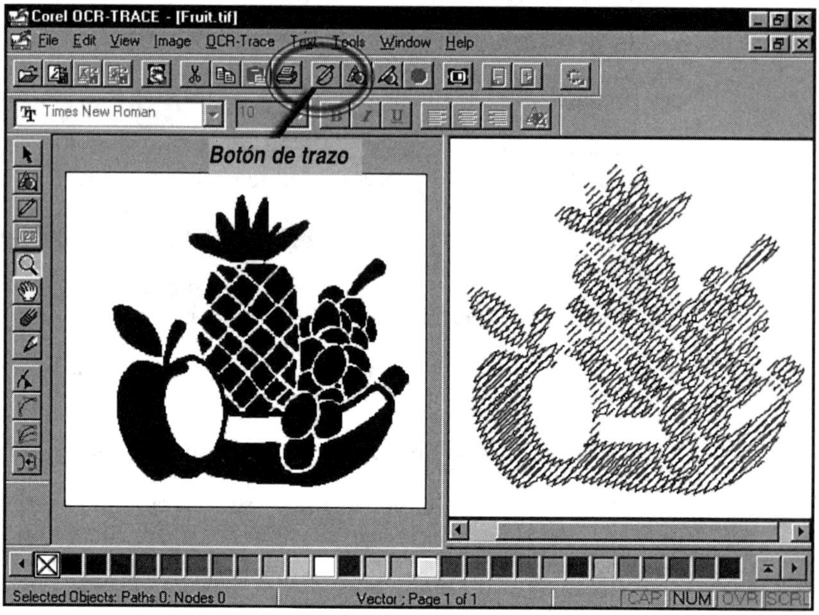

Figura 7.33 El estilo de grabado en madera puede estilizar una imagen digitalizada. Sin embargo, preocúpese de no crear un diseño irreconocible con un estilo tan intenso.

Los valores de estilo de OCR-Trace son *filtros* aunque en la mercadotecnia del software a los filtros gráficos se les llama normalmente *utilerías de conexión*. Por definición, los filtros traducen datos. Con la tecnología de imágenes gráficas por computadora, es más fácil que nunca filtrar una mala ilustración y convertirla en una obra maestra digital. Pero como diseñador siempre debe hacerse una pregunta mágica: "¿Cuando una audiencia dice que una obra de arte es interesante, *en realidad* eso es lo que quiere decir?"

En el peor de los casos, los filtros pueden convertir un diseño poco inspirado en un diseño poco inspirado pero *estilizado*. El mejor uso para un filtro es que ayude a terminar una ilustración incompleta. Por ejemplo, si usted tiene una foto digitalizada que en realidad necesita verse como si la ventana de la imagen estuviera ondulada, lo mejor es que utilice KPT Page Curl Effect de PHOTO-PAINT. Su alternativa para un efecto como éste sería que usted lo elaborara manualmente (una tarea tediosa e innecesaria).

Siga leyendo y aprenderá cómo hasta los que le tienen fobia a CorelDRAW pueden producir hermosas imágenes gráficas con una cámara, OCR-Trace y la composición correcta.

Más allá del dibujo y de OCR-Trace

Hasta el momento, en este capítulo hemos ahondado en la conversión de ilustraciones físicas a formato vectorial, bajo la presunción de que usted tiene experiencia con las herramientas de dibujo tradicionales. Sin embargo, CorelDRAW ha atraído individuos talentosos con todo tipo de antecedentes creativos. Y muchos diseñadores profesionales de hoy en día *iniciaron* su carrera utilizando la computadora personal como herramienta de dibujo.

Supongamos que antes de que haya adoptado su PC como herramienta, usted tenía una amplia experiencia en fotografía. OCR-Trace y CorelDRAW también le proporcionan mejoras y opciones valiosas para la traducción de información fotográfica en un formato que puede manipularse como vectores. En la siguiente sección echaremos una mirada a la manera en que el arte de la fotografía puede llevarse a un tipo único de formato digital.

El método digital de posterizar fotografías

Espero que este capítulo le haya proporcionado información suficiente sobre la manera en que puede trabajar entre aplicaciones de Corel para llegar a una pieza terminada. Aunque piense que está centrado en CorelDRAW y que no puede encontrar un nicho artístico en PHOTO-PAINT o los otros módulos, ha visto cuáles herramientas importantes y específicas se localizan a veces fuera del área de trabajo de CorelDRAW.

El ejemplo de esta sección se centra en una foto en blanco y negro de un adorno arquitectónico. En lo que se refiere al contenido, se trata de una buena y limpia imagen de un flautista vestido a la usanza del siglo 12. Los objetos que no son marcas registradas y que pueden encontrarse en lugares públicos pueden convertirse en protagonistas importantes para incluirlos, sin regalías ni permisos, en una composición; así que este flautista es un buen tema para una aventura por la transformación de una ilustración.

Como mencioné antes, por lo general es una buena idea reducir el número de colores únicos en una imagen antes de utilizar OCR-Trace para crear arte vectorial con base en una imagen. Sin embargo, la imagen en blanco y negro del flautista contiene muchas sombras que no son blanco y negro; es una imagen en escala de grises y, como tal, contiene hasta 256 intensidades de negro.

Sería una locura importar en OCR-Trace la imagen del flautista en su estado original. Con la tolerancia de color establecida al mínimo, OCR-Trace procesará lentamente la imagen, tratando de separar los tonos únicos de escala de grises, y creará cientos de contornos vectoriales para representar la imagen. Aunque no hay un límite para el número de objetos que OCR-Trace puede generar a partir de una imagen de mapa de bits, los filtros de importación y exportación de Corel tienen un límite bien definido. Además, aunque usted pudiera exportar mil objetos en los formatos AI, EPS, CMX o WMF, tal vez encuentre que la experiencia de manipular tantos objetos en un solo diseño no valga la pena en CorelDRAW. Por el contrario, con un valor máximo de tolerancia al color OCR-Trace produciría unos cuantos objetos a partir de un estrecho rango de tonos de la imagen en escala de grises, y la vectorización resultante se vería poco exacta, como una fotocopia de la imagen original.

Cómo utilizar PHOTO-PAINT para reducir el color de una fotografía

La solución para convertir fotografías en objetos vectoriales es filtrar la foto antes de llevarla a OCR-Trace. PHOTO-PAINT tiene un efecto para Posterizar (Posterize) que puede reducir el número de tonos o colores únicos en una imagen a una cantidad específica.
Dependiendo del contenido visual de la imagen, usted puede filtrar cantidades sustanciales de la información de una fotografía y aún así mantener una composición reconocible. Las imágenes se vuelven estilizadas cuando usted reduce y ajusta la información, pero al utilizar

PHOTO-PAINT antes de OCR-Trace, es usted, el talento creativo, quien decide qué información se utiliza o se descarta.

He aquí cómo utilizar el efecto Posterizar (Posterize) en PHOTO-PAINT para limitar la cantidad de detalles visuales que OCR-Trace tiene que convertir.

Cómo posterizar una imagen

1. En CorelPHOTO-PAINT, abra la imagen PIPER.TIF de la carpeta EXAMPLES\CHAP07 del *CD de obsequio de CorelDRAW! 6 para expertos.*

   Se trata de la imagen que convertirá a formato vectorial.

2. Elija Efectos (Effects), Transformar color (Color Transform) y Posterizar (Posterize).

   Se despliega el cuadro de diálogo Posterizar (Posterize).

3. Haga clic y arrastre la barra de desplazamiento Nivel (Level) a 6, luego haga clic en el botón Simular (Preview).

   Se despliega una presentación preliminar posterizada de la imagen del flautista. (Vea la figura 7.34.)

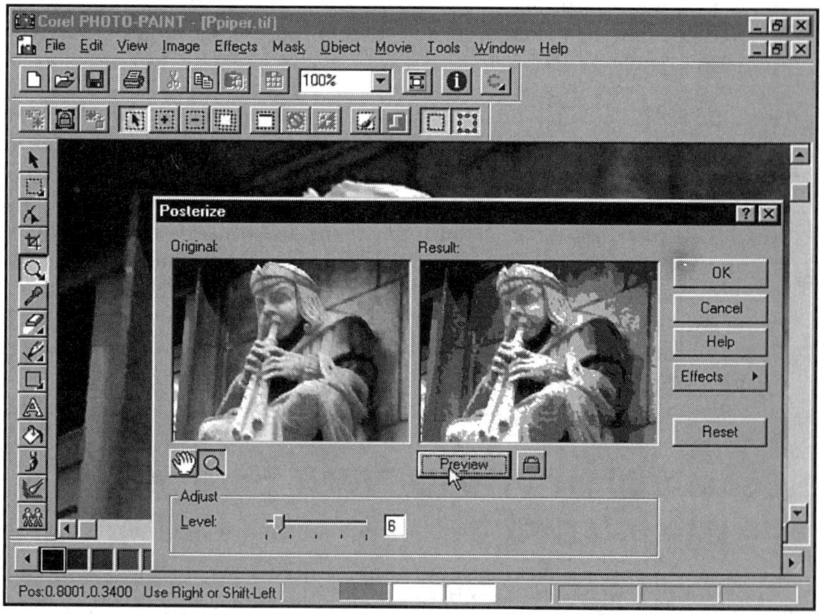

Figura 7.34
El efecto Posterizar (Posterize) puede reducir el número de colores únicos en una imagen a un rango de 2 a 32 tonos.

En este ejemplo se utiliza el número 6 porque a través de la prueba y el error parece ser el número mínimo de tonos únicos que describen de manera adecuada el contenido visual de PIPER.TIF. La clave está en ver cuál es el número menor de tonos que describen su imagen destino. Como el flautista está hecho de piedra y la iluminación de la escena es un poco difusa, ayuda para limitar el número de tonos de escala de grises que hacen reconocible la imagen del flautista. Elija de una manera parecida sus imágenes destino, y experimente con el menor número de niveles de posterización que pueda representar con éxito la composición que tiene en mente.

4. Haga clic en Aceptar (OK).

   Se regresa al área de trabajo y se posteriza la imagen.

5. Elija Archivo (File) y Guardar como (Save As), luego guarde la imagen posterizada como PIPER.TIF en su disco duro.

   Se guarda la imagen para uso futuro en OCR-Trace.

6. Presione Alt+F4 (Archivo (File) y Salir (Exit)).

   Se cierra PHOTO-PAINT.

También puede hacer el intento de ajustar el cuadro de diálogo Brillo/contraste/intensidad (Brightness-Contrast-Intensity) (bajo Efectos (Effects y Ajustes de color (Color Adjust)) antes de posterizar una imagen por su cuenta. Las sombras posterizadas son áreas promedio de valores de color (o tonos) originales, y usted puede "empujar" una sombra para que se convierta en un tono posterizado más predominante cambiando los valores tonales de la imagen original. Haga la prueba ajustando los valores tonales, hasta que encuentre una presentación preliminar de posterización que le agrade.

Tip El comando Lista de deshacer (Undo List), al que se tiene acceso a través del menú Edición (Edit), es nuevo en la versión 6 de PHOTO-PAINT. Elija este comando y podrá ver todas las acciones que ha llevado a cabo en la sesión de PHOTO-PAINT. Usted puede elegir que se deshaga uno o más pasos de efectos, de filtros o de edición que usted haya dado, y el número de pasos de deshacer está limitado básicamente por la memoria de su sistema y por el espacio que tenga disponible en el disco duro.

Así que tómese su tiempo para comparar y revisar las ediciones de una imagen que desee posterizar; ¡todo lo que le haga a una imagen puede deshacerse!

Las imágenes posterizadas y OCR-Trace

Si usted ha recorrido las anteriores secciones de este capítulo, ya sabe que la opción de tolerancia al color de OCR-Trace determina con cuánta exactitud evalúa el programa la orilla entre dos valores de color o tonos diferentes en la imagen de mapa de bits original. "Obligamos" a OCR-Trace a evaluar sólo 6 tonos en la imagen PIPER.TIF al posterizarlo antes de importarlo en OCR-Trace; por lo tanto, limitamos el número de áreas de tono únicas que el programa tiene que trazar en objetos de vector. Por eso es importante que usted se tome su tiempo con sus imágenes que desee posterizar (asegúrese en PHOTO-PAINT de que se encuentran tal como las quiere, porque OCR-Trace hará una conversión vectorial fiel a la información visual).

La siguiente serie de pasos se utiliza en OCR-Trace para crear 6 capas agrupadas de trayectorias cerradas y rellenas que representan la información visual de PIPER.TIF.

Cómo convertir una imagen de mapa de bits en escala de grises

1. Lance Corel OCR-Trace desde el Explorador (Explorer) de Windows, luego elija Archivo (File) y Abrir (Open) y seleccione PIPER.TIF de su disco duro.

   Se carga la imagen PIPER en la ventana de la Vista bitmap (Bitmap View).

2. Elija Vectorización OCR (OCR-Trace) y Valores y vectorización (Trace Settings).

   Aparece el cuadro de diálogo Valores del vector (Trace Settings).

3. Haga clic en la ficha Contorno (Outline) y establezca los siguientes parámetros: Reducción de nodo (Node Reduction): 85, Tolerancia al color (Color tolerance): 5, Relleno de hueco (Hole Filling): 0, Reducción de ruido (Noise reduction): 18.

   Estos parámetros producirán un grupo de objetos muy exacto, con un mínimo de nodos en las trayectorias del objeto. Consulte "Cómo colorear en OCR-Trace", después del ejemplo, para conocer más detalles.

4. Haga clic en Aceptar (OK), luego elija Vectorización OCR (OCR-Trace), Realizar vectorización (Perform Trace) y Por esquema (By Outline) (vea la figura 7.35).

   OCR-Trace vectorizará todas las áreas de contraste de color en la imagen del flautista.

Figura 7.35 Los cálculos para convertir una imagen compleja en un formato vectorial son inmensos; espere que esta vectorización tome unos minutos.

En la figura 7.35 se muestra la vectorización resultante en la vista Marco (Wireframe), pero usted tiene la opción de ver los grupos de objetos rellenados y coloreados eligiendo Ver (View), Objeto (Objects) y Mostrar todos los objetos (Show all Objects). Verifique esta opción ahora para ver con cuánta exactitud OCR-Trace convirtió la información de la imagen en formato vectorial.

Hemos llegado al final de los pasos utilizados para convertir la imagen, pero no hemos terminado con las opciones de OCR-Trace para *colorear* los objetos vectoriales. ¡Siga leyendo la siguiente sección y no cierre OCR-Trace ni guarde aún los objetos vectoriales!

Cómo colorear en OCR-Trace

Como una imagen posterizada, en escala de grises, no es exactamente algo atractivo, aprenderá cómo *colorear* la imagen posterizada dentro de OCR-Trace; CorelDRAW puede importar cualquier grupo de color que usted cree dentro de un archivo creado con OCR-Trace.

Revisemos un poco la manera en que OCR-Trace trabaja con los objetos antes de entrar en la fase de coloreado. Los colores únicos de una imagen de mapa de bits se convierten en un grupo de objetos a los que OCR-Trace les asigna una capa, parecida a la posibilidad que usted tiene en CorelDRAW para apilar diferentes grupos de objetos en capas. Sin embargo, la información de capas en OCR-Trace *no* se exporta a ningún formato vectorial de CorelDRAW, de una manera que le permita aceptar capas vectorizadas con OCR-Trace como capas de CorelDRAW (más adelante le mostraremos cómo organizar en capas, manualmente, en CorelDRAW, un archivo importado de OCR-Trace).

Nota Al momento de escribir esto, Corel Corp. estaba al tanto de que sería más conveniente que OCR-Trace guardara discretamente la información de las capas, y que una vectorización importada pudiera contener capas individuales de objetos. Esta capacidad le ahorraría a los usuarios el trabajo manual de separar y asignar una capa propia a grupos de objetos, como está obligado a hacer en el ejemplo siguiente.

Consulte periódicamente con Corel Corp. para saber si se tienen ya discos complementarios de la versión 6. Históricamente han sido gratis (todo lo que los usuarios registrados necesitan hacer es llamar y preguntar), y en un futuro cercano podrían contener esta mejora para OCR-Trace.

¿Pero qué tan buenas son las capas de OCR-Trace? Le permiten asignar diferentes colores a todos los objetos de un grupo de color. Esto significa que los objetos negros en la vectorización del flautista pueden cambiarse por verde olivo, y que los tonos más claros pueden cambiarse por mostaza oscuro en un solo paso, sin mezclarse con los objetos olivo. Si usted desarrolló el ejemplo anterior, ahora cuenta con un número increíble de objetos en OCR-Trace, y tiene sentido que OCR-Trace los agrupe para trabajar con ellos de manera organizada.

La función Relleno de hueco (Hole Filling), que habíamos pasado por alto en el ejercicio anterior, es una mejora interesante que Corel Corp. tiene para disfrazar los "huecos" entre los objetos. Las vectorizaciones no son exactas, porque una curva vectorial generada por, digamos, todas las áreas de 30% de negro en la imagen original no encaja perfectamente con la curva vecina que representa todas las áreas de 50% de negro. El resultado es un hueco que expone la capa inferior del archivo vectorial, que por lo general es un color contrastante. Para corregir este aspecto, OCR-Trace puede crear una capa inferior basada en muchos rectángulos, cada uno relleno con un promedio de muestras de color que correspondan a las áreas de la imagen original. Sin embargo, Relleno de hueco (Hole Filling) complica de manera innecesaria la imagen vectorial resultante; es una opción inventiva para rellenar huecos, pero aumenta de manera sustancial la complejidad del archivo y el número de objetos. Por esta razón no le recomendamos que utilice la opción de relleno de huecos en OCR-Trace.

He aquí el plan de juego para corregir manualmente los huecos entre los grupos de diferentes objetos coloreados. Primero, definirá una paleta personalizada de colores para la imagen del flautista (usted tiene la libertad de especificar sus propios tonos, pero para empezar puede utilizar la siguiente tabla de sustitución para cada capa de los objetos en escala de grises).

Tabla 7.1 Esquema de color para la imagen del flautista

Color original del objeto	Nuevo color del objeto
Negro	R:0, G:51, B:0 (olivo oscuro)
Gris oscuro	R:102, G:0, B:0 (marrón)
Gris medio	R:122, G:56, B:0 (café neutro)
Gris claro	R:255, G:153, B:0 (dorado)
Casi blanco	R:255, G:255, B:102 (crema)
Blanco	R:255, G:255, B:255 (blanco)

Es importante crear y guardar realmente esta paleta mientras colorea cada capa; la paleta se utilizará en CorelDRAW para definir colores de contorno. Al delinear los objetos en una capa, usted puede hacer un zurcido invisible en los huecos, con valores exactos de color que coinciden con el relleno de cada objeto.

Después de que conozca los pormenores del proceso, le resultará fácil elegir sus propias combinaciones de color y colorear sus propios diseños vectorizados en OCR-Trace. Así, por ejemplo...

Cómo colorear capas de objetos y guardar paletas de colores

1. Elija Herramientas (Tools) y Administrador de capas (Layer Manager).

   Se despliega la ficha Información del documento (Document Information).

2. Haga clic en la ficha Capas (Layers).

   Se muestra el color de cada capa, junto con su número de objetos.

3. Haga clic con el botón derecho del ratón sobre el segundo título de capa, a partir de abajo (los tonos de escala de grises más oscuros, no el título Capa Vacía (Empty Layer)), luego elija Cambiar color de capa (Change Layer Color) de la lista del menú de método abreviado (vea la figura 7.36).

   Se despliega el cuadro de diálogo Relleno uniforme (Uniform Fill).

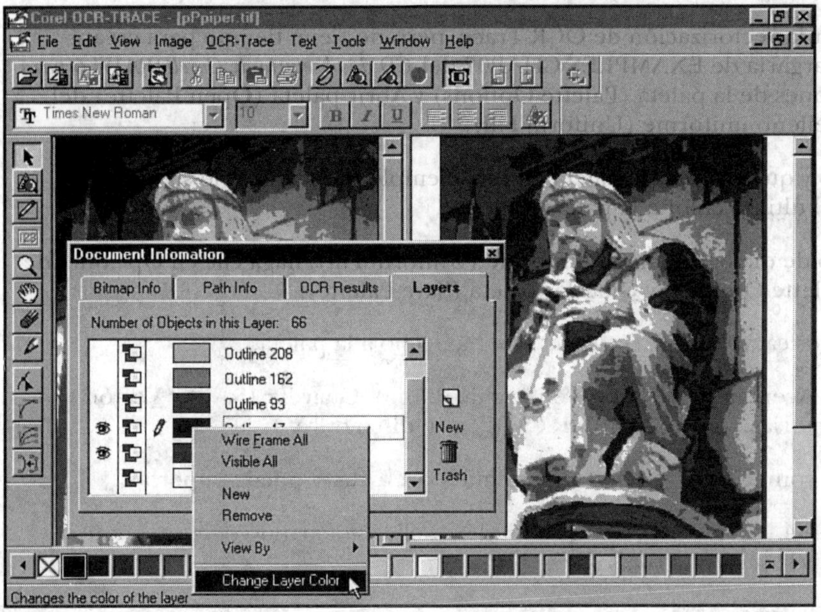

Figura 7.36
Al hacer clic con el botón derecho del ratón sobre una muestra de capa de color en la lista Administrador de capas (Layers Mangers) usted tiene acceso a los colores personalizados y puede crear una paleta personalizada.

4. Haga clic en la lista descendente Modelo (Model) y luego seleccione RGB.

   Se despliega el modelo de color RGB.

5. Introduzca los siguientes valores en los cuadros contadores R, G y B: R:**0**, G:**51** y B:**0.**

   Se especifica un tono oliva oscuro para reemplazar todos los rellenos gris oscuro que se encuentran en la capa seleccionada.

6. Haga clic en Opciones de la paleta (Palette Options) y luego en Paleta nueva (New Palette).

   Se muestra el cuadro de diálogo Paleta nueva (New Palette).

7. Escriba PIPER.CPL en el campo Nombre de archivo (File name) y luego haga clic en el cuadro Guardar (Save).

   Se guarda una paleta nueva y vacía; se regresa al cuadro de diálogo Relleno uniforme (Uniform Fill).

8. Haga clic en Opciones de color (Color Options) y luego en Añadir color a la paleta (Add Color to Palette).

   Se agrega el tono oliva oscuro a la paleta PIPER.CPL.

9. Haga clic en Aceptar (OK).

   Se regresa al área de trabajo; ahora todas las áreas grises están en color oliva oscuro.

10. Repita los últimos 6 pasos; haga clic con el botón derecho del ratón en los otros tonos de la escala de grises de la lista Administrador de capas (Layers Manager), agregue nuevos colores a la paleta PIPER.CPL conforme los vaya definiendo.

Si le gustaría colorear la vectorización de OCR-Trace, pero no tiene tiempo para crear PIPER.CPL, puede cargarla de EXAMPLES\CHAP07 del *CD de obsequio de CorelDRAW! 6 para expertos.* Utilice Opciones de la paleta (Palette Options) y **A**brir paleta (**O**pen Palette) del cuadro de diálogo Relleno uniforme (Uniform Fill).

Si usted es ambicioso y quiere crear la paleta en este ejemplo, debe hacer lo siguiente, después de agregar el último color a la paleta...

11. En el cuadro de diálogo Relleno uniforme (Uniform Fill), haga clic en Opciones de la paleta (Palette Options) y **G**uardar paleta (**S**ave Palette).

    Se guardan los cambios más recientes que ha hecho a la paleta.

12. Haga clic en Aceptar (OK) y luego en **A**rchivo (**F**ile), **G**uardar (**S**ave) y **V**ector; guarde la vectorización como PIPER.CMX en su disco duro.

    Se guarda la composición en un formato que CorelDRAW puede importar.

13. Presione Alt+F4 (**A**rchivo (**F**ile) y **S**alir (E**x**it)) y elija No cuando se le pregunte si desea guardar la imagen PIPER.TIF.

    Se cierra OCR-Trace.

Hay una manera un poco menos complicada de crear una fotografía coloreada y posterizada (usted selecciona las áreas de la imagen en PHOTO-PAINT y les aplica color), pero lo que ha logrado en el ejemplo anterior es tomar un diseño dependiente de la resolución y volverlo *in*dependiente de la resolución. Las imágenes de mapa de bits, como PIPER.TIF, no pueden crecerse sin sacrificar algunos detalles de la calidad de la imagen, porque la imagen está conformada por un número limitado de ejemplos (pixeles). En el formato CMX, todos los objetos que integran el diseño del flautista pueden cambiarse de tamaño para llenar una estampilla postal, un póster o una playera, sin perder una sola curva ni una forma del objeto, porque los vectores, no los pixeles, conforman el diseño.

Cómo terminar el diseño del flautista

Para completar el diseño del flautista, usted necesita hacer algo con la complejidad de los nodos y manejar las fisuras entre las capas de colores. Como recordará, en el capítulo 3, "Cómo someter a los nodos y las trayectorias (la manera fácil)", se recalcó que las conexiones incorrectas de nodos podrían causar que las fotocomponedoras tuvieran problemas a la hora de imprimir, y que hay una manera "correcta" y una "incorrecta" para conectar segmentos de trayectoria. Sin embargo, en este capítulo no se puso énfasis en las conexiones correctas de nodos (propiedades de punto de control suavizadas, asimétricas y simétricas) porque OCR-Trace maneja muy satisfactoriamente las conexiones de nodos que crea cuando realiza la vectorización.

Aunque una conexión que usted preferiría que fuera Suavizar resulta a menudo una conexión Asimétrica de OCR-Trace, aquí se cuidan algunos de los errores fundamentales cometidos con las conexiones. Especialmente, se pueden establecer conexiones asimétricas entre segmentos de trayectoria curva, y el resultado sería una conexión marcada pero aceptable para PostScript. OCR-Trace *no* crea conexiones suavizadas, punto, de modo que no habrá problemas con un segmento de trayectoria recto que se conecte con una curva a partir de un nodo suavizado. Usted puede gastar horas editando conexiones en un diseño importado de OCR-Trace, o no hacerlo (se trata de cuánto tiempo desea invertir en la edición, y qué tan a gusto se siente con el trabajo de OCR-Trace). Será el *número* de nodos, no las conexiones de nodos de una pieza creada con OCR-Trace, lo que hará que la imagen sea demasiado compleja para imprimirse.

Pero la razón por la que usted utiliza OCR-Trace para crear una imagen posterizada depende del detalle de la imagen y la *calidad* de la colección de objetos posterizados. ¿Los grupos sugieren un flujo natural de líneas? ¿La irregularidad de las orillas contribuye a una composición atractiva? La mitad del truco para crear un arte atractivo por computadora radica en utilizar cada característica y posibilidad de la aplicación para sobrepasar la apariencia estereotípica, estéril, a partir de pixeles que se relacionan generalmente con el arte generado por computadora. Al utilizar una combinación de características en diferentes programas, usted trabaja de una manera parecida a la de los artistas tradicionales que mezclan medios. Cuando usted llegue a una mezcla feliz de técnicas y tipos de imágenes, por lo general sobrepasará los mecanismos obvios de la computadora, que produce ilustraciones sin vida, como cocinadas con una cuchilla.

Cómo importar y organizar la importación del flautista

Utilizando los siguientes pasos, importará el archivo PIPER.CMX. Si sigue esta serie de pasos, usted desagrupará el archivo vectorial importado y revisará la composición en busca de problemas.

Cómo importar el diseño del flautista

1. Lance CorelDRAW desde el Explorador (Explorer) de Windows, luego elija Archivo (File) e Importar (Import) (o haga clic en el botón para importar de la caja de herramientas).

   Se despliega el cuadro de diálogo Importar (Import).

2. Elija PIPER.CMX de su disco duro, luego haga clic en Importar (Import).

   CorelDRAW importa el archivo PIPER.CMX.

Si desea trabajar en CorelDRAW con el diseño importado del flautista, pero no convirtió la imagen en OCR-Trace. PIPER.CMX, la vectorización terminada se localiza en la carpeta EXAMPLES\CHAP07 del CD de obsequio.

La línea de estado de CorelDRAW le indica que hay un grupo de 6 objetos en la capa 1. OCR-Trace agrupó todos los objetos en 6 grupos de color discretos y los filtros de importación de CorelDRAW anidan los grupos dentro de un objeto importado. Es como separar las hojas de una alcachofa, y debe tener cuidado cuando desagrupe lo importado para tener los grupos en capas separadas.

3. Haga clic en el botón Agrupar/Desagrupar (Group/Ungroup) de la barra de herramientas (o presione Ctrl+U; Organizar (Arrange) y Desagrupar (Ungroup)).

   Se desagrupan las capas agrupadas; se seleccionan los seis grupos.

4. Elija Diseño (Layout) y Gestor de capas (Layers Manager) (Ctrl+F3).

   Se despliega la persiana Capas (Layers).

5. Haga clic con el botón derecho del ratón en la lista de capas y elija Nuevo (New).

   Aparece una nueva capa en la lista de capas.

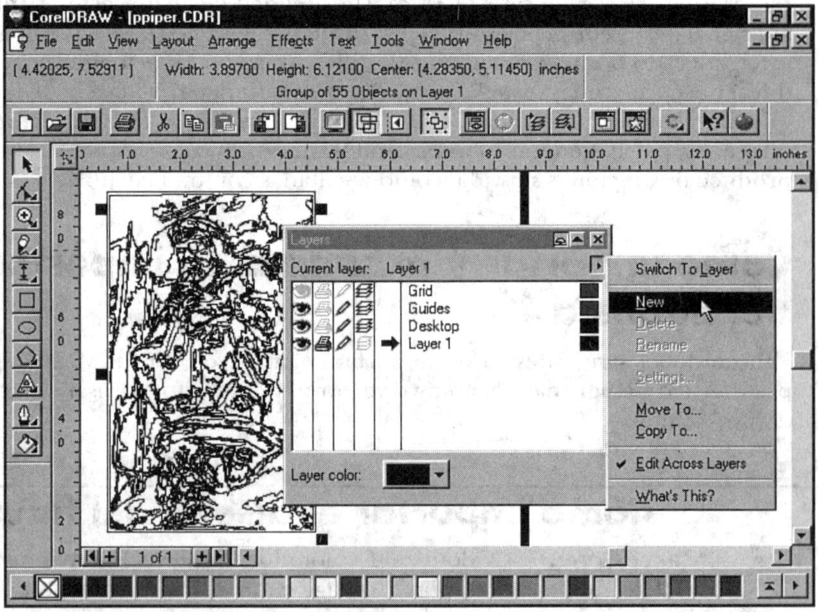

Figura 7.37 Cree una nueva capa para cada uno de los seis grupos de objetos.

6. Escriba **Oliva (Olive)** y luego haga clic con el botón derecho del ratón y elija Nuevo (New).

   Se asigna un nombre a la capa que creó; se crea una nueva capa.

Usted necesita crear 5 capas en el nuevo documento de CorelDRAW; el sexto color, blanco, puede permanecer en la capa predeterminada e inferior de la página como Capa 1 (Layer 1).

7. Repita los dos últimos pasos hasta que tenga seis capas en la página.

   Estas capas contendrán los seis grupos de objetos coloreados.

8. Haga clic en el grupo de objetos de color verde oliva y luego en el botón para desplegar el menú de la persiana Capas (Layers) y elija Mover a (Move To).

   Aparece una flecha con la palabra "¿A?" ("To?") en ella.

9. Haga clic con la flecha en el título Oliva (Olive) de la persiana Capas (Layers).

   Los objetos agrupados se mueven a la capa Oliva (Olive) del documento.

10. Repita el último paso para los demás objetos agrupados.

    Se asigna a cada grupo una capa única en el documento.

Como puede ver en la figura 7.38, no es difícil el proceso de asignar cada grupo de objetos a una capa separada; este proceso es rápido y el beneficio de tener grupos separados de objetos es que ahora puede editar un grupo sin revolver los otros grupos.

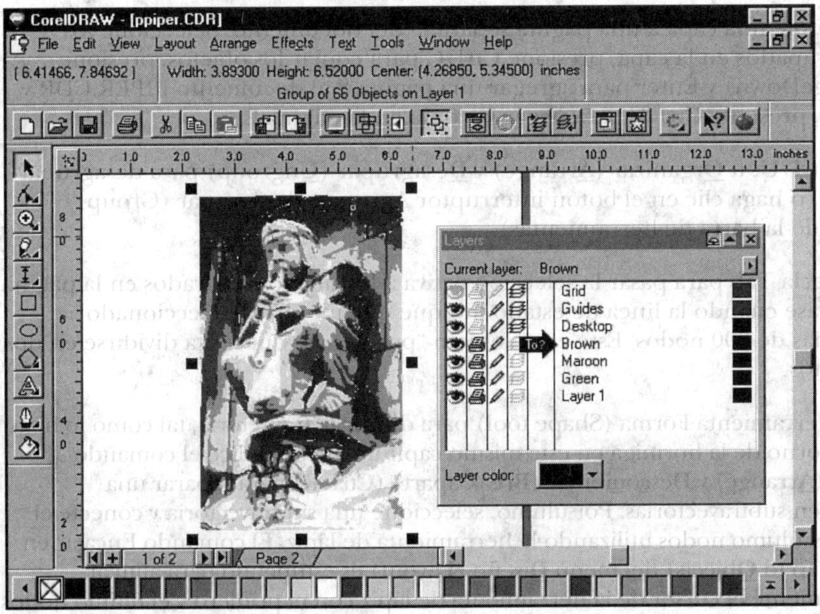

Figura 7.38
Mantenga los objetos en capas separadas, para confinar su trabajo de edición a un área de diseño específico.

11. Elija Archivo (File) y Guardar como (Save As), luego guarde su trabajo como PIPER.CDR en su disco duro.

    Se guarda su trabajo en este estado intermedio.

Como en realidad Corel Corp. está actualizando constantemente la versión 6 de Corel, tal vez importe en CorelDRAW capas que contengan el título "Capa vacía" ("Empty Layer") y este título podría aparecer en la lista del Gestor de capas (Layers Manager). Si esto sucede en la versión 6.00.118 de CorelDRAW, elimine el título de la capa del Gestor de capas (Layers Manager) haciendo clic con el botón derecho del ratón en el título y luego eligiendo **E**liminar (**D**elete) del menú de método abreviado. No hay nada en la Capa Vacía (Empty Layer) del archivo importado de OCR-Trace, y usted mismo se está haciendo un favor eliminando futuras confusiones, cuando reabra el archivo.

Ahora que se ha guardado el diseño y que las capas están organizadas de acuerdo con el color del objeto, tenemos dos técnicas para finalizar la composición del flautista.

Cómo simplificar objetos complicados

OCR-Trace se diseñó para ayudarle a crear curvas intrincadas, pero no es responsabilidad del programa crear exactamente el número correcto de objetos, o nodos, dentro de los objetos, para que se envíen con éxito a una impresora o una fotocomponedora. El precio que uno paga por un diseño maravillosamente intrincado es un exceso de nodos en la trayectoria. Sin embargo, este problema se puede resolver utilizando la misma técnica que se describe en "Cómo trabajar con archivos vectoriales importados".

Siga esta lista para optimizar los objetos de PIPER.CDR para su impresión:

1. Primero, copie una capa a una página separada del documento. Seleccione los objetos agrupados en la capa, presione Ctrl+C para copiar los objetos, presione AvPág (PageDown) y Enter para agregar una página 2 al documento PIPER.CDR y, por último, presione Ctrl+V para pegar la copia en la página 2.

2. Presione Ctrl+U, u **O**rganizar (**A**rrange) y **D**esagrupar (**U**ngroup) para desagrupar los objetos (o haga clic en el botón interruptor Agrupar/desagrupar (Group/Ungroup) de la barra de herramientas).

3. Utilice la tecla Tab para pasar la selección activa a los objetos separados en la página 2, y deténgase cuando la línea de estado indique que un objeto seleccionado contiene más de 300 nodos. Éste es un objeto "problema" y necesita dividirse en dos o más objetos.

4. Utilice la Herramienta Forma (Shape tool) para dividir la trayectoria, tal como lo hizo con el contorno de la hormiga en este mismo capítulo, luego utilice el comando **O**rganizar (**A**rrange) y Desco**m**binar (**B**reak apart) (Ctrl+K) para separar una trayectoria en subtrayectorias. Por último, seleccione una subtrayectoria y conecte el primero y el último nodos utilizando la herramienta de lápiz. El comando Encajar en **o**bjetos (Snap to **O**bjects) del menú **D**iseño (**L**ayout) es estupendo para alinear automáticamente el cursor de la herramienta de lápiz con el primero y el último nodos.

5. Una vez que se han dividido los objetos complejos de una capa en objetos más pequeños que contengan menos de 300 nodos, seleccione todos los objetos (haga doble clic en la Herramienta Selección (Pick tool)), luego reagrupe los objetos, cópielos al Portapapeles (Clipboard), presione RePág (PageUp) para regresar a la

página 1, elimine los objetos originales en la capa y, por último, presione Ctrl+V para pegar los nuevos objetos en la capa. ¡Asegúrese de que la capa destino sea la misma que contienen los objetos que copió! La capa actual está indicada por la flecha junto al título de la capa en la lista de la persiana Capas (Layers). Haga clic y arrastre la flecha a una nueva capa destino en cuanto haya terminado de editar una capa.

La figura de 300 nodos se creó con base en la experiencia del autor con un servicio de impresión, y al tratar de exportar objetos al formato EPS (Encapsulated PostScript) de CorelDRAW. El formato EPS es una "probada" del lenguaje PostScript y su implantación como formato de archivo no es idéntica al lenguaje PostScript utilizado por las fotocomponedoras. No se trata de un número definitivo, pero 300 o 400 nodos en su solo objeto *excesivamente* intrincado parece ser el umbral superior del lenguaje PS comprensible para los intérpretes de la fotocomponedora y los filtros de conversión. Usted podría hacer el intento de trabajar con más nodos en un objeto, pero sólo con menos de 300 nodos por objeto estará seguro del tiempo de producción.

Cómo rellenar huecos de objetos

El siguiente es un truco "sucio" que, como la mayor parte de los trucos, puede funcionar para una necesidad específica de diseño. Si usted tiene abierto PIPER.CDR en CorelDRAW ahora, verá los huecos que OCR-Trace dejó entre objetos de diferente color. El método absolutamente correcto, indicado y masoquista de corregir este problema de diseño consiste en dedicar unos días y volver a colocar los nodos de cada objeto para que se alineen con los objetos vecinos. La opción Encajar en objetos (Snap to Objects) de CorelDRAW ayuda a tomar esta solución y tal vez también la idea de tomar unas largas vacaciones después de la sesión de edición.

Sin embargo, si desea terminar la composición para que se imprima bien y se vea perfecta en la pantalla, y además completarla en 5 minutos, he aquí un breve repaso de los pasos "sucios", pragmáticos y realistas a seguir.

1. La capa Oliva (Olive) (y todas las capas) necesita ser visible, pero la flecha de selección no necesita señalarla en la persiana. Haga clic en el grupo de objetos de la capa Oliva (Olive), luego en la Herramienta Contorno (Outline tool) de la caja de herramientas, y elija la herramienta Pluma del contorno (Outline Pen) (el icono de la pluma fuente) del menú lateral.

2. Escriba **.356 (.014)** en el cuadro contador Ancho (Width) y marque las casillas de verificación Relleno de fondo (Behind fill) y Escalar con imagen (Scale with image). Al hacer esto se asegura de que el ancho del contorno caerá dentro de los objetos seleccionados y que si usted cambia el tamaño de la pieza terminada, el ancho de los contornos se ajustará de manera correspondiente. 0.356 centímetros (0.014 pulgadas) es un valor arbitrario (tal vez desee escoger un valor más grande para el relleno de los "huecos" en el diseño, pero no utilice un valor más alto del que realmente necesita.

3. Haga clic en el botón Predeterminado (Default) del área Caligrafía (Calligraphy). Con esto se asegura de que el contorno de cada objeto será una forma uniforme.

4. Haga clic en el botón Color del cuadro de diálogo Pluma del contorno (Outline Pen), luego en Otros (Others) y en Opciones de la paleta (Palette Options) y, por último, elija Abrir paleta (Open Palette). Si usted no creó una paleta personalizada en este capítulo para el flautista, puede seleccionar PIPER.CPL que se encuentra en la carpeta CHAP07 del CD de obsequio. Haga clic en Abrir (Open) para regresar al cuadro de diálogo Color del contorno (Outline color).

5. Haga clic en la muestra de color oliva oscuro, luego haga clic en Aceptar (OK) para regresar a la ventana de dibujo y a la composición.

6. Una vez que la paleta de colores se ha "preparado" con la selección de la paleta personalizada para el primer color de contorno, PIPER.CPL permanece como la paleta de colores de CorelDRAW, en la parte inferior de la ventana de dibujo. Usted puede ahora hacer clic en el grupo de objetos marrón, elegir Edición (Edit) y Copiar propiedades de (Copy Properties From), hacer clic en la casilla de verificación Pluma del contorno (Outline Pen) del cuadro de diálogo Copiar propiedades (Copy Attributes) y, finalmente, hacer clic en el grupo de objetos oliva oscuro. Con esto, se copian el ancho del contorno, la forma de la punta y los atributos de escala.

7. Haga clic con el botón derecho del ratón en la muestra marrón de la paleta de colores, para que el contorno de los objetos agrupados sea del mismo color marrón con que rellenó los objetos con OCR-Trace.

8. Repita estos pasos con los objetos en las otras capas.

9. ¡Ahora maraville a cualquier persona a la que pueda arrastrar hasta su monitor!

Una de las estupendas opciones de CorelDRAW es que usted puede copiar y asignar atributos a objetos *agrupados*. Esto evita la necesidad de desagrupar, de reagrupar y, en este ejemplo, de realizar ediciones individuales de cientos de formas. En la figura 7.39, usted puede ver terminado el diseño del flautista.

Si ha recorrido todos los ejemplos de este capítulo, merece una calurosa felicitación, ¡y tal vez también las disculpas del autor! Pero lo que ha aprendido a través de esta experiencia manual también le ahorrará meses de gimnasia mental para resolver problemas. El hecho es que Corel cuenta con una maravillosa, pero no absolutamente simple colección de opciones dispersas por varios módulos, con respuestas sobre sus problemas de diseño, si usted hace las preguntas correctas.

Tal vez haya encontrado algunos obstáculos importantes en este capítulo, pero si los superó, ha aprendido varios métodos para crear un trabajo de diseño *significativo*, del tipo que le hará recibir el reconocimiento como una persona creativa y que sabe solucionar problemas. Pregúntese usted mismo cuánto valen estas habilidades en el mercado hoy en día.

Figura 7.39
Las imágenes fotográficas pueden traducirse e incluso mejorar sus características artísticas, con el uso de la suite de aplicaciones de Corel.

8

capítulo

Cómo crear sus propias fuentes

El campo de la edición de publicaciones nunca ha sido tan variado y excitante como ahora; la edición por computadora, la edición en línea y los documentos interactivos basados en CD-ROM no han hecho sino redefinir el término "edición de publicaciones". Sin embargo, el *contenido* de un documento publicado, independiente de su forma, todavía depende de las imágenes y las palabras para enviar su mensaje. Aunque la mayor parte de este libro se concentra en las técnicas utilizadas para crear imágenes fantásticas utilizando grupos de aplicaciones de Corel, este capítulo se dedica al bloque de construcción del texto: la poco humilde *fuente*.

Desde CorelDRAW! 3, Corel le ha proporcionado a los usuarios la posibilidad de crear, editar y mejorar programas de tipos y fuentes digitales. Como Win95 maneja las fuentes de manera diferente de las versiones anteriores de Windows, y como algunas de las aplicaciones de Corel tienen requisitos específicos de fuentes, usted está obligado a conocer los pros y los contras de la creación y exportación de fuentes. Al final de este capítulo comprenderá la importancia de los tipos específicos de fuentes en diferentes aplicaciones, sabrá cómo crear una fuente de texto y cómo se pueden utilizar fuentes de símbolos en varias implantaciones de diseño.

La anatomía de una fuente

Como muchas herramientas comerciales tradicionales, físicas, los tipos de un sistema de computadora tomaron sus medidas, su nomenclatura y otras especificaciones del equipo tipográfico físico que se remonta a la primera prensa de Guttenberg. Para crear una fuente utilizando CorelDRAW, es necesario comprender primero y adoptar algunas de las convenciones y los términos que los tipógrafos han utilizado y siguen utilizando en la edad de la edición electrónica.

Cómo comprender los programas de fuentes digitales

El término *fuente* fue utilizado originalmente por los tipógrafos que trabajaban con barras de metal de caracteres tipográficos para describir un tamaño y una clase específica de tipo. Por ejemplo, Times Roman de 12 puntos es una fuente. Sin embargo, Microsoft y Adobe Systems han vuelto confusa la diferencia entre un tipo y una fuente, debido a la capacidad de los programas de fuentes digitales para cambiar el tamaño del texto a casi cualquier medida. Por lo tanto, utilizaremos el término *fuente* en nuestro análisis de CorelDRAW y otros programas que pueden utilizar tipos digitales, independientemente del puntaje de un tipo determinado.

El término *programa de fuente digital* se utiliza en este capítulo para reforzar la idea de que los archivos PFB y PFM de Type 1 y los archivos TTF de TrueType son en realidad programas almacenados en un lugar del disco duro. A estos programas se les llama al vuelo cuando usted utiliza fuentes específicas. Por ejemplo, Adobe Type Manager es una utilería de tramado para los programas de fuentes; ATM trata la pantalla del monitor como si fuera una impresora y despliega una presentación preliminar de mapa de bits del programa de fuente que usted utiliza en un documento. Sin embargo, la parte más relevante de un programa de fuentes para diseñadores es la descripción del contorno de los caracteres. Este capítulo se concentra principalmente en dos áreas: cómo aparecen y se imprimen limpiamente las fuentes y qué tan consistentes son los caracteres de una familia de fuentes.

Cómo elegir una tecnología de fuentes

En los círculos profesionales de edición, un tema popular de discusión es el formato preferido de fuentes digitales. Microsoft y Apple Computers crearon la estructura TrueType para fuentes como una alternativa al estándar Type 1 de Adobe System. Los caracteres de una fuente TrueType y de una Type 1 pueden ser idénticos, pero el formato digital de la propia fuente puede crear una diferencia en su pieza impresa y en la manera en que usted trabaja con un tipo.

Para las tareas en que se trabaja el texto como texto (esos diseños donde una fuente se utiliza para el cuerpo del texto y para los titulares), es casi universalmente aceptado que las fuentes Type 1 son el estándar. Las fuentes Type 1 son más que una tecnología digital; son implantaciones de PostScript, el lenguaje descriptor de página que utilizan las fotocomponedoras de alta resolución. Debido al uso predominante de Adobe PostScript en el campo de la edición, y a la necesidad de que los diseñadores y las impresoras comerciales "hablen" el mismo lenguaje del tipo digital en relación con los tipos, las fuentes Type 1 se convirtieron en un estándar.

Sin embargo, el mercado *general* para fuentes aparentemente tiene espacio para dos estándares de tipos digitales. TrueType, el segundo, se utiliza frecuentemente en las computadoras de las empresas para correspondencia y memos. La aceptación de TrueType en los negocios se debe sobre todo a consideraciones económicas y financieras. TrueType se imprime claramente en impresoras láser de baja resolución, y las fuentes TrueType son fáciles de instalar en un sistema. Además, como esta tecnología de fuentes es apoyada por la mayor parte de los programas de creación de fuentes (incluyendo CorelDRAW), casi cualquiera puede crear diseños de fuentes TrueType legítimas, lo que ha dado como resultado una multitud de fuentes TrueType, y una drástica reducción del precio general de los tipos digitales.

En el capítulo 3, "Cómo someter a los nodos y las trayectorias (la manera fácil)", se analizaron las ventajas estructurales de guardar caracteres de fuentes en el formato Type 1. Para recapitular, los cálculos matemáticos de Bézier (el tipo de información que las fuentes Type 1 utilizan para describir las trayectorias de contorno de los caracteres) es menos complicada que la estructura de líneas de curvatura B de los caracteres TrueType. Los cálculos matemáticos más simples entran más rápidamente al caché del administrador de fuentes; las fuentes Type 1 bajan las ecuaciones matemáticas de una fuente en una estructura que los dispositivos PostScript (fotocomponedoras, filtros de graficación EPS en aplicaciones, grabadoras de película, Acrobat Distiller) pueden comprender rápidamente.

Sin embargo, en algunas ocasiones no es posible utilizar una fuente Type 1. CorelDEPTH y DREAM 3D no reconocen la presencia de fuentes Type 1 en Win95. Por fortuna, todas las fuentes disponibles en el CD-ROM de Corel se encuentran en formatos Type 1 y TrueType; usted no tiene que apegarse a un diseño porque pueden utilizarse diseños de fuente idénticos en ambos formatos.

Lo interesante es que TrueType no permanece realmente como fuente editable en DEPTH y DREAM 3D. Como en PHOTO-PAINT, las fuentes se traman (la información del contorno se convierte en un formato basado en pixel) en la generación final dentro de esos programas. Como son imágenes gráficas, los diseños de DEPTH Y DREAM 3D que incorporaron información de fuentes TrueType no afectan a las fotocomponedoras PostScript porque la imagen no contiene información de programas de fuentes; el texto TrueType se convierte en trayectorias curvas.

Como mencioné al principio, a CorelDRAW no le preocupa si usted elige el formato PFB o el TTF para exportar caracteres de una fuente digital. En este capítulo se le muestra cómo crear un contorno de carácter para ambos formatos, TrueType y Type 1.

Recomendaciones importantes para el acceso a las fuentes

Independientemente de si usted utiliza sus propias fuentes, las fuentes del CD de Corel, o de algún otro origen, tenga en consideración unas cuantas recomendaciones:

- ✔ Si quiere mantener una relación cordial con su servicio de impresiones o con los impresores comerciales, asegúrese de que el texto editable de sus documentos de CorelDRAW y otros documentos utilizan fuentes Type 1. Donde sea posible, utilice fuentes genuinas Adobe Type 1, sobre todo porque la mayor parte de los servicios de impresión bien establecidos poseen las mismas fuentes. Ésta es la realidad y no una promoción de los productos de Adobe en este libro.

- ✔ Si necesita utilizar las fuentes de CorelDRAW, o las que usted aprenderá a crear en este capítulo, asegúrese de que su servicio de impresión o su impresor comercial pueden utilizar estas fuentes. Revise cuidadosamente las licencias que acompañan a las fuentes que ha comprado para ver si puede llevar copias de las fuentes utilizadas en un documento a un servicio externo. El lenguaje legal es vago sobre el tema de utilizar las fuentes que usted ha comprado en varios sistemas, y aunque tal vez su servicio de impresión no sepa cómo generar su pieza sin la fuente que ha utilizado, usted es quien debe decidir si viola una licencia de *programas de software.* Por fortuna, muchos servicios de impresión e impresores comerciales también poseen una versión de CorelDRAW, de modo que la distribución de fuentes copiadas a menudo se vuelve discutible.

- ✔ Restrinja el uso de TrueType en su trabajo de diseño a programas que generan los caracteres de fuentes como imágenes gráficas. Los programas de edición de mapa de bits y las aplicaciones de modelaje como DREAM 3D nunca contienen información de las fuentes en la imagen terminada. Con estos programas, es correcto enviar un diseño con TrueType como imagen de *mapa de bits* terminada a impresoras y servicios de impresión. TrueType ha encontrado hostilidad y odios en los servicios de impresión porque a menudo congelan las fotocomponedoras; incluso cuando se envían como una imagen gráfica a una fotocomponedora, TrueType toma más tiempo para generarse que Type 1, debido a la complejidad de su estructura.

Tip Si usted tiene una fuente TrueType única en su género, indispensable y que necesariamente debe utilizar en un diseño de CorelDRAW, trate de separar el texto en curvas (Organizar (Arrange) y Convertir a curvas (Convert to Curves), Ctrl+Q). Si después el objeto de letras contiene, digamos, más de 350 nodos, utilice Organizar (Arrange) y Descombinar (Break apart) (Ctrl+K) para separar las subtrayectorias del objeto general, luego vuelva a combinar los objetos (Ctrl+L) que haya marcado con un rectángulo de selección; para que cada colección de temas combinados contenga menos de 200-300 nodos.

La complejidad del lenguaje PostScript tiene umbrales superiores, e incluso algunas fotocomponedoras con cantidades adecuadas de RAM pueden a veces fallar al descifrar el código de objetos excesivamente complejos.

En Windows 95, usted puede "intercambiar fácilmente" las fuentes TrueType, moviéndolas fácilmente con sólo hacer clic y arrastrar la carpeta que contiene la fuente TTF a, o desde, la carpeta Fonts anidada dentro de la carpeta de Windows 95. (En realidad no necesita la utilería Fonts de la carpeta System para agregar y eliminar fuentes TrueType.) Sin embargo, para adoptar esta práctica de intercambio fácil debe asegurarse de que la aplicación en que desea utilizar la fuente TrueType no se está ejecutando. Y tenga en cuenta que introducir o sacar una fuente TrueType del sistema no es una buena idea si la fuente TrueType se utiliza en una aplicación en que el texto siempre es editable. Si usted ha eliminado una fuente utilizada en un documento, podría terminar con una fuente faltante a la hora de imprimir. Vea el capítulo 12, "Outputting Your Input" (en el CD de obsequio), para conocer posibles soluciones al problema de las "fuentes faltantes".

Diferentes clases de fuentes

Se necesitaría un libro o dos, no un capítulo, para documentar el arte de crear fuentes para pantalla (o *titulares*) y fuentes para texto corrido. El siguiente análisis de los *estilos* de fuente que se incluyen en el CD de Corel ilustra la manera en que usted crearía estas clases de fuentes. Los tipos, tanto digitales como tradicionales, pueden dividirse en las siguientes dos categorías, cada una de las cuales se ramifica en otras categorías únicas:

- ✔ Los tipos romanos contienen componentes de caracteres de diferentes anchos. Usted notará que los cuerpos horizontal y vertical de los caracteres de tipos romanos son normalmente diferentes; la barra horizontal de una *H* de estilo romano no es tan ancha como los cuerpos verticales que le dan forma al carácter.

- ✔ Los tipos *góticos* utilizan un ancho uniforme para describir un carácter. Aunque Futura, Helvetica y Olive Antiqua no tienen exactamente el mismo ancho dentro de los componentes de los caracteres, se les menciona como fuentes de estilo gótico. Avant Garde y Century Gothic son los mejores ejemplos de arquitectura de fuentes gótica, aunque se utilizan con menos frecuencia.

Una modificación a un tipo básico, llamado *patín*, es anterior a la imprenta y se remonta a los tiempos de la Roma antigua; se crearon entonces ligeras irregularidades artísticas en el cuerpo del carácter para agregar legibilidad a textos labrados en piedra y escritos a mano. En los siglos siguientes, los patines de las fuentes se volvieron un adorno artístico y un medio para controlar la dispersión de la tinta, y éstos también hacen que una fuente resulte más legible cuando se genera a tamaños pequeños. Los patines también parecen crear un aspecto más limpio y profesional en caracteres impresos con tinta en papel poroso. Honestamente, en nuestros días no necesitamos los patines cuando el texto se genera utilizando tóner secado con láser, o cuando el texto se proyecta sobre una película, pero los patines siguen manteniendo la característica de legibilidad en las publicaciones modernas, y agregan una calidad ornamental al mundo impreso.

Aunque se ha abandonado de alguna manera casi todo el uso de la "buena" tipografía, desde que las fuentes digitales quedaron disponibles para todos, los diseñadores profesionales todavía se inclinan por el uso de fuentes góticas para los encabezados y por el de fuentes romanas para el cuerpo del texto. Esta preferencia se mantiene porque las fuentes góticas tienden a "gritar" un mensaje; cuando se utilizan en el cuerpo del texto, llegan a causar cansancio visual.

La introducción en la tipografía de tipos góticos con patines representa una mezcla interesante entre los atributos de las fuentes góticas y romanas (los caracteres romanos por lo general utilizan patines). Muchos estarán de acuerdo en que Courier es una fuente artística horrible debido a sus características góticas, burdas, pero representa un maravilloso sustituto para las fuentes System, Terminal y MS-Sans Serif debido a sus patines.

Por el contrario, las fuentes romanas, con su construcción suave y fluida, tienden a llevar los ojos del lector a través de columnas y columnas de texto, pero le falta "poder" visual cuando se utilizan en un encabezado de 24 puntos o más. Como un intento por hacer un tipo más pesado de fuente romana, se crearon versiones sin patines de tipos populares.

En la figura 8.1 puede ver cuatro ejemplos de los tipos de fuentes básicos, con patines y sin patines.

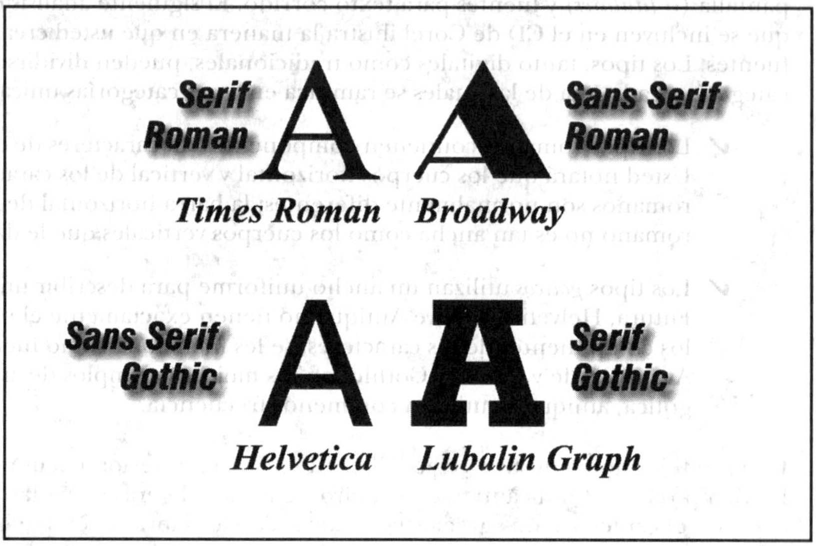

Figura 8.1 Los tipos romano y gótico pueden tener estilos con patines y sin patines.

¿Por qué preocuparse por crear fuentes? ¡El CD de Corel contiene mil!

Tres poderosas razones llevan a los diseñadores gráficos al negocio de la creación de fuentes, y los animarán para que experimenten con algunas de las investigaciones que se delinean en este capítulo:

- ✔ A usted le encanta la expresividad con que el diseño de una fuente puede mejorar y a veces reemplazar el contenido del mundo impreso. Vivaldi, Zapf Chancery y Cataneo, para nombrar sólo algunas fuentes de Corel, son más que programas digitales. Estas fuentes hablan elocuentemente de sus creadores y son obras de arte en miniatura.

  Si usted tiene un poco de experiencia con una pluma de caligrafía, imagine las posibilidades de su escritura una vez que la haya digitalizado. Consulte el capítulo 7, "Corel OCR-Trace: cómo convertir mapas de bits en vectores", para conocer las técnicas con que puede llevar un dibujo a pluma y tinta a CorelDRAW. Después de que su trabajo a pluma se haya convertido en un formato vectorial, en este capítulo se le mostrará cómo organizar los objetos para que puedan exportarse a una fuente digital.

- ✔ Usted se ha ido cansando de copiar y pegar el mismo logotipo corporativo en media docena de tareas de diseño. Si coloca el logotipo en una fuente existente (o una original), usted, o cualquier persona de su empresa, puede tener acceso al logotipo con sólo escribir el carácter que le ha asignado.

- Su disco duro está tan mal organizado como el del autor, y desea tener rápido acceso a las formas básicas que habrá de extruir o tornear en DREAM 3D, DEPTH o MOTION 3D. Hablando literalmente, las fuentes digitales sólo son una colección de trayectorias geométricas organizadas de acuerdo con el código de digitalización del sistema (las señales electrónicas enviadas por su teclado). Por lo tanto, una fuente de símbolo puede utilizarse efectivamente para crear bordes y otras formas repetidas o constantemente utilizadas. En este capítulo se presenta un análisis más amplio sobre las fuentes de símbolos y la persiana Símbolos (Symbols) de DRAW.

Empiece por enfrentar la primera de estas razones importantes en la siguiente sección, creando una plantilla para casi cualquier tipo de fuente de texto.

Las "reglas" para crear un programa de fuente

Es necesario seguir algunos lineamientos físicos y de procedimientos para crear una fuente digital que valga la pena enviar a servicios en línea, utilizar en su propio trabajo, o vender. Las fuentes que usted crea en CorelDRAW son de su propiedad; son su propia creación, igual que los dibujos de CorelDRAW.

Empecemos con algunas sugerencias y lineamientos para elaborar una fuente que usted y otros realmente quieran utilizar:

- **Mantenga la consistencia de los caracteres.** Las letras (caracteres) de su fuente deben tener los mismos cuerpos verticales y horizontales en todos los caracteres. Si, por ejemplo, el rasgo horizontal de la *H* de su fuente no es igual que el de la *A*, cuando escriba líneas largas de texto su fuente parecerá letrero de caricatura.

  Se pueden utilizar muchos métodos para enfrentar el tema de la consistencia de los caracteres. En un ejemplo que se presenta más adelante, en esta sección, verá cómo utilizar la plantilla que se proporciona con el *CD de obsequio de CorelDRAW! 6 para expertos* y comprenderá el propósito tipográfico de todas las líneas guía de esta plantilla.

- **Cree caracteres sucintos.** Deje que el capítulo 3 sea su recurso personal para la construcción apropiada de curvas en las trayectorias que conforman los caracteres de su fuente. Las funciones Recortar (Trim), Soldar (Weld), Intersectar (Intersect) y Combinar (Combine) de CorelDRAW son muy útiles para mantener la consistencia de los caracteres, pero a menudo producen un exceso de nodos y de conexiones de trayectoria incorrectos. En algunas aplicaciones, no es importante la manera en que se diseña una fuente; y las especificaciones TrueType para propiedades de contorno son más relajadas que las de Type 1. Sin embargo, si la inspección cuidadosa de un carácter que usted ha creado revela nodos redundantes o innecesarios, debe eliminar estos nodos (y editar la curva si la eliminación de los nodos cambia la forma curva).

  Cree el mejor contorno de carácter, utilizando el menor número de nodos, y dirija su mira al formato Type 1. Si necesita fuentes TrueType, CorelDRAW agrega automáticamente nodos al carácter exportado (no a su original en la ventana de dibujo) para que la línea de curvatura sea correcta matemáticamente, de acuerdo con las especificaciones de TrueType.

- ✔ **Los ejes horizontal y vertical son absolutos.** Gracias a horas de prueba y error, el autor ha creado unas cuantas fuentes cuyas trayectorias no se encuentran precisamente en los ejes horizontal y vertical de la página. Eran inevitables ciertos errores en versiones anteriores de 16 bits de CorelDRAW, que no tenían la capacidad de cómputo para medir trayectorias hasta los micrones. Con CorelDRAW! 6, ahora tiene la posibilidad de acercarse todo lo que desee al nodo de intersección en la trayectoria y asegurarse de que está alineado con un nodo adyacente. Un nodo que tenga incluso una fracción de grado de inclinación en el cuerpo de un carácter dará por resultado una presentación antiestética en la pantalla, a puntajes pequeños, y a la hora de imprimirse el error sería más notable de lo que creía.

Tip La opción Encajar en líneas guía (Snap to Guidelines) de DRAW es excelente para mantener las líneas de la herramienta de lápiz en modo A mano alzada perfectamente verticales y horizontales. Además, cuando diseñe caracteres de fuente, utilice la opción Alinear (Align) de la persiana Edición de nodos (Node Edit) para asegurar que el segmento de trayectoria de un carácter se encuentre perfectamente vertical.

- ✔ **Haga conexiones de nodos correctas.** La construcción de una trayectoria es importante para asegurar la salida correcta a una alta resolución; esto es válido especialmente para los caracteres de fuentes, cuyo formato es generalmente PostScript (Type 1). En las impresoras láser de 300 dpi pueden imprimirse bien conexiones incorrectas de nodos, pero las aplicaciones de modelaje son excepcionalmente quisquillosas sobre la construcción de las fuentes. Un contorno de fuente mal construido puede hacer que falte una parte de un texto en un objeto 3D. Consulte, en el capítulo 3, los puntos finos de la creación de trayectorias con puntos de control fuera de la trayectoria y tangentes entre sí. En el capítulo 3 también se muestra cómo deben utilizarse conexiones asimétricas cuando un segmento de curva se encuentra con un segmento de línea recta.

Líneas guía para fuentes

De la misma manera en que usted diseñaría una pieza de maquinaria o un anuncio con las líneas guía de CorelDRAW, puede elaborar fuentes utilizándolas. ¿Pero dónde se empieza a crear una plantilla para una fuente?

Tradicionalmente, los diseñadores de fuentes harían un dibujo físico de un carácter de fuente en una hoja de papel o en pergamino. La fuente se dibuja a proporciones enormes para asegurar que al reproducirse al tamaño final, cualquier error del dibujo a mano sea mínimo o pase desapercibido. El diseñador tradicional de fuentes jugaría entonces con las piezas de papel para ver cómo interactúan los caracteres. A veces necesita modificarse un diseño de caracteres porque un patín golpea a otro carácter, o porque necesita bajarse la línea de base para acomodar un carácter especial.

Como en el caso de los diseñadores tradicionales, todavía es buena idea diseñar fuentes más grandes de las que utilizarán, pero ahora usted tiene la opción de pasar por alto el proceso de digitalización y de generación y trabajar directamente en un documento de CorelDRAW.

Si la opción de exportación de fuentes de CorelDRAW es nueva para usted, debe diseñar los caracteres a 720 puntos, para que coincidan con el valor predeterminado de Tamaño de diseño (Design size) de CorelDRAW. ¿De dónde vienen los 720 puntos? Hay 72 puntos en una pulgada; 10 veces esta cantidad permite minimizar los errores de contorno. Sin embargo, una carácter de 720 puntos no ocupa 720 puntos de espacio en la página de impresión; aquí es donde necesita examinarse el *espacio del carácter* (y las definiciones y las razones de la arquitectura de fuentes).

En la figura 8.2 se muestra un esquema de los componentes de Times New Roman y dónde se localizan dentro de la información de fuente de un archivo de Type 1 o TrueType. Aunque nunca trate de volver a crear Times New Roman, una lección clave consiste en saber dónde deben ir las líneas guía para crear una fuente. Las definiciones de las etiquetas de las línea guía se encuentran después de la figura.

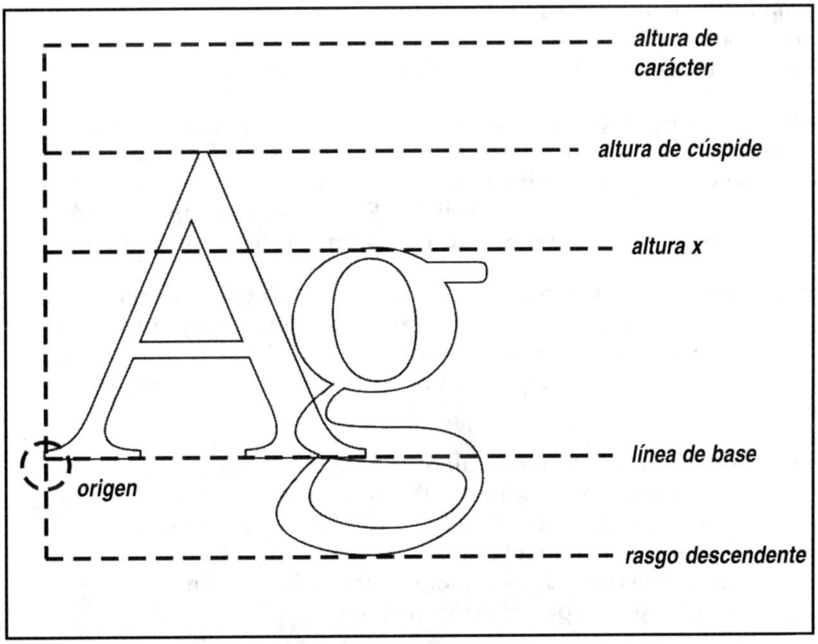

Figura 8.2
Los caracteres de una fuente tienen componentes; utilice estas líneas guía para asegurar la consistencia de la fuente.

- ✔ **Altura del carácter.** Son las coordenadas matemáticas dentro de una fuente digital que representan el área "viva" de una fuente, cuando se generan en la pantalla o en la página impresa. La altura del carácter no es lo mismo que la *altura de la mayúscula*; los caracteres a menudo tienen acentos que *rebasan* la altura de las mayúsculas. La altura del carácter es la definición máxima de una dimensión del *espacio del carácter* (que se explicará cuando exportemos un carácter en "Cómo exportar una fuente", más adelante en este mismo capítulo.)

- **Altura de las mayúsculas.** La altura típica de una letra mayúscula dentro de una fuente. Si usted empieza con una altura de carácter de 720 puntos, no es anormal encontrar alturas de mayúsculas de 500 a 600 puntos en fuentes comerciales. Como diseñador, usted tiene la libertad de elegir cualquier altura de mayúsculas que le agrade (dentro de la altura del carácter), pero al mantener en una medida razonable la altura de la mayúscula dentro del espacio del carácter, usted puede agregar acentos a las mayúsculas sin tener que modificar el tamaño de todo el juego de caracteres en el camino.

- **Altura de la x.** Es la altura normal de una minúscula; la gente por lo general mide la *x* de una fuente para determinar la altura de la minúscula porque la x es plana en las partes superior e inferior, y no tiene rasgos descendentes. A la distancia entre la altura de la x y la altura de la mayúscula por lo general se le llama *altura de rasgos ascendentes* (frase que se utiliza para describir, por ejemplo, la porción superior del rasgo del cuerpo horizontal de una *h* mayúscula).

  Usted puede divertirse mucho diseñando una fuente cuya altura de mayúsculas sea *consistentemente* más baja o más alta que en una fuente bien proporcionada como Times New Roman. Parisian, Dolmen y muchas fuentes creadas por Lucian Bernhard (como Modern y Fashion) son ejemplos de fuentes con alturas de mayúsculas deliberadamente bajas, creando un aspecto Art Deco.

- **Línea de base.** Es la línea guía más importante cuando se exportan caracteres a un formato de fuente. La línea de base determina las partes superior e inferior de los caracteres que no tienen rasgos descendentes. Los caracteres exportados *deben* localizarse en la misma línea de base en CorelDRAW, o la fuente en uso se verá como una "pelota de golf" en una vieja Selectric IBM que no fue bien configurada.

- **Rasgo descendente.** La medida del extremo inferior de ciertos caracteres como una *g* o una *y* minúscula. Los caracteres extranjeros contienen guiones y caracteres subrayados que alcanzan la zona de los rasgos descendentes del espacio de carácter de una fuente, pero estos caracteres especiales nunca tocan la línea de rasgos descendentes.

- **El origen.** Representa la parte inferior izquierda de un carácter normal en una fuente. Vale la pena recalcar la palabra "normal", porque algunos elementos del carácter, como los rasgos descendentes de una *y* minúscula, pueden extenderse debajo y a la derecha del origen. Sin embargo, esto es correcto; el origen es una convención para el programa que utiliza la fuente para establecer una línea de base relativa cuando la fuente se utiliza para escribir palabras.

  Si usted trata de crear su propia plantilla para fuentes, el origen cero de la página de impresión *debe* coincidir con la esquina inferior izquierda del espacio de carácter de la letra, porque es el punto de origen para las fuentes que usted exporta utilizando CorelDRAW. Haga clic en el cuadro de origen cero y arrastre (el cuadro en la intersección de las reglas), para cambiar el origen cero de la página de impresión.

En este punto es necesaria una breve explicación porque parecería que la siguiente información contradice las líneas guía de una "buena fuente", tal como se acaba de mencionar. Es *más* que posible crear una fuente consistente (cuyas medidas de carácter se atengan a los lineamientos) que se "vea" equivocada en la pantalla y en el papel. La razón para esto es que el centro *óptico* de un carácter dentro de su espacio es tan importante como el centrado lineal. En otras palabras, si algo es correcto cuando lo mide, pero se ve mal, entonces estará mal. Créale a las reglas de CorelDRAW, pero también confíe en sus ojos. Un buen ejemplo de un carácter centrado ópticamente es la mayúscula *O* de Times New Roman. La *O* se extiende debajo de la línea de base, y rebasa la altura de la mayúscula. Sin embargo, la *O* se ve bien en el contexto de un párrafo.

- ✔ **Excedente.** Es la medida que se encuentra sobre la altura de las mayúsculas, sobre la altura de la x y debajo de la línea de base, para acomodar caracteres (por lo general con partes superiores redondeadas). Una medida aceptable para la distancia excedente es de entre 5 y 10 por ciento de la altura general del carácter.

- ✔ **Origen del siguiente carácter.** Por lo general define el final del espacio del carácter anterior. Más adelante, en este mismo capítulo, nos adentraremos en un uso poco ortodoxo del origen del siguiente carácter. A partir de este momento, el lado derecho del espacio de un carácter por lo general define el origen del siguiente carácter.

- ✔ **Ancho máximo del carácter.** Por lo general es una buena idea invertir el proceso de creación de una fuente; es decir, crear primero el carácter más ancho, aunque no sea la primera letra que exportará. Observe el aspecto de una *M* en su plantilla de diseño de fuentes y luego determine el ancho de sus otros caracteres de acuerdo con ella. Permítame repetirlo, es un problema tener que cambiar el tamaño de todos los caracteres porque usted no dejó espacio para los caracteres más anchos de una fuente. El ancho horizontal del carácter más ancho (como la *M* o la *W* mayúsculas) no deben encimarse con el origen del siguiente carácter. Por fortuna, CorelDRAW le permite afinar el lado derecho de un espacio de carácter antes de exportar un carácter.

- ✔ **Espacios laterales.** Se trata de las medidas en los extremos izquierdo y derecho de un carácter que ofrecen un "colchón" o un seguro virtual de que los caracteres adyacentes no chocarán cuando se utilizan en programas que no manejan el interletraje de fuente. Un espacio lateral es parte del espacio del carácter, pero usted no puede establecer este valor en CorelDRAW sin ver cómo "encajan" dos caracteres entre sí. Tal vez necesite afinar una fuente completada en un programa adicional para obtener un espaciado óptimo entre caracteres. Algunos caracteres de una fuente bien proporcionada, bien espaciada, se extenderán *más allá* del espacio del carácter, para crear una apariencia más coherente en un bloque de texto.

Dadas todas estas consideraciones para las características y las medidas de las fuentes, es hora de montar el show en la siguiente sección, de mover los pies y empezar a diseñar y exportar una fuente.

CorelDRAW! como su caja de herramientas para crear fuentes

Muchas aplicaciones comerciales, como Fontographer, de Micromedia, proporcionan un rico grupo de herramientas que usted puede utilizar para dibujar, espaciar y crear una fuente digital que funcione. No obstante, si alguna vez ha bajado una fuente de shareware de un servicio en línea y ha inspeccionado la información del encabezado del archivo PFB o TTF, a menudo verá que dice "Copyright Corel Corporation". La fuente pasó por las puertas de CorelDRAW. Lo que esto indica es que a pesar de que DRAW no tiene todas las herramientas específicas que usted necesita para definir los *parámetros* de la fuente, todavía es la aplicación de *diseño* de fuentes que se utiliza más a menudo, debido a sus herramientas precisas y la facilidad con que se utilizan.

La siguiente sección debería titularse "¿Dónde debo empezar?"; es difícil obtener un concepto de lo que es el juego de caracteres de una fuente y cómo funcionan juntos. En realidad dibujar y exportar el primer carácter servirá para romper el hielo y para mostrar el procedimiento, y tenemos una serie de pasos detallados esperando para que usted los siga.

Cómo trabajar con una plantilla y con partes reutilizables de fuentes

El truco para configurar la plantilla de una fuente que desee crear radica en planearla bien. Para este fin, hemos creado el documento CHARSPEC.CDT, un archivo de plantilla de CorelDRAW que usted puede meter en la carpeta de plantillas de Corel y utilizarlo con el propósito expreso de crear sus propias fuentes. El ejercicio que sigue es una excursión por las herramientas que CorelDRAW ofrece para crear componentes de fuentes, y sobre la manera de obtener lo mejor de las línea guía de CHARSPEC.CDT.

Todo Lo que se encuentra en las páginas uno y dos de CHARSPEC.CDT está protegido; si le gustaría tener una vista sin obstrucciones mientras trabaja, utilice el interruptor del icono de ojo en el Gestor de capas (Layers Manager) para hacer invisibles las capas Specifications (Especificaciones) y Desktop (Escritorio). Debido a los muchos usos que tiene un solo cuerpo horizontal o vertical en CorelDRAW! 6, y gracias a las funciones booleanas del programa para soldar e intersectar objetos, el proceso para crear una fuente en que la dimensión sea consistente para todos los caracteres es más fácil de lo que usted podría esperar.

He aquí cómo crear una *A* mayúscula con una apariencia similar a Bremen, la popular fuente Bitstream que se incluye en el CD de Corel.

Cómo utilizar las funciones booleanas para crear una fuente

1. En CorelDRAW, elija Nuevo (New) y Con plantilla (From Template); luego elija CHARSPEC.CDT de la carpeta CHAP08 de la carpeta EXAMPLES del *CD de obsequio de CorelDRAW! 6 para expertos.* Marque la casilla de verificación Con contenido (With Contents), luego haga clic en Abrir (Open).

   Se crea un archivo GRÁFICO1 (GRAPHIC1) en la ventana de dibujo, junto con anotaciones y líneas guía, listo para diseñar un carácter.

2. Haga clic en la Herramienta Zoom (Zoom tool), luego trace un rectángulo de selección alrededor de la *A*, en la página de la plantilla.

   Se le acerca a una resolución de vista cómoda, donde pueda ver las anotaciones y elaborar componentes para la fuente que habrá de crear.

3. Haga clic en el botón Encajar en líneas guía (Snap to Guidelines) de la barra de herramientas.

   Aunque la capa Guidelines (Líneas guía) está protegida, las líneas guía atraerán cualquier objeto que dibuje en la plantilla de página o que mueva cerca de las líneas guía. Esto lleva a que la alíneación de los componentes de una fuente... ¡se haga en un santiamén!

4. Presione F6 (o haga clic en la Herramienta Rectángulo (Rectangle tool)), luego haga clic y arrastre un rectángulo de la línea guía de base a la del espacio excedente.

   Usted ha dibujado uno de los cuerpos verticales para la *A* mayúscula, imitando la construcción del carácter Times New Roman que se encuentra dentro de la plantilla, colocando la parte superior de su carácter en la línea guía del espacio excedente. Aunque este cuerpo será un componente diagonal de la "choza" que forma la letra A, cuando el cuerpo de un carácter está orientado más vertical que horizontalmente, se considera que es vertical, tanto en la terminología como en el lenguaje PostScript.

5. Presione la barra espaciadora, luego haga clic y arrastre los tiradores de la izquierda y la derecha hacia fuera o hacia el centro del rectángulo.

   Se cambia a la Herramienta Selección (Pick tool), se cambia el tamaño de la medida horizontal del rectángulo, luego se adelgaza o se engrosa el cuerpo vertical. Se trata de un elemento artístico; asegúrese de que está a gusto con el ancho del cuerpo derecho de la *A* antes de seguir adelante.

6. Haga clic y arrastre el cuerpo vertical fuera de la página, haga clic con el botón derecho del ratón soltando el botón izquierdo.

   Se deja caer una copia del cuerpo vertical en la sección de pegado de la ventana de dibujo. Usted volverá a utilizar este cuerpo para crear otros caracteres de la fuente. Si tiene abierto el Gestor de capas (Layers Manager) (Ctrl+F3), también notará que el rectángulo se duplica en Layer 1 (Capa 1); la capa Desktop (Escritorio), donde por lo general se encuentra la zona de pegado, está protegida.

7. Haga clic dos veces en el rectángulo de la plantilla.

   Se selecciona el rectángulo, luego se coloca el rectángulo en el modo girar/estirar (rotate/skew).

8. Haga clic y arrastre el tirador superior del rectángulo a la derecha, hasta que su lado derecho coincida con el ángulo de inclinación de la línea guía de la mayúscula de Times New Roman.

Se crea un cuerpo inclinado que se utilizará para representar el lado derecho de la *A* mayúscula. Tal vez también desee arrastrar y colocar una copia de este cuerpo en la zona de pegado, como hemos hecho en la figura 8.3. *W*, *M* y otros caracteres tienen cuerpos verticales inclinados.

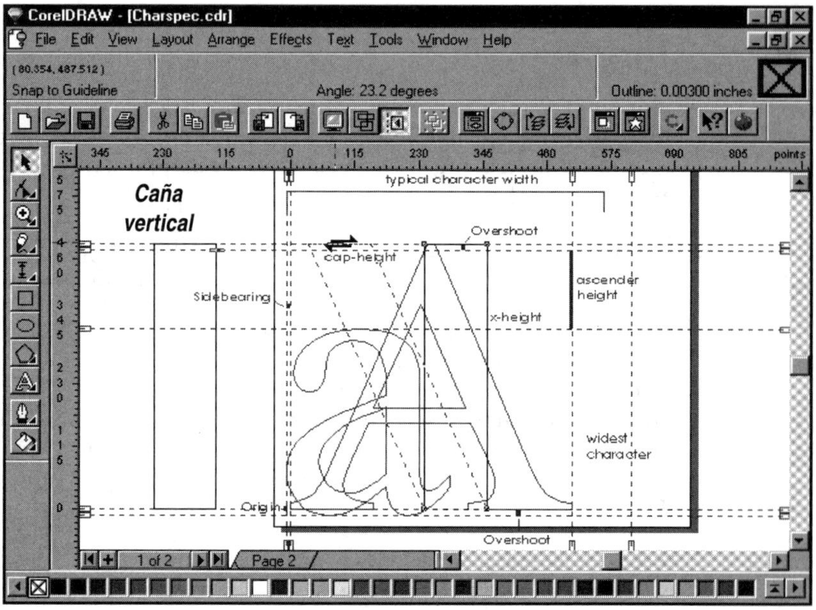

Figura 8.3
Decida el ancho de un cuerpo vertical en una fuente, luego duplique el componente cada que necesite esta parte del carácter.

9. Cree un rectángulo más estrecho de igual altura que el primer rectángulo, luego arrastre y coloque una copia del rectángulo en el área de pegado de la ventana de dibujo.

   Se trata del segundo componente de la *A*; usted puede utilizarlo después en componentes de otros caracteres que tengan un ancho similar.

10. Seleccione el rectángulo más estrecho, colóquelo en la línea de base, a la izquierda del primer rectángulo, luego haga clic en él y estírelo hacia la derecha, para que parezca tener el mismo ángulo que el cuerpo vertical que se encuentra a la izquierda de la plantilla de la *A* de Times New Roman.

    Se crea el lado izquierdo de la *A* mayúscula. Si los dos rectángulos inclinados no se intersectan en la parte superior del diseño, haga clic y arrástrelos para que queden en la parte superior de la *A* mayúscula de Times New Roman.

11. Haga clic y arrastre para crear un rectángulo más estrecho que intersecte ambos rectángulos estirados en la parte intermedia superior de los objetos.

    Se crea el travesaño de la letra.

12. Haciendo clic y arrastrando los tiradores del travesaño, asegúrese de que las áreas de los dos rectángulos estirados sólo se enciman en el interior de la forma.

    Usted utilizará el comando Soldar (Weld) para hacer un solo objeto de texto y eliminar las áreas encimadas de los rectángulos. Usted no querrá que algún área del travesaño quede fuera de la futura letra.

13. Con la Herramienta Selección (Pick tool), trace un rectángulo de selección alrededor de los tres objetos.

    Se seleccionan todos los objetos para soldarlos.

14. Haga clic en la muestra negra de la paleta de colores.

    Se rellenan todos los objetos seleccionados con negro, para que sea un poco más fácil ver la edición.

15. Elija **O**rganizar (**A**rrange) y **S**oldar (**W**eld).

    Se despliega la persiana Soldar (Weld).

16. Haga clic en Soldar con (Weld to) y luego en cualquiera de los tres objetos seleccionados.

    Se sueldan los objetos. Al seleccionar los tres objetos que habrán de soldarse antes de ejecutar el comando, no importa cuál objeto señala primero con el apuntador para soldar. Vea la figura 8.4.

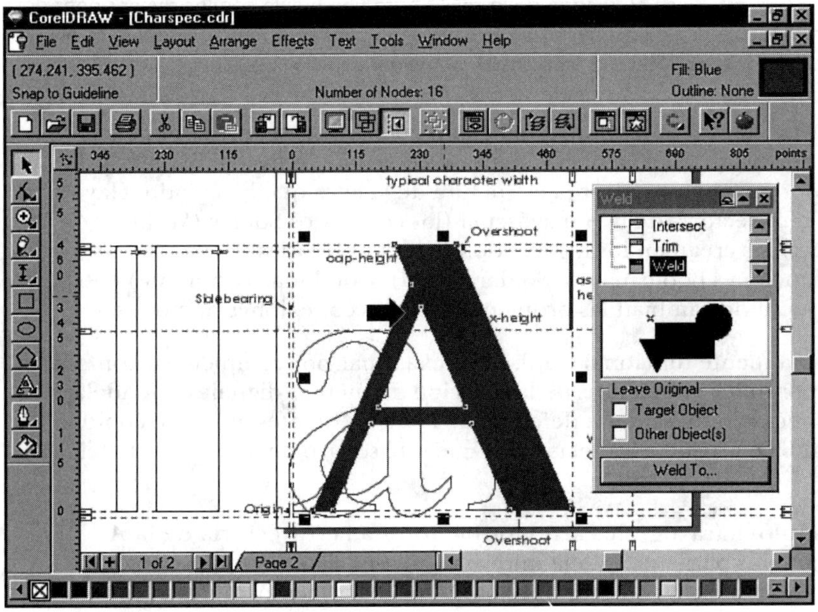

Figura 8.4
El comando Soldar (Weld) fusiona los objetos, eliminando segmentos de trayectoria que se sobreponen en el interior.

17. Presione Ctrl+N (o elija Archivo (File) y Guardar como (Save As)), luego guarde el documento como MI-ROMAN.CDR en su disco duro.

    Se guarda el archivo en esta fase intermedia.

18. Haga clic en el botón Encajar en líneas guía (Snap To Guidelines) de la barra de herramientas.

    Se desactiva la opción. Encajar en líneas guía (Snap To Guidelines) es un estorbo cuando usted ya no necesita la opción.

No hay un diseño "correcto" o "equivocado" para sus fuentes; podría haber problemas en la estructura interna, pero si usted tiene una *A* mayúscula que se vea un poco diferente de la que se muestra en estas figuras, también será correcta. Este ejemplo es como una prueba ¡donde al final todos pasan!

Consejos antes del vuelo para exportar fuentes

El comando Soldar (Weld) sólo es una de las muchas rutinas automatizadas que pueden ahorrarle minutos, si no es que horas de trabajo de diseño desde la creación de los contornos burdos de los caracteres. Sí, la última frase indica fuertemente que el carácter de la *A* en "Mi-roman" no está listo aún para exportarse como primer carácter de una fuente.

Nota Como regla, no es buena idea empezar a exportar caracteres que conformarán una fuente digital hasta media hora después de que esté absolutamente seguro de que no hará cambios posteriores, y de que tiene el juego de caracteres claramente dispuesto en varias páginas de un documento. CorelDRAW establece el tamaño de la rejilla para una fuente con las dimensiones del primer carácter exportado; usted sólo encontrará problemas en el camino si tiene que cambiar el tamaño de un juego de caracteres debido a un cambio de tamaño.

No se trató de que este capítulo fuera una guía completa para crear letras (el juego completo de caracteres para "Mi roman con patines" depende de sus habilidades y de su ingenuidad. Lo importante ahora es ver la estructura de la letra que ha creado. Hay varios nodos extraños en la trayectoria de la *A* mayúscula (los comandos Soldar (Weld) e Intersectar (Intersect) los crean en los lugares donde las trayectorias se enciman ligeramente) y las funciones booleanas de Soldar (Weld), Combinar (Combine) y Recortar (Trim), etcétera, a menudo cambian las propiedades de las conexiones de nodos.

Si usted va a crear una fuente funcional y útil, debe examinar por completo su contenido. Usted paga por comprender las técnicas de la creación de fuentes digitales por adelantado, o paga por ello después con una fuente defectuosa. Trate las fuentes que cree como lo haría con el resto de su trabajo artístico; afínelas hasta que esté seguro de que se siente feliz con su trabajo.

En el siguiente ejemplo, hará algunos arreglos menores a la trayectoria de la *A* mayúscula y hará cambios para que sólo la información esencial sobre la trayectoria describa el carácter de la fuente. Mientras menos nodos se utilicen para describir una fuente, mejor funcionará ésta.

Cómo afinar el contorno del carácter de un tipo

1. Con la Herramienta Zoom (Zoom tool), haga clic y trace un rectángulo de selección alrededor de uno de los vértices de la letra.

   Se hace un acercamiento a un área donde pudiera existir un exceso de nodos generados por el comando Soldar (Weld). En las siguientes figuras se ha elegido la parte superior de la A, pero debe examinar *todas* las áreas donde se intersectan los rectángulos encimados.

2. Presione F10 (o elija la Herramienta Forma (Shape tool)), luego haga clic en el contorno de la letra.

   Se selecciona la letra y se despliegan los nodos.

3. Trace un rectángulo de selección alrededor de los nodos externos, luego presione Supr (Delete).

   Se eliminan los nodos y también cambia a curva la propiedad del segmento de la línea. Vea la figura 8.5.

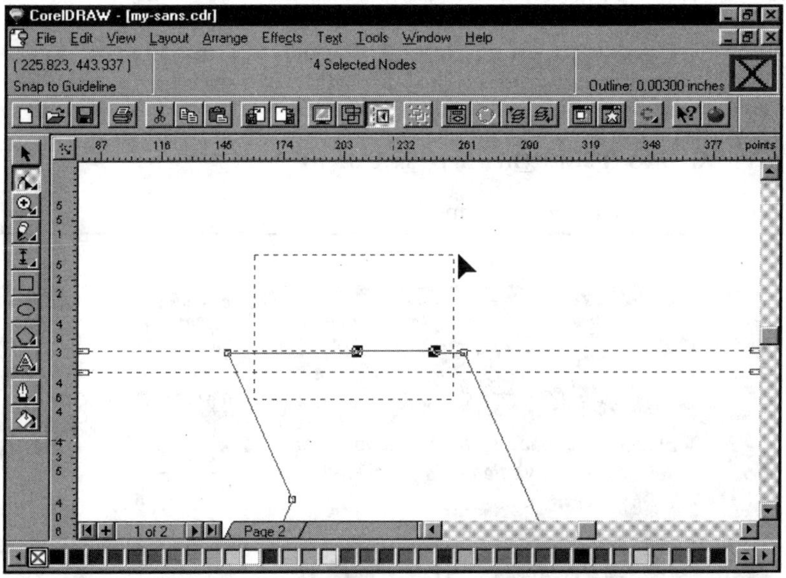

Figura 8.5
Una línea recta de un segmento de trayectoria sólo necesita dos puntos para definirla. Si tiene más, elimínelos con la Herramienta Forma (Shape tool).

4. Trace un rectángulo de selección alrededor de los dos nodos que deben definir una línea recta, luego haga clic con el botón derecho del ratón en un nodo y haga clic en A curva (To Curve), si la opción está disponible.

   Se asegura que una línea recta sea en realidad una línea recta. Algunos de los procedimientos de este ejercicio son trabajo de detective, y tal vez no requieran una acción. La eliminación de nodos a menudo hace que CorelDRAW cambie la posición de los nodos para acomodar la nueva forma del segmento, y esto significa que los nodos que estaban alineados horizontalmente podrían haberse desalineado. Si sospecha esto...

5. Haga doble clic en un nodo, luego trace un rectángulo para seleccionar dos nodos que definan el segmento.

   Se despliega la persiana Edición de nodos (Node Edit); se seleccionan los nodos y la trayectoria en cuestión.

6. Haga clic en el botón inferior derecho de la persiana Edición de nodos (Node Edit).

   Se despliega el cuadro de diálogo Alinear nodo (Node Align).

7. Elimine la marca de la casilla de verificación Alinear vertical (Align Vertical), luego haga clic en Aceptar (OK).

   Se alinean los nodos horizontalmente. Si los nodos no tocan la línea guía del espacio excedente de la página de la plantilla, usted puede activar la función Encajar en líneas guías (Snap to Guidelines) y arrastrar ambos nodos a la línea guía.

8. Trace un rectángulo de selección alrededor de todos los nodos en la trayectoria de la letra.

   Se revelan las propiedades de las conexiones. Como se muestra en la figura 8.6, el botón A línea (To Line) de la persiana Edición de nodos (Node Edit) está atenuado, lo que significa que todos los segmentos de trayectoria son líneas rectas, lo cual resulta estupendo y apropiado para esta letra. Usted habrá terminado con la inspección de rutina para esta fuente cuando las otras áreas de intersección se hayan revisado para ver si existen nodos indeseables.

9. Presione Ctrl+S (Archivo (File) y Guardar (Save)).

   Se guarda su trabajo en esta etapa intermedia.

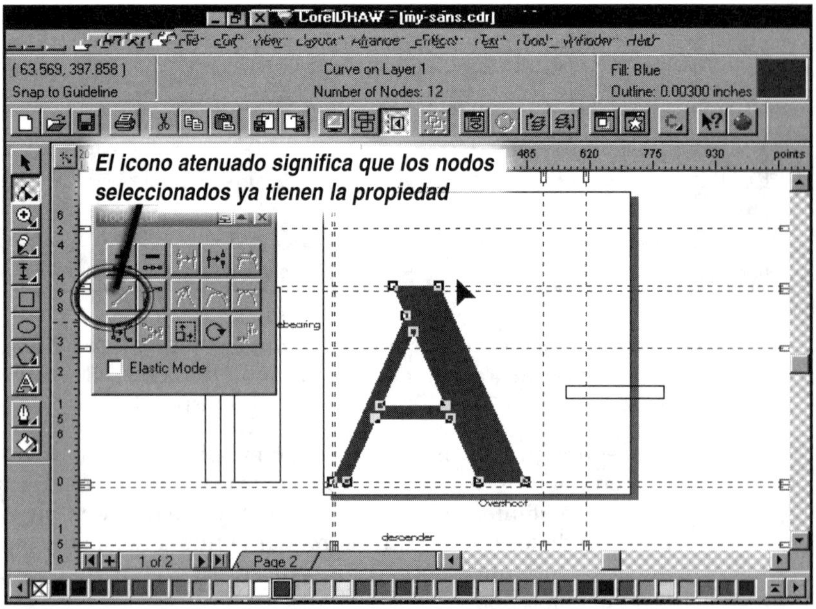

Figura 8.6
Cuando un botón de propiedad de la persiana Edición de nodos (Node Edit) se encuentra atenuado, la propiedad ya se aplica al segmento o nodo seleccionado.

Patines y otros adornos para los caracteres

Las fuentes diseñadas con precisión no se dan de la noche a la mañana; el autor ha diseñado fuentes medianamente complejas utilizando CorelDRAW. El proceso para crear los más de 100 caracteres de una fuente, de principio a fin, se lleva por lo menos dos o tres días; esto incluye probar la fuente en la impresión. El trabajo de diseño que hago no pide caracteres extranjeros extendidos, y no tiendo a incluirlos en muchas fuentes. Si usted está diseñando fuentes de símbolos (o Pi), tal vez necesite rellenar hasta 50 registros de caracteres. Un *registro* es la posición que se asigna a un carácter dentro de una fuente, para que la tecla correspondiente del teclado especifique que el carácter se utiliza en un documento.

A diferencia de los caracteres de una fuente cuyos componentes son segmentos completamente rectos, los caracteres extranjeros extendidos y los caracteres romanos simples por lo general incluyen una o dos curvas, y los patines pueden ser rectos o curvos. La mejor manera de asegurar la consistencia de los trazos del cuerpo para las fuentes curvas es diseñar una plantilla maestra de las curvas que pretenda utilizar en todos los caracteres, y luego trazar con exactitud sobre ellas o soldar o recortar la plantilla en el carácter que requiera un segmento curvo.

En la figura 8.7, puede ver la página dos de la plantilla CHARSPEC.CDT. En esta página, se han creado patines. Los patines no pertenecen a ninguna fuente en particular. Sin embargo, si necesita agregar un patín al cuerpo de una *M*, una *F* o una *A*, estos patines están esperándole. Trate de crear series de patines, con extensiones parciales hacia el cuerpo y extremos de altura consistente para la orilla de los patines. Luego utilice el comando Soldar (Weld) con el duplicado de un patín para crear la parte del patín de un carácter que haya diseñado.

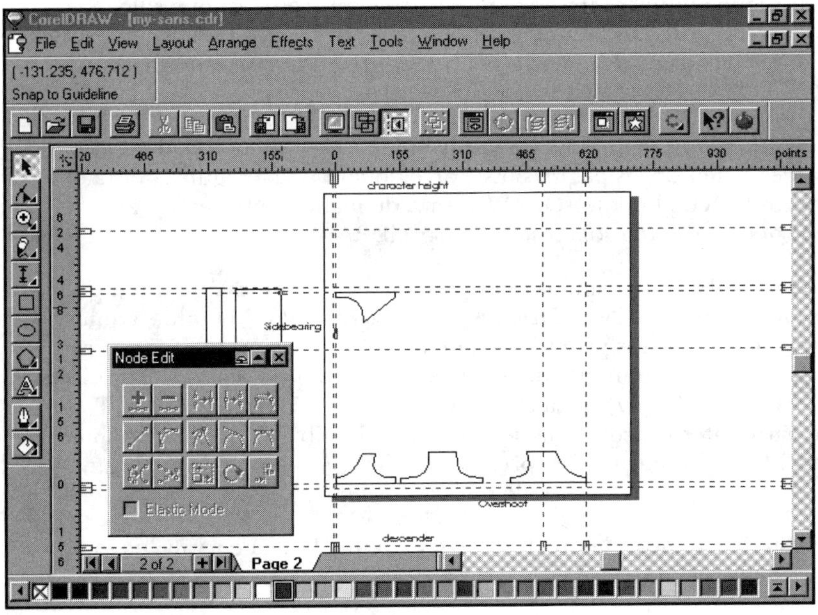

Figura 8.7
Diseñe patines con alguna forma de consistencia para que pueda aplicarlos a todas las letras que requieran un patín.

Después de soldar los patines a sus letras, regrese al punto de intersección y asegúrese (lo adivinó) de que no haya nodos extraños y que las conexiones tengan los atributos apropiados.

Nota Si recuerda los días de la transferencia de letras en seco, recordará lo que muchos diseñadores hacían cuando se quedaban sin un carácter importante. Por ejemplo, si se quedaba sin "*Pes*" (y nadie estaba mirando), usted transfería la parte superior de la *B* a la página, y luego limpiaba las orillas con una cuchilla.

Se puede utilizar un procedimiento similar para crear letras curvas. Trate de crear los círculos de la letra *B* creando dos elipses de diferente tamaño. Utilice la persiana Transformar (Transform) para alinearlas y, luego, el comando Combinar (Combine) (Ctrl+L) para crear una subtrayectoria que perfore la elipse mayor. Cuando sean correctas las formas de los círculos, duplique la forma y luego suéldela con el cuerpo vertical de la B. Limpie la letra con la Herramienta Forma (Shape tool), utilizando los pasos descritos en el último ejemplo. Luego vuelva a utilizar la "plantilla" del círculo para crear el círculo de la letra *P*.

Cómo colocar elementos duplicados

Por procedimiento, tal vez ahora cuenta con la ayuda más grande en la creación de fuentes dentro de CorelDRAW desde la versión 4. Aunque la nueva interfaz de documentos múltiples (MDI; siglas de Multiple document interface) es estupenda para hacer copias entre documentos, el formato de páginas múltiples para documentos de Corel puede hacer que en un momento se coloquen con exactitud elementos duplicados. Para aprovechar el formato de páginas múltiples de CorelDRAW, un documento que usted utilizará para crear una fuente debe configurarse como un archivo de 100 páginas. Usted no necesita hacer esto cuando empieza a trabajar con el primer carácter; un mayor número de páginas en un documento pueden hacer un poco más lento el proceso, así que sólo agréguelas cuando las necesite. Además, adquiera el hábito de presionar Ctrl+S a intervalos regulares; le daría un ataque al corazón si pierde por accidente un documento de cien páginas.

Ocupe cada página para una plantilla de una letra individual; usted puede recorrer el alfabeto de acuerdo con el orden de las páginas. Este arreglo le ayuda a seguir la pista de cuál carácter está exportando actualmente (DRAW avanza de manera automática al siguiente carácter ASCII dentro de una sola sesión de CorelDRAW).

La mayor ventaja de crear una base de páginas múltiples para su fuente es que usted puede copiar y pegar *exactamente en la misma posición relativa* entre páginas. Por lo tanto, si quiere comparar los anchos del cuerpo u otras propiedades de una *W* con las de una *N* que creó antes (o que quiere copiar a un componente del carácter), seleccione el carácter, presione Ctrl+C (Edición (Edit) y Copiar (Copy)) haga clic en el campo Ir a la página (Go to Page), que se encuentra en la parte inferior izquierda de la ventana de dibujo, escriba el número de página y luego haga clic en Aceptar (OK) y presione Ctrl+V (Edición (Edit) y Pegar (Paste)).

No es difícil lograr consistencia dentro de una fuente, si crea una buena curva y luego la copia al lugar apropiado de otros caracteres.

¿Qué hace que una letra sea perfecta para exportarla?

CorelDRAW puede crear elegantes rellenos de fractal y degradados, y estilos de línea de trayectoria que no tengan un ancho uniforme. Debido a estas opciones, una pregunta natural en este punto es, "¿Qué tipo de relleno y de contorno debe tener mi letra para que se exporte correctamente?" Hay algunos mandamientos para exportar exitosamente un objeto como carácter de un tipo.

- ✔ El carácter debe ser una trayectoria cerrada. El objeto *puede* tener subtrayectorias (utilice el comando Combinar (Combine) para que una colección de trayectorias sea una sola trayectoria).

- ✔ Es mejor no asignar un contorno al carácter que desea exportar (sólo haga clic con el botón derecho del ratón en la *x* de la paleta de colores mientras tiene seleccionado un objeto rellenado). Los filtros de exportación PFB y TTF no utilizan la información de la propiedad de contorno. Aunque usted puede exportar con éxito un carácter que contenga una ancho de contorno sólido, esta práctica puede crearle problemas en la creación de fuentes.

  Un contorno personal, punteado, por ejemplo, no es un dato de exportación legítimo para los formatos PFB y TTF; CorelDRAW le indicará con un cuadro de diálogo que el objeto seleccionado contiene "demasiados objetos para exportar".

- ✔ No pueden utilizarse rellenos complejos (relleno degradado, textura, etcétera); si los utiliza, la letra no se exportará. Aunque ciertas figuras de este capítulo contienen caracteres con contorno, o caracteres rellenos con un color uniforme diferente del negro, se crearon de esta manera para ilustrar un principio (no como ejemplos que usted debe seguir).

CorelDRAW exporta caracteres sin atributos de contorno y con relleno negro; ésta es la manera en que usted verá la presentación preliminar, sin importar si la letra seleccionada es morada con un ancho de contorno de .5 centímetros, o si es negra y carece de contorno. Facilite el proceso de exportación de fuentes; apéguese a propiedades de objeto sin "adornos".

Cómo exportar el carácter

En la siguiente sección recorrerá los pasos para llamar al filtro de exportación PFB, asignarle un nombre a la fuente, establecer el ancho del carácter y el ancho de la barra espaciadora, y crear un programa de fuente digital que esté listo para cargarse con el Adobe Type Manager.

Lo maravilloso de los libros es que proporcionan información que puede utilizarse de manera no lineal. Si le gustaría posponer la exportación de una fuente hasta que pueda crear más de un carácter, este capítulo le estará esperando cuando regrese. Si desea la gratificación inmediata de ver cómo puede aparecer una fuente de un solo carácter en todas sus aplicaciones, éstos son los pasos.

Cómo exportar una fuente

1. Con la Herramienta Selección (Pick tool), haga clic en la (primera) letra que ha creado, luego haga clic en el botón Exportar (Export) de la barra de herramientas.

   Se selecciona la letra; aparece el cuadro de diálogo Exportar (Export).

2. Elija Adobe Type 1 font de la lista descendente Guardar c**o**mo tipo (Save as **t**ype). En el campo **N**ombre de archivo (File **n**ame), escriba **mi-roman.pfb**, elija una ubicación en el disco duro donde desee crear la fuente, marque la casilla de verificación Sól**o** seleccionado (Selected **o**nly) y luego haga clic en E**x**portar (**E**xport).

   Se selecciona la estructura de fuente de la letra exportada, se le da nombre al archivo de exportación y se despliega el cuadro de diálogo Opciones (Options).

3. Escriba **Mi roman con patines (My Sans Roman)** (o cualquier cosa que le agrade) en el campo **N**ombre de familia (**F**amily Name) del cuadro de diálogo Opciones (Options).

   Es el nombre de usuario para la fuente que usted exportará; el nombre que se desplegará en la lista de fuentes de las aplicaciones que utilizan fuentes Type 1. Usted puede mezclar las mayúsculas del nombre, utilizar espacios y exceder los 8 caracteres. Sin embargo, trate de mantener corto el nombre de la fuente cuando lo exporta. Muchas aplicaciones ofrecen una lista descendente de fuentes de tamaño fijo y recortan los nombres largos de usuario, volviendo difícil de identificar el nombre específico.

4. Marque la casilla de verificación Simb**o**lo fuente (Symb**o**l font).

   Se asigna a la fuente el estado de *Pi* (de picture, ilustración). Se trata en realidad de una propiedad de fuente, y la propiedad se guarda en la información del encabezado del archivo PFB o TTF. Muchas aplicaciones pueden hacer cosas especiales con una fuente denominada como fuente símbolo. Como verá en este capítulo, la propiedad de símbolo para una fuente permite que la fuente se despliegue en la persiana Símbolos (Symbols) de DRAW y, al verificar esta casilla, no se hace más grande la fuente ni se afecta de alguna otra manera negativa. Además, cuando marca Simb**o**lo fuente (Symb**o**l font), no se asignan propiedades de familia (**E**stilo (**S**tyle)) a la fuente; el campo Estilo (Style) aparece atenuado. Esto resulta correcto para este caso, porque no *hay* versiones itálicas, bold, ni bold itálicas de Mi roman con patines. Si usted está creando la familia completa de una fuente (es decir, por lo menos cuatro colecciones de tipos relacionados), querrá agregar información de **E**stilo (**S**tyle) a la fuente exportada, y no deberá marcar la casilla de verificación Simb**o**lo fuente (Symb**o**l font)),

5. Escriba **375** en el campo Ancho de **e**spacio (Spa**c**e width).

   Se establece la cantidad de espacio asignado a la barra espaciadora, como se muestra en la figura 8.8. No hay reglas definitivas para el ancho que debe asignar al espacio entre palabras en una fuente. Sin embargo, el valor predeterminado en el cuadro

Opciones (Options) es generalmente demasiado ancho para la tecla de espacio. Usted puede jugar con esta cantidad después de que haya exportado varios caracteres y jugado con la fuente en un programa de procesamiento de palabras o en CorelDRAW. Vea el CONSEJO que sigue a este ejemplo y conozca los fundamentos para afinar el carácter de espacio.

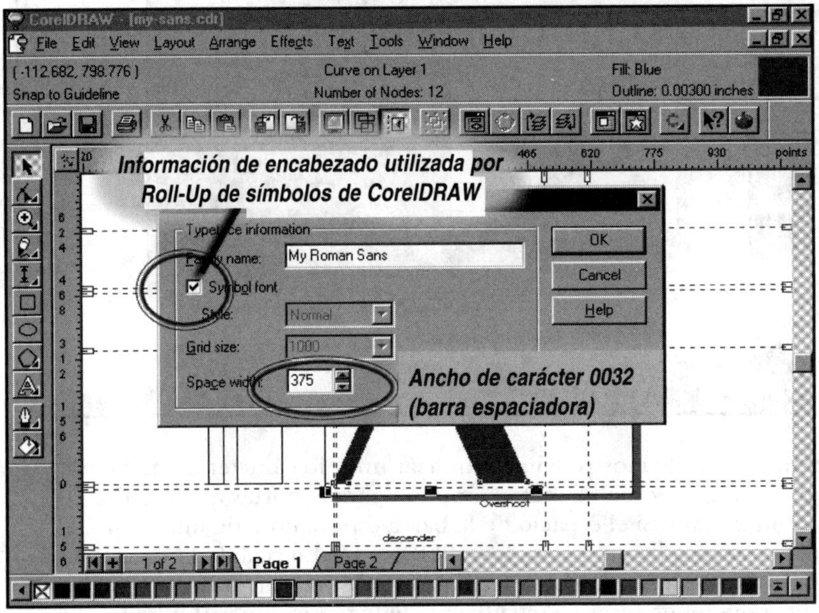

Figura 8.8
Usted puede asignar el espacio de la barra espaciadora y el estilo de una fuente en el cuadro de diálogo Opciones (Options).

6. Haga clic en Aceptar (OK).

   Se despliega el cuadro de diálogo Adobe Type 1 Exportar (Export Adobe Type 1).

7. Desplace el cuadro de diálogo de carácter hasta que encuentre la letra *A* mayúscula, haga clic en ella y luego en Aceptar (OK).

   Se asigna la letra seleccionada al código de búsqueda del teclado para una *A* mayúscula, como se muestra en la figura 8.9. Vale la pena observar que el espacio lateral derecho del espacio del carácter se ajusta manualmente en la ventana de presentación preliminar. Si siente que se ha asignado mucho espacio al carácter con la casilla **A**uto verificada, quite la marca de la casilla, luego haga clic y arrastre a la izquierda la barra lateral de espacio en la ventana de presentación preliminar. Sin embargo, la opción Auto permanecerá sin marca, en una sola sesión de exportación de CorelDRAW, de modo que no olvide marcar esta opción otra vez antes de exportar otros caracteres.

8. Presione Ctrl+S (**A**rchivo (**F**ile) y **G**uardar (**S**ave)).

   Se guarda su trabajo hasta este punto.

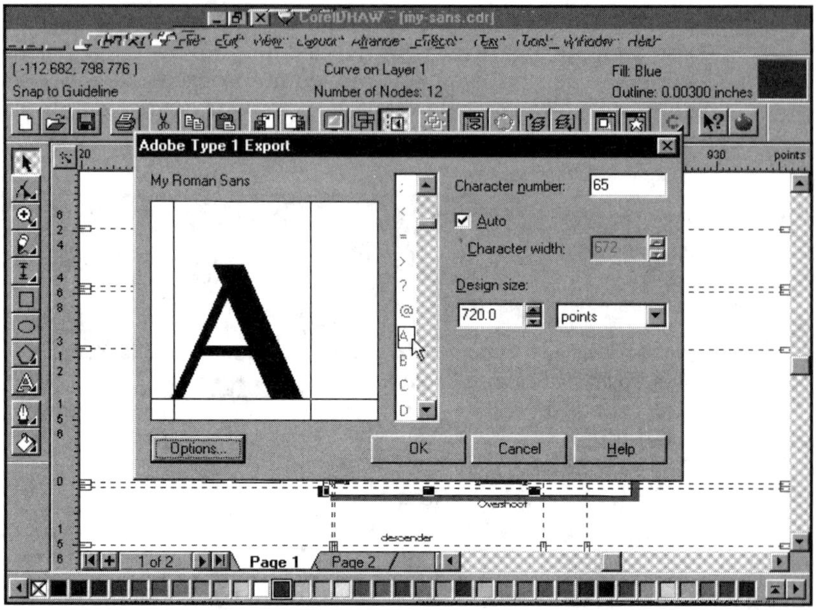

Figura 8.9 Usted puede asignar un carácter exportado a cualquier valor de código de búsqueda del teclado; sin embargo, ¡por lo general es mejor asignar los valores obvios!

Aunque en el ejemplo anterior se le mostró cómo exportar un solo carácter a una fuente, hay posibilidades de que haya creado un alfabeto completo para exportar que usted o alguien más utilizará en un trabajo. Si el espacio de la barra espaciadora de una fuente es muy amplio, exporte un carácter adicional al archivo PFB o TTF. En realidad no exportará nada y no necesitará los archivos de la plantilla original abiertos en CorelDRAW para hacerlo; simplemente necesita tener acceso al cuadro de diálogo Opciones (Options). La única manera de cambiar el espacio es abrir la información de la fuente dentro del archivo.

Tip Para modificar el valor del espacio del carácter dentro de una fuente, usted necesita empezar una sesión en CorelDRAW. Primero, seleccione una carácter (o cualquier objeto legítimo, no rellenos bonitos ni contornos), luego haga clic en el botón Exportar (Export) de la barra de herramientas, elija el tipo de archivo PFB, haga clic en MI-ROMAN.PFB en la ventana de carpetas, marque la casilla de verificación Sól**o** seleccionado (Selectes **o**nly) y luego haga clic en E**x**portar (**E**xport).

Cada vez que usted exporta un carácter a una fuente existente, aparece un cuadro de llamada de atención que le pregunta si realmente desea reemplazar el archivo seleccionado. Como éste es el caso, haga clic en **S**í (**Y**es). En el cuadro de diálogo Exportar (Export), haga clic en Opciones (Options), luego cambie el valor de Ancho de **e**spacio (Spa**c**e width). Haga clic en Aceptar (OK) y luego en **S**í (**Y**es) en el cuadro de consulta que le pregunta si desea guardar esta información en un archivo.

Por último, cancele el cuadro Exportar (Export) y salga de CorelDRAW. Su archivo PFB o TTF ahora tiene un nuevo valor para la tecla de espacio. No olvide desinstalar la fuente original con la misma utilería con que la instaló (ya sea ATM o la utilería de fuentes de Win95) y luego cargue la versión editada con Adobe Type Manager o con la utilería de fuentes del Panel de Control (Control Panel) de Windows.

Los siguientes caracteres que desee agregar a la fuente de ejemplo de este capítulo, o a las fuentes que posee, harán que CorelDRAW le presente un cuadro de llamada de atención que le informa que si usted hace clic en Sí (Yes), reemplazará el archivo PFB o TTF existente. Esto realmente no es verdad; usted está añadiéndole un *apéndice* al archivo existente, y los caracteres anteriormente guardados en el archivo existente no se eliminarán al agregar un carácter.

He aquí algunos puntos importantes que hay que recordar cuando "recubra" una fuente exportando caracteres:

- ✔ Asegúrese de que el origen cero de la página está cerca de, o incluso toca la parte inferior izquierda del carácter seleccionado que está exportando. Si usted utiliza la plantilla CHARSPEC para sus diseños de fuentes, no puede equivocarse (el origen cero está correctamente ubicado en la plantilla). Si lo pasa por alto, los espacios laterales podrían hacer que un carácter no toque el punto de origen. El punto de origen debe ser para el *espacio del carácter*, no para el objeto seleccionado.

- ✔ Siempre marque la casilla de verificación Sólo seleccionado (Selected only) después de hacer clic en el botón Exportar (Export) de la barra de herramientas de CorelDRAW. Naturalmente, debe tener algo seleccionado en la página de impresión antes de hacerlo.

- ✔ Asegúrese de que está exportando una sola trayectoria, y no un grupo de trayectorias. Si se seleccionan varios elementos (incluso algunos en la zona de pegado fuera de la ventana de dibujo) DRAW supone que todos los objetos son parte del carácter. Los objetos descombinados no pueden exportarse como carácter de fuente, y usted no podrá exportar el objeto sin la casilla de verificación Sólo seleccionado (Selected only) marcada.

- ✔ Asegúrese de que está elegido el carácter correcto en la tira de desplazamiento del cuadro de diálogo Exportar (Export). CorelDRAW avanza automáticamente el carácter predeterminado en la tira cada vez que realiza una exportación. Si no está exportando caracteres en una secuencia ASCII, ponga atención al carácter de exportación sugerido; si no es correcto, encuentre el carácter correspondiente y haga clic en él.

- ✔ Por lo general, deje marcada la opción de espaciado de carácter Auto. Si la desmarca para definir manualmente el espacio lateral derecho de un carácter, se quedará sin marca para las siguientes exportaciones y dejará de aparecer el espacio lateral derecho en la ventana de presentación preliminar. Si esto sucede, el espacio lateral derecho del carácter estará localizado a varios kilómetros del carácter. Cuando utilice la fuente en una aplicación podría obtener resultados humorísticos.

Consulte el CONSEJO anterior para conocer la información relacionada con la definición del ancho de carácter de la tecla de espacio. Muchos programas de procesamiento de palabras no pueden compensar un ancho de espacio mayor que el promedio.

Opciones de Tamaño de la rejilla (Grid Size) y Tamaño del diseño (Design Size): ¡Olvídelas!

Si usted siguió el ejemplo anterior, tal vez haya notado que el cuadro de exportación de Type 1 contiene un campo Tamaño de la rejilla (Grid Size), y en la serie de pasos no se mencionó esta opción. Tal vez nunca necesite cambiar el tamaño de la rejilla; no obstante, vale la pena explicar esta opción.

Las especificaciones de Adobe para el espacio del carácter (el contorno del carácter *y* el "espacio en blanco" que lo rodea) están basadas en una rejilla imaginaria, que se utilizan como sistema de coordenadas de relación; 1,000 unidades de rejilla son iguales a una unidad de usuario. Sin embargo, las unidades no tienen etiquetas, como puntos o pulgadas. La rejilla es simplemente un sistema de coordenadas para definir el espacio del carácter. Usted no puede cambiar esta opción después de que se ha creado un archivo de fuente y se ha poblado con caracteres.

No hay una relación entre los 720 puntos de los caracteres maestros que usted exporta y la rejilla de 1,000 unidades. CorelDRAW utiliza la información de coordenadas de la rejilla internamente cuando exporta fuentes, y usted necesitará una razón poderosa y poco normal para cambiarla. Aunque los valores del cuadro contador Tamaño de la rejilla (Grid Size) para el formato TrueType son diferentes de los valores del formato Type 1 (el valor predeterminado para TrueType es de 2048), la razón que se encuentra detrás de la fuentes TrueType es la misma que para las fuentes Type 1. El **T**amaño de diseño (**D**esign size) de una fuente puede establecerse en cualquier valor que desee dentro del cuadro de diálogo Exportar (Export), pero igual que con la opción de tamaño de la rejilla, si usted utiliza la plantilla CHARSPEC para diseñar sus fuentes, tiene pocas razones para cambiar la opción **T**amaño de diseño **D**esign size).

Problemas con las tangentes de la trayectoria

Como describí en el capítulo 3, los puntos de control (tiradores) que tienen una propiedad suavizar y se localizan fuera de la curva crean una relación colineal entre su posición y la posición del punto de control (*nodo*) localizado en la curva. CorelDRAW trata a los puntos de control fuera de la curva como parte de la trayectoria general, cuando está seleccionada; si los tiradores fuera de la curva no se encuentran al nivel de los ejes horizontal o vertical del objeto, notará que los tiradores se localizan lejos del objeto cuando mueve la trayectoria general.

El problema se vuelve particularmente importante cuando se trata de alinear un carácter con el origen cero. Es fácil corregir y puede evitarse si usted se asegura de que los puntos de control sean colineales y exactamente paralelos a los ejes cuando exporta el carácter. En la figura 8.10, puede ver las configuraciones adecuadas e inadecuadas para los puntos de control de una trayectoria. La ilustración de la derecha está exagerada pero, como puede ver, un tirador localizado lejos del contorno del carácter hace que resulte imposible alinear este carácter con el origen (o con cualquier otra línea guía de la fuente) en Corel.

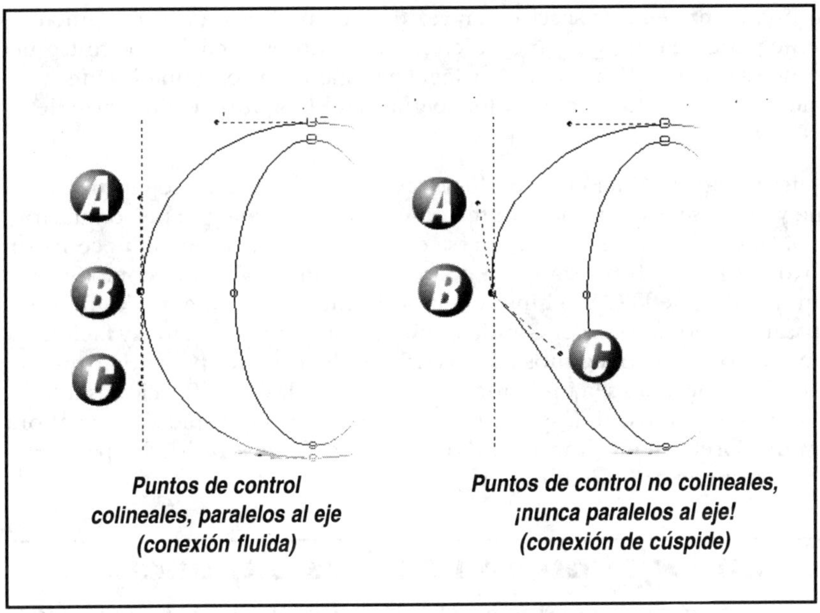

Figura 8.10
Asegúrese de que las tangentes creadas por los puntos de control están alineadas (son colineales) y que una curva suavizada tiene una nodo de propiedad Suavizar.

Cómo crear una fuente de logotipo

Parece que hasta las compañías más pequeñas quieren un logotipo (un pictograma que represente la identidad corporativa). De igual manera, los *tipos de logotipo* (los tipos como "Kellog's" e "IBM") son imágenes gráficas que se están volviendo más populares entre los negocios pequeños.

En las siguientes secciones verá cómo crear una fuente de logotipo (que pueda utilizarse en una multitud de aplicaciones de diseño). Incluso leerá sobre algunas de las posibilidades de diseño para las que puede utilizarse una fuente de logotipo en algunos de los nuevos módulos de CorelDRAW.

Cómo "tomar prestado" de otras familias de tipos

Antes de empezar, se necesita hacer en esta sección una advertencia sobre el difícil tema de la *piratería de fuentes.* No puedo seguir adelante sin decir que es ilegal robar el diseño de una fuente para venderla como propia, y que por lo menos una empresa de fuentes ha sido enjuiciada por esto en años recientes. De igual manera, con programas como CorelDRAW, Fontographer y otros, es muy fácil copiar una fuente comercial, cambiar la información de copyright en el encabezado de la fuente y tratar de pasarla como propia. Es igual de fácil enjuiciarlo, multarlo o apresarlo por esta práctica.

Usted no va a copiar una fuente en esta sección; en vez de eso, modificará ciertos caracteres de una fuente existente para crear un logotipo único para la empresa ficticia Googoltronics Corporation. Claro que es una práctica aceptada y legal agregar adornos a una fuente existente (así es como se crean los logotipos), y luego guardar el logotipo como parte de una fuente digital.

Para empezar cualquier tarea de creación de un logotipo, primero necesita tener una idea del tipo de compañía y luego seleccionar la fuente comercial apropiada que personalizará para crear el logotipo. Googoltronics es una empresa de tecnología y, como tal, necesita un logotipo aerodinámico, elegante y futurista (y un poco conservador). Fuentes como Stop (que no es un tipo muy legible) e ITC Machine se han utilizado excesivamente: las fuentes *también* se ponen y pasan de moda. Handel Gothic tiene un contorno agradable y fácil de leer, pero tal vez es un poco frágil en algunos de los cuerpos del carácter para crear un logotipo con impacto. Esto hace que sea un blanco perfecto para las modificaciones que siguen en la siguiente serie de pasos. Si desea cargar esta fuente en su propio sistema ahora mismo (del CD-ROM de Corel), le mostraremos algunas de las técnicas utilizadas para modificar la fuente y crear un excelente diseño de logotipo:

Cómo crear un logotipo en negritas expandidas

1. Con Handel Gothic cargada en su sistema, abra CorelDRAW, elija la herramienta Texto artístico (Artistic Text) y luego escriba **GOOGOLTRONICS** en un documento nuevo y vacío.

   Se crean los caracteres que se utilizarán en el logotipo.

2. Presione Ctrl+barra espaciadora, luego presione Ctrl+T (Te**x**to (Te**x**t) y **C**arácter (**C**haracter)).

   Se cambia a la Herramienta Selección (Pick tool) (el texto está seleccionado); se despliega el cuadro de diálogo Atributos de carácter (Character Attributes).

3. Elija Handel Gothic de la lista **F**uentes (**F**onts), escriba **50** en el cuadro contador **T**amaño (Si**z**e), luego haga clic en Aceptar (OK).

   Se cambia el texto seleccionado de la fuente predeterminada a Handel Gothic, se aumenta el tamaño para que pueda modificarlo con precisión, luego se le regresa a la ventana de dibujo.

4. Con la Herramienta Selección (Pick tool), haga clic y arrastre el tirador superior hacia el centro del texto artístico, hasta que la línea de estado indique que la escala y es de 70%.

   Se crea un tipo más achaparrado. Antes de terminar, el logotipo se verá extendido, no achaparrado. La diferencia entre alargar la escala x y reducir la escala y de un objeto es nula.

5. Presione F10 (o haga clic en la Herramienta Forma (Shape tool)), luego haga clic y arrastre el tirador de interletraje (el icono con forma de panal a la derecha del texto) hasta que la línea de estado indique que usted ha cambiado el espacio entre caracteres para que el texto sea 2.5 milímetros más ancho (.1 pulgadas).

Se crea más espaciado entre caracteres. En un momento hará más pesado el tipo, así que para este propósito necesitará algún "juego" entre los caracteres. Vea la figura 8.11.

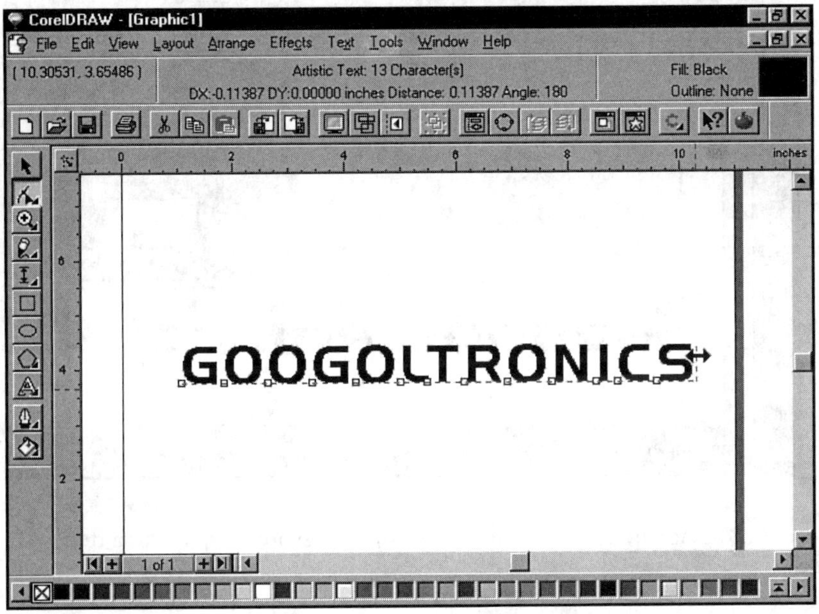

Figura 8.11
Usted puede aumentar o disminuir manualmente el espacio entre caracteres arrastrando el tirador de interletraje.

6. Elija Efectos (Effects) y Silueta (Contour) (Ctrl+F9).

   Aparece la persiana Silueta (Contour).

7. Haga clic en el botón de opción Fuera (Outside), escriba **0.625 (0.025)** en el cuadro contador Separar (Offset) y escriba 1 en el cuadro contador Etapas (Steps).

   Se define la dirección en que se creará una silueta, a qué distancia del original se creará y cuántas siluetas se aplicarán.

8. Haga clic en Aplicar (Apply).

   Se aplica el efecto de silueta. El texto también se verá más pesado ahora. Vea la figura 8.12. Los valores sugeridos aquí son soluciones específicas para Handel Gothic a 50 puntos. Haga la prueba con diferentes valores de Separar (Offset) en sus experimentos.

9. Elija **O**rganizar (**A**rrange) y S**e**parar (**S**eparate), luego haga clic con la Herramienta Selección (Pick tool) en el objeto de silueta agrupado y arrástrelo lejos del texto original.

   Se separa el objeto de silueta agrupado del Texto artístico (Artistic Text) dinámicamente vinculado, luego se mueve para que usted pueda concentrarse en él y no en el texto original.

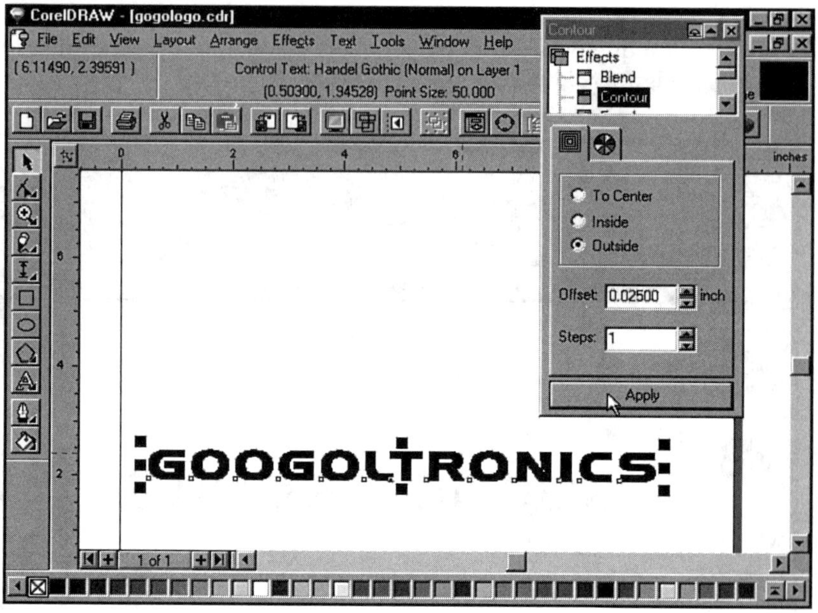

Figura 8.12 Usted puede hacer una fuente más pesada aplicando un solo efecto de silueta al contorno de la selección.

10. Haga clic en el botón Agrupar/Desagrupar (Group/Ungroup) de la barra de herramientas.

    Por alguna razón desconocida, el efecto de silueta produce un objeto agrupado, aunque el grupo conste de un solo objeto. Al desagruparlo, ahora puede editar libremente los nodos que conforman la trayectoria compuesta del objeto.

11. Seleccione el texto de Handel Gothic, luego presione Supr (Delete).

    Se elimina el texto, usted puede desinstalar Handel Gothic de su sistema en cualquier momento, después de cerrar CorelDRAW, sin afectar este documento en el futuro.

12. Elija Archivo (File) y Guardar (Save) (Ctrl+S), luego guarde este documento como GOGOLOGO.CDR en su disco duro.

    Se guarda su trabajo en este estado intermedio.

El logotipo se vería un poco más sorprendente y original si usted personalizara una cadena de texto artístico después de aplicar el efecto de silueta. En la siguiente sección, verá una de las muchas maneras en que puede combinar un logotipo con texto para crear un logotipográfico.

Cómo elaborar un logotipo con texto

Prácticamente ninguna fuente utilizada como base para un logotipo corporativo se escapa de algún tipo de transformación de los patines, el peso de la fuente o los caracteres personalizados dentro del logotipo de la firma. Tal vez usted haya visto el logotipo de un restaurante, digamos "La cocina de Sara", donde la *I* de "cocina" se ha reemplazado con una cuchara. Es un truco común de diseño ligar el nombre del producto o servicio con un pictograma de una especialidad de la compañía.

Como Googoltronics es una empresa de tecnología, y como hay muchas *O*s en su nombre, ¿Por qué no reemplazar una de la *O*s con una pieza que parezca un circuito de alta tecnología? Tenga cuidado cuando altera la forma de una letra; usted no querrá comprometer la legibilidad global del logotipo. En la siguiente serie de pasos, creará el diseño de un circuito, lo insertará en el logotipo y creará un sello corporativo altamente original.

Cómo modificar un carácter de un logotipo

1. Con la Herramienta Elipse (Ellipse tool), mantenga presionadas las teclas Ctrl y Mayús (Shift). Luego haga clic y arrastre un círculo. Empezando por el centro de una de las *O*s de "GOOGOLTRONICS". Suelte el cursor cuando el círculo sea ligeramente más grande que la silueta de la forma de *O*.

   Ctrl restringe la elipse para que sea un círculo perfecto; al mantener presionada la tecla Mayús (Shift) se empieza el diseño del círculo desde el centro del objeto. Usted ha creado el tamaño y la forma del carácter de circuito que agregará al logotipo.

2. Presione la barra espaciadora, luego haga clic y arrastre el círculo lejos del logotipo, a un área limpia de la página de impresión.

   Se mueve el objeto para que pueda trabajar sin estorbos visuales.

3. Con la Herramienta Zoom (Zoom tool), haga clic con el botón derecho del ratón en la página y elija Ampliar a selección (Zoom To Selection) del menú de método abreviado.

   Se hace un acercamiento al círculo seleccionado en la página. Si tiene la opción de herramientas tradicionales en CorelDRAW! 6, elija el botón Ampliar a selección (Zoom To Selection) del menú lateral de la Herramienta Zoom (Zoom tool).

4. Elija la Herramienta Elipse (Ellipse tool), luego presione la tecla Ctrl y haga clic y arrastre un círculo de aproximadamente 3 milímetros (1/8 de pulgada) de diámetro dentro del círculo más grande.

   Se crea un componente del circuito dentro del círculo.

5. Presione la barra espaciadora, haga clic y arrastre el círculo hacia arriba, aproximadamente 3 milímetros (1/8 de pulgada), luego haga clic con el botón derecho del ratón antes de soltarlo.

   Se deja caer una copia del círculo sobre el original. Recuerde que hay que mantener la consistencia cuando se diseñan los componentes de un carácter de una fuente; siempre que sea posible copie elementos para lograr este objetivo.

6. Agregue uno o dos rectángulos delgados en el interior del círculo, para sugerir alambres conectados a los circuitos.

7. Copie el primer rectángulo que dibujó, para mantener la consistencia del carácter.
8. Arrastre un rectángulo de tamaño parecido a los círculos pequeños, luego, con la Herramienta Forma (Shape tool), haga clic y arrastre una esquina del rectángulo hasta que parezca un capacitor o un diodo.

   Se completa el artefacto electrónico que irá dentro del carácter de logotipo (vea la figura 8.13).

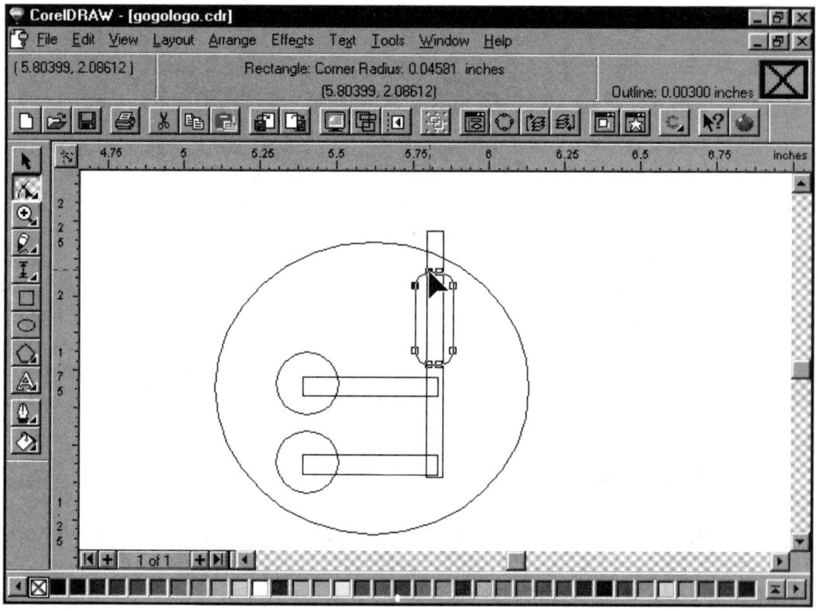

Figura 8.13
Tal vez quiera quitar la parte trasera de su Walkman y duplicar algún circuito interesante para el carácter especial del logotipo.

9. Con la Herramienta Selección (Pick tool), seleccione todos los objetos interiores dentro del círculo, luego elija **O**rganizar (**A**rrange) y **S**oldar (**W**eld).

   Se despliega la persiana Soldar (Weld).
10. Haga clic en el botón Soldar con (Weld to) de la persiana y luego con el cursor de flecha sobre cualquier objeto seleccionado.

   Se sueldan los objetos; se eliminan las trayectorias de intersección en el interior de la forma resultante.
11. Mantenga seleccionada la nueva forma soldada y elija Recortar (Trim) en la ventana de la lista de grupo de la persiana.

   Se cambia la opción de la persiana por las funciones de Trim (Recortar).

12. Haga clic en Recortar (Trim), elimine la marca de la casilla de verificación Otros objetos (Other Object(s)), luego haga clic con el cursor de flecha sobre el círculo grande.

Se elimina del círculo el contorno del diseño del circuito electrónico y se elimina el objeto soldado. En la figura 8.14 se saltó un poco y aparece rellenado el objeto resultante con negro para que pueda ver el resultado.

Figura 8.14
Utilice el comando Recortar (Trim) sobre una trayectoria que desee eliminar del volumen de un objeto diferente.

El carácter alfa de la fuente Symbols de Win95 fue una mejora incluida en la operación de recorte, como verá en las siguientes figuras de la sección. No tenga miedo de "mezclar y hacer coincidir" otras fuentes para crear una buena apariencia.

13. Presione Ctrl+S (Archivo (File) y Guardar (Save)).

La siguiente fase de la construcción del logotipo consiste en limpiar el exceso de nodos colocados actualmente en la trayectoria de la forma del contorno. El logotipo se ve agradable y sorprendente, pero la herramienta Silueta (Contour) tiene una horrible tendencia a crear más nodos en trayectoria de contorno de los que son necesarios para describir la forma. Debo tratar este tema antes de agregar el carácter del circuito al logotipo.

Cómo utilizar la función Reducir automáticamente (Auto-Reduce) de la Herramienta Forma (Shape tool)

Corel Corp. ha movido muchas opciones para herramientas y funciones que se encontraban en versiones anteriores a otros sitios dentro del área de trabajo. Aunque la herramienta Silueta (Contour) todavía no tiene una opción de complejidad de la curva en la versión 6, y todavía produce un exceso de nodos en la trayectoria de la silueta, ahora la Herramienta Forma (Shape tool) puede afinarse en CorelDRAW! 6 para disminuir de un solo golpe el exceso de nodos de una trayectoria.

En la siguiente serie de pasos, verá cómo aplicar automáticamente una reducción adecuada de nodos, y cómo retener la apariencia general del logotipo de silueta.

Cómo afinar las propiedades de contorno del logotipo, parte I

1. Elija la Herramienta Forma (Shape tool), luego haga clic con el botón derecho del ratón en la herramienta y elija la opción Propiedades (Properties) del menú de aparición súbita.

   Aparece la hoja Propiedades de la herramienta (Tool Properties) de la Herramienta Forma (Shape tool).

2. Escriba **0.051** milímetros (**0.002** pulgadas) en el cuadro contador Reducir automáticamente (Auto-Reduce), luego haga clic en Aceptar (OK).

   Se determina la distancia que cambiará la curva que contiene los nodos seleccionados que habrán de eliminarse. Cada vez que elimine nodos de una trayectoria, los tiradores de los nodos restantes cambiarán para apoyar la nueva estructura de un segmento de curva. 0.051 milímetros es una cantidad aceptable de cambio en la curva para la trayectoria de la silueta, dado su tamaño relativo general. Usted afinará manualmente la trayectoria del logotipo antes de exportarlo, de modo que la fidelidad de la curva es menos importante que eliminar nodos en este estado. Además, mientras menores sean los parámetros de Reducir automáticamente (Auto-Reduce), menos nodos se eliminarán.

3. Con la Herramienta Forma (Shape tool), haga clic en la silueta del logotipo, trace un rectángulo de selección alrededor de un solo carácter, haga clic en uno de los nodos resaltados, luego haga clic con el botón derecho del ratón y elija Reducción automática (Auto-Reduce) del menú de método abreviado.

   Se reduce dramáticamente el número de nodos en una de las subtrayectorias del logotipo (vea la figura 8.15). No es necesario seleccionar todos los nodos del logotipo para aplicar la reducción de nodos al mismo tiempo. De hecho, esta técnica podría llevarlo a serias distorsiones en la construcción de la trayectoria, debido a la interacción de los nodos de apoyo que se eliminan al mismo tiempo. Las curvas producidas por el efecto de silueta requieren la mayor atención; los segmentos de línea recta como los de la *I* no necesitan una reducción de nodos.

4. Con la Herramienta Forma (Shape tool), trace un rectángulo de selección alrededor de todos los nodos en la *O* que antecede a la *N* de GOOGOLTRONICS.

   Se seleccionan todos los nodos.

5. Presione Supr (Delete).

   Se elimina la forma de la *O*; se hace espacio para añadir la forma de circuito que usted diseñó antes.

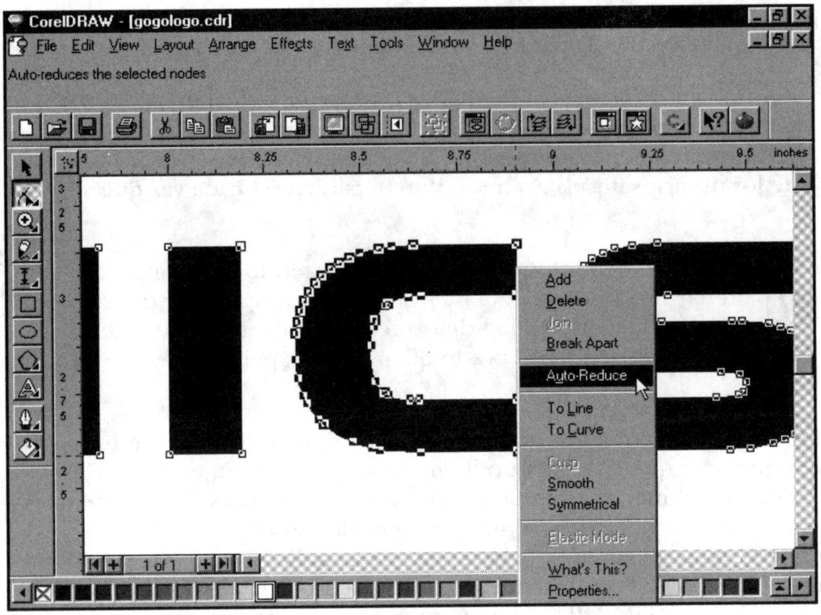

Figura 8.15
La opción Reducción automática (Auto-Reduce) produce los mejores resultados cuando el valor de la Herramienta Forma (Shape tool) es igual o mayor a 0.051 milímetros (0.002 pulgadas).

6. Presione Ctrl+S (Archivo (File) y Guardar (Save)).

   Se guarda su trabajo en esta etapa intermedia.

Se utilizan dos técnicas para ajustar el diseño del circuito en el logotipo; usted ha empezado a trabajar con una de ella. La *O* del último ejemplo pudo haberse eliminado al utilizar primero el comando Descombinar (Break apart) del menú Organizar (Arrange) (Ctrl+K) sobre el logotipo. Entonces se pueden eliminar las dos trayectorias que integran la forma de la *O* utilizando la Herramienta Selección (Pick tool). Sin embargo, al descombinar las subtrayectorias también se descombinarían las subtrayectorias de las otras *O*s del logotipo y la subtrayectoria de la *R* (todos los objetos tendrían que volverse a combinar antes de exportarse). Tal vez esta técnica requiera más trabajo del que vale la pena, cuando comprenda las posibilidades de la Herramienta Forma (Shape tool).

El espacio entre caracteres y adiciones de caracteres

La meta de crear un logotipo como fuente digital casi se ha cumplido; pero primero considere cómo se exportará este logotipo y para qué propósito, antes de finalizar la arquitectura del diseño.

Si Googoltronics en realidad existiera, hay posibilidades de que el Director de relaciones públicas de tal empresa insistiría en que el nuevo logotipo fuera una fuente TrueType en lugar de Adobe Type 1. La razón: evitar la instalación del Adobe Type Manager en cuatro mil máquinas. ATM es la utilería de los diseñadores gráficos para la salida de fuentes de alta calidad, pero muchos individuos no se preocupan de ATM porque Windows ofrece apoyo a TrueType, que es bueno para las comunicaciones entre oficinas.

Otra poderosa razón para exportar esta fuente como TrueType es que las aplicaciones 3D de Corel insisten en esto: MOTION 3D y DEPTH sólo trabajan con fuentes TrueType.

¿Debe descombinar el logotipo en caracteres individuales para exportarlo a un archivo TrueType? Tal vez no; la fuente sólo contiene 10 caracteres. Como un todo, este logotipo puede utilizarse para escribir rápidamente un membrete en alguna correspondencia; tal vez no sería muy popular que los usuarios necesitaran escribir 10 caracteres cada vez que necesiten el logotipo.

Sin embargo, tampoco querrá que el logotipo sea de un *solo* carácter; lo más seguro es que excedería la complejidad para dar una buena salida incluso en impresoras láser de baja resolución. El límite PostScript para la complejidad de caracteres es de 200 puntos de control; el umbral de TrueType nunca se ha registrado oficialmente, pero es muy similar al de Type 1 de PostScript.

Por lo tanto, la siguiente mejor solución es descombinar el logotipo en dos caracteres; no es mucho pedirle a alguien que para que aparezca un logotipo de Googoltronics escriba *g* y luego *t*. Otra ventaja para descombinar el logotipo en dos porciones iguales es que mientras más estrecho sea el carácter exportado, mayor altura podrá darle. Como diseñador responsable, usted no puede violar el tamaño de la rejilla que se aplica a todos los tipos digitales exportando un carácter a 720 puntos que tenga un ancho de 5,000 puntos. Por lo tanto, los caracteres "GOOGOL" y "TRONICS" deben tener la altura de una versalita para caber en el espacio de la fuente. Los usuarios tienen que acostumbrarse a especificar un tamaño de 200 puntos para el logotipo cuando utilicen un procesador de palabras, de modo que el logotipo compita con el puntaje del cuerpo de texto "normal". Además de exportar el logotipo como una imagen prediseñada, *no* hay otra manera legítima para agregar un logotipo a un documento de una aplicación que no da soporte a las imágenes gráficas.

Tampoco es mala idea utilizar el diseño del circuito como un carácter separado dentro de la fuente, para que una fuente conste de tres caracteres en total. Al hacerlo, usted puede crear animaciones y diseños 3D utilizando una combinación del logotipo y el diseño. Además, este arreglo permite a Googoltronics decorar documentos corporativos únicamente con el diseño del circuito.

He aquí cómo agregar el diseño del circuito al logotipo y cómo espaciar de manera equitativa todo el diseño para que se vea limpio y pulido cuando el usuario utilice la fuente.

Cómo afinar las propiedades de contorno del logotipo, Parte II

1. Con la Herramienta Selección (Pick tool), haga clic y arrastre el diseño del circuito para que esté centrado dentro del diseño del logotipo. Asegúrese de que existe un espacio proporcional entre él y el carácter de la *R*, luego haga clic con el botón derecho del ratón antes de soltar el cursor.

   Se coloca una copia del diseño para combinarla con el resto del logotipo. No se preocupe si el diseño del circuito se encima con el carácter *N*. usted arreglará esto a continuación. Se recomienda que rellene el diseño del circuito con un color que contraste con el logotipo, para que el trabajo de edición sea más fácil de ver.

2. Con la Herramienta Forma (Shape tool), seleccione todos los nodos del logotipo, de la *N* a la *S*.

   Se seleccionan los caracteres que necesitan moverse para acomodar el diseño del circuito dentro del logotipo.

3. Presione Ctrl, luego haga clic y arrastre uno de los nodos a la derecha, hasta que el espacio entre la *N* y el diseño del circuito sea igual al resto de los espacios de carácter.

   Ctrl restringe el movimiento del nodo a la dirección en que primero hizo clic y arrastró, que debe ser un movimiento horizontal. Vea la figura 8.16.

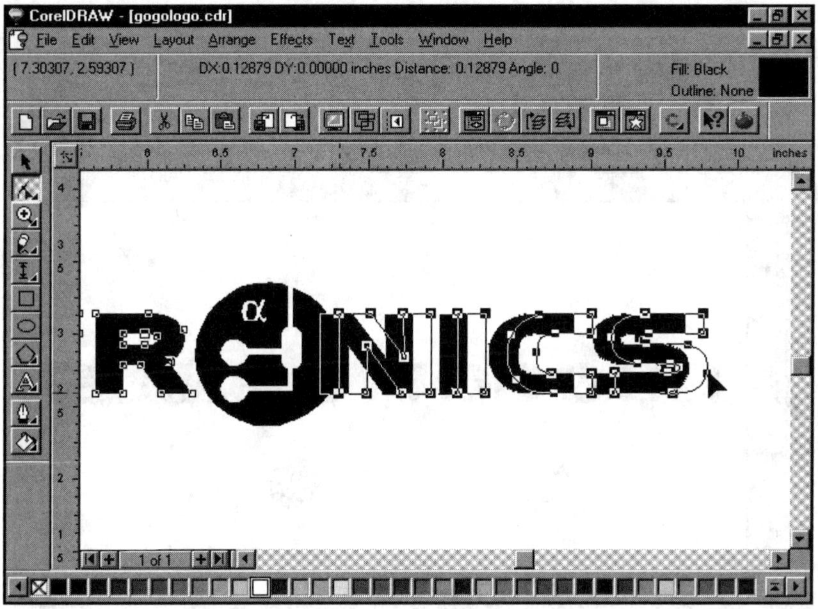

Figura 8.16
Utilice la tecla Ctrl para restringir el movimiento de los nodos seleccionados. Ctrl mantiene recta la línea de base del logotipo.

4. Presione la barra espaciadora, seleccione el diseño del logotipo y del circuito, luego presione Ctrl+L (Organizar (Arrange) y Combinar (Combine)).

   Se combinan los dos objetos en una trayectoria compuesta.

5. Presione +, haga clic en una muestra azul claro de la paleta de colores, luego presione F10.

   Se duplica el logotipo terminado, se rellena con un color distintivo y se selecciona después la Herramienta Forma (Shape tool).

6. Trace un rectángulo de selección alrededor de todos los nodos de la copia azul claro, de los caracteres de la *T* a la *S*. Si por accidente selecciona alguno de los nodos de la *L* que se enciman con el carácter, presione la tecla Mayús (Shift) y haga clic en los nodos para eliminarlos de la actual selección. Luego presione Supr (Delete).

Se crea el carácter “GOOGOL”.

7. Presione la barra espaciadora y haga clic en las letras negras del logotipo que se muestra debajo de la copia azul. Presione la barra espaciadora otra vez, luego trace un rectángulo de selección alrededor de todos los nodos de los caracteres de la *G* a la *L*. Como en el paso 6, si se seleccionan nodos no deseados (como alguno de la letra *T*), presione la tecla Mayús (Shift) y haga clic en cada nodo para eliminarlos de la selección actual. Luego presione Supr (Delete).

   Se cambia a la Herramienta Selección (Pick tool), se selecciona el logotipo original negro, luego se regresa a la Herramienta Forma (Shape tool). Las letras que *no están* representadas en la copia azul editada aparecen seleccionadas, luego se eliminan. Vea la figura 8.17.

Figura 8.17
Cree un diseño de dos caracteres eliminando las mitades opuestas de cada uno de los dos objetos.

8. Presione Ctrl+S (**A**rchivo (**F**ile) y **G**uardar (**S**ave)).

   Se guarda su trabajo en esta etapa intermedia.

Antes de seguir adelante, revise que los nodos de los diseños de “GOOGOL”, “TRONICS” y el circuito estén colocados correctamente, y corrija las propiedades de nodos. Cree nodos adicionales, si es necesario, para dar soporte a una curva.

Cómo exportar el logotipo

En esta sección es donde adquieren valor sus conocimientos sobre los espacios laterales y las líneas de base. Para crear dos caracteres dentro de una fuente que “se intercale” correctamente y cree un solo logotipo, usted debe exportar el objeto "TRONICS" con parte de la *T* extendiéndose más allá del lado izquierdo del origen del carácter. Sin embargo, usted no tiene que poner atención especial en el objeto "GOOGOL" cuando lo exporte como carácter. En teoría, los dos caracteres se utilizarán siempre en la misma combinación: el carácter "TRONICS" siempre aparecerá después del carácter "GOOGOL".

He aquí cómo colocar los objetos en una copia de la plantilla CHARSPEC, y exportarlos para crear la fuente TrueType Googoltronics.

Cómo exportar un logotipo

1. Haga doble clic en la Herramienta Selección (Pick tool).

   Se seleccionan los tres objetos en la página de impresión.

2. Presione Ctrl+C (Edición (Edit) y Copiar (Copy)).

   Se copian los objetos al Portapapeles (Clipboard).

3. Elija Archivo (File), Nuevo (New) y Con plantilla (From Template), luego elija el archivo CHARSPEC.CPT de la carpeta EXAMPLES\CHAP08 que se encuentra en el *CD de obsequio de CorelDRAW! 6 para expertos.* Asegúrese de que está marcada la casilla de verificación Con contenido (With Contents) antes de hacer clic en Abrir (Open).

   Se abre un documento Gráfico1 (Graphic 1) basado en el documento CHARSPEC.

4. Presione Ctrl+V (Edición (Edit) y Pegar (Paste)).

   Se pega, en la Capa 1 (Layer 1) del documento, la copia de los componentes del logotipo Googoltronics que se encontraba en el Portapapeles (Clipboard).

5. Presione Ctrl+F3 (Diseño (Layout) y Gestor de capas (Layers Manager)), luego haga clic en el ojo del icono Specifications (Especificaciones) de la persiana Capas (Layers).

   Se oculta el texto de la capa Specifications (Especificaciones) de la copia de la plantilla. Usted no necesita que las etiquetas de la línea guía estorben su trabajo.

6. Con la Herramienta Zoom (Zoom tool), trace un rectángulo de selección alrededor del área donde se encuentran la *L* y la *T*.

   Es el área que necesita examinar para determinar hasta dónde necesita exceder el objeto "Tronics" el origen de la página. Podría serle de ayuda que coloque dos líneas guía en los puntos donde los dos caracteres rebasan el espacio de carácter del otro. Tome nota mental de la distancia en que se sobreponen o, mejor aún, dibuje un rectángulo del ancho exacto en que las dos letras se entrelazan entre sí. Vea la figura 8.18.

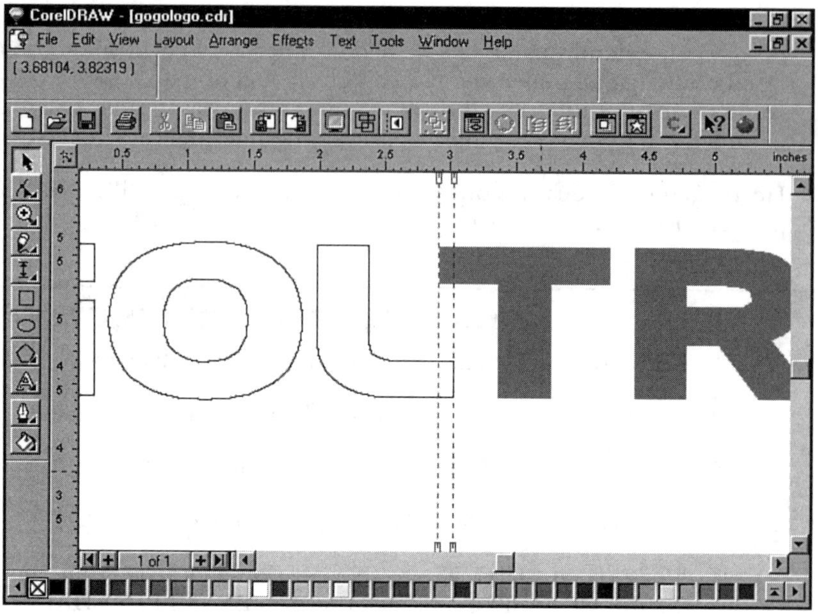

Figura 8.18
Los puntos cercanos de las letras *L* y *T* marcan la distancia a la que el objeto "TRONICS" debe estar a la izquierda del origen del carácter.

7. Con la Herramienta Selección (Pick tool), haga clic y arrastre el objeto "GOOGOL" hasta que una porción plana de la parte inferior del objeto (como la forma *L*) encuentre la línea de base de la línea guía, y hasta que el extremo izquierdo del objeto esté al nivel de línea guía vertical de origen.

   Esto coloca al objeto "GOOGOL" en la posición correcta de su espacio de carácter para exportar. Observe que la colocación del objeto permite que parte de la *O* del objeto descienda ligeramente hacia el área de excedente, mientras que la porción plana de la parte inferior de las letras debe tocar la línea de base.

En la figura 8.19 se ha creado una falla deliberada para demostrar un problema común. Notará que a pesar de que el objeto descansa sobre la línea de base, la orilla izquierda no se encuentra con la línea guía de origen porque un tirador se extiende a la izquierda del extremo del objeto. Si tiene este problema, elija la Herramienta Forma (Shape tool), ponga en posición recta los tiradores para que queden perfectamente verticales y luego alinee el objeto con la línea guía.

8. Con la Herramienta Selección (Pick tool), haga clic en el objeto "TRONICS", presione la tecla Mayús (Shift) y haga clic en el objeto del circuito, presione la tecla Mayús (Shift) y haga clic en el objeto "GOOGOL"; por último, haga clic en el botón Persiana de alinear y distribuir (Align and Distribute Roll-Up) de la barra de herramientas.

   La persiana Alinear y distribuir (Align and Distribute) alineará el primero y el segundo objetos seleccionados con "GOOGOL", el último objeto seleccionado.

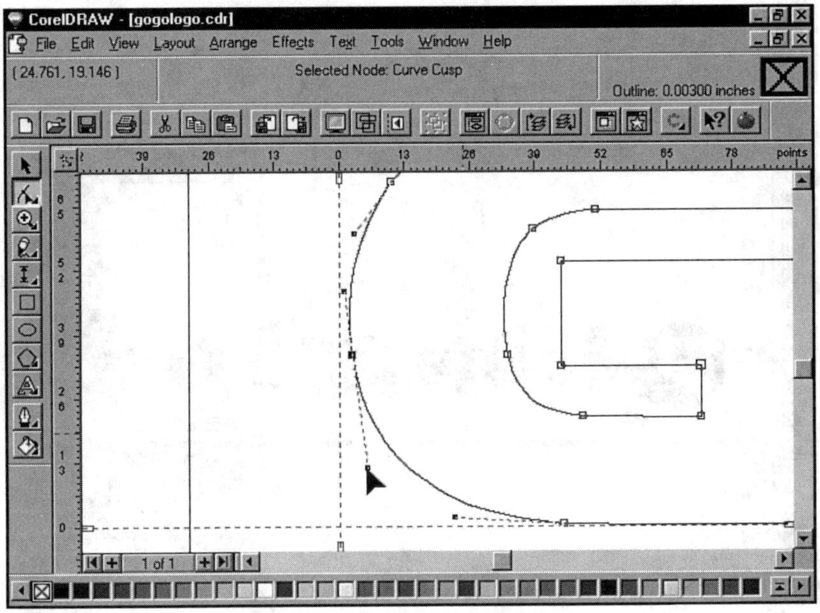

Figura 8.19
Los tiradores, sobre todo los de la izquierda y la parte inferior de un objeto, deben estar alineados con los ejes vertical u horizontal.

9. Haga clic en los botones de alineación (vertical) de la izquierda y (horizontal) intermedio de la persiana Alinear y distribuir (Align and Distribute), luego haga clic en Aplicar (Apply).

   Se alinean "TRONICS" y el diseño del circuito con la parte intermedia y la orilla absoluta izquierda del objeto "GOOGOL", que está perfectamente alineado con el origen del espacio del carácter. Vea la figura 8.20.

10. Con los tres objetos seleccionados, haga clic y arrastre el tirador de la esquina superior derecha hacia la parte superior de los objetos, hasta que el cuadro punteado de límite alcance uno 650 puntos de la regla horizontal.

    Se cambia proporcionalmente el tamaño de todos los objetos, mientras que el objeto "GOOGOL" permanece alineado con el origen y la línea de base. Como los caracteres no deben ser mayores de 720 puntos, esta medida vertical es lo máximo que debe permitir que alcancen los caracteres. Recuerde que estamos preocupados por el ancho de los caracteres; usted no puede hacer más altos los caracteres sin distorsionarlos.

11. Haga clic en "TRONICS" y en el diseño del circuito, luego aléjelo del objeto "GOO-GOL".

    Se limpia el camino para exportar el primer carácter. Las figuras de esta sección muestran los objetos en diferentes colores, y con atributos de contorno. Esto se hizo para ilustrar la exportación de fuentes y usted no necesita asignar diferentes valores a los objetos. Vaya a la vista de líneas de dibujo, si no tiene una vista clara de los objetos.

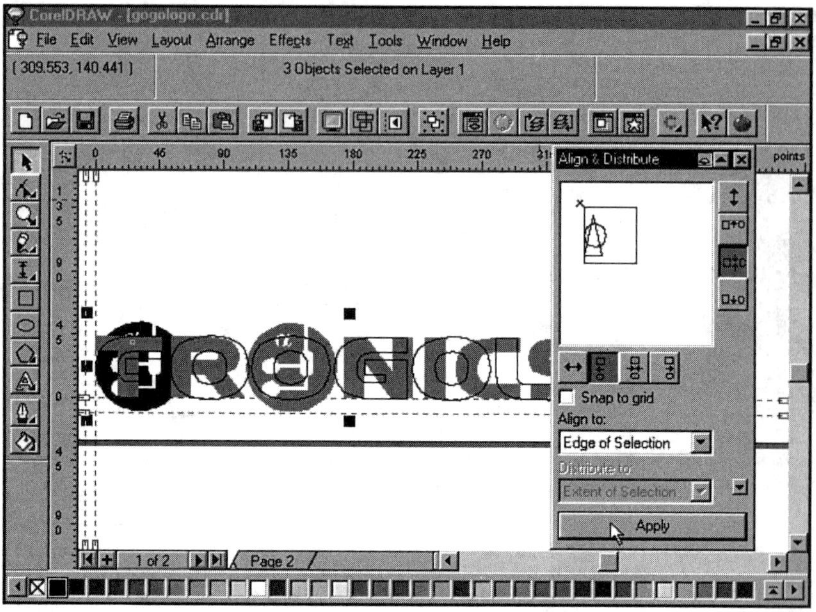

Figura 8.20 Utilice la persiana Alinear y distribuir (Align and Distribute) para alinear los lados izquierdos de los objetos al objeto ya alineado con el origen y la línea de base.

12. Haga clic en el objeto "GOOGOL" y luego en el botón Exportar (Export) de la barra de herramientas.

    Se despliega el cuadro de diálogo Exportar (Export).

13. Elija Fuente TrueType (TTF) (TrueType font (TTF)) de la lista descendente Guardar como tipo (Save as type), escriba GOOGOL.TTF en el campo Nombre de archivo (File name), luego seleccione una ubicación conveniente de su disco duro en la ventana de carpetas.

    Se especifica el tipo de fuente que va a exportar; se le asigna un nombre al archivo y una ubicación.

14. Haga clic en Exportar (Export).

    Se despliega el cuadro de diálogo Opciones (Options).

15. Escriba Googoltronics en el campo Nombre de familia (Family Name), marque la casilla de verificación Símbolo fuente (Symbol font) y no toque los campos Tamaño de la rejilla (Grid Size) ni Ancho de espacio (Space width), luego haga clic en Aceptar (OK).

    Se despliega el cuadro de diálogo de consulta Exporta True Type (TrueType Export). Como con las fuentes Type 1, la rejilla de coordenadas TrueType es de poca importancia para el diseñador promedio. El valor predeterminado indica que hay una relación 2,048 a 1 entre las unidades de medida de la fuente y las unidades del usuario. Esto difiere de la opción predeterminada de Type 1 porque los formatos de fuente están escritos para diferentes especificaciones. Usted no necesita cambiar el valor predeterminado de Ancho de espacio (Space width). Para una fuente de 3 caracteres, cuando se crea el logotipo en una página la barra espaciadora no tiene uso.

16. Haga clic en Sí (Yes) a la consulta ¿Guardar cambios en archivo de fuente? (Save changes to Font file).

    Aparece el cuadro de diálogo Exporta True Type (TrueType Export); el carácter que usted exporta se guardará en el formato de archivo TTF.

17. Elija la *g* minúscula para la tira de caracteres, a la derecha del cuadro de presentación preliminar, deje la casilla de verificación **A**uto marcada y haga clic en Aceptar (OK).

    El carácter "GOOGOL" se exporta al registro de la *g* minúscula del archivo GOOGOL.TTF.

18. Presione Ctrl+S, luego guarde el archivo como GOGOLOGO.CDR en su disco duro. Haga clic en Sí (Yes) para confirmarle a CorelDRAW que quiere sobreescribir el archivo GOGOLOGO anterior.

    Se escribe encima de la versión guardada de este archivo. La versión actual contiene las líneas guía exactas, los objetos correctamente escalados y sus diseños originales, para que no necesite dos copias de este archivo.

Los puntos más finos de la personalización de una fuente

La exportación de "TRONICS" y el diseño del circuito se desarrolla de igual manera, aunque la siguiente serie de pasos tiene un giro. En vez de alinear el objeto "TRONICS" con la línea guía de origen, extenderá la porción de la *T* del objeto a la izquierda de la guía del origen. Cuando se utilice más tarde la fuente, este valor *negativo de interletraje* provocará que el carácter "TRONICS" encaje muy bien con la porción *L* del carácter "GOOGOL".

He aquí cómo completar la exportación del conjunto de caracteres TrueType Googoltronics.

Cómo exportar el resto de los caracteres

1. Haga clic y arrastre la serie de letras GOOGOL lejos de la línea de base y de las líneas guía de origen. Ahora haga clic y arrastre el objeto TRONICS a su posición para que la parte inferior de la porción de la *T* del objeto esté alineada con la línea de base, y el cuerpo horizontal de la *T* rebase la línea guía de origen exactamente la cantidad de espació que midió en el ejemplo anterior.

   Se coloca el objeto en la ubicación donde CorelDRAW lo pondrá dentro del espacio de carácter de la fuente TrueType. Observe que como el circuito es más alto que el resto de las letras del objeto, su posición inferior rebasa la línea de base. Esto es correcto. Vea la figura 8.21.

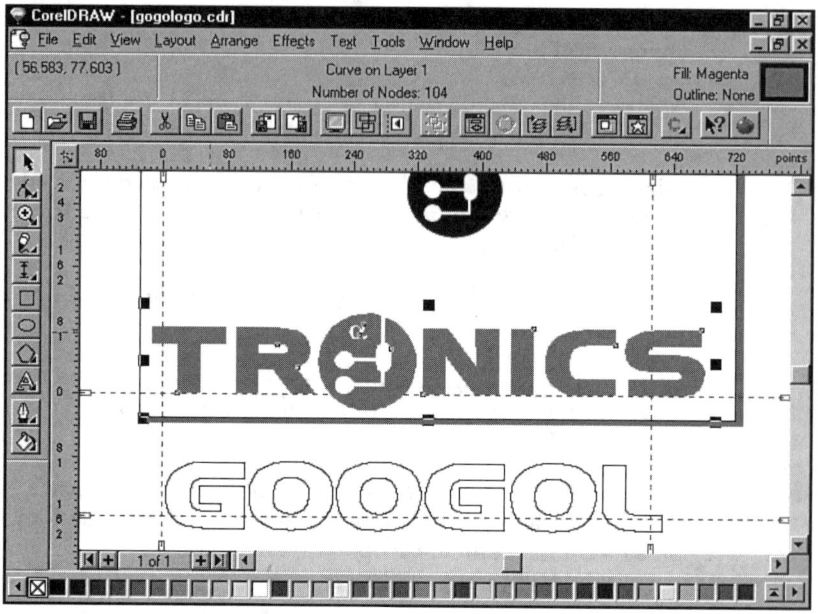

Figura 8.21 Coloque el objeto TRONICS para que quede en el espacio relacional del objeto GOOGOL que usted exportó. Los dos caracteres se entrelazarán cuando los escriba.

2. Haga clic en el botón Exportar (Export) de la barra de herramientas, luego en la casilla de verificación Sól**o** seleccionado (Selected **o**nly), a continuación en GOOGOL.TTF, que se encuentra en la ventana de carpetas, y, por último, en E**x**portar (E**x**port).

   Se despliega el cuadro de aparición súbita Este archivo ya existe, ¿desea reemplazarlo? (replace existing file?) (¿recuerda este cuadro cuando iba a exportar una fuente Type 1 a un archivo ya existente?). Haga clic en **S**í (**Y**es) para seguir adelante e ignorar este mensaje erróneo.

3. Después de que haya hecho clic en **S**í (**Y**es) en el cuadro de llamada de atención, aparece el cuadro de diálogo Exporta True Type (TrueType Export) y la letra *h* aparece seleccionada en la tira de caracteres. Desplácese a la *t* minúscula, haga clic en la *t* y luego en Aceptar (OK).

   Se exporta el objeto TRONICS al registro de la letra *t* minúscula en la fuente Googoltronics. Observe, en la figura 8.22, que el cuerpo horizontal de la parte *T* del objeto se extiende más allá de la línea guía de origen.

4. Exporte el diseño del circuito utilizando los mismos pasos mostrados para los otros caracteres. Recuerde que el circuito es un poco más grande que las letras que originalmente creó cuando generó la silueta del texto de Handel Gothic. Por lo tanto, asegúrese de que los rasgos descendentes del circuito rebasan la línea de base

en la misma distancia que la porción del circuito de la letra TRONICS. La orilla izquierda del diseño del circuito debe alinearse con la línea guía de origen. Elija un registro de carácter de exportación para el circuito que pueda recordar fácilmente; haga la prueba con el signo $ (código de búsqueda 0036).

Se completa la exportación de la fuente TrueType Googoltronics.

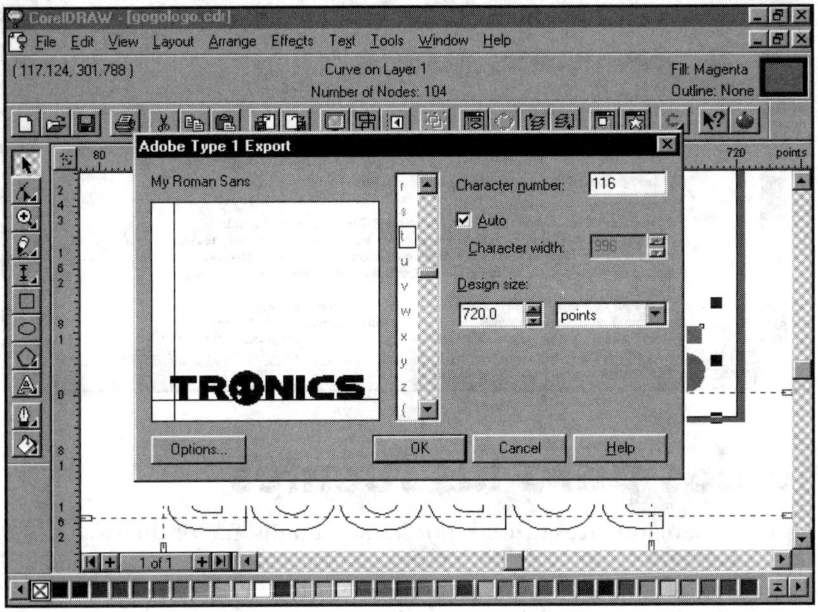

Figura 8.22
Al colocar el objeto parcialmente a la izquierda de la línea guía de origen, el carácter ocupará parte del espacio del carácter *g*.

Es hora de cerrar CorelDRAW, para que pueda instalar la nueva fuente en Windows. Después de eso, puede tener acceso al logotipo Googoltronics desde el 99 por ciento de las aplicaciones de Windows (aquéllas que utilizan fuentes). Debe hacerse notar aquí que la capacidad de un programa para alinear los caracteres *g* y *t* con tanta precisión como lo definió depende en gran medida de la habilidad de la aplicación para utilizar el interletraje de la fuente. En otras palabras, PageMaker o CorelDRAW podrían alinear las dos partes perfectamente para crear un logotipo sin costuras, mientras que Word para Windows tal vez deje un hueco entre los caracteres o los ponga demasiado juntos. Si sucede esto último, utilice CorelDRAW para exportar otra vez la segunda parte del carácter. Vuelva a escribir el registro de carácter original y deje la cantidad apropiada de espacio desde la línea guía de origen.

En la figura 8.23 usted puede ver que el autor tuvo suerte en su tercer intento, y cuenta ya con una fuente Googoltronics cuyos caracteres encajan perfectamente. Ahora puede despacharse de prisa esa carta membretada tan necesaria.

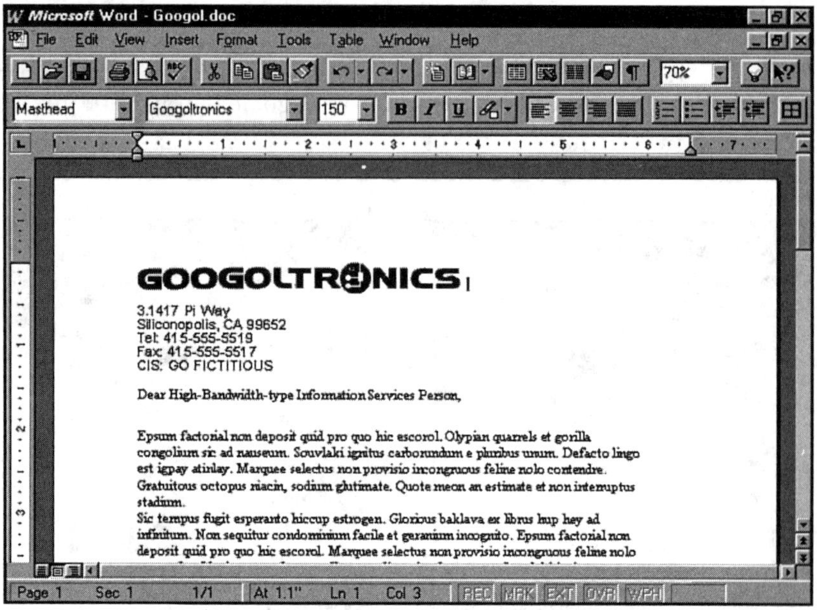

Figura 8.23 Agregue un logotipo a un documento de un procesador de palabras más rápido que si colocara una imagen gráfica, exportando el logotipo como una fuente.

Usos extendidos para las fuentes

Al principio de este capítulo mencioné tres razones por las que un diseñador querría aprender los fundamentos de la tipografía y de las fuentes en CorelDRAW. Espero que en este momento se encuentre entusiasmado con las posibilidades que ofrece CorelDRAW. Conforme se avanza en este capítulo, ¿por qué no hacer la prueba con algunos usos más extendidos para las fuentes?

Cómo arrastrar y colocar en un anuncio

Si tiene un cliente que necesita mucho material adicional, de golpe y a intervalos regulares, tal vez usted quiera crear una fuente de logotipo a la que tenga acceso desde la persiana Symbols (Símbolos).

Googoltronics TT, la versión del autor, se encuentra localizada en la carpeta EXAMPLES\CHAP08 del *CD de obsequio de CorelDRAW! 6 para expertos* (GOOGOL.TTF). Si le gustaría cargarla para examinar cómo se ve, a continuación se encuentra la serie de pasos más breve del mundo para mostrarle el uso de una fuente que tiene la propiedad de símbolo escrita en el encabezado del archivo.

Para cargar una fuente TrueType, puede utilizar la utilería Fonts del Panel de control (Control Panel) (Archivo (File) e Instalar nueva fuente (Install New Font)), o usted puede arrastrar y colocar una fuente TTF en la carpeta Fonts, dentro de la carpeta Windows del escritorio.

Cómo agregar un logotipo a un anuncio

1. Abra el archivo GOOG-AD.CDR de la carpeta EXAMPLES\CHAP08 del *CD de obsequio de CorelDRAW! 6 para expertos.*

   A este anuncio le falta una "viñeta" corporativa en la esquina de la página. Las capas que contienen el texto de párrafo, la imagen de mapa de bits y el logotipo están protegidos, de modo que puede colocar el elemento de viñeta sin mover por accidente algo más.

2. Haga clic en la persiana Symbols (Símbolos) de la barra de herramientas.

   Se despliega la persiana Symbols (Símbolos).

3. Elija Googoltronics TT de la lista descendente de la persiana.

   Se despliegan los caracteres disponibles dentro de la fuente.

4. Escriba 1 en el cuadro contador Tamaño (Size) de la persiana Symbols (Símbolos).

   Se especifica el tamaño al que aparecerán los caracteres de símbolo en el documento después de que los arrastre y los coloque.

5. Haga clic y arrastre el símbolo de circuito de la persiana Symbols (Símbolos) hacia la esquina inferior derecha del anuncio.

   Se agrega al anuncio una versión de contorno del símbolo. El texto de párrafo tiene un contorno para crear un espacio en el anuncio para que se acomode un símbolo de una pulgada de alto. Vea la figura 8.24.

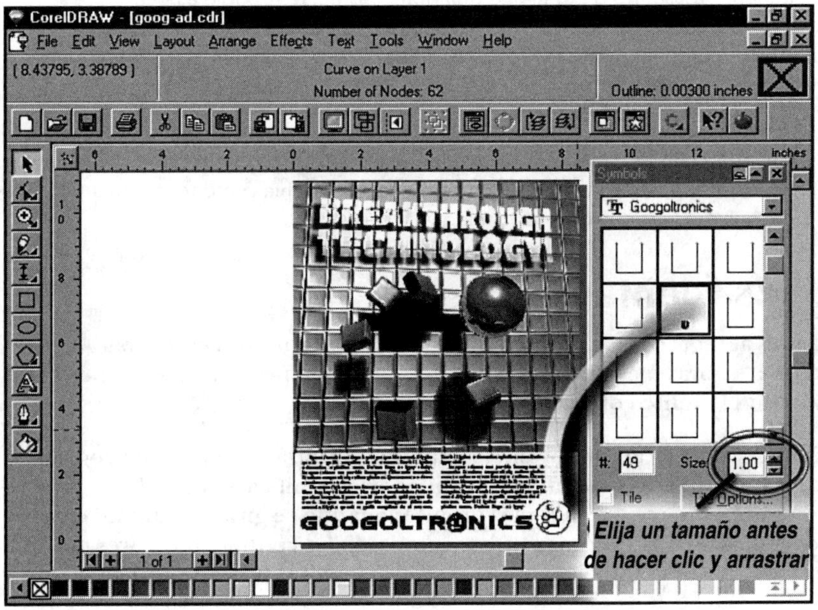

Figura 8.24
Se puede agregar un suministro interminable de símbolos a un documento con sólo arrastrarlos y colocarlos desde la persiana Símbolos (Symbols).

6. Haga clic en la muestra negra de la paleta de colores y luego, con el botón derecho del ratón en la *x* de la paleta de colores.

   Se asigna al símbolo una propiedad de contorno nula y un relleno negro.

7. Cambie la posición del símbolo, si es necesario, luego presione Ctrl+S, y guarde el documento como GOOG-AA.CDR en su disco duro.

   Se guarda su trabajo con un nombre de archivo fácil de recordar, ¡para que lo borre en 5 minutos!

Los símbolos se pueden agregar directamente a la persiana Symbols (Símbolos), pero esta práctica no es sólida. El comando **H**erramientas (**T**ools), Cre**a**r (Cre**a**te) y **S**ímbolos (**S**ymbols) permite que todas las fuentes TrueType de su sistema con un atributo de símbolo escrito en su encabezado de archivo sean un candidato a símbolo. Sin embargo, las fuentes que vienen en un CD están protegidas contra escritura, y se le detendrá si usted trata de agregar un apéndice a su juego de caracteres, utilizando el comando Crear (Create). Además, no es recomendable aprovechar esta técnica de edición dinámica porque, bueno... ¡es dinámica! Las fuentes se actualizan automáticamente; si una aplicación se está ejecutando en el fondo y usted actualmente tiene seleccionada la misma fuente a la que le está agregando un apéndice, pondrá muy duramente a prueba la capacidad de protección contra fallas del sistema de Win95.

No obstante, si guarda fuentes Type 1 o TrueType con la propiedad Símbolo (Symbol), tendrá una rica colección de imágenes prediseñadas a su disposición en CorelDRAW y en otros programas.

→Tip Usted puede agregar una fuente de logotipo a una fuente existente, pero no puede cambiar el nombre de usuario de la fuente anfitrión, y lo más probable es que sobreescribiría un carácter existente. Por esta razón, no es recomendable esta maniobra, pero es posible, si le gustaría agregar su logotipo corporativo a, digamos, Times New Roman, es mejor que desinstale la fuente, que haga una copia de respaldo, que haga la adición a la fuente destino y que luego la reinstale.

Como esta estrategia se relaciona con la copia de una fuente comercial, es ilegal distribuir la fuente para propósitos comerciales. Si usted limita el uso de la fuente exclusivamente a propósitos internos, no estará infringiendo los derechos del fabricante de la fuente.

Más allá de las fuentes 2D

En el capítulo 10, "Cómo agregar DEPTH y MOTION", se muestran los secretos para llevar las fuentes a la altura de las obras maestras, en objetos 3D y en pequeñas películas, pero aún así tiene que empezar con la fuente correcta.

La construcción de fuentes es de gran importancia cuando se utilizan fuentes en programas 3D de Corel: los errores en las conexiones de nodos pueden magnificarse cuando se extruye una fuente. Los pequeños errores se vuelven más grandes cuando se gira una fuente en el espacio en todas direcciones; incluso algunas fuentes comerciales contienen errores de trayectoria. Por lo tanto, cuando se trabaja con CorelDEPTH y MOTION 3D, utilice una fuente que usted haya creado mientras mantiene en mente algunos de los temas cubiertos en este capítulo, o elija sus fuentes comerciales muy cuidadosamente.

En la figura 8.25, puede ver una toma fija de la película épica *Lo que Googoltronics se llevó*. El archivo de animación GOOGOL.AVI de MOTION 3D se localiza en la carpeta CHAP08 del CD de obsequio; si desea reproducirlo, utilice el Reproductor multimedia (Media Player) en el menú Inicio (Start) de Win95 (bajo Programas\Accesorios\Multimedia (Programas\Accesories\Multimedia)).

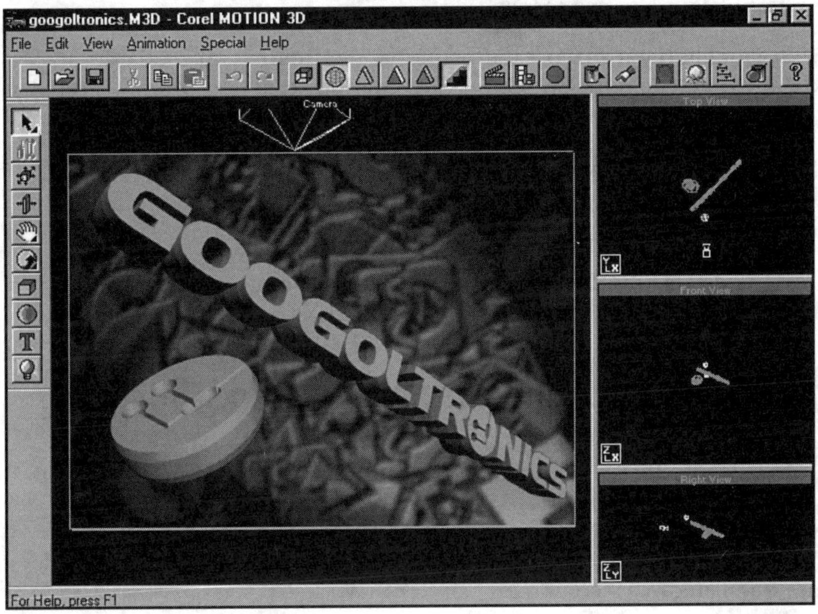

Figura 8.25
Lleve sus fuentes a cualquier lugar (incluso a una nueva dimensión) con sólo construir apropiadamente los archivos PFB y TTF.

Lleve una o dos fuentes TTF hechas a mano consigo al capítulo 10, y verá cómo poner sus creaciones en movimiento.

Afine sus fuentes utilizando aplicaciones externas

Aunque incuestionablemente CorelDRAW tiene las más finas y precisas herramientas de creación y edición de trayectorias, el programa no puede crear código extendido y mejorado dentro de un formato de archivo de fuente. Como se mencionó al principio de este capítulo, una fuente digital es en realidad un programa, y las fuentes pueden diseñarse para modificarse dentro de un documento con el fin de crear el texto de mejor aspecto cuando se imprimen en aplicaciones gráficas y de edición por computadora.

Aunque no se conoce aún la total capacidad del formato TrueType, Microsoft ha liberado recientemente información sobre la modificación de una fuente TrueType para producir un efecto llamado Flex. *Flex* es una parte del lenguaje utilizado en la generación de fuentes

Type 1 de PostScript; los vectores planos de los cuerpos de los caracteres pueden ajustarse, al momento de la impresión, para curvarse ligeramente hacia dentro, produciendo tipos más limpios en impresoras con baja resolución.

Muchos profesionales de las artes gráficas creen que TrueType no es un formato de fuente tan intrínsecamente inferior a Type 1 de Adobe. La *implantación* actual del formato TrueType tiene un largo camino que recorrer antes de que los servicios de impresión y los profesionales consideren su adopción, pero el formato de fuente TrueType parece tener más posibilidades de las que alguna vez se sospechó.

En cualquier caso, usted *puede* agregar mayores funciones a una fuente exportada de CorelDRAW, pero no dentro de CorelDRAW. Corel Corporation sería la primera en señalar que aunque la capacidad de exportación de fuentes es maravillosa, sin igual en cualquier otro programa de dibujo de Macintosh o de Windows, CorelDRAW genera el diseño en bruto, y que depende de los recursos y del ingenio del usuario llevar una fuente a mayores grados de profesionalismo.

Tres utilerías comerciales de software altamente recomendables y fáciles de encontrar, pueden mejorar una fuente de CorelDRAW. En las siguientes secciones se le mostrará lo que hacen y cómo pueden funcionar mejor con una fuente que usted ha creado.

FontLab: el laboratorio del diseñador PostScript

FontLab para Windows, diseñado por Yuri Yarmola y Alexander Drozdov de San Petersburgo, Rusia, utiliza PostScript en la edición y creación de fuentes. Aunque FontLab puede convertir con exactitud una fuente TrueType en Type 1, prácticamente cada comando y característica de este programa contiene código PostScript. No debe considerarse una sorpresa, entonces, que FontLab pueda agregar casi todas las mejoras de PostScript a una fuente que usted haya creado en CorelDRAW.

La información de la trayectoria del contorno que contienen las fuentes se presenta en pantalla como una imagen basada en pixeles, cuando en realidad la información geométrica que *describe* la forma de una fuente se encuentra dentro de un archivo de fuente. Esto significa que usted puede crear versiones de fuentes en negritas, itálicas, extendidas o incluso rellenas con nieve, si tiene el tiempo o la inclinación para dibujarlas. Con FontLab, esas variaciones en la información del contorno de fuente original pueden aplicarse con uno o dos clics del ratón y el uso de macros interconstruidos. Usted no tiene que entender código PostScript para crear caracteres maravillosos y alternativos dentro de una nueva fuente.

La información de interletraje se agrega en un abrir y cerrar de ojos a fuentes de CorelDRAW utilizando FontLab. La *información de interletraje* son datos de archivo de fuente internos que le indican al programa que disminuya o aumente el espacio entre caracteres específicos de una fuente. También se le llama comúnmente información de *par de interletraje.* Por ejemplo, la *A* y la *V* en una fuente sin patines, gótica, o menudo están separadas porque estas letras ocupan un área inusual del espacio del carácter de la fuente. Con los pares de interletraje definidos, cada vez que usted escribe una *A* y una *V*, el programa de fuente automáticamente llama la información de interletraje que indica a la aplicación anfitrión que los dos caracteres deben agruparse más estrechamente. FontLab tiene ejemplos de frases de interletraje que contienen pares de interletraje comunes que usted puede ajustar automática o manualmente y luego agregar al archivo de fuente.

FontLab también cuenta con una opción Font Audit, que le mostrará dónde presenta errores la trayectoria de contorno de un carácter. En la figura 8.26, usted puede ver que no todos los cuerpos horizontales de la generación que el autor hizo de la fuente Googoltronics tocan la línea de base. FontLab puede corregir automáticamente muchos errores de conexiones de nodos, y ofrece un conjunto limitado pero útil de herramientas de dibujo para hacer cambios menores a una fuente sin necesitar un viaje de regreso a CorelDRAW.

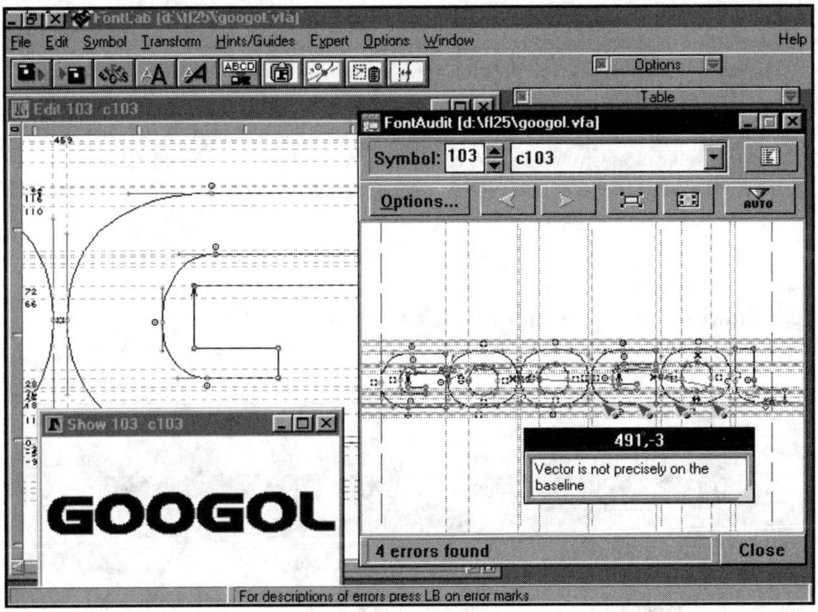

Figura 8.26
FontLab es una adición pequeña pero extremadamente poderosa a sus herramientas tipográficas.

La dirección del distribuidor de FontLab, Pyrus Software, se encuentra en la lista la Resource Guide (Guía de recursos) de la edición para expertos de CorelDRAW, un documento de Acrobat que se encuentra en el *CD de obsequio de CorelDRAW! 6 para expertos.* Una versión especial limitada del programa se encuentra en el CD de obsequio.

Un monstruo de programa para aficionados a las fuentes

FontMonster, de Steve Fox, es una utilería de shareware que no ofrece herramientas de edición de fuentes pero que opaca con creces este aparente descuido con su capacidad para editar información de encabezados de fuente.

La información de encabezados por lo general acompaña a una fuente para indicarle al programa a qué miembro de una familia pertenece el programa, si es una fuente de símbolo o cuál será el nombre de usuario que desplegará la fuente. Suponga que usted tiene dos fuentes con nombres idénticos. El autor ha visto por lo menos dos fuentes completamente diferentes llamadas Bangkok ofrecidas en servicios en línea (y Corel ofrece una fuente con el mismo nombre). Aunque los *diseños* de fuentes podrían ser diferentes, usted no puede cargar y tener acceso a dos fuentes con el mismo nombre; si una fuente TrueType y una Type 1 tienen el mismo nombre de usuario, Windows 95 sólo cargará la fuente TrueType. FontMonster puede areglar esto.

Con FontMonster, usted puede cambiar el nombre de una fuente, o la propiedad de una fuente comercial para convertirla en fuente de símbolo. Así puede tenerse acceso a la fuente desde la persiana Símbolos (Symbols) de DRAW.

Alto Las fuentes tienen un nombre de usuario (el nombre que aparece en los cuadros descendentes Fuentes (Fonts) de la aplicación), y un nombre de impresión (el nombre que una impresora PostScript busca cuando necesita bajarse una fuente antes del trabajo de impresión). *Nunca* cambie el nombre PostScript de una fuente; FontMonster tiene estas áreas marcadas con toda claridad en su interfaz, y la documentación en línea para FontMonster es un viaje irónico pero informativo a través del proceso de edición de encabezados de fuentes.

Además, FontMonster puede utilizarse para agregar pares de interletraje a una fuente o para copiar información de interletraje de una fuente similar. Usted también puede ver presentaciones preliminares de fuentes sin instalarlas en una ventana de presentación preliminar especial de FontMonster. En la figura 8.27 se muestra la interfaz FontMonster.

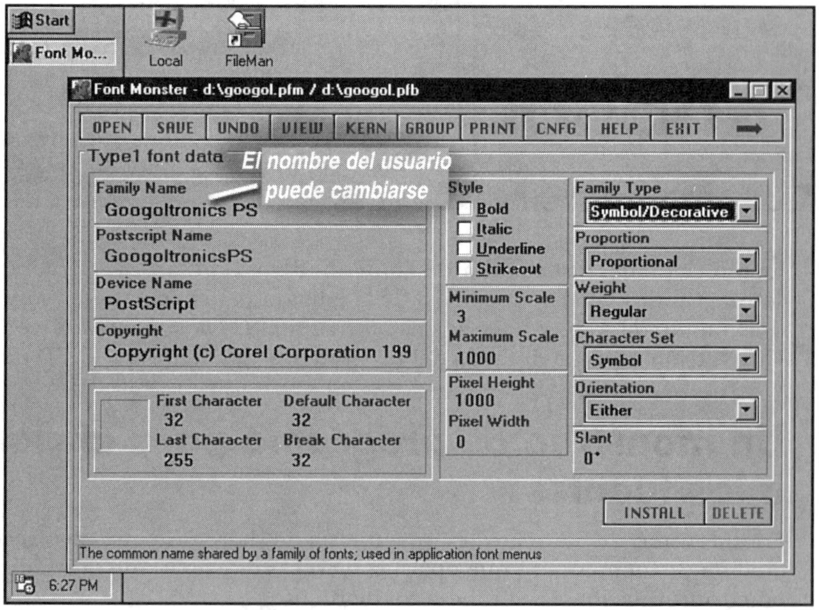

Figura 8.27 FontMonster es un shareware que puede ayudarle a afinar el interletraje y a cambiar el nombre de una fuente TrueType o Type 1.

De monstruos a traficantes

FontMonger, de Ares Software, es una implantación brillante de programación orientada a objetos. Como FontLab, FontMonger puede editar caracteres de una fuente existente, cambiar el nombre de una fuente y convertir no sólo entre formatos TrueType y Type 1, sino de fuentes de Amiga, de Macintosh, y del formato WFN de Corel (que dejó de tener soporte en la versión 6), y muchas más.

Más allá de la conversión de fuentes, FontMonger es un estupendo organizador de caracteres de diferentes orígenes de fuentes. Usted puede pegar un diseño de Adobe Illustrator directamente en un carácter existente dentro de una fuente y copiar rápidamente diferentes caracteres de fuente para crear un juego de fuentes completamente nuevo. Tal vez el elemento más atractivo de FontMonger sea su interfaz. FontMonger utiliza una metáfora de teclado para juegos de caracteres; si no puede recordar cuál carácter va en el código de búsqueda número 0151, usted puede observar la interfaz de teclado para saber que es un guión largo.

En la figura 8.28 se muestran dos teclados, representando dos fuentes diferentes, con caracteres de símbolos que se han copiado de un juego a otro. FontMonger ofrece una manera increíblemente fácil de organizar juegos de símbolos, y es uno de los pocos programas que conservan la información de interletraje. También autoarregla una fuente. *Autoarreglo* es la reestructuración mínima de los datos del contorno cuando una fuente se despliega a tamaños pequeños. Así es como una fuente diseñada profesionalmente puede generarse con éxito a 8 puntos en una impresora láser de 300 puntos, sin cuerpos largiruchos ni patines rotos.

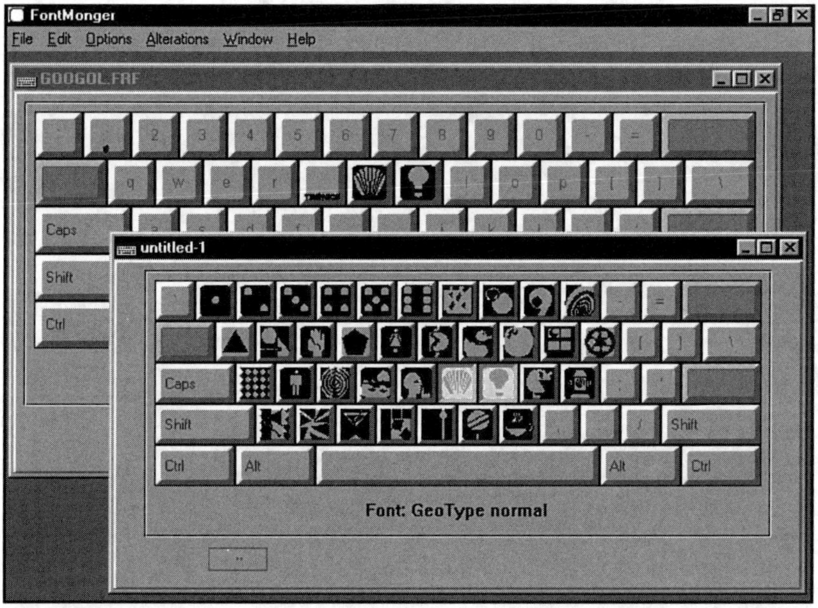

Figura 8.28
Con FontMonger, reúna fácilmente sus símbolos favoritos de diferentes fuentes en un solo juego de caracteres.

La información para ponerse en contacto con Ares Software también puede encontrarse en la Resource Guide (Guía de recursos) de Acrobat que se encuentra en el CD de obsequio. Ares Software también fabrica FontMinder, una utilería de catálogo de fuentes que sobrepasa la funcionalidad de FontMaster, y FontChameleon, una utilería excelente que produce cientos de variaciones basadas en una sola fuente "maestra", o que crea fuentes enteramente nuevas mezclando dos fuentes de su propia colección.

Un dato es un dato

Parte de la maravillosa flexibilidad con que usted puede utilizar fuentes digitales se debe a la manera en que la computadora procesa la información digital. Un flujo de datos de información de fuente puede convertirse fácilmente en una pieza de arte, y viceversa, porque las computadoras manejan la información de la misma manera; sin embargo, fue el conocimiento de Corel Corp. sobre la manera en que le agrada trabajar a los diseñadores lo que llevó a la capacidad de creación de fuentes de CorelDRAW. Si usted practica con los ejemplos de este capítulo, adquirirá destreza en un área más de la expresión artística por computadora.

Parte III

Más allá de CorelDRAW!

Cómo trabajar entre CorelDRAW! y CorelDREAM 3D

9
capítulo

A los diseñadores tradicionales, del mundo real, se les enseñan muchas técnicas para que los elementos parezcan tener más volumen. Como los lienzos y el papel son planos, la dimensión correspondiente a la profundidad a menudo se tiene que completar de diferentes maneras, incluyendo iluminación, diseño de planos con desvanecidos y perspectiva y objetos con fondo pintado fuera de foco para sugerir profundidad en un campo.

Cómo llevar sus sueños de 2D a 3D

En CorelDRAW, están a su disposición varias herramientas para hacer automático el proceso de crear perspectiva en los objetos. Sin embargo, no se da soporte a muchas otras características de generación fotorrealista. Quizás por esto CorelDREAM 3D se encuentra dentro de las aplicaciones del grupo de Corel: para ayudar a los diseñadores a expresar sus ideas de manera completamente dimensional y gráfica.

En este capítulo se encuentra una tarea que le muestra cómo el proceso de pensar en 3D le sirve de ayuda para dominar CorelDREAM 3D y cómo puede utilizarse CorelDRAW como punto de partida y de terminación para un diseño 3D. CorelDRAW es un fantástico integrador de diferentes tipos de imágenes gráficas por computadora, y si usted se siente cómodo utilizando el juego de opciones de CorelDRAW, ¡habrá avanzado más en el juego de modelado/generación de lo que podría pensar!

La relación entre objetos 2D y 3D

Suponga que trabaja para una fábrica muy grande. Su jefe lo lleva a comer fuera un día y le dice que Mike, uno de los ingenieros en jefe, está por jubilarse. Por razones inexplicables (que le permiten al autor crear una tarea de ejemplo aquí), su jefe está en contra de comprar un trofeo para Mike; en vez de eso, quiere crear un bonito póster de un trofeo en forma de copa. El reto es que debe parecer real. Su jefe ha escuchado mucho sobre las funciones mejoradas del grupo de Corel de su computadora.

En la mente de la mayoría, realismo es lo mismo que 3D. Sin embargo, la superficie de dibujo 2D y los utensilios de dibujo todavía son los medios más convenientes para la expresión artística de hoy en día. En la figura 9.1, por ejemplo, usted puede ver una serie de garabatos generada en una servilleta como respuesta a las especificaciones de su jefe. El dibujo sugiere dimensión. Es importante tener una vaga idea del lugar donde se encuentran los planos dimensionales dentro de una ilustración antes de dar el paso hacia la creación de objetos 3D.

CorelDREAM 3D utiliza dos métodos diferentes para crear una tercera dimensión a partir de un trabajo en 2D:

- ✔ Torneado
- ✔ Extrusión

Torneado es un término intermedio entre el uso tradicional de la madera o la arcilla que giran alrededor de un eje central y el uso de un *perfil* (una plantilla) en el exterior del eje para crear la forma del objeto. Un *perfil* es una forma bidimensional; las aplicaciones de modelado a menudo utilizan las coordenadas x y y (medidas horizontal y vertical, respectivamente) para definir un perfil, y el eje z de un objeto es la medida de la profundidad.

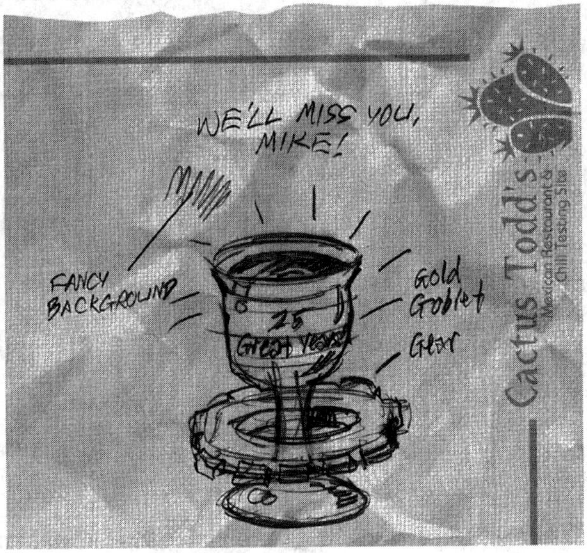

Figura 9.1
Si usted ya trabajó ilustraciones con perspectiva, ya tiene algo de talento de modelado en 3D.

Extrusión el otro método para elaborar objetos con dimensión en DREAM 3D, es idéntico a la función de la persiana Extruir (Extrude) de Corel (una trayectoria cerrada se extiende, punto por punto, hacia adelante o hacia atrás, creando el plano z (profundidad) de un objeto 3D).

Nota Los modelos complejos, *agregados* (agrupados, compuestos), como los utilizados en comerciales y películas, son una colección de *primitivos* (objetos básicos que no pueden dividirse en formas 3D más simples sin perder la estructura de la forma primitiva).

Va más allá de los objetivos de este libro mostrarle cómo crear objetos agregados. Sin embargo, si usted domina la construcción de objetos primitivos e invierte algo de tiempo en DREAM 3D, con el tiempo adquirirá habilidades para construir un mundo virtual.

El bosquejo en la servilleta del póster para Mike contiene dos primitivos diferentes: un engrane rodeando a un trofeo. Como puede ver en la figura 9.2, el engrane y el trofeo empiezan como perfiles 2D que se mueven en una dirección por el espacio para crear la tercera dimensión de los objetos.

A diferencia de un objeto físico torneado, DREAM 3D utiliza un *corte transversal* en lugar de un torno para madera o una rueda para cerámica. El corte transversal de un objeto torneado puede tener cualquier forma; yo he utilizado un círculo de 270° en la figura 9.2, porque le permite ver el giro del perfil 2D alrededor de su eje para darle volumen al objeto en el plano z.

Figura 9.2
Los perfiles 2D se mueven por una trayectoria para crear objetos 3D.

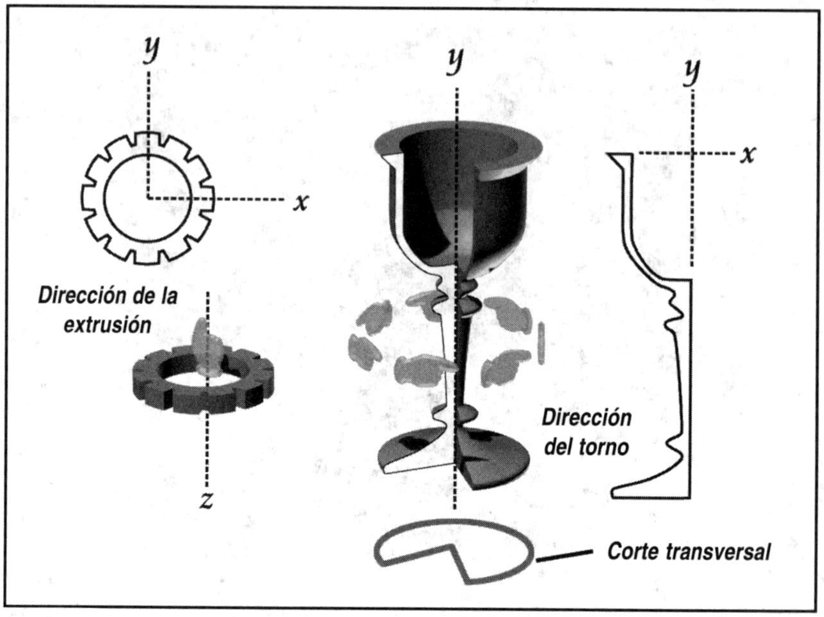

Cómo crear perfiles para DREAM 3D

Usted puede utilizar dos métodos para crear un diseño 2D que DREAM 3D puede convertir en un objeto 3D, incluyendo:

- ✔ El uso de las herramientas nativas de DREAM 3D
- ✔ La exportación de una trayectoria de CorelDRAW para utilizarla en DREAM 3D

Las herramientas de dibujo de DREAM 3D no son tan precisas como las de CorelDRAW, pero la tarea de este capítulo le muestra cómo utilizar los juegos de herramientas de CorelDRAW y de DREAM 3D. Así tendrá la opción de trabajar sus propias tareas en cualquier programa.

La primera parada para la creación del póster es en CorelDRAW, donde se ha creado un archivo de origen para la tarea. 3D-STUFF.CDR contiene una colección de materiales, como una piel virtual para los modelos de alambre 3D, además de los perfiles del engrane y el trofeo.

➔Tip Si lo desea, puede abrir el archivo 3D-STUFF.CDR, exportar las formas para utilizarlas en DREAM 3D y pasar por alto las siguientes secciones. Sin embargo, debe invertir un poco de tiempo en recrear los objetos de ejemplo en el siguiente ejercicio. El CD de Corel contiene muchos objetos preconstruidos y muchos materiales predeterminados para "pintar" sobre la superficie de la estructura de alambre 3D, pero su uso excesivo en una composición no le enseñará cómo elaborar los recursos originales para darle dimensión a sus propias ideas.

Para crear el perfil de un trofeo, debe anticipar primero cómo se verá la silueta completa de un trofeo en forma de copa. En la figura 9.3, se ha dibujado un rectángulo a la mitad del objeto de copa en 3D-STUFF.CDR. Si puede crear el trofeo, la opción Intersectar (Intersec) aplicada al rectángulo y al objeto de copa de inmediato crea una forma que DREAM 3D puede utilizar como perfil. Sin embargo, la forma resultante es una copa *cerrada* (se necesita eliminar una sección de la parte superior de la silueta de la copa para permitir que DREAM 3D gire el modelo y cree una copa que pueda contener líquidos).

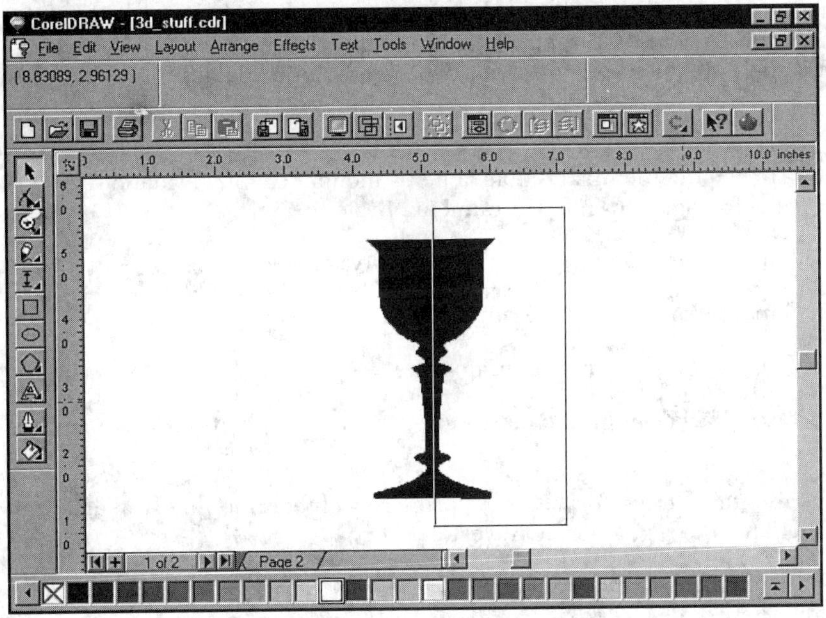

Figura 9.3
Usted puede crear perfiles 2D que podrán tornearse en DREAM 3D bisectando siluetas completas de objetos de CorelDRAW.

Al perfil que DREAM 3D utiliza para los objetos torneados se le llama *contorno de escala* y al centro del objeto girado (donde encontraría un eje de giro en el mundo físico) se le llama *trayectoria de barrido.* Tanto los contornos de escala como las trayectorias de barrido de la copa torneada que creará en esta tarea son *trayectorias abiertas.* DREAM 3D utiliza trayectorias cerradas especiales para crear formas prestablecidas (como un *aro,* o una dona), pero el torneado de trayectorias abiertas es la forma más común, definida por el usuario, que se utiliza en DREAM 3D.

Para prepararse a diseñar el contorno de escala de un trofeo (perfil) en DREAM 3D, lance CorelDRAW y abra el archivo 3D-STUFF.CDR que se encuentra en la carpeta EXAMPLES\CHAP09 del *CD de obsequio de CorelDRAW! 6 para expertos.* En la página 1 encontrará una trayectoria abierta que describe la orientación y la dirección (de izquierda a derecha) de la trayectoria abierta que creará en DREAM 3D. La trayectoria abierta se encuentra protegida en una capa y tiene puntos de inflexión marcados donde debe hacer clic con la herramienta de lápiz modo Bézier para producir la curva.

He aquí un breve ejercicio que usted puede utilizar para adquirir más habilidad con la Herramienta Bézier, cuya utilización le facilitará el dibujo del contorno de escala con la herramienta Bézier de DREAM 3D. Las dos herramientas de dibujo operan de manera muy parecida.

Cómo utilizar curvas Bézier para definir un contorno de DREAM 3D

1. En el documento 3D-STUFF.CDR, elija la Herramienta Zoom (Zoom tool), luego trace un rectángulo de selección alrededor de la curva punteada del contorno.

   Se trata de la forma de plantilla que habrá de vectorizar.

2. Haga clic en la flecha del menú lateral de la herramienta de lápiz (A mano Alzada (Freehand)) y luego haga clic en la Herramienta Bézier.

   Se trata de la herramienta con que vectorizará la curva del trofeo.

3. Haga clic en el marcador del extremo izquierdo de la plantilla.

   Se empieza una nueva trayectoria con un nodo.

4. Haga clic y arrastre hacia el segundo marcador, siguiendo la plantilla de izquierda a derecha.

   Se crea un segmento de trayectoria entre el primero y el segundo nodos; al arrastrar, se contornea el arco del segmento de trayectoria curvo.

5. Siga haciendo clic y arrastrando hasta que llegue al marcador que se sitúa *antes* del labio superior externo de la copa.

   El siguiente segmento es recto, así que no deseará empezar una curva en el siguiente nodo.

6. Haga clic en el marcador del labio exterior del trofeo, luego haga clic en el marcador interno de la copa.

   Se crea un segmento recto entre el labio externo e interno de la forma del contorno del trofeo.

7. Siga haciendo clic y arrastrando en los marcadores hasta que alcance el final de la trayectoria; haga un solo clic en el final de la trayectoria.

   Se termina la curva (vea la figura 9.4).

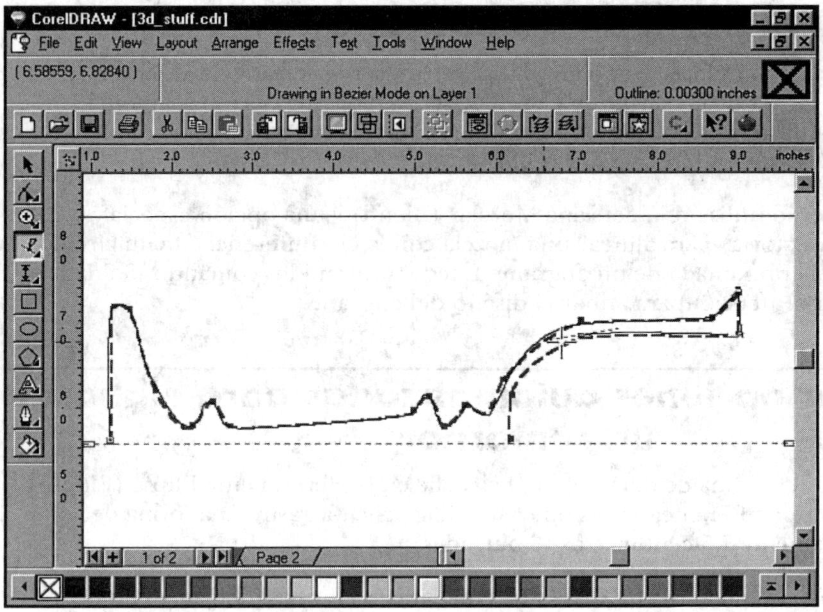

Figura 9.4
Las trayectorias que definen el contorno de un objeto torneado pueden crearse utilizando las herramientas de dibujo de CorelDRAW (o de DREAM 3D).

8. Elija Archivo (File) y Guardar como (Save As), luego guarde el documento en su disco duro como 3D-STUFF.CDR.

   Se guarda su trabajo hasta este punto.

El capítulo 3, "Cómo someter a los nodos y las trayectorias (la manera fácil)", contiene información valiosa sobre las técnicas para manipular curvas Bézier; consúltelo, si es que aún no lo ha leído. La trayectoria que usted creó en la anterior serie de pasos tiene dos conexiones de nodo incorrectas (los nodos que conectan el segmento de trayectoria recta que forma el labio de la copa son suavizados y deben ser asimétricos). Usted debe hacer clic con la Herramienta Forma (Shape tool) en cada uno de estos nodos, luego hacer clic con el botón derecho del ratón para desplegar el menú de método abreviado y, por último, seleccionar Asimétrica (Cusp).

Como mencioné al principio, con el ejemplo anterior se le dio una idea del uso de la Herramienta Bézier de DREAM 3D. Practique la última serie de pasos una o dos veces y la creación de un contorno de escala dejará de tener secretos para usted. Sin embargo, si se siente ansioso por pasar de inmediato al modelado, puede seleccionar la curva con la Herramienta Selección (Pick tool) en este momento, puede eligir Archivo (File) y Exportar (Export), hacer clic en la casilla de verificación Sólo seleccionado (Selected only) y exportar su trayectoria abierta como un documento CDR, Adobe Illustrator (AI) o Corel Presentation Exchange (CMX). Regresaré a este método corto para exportar trayectorias de CorelDRAW para crear perfiles cuando pase a las secciones que describen la edición en CorelDREAM 3D.

Cómo crear el perfil de un engrane

Las formas simétricas y complejas, como engranes, resortes, regaderas y otras partes mecánicas son muy fáciles de construir en CorelDRAW, si sabe qué opciones automáticas de la aplicación debe utilizar. Los elementos componentes de un engrane son un anillo y varios dientes alrededor de la circunferencia del anillo.

En el siguiente ejercicio utilizará la persiana Mezclar (Blend) y una opción especial (mezclar en una trayectoria) para alinear una mezcla con la circunferencia de un círculo, obteniendo la forma aproximada de un engrane. Luego, utilizará los comandos Soldar (Weld) e Intersectar (Intersec) para afinar el diseño del engrane.

Cómo utilizar opciones automatizadas para elaborar un contorno

1. En una nueva ventana de documento, haga clic en la Herramienta Elipse (Ellipse tool) (o presione F7), luego presione Ctrl y haga clic y arrastre una forma de aproximadamente 7.5 centímetros (3 pulgadas).

   Se dibuja un círculo perfecto; Ctrl hace simétricas las formas dibujadas con la Herramienta Elipse (Ellipse tool).

2. Haga clic en la Herramienta Rectángulo (Rectangle tool) (o presione F6) y luego haga clic y arrastre un rectángulo de 2.5 cm de alto y 1.25 cm de ancho (1 × 1/2 pulgadas).

   Se trata de un diente del engrane.

3. Presione la barra espaciadora y luego +.

   Se cambia a la Herramienta Selección (Pick tool); se duplica el rectángulo (están perfectamente alineados, así que no verá dos rectángulos en la pantalla).

4. Haga clic y arrastre un rectángulo a unos 5 centímetros del otro.

   No importan la distancia ni la dirección; sólo debe confirmar que hay dos rectángulos en la página.

5. Trace un rectángulo de selección, luego presione Ctrl+B (Efectos (Effects) y Mezclar (Blend)).

   Se despliega la persiana Mezclar (Blend).

6. Escriba **10** en el cuadro contador Etapas (Steps), luego haga clic en Aplicar (Apply).

   Se crean 10 objetos intermedios entre los dos objetos de control (rectángulos).

7. Haga clic en el botón marcado con un cursor que toca una trayectoria (abajo a la derecha) de la persiana Mezclar (Blend), luego elija Nueva trayectoria (New Path) en la lista descendente.

   El cursor toma la forma de una flecha doblada.

8. Haga clic en el círculo que dibujó.

   La persiana Mezclar (Blend) cambia para mostrar nuevas casillas de verificación.

9. Haga clic en Tray. Completa (Full Path) y Rotar todo (Rotate All), luego haga clic en Aplicar (Apply).

   Se organizan todos los objetos mezclados alrededor de la circunferencia del círculo, distribuidos equitativamente.

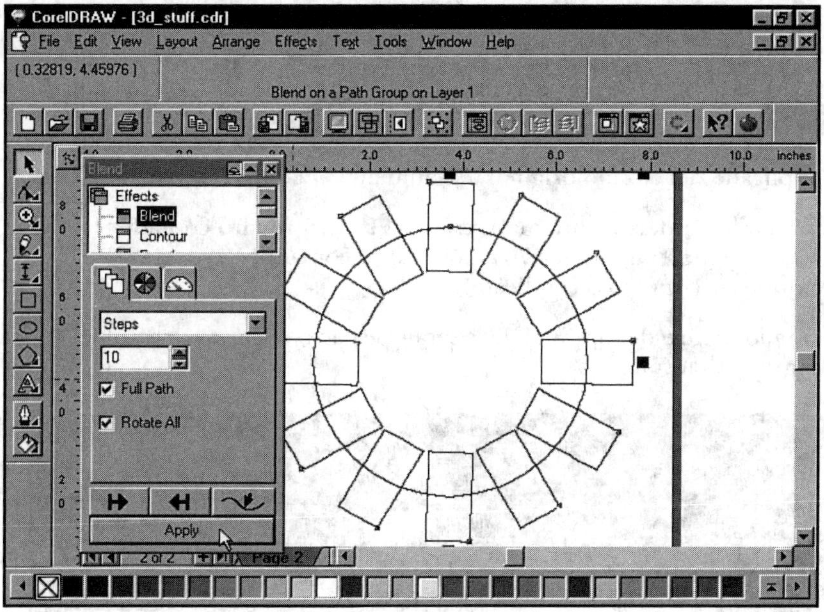

Figura 9.5
La mezcla de objetos alrededor de una trayectoria es una manera sencilla de organizar formas simétricas.

10. Haga clic en cualquiera de las formas de la mezcla, luego elija Organizar (Arrange) y Separar (Separate).

    Se deshace el vínculo dinámico entre los rectángulos originales y el grupo de objetos de la mezcla.

11. Haga clic en un área vacía de la página, luego en los objetos agrupados de la mezcla y, por último, en el botón Agrupar/Desagrupar (Group/Ungroup) de la barra de herramientas (o presione Ctrl+U).

    Se desagrupan los 10 objetos que todavía están seleccionados.

12. Presione la tecla Mayús (Shift) y haga clic en uno y luego en el otro rectángulo original.

    Se agregan los rectángulos a la selección actual de objetos.

13. Presione Ctrl+L (Organizar (Arrange) y Combinar (Combine)).

    Se combinan los 12 rectángulos en un solo objeto con 12 subtrayectorias.

No es obligatorio combinar los objetos para crear el engrane, sólo es una manera de tener los 12 rectángulos seleccionados a la vez cuando los necesite dentro de poco. Usted utilizará las opciones Intersectar (Intersect) y Soldar (Weld) en un momento, y no puede utilizar objetos agrupados como parte de las operaciones.

14. Haga clic en un espacio vacío de la página con la Herramienta Selección (Pick tool) y luego en la forma de círculo; presione Alt+F9 (Organizar (Arrange), Transformar (Transform) y Escalar y reflejar (Scale & Mirror)).

    Se dejan de seleccionar los dientes combinados del engrane; se selecciona el círculo; se despliega la persiana Transformar (Transform).

15. Haga clic en la persiana, escriba **125** en el cuadro contador H: del área Escala (Scale), presione Tab, escriba **125** en el cuadro contador V: y haga clic en Aplicar para duplicar (Apply To Duplicate).

    Se crea un duplicado del círculo original y se aumenta el tamaño del duplicado.

16. Haga clic en el círculo interno (original), escriba **70** en el cuadro contador H: de Escala (Scale), presione Tab, escriba **70** en el cuadro contador V: y haga clic en Aplicar para duplicar (Apply To Duplicate).

    Se crea un círculo dentro del original. Éste será el espacio negativo dentro del diseño del engrane ya terminado.

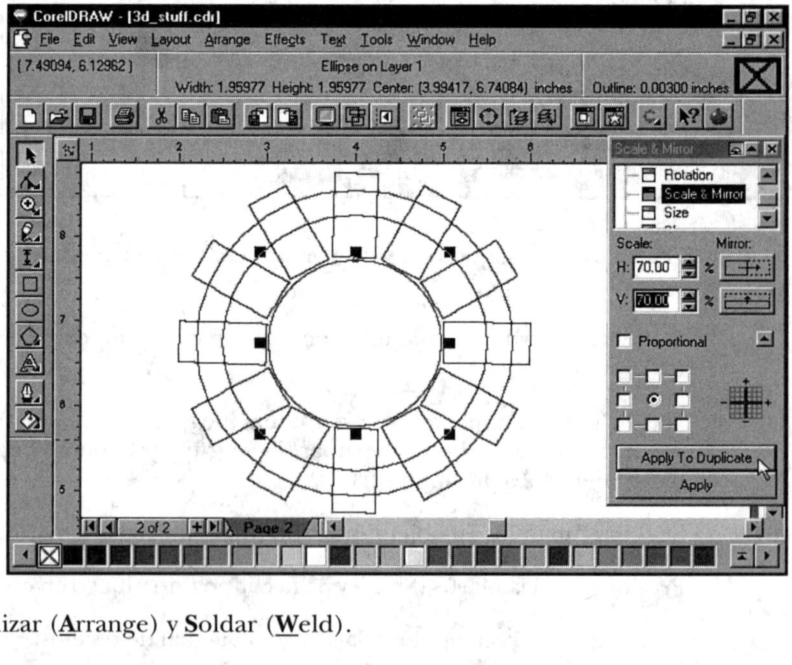

Figura 9.6 Usted puede crear círculos concéntricos utilizando el comando Aplicar para duplicar (Apply to Duplicate) de la persiana Transformar (Transform).

17. Elija Organizar (Arrange) y Soldar (Weld).

    Se despliega la persiana Recortar-Intersectar-Mezclar (Trim-Intersect-Weld).

18. Haga clic en el objeto de 12 rectángulos combinados, luego haga clic en Soldar con (Weld To).

El cursor toma la forma de una flecha grande.

19. Haga clic con el cursor en el círculo original (intermedio).

    Se mezclan los dos objetos; se eliminan todas las trayectorias dentro de las dos formas soldadas.

20. Haga clic en la carpeta Intersectar (Intersect) de la ventana descendente dentro de la persiana, elimine las marcas de las casillas de verificación Objeto destino (Target Object) y Otros objetos (Other Object(s)), luego haga clic en Intersectar con (Intersect With).

    El cursor toma la forma de una flecha gigante. Como se encuentran desmarcadas las casillas de verificación en la persiana Intersectar (Intersect), el círculo mayor y el objeto soldado desaparecerán, para dejar sólo la forma exterior del engrane, con dientes redondeados por la orilla exterior.

21. Haga clic en el círculo mayor.

    Se crea una forma basada en las áreas sobrepuestas de los objetos soldados y los círculos; se eliminan el círculo y el objeto soldado.

22. Con la Herramienta Selección (Pick tool), presione la tecla Mayús (Shift) y haga clic en el círculo interior, luego presione Ctrl+L (**O**rganizar (**A**rrange) y **C**ombinar (**C**ombine)).

    Se combina el objeto de intersección con el círculo interior.

23. Haga clic en la muestra negra para darle ese color al objeto, de modo que lo pueda ver mejor (vea la figura 9.7).

    Se rellena el nuevo objeto de intersección.

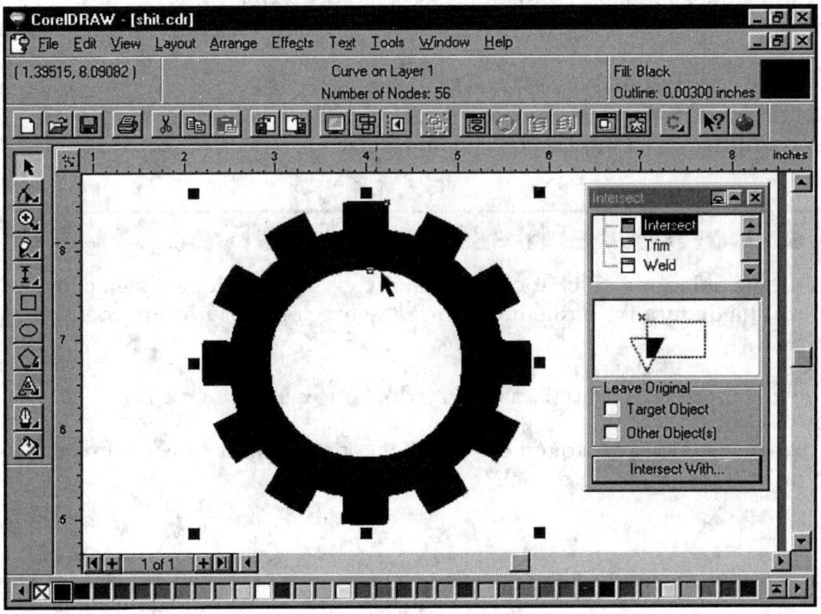

Figura 9.7
Tal vez descubra que la combinación de las opciones Mezclar (Blend) e Intersectar (Intersect) proporciona formas que no puede proporcionar la herramienta Polígono (Polygon).

24. Presione Ctrl+S (Archivo (File) y Guardar (Save)), luego guarde la forma del engrane en su disco duro como GEAR.CDR.

    Se guarda su trabajo para uso futuro.

¡Felicidades! Usted se encuentra ya en camino para crear una colección de perfiles 2D que pueden utilizarse en CorelDREAM 3D. 3D-STUFF-CDR contiene la forma final del engrane; en la siguiente aventura por la exportación de formas usted puede utilizar esta forma, o la que creó en el ejercicio anterior. Ahí, descubrirá cómo organizar formas para recuperarlas fácilmente y utilizarlas al elaborar modelos.

La colección de perfiles TrueType

A menudo utilizo una combinación de modelado *y* herramientas de diseño de CorelDRAW para crear perfiles 2D, pero es esencial que aprenda a organizar y recuperar trayectorias realmente útiles. Dentro de seis meses, después de elaborar montones de perfiles, tal vez sólo necesite el que produce un mango de desarmador al extruirse.

Usted debe planear por adelantado una estructura dentro de la que pueda almacenar sus materiales de proyectos de modelado. Un método consiste en elaborar un documento de varias páginas en CorelDRAW (con una página diferente para cada trayectoria). Sin embargo, esto será un problema cuando tenga que ir a CorelDRAW y exportar una trayectoria cada vez que realmente desee empezar una sesión creativa en DREAM 3D.

En el capítulo 8, "Cómo crear sus propias fuentes", usted aprendió los métodos utilizados para producir una fuente de calidad comercial utilizando CorelDRAW, pero por el momento utilice la opción de creación de fuentes de CorelDRAW para empezar una colección "tramposa" de perfiles. DREAM 3D puede leer cualquier TrueType instalada en su sistema y extruirla, que es exactamente lo que hará para crear el engrane 3D para el póster de retiro de Mike.

En la siguiente serie de pasos exportará el engrane como fuente TrueType. La fuente sólo contendrá la forma del engrane, pero usted puede agregar caracteres a la fuente en cualquier momento en el futuro, creando una colección de perfiles 3D.

Cómo exportar perfiles como TrueType

1. Con la Herramienta Selección (Pick tool), seleccione el engrane, luego haga clic y arrastre una esquina del tirador hasta que el engrane tenga unos 17.5 centímetros (7 pulgadas) de alto.

   El engrane toma el tamaño óptimo para exportarlo como carácter TrueType.

2. Haga clic y arrastre el cuadro de origen cero hacia el engrane hasta que el cursor de cruz toque la orilla inferior izquierda del engrane.

Se cambian las reglas para indicar que el origen cero de la página empieza en la esquina inferior izquierda del engrane (vea la figura 9.8).

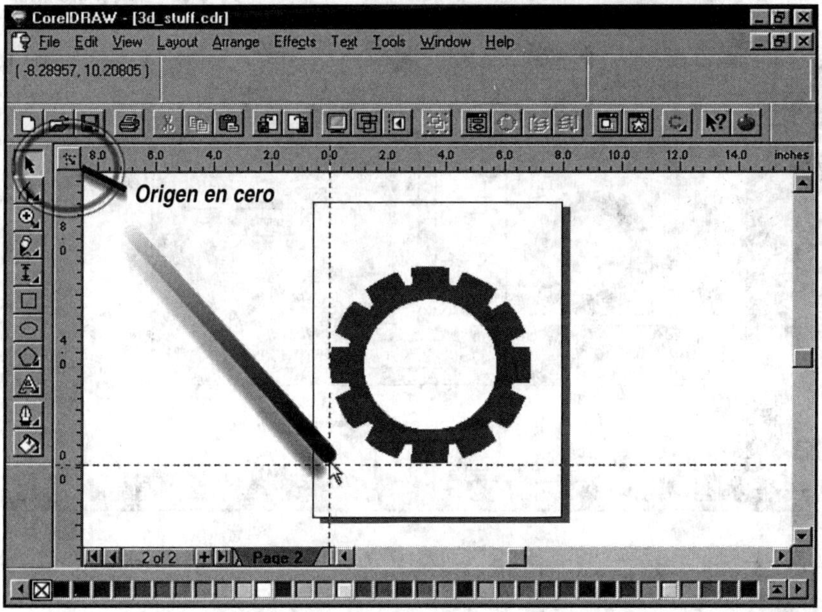

Figura 9.8
Establezca el origen cero de la página para que coincida con los extremos inferior e izquierdo del objeto de engrane.

3. Elija **A**rchivo (**F**ile) y E**x**portar (E**x**port) (Ctrl+H, o haga clic en el botón Exportar (Export) de la barra de herramientas), luego elija Fuente TrueType (TTF) (TrueType Font (TTF)) de la lista descendente Guardar c**o**mo tipo (Save as **t**ype), marque la casilla de verificación Sól**o** seleccionado (Selected **o**nly), escriba **profiles.ttf** en el campo **N**ombre de archivo (File **n**ame) y haga clic en E**x**portar (E**x**port).

   Se le da un nombre a la fuente TrueType; se despliega el cuadro de diálogo Opciones (Options).

4. Escriba **Profiles** en Nombre de familia (Family name). Luego haga clic en Aceptar (OK).

   Se le da a la fuente perfiles un nombre de usuario, que se desplegará en las aplicaciones que pueden leer fuentes TrueType; se despliega el cuadro de diálogo de confirmación de exportación.

5. Haga clic en **S**í (**Y**es) en el cuadro de diálogo de confirmación.

   Se despliega el cuadro de diálogo Exportar TrueType (TrueType Export).

6. Desplace la tira de asignación de carácter, luego haga clic en la *a* minúscula.

   Se le asigna el carácter *a* a la forma de engrane en la fuente Perfiles.

7. Haga clic en Aceptar (OK).

   Se crea la fuente Perfiles y se asigna el engrane a la letra *a* del teclado (vea la figura 9.9).

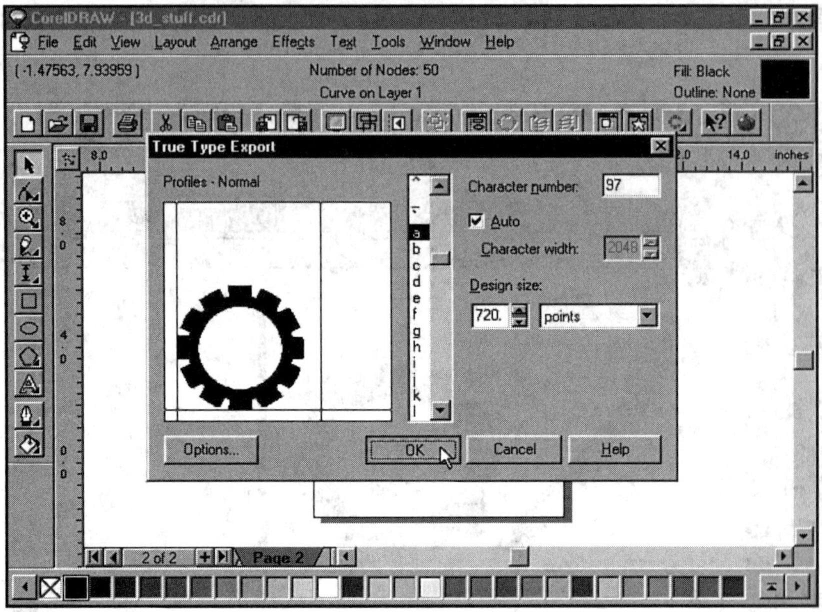

Figura 9.9 Usted puede llenar todos los registros, o sólo uno, en una fuente TrueType creada por usted con formas exportadas, para utilizarlas en otros programas.

8. Presione Ctrl+S (Archivo (File) y Guardar (Save)).

   Se guarda su trabajo hasta este punto.

En la versión 6 de CorelDRAW, las fuentes TrueType que usted crea se guardan en cualquier carpeta que especifique en el campo Buscar en (Look in), pero la fuente no estará lista para su uso en otras aplicaciones hasta que la instale. Por lo tanto, debe ir a Configuración (Settings) y Panel de control (Control Panel) del menú Inicio (Start), hacer doble clic en la carpeta Fuentes (Fonts) y elegir Instalar nueva fuente (Install New Font) del menú Archivo (File). Luego encuentre la fuente Profiles en la ventana Carpetas (Folders) del cuadro de diálogo Agregar Fuentes (Add Font), haga clic en el nombre Profiles de la ventana Lista de fuentes (List of fonts) y, por último, haga clic en Aceptar (OK). Ahora la fuente TrueType está lista para utilizarse en aplicaciones que utilizan TrueType, como DREAM 3D.

Nota Windows 95 no almacena la ubicación de las fuentes TrueType en WIN.INI, como Windows 3.1x. En vez de eso, el archivo Registry contiene la información de fuentes TrueType, y no se le recomienda que modifique Registry para eliminar fuentes debido a la complejidad del archivo.

Si necesita desinstalar una fuente TrueType sin eliminarla, mueva la fuente de la carpeta Fonts (en la carpeta Windows de su disco duro) a una ubicación diferente y presumiblemente segura. La utilería de fuentes del Panel de Control (Control Panel) es simplemente la fachada de la carpeta Fonts, pero no ofrece una función para desinstalar una fuente sin eliminarla de la carpeta Fonts.

Cómo crear superficies para modelos de DREAM 3D

Como mencioné antes, los objetos que usted diseña en los programas de dibujo, pintura y modelado muestran dos propiedades: la forma de un objeto y el contenido (la textura de la superficie que se encuentra dentro de la forma). Ahora tiene la tarea de diseñar bajo control la forma de la copa y el engrane. Es hora, en CorelDRAW, de meditar y revisar lo que debe ser el contenido visual (el material que representa una superficie 3D).

¿Qué significa mapeado?

Cuando usted le ordena a un programa como CorelCHART que cree una gráfica con puntos que representen datos, en realidad está *mapeando* datos. Una gráfica es la representación visual de números expresada como coordenadas de un plano, y ocasionalmente de un espacio, si usted crea una gráfica 3D.

En el ejemplo de una gráfica, mapear significa que usted está *traduciendo* datos; está tomando valores numéricos y convirtiéndolos en coordenadas espaciales. De igual manera, DREAM 3D ofrece la posibilidad de mapear gráficas en una superficie de estructura de alambre de 3D para simular las texturas de un objeto. En DREAM 3D se ofrecen muchos prestablecidos, pero en este capítulo se explica cómo elaborar sus propias texturas mapeadas.

DREAM 3D ofrece soporte a dos tipos de mapeado:

- ✔ Mapeado de color
- ✔ Mapeado de irregularidades (o textura)

El mapeado de color es un proceso similar a colocar una calcomanía sobre un objeto. Por ejemplo, usted puede pegar papel de contacto con un diseño de flores sobre una mesa para mejorar su aspecto, y usted puede importar una imagen de mapa de bits TIF, BMP o de algún otro tipo en DREAM 3D y hacerle lo mismo al modelo de una mesa.

El *mapeado de irregularidades* no es tan simple como el mapeado de color, de modo que presentamos una analogía antes de la explicación. Suponga que coloca una hoja de papel sobre una pieza de lija y luego pasa un lápiz sobre el papel. Usted terminará con el papel marcado en diferentes lugares donde la arena marcaba la superficie de la lija, y en blanco en las partes del papel donde no resaltaba la arena de la lija. Lo que ha hecho en este ejemplo es traducir las áreas de elevación de la lija a áreas de color en la hoja de papel. Usted ha creado el *mapa de irregularidades* de una lija.

El mapeado de irregularidades en DREAM 3D utiliza el proceso inverso del ejemplo de la lija. Usted crea una imagen de escala de grises con diferentes tonos, y DREAM 3D utiliza el mapa para graficar la elevación de la superficie del modelo 3D. Las áreas oscuras de la imagen del mapa de irregularidades corresponden a las áreas que sobresalen de la superficie del modelo; las claras, a las áreas que están por debajo. El mapeado de irregularidades puede mejorar el realismo del modelo en 3D porque los objetos en la vida real rara vez muestran propiedades completamente suaves.

Cómo crear un mapa de irregularidades en CorelDRAW!

CorelDRAW, como CorelPHOTO-PAINT, tiene la capacidad de exportar un diseño en varios formatos de imágenes gráficas de mapa de bits. DREAM 3D acepta TIF, CPT (del que PHOTO-PAINT es propietario), Targa, PCX, PSD (de Adobe Photoshop 2.5) y formatos de mapa de bits BMP, pero como el formato Tagged Image File, TIF (o TIFF), es un formato flexible con el que casi todas las aplicaciones pueden trabajar, elegiremos exportar los diseños de CorelDRAW como TIF.

En lo que se refiere a las dimensiones del diseño para el mapa de irregularidades, el dibujo puede ser más bien pequeño; DREAM 3D puede disponerlo en mosaico para crear un patrón, y todo lo que requiere esta tarea del póster es un poco de relieve en el trofeo para agregarle realismo. Lo único que importa aquí es la forma que produce el mapa de irregularidades después de importarse en DREAM 3D, y en la siguiente serie de pasos se muestra cómo producir uno de los diferentes patrones que usted puede crear para su propio trabajo de modelado.

Como Mike se está jubilando de la fábrica, es posible que no le resulten extraños los patrones de metal con relieve o amartillados. Para crear una apariencia de pequeños círculos hundidos en la superficie de la copa, usted necesita crear un mapa de irregularidades que conste en gran medida de áreas negras (representando una superficie plana) con intervalos irregulares de tonos en escala de grises que hagan una transición a blanco (representando las hendiduras de la superficie).

Todos los materiales utilizados en esta tarea se pueden encontrar en el archivo 3D-STUFF.CDR del CD de obsequio, pero supongamos que usted desea adquirir experiencia manual con este ejemplo y desea crear sus propios documentos de materiales. He aquí cómo crear un mapa de irregularidades que agregará textura a la copa en CorelDREAM 3D.

Cómo crear un mapa de irregularidades con troquelados

1. En CorelDRAW, presione F6 (o haga clic en la Herramienta Rectángulo (Rectangle tool)), luego presione Ctrl y haga clic y arrastre un recuadro de aproximadamente 6 centímetros (2 1/2 pulgadas) de lado.

   Esto representa el fondo del mapa de irregularidades que está creando.

2. Presione F7 (o haga clic en la herramienta de elipse), luego presione la tecla Ctrl y haga clic y arrastre un círculo de 1.8 centímetros (1/4 pulgada), dentro del cuadro.

   Esta forma contendrá un relleno degradado que se utilizará como información del mapa de irregularidades.

3. Con el círculo todavía seleccionado, presione F11.

   Se despliega el cuadro de diálogo Relleno degradado (Fountain Fill).

4. Elija Radial de la lista descendente Tipo (Type), luego haga clic en Aceptar (OK).

   Se rellena el círculo con un relleno degradado (vea la figura 9.10).

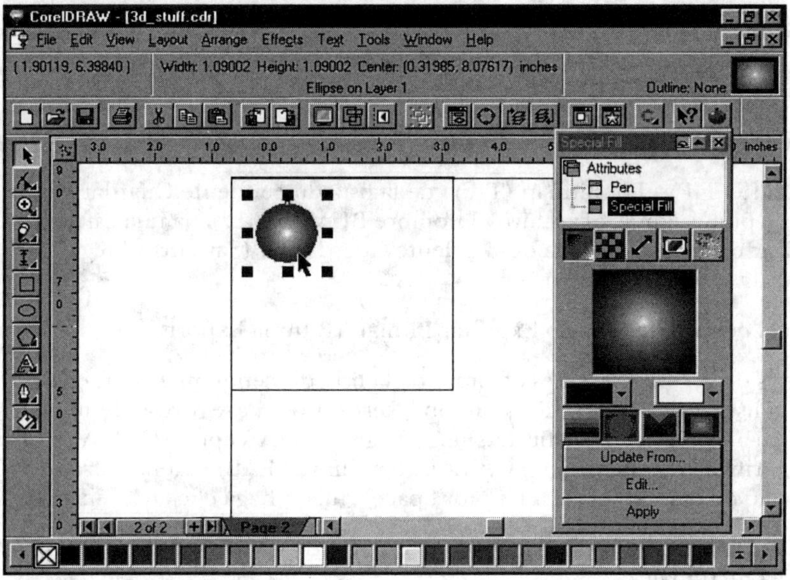

Figura 9.10
Cuando se utilice la imagen en DREAM 3D, las porciones más claras representarán las depresiones de una superficie.

En la figura anterior, se encuentra desplegada la persiana Relleno especial (Special Fill) sólo para que pueda ver el tipo de relleno sugerido aquí, el cuadro de diálogo Relleno degradado (Fountain Fill) tiende a ocultar la vista de la ventana del documento, de modo que se ha tomado una pequeña libertad artística.

5. Haga clic y arrastre el círculo a la esquina superior izquierda del cuadro; haga clic y arrástrelo a la esquina superior derecha del cuadro y luego haga clic con el botón derecho del ratón antes de soltar el cursor.

   Se coloca el círculo; se crea un duplicado en la esquina superior derecha del cuadro.

6. Presione la barra espaciadora, presione la tecla Mayús (Shift) y haga clic en el círculo original, haga clic y arrastre ambos círculos a la parte inferior del cuadro, luego haga clic con el botón derecho del ratón antes de soltar el cursor.

   Se cambia a la Herramienta Selección (Pick tool), se crean dos círculos más con relleno degradado.

Éste es un ejemplo simple, pero tal vez desee hacer la prueba de colocar los círculos para que creen un patrón simétrico dentro del rectángulo. Al hacerlo, el patrón en forma de mosaico del archivo TIF exportado será completamente simétrico en la superficie del trofeo. ¡Los patrones asimétricos tienden a verse como malos trabajos manuales en la superficie de los modelos! Trate de hacer doble clic en una regla para desplegar el cuadro de diálogo Configuración de rejilla y regla (Grid & Ruler Setup), establezca la Frecuencia (Frequency) de la ficha Rejilla (Grid) en 4 por pulgada, y marque las casillas de verificación Mostrar rejilla (Show Grid) y Encajar en rejilla (Snap to Grid). Luego haga clic y arrastre los círculos y el cuadro, a las posiciones de la rejilla donde se ajusten a una posición y creen un patrón simétrico.

7. Haga clic en el cuadro y en la muestra negra de la paleta de colores; luego haga clic con el botón derecho del ratón en la "x" de la paleta de colores.

   Se completa el diseño del mapa de irregularidades.

8. Trace un rectángulo de selección alrededor de los cinco objetos, luego elija **A**rchivo (**F**ile) y E**x**portar (**E**xport) (Ctrl+H; o haga clic en el botón Exportar (Export) de la barra de herramientas).

   Se completa el diseño del mapa de irregularidades.

9. Elija Bitmap TIF (TIF) (TIF Bitmap (TIF)) de la lista descendente Guardar c**o**mo tipo (Save as **t**ype), asígnele al archivo el nombre BUMPS.TIF, elija una carpeta que pueda localizar después en la lista descendente G**u**ardar en (Save **i**n) y luego haga clic en E**x**portar (E**x**port).

   Se despliega el cuadro de diálogo Exportar Bitmap (Bitmpa Export).

10. Elija 256 tonos de gris (256 Shades of Gray) de la lista descendente **C**olor, elija 75 (75 dpi) de la lista descendente Resolución (Resolution), asegúrese de que A**n**ti-alias (**A**nti-aliasing) esté verificada, luego haga clic en Aceptar (OK). *No* marque la casilla de verificación Guardar en CIELAB (Save in CIELAB) en el cuadro de diálogo Espacio de color-TIFF (TIFF-Color Space); luego haga clic en Aceptar (OK).

    Se exporta el diseño como imagen TIF en un espacio de color estándar RGB; se le regresa al área de trabajo.

11. Elija **A**rchivo (**F**ile) y **G**uardar (**S**ave), luego guarde el archivo en su disco duro.

    Se guarda su documento de CorelDRAW (las imágenes de origen para DREAM 3D) en su disco duro.

Como se trata de un ejemplo, el archivo exportado que usted utilizará como mapa de irregularidades de DREAM 3D no tendrá una resolución impresionante. Sin embargo, 75 pixeles por pulgada debe producir un mapa de irregularidades de calidad generalmente aceptable en la superficie del trofeo. DREAM 3D *interpreta* la información mientras mapea las irregularidades y usted en realidad nunca verá este diseño, per se, como un mapa de color en el producto terminado.

En la figura 9.11 puede ver lo que el autor también creó para este ejemplo, así como un mapa de color para el trofeo, cuyo mensaje para Mike aparecerá en la imagen terminada en la parte frontal del trofeo en forma de copa.

Debemos dar aquí algunas explicaciones para el mapa de color, que usted puede crear en DRAW o copiar y exportar del documento 3D-STUFF.CDR que se encuentra en la carpeta EXAMPLES\CHAP09 del CD de obsequio. DREAM 3D puede mapear al mismo tiempo diferentes tipos de mapas en una sola superficie de estructura de alambre, creando modelos terminados muy complejos y ricos. La copa (que aprenderá cómo hacerla en la siguiente sección), tendrá dos superficies características: una apariencia de troquelado metálico y un mensaje "¡25 Great Years!" ("¡25 años estupendos!") grabado (sin importar si Mike siente que lo fueron o no).

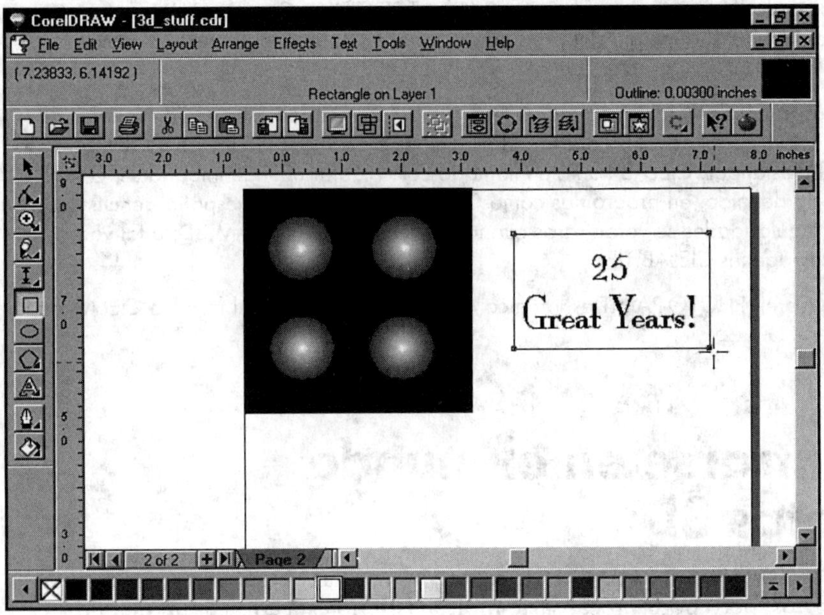

Figura 9.11
Los detalles de la superficie pueden crearse en CorelDRAW y exportarse como imágenes de mapa de bits que se utilizarán en DREAM 3D.

Un mapeado de irregularidades puede crear una apariencia de grabado en objetos 3D, pero el efecto de grabado por lo general no produce resultados legibles. Esto se debe a que las irregularidades tienden a distorsionarse de acuerdo con la geometría del modelo de estructura de alambre. Además, usted no puede tener dos mapas de irregularidades en una sola superficie de DREAM 3D, de modo que aquí sí funciona la alternativa de mapear una imagen de color sobre la superficie de la copa.

¿Cómo obtiene una apariencia de grabado del texto 2D sin mapeado de irregularidades? Si usted observa el texto en el documento 3D-STUFF.CDR, notará que en realidad hay *dos* elementos de texto: las letras negras y una copia ligeramente desplazada en color crema debajo de ellas. Además, los dos objetos de texto están rodeados por un rectángulo con fondo blanco, sin atributos de contorno.

He aquí el truco: DREAM 3D tiene la opción de dejar fuera de la imagen el color blanco cuando se utiliza como mapa de color. Al exportar el rectángulo y los dos objetos de letras como una sola imagen TIF, usted puede indicarle a DREAM 3D que deje fuera el blanco, aceptando únicamente las letras negras y en color crema. Estas últimas servirán entonces para resaltar las letras negras cuando la imagen TIF se mapee sobre el trofeo, y producirán un buen efecto de grabado.

Elija una fuente clásica y cree un diseño similar al mostrado en la figura 9.11. Ahora seleccione los objetos y expórtelos como archivo TIF, utilizando el tipo de color de 16 millones de colores, con la casilla de verificación Sól<u>o</u> seleccionado (Selected <u>o</u>nly) marcada en el cuadro de diálogo Exportar (Export). Como alternativa, usted puede utilizar el diseño de la página 2 del documento 3D-STUFF.CDR; la fuente que se utilizó fue Mona Lisa solid y el tipo se convirtió en curvas para que usted no tenga que instalar Mona Lisa solid en su sistema para utilizar el diseño.

Alto Cuando se exportan imágenes al formato Bitmap TIFF (TIF) en CorelDRAW, aparecerá un cuadro de diálogo al principio del proceso de exportación que le pregunta si desea Guardar en formato CIELAB (Save in CIELAB format).

No lo haga; ¡no marque la casilla! CIELAB es una especificación de color que separa los canales de color de la imagen TIF en un canal de luminosidad y dos canales cromáticos. A diferencia del formato RGB de las imágenes TIF estándar, CIELAB (también llamado color Lab) no puede importarse, con el espacio de color correcto definido, en programas como CorelDREAM 3D. En un español sencillo, sus mapas de color y de irregularidades se verán raros cuando se importen en DREAM 3D, o tal vez DREAM no importe las imágenes CIELAB.TIF.

De las aplicaciones de Corel, PHOTO-PAINT es la única que puede "entender" el formato CIELAB de las imágenes TIF.

Cómo adentrarse en el mundo de los objetos 3D

Antes de pasar de CorelDRAW a DREAM 3D, usted necesita estar al tanto de unas cuantas cosas. (Son temas obvios, pero podrían causarle molestias si no está consciente de ellos antes de empezar una sesión de modelado.)

El modelado es sólo la mitad del proceso de modelado/generación utilizado para crear imágenes fotorrealistas. Un modelo debe generarse antes de que pueda compartirlo con sus amigos que tal vez no tengan DREAM 3D, y con la gente que desea ver la calidad y el detalle con que usted elabora un modelo. DREAM 3D tiene la opción de mostrar la presentación preliminar de una imagen que habrá de generar, y usted puede seleccionar diferentes vistas de calidad conforme trabaja con modelos dentro del espacio de trabajo. Sin embargo, usted no verá las sombras ni otros detalles fotorrealistas del modelos hasta que no haya generado el modelo.

El módulo de generación de DREAM 3D produce una imagen de mapa de bits con base en el punto de vista de una cámara virtual que usted coloca en una escena; sin embargo, a diferencia de la fotografía, una sesión de generación toma más tiempo que Polaroid, y esto se analizará en breve, en este mismo capítulo. De muchas maneras, las acciones que desarrolle en DREAM 3D serían las mismas que si usted posee una cámara, compra algunos apoyos, contrata actores y renta un estudio. Sin embargo, el resultado de una sesión de cine o de fotografía es idéntico a los resultados producidos por DREAM 3D: usted obtiene una imagen fotorrealista, pero es una representación plana, en 2D de la escena que usted construyó y capturó. De modo que no puede girar (o mover) un objeto de DREAM 3D en la generación final (que usted pega en un documento de Word para Windows) como tampoco lo podría hacer con una foto que usted tomó y ajustó de la peluca del tío Juan. En DREAM 3D, la *dimensión* se crea generando a partir de las sombras, las luces, la perspectiva, la transparencia y todas las otras propiedades realistas de los objetos de una escena. El modelado es notable en este aspecto, pero no es mágico.

Nota Un método rápido para acercarse y alejarse de la ventana Perspectiva (Perspective), sin cambiar de herramientas, es presionar Ctrl++ y Ctrl+–. No he puesto énfasis en la importancia de los acercamientos y los desplazamientos porque el acercamiento no es específico para una aplicación de Windows. En vez de dedicar pasos de este capítulo a los acercamientos, usted está aprendiendo cómo trabajan las herramientas específicas para la creación de objetos en DREAM 3D. ¡En este capítulo tómese el tiempo, donde crea que lo necesita, para hacer acercamientos y distanciamientos de los objetos de la ventana Perspectiva (Perspective)!

Una revisión del estudio virtual

El área de trabajo de DREAM 3D tiene cuatro ventanas, y el contenido de cada una corresponde a una característica diferente en el mundo virtual del modelado. He aquí una lista detallada de lo que manejará en DREAM 3D:

- ✔ A la ventana principal se le llama *Perspectiva (Perspective)*. Es aquí donde el "reparto" de su escena (los objetos 3D y las luces virtuales) se mueven para crear una escena. Considere a la ventana Perspectiva (Perspective) como un portal, una vista a través de la cual la cámara captura una imagen 2D de la escena 3D.

Usted puede crear varias vistas de cámara y diferentes perspectivas de portal en la ventana Perspectiva (Perspective). La cámara virtual es en realidad un miembro del reparto dentro del *Universo (Universe)*, el descriptor espacial de todos los objetos de la escena.

Considere que su vista en la ventana Perspectiva (Perspective) es la vista de la cámara (por ejemplo, sus ojos son los lentes de la cámara y el plano imaginario). Esta analogía no es completamente exacta, pero funciona (y se golpeará menos la cabeza mientras utiliza el programa).

La ventana Perspectiva (Perspective) también ofrece puntos de vista diferentes y predefinidos de la escena, que usted puede modificar (moviendo una cámara), guardar y recuperar conforme se mueve por diferentes puntos de vista. Las vistas superior, izquierda y delantera son necesarias cuando trabaja en un ambiente de modelado 3D, porque en realidad su monitor es un plano 2D.

Usted podría descubrir que objetos que *creía* alineados en realidad únicamente lo estaban en dos de los tres planos de la ventana Perspectiva (Perspective). *Triangulación*, un término geográfico para localizar una coordenada a partir de otras dos, se aplica al modelado. Utilice dos vistas diferentes en DREAM 3D para asegurarse de que las tres coordenadas espaciales de un objeto están alineadas con los otros objetos.

- ✔ La *ventana Jerarquía (Hierarchy)* es útil cuando usted quiere una rápida referencia visual a los objetos que se encuentran dentro de un universo, cuando desea conocer su relación con otros objetos y utilizar un método abreviado para seleccionar un objeto. Usted puede cambiarle el nombre a un objeto haciendo clic en el título de un icono de Jerarquía (Hierarchy) (el texto debajo del icono), puede agrupar objetos haciendo clic y arrastrando un icono encima de otro y puede eliminar objetos con sólo eliminar su representación de icono.

Ocasionalmente, podría descubrir (mientras modela) que la vista de su cámara en la ventana Perspectiva (Perspective) oculta un objeto; usted sabe que se encuentra allí, pero no lo puede ver. Aunque puede trabajar a menudo con la ventana Jerarquía (Hierarchy) cerrada, esta ventana representa su manera más rápida para determinar si un objeto en realidad se encuentra en la escena.

✔ El *Explorador de sombreadores (Shaders Browser)* es una colección de materiales con los que usted puede pintar (o mapear) un material sobre un modelo de alambre. Como opción predeterminada, todo objeto que usted crea en DREAM 3D tiene un sombreador primario aplicado a él. Usted puede pintar fácilmente sobre esta capa básica arrastrando y colocando un icono sombreador sobre el objeto dentro de la ventana Perspectiva (Perspective). A los sombreadores a veces se les llama *ejemplos* de objeto porque usted puede pintar diferentes objetos con el mismo material del sombreador, y el archivo real del sombreador nunca se aplica a un objeto. Considere a los sombreadores como las propiedades importadas de materiales; usted puede importar varias veces un objeto en CorelDRAW, pero el archivo original real de ese objeto importado permanece en una carpeta de su disco duro.

Los sombreadores pueden tener siete propiedades: Color, Brillo (Shininess), Resaltar (Highlight), Reflexión (Reflection), Refracción (Refraction), Transparencia (Transparency) y Abollar (Bump). Cada propiedad del sombreador puede modificarse de cinco maneras diferentes, como se muestra en la tabla 9.1.

Table 9.1 Modificadores de los sombreadores de DREAM 3D

Modificador	Descripción
Valor (Value)	Muestra una barra de desplazamiento para controlar una cantidad de una propiedad del sombreador, como la cantidad de Transparencia (Transparency), de 0 a 100 por ciento.
Color	Le permite seleccionar un color RGB del seleccionador de color de Windows. Resulta útil para definir el color básico de un objeto y el color de la propiedad Brillo (Shininess).
Mapa de texturas (Texture Map)	Importa una imagen a color o en escala de grises para utilizarla como modificador. Un mapa de texturas (imagen) es útil para modificar las propiedades de los sombreadores Reflexión (Reflection), Color y Abollar (Bump).
Operadores (Operators)	Ofrecen una combinación de dos propiedades preexistentes de un sombreador. Usted puede multiplicar un sombreador por las propiedades del otro, utilizar la resta producida por una mezcla de las dos propiedades, etcétera. Piense en la manera en que CorelPHOTO-PAINT le ofrece la fusión de modelos para objetos de imagen (es el mismo principio).
Funciones de modelo (Pattern Functions) y Funciones naturales (Natural Functions)	Ofrece modificadores prestablecidos que *perturban* (alteran aleatoriamente) el aspecto de la superficie a la que se aplica el sombreador. Usted no puede crear sus propias funciones naturales o de modelo, pero puede modificar la cantidad de grano de madera en un sombreador o el tamaño de un patrón de tablero de ajedrez.

Con siete propiedades de sombreador, cinco modificadores y el conocimiento sobre la manera de crear sus propios mapas para utilizarlos en DREAM 3D, la combinación de materiales posibles resulta asombrosa.

- ✔ El Explorador de objetos (Objects Browser) contiene una colección de objetos 3D preelaborados, sobre todo grupos de formas *primitivas* que usted puede utilizar con sólo arrastrar y colocar el icono del Explorador de objetos (Objects Browser) en la ventana Perspectiva (Perspective).

Usted descubrirá que el trabajo en DREAM 3D exige de manera absoluta alguna especie de técnica para la organización de ventanas. En la tarea de este capítulo usted utilizará ampliamente la ventana Perspectiva (Perspective) y el Explorador de sombreadores (Shaders Browser) (con un énfasis mínimo en la ventana Jerarquía (Hierarchy) y sin dependencia del Explorador de objetos (Objects Browser)). Su primer paso antes de empezar el ejercicio de modelo es cerrar el Explorador de objetos (Objects Browser), agrandar todo lo que desee la ventana Perspectiva (Perspective) y dejarle también un poco de espacio en DREAM 3D a la ventana Jerarquía (Hierarchy) y al Explorador de sombreadores (Shaders Browser). En los ejemplos que habrá de seguir, haremos sugerencias sobre la manera de optimizar el espacio de trabajo en DREAM 3D.

Nota Todo programa que se apega a las especificaciones de Windows 95 contiene ventanas padre y ventanas hijas anidadas dentro de las primeras. Ya no hay más paletas flotantes (o persianas) y cada ventana de DREAM 3D y otras aplicaciones tienen una manera de elegirse. Usted puede saber que una ventana hija (como la del Explorador de sombreadores (Shaders Browser)) está elegida (es la ventana activa) porque la barra de título tiene un color único. Es importante recordarlo en DREAM 3D porque las opciones del menú son sensibles al contexto; los elementos del menú cambian dependiendo de la ventana hija activa (elegida al frente).

Si usted necesita arreglar rápidamente las ventanas hijas en DREAM 3D para mostrar todo, elija Ventanas (**W**indows) y **E**spacio de trabajo (**W**orkspace), luego seleccione la resolución del monitor que está ejecutando actualmente.

Tip En este capítulo no se presenta información sobre el Explorador de objetos (Objects Browser) porque no hay gran cosa que decir; usted hace clic y arrastra un objeto a la ventana Perspectiva (Perspective) y es todo. Sin embargo, hay una o dos opciones no documentadas que pueden ayudarle a crear y trabajar con composiciones originales.

Si desea copiar el sombreador de un solo objeto (no una colección agrupada de objetos), haga clic en el objeto del Explorador de objetos (Objects Browser) con la herramienta de cuentagotas. Con esto se muestra el Editor de sombreadores (Shaders Editor) (que se cubre en esta sección). Haga clic y arrastre el icono del Editor de sombreadores (Shaders Editor) al Explorador de objetos (Objects Browser), el sombreador se puede utilizar entonces en sus propios objetos.

Además, si desea agregar un objeto por su cuenta al Explorador de objetos (Objects Browser), guarde su creación como archivo *.d3d en la carpeta Corel6\DREAM 3D\3Dclip de su disco duro (usted determinó el nombre de la carpeta principal de Corel durante la instalación). Al hacer esto, aparecerá un icono en el Explorador de objetos (Objects Browser) para su creación y usted podrá arrastrarla y colocarla en la ventana Perspectiva (Perspective) en cualquier momento que necesite una copia del modelo. Se permiten nombres largos de archivo, pero sólo parecen los primeros nueve caracteres debajo del icono predeterminado de su modelo en el Explorador de objetos (Objects Browser).

Cómo crear el trofeo 3D

Como mencioné antes, usted puede utilizar una trayectoria abierta creada en CorelDRAW como contorno de escala (perfil) del objeto de copa en DREAM 3D, siempre y cuando lo haya exportado en .CDR, .AI, .CMX u otro formato de vectores que DREAM 3D pueda importar.

En un punto de la siguiente serie de pasos, le daremos sugerencias alternativas sobre la manera de modificar la forma libre que creó para elaborar el trofeo. El término forma libre se utiliza en DREAM 3D para indicar que una forma definida por el usuario se encuentra en la ventana Perspectiva (Perspective). Otras formas, primitivos geométricos que DREAM 3D ofrece como prestablecidos, pueden agregarse a la escena haciendo clic en el menú lateral de la caja de herramientas y seleccionando un tipo primitivo básico, como un cono o un cubo.

Antes de empezar a utilizar DREAM 3D, debe lanzarlo para establecer las preferencias del usuario. DREAM 3D utiliza una *ubicación de disco para escritura* (una ubicación dónde almacenar la información de archivo en trabajo) además del espacio temporal de Windows 95, si usted tiene más de un disco duro o partición del disco duro. Así que abra DREAM 3D, elija Archivo (File), Preferencias (Preferences) y luego Imaginando, disco borrador (Imaging, Scratch Disk) de la lista descendente. En la lista descendente Utilizar (Use) seleccione una unidad donde tenga mucho espacio abierto, defragmentado, haga clic en Aceptar (OK) y luego salga de DREAM 3D para activar los cambios.

El ejercicio siguiente le muestra cómo crear una forma personalizada, de forma libre.

Cómo crear un trofeo 3D

1. Lance CorelDREAM 3D desde el menú Inicio (Start) de Win95.

   El espacio de trabajo aparece en la configuración predeterminada, con todas las ventanas hijas organizadas.

2. Haga clic en el botón para cerrar el Explorador de objetos (Objects Browser), luego haga clic y arrastre la ventana Perspectiva (Perspective), para que ocupe las dos terceras partes del área de trabajo.

   Usted ha optimizado el área de trabajo.

3. Haga clic en la herramienta Forma libre (Freeform) de la caja de herramientas y luego en el centro de la ventana Perspectiva (Perspective).

   Usted ha decidido una posición para el objeto de trofeo, y se le pregunta un nombre para el nuevo objeto en el cuadro de diálogo Establecer nombre (Set Name).

4. Escriba **LovingCup** (o cualquier nombre) en el campo Nombre (Name), luego haga clic en Aceptar (OK).

   Es el nombre que aparecerá en la ventana Jerarquía (Hierarchy) para identificar el nuevo objeto; aparecen dos líneas en la ventana Perspectiva (Perspective), en las rejillas inferior y derecha (*planos*).

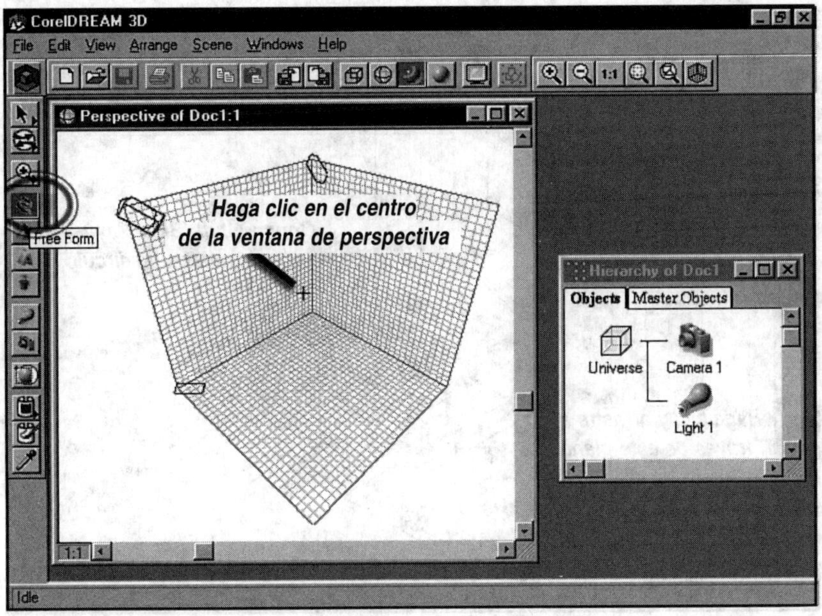

Figura 9.12 Cuando hace clic con la herramienta de creación de objetos en la ventana Perspectiva (Perspective), usted determina la ubicación del objeto futuro.

La ventana Perspectiva (Perspective) no cambia, pero su vista de los objetos componentes de una forma 3D se encuentra en la ventana de modelado. Cuando vea trayectorias en los planos de modelado inferior y derecho, usted se encontrará en la ventana de modelado y las herramientas de la caja de herramientas cambiarán por las herramientas de creación y edición 2D. Usted no puede hacer clic y arrastrar un objeto del Explorador (Browser), utilizar el Wizard de modelado ni las herramientas de forma prestablecida mientras se encuentre en el modo de modelado.

5. Haga clic y mantenga presionado el botón sobre la herramienta de primitivos 2D, luego haga clic en la herramienta Dibujar Óvalo (Oval tool).

   Se selecciona el tipo de herramienta 2D utilizada para crear el volumen del trofeo.

6. Presione la tecla Mayús (Shift) y haga clic y arrastre en el centro del plano de la rejilla que no tenga líneas de trayectoria.

   Mayús (Shift) restringe el óvalo a un círculo; se crea el corte transversal para el trofeo (vea la figura 9.13).

Observará que aparece un plano de corte transversal frente al plano posterior, después de que ha dibujado el círculo, y que el círculo de inmediato se extruye a la misma longitud de las trayectorias de dirección que se encuentran en los planos inferior y derecho. Usted debe hacer clic ahora en el botón Calidad de líneas de dibujo (Wireframe Quality) de la barra de herramientas (horizontal, superior) para permitir que la ventana Perspectiva (Perspective) se redibuje más rápido y para tener una vista más adecuada y sin estorbos de lo que sucede en los siguientes pasos.

Figura 9.13
Mantenga presionada la tecla Mayús (Shift) mientras hace clic y arrastra una herramienta primitiva 2D para que sus dimensiones sean simétricas.

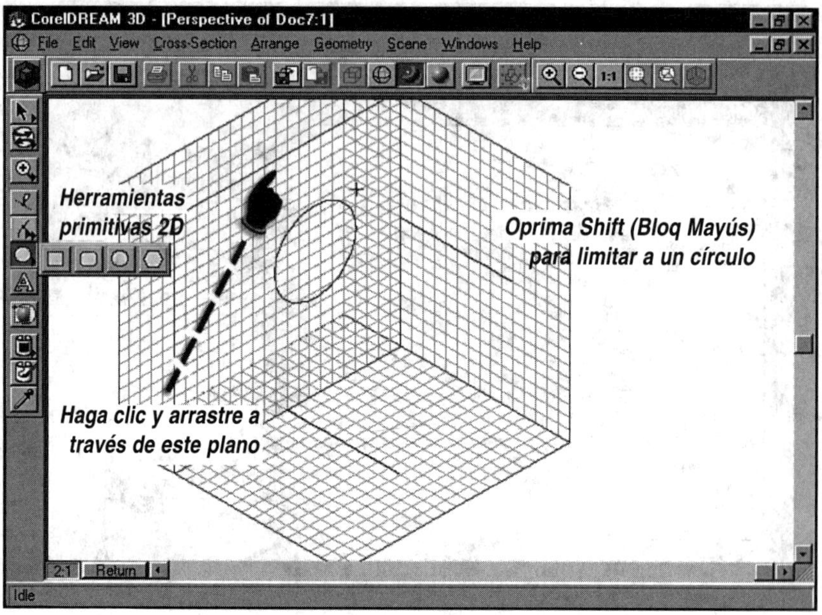

7. Haga clic con el botón derecho del ratón en la trayectoria de dirección del plano derecho, luego elija Contorno de extrusión (Extrusión Envelope) y **S**imétrico (**S**ymmetrical) del menú de método abreviado.

   Se crean dos líneas más en los planos inferior y derecho (vea la figura 9.14).

Figura 9.14
Un contorno de escala es un par de líneas en el exterior de la línea de dirección de trayectoria que usted puede editar o reemplazar para elaborar un objeto 3D.

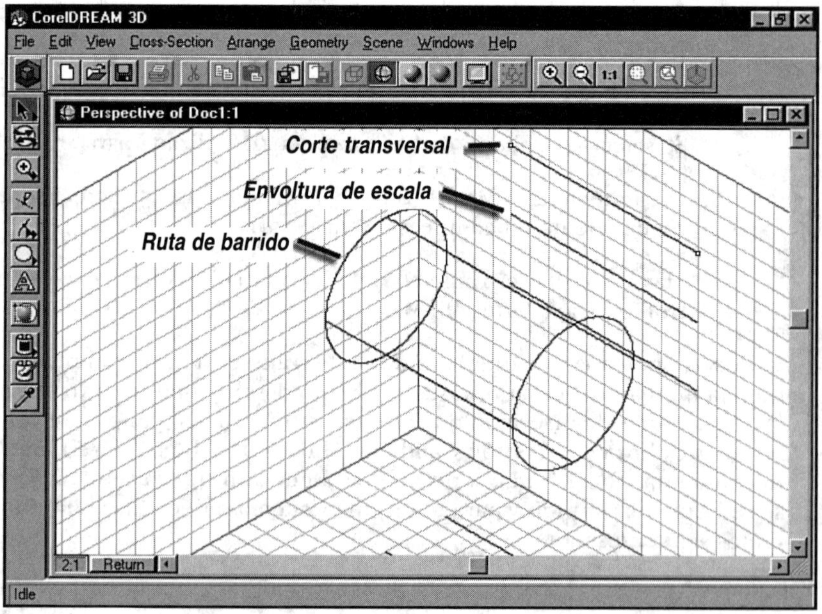

En este momento, usted tiene un círculo extruido (llamado *corte transversal*), líneas de dirección de trayectoria en los planos de modelado inferior y derecho, y trayectorias de contorno de escala rodeando cada línea de dirección de trayectoria. Como usted eligió Simétrico (Symmetrical) en el comando Contorno de extrusión (Extrusión Envelope) del menú de método abreviado, cada línea de contorno de escala responde como espejo a las ediciones que se hagan a la línea de contorno de escala opuesta. Usted puede editar las líneas de contorno de escala del plano inferior o del plano derecho; yo utilizo el plano derecho en este ejemplo. Como ha elegido Simétrico (Symmetrical), las líneas inferiores cambian cuando usted edita una línea de contorno de escala en el plano derecho. Para editar líneas de contorno de escala de manera individual (y producir una forma 3D muy extraña), elija Simétrico en el plano (Symmetrical en Plane) o Libre (Freeform) (que permite cuatro ediciones independientes de cada contorno de escala).

8. Haga clic en la herramienta Selección (Selection), luego, con cualquiera de las líneas de contorno de escala seleccionada, elija Ver (View), Tipo (Type) y Plano de dibujo (Drawing Plane) (o presione Ctrl+F5).

   La vista de la ventana Perspectiva (Perspective) cambia a una vista 2D del contorno de escala seleccionado.

En este punto, si ha guardado una trayectoria de perfil exportada de CorelDRAW en alguno de los formatos vectoriales a los que ofrece soporte DREAM 3D, usted puede importar la trayectoria, que reemplazará el contorno de escala resaltado. Utilice GOBLET.CDR, un archivo creado a partir del archivo 3D-STUFF.CDR, que se encuentra en la carpeta CHAP07 del CD de obsequio, si le gustaría ver la manera en que se desarrolla la importación, pero no ha creado de antemano un perfil. Vea la nota que se encuentra después de este ejemplo para encontrar instrucciones especiales en la creación y el guardado de un perfil de CorelDRAW.

9. Elija Archivo (File) e Importar (Import), luego seleccione el tipo de archivo en el cuadro de diálogo Importar (Import) (y su ubicación en el disco duro). Si, por ejemplo, le gustaría utilizar el archivo GOBLET.CDR que se proporciona en el CD de obsequio, haga clic en su nombre dentro de la ventana de carpetas y luego haga clic en Importar (Import).

   Se despliega el cuadro de diálogo Importar diseño (Import Artwork).

10. Haga clic en el botón de opción Contorno (Envelope) y luego en Aceptar (OK).

    El contorno de escala seleccionado es reemplazado con la trayectoria importada. Dependiendo del lugar en que "aterrice" en la rejilla del plano de dibujo, tal vez necesite hacer clic y arrastrar la trayectoria hacia la línea central de la trayectoria de dirección, utilizando la herramienta Selección (Selection). Si necesita recurrir a esto, asegúrese de hacer clic en un segmento de trayectoria y no en un nodo.

Éste es el método número uno para crear el trofeo. Sin embargo, para obtener experiencia real de trabajo con la Herramienta Bézier (Bézier tool), ignore los dos últimos pasos y siga éstos:

11. Haga clic en la herramienta Bézier, luego haga clic (*no* arrastre) en un punto cerca de (pero *no* sobre) el área donde el contorno de escala se encuentra con el corte transversal.

    Se reemplaza el contorno de escala con la curva que usted empezó (vea la figura 9.15).

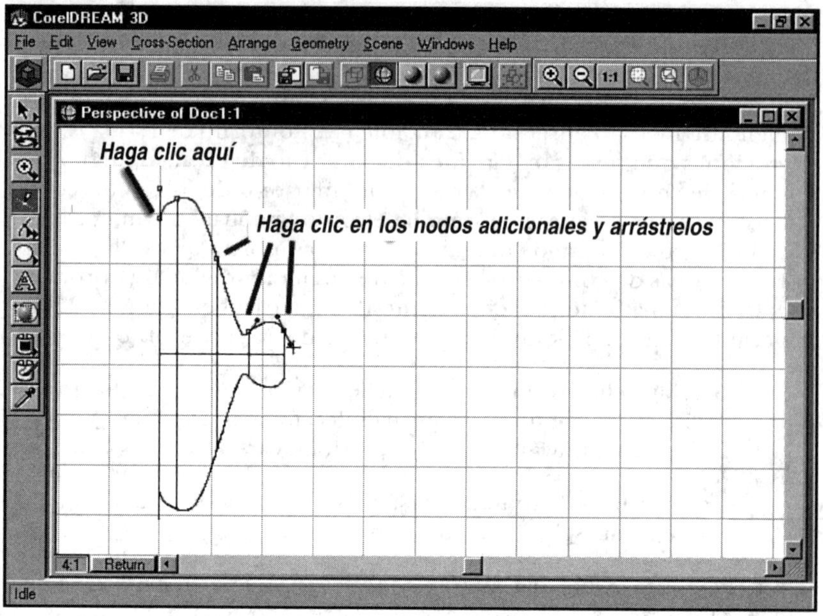

Figura 9.15
Al hacer clic cerca del punto donde el corte transversal se encuentra con el contorno de escala, se reemplaza éste y se inicia uno nuevo que usted dibuja.

El truco en el último paso consiste en hacer clic cerca, pero no directamente sobre el nodo que representa el vértice del círculo de corte transversal que usted dibujó y el contorno de escala. Es un poco difícil reconocer el círculo como tal, porque en esta vista especial de las trayectorias componentes, las coordenadas x y y del círculo caen en el plano z, que no puede verse desde esta perspectiva de edición. Simplemente confíe en que la línea que usted ve en cualquier orilla que conecta el contorno de escala es el círculo. Si por casualidad hace clic en el vértice del círculo y el contorno de escala, DREAM 3D no verá las curvas que usted dibujó como un nuevo y único contorno de escala (y hará un revoltijo de su trabajo de edición). ¡Tal vez deba volver a empezar en este caso!

Considere que el primer punto en que ha hecho clic es la base del perfil que usted vio y con el que practicó en el documento 3D-STUFF de CorelDRAW.

12. Siga haciendo clic y arrastrando la curva Bézier. Haga clic pero no arrastre en el labio superior del trofeo, luego deténgase cuando llegue al final de la trayectoria en la orilla de la línea de la trayectoria de dirección.

    Usted crea el perfil de la copa, como ensayó antes en CorelDRAW (vea la figura 9.16).

13. Con la herramienta Selección (Selection), haga clic y arrastre cualquier nodo que sienta que se encuentra fuera de posición. Cuando haya terminado haga clic en el botón Volver (Return) que se encuentra en la parte inferior de la ventana Perspectiva (Perspective).

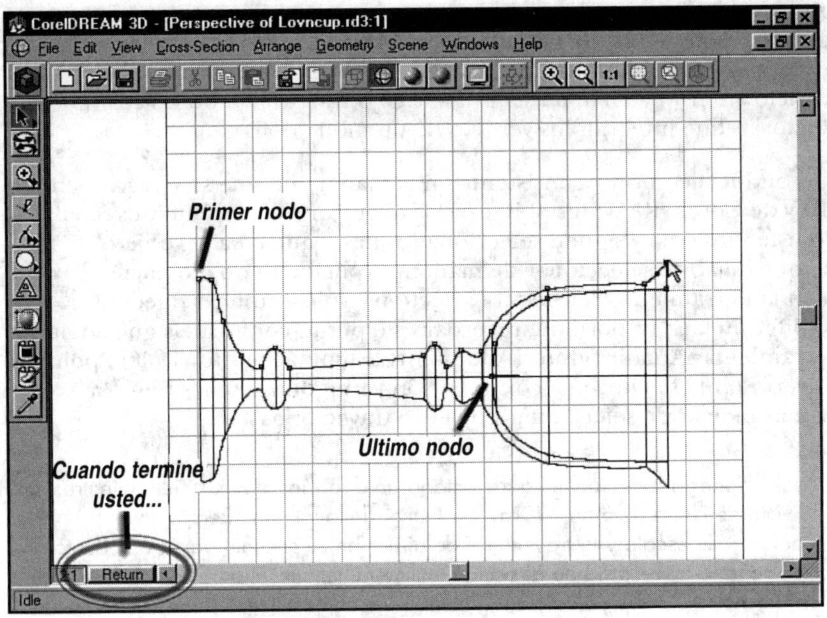

Figura 9.16
DREAM 3D crea cortes transversales intermedios para el modelo, en los nodos que usted crea con la herramienta Bézier.

Se vuelve a formar el perfil del trofeo; se le regresa a la vista principal de la ventana Perspectiva (Perspective).

14. Haga clic en Archivo (File) y Guardar como (Save As), luego guarde el documento como LOVNCUP.RD3 (o *.D3D) en su disco duro.

    Se guarda su trabajo en este punto intermedio.

Como Corel Corp. adquirió la licencia de la tecnología de DREAM 3D de Ray Dream, Inc., hay dos formatos de archivo casi idénticos en que usted puede guardar su trabajo. Además, como DREAM 3D es un nuevo producto de Corel, muchas convenciones de herramientas, menús e interfaces de usuario aún tienen que hacer la transición para convertirse en un producto de Corel. Por ejemplo DREAM 3D tiene una herramienta Selección (Selection) en lugar de una Herramienta Selección (Pick tool).

Nota Si usted trata de crear perfiles en CorelDRAW para utilizarlos en DREAM 3D, sólo debe tener una trayectoria por cada archivo CDR; si desea exportar varias trayectorias, sólo debe guardar una por documento de CorelDRAW. De lo contrario, DREAM 3D sólo importará la primera trayectoria (la de arriba) de una colección de trayectorias dentro de un archivo *.CDR. Además, no utilice la propiedad de líneas punteadas en trayectorias que trate de importar en DREAM 3D; DREAM 3D ve las líneas punteadas como una cantidad masiva de trayectorias individuales y no conectadas. Utilice contornos sólidos para trayectorias que usted trate de importar en DREAM 3D.

Además, debe marcar la casilla de verificación Guardar datos de intercambio **p**resent. (Save **P**resentation Exchange Data) cuando guarde el archivo CorelDRAW, o DREAM 3D no podrá importar los datos de la trayectoria para utilizarla como perfil.

Si los nombres de los objetos de interfaz de usuario parecen un poco inconsistentes en este capítulo, se debe a lo novedoso que resulta CorelDREAM 3D como producto, y ésta es la razón por la que este capítulo necesita un poco más digestión que otros. Los pasos que usted aplicó en el ejercicio anterior se llaman *salto al interior* o *inspeccionar* un objeto (la refinación de las trayectorias que integran los vértices de un modelo 3D).

Usted encontrará una conducta común y consistente en la manera en que se seleccionan los objetos de DREAM 3D y de CorelDRAW; los objetos y las trayectorias componentes quedan seleccionados cuando usted los crea y siguen seleccionados hasta que crea un objeto diferente. Usted tiene que dejar de seleccionar de manera explícita un objeto haciendo clic en un espacio vacío con la herramienta Selección (Selection); sólo entonces puede seleccionar un objeto diferente. Es importante recordar este punto conforme sigue adelante con esta tarea. Las herramientas Añadir punto (Add point), Eliminar punto (Delete point) y Convertir punto (Convert Point) se cubren a continuación y ninguna de ellas tiene la posibilidad de seleccionar o dejar de seleccionar objetos o trayectorias.

Nota Es muy fácil seleccionar por accidente la trayectoria de dirección de un objeto mientras se trabaja en la vista de Plano de dibujo (Drawing Plane) de la ventana Perspectiva (Perspective), cuando el contorno de escala y la trayectoria de dirección se encuentran en dos puntos de un objeto. Si por error selecciona la trayectoria de dirección, utilice la herramienta Selección (Selection) para cambiar su selección; las herramientas de edición y dibujo pueden cambiarse por la herramienta Selección (Selection) presionando la barra espaciadora. Sólo cuando se encuentra en la vista Referencia (Reference) de la ventana Perspectiva (Perspective), usted puede utilizar una herramienta alternativa (como la Trackball virtual (Virtual Trackball)) para seleccionar objetos.

En la siguiente sección, aprenderá un poco más sobre el espacio del objeto y la manera en que DREAM 3D le ofrece controles para recorrer un objeto en el espacio virtual.

Cómo colocar y copiar parte de un objeto 3D

Si usted completó la sección anterior, ahora tiene una bonita copa 3D en el centro de la ventana Perspectiva (Perspective). Como opción predeterminada, cada objeto nuevo creado en DREAM 3D tiene una primera cubierta de material de plástico rojo. Es posible que quiera cambiar la posición de esta copa, girándola, y cambiar los ángulos de la cámara para que parezca tener más volumen en la generación final.

Usted debe resistir el impulso de girar y mover el trofeo en el universo de DREAM 3D en este momento, por un par de razones. Necesitan crearse (y ubicarse) otros objetos para completar la escena, y el método más fácil para alinear los objetos del trofeo es *dejar el objeto principal exactamente donde está* hasta que se hayan creado los objetos que necesitan una alineación precisa con el trofeo. Navegar por el espacio 3D utilizando un monitor 2D como referencia no parece el deporte más intuitivo, y ahora es una buena idea aprender la manera en que los objetos se cambian de posición *antes* de hacer realmente el cambio de posición.

En la figura 9.17 se encuentra una vista de la ventana Perspectiva (Perspective) que debe ser muy parecida a su propia vista de la tarea en este punto; la posición exacta del trofeo depende del lugar de la rejilla en que colocó el círculo. DREAM 3D ofrece *proyecciones* (las siluetas de objetos parecidas a cubos) en los tres planos de la ventana Perspectiva (Perspective) como alternativa para manipular directamente un objeto. Usted puede girar esta proyección y el objeto girará eje por eje. Después de que haya trabajado con proyecciones por un tiempo, las encontrará indispensables. Por ejemplo, cuando las tres proyecciones de un objeto se alinean con las tres proyecciones de un objeto diferente, puede estar seguro de que los objetos están alineados (sin necesidad de cambiar vistas en la ventana Perspectiva (Perspective)).

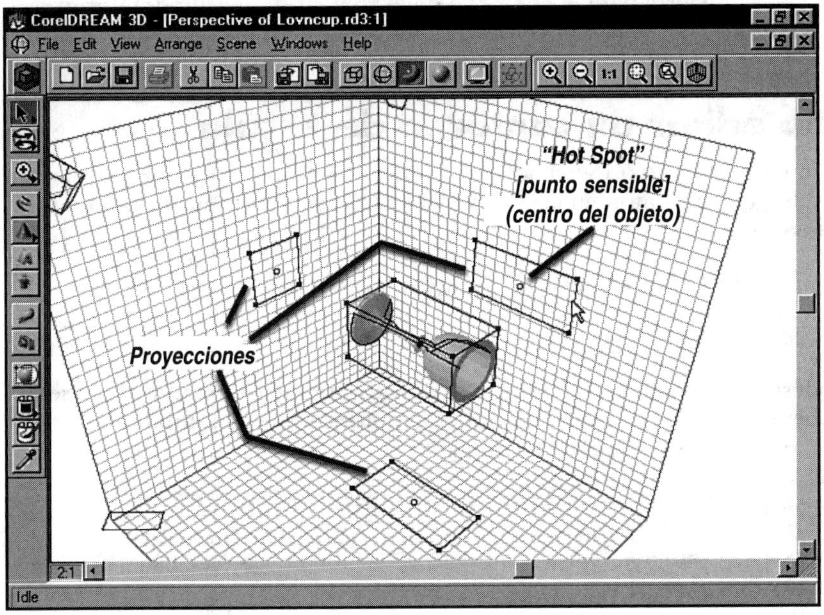

Figura 9.17
Cada objeto de la ventana Perspectiva (Perspective) "lanza" proyecciones sobre los planos de la rejilla; usted puede mover las proyecciones para mover un objeto por un plano.

También en la figura 9.17, se pueden observar los *puntos principales.* Los puntos principales son el centro de un objeto; usted tiene uno dentro de cada proyección, y uno en el centro del objeto. Se puede mover el punto principal central para que un objeto pueda girar en relación con un centro *diferente* de rotación. La opción del punto principal es útil cuando, por ejemplo, usted ha construido un sistema solar utilizando varias esferas, con un sol en el centro de la escena. En este ejemplo, tal vez los planetas necesiten girar alrededor del sol; por lo tanto, el centro de rotación de cada planeta se localizará en el centro del sol, no en su propio centro.

Además, usted puede cambiar el tamaño de un objeto dentro de la ventana Perspectiva (Perspective), arrastrando los tiradores del recuadro de límite en cualquier dirección. Aunque DREAM 3D facilita el cambio de tamaño de un objeto de esta manera, por lo general será importante cambiar el tamaño de los objetos de manera *proporcional* (las dimensiones x, y y z pueden cambiar de tamaño en la misma proporción. Para esto, presione y mantenga presionada la tecla Mayús (Shift) mientras hace clic y arrastra una esquina del cuadro de límite hacia fuera o hacia dentro de una proyección o del propio objeto. Otra vez, DREAM 3D no sigue todas las convenciones de su programa hermano CorelDRAW, donde Ctrl, no Mayús (Shift), es la tecla que restringe el cambio de tamaño y el movimiento.

En el siguiente ejemplo agregará líquido a la copa. Por lo tanto, tiene sentido volver a utilizar una parte del perfil del trofeo para que sirva como contorno de escala exterior para el líquido. Por desgracia, DREAM 3D no tiene facilidad para copiar líneas de escala o trayectorias de dirección, de modo que una alternativa que funciona para la creación de líquido dentro de la copa es duplicarla y luego editar el contorno de escala del duplicado para llegar a la forma que usted necesita para el líquido.

La siguiente técnica de edición le muestra cómo eliminar puntos en el contorno de escala y crear una trayectoria que se invierte para el contorno de escala; las dimensiones interiores de la copa se volverán las dimensiones exteriores del líquido.

Cómo editar un contorno de escala

1. Elija la herramienta Selección (Selection) de la caja de herramientas, luego haga clic con el botón derecho del ratón en la copa y elija **D**uplicar (**D**uplicate)del menú de método abreviado.

   Se crea un duplicado de la copa; ocupa las mismas coordenadas espaciales.

2. Haga doble clic en la copa.

   DREAM 3D despliega un cuadro de información indicándole que el duplicado se volverá un objeto separado de la escena (un objeto maestro, no un duplicado o "ejemplo" del original), si hace clic en Aceptar (OK).

3. Haga clic en Aceptar (OK).

   Se cambia la vista a la ventana de modelado; ahora pueden verse las líneas de contorno de escala.

4. Haga clic en una línea de contorno de escala, luego elija **V**er (**V**iew), **T**ipo (**T**ype) y Plano de **d**ibujo (**D**rawing Plane) (o presione Ctrl+F5).

   Se muestra una vista del perfil de la copa; son visibles los nodos del contorno de escala.

5. Haga clic y mantenga presionado el botón del ratón en la herramienta Convertir punto (Convert Point) de la caja de herramientas, luego haga clic en el botón Eliminar punto (Delete Point) del menú lateral.

   Es la herramienta para eliminar los nodos de las trayectorias de objetos.

6. Haga clic de izquierda a derecha, en el segundo nodo, el tercero y los nodos siguientes en la trayectoria del contorno de escala. *No* haga clic en el primero ni el último nodos, o antes de que llegue el labio exterior del perfil de la copa.

   Se eliminan nodos intermedios del contorno de escala; la forma de la copa se simplifica automáticamente. (vea la figura 9.18).

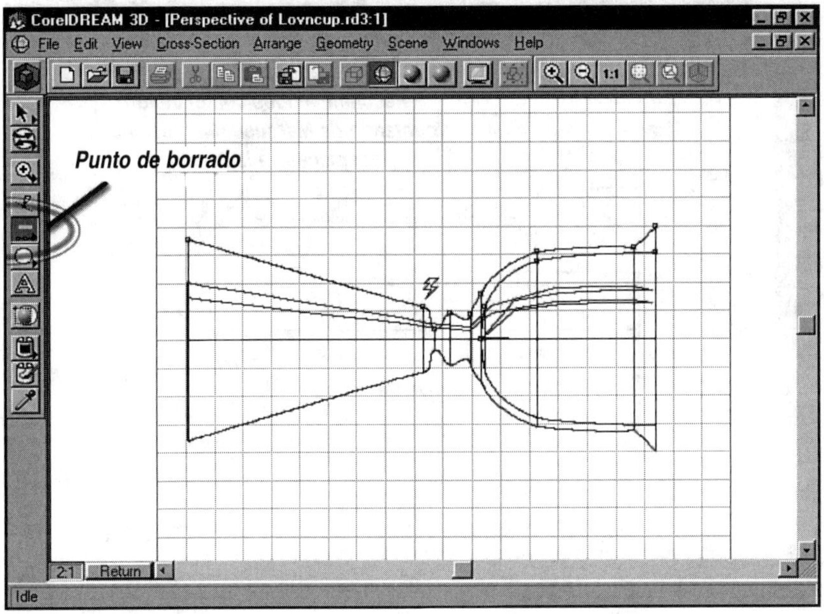

Figura 9.18
Se elimina el perfil externo de la copa haciendo clic en los nodos con la herramienta Eliminar punto (Delete Point).

Lo que está haciendo es simplificar la forma exterior de la copa, para que usted pueda invertir la forma resultante haciendo que el primer nodo sea el último de la trayectoria del contorno de escala. Tiene sentido hacer el contorno de escala del líquido un poco más corto que la parte superior de la copa, porque no debe parecer que el líquido está a punto de derramarse.

7. Presione la barra espaciadora, trace un rectángulo de selección alrededor de los nodos que rodean la trayectoria recta a la derecha del contorno de escala. Luego arrastre horizontalmente hacia la izquierda, a un marcador de la rejilla, más o menos.

   Se cambia a la herramienta Selección (Selection); se acorta la trayectoria horizontalmente (vea la figura 9.19).

Recuerde que como el duplicado del trofeo se creó en el mismo espacio relativo que el original, al arrastrar los nodos que representan la parte superior de la copa hacia la izquierda, parecerá que la forma terminada del líquido que está editando se encuentra ligeramente dentro de la copa después de que haga clic en Volver (Return). (Por eso es importante no mover la copa ni su duplicado antes de la edición).

8. Haga clic en el nodo del labio superior, en la parte externa, y arrástrelo directamente debajo del nodo del labio interior.

   El nodo del labio interior será el punto exterior derecho y superior del objeto.

9. Haga clic y arrastre el nodo del principio del contorno de escala, directamente debajo del nodo del labio exterior. Tocando la línea central de Trayectoria de Dirección (Direction Path).

Figura 9.19
Se crea la parte superior del objeto duplicado, que es más corto cuando se mide contra la altura relativa del objeto original de la copa.

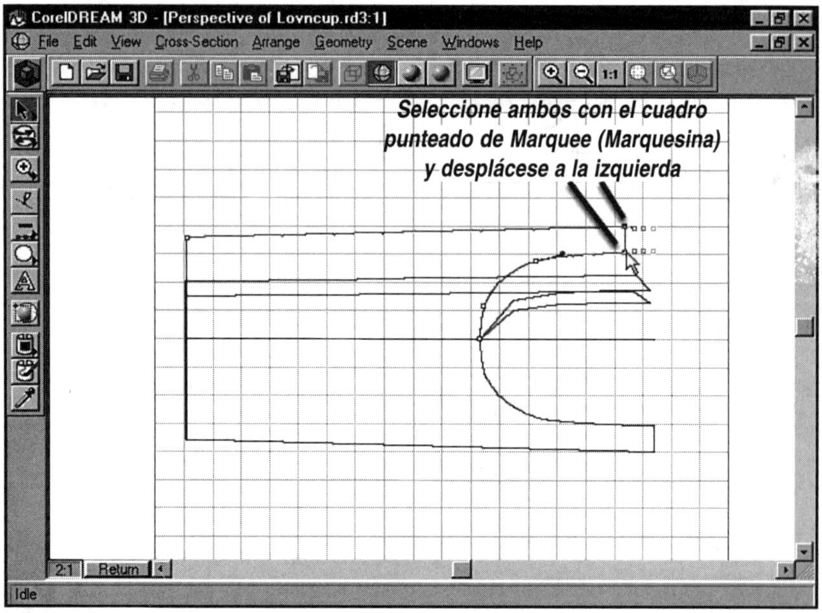

Se invierte el duplicado de la copa, creando un volumen dentro del trofeo, en lugar de un espacio negativo.

Figura 9.20
Haga que el espacio negativo dentro del objeto sea un espacio positivo (un volumen) haciendo que el primer nodo sea el último.

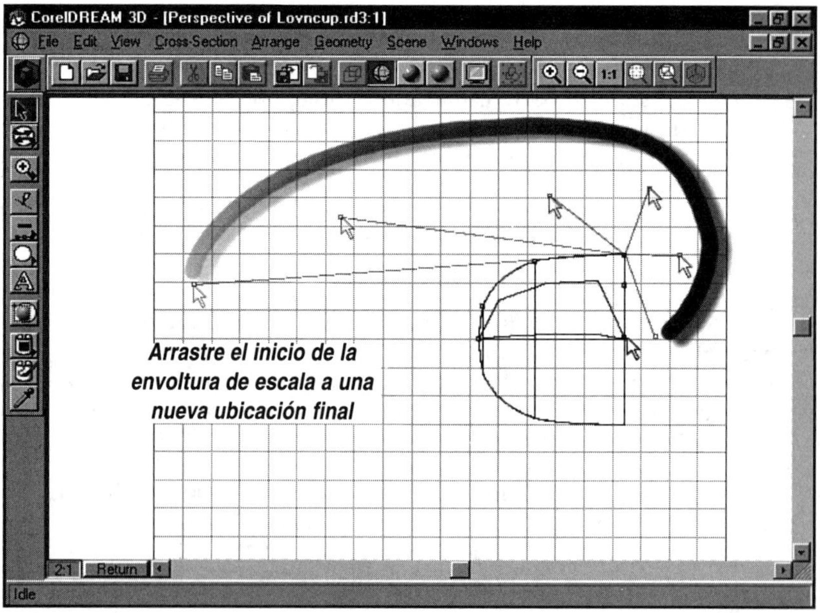

10. Haga un acercamiento al lado derecho del contorno de escala, elija la herramienta Añadir punto (Add Point) del menú lateral Convertir punto (Convert Point), luego haga clic en dos o tres puntos de la porción vertical (lado derecho) de la trayectoria de escala.

    Se agregan nodos a la trayectoria.

11. Presione la barra espaciadora, luego, cuidadosamente, haga clic y arrastre los tiradores de los nuevos nodos a la izquierda o la derecha de su posición original en la trayectoria.

    Se crean ondas a la derecha de la trayectoria (vea la figura 9.21).

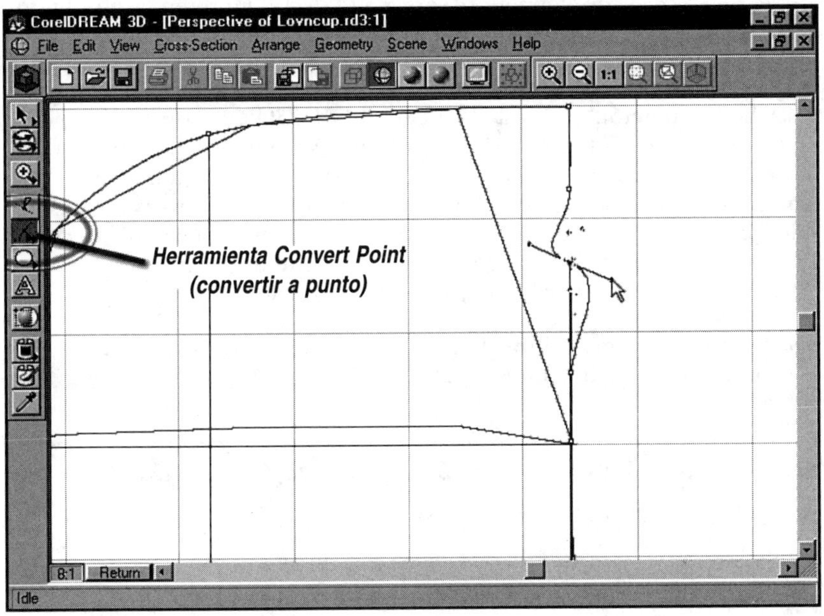

Figura 9.21
Agregue movimiento al objeto de líquido haciendo un poco más ondulada la línea que representa la parte superior del líquido.

El paso anterior fue un adorno. El líquido puede parecer sin movimiento si deja la orilla derecha recta, y se puede ahorrar un paso de edición. Pero en realidad es un buen truco, ¡y los modelistas que no han leído este libro van a preguntarse cómo lo hizo en la pieza terminada!

12. Haga clic en Volver (Return), que se encuentra en la parte inferior izquierda de la ventana Perspectiva (Perspective), luego presione Ctrl+S.

    Se le regresa a la vista principal de la escena; se guarda su trabajo hasta este punto.

Ahora puede ver claramente las ventajas de dejar un modelo en una ubicación y un ángulo posiblemente incómodos dentro de la escena, para que pueda editarse un duplicado, y que se alinee automáticamente con el original. A continuación, utilizará la ventana Jerarquía (Hierarchy) para crear una relación entre la taza y su líquido, de modo que ambos objetos permanezcan alineados entre sí cuando mueva el trofeo.

Cómo entender las relaciones jerárquicas

Dentro de una escena de DREAM 3D, los objetos guardan un orden jerárquico; el orden describe el vínculo y la relación entre los objetos.

Por un momento piense en la descripción de un orden de objetos en una nave espacial. Las condiciones de falta de gravedad son ideales para este ejemplo, porque los objetos de DREAM 3D tienen masa (normalmente descrita como volumen), pero no tienen peso real. Dentro de la nave el astronauta coge un sandwich; puede considerarse que el sandwich es un objeto hijo, porque se mueve en el espacio en relación con los movimientos del astronauta (el *objeto padre*) que se mueve por el espacio de la cabina de la nave. La nave espacial también puede considerarse como un objeto padre, porque (siempre y cuando el astronauta se mantenga en el interior) la nave contiene tanto al astronauta como al sandwich. Sin embargo, la nave, conforme gira alrededor de la tierra, también es un objeto hijo, porque de alguna manera está vinculada con la tierra.

En la ventana Jerarquía (Hierarchy) puede encontrarse una estructura similar al escenario del astronauta, que describe la situación actual de la escena LOVNCUP. Si usted abre o restablece la ventana Jerarquía (Hierarchy) (utilice el comando Ventanas (Windows)), verá que la luz y la cámara predeterminadas pertenecen al mismo árbol de jerarquía que el trofeo y el líquido, y que todos estos objetos están contenidos dentro del Universo (Universe). Sin embargo, el líquido tiene una relación con la copa, pero no está vinculado con ella. Esto significa que mover la copa será una acción independiente del líquido y, al hacerlo, el líquido se desalineará en el espacio en relación con el trofeo.

En el siguiente ejercicio se muestra cómo utilizar la ventana Jerarquía (Hierarchy) para crear un universo más ordenado y amigable en DREAM 3D:

Cómo crear un vínculo de objeto hijo/padre

1. Haga clic en el título LovingCup 1 (debajo de su icono) en la ventana Jerarquía (Hierarchy).

   Aparece el cuadro de diálogo Editar nombre de objeto (Edit Object Name).

2. Escriba Liquid en el campo Nombre del objeto (Object name), luego haga clic en Aceptar (OK).

   Se asigna un nombre único al objeto de líquido.

El paso anterior no es necesario para vincular objetos, pero como los iconos de la ventana Jerarquía (Hierarchy) son muy parecidos, la edición del nombre de un objeto que se encuentra dentro de este universo como duplicado del trofeo ayuda a diferenciar los objetos que usted vinculará.

3. Haga clic y arrastre el icono Liquid (no el título) a la parte superior del icono LovingCup (vea la figura 9.22).

   El líquido está ahora vinculado con el trofeo; y el objeto padre, el trofeo, puede moverse y siempre contendrá el líquido.

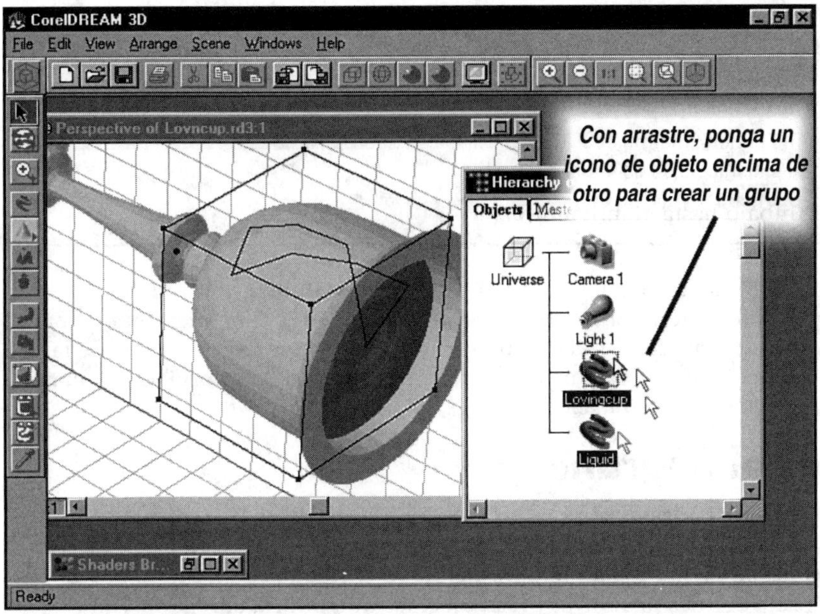

Figura 9.22
Los iconos del objeto hijo se mueven a la derecha del icono padre después de que los arrastra y los deja caer para establecer un vínculo.

4. Aléjese un poco de la escena, haga clic en la herramienta Trackball virtual (Virtual Trackball), luego haga clic y arrastre el trofeo hasta que parezca boca arriba.

   Giran tanto el trofeo como el líquido en el espacio 3D (vea la figura 9.23).

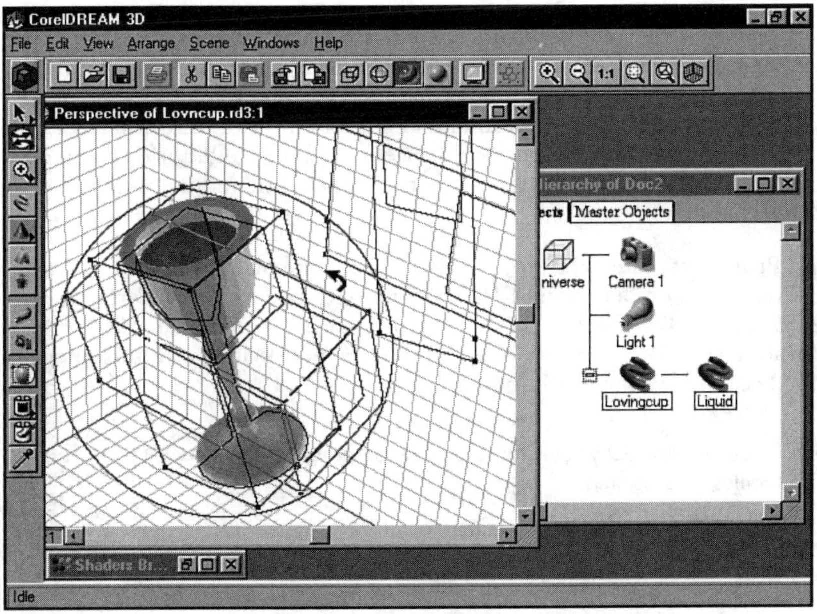

Figura 9.23
Usted puede girar un objeto y su contenido, cuando crea un vínculo entre los objetos padre e hijo.

El grado exacto del giro 3D en este ejemplo es poco importante; utilice su propio sentido de la estética para decidir en qué lugar debe colocarse la copa y el líquido para la generación final. Recuerde que necesita agregarse un engrane a la copa, ¡así que no trate de ser *demasiado* creativo por ahora!

5. Presione Ctrl+S

   Se guarda su trabajo hasta el momento.

Los modelos que son producto del torneado (como el trofeo) pueden describir muchos objetos del mundo real, pero usted puede generar la mayor parte de los objetos comunes con otro método (la simple extrusión de trayectorias 2D). Un aspecto de este método es el tema de la siguiente sección, donde verá cómo utilizar una fuente TrueType creada en CorelDRAW para elaborar un engrane para el póster de jubilación.

Cómo alinear el engrane

Usted puede pasar a tres subclases de ventanas de edición desde la ventana Perspectiva (Perspective), cada una para el tipo de objetos que cree: forma libre, prestablecidos y objetos de texto. La ventana de modelado le permite editar trayectorias en un objeto Contorno (Envelope). Las formas primitivas prestablecidas que podría agregar a una escena no pueden editarse en un nivel más básico, y si usted hace doble clic en una, sólo puede girar el objeto, no editarlo. La tercera clase de objetos de DREAM 3D son los objetos de texto. Como el texto en DREAM 3D tiene una propiedad predefinida (la de una colección de caracteres imprimibles), usted no puede simplificar la forma de los caracteres. Sin embargo, en cualquier momento puede especificar diferentes fuentes después de que se ha extruido una línea de texto en DREAM 3D.

En esta sección, utilizará la fuente TrueType Profiles, creada en este mismo capítulo, y extruirá un solo carácter para elaborar el engrane 3D de la escena. Los pasos son obvios y se explican por sí mismos, pero he creado deliberadamente un reto en la siguiente serie de pasos. Como se le invitó a girar la copa y el líquido en el ejemplo anterior, enfrentará el reto de trabajar con proyecciones de DREAM 3D para colocar el engrane alrededor del tallo de la copa. Es una especie de ejemplo de "juego de aros virtual"; ¡usted tiene que poner el anillo alrededor de la botella!

Si usted no creó el tipo Profiles en este capítulo, puede utilizar la versión de la editorial de esta fuente TrueType (localizada en la carpeta CHAP09 que se encuentra en la carpeta EXAMPLES del *CD de obsequio de CorelDRAW! 6 para expertos*). Abra la carpeta CHAP09 en una ventana del Explorador (Explorer) de Windows, abra la carpeta Windows\Fonts, luego haga clic y arrastre Profiles.TTF a la carpeta Fonts.

→Tip Usted debe salir de DREAM 3D y reiniciar la aplicación para que DREAM 3D reconozca la adición de fuentes a su sistema.

He aquí cómo adornar el diseño con el elemento adicional del engrane:

Cómo crear y colocar el engrane

1. En el documento LOVNCUP.RD3, haga clic en la herramienta Texto (Text) y luego haga clic con el cursor en medio de la ventana Perspectiva (Perspective).

   Se abre la subventana de la ventana Perspectiva (Perspective) que se relaciona con los objetos de texto.

2. (Si tiene más de 100 fuentes TrueType instaladas), elija Más fuentes (More fonts) en la lista descendente, luego Profiles y haga clic en Aceptar (OK).

   Se especifica la fuente utilizada en este ejemplo.

Considere por un momento el tamaño que debe tener la fuente y a qué profundidad debe extruirse el carácter de la fuente. El tamaño relativo del engrane no es un problema aquí; usted puede presionar la tecla Mayús (Shift) y arrastrar el tirador de la esquina del engrane para cambiar el tamaño de manera proporcional después de haberlo creado. Además, estamos hablando de profundidad en lugar de altura. DREAM 3D tiene un método raro para medir la altura del texto.

En otras aplicaciones, 72 puntos es el equivalente de una pulgada; sin embargo, si divide el valor de Talla fuente (Font size) entre 3 en la ventana de modelado de fuentes, obtendrá la altura correcta de la forma resultante, en "pulgadas" de DREAM 3D. Por lo tanto, el valor predeterminado de 72 dará una altura de 26 pulgadas, y el valor predeterminado de profundidad de 10.1 cm (4 pulgadas) sirve bien para nuestros propósitos aquí.

3. Haga clic en la ventana de edición, escriba **a** y luego haga clic en Volver (Return) (vea la figura 9.24).

   Se agrega un engrane extruido a la escena.

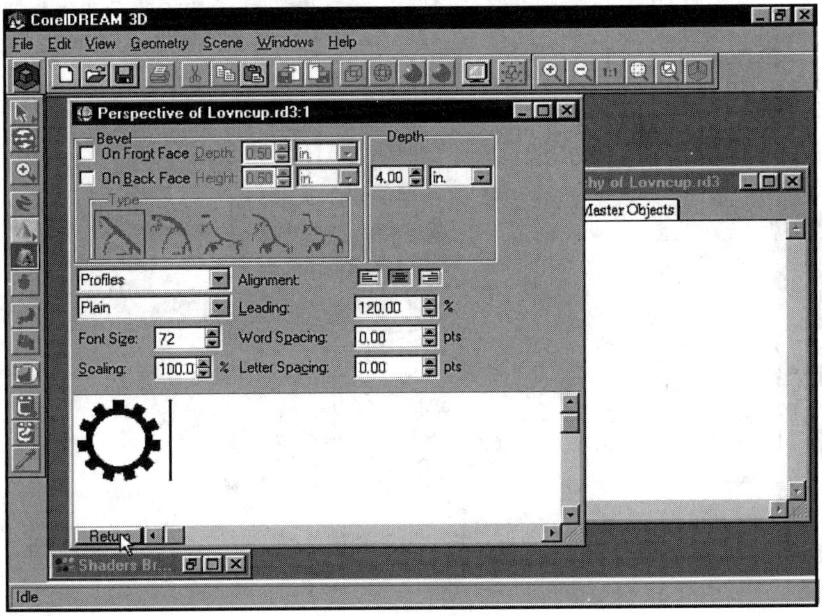

Figura 9.24
Utilice una fuente de símbolo en DREAM 3D para extruir un carácter de tipo.

4. Con la herramienta Selección (Selection) haga clic y arrastre la proyección de la derecha del engrane hasta el centro vertical de la proyección del trofeo, un poco abajo de la proyección del centro horizontal de la proyección de la copa.

   Se alinea el engrane con la copa en una de las tres dimensiones.

5. Haga clic y arrastre el plano posterior de la proyección del engrane para que se alinee verticalmente con la copa y ligeramente abajo del punto medio horizontal del trofeo.

   Se alinea el engrane con la copa en la segunda de las tres dimensiones.

Dependiendo del lugar donde apareció el engrane en la escena, tal vez no sea necesario alinear la tercera proyección del engrane con la proyección del trofeo. Haga clic en el botón Calidad Mejor simulación (Preview Quality) de la barra de herramientas y revise la manera en que parecen alinearse los objetos sólidos. Si están correctos, no modifique la proyección inferior del engrane. Si éste parece penetrar en el tallo del trofeo, haga clic y arrastre la proyección inferior del engrane para que esté centrado dentro de la proyección del trofeo.

El siguiente paso es una consideración artística, y tal vez no desee seguirlo. Una composición completamente simétrica puede ser estática y aburrida. Para hacer más interesante la órbita del engrane alrededor del tallo de la copa, haga esto:

6. Haga clic en la herramienta Trackball virtual (Virtual Trackball) y luego haga clic y arrastre la proyección posterior del engrane para que parezca "marcar 10 para las 4" alrededor del tallo de la copa.

   Se le da más interés a la composición (vea la figura 9.25).

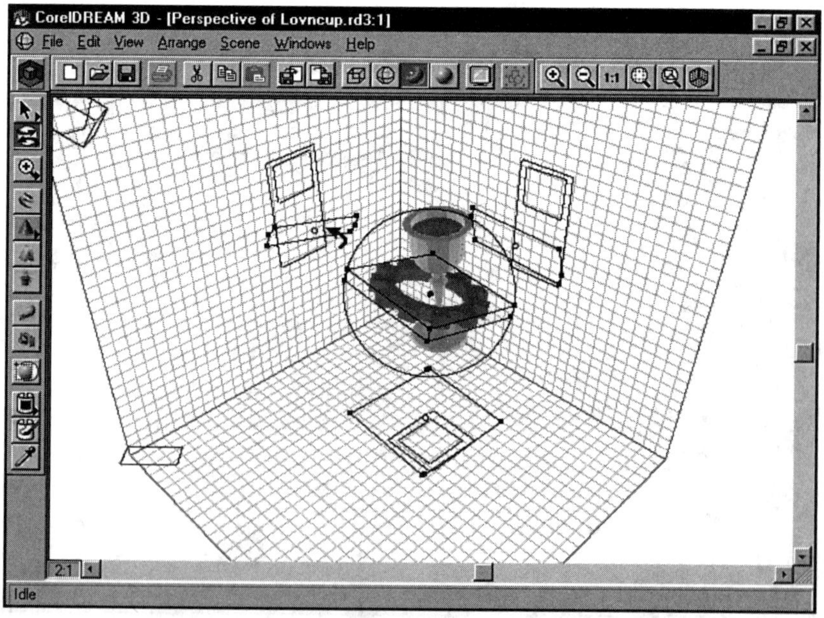

Figura 9.25 Usted puede girar un objeto en un solo eje dimensional utilizando la herramienta Trackball virtual (Virtual Trackball) de una proyección.

7. Presione Ctrl+S (Archivo (File) y Guardar (Save)).

   Se guarda su trabajo en el disco duro.

Si usted tiene el engrane donde lo desea en relación con la copa, no hay razón por la que no pueda vincular el engrane con la copa, de la misma manera en que vinculó el líquido. Sin embargo, los ángulos de luces y de cámara se analizarán en seguida, y tal vez desee reservar la acción de vinculación hasta que la composición final quede de la manera en que la desee.

➔Tip Para desvincular un objeto hijo, haga clic y arrastre el icono hijo lejos del padre, en la ventana Jerarquía (Hierarchy), luego colóquelo en el tronco principal del árbol de jerarquía.

Cómo afinar la composición 3D

Hasta ahora no he analizado los modos de presentación preliminar en DREAM 3D porque no había mucho que ver en la escena. Usted tiene las opciones: límite de imagen, líneas de dibujo, simulación y mejor simulación; usted puede tener acceso a estos modos de presentación preliminar haciendo clic en los iconos de la barra de herramientas. Estos modos se aplican a toda la escena y, si usted tiene un procesador 486DX de 50MHz o mejor, puede trabajar casi siempre con comodidad en el modo simulación. El modo líneas de dibujo es bueno para seleccionar objetos ocultos detrás de otros objetos, y el modo mejor simulación proporciona imágenes de alta calidad en la pantalla (al precio de la velocidad de procesamiento).

El menú de método abreviado de los objetos sobre los que puede hacer clic con la herramienta Selección (Selection) ofrece controles individuales para la calidad de la generación de la presentación preliminar, y pasa por alto las selecciones de los iconos de la barra de herramientas. Como ejemplo, si quiere ocultar la copa en este momento pero dejar en la pantalla el engrane, primero haga clic en el botón Calidad simulación (Preview Quality) de la barra de herramientas, haga clic con el botón derecho del ratón sobre el trofeo y elija Invisible del menú de método abreviado. Estupendo, ¿pero cómo regresar un objeto invisible a la ventana Perspectiva (Perspective)? Basta con hacer clic con el botón derecho del ratón sobre su icono en la ventana Jerarquía (Hierarchy) y seleccionar un estado más visible del trofeo.

En la siguiente sección se cubren otras vistas de su escena y se arroja algo de luz sobre la tarea (en un sentido virtual).

Iluminación y ángulos de cámara

Como opción predeterminada, la vista Referencia (Reference) de la ventana (a través de la cámara predeterminada) es una vista *isométrica* (que proporciona los tres planos de una escena). Aunque una vista isométrica es interesante, tal vez no sea lo que usted previó para todo su trabajo de modelado en DREAM 3D. Por lo tanto, echemos un vistazo a los puntos más finos del establecimiento de una composición 3D (haciendo que aparezca en su estado final, generada exactamente de la manera en que lo imaginó).

En la siguiente serie de pasos, usted editará y guardará una vista de cámara y colocará las luces en el ángulo correcto para que iluminen la escena en lugar de colocarlas en el Universo (Universe) con un ángulo oblicuo, predeterminado.

Cómo iluminar y definir una nueva vista

1. Presione Ctrl+E (Escena (Scene) y Ajustes de la cámara (Camera Settings).

   Aparece la ventana Ajustes de la cámara (Camera Settings).

2. Haga clic en la lista descendente Posición (Position) y elija Delante (Front)

   Se mueve su vista (la vista de la cámara) de la ventana Perspectiva (Perspective) al frente del Universo (Universe).

3. Elija Cónica (Conical) en la lista descendente Tipo (Type).

   Se le proŗ orcionan las opciones de lentes de cámara; la vista se vuelve menos "plana" en la ventana Perspectiva (Perspective).

Las vistas isométricas de los objetos son proyecciones planas (un mundo 3D sin perspectiva) lo que puede ser muy útil para alinear objetos sin la distracción de las convergencias de diferentes perspectivas dentro de la escena. Sin embargo, una vista isométrica no es realista, sino una construcción hipotética y matemática (no muy parecida a la escena 3D que quiere para esta composición). Notará que cuando usted elige un plano específico para su vista de la cámara, las otras dos rejillas se desvanecerán. Para restablecerlas, haga la prueba con los siguientes pasos:

4. Haga clic dos veces en la flecha de giro a la derecha en la ventana de la cámara, luego haga clic dos veces en la flecha de giro hacia abajo.

   Se mueve la vista a través de la ventana Perspectiva (Perspective) a la izquierda y ligeramente arriba de los objetos.

5. Haga clic en el piso y la pared sin brillos de la herramienta Planos (Display Planes) de la esquina superior izquierda del área de trabajo, en la intersección de la barra de herramientas y la caja de herramientas.

   Se restablecen los planos de la cuadrícula en la ventana Perspectiva (Perspective).

6. Haga clic en la lista descendente Posición (Position) y luego en Guardar posición (Save Position).

   Se despliega el cuadro de diálogo Guardar posición de la cámara (Save Camera Position).

7. Escriba **MiCam1** (o lo que le guste) en el campo Nombre (Name) y luego haga clic en Aceptar (OK).

   Se guarda su vista de la escena para que se pueda llamar en un futuro.

8. Haga clic en el botón para cerrar la ventana de la cámara.

   Se cierra la ventana.

Como usted ha guardado la configuración de la cámara, ahora tiene la libertad de desplegar otras vistas de la escena. Encuentre, mueva y señale la luz predeterminada de la escena.

9. Aléjese de la escena hasta que haya localizado las luces.

   Se trata del objeto que colocará en seguida.

10. Elija Ver (View), Tipo (Type) y luego elija Superior (Top) (Ctrl+8).

    Se proporciona una vista aérea de la escena.

11. Con la herramienta Selección (Selection), haga clic y arrastre la luz hacia la parte inferior izquierda de la ventana Perspectiva (Perspective) (el frente de la escena).

    Se mueve la luz para que ilumine la escena desde el frente, ligeramente a la izquierda.

12. Presione Ctrl+1 (Ver (View), Tipo (Type) y Delantero (Front).

    Se mueve su ángulo de vista al frente de la escena.

13. Haga clic y arrastre la luz a una posición ligeramente arriba del trofeo.

    Se cambia la posición de la luz.

Al desarrollar los dos pasos anteriores, la luz ahora no está apuntando a la copa, y sólo será iluminada en la generación final por luz ambiental (luz de una dirección no específica). Esto sería una lástima, porque la imagen será de un oro brillante y ligeramente troquelado en la escena final. He aquí cómo cambiar el ángulo de la luz.

14. Con la herramienta Selección (Selection), haga clic en la luz, luego presione la tecla Mayús (Shift) y haga clic en la copa.

    Se seleccionan ambos objetos del Universo (Universe).

15. Suelte la tecla Mayús (Shift), luego haga clic con el botón derecho del ratón y elija Apuntar a (Point archivo) del menú de método abreviado.

    Se apunta la luz al punto central del trofeo.

El comando Apuntar a (Point to) es invaluable, porque los cuadros de límites de luz no indican qué lado del cuadro es el frente de la luz. Como el trofeo no es el centro de *todos* los objetos de la escena, el comando Apuntar a (Point to) tal vez haya apuntado la luz un poco abajo. Apunte la luz a la parte superior de la copa, no al tallo:

16. Haga clic en la herramienta Trackball virtual (Virtual Trackball), luego haga clic y arrastre la parte inferior de la luz hacia abajo de un marcador de rejilla.

    Se mueve el frente de la luz hacia arriba (vea la figura 9.26).

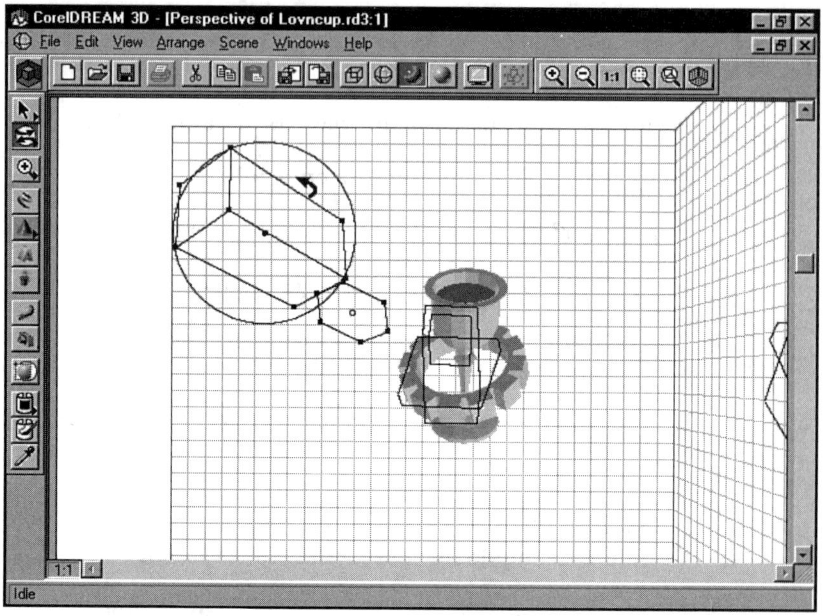

Figura 9.26
La iluminación directa crea sombras y brillos sobre los objetos; una luz debe apuntar a un objeto, no alrededor de él para producir una sombra.

17. Presione Ctrl+S (Archivo (File) y Guardar (Save)).

    Se guarda su trabajo en esta etapa intermedia.

En el ejemplo anterior, usted hizo clic hacia abajo para mover hacia arriba un objetivo de la luz. La razón para la aparente discrepancia es que el objeto de luz está apuntando en dirección contraria a usted; por lo tanto, usted está ajustándolo desde la parte trasera. Conforme trabaje más con DREAM 3D, comprenderá que las propiedades del objeto son parecidas a las encontradas en la vida real, y que la cara 2D de su monitor es como una ventana a su alcance para la manipulación de los objetos (un proceso llamado "pensar en 3D").

Cómo terminar los retoques de la escena

No es necesaria la siguiente serie de pasos para crear todo el póster, pero agregan un bonito toque, casi humorístico a la escena. Para agregar más realismo al líquido de la copa, sería bonito que de ella salieran dos gotas salpicadas. Es difícil que los fotógrafos capten los líquidos suspendidos en el espacio, pero en el mundo sin peso de las aplicaciones de modelado, es muy sencillo.

Los siguientes pasos no incluyen ninguna característica nueva (usted ya las conoce a partir de los ejemplos anteriores) así que el adorno de las gotas de líquido que mejoran la escena no se presenta como una serie de pasos de ejemplo. En la figura 9.27, usted puede ver una línea de contorno de escala convertido en una curva utilizando la herramienta Convertir punto (Convert Point). Este objeto torneado se crea haciendo clic en la ventana Perspectiva

(Perspective) con la herramienta Forma libre (Free form), luego se asigna un contorno Simétrico (Symmetrical) al objeto y se despliega Plano de dibujo (Drawing Plane), eligiéndolo del comando del menú Ver (View).

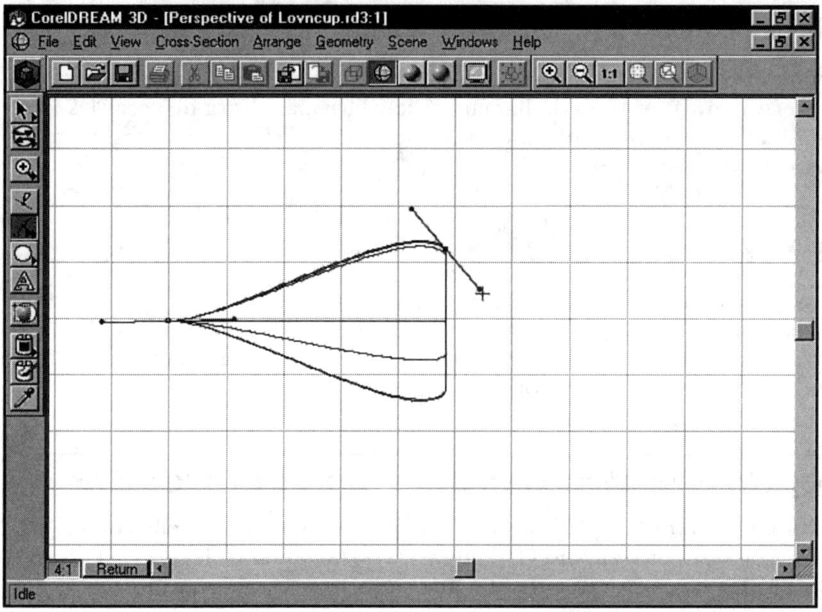

Figura 9.27
Usted puede editar un contorno de escala existente con las herramientas Convertir punto (Convert Point) y Selección (Selection).

No siempre es necesario reemplazar una línea de contorno de escala (como lo hizo al elaborar el trofeo) para elaborar el contorno personalizado de un objeto torneado. La herramienta Convertir punto (Convert Point) se diferencia de la Herramienta Forma (Shape tool) de CorelDRAW en que cambia las propiedades de un nodo al hacer clic y arrastrar un nodo. La primera vez que usted hace clic y arrastra un nodo, se crea una propiedad Suavizar. Si después hace clic y arrastra un tirador del nodo Suavizar, se crea una propiedad Asimétrica. Un solo clic en un nodo convierte las líneas controladas por el nodo en segmentos rectos de trayectoria.

Tip Adobe Photoshop no es un producto de Corel, pero la herramienta Change Direction (Cambiar dirección) de la paleta Paths (Trayectorias) opera de manera idéntica a la herramienta Convertir punto (Convert Point) de DREAM 3D. Si usted tiene experiencia con Photoshop, ya sabrá algo sobre la manera de cambiar la forma de las líneas de contorno utilizando la herramienta Convertir punto (Convert Point).

Después de que haya logrado que la línea de contorno de escala parezca la mitad de una gota, puede hacer clic en Volver (Return) y la gota que cae aparecerá como un objeto dentro de la escena. Usted necesitará cambiarla de posición sobre la copa para que parezca saltar del interior. Después de que se haya colocado la gota, elija Duplicar (Duplicate) del menú de método abreviado que se despliega con el botón derecho del ratón, luego haga clic y arrastre el duplicado a una posición diferente sobre la copa para que las dos gotas parezcan saltar de esta copa ligeramente inclinada.

Los detalles son importantes para crear una escena realista, y también lo es la sugerencia de movimiento dentro de una imagen fija.

Cómo crear materiales personalizados

Ahora que todos los miembros del reparto están presentes y que se cuenta con ellos en la ventana Perspectiva (Perspective), es hora de llamar al guardarropas (hora de crear las texturas personalizadas para los objetos utilizando los diseños que usted creó antes, en este mismo capítulo, con CorelDRAW.

Cómo hacer un oro abollado

La mejor y más fácil manera de crear un material personalizado (sombreador) para objetos es duplicar uno de los sombreadores que vienen con DREAM 3D. En la siguiente serie de pasos, verá cómo tomar el sombreador Oro pulido (Polish Gold), agregar un mapa de irregularidades y aplicar el sombreador a la copa.

Cómo agregar una propiedad a un sombreador

1. En la ventana Explorador de sombreadores (Shaders Browser), haga clic con el botón derecho del ratón en el icono Oro pulido (Polished Gold), luego elija Duplicar (Duplicate) del menú de método abreviado.

   Se crea un icono idéntico en la ventana, con un título idéntico (vea la figura 9.28).

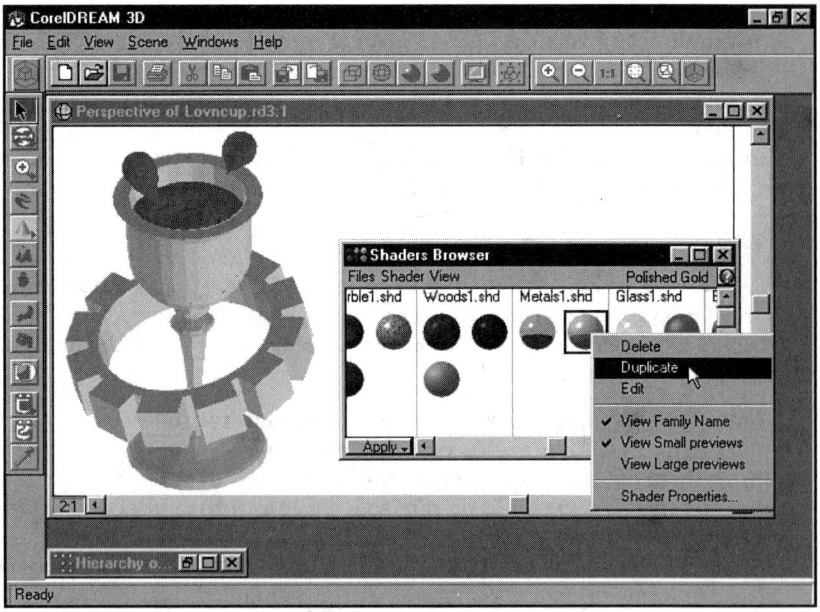

Figura 9.28
La manera más segura de crear un nuevo sombreador consiste en duplicar uno, y no en modificar un sombreador existente.

2. Haga doble clic en el duplicado del sombreador Oro pulido (Polished Gold).

   Aparece la ventana Editor de sombreadores (Shader Editor).

3. Haga clic en la ficha Abollar (Bump) del Editor de sombreadores (Shaders Editor), haga clic con el botón derecho del ratón en el campo de control del área Abollar (Bump), luego elija Mapa de texturas (Texture Map) del menú de método abreviado (vea la figura 9.29).

   Se despliega el cuadro de diálogo Abrir (Open).

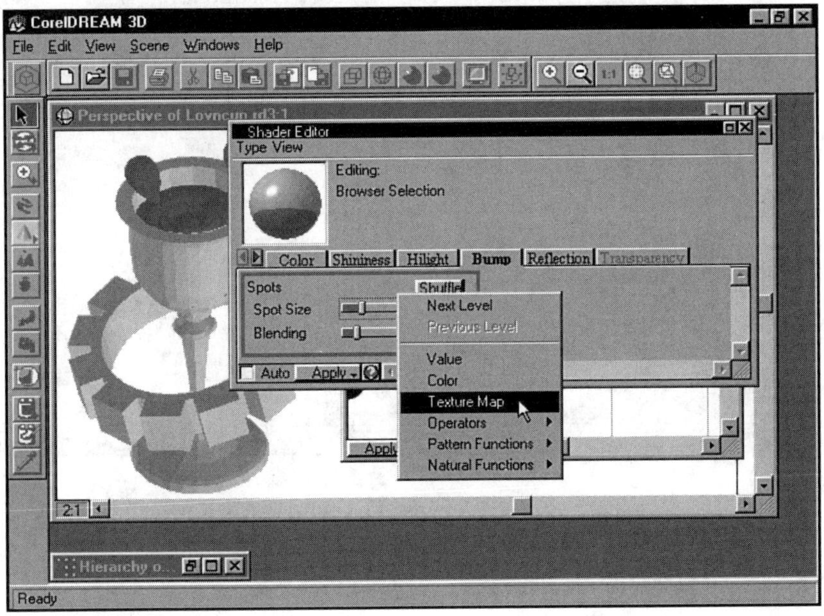

Figura 9.29
Cada ficha de propiedad del sombreador contiene un área en la cual usted puede especificar un modificador único (imágenes, valores y otros).

Si no puede ver la ficha Abollar (Bump) cuando se abre el Editor de sombreadores (Shaders Editor), amplíe la ventana haciendo clic y arrastrando las orillas, o utilice la flecha para mover las fichas a la izquierda o la derecha. El área de control del menú de propiedades puede cambiar a cualquiera de los modificadores cubiertos en la tabla 9.1 (al principio de este capítulo), y usted también puede hacer clic en los controles del modificador. Luego presione Supr (Delete), si no desea que una propiedad exista dentro de un sombreador específico.

4. Elija BUMPS.TIF, que usted exportó antes desde CorelDRAW (o elija BUMPS.TIF de la carpeta CHAP09 del CD de obsequio) y luego haga clic en Abrir (Open).

   Se importa una copia del mapa de irregularidades.

5. Haga clic en la casilla de verificación Muestreo mejor (Better sampling), haga clic en la casilla de verificación Mosaico (Tile), luego haga clic y arrastre las barras de desplazamiento Horizontal y Vertical hasta que ambas tengan un valor de 9.

Se especifica que el Editor de sombreadores (Shaders Editor) debe tomar un poco de tiempo para producir un excelente mapa de irregularidades, y que éste se repetirá 9 veces sobre la superficie del objeto que usted especifique (vea la figura 9.30).

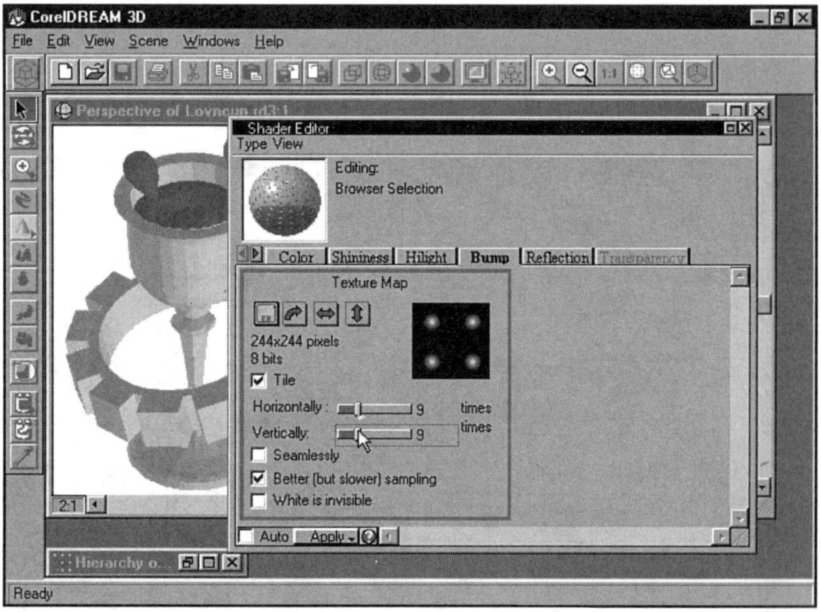

Figura 9.30
Un patrón de mapa de irregularidades puede utilizarse una vez, o repetirse varias veces sobre la superficie de un objeto.

6. Haga clic en el botón para cerrar la ventana del Editor de sombreadores (Shaders Editor), luego arrastre el icono del sombreador de oro abollado sobre la copa en la ventana Perspectiva (Perspective).

   Se aplica la textura personalizada a la copa (vea la figura 9.31).

7. Presione Ctrl+S.

   Se guarda su trabajo en el disco duro.

La calidad de simulación debe mostrar ahora las propiedades de irregularidades del sombreador personalizado, así que, ¿por qué no hacer clic en el icono Calidad mejor simulación (Better quality) de la barra de herramientas? Además, debe darle al sombreador un nombre único: en DREAM 3D los duplicados tienen el mismo nombre que los originales. Para esto, haga clic con el botón derecho del ratón en el icono del sombreador, elija Propiedades del sombreador (Shader Properties), luego escriba **Oro abollado** en el campo Nombre del sombreador (Shader Name).

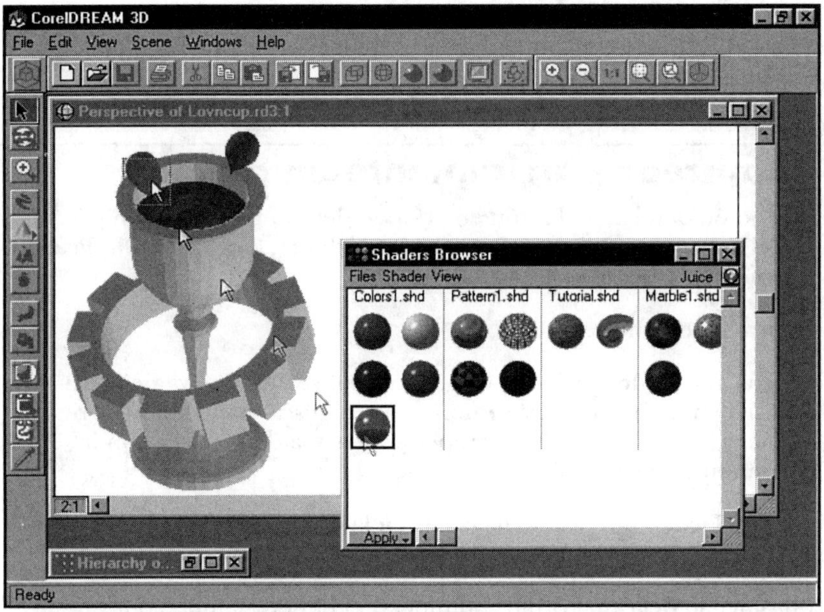

Figura 9.31
La aplicación de un sombreador a un objeto es tan simple como arrastrar y colocar.

Tip Los objetos 3D tienen formas generales a las que puede ajustarse un mapa de color o de irregularidades. Como los mapas son imágenes 2D, deben tener un punto de principio y uno de terminación en una superficie, y una orientación. En su mayor parte, DREAM 3D evalúa y mapea con exactitud las imágenes en los objetos creados en DREAM 3D. sin embargo, si usted decide cambiar el mapeo predeterminado, o si importa un archivo DXF para utilizarlo en DREAM 3D, haga clic con el botón derecho del ratón en el objeto al que ya asignó un sombreador, elija Propiedades de la sombra (Shader Properties) del menú de método abreviado, luego elija un Modo de asignación (Mapping Mode) que corresponda a la descripción general del objeto.

Usted puede elegir entre Mapeado cilíndrico (Cylindrical Mapping), Mapeado esférico (Spherical Mapping), Mapeado de recuadro (Box Mapping) y Mapeado paramétrico (Parametric Mapping) (el mapeado predeterminado de DREAM 3D), y elegir también la dirección en que desea que se mapee la imagen 2D.

Cómo asignarle un mapeado de color a una frase grabada

El mapeado de color se aplica de manera idéntica al mapeado de irregularidades, excepto que es la propiedad de color (no la de irregularidad) de un sombreador la que recibe la imagen 2D. En los siguientes pasos, usted utilizará la herramienta Pintar forma de sombreado recta (Paint Rectangular Shading Shape) en combinación con otro sombreador personalizado para escribir "25 Great Years!" ("¡25 años estupendos!") en la parte superior de la copa. El letrero no oscurecerá el oro abollado; los mapas de colores pueden contener colores que se quedan fuera para desplegar únicamente los colores del frente cuando se aplican a un objeto, o parte de un objeto.

Si usted no exportó el letrero de CorelDRAW en el ejemplo que se encuentra al principio de este capítulo, siéntase con la libertad de utilizar el archivo 25GREAT.TIF, que puede encontrarse en la carpeta CHAP09 del CD de obsequio.

Cómo sombrear parcialmente un objeto

1. Haga clic con el botón derecho del ratón en el icono del sombreador Arenisca (Sandstone) en el Editor de sombreadores (Shaders Editor), luego elija Duplicar (Duplicate) del menú de método abreviado.

   Se crea un duplicado del sombreador.

Otra vez, puede abreviar su trabajo de edición al elegir un sombreador que ya tiene muchos de los atributos que necesita para una tarea. El sombreador Arenisca (Sandstone) parece un sombreador de tipo de mapa de color, y podrá reemplazar el mapa de arenisca con la imagen 25GREAT.TIF con mucha facilidad.

2. Haga doble clic en el icono duplicado, haga clic en la ficha Brillo (Shinness), luego haga clic en la barra de desplazamiento y presione Supr (Delete).

   Se elimina la propiedad del canal Brillo (Shininess) del nuevo sombreador que usted está creando.

3. Haga clic en la ficha Resaltar (Hilight) y luego en la barra de desplazamiento. Presione Supr (Delete) y haga clic en la ficha Color.

   Se elimina la propiedad Resaltar (Hilight) de las nuevas propiedades del sombreador; se pasa al canal de Color del sombreador personalizado que usted está diseñando.

4. Haga clic con el botón derecho del ratón sobre el área de controles del menú de color y elija Mapa de texturas (Texture Map) del menú de método abreviado.

   Se despliega el cuadro de diálogo Abrir (Open).

5. Elija 25GREAT.TIF de su disco duro (o del CD de obsequio), luego haga clic en **A**brir (**O**pen).

   Se carga la imagen del mapa de bits de color.

6. Haga clic con el botón derecho del ratón en la ventana del icono, luego elija Simulación plana (Flat Preview) del menú de método abreviado.

   Se crea un icono que despliega el mapa de color en una superficie plana, no una esfera.

El mapa de bits 25GREAT no se mapeará correctamente sobre la parte superior de la copa debido a su orientación. Usted creó la copa torneando por un lado la trayectoria contorno de escala; por lo tanto, la orientación del mapa de bits necesita girarse 90°. Usted puede agregar este asunto *después* de que ha creado un sombreador único y ver que se aplica mal al objeto, pero mejor nos ocupamos de eso ahora:

7. Haga clic en el botón para girar del menú Color.

   La imagen gira 90°; el icono de presentación preliminar muestra el cambio.

8. Seleccione la casilla de verificación El blanco es invisible (White is invisible), luego cierre el Editor de sombreadores (Shaders Editor).

   Usted tiene un sombreador que sólo desplegará el texto del frente (vea la figura 9.32). Como el sombreador es la última opción de la ventana Editor de sombreadores (Shaders Editor), es el sombreador actual.

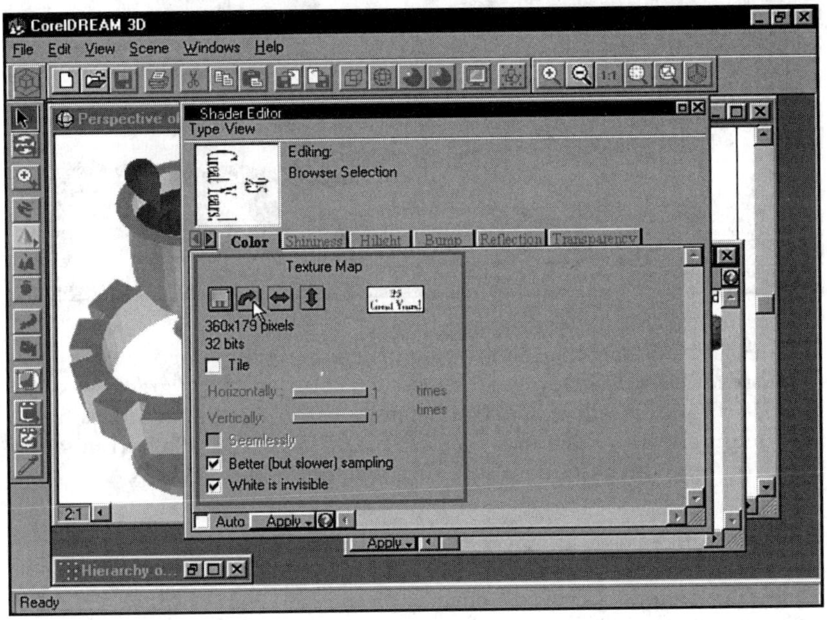

Figura 9.32
Los mapas de bits que se asignan a una propiedad de color de un sombreador pueden desplegar las áreas blancas como transparentes cuando se mapean sobre un objeto.

9. Haga clic en la herramienta Pintar forma de sombreado recta (Paint Rectangular Shading Shape) de la caja de herramientas, luego haga clic y arrastre sobre la parte frontal superior del trofeo.

   Se pinta un área rectangular sobre la parte superior de la copa (vea la figura 9.33).

10. Presione**A**rchivo (**F**ile) y **G**uardar (**S**ave) (Ctrl+S).

    Se guarda su trabajo hasta este punto.

Usted sólo ve el recuadro de límite del sombreador pintado sobre una superficie 3D cuando se encuentre en el modo Calidad de simulación (Preview Quality), pero si hace clic en Calidad mejor simulación (Better Quality), verá una vista absolutamente increíble. Es muy obvio que cuando usted utiliza una de las herramientas de pintura de 3D, está "pintando en el espacio". Las herramientas siguen la superficie dimensional del objeto de destino. Se

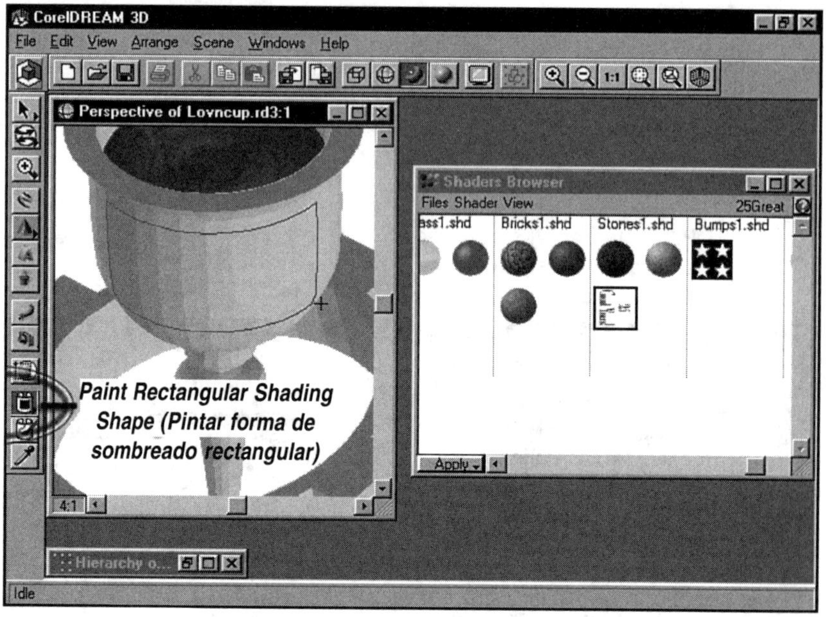

Figura 9.33
Usted puede confinar la pintura de un sombreador a la superficie de un objeto utilizando las herramientas de pintura 3D.

siente raro, pero el efecto es fantástico. Piense cuántas superficies parciales puede usted cubrir con diferentes sombreadores y con las herramientas de pintura de 3D. Para la aplicación de forma libre de un sombreador, utilice la herramienta que se encuentra debajo de la herramienta Pincel de pintar 3D (3D Paint Brush). El menú lateral para la herramienta que usted utilizó también contiene opciones para superficies de polígonos y óvalos.

Tip Si usted ha pintado sobre un área con cualquiera de las herramientas de pintura 3D, y siente que esa área está mal colocada, puede ajustar un área de sombra-pintura haciendo clic y arrastrando con la herramienta para selección de forma de pintura que se encuentra en el menú lateral de la herramienta Selección (Selection).

Además, con la herramienta de selección de pintura, usted puede eliminar un área pintada. Haga clic en el área con la herramienta de selección de pintura (no la de Selección (Selection) normal) y luego presione Supr (Delete).

Estudio independiente para terminar la composición

El formato de pasos de este capítulo se abandona en esta sección para que pueda completar la composición del trofeo. Si usted ha leído hasta este momento, la asignación de nuevos sombreadores al resto de los objetos le debe resultar un procedimiento familiar.

Usted querrá agregar un sombreador al engrane. El engrane tal vez no deba tener la misma propiedad de irregularidad que la copa porque de por sí la forma del engrane contiene muchos detalles y la textura de irregularidad competiría para llamar la atención. Por lo tanto, haga clic y arrastre el icono del sombreador Oro pulido (Polished Gold) al engrane.

Con respecto al líquido y las gotas, hemos recibido noticias de que Mike no bebe, y el jugo de uva sería una bebida adecuada para el sabor de su retiro. De modo que usted puede modificar un sombreador prestablecido que tiene propiedades de líquido para incluir un color apropiado aquí. El sombreador de transparencia que se encuentra a la derecha del Editor de sombreadores (Shaders Editor) es una buena selección inicial. Duplique Trans1.shd, luego haga doble clic en el duplicado del icono para mostrar el Editor de sombreador (Shader Editor). En el menú Transparencia (Transparency), haga clic y arrastre la barra de desplazamiento de 90 a 14 por ciento. Al hacer esto se crea un sombreador parcialmente transparente, que (cuando se aplica al líquido y a los objetos de gotas) permite que se vea parte del detalle de la copa (como lo hacen a menudo los líquidos claros en la vida real). Además, haga clic en la propiedad Color para el sombreador duplicado. Usted verá que no hay un grupo de modificadores de color para este objeto, así que en este caso no funcionará hacer clic con el botón derecho del ratón para mostrar el menú del modificador. En vez de eso, elija el color del menú Tipo (Type) en el Editor de sombreadores (Shader editor). Esto desplegará una muestra de color en el área de controles del menú Color y, al hacer doble clic en la muestra, aparecerá una ventana con una barra de desplazamiento de color RGB poco intuitiva. Si usted hace clic entonces en el icono de la rueda de color, pasará al selector de color de Windows, donde podrá elegir un auténtico morado real para el sombreador.

Haga clic y arrastre el sombreador al líquido, luego repita este paso con los dos objetos de gotas.

Usted ha terminado con la parte del modelado de la creación 3D en DREAM 3D y está listo para generar la escena.

Cómo generar modelos

Los modelos generados se guardan en el formato de archivo (TIF, BMP y Targa son los más comunes) que usted decida. En esta sección, usted seleccionará un formato de archivo, una resolución y el tamaño para la escena de la copa generada, y elegirá unos cuantos trucos para que pueda trabajar más fácilmente con la generación final en CorelDRAW y otras aplicaciones.

Cómo tomar presentaciones preliminares de la escena

Como se estableció antes en este capítulo, tal vez la generación de un modelo sea la parte que más tiempo requiere del proceso de creación en 3D. Naturalmente, usted no desea esperar media hora sólo para recibir una generación espantosa (cuya exposición sea incorrecta, o en la que los objetos estén cortados en el borde de la imagen). Una buena metodología de trabajo que se debe adoptar cuando se modela es verificar una presentación preliminar de alta calidad de la escena, hacer ajustes a las dimensiones del archivo que desea generar, verificar la escena una última vez en una presentación preliminar de alta calidad, y después dejar que DREAM 3D haga la generación. Esta metodología no es muy diferente de mirar por última vez el espejo retrovisor antes de dar vuelta en el tráfico.

Elija Escena (Scene) y Ajustes de la cámara (Camera Settings), luego elija MiCam1 de la lista descendente Posición (Position). Tal vez ahora desee utilizar la herramienta Zoom para hacer un acercamiento al campo de vista de la cámara. Ajustes de la cámara (Camera Settings) retiene la posición de la cámara, pero no las distancias focales, y el acercamiento manual con la herramienta Zoom afecta la generación final, no simplemente a la vista activa de la escena en la ventana Perspectiva (Perspective).

En la figura 9.34, se ha elegido la herramienta Retocar área (Render Area) y se ha arrastrado un rectángulo de selección alrededor de una parte de la copa. La herramienta para generación de área es estupenda y en muchos aspectos es superior a hacer clic en el botón Retocar simulación (Render Preview) de la barra de herramientas. Usted puede seleccionar un área, no toda la imagen, para llevar a cabo una generación dentro de la ventana Perspectiva (Perspective). En contraste, el comando Retocar simulación (Render Preview) genera toda la escena en una ventana por separado, y puede tardar tres o cuatro veces más que la herramienta Retocar área (Render Area) para mostrar una presentación preliminar de los objetos.

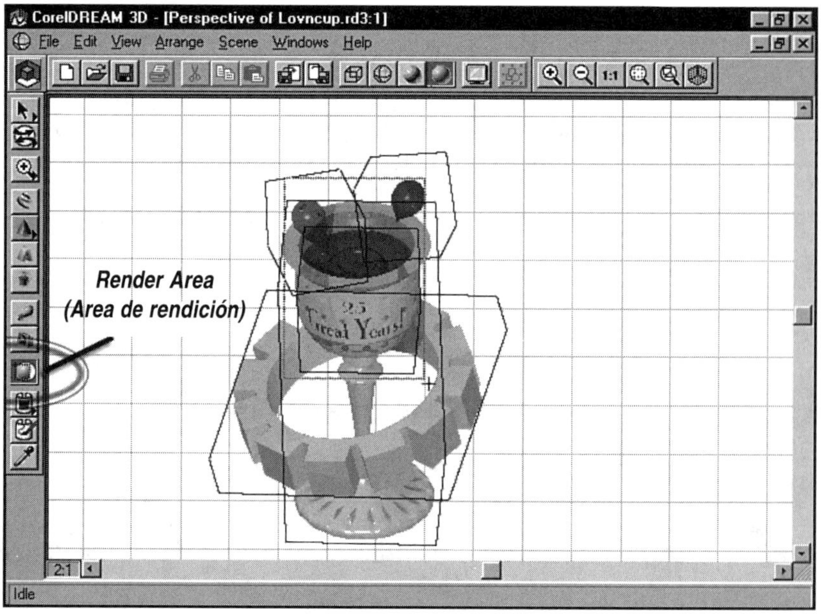

Figura 9.34
Utilice la herramienta Retocar área (Render Area) en lugar de la opción Retocar simulación (Render Preview) para ver cómo se generarán partes de una imagen en la imagen final.

Cómo elegir el formato y las dimensiones del archivo terminado

En la siguiente serie de pasos verá cómo especificar las medidas, el formato de archivo, el recorte y el tiempo que desea que DREAM 3D pase generando la escena de la copa. Obviamente, tal vez su trabajo de modelado no requiera las mismas especificaciones, pero juegue un poco y descubrirá opciones ocultas para hacer que los modelos resulten estupendos.

Las especificaciones para la generación

1. Elija Escena (Scene), Configurar retoque (Render Setup) y Final.

   Aparece el cuadro de diálogo Ajustes de diseño (Artwork Settings).

2. Haga clic en el botón de opción Otra Resolución (Other Resolution), elija centímetros para los campos Ancho (Width) y Alto (Height), introduzca un 10 en ambos campos, asegúrese de que está elegido cm. (no el predeterminado pts. de puntos) en el cuadro desplegable que se encuentra a la derecha de cada campo de entrada numérica, luego introduzca 150 en el cuadro contador **R**esolución (**R**esolution).

   Se especifica que la imagen será cuadrada, y con una resolución que imprimirá bien en una fotocomponedora de mediana calidad (aproximadamente 1,200 puntos por pulgada).

3. Haga clic en el botón **C**alcular tiempo (**E**stimate Time).

   Se le indica cuánto tiempo se cree que se tomará DREAM 3D en generar la imagen en un archivo (vea la figura 9.35).

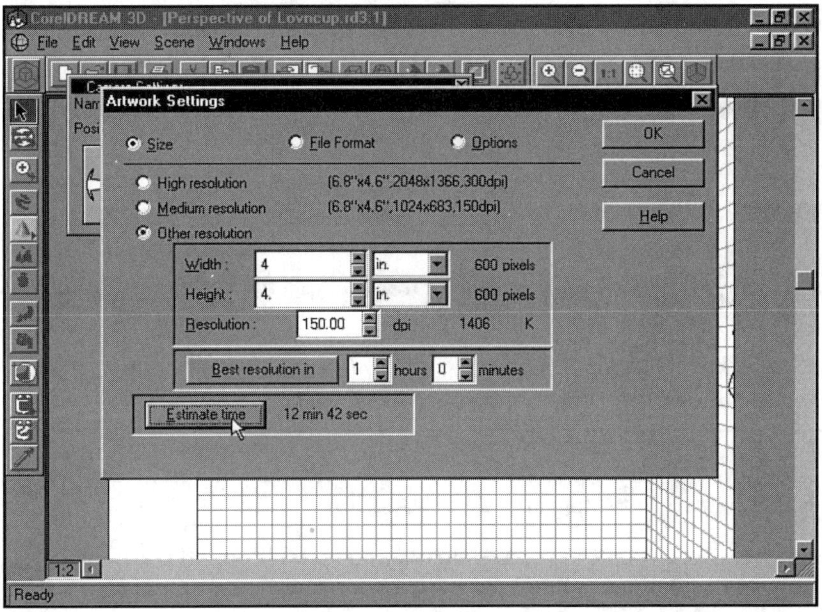

Figura 9.35
Si el tiempo estimado es de más de una hora y usted tiene prisa, tal vez desee elegir la opción Mejor resolución en (Best Resolution in) (imagen).

4. Haga clic en el botón de opción Formato del **a**rchivo (**F**ile Format), luego elija TIF de la lista descendente Guardar formato (Save Format).

   Se elige un formato que puede guardar como máscara (las explicaciones se dan más adelante).

5. Haga clic en la casilla de verificación **M**áscara (**M**ask).

   La imagen TIF generada contendrá ahora una máscara, que le ayudará a separar los objetos de las áreas vacías de la escena (vea la figura 9.36).

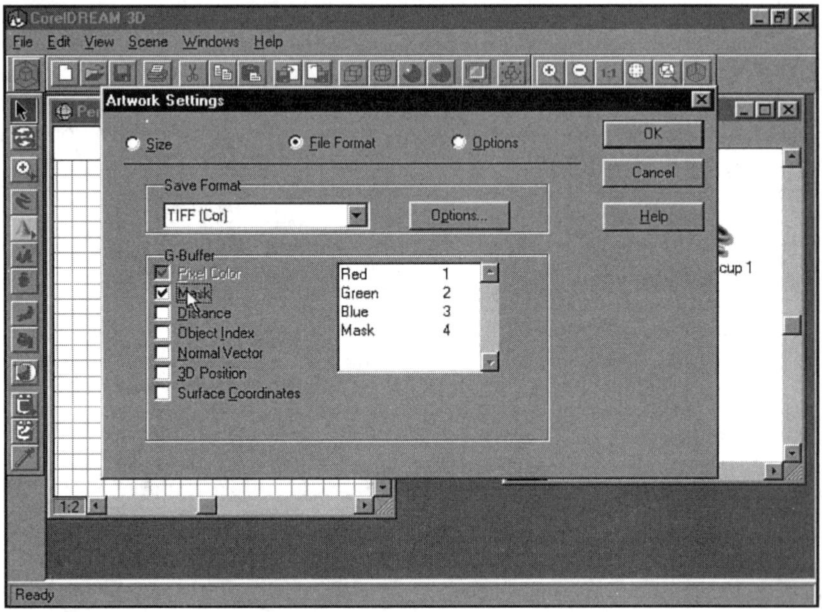

Figura 9.36 CorelPHOTO-PAINT puede leer información de máscaras proveniente de DREAM 3D; usted utilizará una máscara para optimizar la imagen generada que se importará en CorelDRAW.

6. Haga clic en Aceptar (OK), luego elija Ver (View) y Fotograma de producción (Production Frame).

   Se muestra un rectángulo en la ventana Perspectiva (Perspective) que representa los bordes de la imagen TIF terminada y retocada.

No hay necesidad de guardar el archivo al final de este ejemplo, pero *no cierre el archivo.* En la siguiente sección hay opciones e información importantes para la generación.

En las siguientes secciones nos adentraremos en lo que es y lo que hace una máscara, pero por el momento necesita explicarse el fotograma de producción.

El fotograma de producción de CorelDRAW es la película detrás del lente de la cámara. Por lo general, querrá utilizar el despliegue del fotograma de producción como paso final antes de la generación (¡el modelado es suficiente para quebrantarle los nervios como para preocuparse de la cámara!).

Cómo ajustar el fotograma de producción

En el mundo real, cuando usted está preocupado por la imagen que se está creando en una prueba de roll o en el negativo, usted ajusta la cámara (no los objetos de la escena). Esto es lo que mete en problemas a los entusiastas del modelado; los aficionados a menudo cambian la posición del modelo en lugar de la cámara o, con DREAM 3D, el fotograma de producción. Si usted cambia un modelo, entonces tiene que cambiar la iluminación, y su escena se deshará rápidamente. Considere *como* si el fotograma de producción fuera la película; y la totalidad de la vista en la escena terminada, una imagen de mapa de bits. A diferencia del mundo real, un fotograma de producción puede tener el tamaño que desee (10 x 10 es lo recomendado en el ejemplo anterior) porque la escena es básicamente cuadrada, y DREAM 3D *tomará* tiempo para procesar las áreas vacías de una escena, si eso es lo que usted elige.

La siguiente serie de pasos le llevará por el ajuste del fotograma de producción y la generación final de la escena.

Luces, cámara, acción

1. Elija Escena (Scene) y Ajustes de la cámara (Camera Settings) (Ctrl+E).

   Se despliega la ventana Ajustes de la cámara (Camera Settings).

2. Haga clic en la lista descendente Posición (Position), luego elija **MiCam1**.

   Se ajusta su vista de la escena a una posición guardada.

Es posible que parte de la copa o el engrane caigan fuera del fotograma de producción, o que ni siquiera pueda ver el fotograma de producción a su nivel de acercamiento prestablecido. Primero, aléjese un poco para que pueda ver tanto la escena como el fotograma de producción, luego:

3. Haga clic en la lista Tipo (Type) y establezca la cámara como Cónica (Conical).

   Se asegura que la imagen será dimensional y no plana.

4. Haga clic en la pequeña regla que se encuentra en la parte superior derecha de la ventana Ajustes de la cámara (Camera Settings).

   Se despliega el cuadro de diálogo Incrementos (Increments).

5. Escriba **10.17** centímetros (**4** pulgadas) en el campo Traducción (Translation), luego haga clic en Aceptar (OK).

   Se especifica que al hacer clic en una flecha de movimiento en la ventana Ajustes de la cámara (Camera Settings) la distancia relativa cambiará en 10.17 centímetros (4 pulgadas).

"Traducción" aquí significa el movimiento de la cámara en relación con el tema. Así es como usted coloca la escena en el fotograma de producción. Para todos los casos y propósitos, la cantidad de Traducción (Translation) es un factor de "empuje", como la cantidad de Empujar (Nudge) que se elige en la ficha General del menú Opciones (Options) de CorelDRAW.

6. En la ventana Ajustes de la cámara (Camera Settings), haga clic en las flechas a la izquierda, la derecha, adentro, afuera, arriba o abajo de los controles de movimiento (no de rotación), conforme sea necesario, para que la composición aparezca lo más grande posible en el fotograma de producción.

   Se optimiza la vista de la composición (vea la figura 9.37).

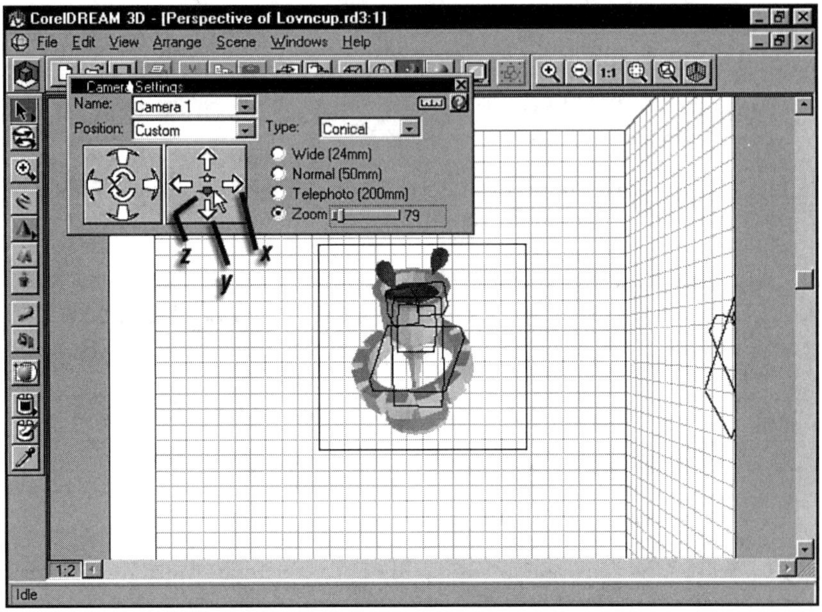

Figura 9.37
Lo que usted ve a través del fotograma de producción es exactamente la manera en que los elementos de la composición aparecerán en la generación terminada.

7. Elija Escena (Scene), Retoque (Render) y Final.

   CorelDREAM 3D empieza la generación de la escena.

Su sistema quedará inactivo durante el tiempo que DREAM 3D estimó que sería el tiempo de generación. Aparece una nueva ventana de documento sobre la ventana Perspectiva (Perspective) y usted verá que la generación terminada de DREAM 3D aparece en muestras de ejemplo (áreas cuadradas que aparecen en secuencia en la ventana del documento generado). En la figura 9.38 se muestra el proceso en un paso intermedio.

8. Con la ventana de generación como ventana hijo activa (principal), elija Archivo (File) y Guardar como (Save As), luego guarde la imagen en su disco duro como LOVNCUP.TIF.

   Se guarda la generación terminada en el disco duro.

Si tiene experiencia con otras aplicaciones de imágenes gráficas y programas de modelado, la técnica de DREAM 3D para generar un archivo terminado podría resultar un poco molesta. Sin embargo, no intente cerrar la ventana de generación. Al hacerlo (en el peor de los casos), se cerrará su generación terminada sin guardarla en el disco. En el mejor de los casos, al hacerlo aparecerá un mensaje que le informará que la tecla Esc es el método para detener una generación.

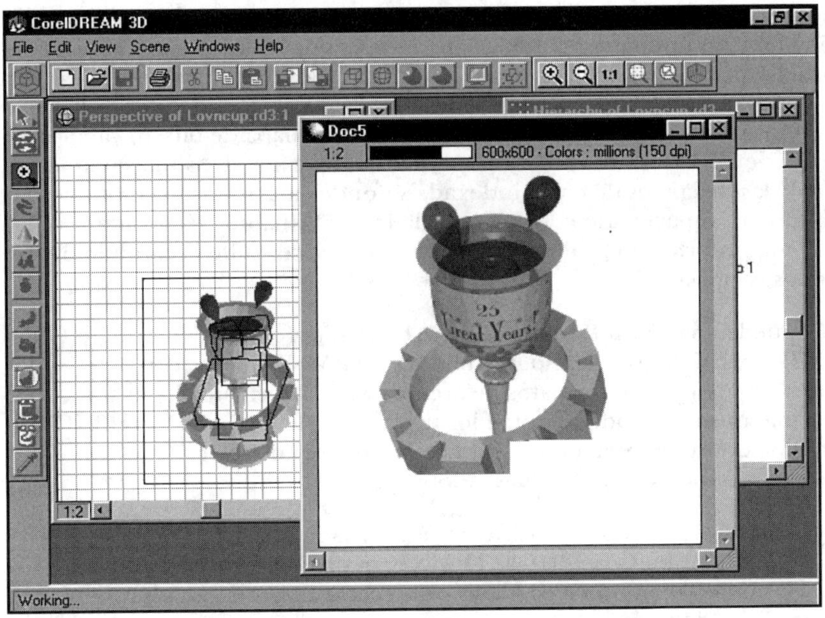

Figura 9.38
DREAM 3D genera la composición terminada en la pantalla.

Cómo utilizar en otras aplicaciones de Corel un modelo generado

Usted ha visto en otros capítulos lo fácil que es importar una imagen de mapa de bits para utilizarla en CorelDRAW. En las siguientes secciones se encuentran algunas sorpresas, cómo aprender sobre nuevas opciones de CorelDRAW específicamente diseñadas para el despliegue de mapa de bits, y cómo CorelPHOTO-PAINT puede separar de manera automática los fondos de los objetos generados.

CorelPHOTO-PAINT! y las máscaras de imágenes

Una máscara de imagen de un mapa de bits es un área dentro de una imagen que está protegida de los cambios o expuesta a la edición, dependiendo de cuáles áreas fueron seleccionadas por la máscara. El término *máscara* es un término inapropiado, utilizado frecuentemente en la creación de imágenes gráficas por computadora para referirse a dos cosas diferentes. En realidad, cuando una máscara digital expone un diseño que se encuentra en el frente y protege el fondo, con lo que mejor se puede comparar es con una cubierta (generalmente una hoja de pantalla con zonas recortadas en el centro). Cuando me refiero a enmascarar en DREAM 3D o en CorelPHOTO-PAINT, me refiero a proteger el fondo o la parte principal, pero no ambos al mismo tiempo.

Muchos programas de edición de imágenes escribirán la información de la máscara en un canal separado de una imagen tipo RGB, como las producidas por DREAM 3D. Tal vez haya notado que en el formato de imagen BMP no se encontraba disponible la opción de guardar una máscara en DREAM 3D. Esto se debe a que sólo los formatos de archivo de imagen TIF, Targa y unos pocos más guardan la información del mapa de bits en canales de color rojo, verde y azul, de allí el término RGB. La estructura del canal del almacenamiento de color es diferente de las imágenes de color indexadas, donde cada valor de color de una imagen está predefinido, no almacenado como intensidades de brillantez relativas en canales de color. Para más información sobre canales y máscaras, consulte el capítulo 6, "Mapas de bits y diseños vectoriales".

CorelPHOTO-PAINT puede guardar información de máscaras, pero no en el formato CPT nativo de CorelPHOTO-PAINT; en vez de eso, CorelPHOTO-PAINT puede leer información de canales de máscara en formatos de archivo TIF. El formato TIF es un formato maduro y estable que a menudo adoptan los ingenieros de software. CorelPHOTO-PAINT presenta esta única vista de canal de máscara como un área de selección activa alrededor de los objetos que DREAM 3D ha generado.

El cambio en esta siguiente serie de pasos consiste en utilizar la información de selección (máscara), tal como se despliega en CorelPHOTO-PAINT, para aislar el fondo de LOVNCUP.TIF, y luego pintarlo con un color plano y que contraste con los colores del frente. Al hacerlo, CorelDRAW puede importar el archivo retocado y dejar fuera el color de fondo, de manera parecida a como DREAM 3D dejó fuera el color blanco de una imagen de mapa de color importada.

Cómo pintar con una máscara

1. Cierre DREAM 3D, después de guardar el archivo LOVNCUP.RD3 por última vez y lance CorelPHOTO-PAINT desde el Explorador (Explorer) de Windows.

   Se trata de la aplicación en que editará la escena generada.

2. Elija Archivo (File) y Abrir (Open) y luego abra la imagen LOVNCUP.TIF de su disco duro.

   Se trata de la imagen que se habrá de editar.

3. Haga clic en el botón Invertir (Invert) de la barra de herramientas.

   Se invierte la selección activa para abarcar el fondo. Ahora los objetos de la copa y el engrane del frente quedan protegidos contra la edición (vea la figura 9.39).

4. Haga doble clic en la Herramienta Relleno (Fill tool). Elija la herramienta.

   Se despliega la persiana Herramientas (Tool Settings).

5. Haga clic en el icono Relleno uniforme (Uniform Fill) y luego en Editar (Edit).

   Se despliega el cuadro de diálogo Relleno uniforme (Uniform Fill).

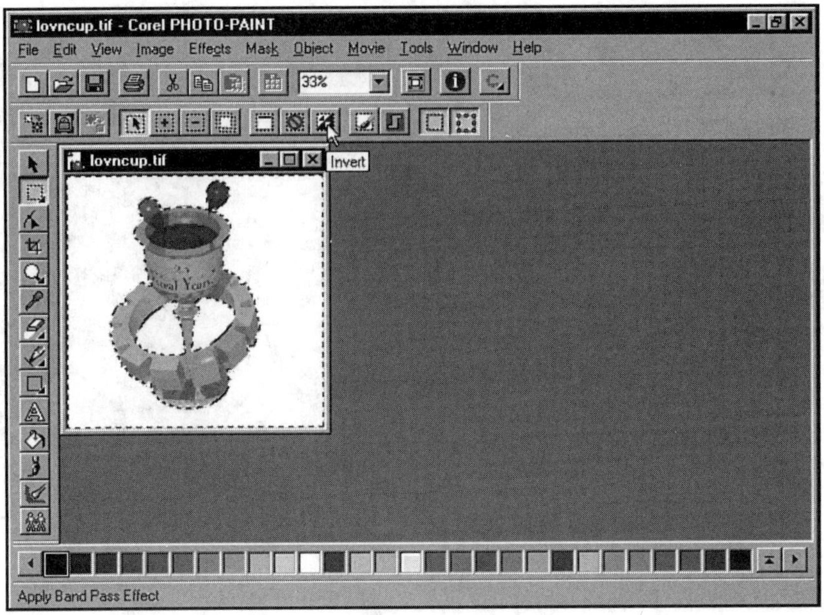

Figura 9.39
Como opción predeterminada, las imágenes de DREAM 3D que contienen un canal de máscara aparecen con una línea punteada de selección alrededor de los objetos.

6. Elija un verde brillante y luego haga clic en Aceptar (OK).

   Se selecciona un color que contrasta con los otros colores de LOVNCUP.TIF.

7. Establezca la **T**ransparencia (**T**ransparency) en 0, marque **A**nti-alias (**A**nti-aliasing) y escriba **100** en el cuadro contador Tolerancia (Tolerance).

   Se especifica que el verde seleccionado cubrirá completamente las áreas sobre las que se hace clic en la imagen *no* protegida por el área de selección de la máscara.

8. Haga clic fuera de la imagen de la copa en el fondo, luego haga clic en las otras dos áreas blancas de la imagen LOVNCUP.

   Se rellenan las áreas con un verde brillante (vea la figura 9.40).

9. Con la Herramienta Recorte (Crop tool), trace un rectángulo de selección alrededor de un área de la imagen LOVNCUP que incluya la copa y el engrane, y elimine los excesos de verde de la imagen, luego haga doble clic dentro de la selección de recorte.

   Se recortan las áreas sobrantes de la imagen; se reduce el tamaño general del archivo.

10. Haga clic en el botón Ninguno (Remove Mask) de la barra de herramientas (el icono con el "círculo y la diagonal invertida" internacional).

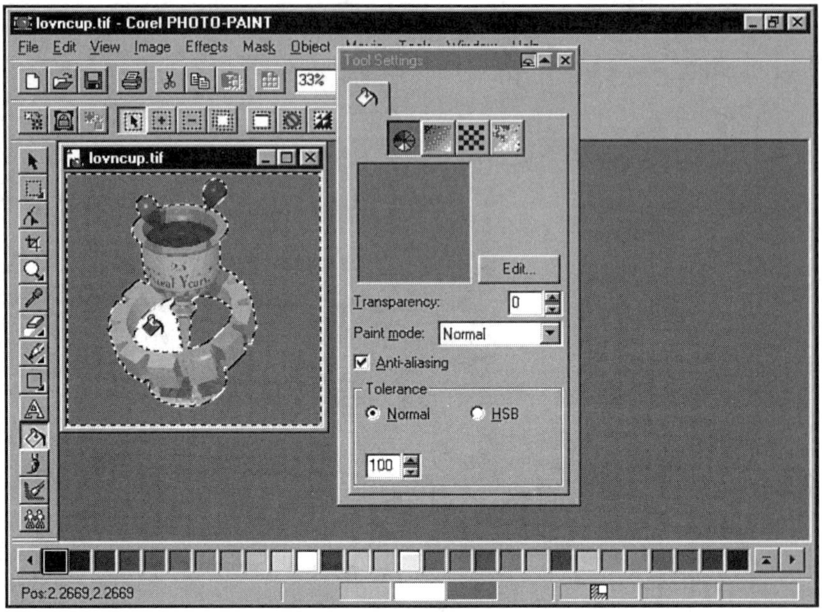

Figura 9.40
El relleno verde uniforme seleccionado sólo afectará áreas cubiertas por la línea punteada de selección.

Se elimina la línea punteada de selección, y la información de la máscara no se guardará en el formato TIF. Si usted no deja de seleccionarla, CorelDRAW leerá la información de la máscara y desplegará un fondo coloreado con una *silueta* de la copa dentro de la imagen, pero no la copa 3D.

11. Elija **A**rchivo (**F**ile) y G**u**ardar como (Save **A**s), luego guarde la imagen como LOVNMASK.TIF en su disco duro.

Se guarda la imagen.

Es aconsejable recortar una imagen generada en un programa de edición de imágenes, y no en la aplicación de modelado/generación. El fotograma de producción de DREAM 3D sirve como área adecuada y suelta de recorte, pero usted va a dejar fuera el verde de la imagen LOVNMASK en CorelDRAW. Por lo tanto, mientras menores sean las dimensiones de la imagen, menor será el tamaño del archivo de mapa de bits, y más rápido podrá trabajar con la imagen en CorelDRAW.

Nota DREAM 3D tiene la capacidad de agregar un color de fondo a una escena, pero como DREAM utiliza *trazado de rayos* (un procedimiento fotorrealista que crea sombras y reflejos), usted no debe utilizar un fondo de color contrastante en una generación terminada. ¿Por qué? Porque el proceso de trazado de rayos reconoce el color de fondo como parte real de la imagen generada y sus objetos del frente mostrarán un matizado visible del color del fondo.

Piense en la manera en que los tonos color carne de un modelo humano se verían si los fotografía con un fondo verde brillante uniforme, a unos centímetros de él. Parte del color saltará a la cara del modelo, haciendo que la foto se vea poco atractiva.

Si desea que un color de fondo, o una imagen importada, se incluyan en los reflejos y la superficie de color de DREAM 3D, elija Escena (Scene) y Fondo (Background) y luego haga su selección.

La herramienta Máscara de color de bitmap (Bitmap Color Mask) de CorelDRAW!

Nueva en CorelDRAW 6 es una opción que hace más fácil que nunca incorporar imágenes en mapa de bits y vectoriales en una sola composición. Ahora que una copia de la imagen del trofeo con forma de copa contiene un solo color de fondo (uno que no se encuentra en la copa, el engrane ni las gotas) es fácil utilizar la persiana Máscara de color de bitmap (Bitmap Color Mask) para detectar el verde en la imagen importada y hacerlo transparente. Usted puede crear después un fondo detrás de la copa, e integrar la copa y el engrane en una composición que simplemente no sería posible sin crear antes un objeto contenedor de PowerClip.

He aquí cómo modificar la imagen LOVNMASK para utilizarla como elemento de composición en el póster de retiro de Mike.

Cómo utilizar la opción Máscara de color de bitmap (Bitmap Color Mask)

1. Cierre CorelPHOTO-PAINT, luego lance CorelDRAW desde el Explorador (Explorer) de Windows.

   Usted terminará el diseño del póster en CorelDRAW.

2. Elija Archivo (File) e Importar (Import) (Ctrl+I; o haga clic en el botón Importar (Import) de la barra de herramientas) y luego elija LOVNMASK.TIF de su disco duro; haga clic en Importar (Import).

   Se lleva una copia de LOVNMASK al documento actual.

Si usted no creó la imagen LOVNMASK, utilice en este ejemplo LOVNMASK.TIF que se encuentra en la carpeta CHAP09 del CD de obsequio.

3. Elija Efectos (Effects) y Máscara de color de bitmap (Bitmap Color Mask).

   Se despliega la persiana Máscara de color de bitmap (Bitmap Color Mask).

4. Haga clic en la herramienta de gotero de la persiana, luego haga clic en el verde de LOVNMASK.

   Se registra uno de los diez colores posibles que se pueden elegir en la imagen (vea la figura 9.41).

5. Elija Ocultar colores (Hide Colors) de la lista descendente de la persiana, desplace la barra Tolerancia (Tolerance) a 25% y luego haga clic en Aplicar (Apply).

   Desaparece el verde en la imagen de mapa de bits.

Figura 9.41 El relleno verde uniforme seleccionado sólo afectará áreas cubiertas por la línea punteada de selección.

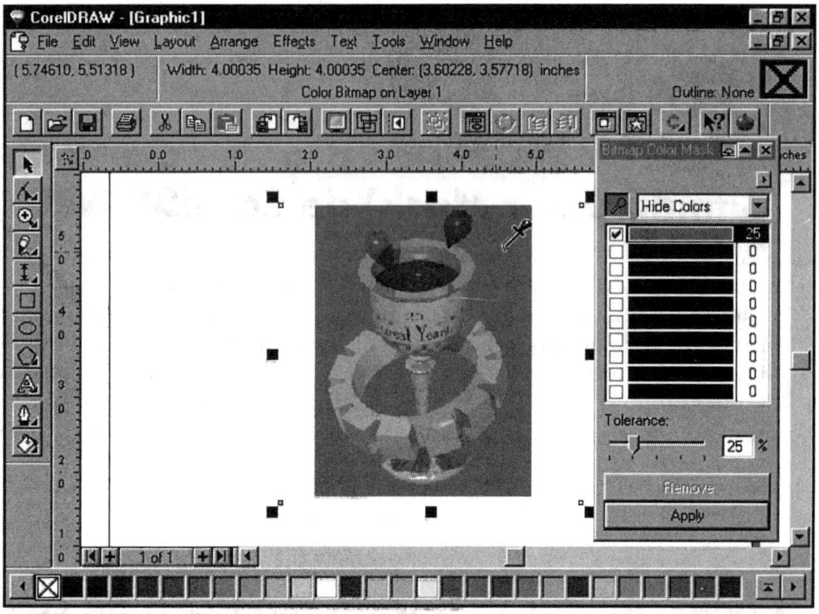

6. Elija Archivo (File) y Guardar como (Save As), luego guarde el documento actual como MISS-YOU.CDR en su disco duro.

La tolerancia al color es una opción de la persiana Máscara de color de bitmap (Bitmap Color Mask) que no requiere mucha afinación porque usted agregó un valor sólido de verde a la imagen LOVNMASK en CorelPHOTO-PAINT. Sin embargo, si no tiene la oportunidad de retocar una imagen antes de aplicar la máscara de color en CorelDRAW, tal vez desee jugar con los parámetros de Tolerancia (Tolerance) para diferentes muestras de color.

Como ejemplo, si el fondo de LOVNMASK fuera un patrón del tipo de un tablero de ajedrez, usted necesitaría seleccionar dos áreas de color en la persiana Máscara de color de bitmap (Bitmap Color Mask), una para cada valor del tablero de ajedrez. Luego establecería la tolerancia para aislar estos colores de cualquier color similar al frente del objeto. Por eso debe utilizar un valor de color único, que no se encuentre en los objetos del frente, al elegir su fondo cuando utilice la opción Máscara de color de bitmap (Bitmap Color Mask) de CorelDRAW.

Cómo agregar un mosaico de patrón vectorizado

Sería bueno que el póster de despedida de Mike tuviera un fondo que no atrajera demasiado la atención, pero que resultara oportuno y atractivo. Para hacer un trabajo rápido con el fondo (como se estipuló en la servilleta de la figura 9.1), puede utilizar la persiana Símbolos (Symbols) de CorelDRAW y la opción Crear patrón (Create Pattern). En el capítulo 5, "Rellenos complejos y sombreado de mezclas", usted exploró rellenos especiales como mapas de bits de dos colores y texturas de fractal, pero los rellenos vectoriales de color tal vez sean la manera más fácil de crear un diseño 2D que pueda cambiarse de tamaño sin sacrificar la calidad de la imagen.

En la siguiente serie de pasos, utilizará la fuente de símbolo Household (junto con el comando Crear (Create)) para agregar un patrón de vector personalizado a su colección y terminar el póster de Mike.

Cómo colocar un fondo vectorial detrás de un mapa de bits importado

1. Con la Herramienta Rectángulo (Rectangle tool), presione la tecla Ctrl y haga clic y arrastre un recuadro de aproximadamente 2.5 centímetros (1 pulgada) por lado.

   Ésta será el área del mosaico del patrón.

2. Haga clic en el botón Persiana de símbolos (Symbols Roll-Up) de la barra de herramientas.

   Se despliega la persiana Símbolos (Symbols).

3. Elija Household de la lista Símbolos (Symbols), luego desplácese por la ventana de presentación preliminar y encuentre el reloj despertador.

   Se trata del símbolo con el que creará un patrón.

4. Escriba **25** (**1**) en el cuadro contador Tamaño (Size).

   Esto especifica que el símbolo que se arrastre fuera de la persiana debe medir 25 milímetros (1 pulgada); por lo general será más pequeño (dependiendo de la manera en que se construyó la fuente de símbolo).

5. Haga clic y arrastre el reloj despertador de la ventana de presentación preliminar al interior del recuadro que dibujó.

   Se crea un objeto de contorno dentro del recuadro (vea la figura 9.42).

Usted habrá creado un efecto de grabado con el reloj despertador después de rellenar el fondo de negro y el reloj despertador con un 40 por ciento de negro. Usted puede decidir saltarse el efecto de grabado, pero agregar color al cuadro y las formas de reloj, y no asignarle atributos de contorno seleccionándolos y haciendo clic con el botón derecho del ratón sobre la "x" de la paleta de colores. El grabado se puede crear siguiendo los pasos del capítulo 5. Después de que se hayan rellenado las formas, utilice estos pasos:

6. Elija Herramientas (Tools), Crear (Create) y luego elija Patrón (Pattern).

   Se despliega el cuadro de diálogo Crear patrón (Create pattern).

Figura 9. 42
Una cantidad interminable de símbolos puede arrastrarse de la persiana a su página diseñada.

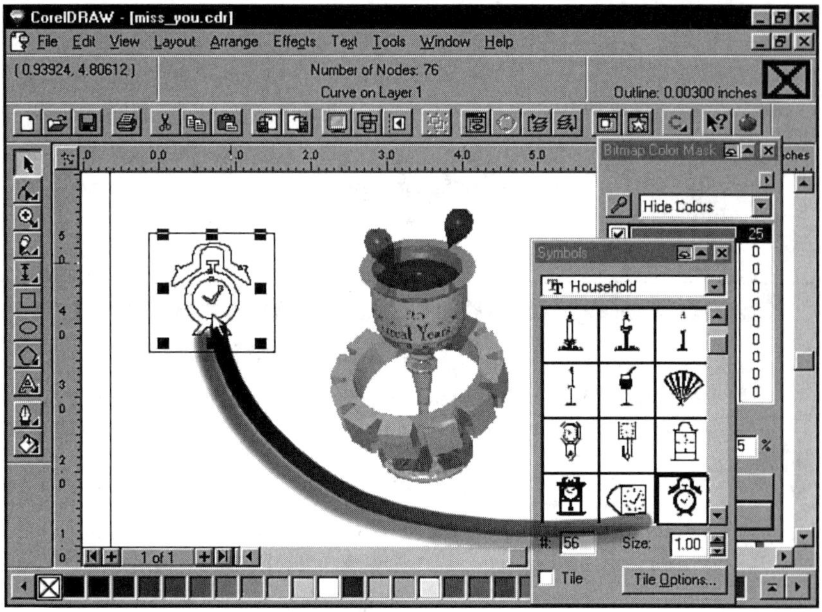

7. Haga clic en **T**odos los colores (**F**ull Color) en el campo Tipo (Type), luego haga clic en Aceptar (OK).

   El cursor toma la forma de una cruz a lo largo de toda la pantalla; usted necesita recortar el destino para la imagen del patrón.

8. Haga clic y arrastre el cursor de cruz por el reloj y el cuadro, manteniéndose dentro del cuadro.

   Se define el área del patrón (vea la figura 9.43).

9. Haga clic en Aceptar (OK) en el cuadro de diálogo Crear patrón (Create Pattern), después de que haya recortado el área del patrón.

   Esto confirma el patrón tomado como destino y le presenta el cuadro de diálogo Guardar patrón de vector (Save Pattern).

10. En el campo **N**ombre de archivo (File **n**ame), escriba CLOCKS.PAT, luego haga clic en **G**uardar (**S**ave).

    CLOCKS.PAT queda inmediatamente disponible para utilizarlo como relleno vectorial; se le regresa a la ventana de dibujo.

11. Con la Herramienta Rectángulo (Rectangle tool), trace un rectángulo de 15 × 22.5 centímetros (6 × 9 pulgadas) alrededor de la imagen de la copa, luego haga clic en el botón Hacia atrás (To Back) de la barra de herramientas.

    Se crea un marco que usted rellenará con el patrón; se envía el rectángulo detrás de la imagen de la copa.

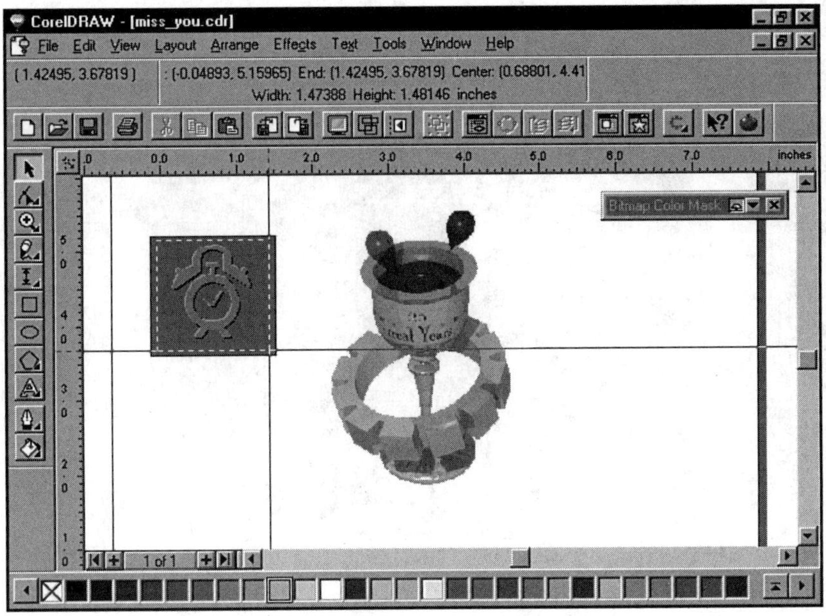

Figura 9.43
Utilice el cursor de cruz especial para definir el área que desea guardar como relleno de patrón vectorial.

12. Haga clic en la Herramienta Relleno (Fill tool) y luego en la herramienta Patrón de vector (Vector Fill) (el botón con la flecha diagonal).

    Aparece el cuadro de diálogo Patrón vectorial (Vector Fill).

13. Haga clic en la flecha de la ventana de presentación preliminar, luego desplace hacia abajo para encontrar la presentación preliminar del patrón del reloj y haga clic en ella.

    Se proporciona un catálogo visual de patrones vectoriales disponibles (vea la figura 9.44).

14. Haga clic en Aceptar (OK).

    Usted regresa al documento; ¡pequeños relojes tapizarán el fondo! Vea la figura 9.45.

15. Elija Archivo (File) y Guardar como (Save As), luego guarde la pieza terminada como MISS-YOU.CDR en su disco duro.

    Se guarda la imagen terminada.

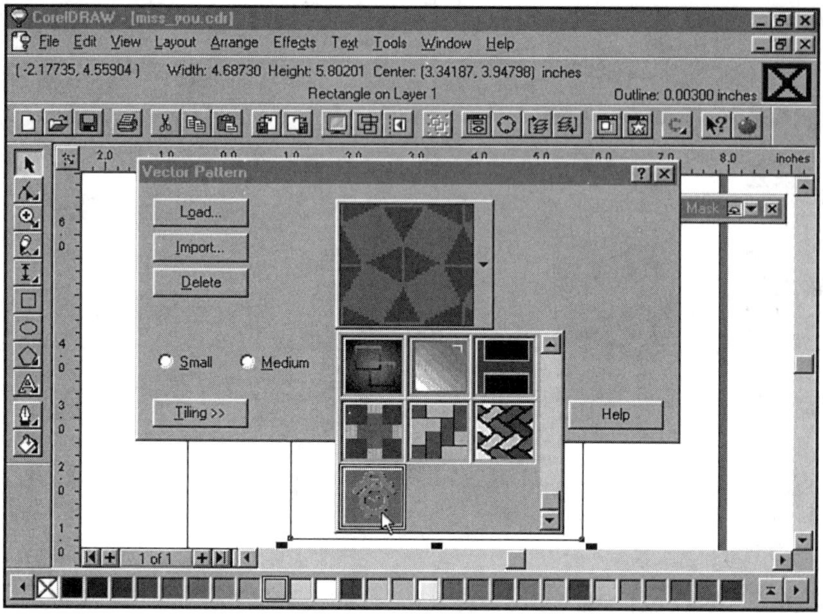

Figura 9.44 Todos los patrones vectoriales que proporciona Corel, y los patrones personalizados propios, pueden observarse y seleccionarse en el cuadro de diálogo Patrón vectorial (Vector Pattern).

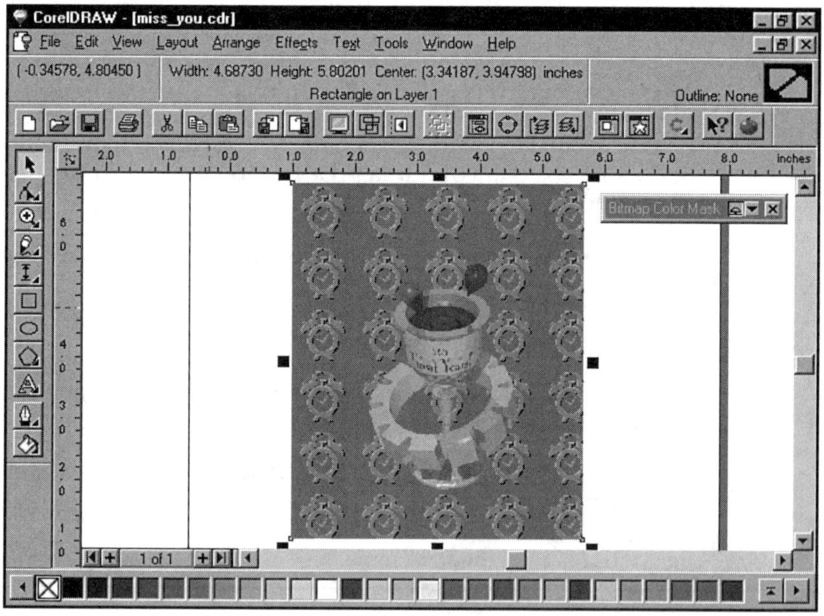

Figura 9.45 Los patrones vectoriales de mosaico pueden cambiarse de tamaño sin perder detalle; son el complemento ideal para una imagen de mapa de bits importada.

Nota Si por alguna razón CorelDRAW no ofrece la carpeta PATRONES (PATTERNS) en la carpeta CUSTOM, debajo del directorio principal de CorelDRAW, como sitio para sus patrones de vectoriales personalizados, especifique en la lista Guardar en (Save in) la trayectoria a su ubicación en el disco duro. Como opción predeterminada, CorelDRAW siempre busca en este directorio los patrones vectoriales disponibles.

En lo que se refiere a la composición, el mapa de bits y la imagen vectorial se integran adecuadamente. Tal vez el observador nunca se dé cuenta de que se han integrado, sin costuras y en una sola pieza, dos tipos diferentes de imágenes por computadora.

En la figura 9.46 hemos agregado algo de texto. Snell Black se encuentra disponible en el CD de Corel; es una tipo script en negritas y legible.

Figura 9.46
De la servilleta a la obra maestra moderna, usted puede llevar un concepto en cualquier dirección con las opciones de diferentes aplicaciones.

Aunque CorelDRAW contribuyó a la pieza terminada con un elemento gráfico mínimo, este póster es un buen ejemplo de la manera en que CorelDRAW puede integrar diferentes medios. Por fortuna, se le ha picado la curiosidad con la introducción de otro medio (el de modelado y generación) y usted ocupará mucho tiempo investigando un conjunto de opciones que resulta demasiado grande para tratarlo por completo en un solo capítulo.

Ahora tiene detrás de usted algunos excelentes lugares de inicio para la creación de imágenes en 3D. Piense en las variaciones que puede desarrollar con los pasos contenidos en este capítulo, y de inmediato estará generando sillas, aviones, naves espaciales y cosas que aún deben imaginarse. La creación de su propia realidad es un privilegio de los artistas, y DREAM 3D hace mucho más reales sus sueños.

10
capítulo

Cómo agregar DEPTH y MOTION

La observación más crítica que uno podría hacer sobre los programas de dibujo vectorial es que a las ilustraciones elaboradas con esas aplicaciones les falta una dimensión: la profundidad. Sin embargo, las ilustraciones vectoriales basadas en líneas de curvatura pueden mostrar una característica que les haga "saltar de la página", especialmente cuando usted se familiarice con dos de las últimas adiciones al paquete de Corel: CorelDEPTH y CorelMOTION 3D. Aunque los dos programas utilizan información vectorial para crear diferentes *tipos* de diseños con volumen, estas aplicaciones comparten una propiedad común: DEPTH y MOTION 3D pueden utilizar trayectorias de CorelDRAW como base para objetos de malla de alambre de tres dimensiones.

Si usted leyó el capítulo 9, "Cómo trabajar entre CorelDRAW! y CorelDREM 3D", muchos de los principios con que se trabajan los objetos de DEPTH y MOTION 3D le resultarán familiares. A simple vista, DEPTH y MOTION 3D parecerían programas de creación de texto en 3D, pero hay varias opciones no documentadas en ambos programas que pueden utilizarse para crear obras maestras en 3D. Aunque no tenga experiencia con programas de modelado y generación, en este capítulo se le llevará por los pasos necesarios para producir diseños asombrosos en poco tiempo.

El método único para modelado de CorelDEPTH

El *modelado* no es una nueva opción en el mundo de la computación; las estaciones gráficas de trabajo lo han utilizado durante casi tres décadas para generar una vista de objetos con dimensión como si se observaran a través de un portal (una pantalla de computadora) en el espacio 3D. La *disponibilidad* actual y la consiguiente popularidad de los programas de modelado para la computadora *personal* se deben sobre todo al aumento exponencial en el poder de procesamiento de los chips.

Tradicionalmente, para crear las imágenes 3D por computadora se definen primero las coordenadas de un objeto en el espacio tridimensional, a continuación se determina una textura para la superficie del objeto y finalmente se generan las coordenadas del objeto y la textura de la superficie en un archivo de mapa de bits (2D). Por lo general, la imagen terminada tiene el mismo punto de vista que el usuario mientras trabaja en el diseño 3D; usualmente se incluye una *cámara* en la definición del espacio total del proyecto 3D. Las mejoras a la imagen terminada, como el tamaño del lente de la cámara, el fondo, la atmósfera y la iluminación también pueden especificarse durante la fase de modelado del trabajo de modelado/generación.

Por lo general puede crearse un modelo en cosa de minutos; los animadores y diseñadores por computadora se han lamentado de que la parte de la *generación* del proceso de creación 3D se toma una eternidad. La generación se relaciona con la conversión de toda la información dentro de una escena capturada desde el punto de vista de una cámara virtual. Las coordenadas de malla de alambre, las propiedades de reflexión, las texturas de las superficies y otros elementos deben calcularse, pixel por pixel, para crear una imagen de mapa de bits TIFF, BMP, Targa, etcétera. Se necesita una gran capacidad de procesamiento para generar la información de un modelo 3D, y como la imagen terminada se encuentra en formato de mapa de bits, si comete un error en la definición de la escena 3D, estará obligado a generar la imagen una vez más.

Por fortuna, CorelDEPTH acaba con la tradición y se aleja del formato de mapa de bits del modelado 3D; DEPTH es una aplicación de *vectorización* 3D, desde el principio del proceso hasta la imagen terminada. A diferencia de las aplicaciones de modelado y generación convencionales como CorelDREAM 3D, CorelDEPTH construye, casi en tiempo real, una escena en la pantalla compuesta por *objetos* discretos. Usted puede modificar un archivo DEPTH cuando lo desee y la escena puede exportarse después a un formato que CorelDRAW y PHOTO-PAINT pueden importar en cosa de momentos.

Cómo empacar provisiones de CorelDRAW! para el viaje a DEPTH

Para los usuarios experimentados de aplicaciones de modelado y generación, DEPTH mostrará algunas convenciones extrañas y creará algunas confusiones mentales y de procedimientos en su búsqueda de imágenes gráficas 3D "instantáneas". El ejemplo de DEPTH que se encuentra en este capítulo es el diseño amable de un póster, "Bahaman

Geometry", cuyos elementos hacen eco del sabor y la percepción de un escape al Caribe. El primer paso que dio el autor para el diseño del ejemplo fue buscar una fuente artística para utilizarla como un elemento gráfico. Por desgracia, la fuente ideal, Copacabana Bold, sólo se encuentra en formato Type 1; a diferencia de CorelDRAW, PHOTO-PAINT, MOTION 3D y PRESENTS, CorelDEPTH sólo ofrece soporte a TrueType.

¿No odiaría empacar para una excitante aventura, sólo para encontrar que no aceptan su "moneda"? Este inconveniente menor puede superarse utilizando CorelDRAW como base para sus excursiones por DEPTH. DEPTH acepta tipos de imágenes de Adobe Illustrator (AI) y Windows Metafile (WMF), de modo que la solución para agregar el texto en este ejemplo consiste en exportar la cadena de texto desde CorelDRAW como una imagen gráfica.

He aquí cómo crear el primero de los dos elementos que necesita llevar con usted a DEPTH para completar el diseño de este ejemplo:

Cómo exportar un texto como imagen gráfica

1. En CorelDRAW, haga clic en la herramienta Texto artístico (Artistic Text) (o presione F8) y luego haga clic para depositar un punto de inserción en la ventana de un nuevo documento; escriba **Bahaman**, presione Enter y luego escriba **Geometry**.

   Éste es el texto del diseño del ejemplo.

2. Presione Ctrl+barra espaciadora y luego Ctrl+T.

   Se cambia a la Herramienta Selección (Pick Tool) y se selecciona todo el objeto de texto artístico; se despliega el cuadro de diálogo Atributos de carácter (Character Attributes).

3. En el menú de la ficha Fuente (Font), elija una fuente de la lista Fuentes (Fonts) que sugiera el trópico, la que resultará una fuente con formato Type 1.

   Se elige la fuente que utilizará. Como está convirtiendo el texto en curvas, en este ejemplo *podría* utilizar una fuente TrueType, pero tal vez no sea ideal para nuestro propósito (DEPTH ofrece soporte nativamente a TrueType).

BAHATEXT.CDR, que se encuentra en la carpeta EXAMPLES\CHAP10 del *CD de obsequio de CorelDRAW! 6 para expertos* contiene el texto convertido que se utiliza para crear el diseño de este ejemplo, en caso de que desee utilizarla, pero no tenga La Bamba. Buenas alternativas de fuentes, disponibles en el CD de Corel, son Croissant, Davida, Ad Lib y Mr. Earl.

4. Haga clic en la ficha Alineación (Alignment), luego en el botón de opción Centro (Center) del área Alineación (Alignment) y, por último, en Aceptar (OK).

   Se alinean las filas de arriba y de abajo del texto artístico; se le regresa a la ventana del documento.

5. Con la Herramienta Selección (Pick Tool), haga clic y arrastre el texto lejos de su posición original, y después haga clic con el botón derecho del ratón antes de liberar el cursor.

Se duplica el objeto de texto artístico. Es una buena práctica crear una copia de texto artístico antes de convertirlo en curvas. De esta manera, aún tendrá un duplicado que pueda utilizarse como texto.

6. Con el objeto duplicado seleccionado, presione Ctrl+Q (**O**rganizar (**A**rrange) y Convertir a curvas (Convert to Curves)).

   El texto ya no será editable como texto, pero ahora el objeto resultante puede exportarse a DEPTH porque ya no contiene información de Type 1.

7. Presione Ctrl+K (**O**rganizar (**A**rrange) y Desco**m**binar (**B**reak apart)).

   Se separa el objeto en las subtrayectorias que lo integran. El truco para manipular con éxito el objeto "Bahaman Geometry" como caracteres individuales en DEPTH consiste en exportar varias trayectorias, y no un objeto que contenga muchas subtrayectorias.

8. Si su grupo de letras contiene un carácter que debe estar compuesto por más de una trayectoria (como la letra *B*), elija la Herramienta Selección (Pick Tool), seleccione con un rectángulo los componentes de un carácter y luego presione Ctrl+L (**O**rganizar (**A**rrange) y **C**ombinar (**C**ombine)).

   Se combinan las subtrayectorias para crear el objeto de carácter.

9. Con la Herramienta Selección (Pick Tool), trace un rectángulo de selección alrededor de todos los objetos de letras, luego haga clic en el botón Exportar (Export) de la barra de herramientas (vea la figura 10.1).

   Se seleccionan los objetos, se despliega el cuadro de diálogo Exportar (Export).

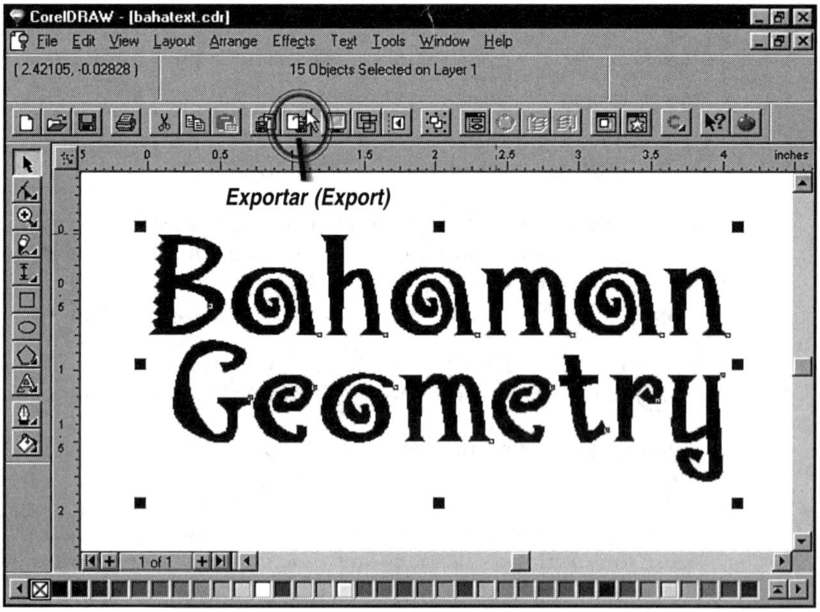

Figura 10.1 Al exportar un objeto de letras como caracteres individuales, CorelDEPTH le permite manipular individualmente cada objeto.

10. En la lista descendente Guardar como tipo (Save as type), elija Adobe Illustrator (AI, EPS), escriba **BAHATEXT.AI** en el campo Nombre de archivo (File name), haga clic en la casilla de verificación Sólo seleccionado (Selected only), elija una ubicación en la ventana de carpetas que sea fácil de encontrar para su exportación y luego haga clic en Exportar (Export).

    Se despliega el cuadro de diálogo Exportar Adobe Illustrator (Adobe Illustrator Export).

11. Haga clic en el botón de opción Adobe Illustrator 3.0 y luego en Aceptar (OK).

    Se exportan los objetos seleccionados como trayectorias de Adobe Illustrator, que CorelDEPTH puede importar. El campo Exportar texto como (Export Text as) del cuadro de diálogo Exportar Adobe Illustrator (Adobe Illustrator Export) no contiene opciones relevantes para este ejemplo; como *ya* se ha convertido en curvas la colección de objetos, la selección de los botones de opción Curvas (Curves) o Texto (Text) no marca ninguna diferencia en este caso.

12. Presione Ctrl+S (Archivo (File) y Guardar (Save)) y luego guarde su trabajo como BAHATEXT.CDR en su disco duro.

    Se guardan el texto editable y el texto convertido, para uso futuro.

El formato Adobe Illustrator es uno de los únicos dos tipos de formato de archivo que CorelDEPTH puede importar. El formato AI es mejor opción que Windows Metafile (WMF) para exportar trayectorias, porque la versión inicial de CorelDRAW! contiene algunos errores en sus filtros de importación y exportación; el filtro de exportación AI funciona mejor que el WMF para exportar curvas complejas. Vea la nota que sigue sobre el tema de los filtros de importación y exportación de CorelDRAW! 6.

El objeto "texto en curvas" es el primero de dos recursos de CorelDRAW que usted creará para utilizar en DEPTH. En la siguiente sección descubrirá los secretos para crear un mapa de textura que pueda utilizarse en CorelDEPTH como adorno para algún objeto 3D que cree o importe en la aplicación.

Nota La versión 6.00.118 de CorelDRAW, a la que Corel Corp. se refiere como versión D2, contiene filtros de importación y exportación que no siempre trabajan como se esperaba. Por ejemplo, las subtrayectorias exportadas en formato Adobe Illustrator no siempre aparecen dentro de la trayectoria exterior de un objeto ,cuando se importan en CorelDEPTH, CorelDREAM 3D, o muchas de las otras aplicaciones Corel. Como resultado de este problema, tal vez descubra que un carácter como la P, cuando se convierte en curvas y se exporta, se importará en DEPTH y otros programas con la subtrayectoria rellena.

Hay varias soluciones para este problema; la más simple consiste en utilizar CorelDRAW! 5 (si aún tiene su versión en el sistema) para exportar objetos hasta que reciba una copia actualizada de CorelDRAW. En CorelDRAW, haga clic en Ayuda (Help) y Acerca de CorelDRAW (About CorelDRAW) para conocer la versión del programa que tiene instalada actualmente. De cada nueva versión de CorelDRAW se hacen una o dos revisiones, pero Corel Corp. no tiene manera de saber si usted cuenta con una copia actual de los programas; no hay versión de la información en su tarjeta de registro de CorelDRAW. Usted debe ponerse en contacto directamente con Corel Corporation, al 613/728-8200 (en Estados Unidos), o enviar un correo electrónico a la sección de Servicio a Clientes del foro CorelAPPS de CompuServe, en relación con la versión actual de Corel y la manera de obtener la versión actualizada.

Cómo crear un estilo para objetos de CorelDEPTH

Las herramientas de modelado más convencionales (como CorelDREAM 3D) ofrecen la opción de definir una imagen de mapa de bits (BMP, TIFF y otras), como la "piel" con que usted cubre un modelo 3D en malla de alambre. Sin embargo, como aplicación *no* convencional, CorelDEPTH ofrece una opción similar para mejorar los objetos que usted importa o crea en el espacio de trabajo de DEPTH. Cierto: los objeto tridimensionales tienen frente, parte superior e inferior y caras laterales; en CorelDEPTH, usted tiene la opción de agregar una imagen personalizada (una *calcomanía*) a las caras frontal y trasera de cualquier objeto que cree.

CorelDEPTH ofrece un Explorador de estilos (Styles Browser) (una colección de calcomanías predefinidas, rellenos degradados y esquemas de color) para personalizar rápidamente el aspecto de los objetos 3D. Tal vez el método de la calcomanía para crear la textura de los objetos 3D sea el más interesante y ofrece las mayores posibilidades creativas en CorelDEPTH; por estas razones, en esta sección seguiremos la ruta de la calcomanía (las estructuras menos complejas para estilos de objetos de DEPTH se descubren fácilmente sin que sea necesaria documentación detallada en este libro).

¿Cuál debe ser el aspecto de la calcomanía y qué formato debe tener su archivo? Un archivo destinado a utilizarse como calcomanía en DEPTH necesita contener imágenes gráficas vectoriales, porque DEPTH es una aplicación orientada a vectores. Esto hace, una vez más, que CorelDRAW sea el mejor sitio para la creación de calcomanías de CorelDEPTH. La calcomanía puede tener el *contenido* visual que usted guste. En la carpeta EXAMPLES\CHAP10 del *CD de obsequio de CorelDRAW! 6 para expertos*, encontrará EXPERTS.ADS, un Explorador de estilos (Styles Browser) personalizado que contiene 11 calcomanías exóticas, caprichosas y muy útiles, creadas por el autor para sus continuas aventuras por CorelDEPTH (usted puede ver ejemplos de las calcomanías en la sección de color de este libro). Utilice su imaginación y su inspiración para crear sus propias calcomanías.

A continuación se presenta una lista de los pasos utilizados para crear una textura de sandía que se pretenda utilizar en CorelDEPTH. La calcomanía de sandía jugará un papel importante en la creación del poster Bahaman Geometry. PITS.CDR, que se localiza en la carpeta EXAMPLES\CHAP10 del *CD de obsequio de CorelDRAW! 6 para expertos*, es el diseño completo; si desea, puede examinarlo y utilizarlo como guía para elaborar sus propias calcomanías.

He aquí cómo elaborar un archivo de calcomanía para CorelDEPTH:

Cómo crear y exportar calcomanías para CorelDEPTH

1. En CorelDRAW, presione F6 (o haga clic en la Herramienta Rectángulo (Rectangle tool)); en una ventana de documento, haga clic y arrastre un rectángulo con una proporción aproximada de 2:1, más ancho que largo.

   Se trata del fondo para la calcomanía que creará. No hay reglas definidas para la dimensión de una calcomanía de CorelDEPTH (como se trata de información vectorial, desde CorelDEPTH puede cambiarse el tamaño de la calcomanía, de manera proporcional o no). Sin embargo, si trata de utilizar la calcomanía en un objeto 3D más ancho que alto, las proporciones de la calcomanía deben coincidir con el objeto destino. Además, el tamaño no es importante para la calcomanía, porque contiene información vectorial. Aquí le servirá una calcomanía de 5 × 2.5 cm (2 × 1 pulgada).

2. Haga clic en una muestra rosa de la paleta de colores, luego haga clic con el botón derecho del ratón sobre la *x* en la paleta de colores.

   Se rellena el rectángulo con un color rosa; se elimina la propiedad de contorno del rectángulo.

3. Haga clic y mantenga presionado el botón del ratón sobre la herramienta de lápiz.

   Se elige el modo Bézier de dibujo con la herramienta de lápiz.

4. Haga clic y arrastre para crear formas de semillas de sandía sobre el rectángulo rosa. Aquí bastará con tres formas diferentes.

   Se crea el patrón de fondo para la calcomanía.

5. Cuando haya cerrado la trayectoria de una de las semillas, haga clic en la muestra negra y luego haga clic con el botón derecho del ratón en la *x* de la paleta de colores.

   Se rellenan las semillas con negro; se eliminan los contornos.

6. Presione la barra espaciadora, haga clic y arrastre una semilla a una posición diferente en el fondo rosa, luego haga clic con el botón derecho del ratón y suelte ambos botones del ratón.

   Se coloca un duplicado de la semilla en el lugar donde soltó los botones.

7. Haga clic en la semilla seleccionada y luego haga clic y arrastre un tirador de giro (esquina) hasta que la semilla quede girada unos 45 grados.

   Se gira la semilla; se crea la impresión de que es una semilla única, y no sólo un duplicado. Vea la figura 10.2.

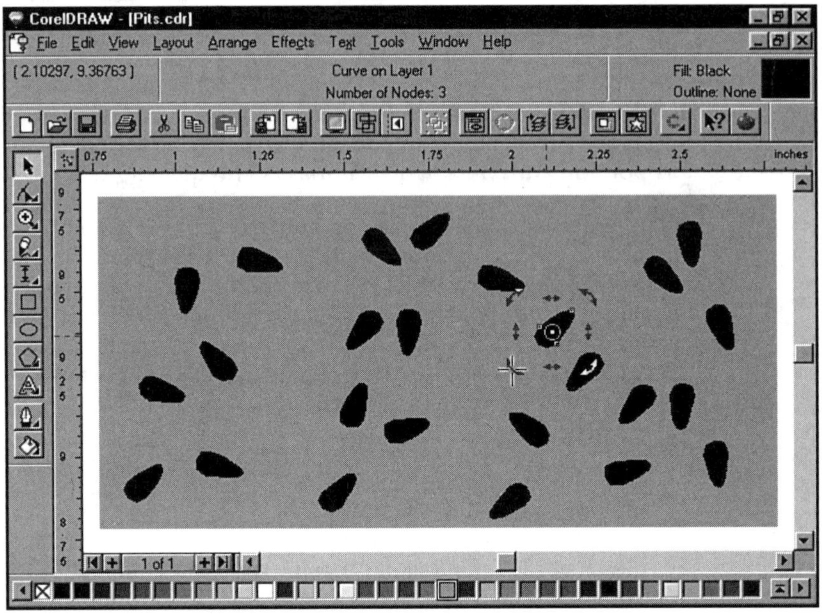

Figura 10.2 Los objetos duplicados no parecerán duplicados, si los gira después de copiarlos.

8. Cree varias semillas de aspecto único para la calcomanía, copiando y girando algunos de los duplicados.

9. Guarde el archivo como PITS.CDR en su disco duro, haga doble clic en la Herramienta Selección (Pick Tool) y luego haga clic en el botón Exportar (Export) de la barra de herramientas.

   Se guarda su trabajo; al hacer doble clic en la Herramienta Selección (Pick Tool) se seleccionan todos los objetos del documento; se despliega el cuadro de diálogo Exportar (Export).

10. En la lista descendente Guardar c<u>o</u>mo tipo (Save as <u>t</u>ype) del cuadro de diálogo Exportar (Export), elija Adobe Illustrator (AI, EPS), escriba **PITS.AI** en el campo <u>N</u>ombre de archivo (File <u>n</u>ame), haga clic en la casilla de verificación Sól<u>o</u> seleccionado (Selected <u>o</u>nly), elija una ubicación en la ventana de carpetas que sea fácil de localizar para su exportación y finalmente haga clic en E<u>x</u>portar (E<u>x</u>port).

    Aparece el cuadro de diálogo Exportar Adobe Illustrator (Adobe Illustrator Export).

11. Haga clic en el botón de opción Adobe Illustrator <u>3</u>.0 y luego en Aceptar (OK).

    Se exporta la calcomanía de sandía como trayectorias de Adobe Illustrator, que CorelDEPTH puede importar.

12. Cierre CorelDRAW.

    Se liberan recursos del sistema, para que pueda trabajar más fácilmente con CorelDEPTH.

Hemos terminado de reunir recursos para CorelDEPTH; en las siguientes secciones verá cómo crear una composición en DEPTH. Otra vez, es importante observar que los filtros de importación y exportación de la versión 6.00.118 no son perfectos; dependiendo de lo ambicioso que sea con un archivo de calcomanía, tal vez ésta se pueda importar perfectamente en CorelDEPTH, pero no se exportará correctamente a formatos diferentes del formato *.DEP nativo de DEPTH. En la siguiente sección nos desviamos un poco del camino hacia DEPTH para describir los elementos necesarios de un procedimiento de prueba para importar y exportar entre DRAW y DEPTH.

Problemas de filtros en la versión 118

En este capítulo se mencionan los procedimientos para crear obras maestras miniatura en DEPTH y MOTION 3D, pero ocasionalmente necesitan mencionarse algunos elementos técnicos, porque la primera versión de CorelDRAW! 6 contiene filtros de importación y exportación que no siempre funcionan como se especifica en la documentación de Corel. Hasta que se corrijan los problemas a través de una actualización, o un CD de *parche* distribuido por Corel Corp., las soluciones mencionadas en este capítulo son los consejos más sólidos para crear trabajos de diseño que sean tan asombrosos como los imaginó, byte por byte.

Los problemas con los filtros específicos de WMF y AI tienen que ver con la complejidad de la curva y la combinación de las subtrayectorias creadas en los objetos. Por ejemplo, un segmento de trayectoria cóncavo que sea parte de una calcomanía exportada se desplegará perfectamente en DEPTH, pero la imagen 3D resultante, cuando se importe en DRAW como archivo de tipo WMF, no mostrará la porción de la calcomanía donde se creó originalmente un área cóncava. Una luna creciente es un ejemplo perfecto del fondo de una calcomanía que se importará y se desplegará apropiadamente en DEPTH, pero que no se podrá exportar correctamente como la calcomanía de la cara frontal de un objeto de DEPTH. La solución para crear una luna creciente consiste en elaborar dos círculos sobre un objeto de fondo, encimar los círculos para crear la forma creciente y luego rellenar el fondo y el círculo encimado con el mismo color.

Además, el filtro de importación de AI con que cuenta la versión 6.00.118 de CorelDRAW no ofrece soporte a la opción de *objetos enmascarados* de Adobe Illustrator. Esta opción es muy parecida a PowerClip de CorelDRAW, pero la falta de información de filtro en este caso evita que CorelDRAW lea correctamente un archivo en formato AI exportado desde DEPTH. Las caras frontales de los objetos 3D exportados en formato AI con calcomanías o propiedades de relleno degradado tal vez se importen en DRAW como objetos separados *enfrente de* (en vez de incrustarse dentro de) una forma 3D importada.

Este problema con el filtro AI puede corregirse manualmente si desagrupa los objetos y cambia su orden de adelante hacia atrás, pero es mucho más simple importar objetos de DEPTH en formato WMF, que por supuesto se importarán espléndidamente en CorelDRAW, pero las calcomanías que habrán de aplicarse en las formas de DEPTH tienen que cumplir con los requisitos de construcción delineados en los párrafos anteriores.

Cómo explorar la herramienta Bézier de dibujo de DEPTH

Cuando se creó el producto AddDepth (el código fuente original para CorelDEPTH), sus diseñadores lo vieron como una utilería para crear texto 3D, pero también se sintieron obligados a lograr que la aplicación funcionara por sí sola, sin la necesidad de que CorelDRAW u otras aplicaciones ayudaran para completar su diseño. Por lo tanto, en CorelDEPTH encontrará herramientas de dibujo que no funcionan de la misma manera que las herramientas de dibujo de DRAW. No obstante, si practica un poco con las herramientas de diseño de DEPTH, tal vez descubra que la creación de trayectorias puede completarse dentro de DEPTH sin la necesidad de importar un objeto de CorelDRAW.

Se ha pretendido que el siguiente ejemplo le dé una idea del estilo de dibujo de DEPTH y que, al mismo tiempo, cree una rebanada de sandía 3D que sea parte del diseño del póster "Bahaman Geometry". He aquí cómo empezar...

Cómo utilizar las herramientas de diseño 2D de DEPTH, parte I

1. Lance CorelDEPTH desde el menú Inicio (Start) de Win95. Luego haga clic en el botón Crear un nuevo documento en blanco (Create a Blank New Document) del cuadro de diálogo Tipo de documento (Document Type).

   Se crea una nueva página en el espacio de trabajo. El cuadro de diálogo Inicio (Startup) es estupendo para los novatos, pero puede volverse molesto después de un tiempo (se puede tener acceso a todas las opciones haciendo clic en el botón Nuevo (New) de la barra de herramientas). Para deshacerse del cuadro de diálogo Inicio (Startup), elija Archivo (File) y Preferencias (Preferences) y elimine la marca de la casilla de verificación Diálogo de inicio (Startup Dialog). Tal vez también desee cambiar el Modelo de color por defecto (Default Color Model) a RGB mientras se encuentre en el cuadro de diálogo Preferencias (Preferences), si no tiene intención de imprimir desde CorelDEPTH.

2. Haga clic en la Herramienta Bézier (Bézier tool) de la caja de herramientas (en la figura 10.3 se observa la herramienta) y luego haga clic en un punto de la ventana de la página.

   Se establece un punto ancla para una línea recta que usted dibujará.

3. Haga clic para colocar un punto unos 10 marcadores de cuadrícula a la derecha del primer punto.

   Se dibuja automáticamente una línea recta entre el primero y el segundo puntos.

4. Haga clic unos 5 marcadores de cuadrícula debajo del segmento de línea (entre los primeros dos puntos), arrastre a la izquierda unos 5 marcadores de cuadrícula y suelte el cursor.

Se produce una curva Bézier entre el segundo punto y el punto en que usted hizo clic y arrastró la última vez. Observará que se agrega automáticamente un relleno de 50% de negro en el interior de los tres puntos que usted ha hecho; los métodos de DEPTH para construcción de trayectorias se parecen mucho a los utilizados con la herramienta de lápiz en modo Bézier de CorelDRAW, pero el beneficio añadido del sombreado automático le ayuda a visualizar una forma *antes* de que se convierta en una trayectoria cerrada.

5. Haga clic en su punto de partida.

   Se cierra la trayectoria; se crea una forma de rebanada de sandía. Vea la figura 10.3.

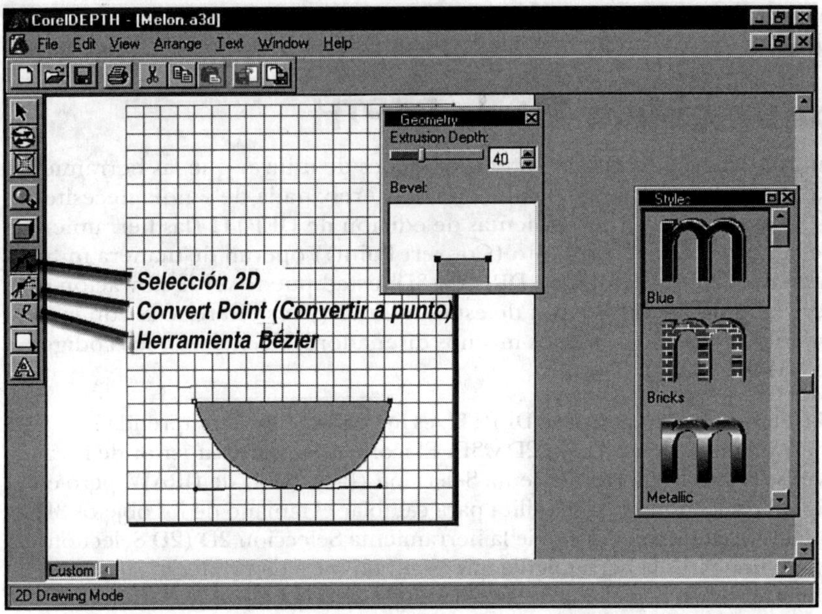

Figura 10.3
Utilice el grupo de selección 2D y las herramientas de diseño para crear una trayectoria que después pueda extruirse para crear un objeto 3D.

6. Presione Ctrl+S, luego elija, en la ventana de carpetas, una ubicación para su archivo en el disco duro, asigne el nombre MELON.A3D a su diseño y haga clic en Guardar (Save).

   Se guarda su trabajo en esta fase intermedia.

Notará que la extensión predeterminada para los archivos de CorelDEPTH es DEP. Sin embargo, se ofrece A3D en la lista descendente Guardar como tipo (Save as type) y recomendamos esta extensión por una razón especial. La extensión A3D hace referencia a AddDepth, el programa original para Windows y Macintosh desde que se creó CorelDEPTH, al comprar la licencia.

Como usuario de Corel, usted puede compartir archivos *.DEP con otros usuarios de la versión 6 de Corel, pero si usted utiliza la extensión de archivo A3D cuando se guarda, el archivo DEPTH puede ser utilizado por los usuarios de Corel 6 *y* de AddDepth.

Tip Usted puede cambiar la extensión de un archivo *.DEP por A3D en cualquier momento, después de guardar en DEPTH, para permitir que el archivo sea compartido con los usuarios de AddDepth. Además, CorelDEPTH puede cargar los archivos AddDepth.

Sin embargo, CorelDEPTH trata los objetos de texto 3D como objetos editables. Esto significa que si usted ha utilizado la herramienta Texto (Text) de DEPTH para crear un objeto de texto y desea compartir el archivo, también debe pasar la fuente TrueType que usted utilizó. Como compartir fuentes es casi ilegal, tal vez deba seleccionar texto TrueType en su documento con la herramienta Selección 2D (2D Selection) y luego elegir Convertir en curvas (Convert to Curves) del menú Texto (Text). Pero haga esto sólo con una copia del archivo; el texto convertido no puede editarse como texto.

Cómo editar un objeto 2D de DEPTH

Como las herramientas de dibujo de Bézier son más difíciles de utilizar que las herramientas de dibujo vectorial a "mano libre", tal vez el contorno de su rebanada de sandía necesite unos retoques antes de extruirla. Las herramientas de edición de DEPTH (las herramientas Selección 2D (2D Selection) y Convertir punto (Convert Point)) operan de manera muy parecida a las herramientas de trayectoria de DREAM 3D; usted puede ver la ubicación de estas herramientas en la figura 10.3. La razón de esta similitud (y sus diferencias con las herramientas de diseño de DRAW) es que los mismos diseñadores licenciaron los códigos de DEPTH y de DREAM 3D a Corel Corp.

Antes de que haga clic en otra herramienta de DEPTH, es importante que comprenda la diferencia entre las herramientas de selección 2D y 3D. El icono de la parte superior de la caja de herramientas tal vez se parezca a la Herramienta Selección (Pick Tool) de DRAW, pero en realidad Selección 3D (3D Selection) sólo se utiliza para cambiar el tamaño de los objetos 3D y moverlos por el documento. Aunque el icono de la herramienta Selección 2D (2D Selection) se *parezca* a la de edición de nodos, es la herramienta que usted utilizará en primer lugar para editar nodos *y* seleccionar y cambiar la posición de todos los objetos 2D que usted cree o importe.

Irónicamente, los ingenieros de AddDepth eligieron emular la funcionalidad de la herramienta Convert Direction (Convertir dirección) de Photoshop (de la paleta Paths (Trayectorias)), y no la Herramienta Forma (Shape tool) de CorelDRAW, para crear la herramienta Convertir punto (Convert Point), la tercera de las herramientas de diseño 2D que se encuentra en el área de trabajo de DEPTH. Si usted está familiarizado con Photoshop, le resultará muy fácil trabajar con la herramienta Convertir punto (Convert Point) de DEPTH. De lo contrario, he aquí una lista de acciones que usted puede desarrollar con la herramienta para cambiar la trayectoria que usted creó en el ejemplo anterior.

- ✔ **Haga clic y arrastre un nodo asimétrico en una trayectoria 2D.** Se convierte el nodo a la propiedad suavizar, y se crean controladores y puntos de control opuestos entre sí de 180°. Desarrolle esta acción y luego cambie a la herramienta Selección 2D (2D Selection) para modificar aún más los puntos de control, o la posición del nodo en la página. Usted empieza haciendo clic y arrastrando el nodo, pero, al arrastrar, está manipulando uno de los *controladores* del nodo. Como los nodos Suavizar de CorelDRAW, cada punto de control puede arrastrarse desde el nodo para que los controladores tengan diferentes tamaños, pero la *dirección* de los puntos de control siempre guardan una oposición de 180°.
- ✔ **Haga clic y arrastre un controlador de nodo suavizado.** Esta acción cambia la propiedad del nodo por asimétrica. Desarrolle esta acción y luego cambie a la herramienta Selección 2D (2D Selection) para modificar aún más los puntos de control, o la posición del nodo en la página. Los controladores de nodos asimétricos, como los nodos de CorelDRAW, pueden girarse alrededor de un nodo,

y cada uno de los dos puntos de control puede tener una distancia única del nodo (los controladores pueden tener diferentes longitudes).

A diferencia de la Herramienta Forma (Shape tool) de CorelDRAW, la herramienta Convertir punto (Convert Point) no puede utilizarse para cambiar los nodos de posición, y su capacidad para cambiar la posición de los puntos de control está restringida al primer clic y al arrastre inicial. La herramienta Convertir punto (Convert Point), como su nombre lo indica, sólo se utiliza para cambiar las propiedades del nodo.

Como con cualquier aplicación nueva, sirve de mucho experimentar con una herramienta para comprender sus posibilidades. Si desea diseñar una rebanada de sandía con protuberancias, editando la trayectoria con las herramientas de diseño 2D de DEPTH, hágalo. Estamos trabajando con una tarea para elaborar un póster divertido, ¡y no hay conceptos de diseño "correctos" o "equivocados" aquí!

Cómo definir un estilo de DEPTH

Como mencioné antes, el Explorador de estilos (Styles Browser) de la interfaz DEPTH contiene una colección de "aspectos" prestablecidos que usted puede aplicar a un objeto 3D. Tal vez durante unas semanas utilice la colección predeterminada, y el Asistente de plantillas (Template Wizard) (disponible en el cuadro de diálogo Tipo de documento (Document Type) cuando usted elige Archivo (File) y Nuevo (New)) puede resultarle de gran ayuda cuando necesite resultados de diseño y no está familiarizado con el programa. Sin embargo, este capítulo está dedicado a las opciones *personalizadas* que permanecen ocultas a la vista de los usuarios en DEPTH y MOTION 3D; por lo tanto, el primer elemento que se modificará en este ejemplo es el Explorador de estilos (Styles Browser). He aquí los pasos que necesita dar para agregar un estilo Sandía (Watermelon) al Explorador de estilos (Styles Browser) predeterminado de DEPTH.

Cómo crear un estilo de calcomanía Sandía (Watermelon)

1. Haga clic en un icono de estilo del Explorador de estilos (Styles Browser) ("Azul" ("Blue") es una buena opción), luego en el botón de menú que se encuentra en la barra de título del Explorador de estilos (Styles Browser) y por último haga clic en Duplicar (Duplicate).

   El Explorador de estilos (Styles Browser) cambia por la ventana Editar estilos (Edit Styles); aparece el cuadro de diálogo Nombrar efecto (Name Effect). No se preocupe por las convenciones para asignación de nombres en la interfaz DEPTH; a veces los ingenieros le llamaron efecto a un estilo, y otras veces un efecto es el atributo de color de una superficie 3D (tal vez en futuras versiones Corel tome en cuenta la consistencia en las convenciones para la asignación de nombres en la interfaz).

2. Escriba **Sandía (Watermelon)** en el campo Asigne nombre al ajuste del efecto (Please Name the Effect Setting) y luego haga clic en Aceptar (OK).

   Un duplicado del estilo (efecto) Azul (Blue) aparece en la parte inferior de la ventana de desplazamiento del Explorador de estilos (Styles Browser). Sin embargo, este efecto no es visible (no se puede cambiar de tamaño el Explorador de estilos (Styles Browser), sin importar la resolución del monitor a que esté ejecutando) y usted sólo puede observar tres estilos al mismo tiempo.

3. Desplácese hacia la parte inferior del Explorador de estilos (Styles Browser), haga clic en el icono marcado "Sandía" ("Watermelon") y luego en Editar (Edit).

   Se despliega la ventana Estilo del color (Color Style).

4. Haga clic en el botón de opción Cara frontal (Front Face).

   Se despliega la configuración actual para las propiedades de la cara frontal del estilo que usted ha duplicado. Dependiendo del estilo que duplicó para crear el estilo Sandía (Watermelon), es probable que el menú descendente Efecto (Effect) tenga resaltado Sombra (Shading).

5. Elija Calco (Decal) de la lista descendente Efecto (Effect) y luego haga clic en el botón Escoger calco (Choose Decal).

   Aparece el cuadro de diálogo Abrir (Open). Como opción predeterminada, la lista descendente Archivos de tipo (Files of type) ofrece el formato WMF. Sin embargo, usted exportó el diseño de sandía como formato Adobe Illustrator (AI).

6. Elija Illustrator (*.ai) de la lista descendente Archivos de tipo (Files of type), busque PITS.AI en la ventana de carpetas, haga clic en él y luego en Abrir (**O**pen).

   DEPTH importa la imagen, y ahora puede verse el diseño de sandía de CorelDRAW sobre una *m* minúscula en la ventana de presentación preliminar. La *m* minúscula es el objeto de presentación preliminar predeterminado para la muestra de los estilos de DEPTH, y usted no puede modificarlo.

7. El diseño de sandía tal vez no "aterrice" para que cubra la *m* de presentación preliminar perfectamente. Haga clic y arrastre el controlador de una esquina en la ventana de presentación preliminar para que el diseño de sandía cubra la *m*.

   Se redefine la manera en que el diseño importado cubrirá los objetos 3D que asigne a este estilo. Vea la figura 10.4.

8. Haga clic en el botón de opción **B**isel frontal (Front **B**evel).

   Se despliega el sombreado actual para la orilla entre las superficies frontal y lateral de los objetos a que está asignado este estilo.

9. Haga clic en el botón de opción Color **p**ersonalizado (C**u**stom Color) y luego en la muestra de color debajo de Color **p**ersonalizado (C**u**stom Color).

   Se despliega el selector de color de Windows. Reflexionemos en esto por un momento. Para crear una rebanada de sandía auténtica, la cara frontal debe ser rosa con semillas negras, y la cáscara debe ser verde oscuro con un toque de color crema pálido donde la cáscara se une con la porción editable de la sandía (la *pulpa*). Por lo tanto, el bisel de la orilla en la rebanada de la sandía, el área geométrica donde la cara frontal se une con la lateral, debe ser de color crema. (Este es el único libro sobre CorelDRAW escrito hasta la fecha que incluye información sobre agricultura.)

10. En el cuadro de diálogo Color, haga clic en la segunda muestra de color de la fila superior y luego en Aceptar (OK).

    Se define un color crema claro para el bisel frontal del estilo Sandía (Watermelon).

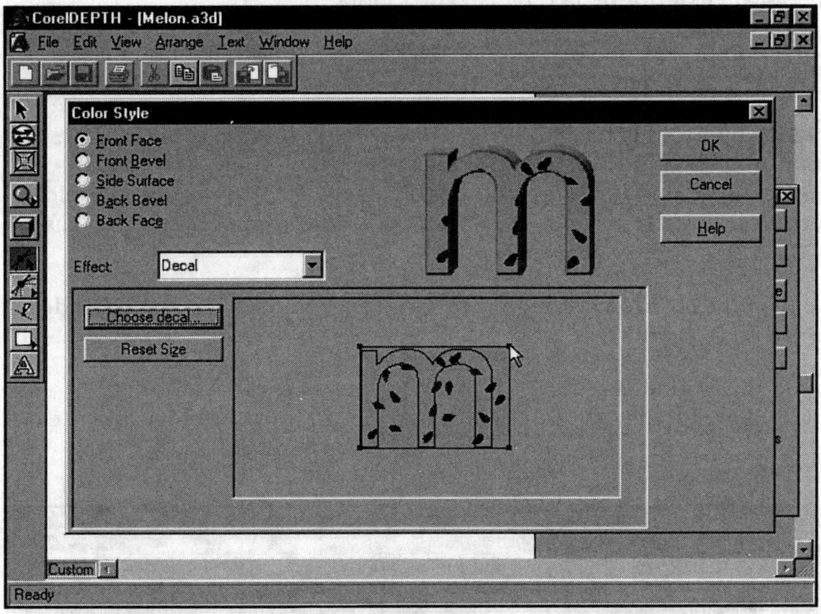

Figura 10.4
Usted puede cambiar la posición del objeto de calcomanía importado si lo mueve en la ventana de presentación preliminar; también puede cambiar su tamaño.

11. Haga clic y arrastre la barra de desplazamiento Sombra (Shading) a un 75% del camino hacia Negro (Black).

    Como DEPTH puede agregar degradados de color a superficies de objetos 3D para simular condiciones de iluminación, en este cuadro de diálogo usted puede controlar qué tan radicales son los cambios de valores de color en la superficie de un objeto con un estilo específico. Mientras más arrastre la barra de desplazamiento de Sombra (Shading) hacia la derecha, más variaciones del crema claro al negro aparecerán en el bisel frontal de la rebanada de sandía.

12. Haga clic y arrastre la barra de desplazamiento Resaltado (Highlights) alrededor de un 30% del camino hacia Color principal (Main Color).

    Se especifica que el blanco, el valor opuesto en la barra de desplazamiento, no se utilizará mucho en los degradados creados para sugerir brillos en la superficie del bisel frontal. Un valor alto de blanco para Resaltado (Highlights) creará la apariencia de una rebanada de sandía de plástico, lo que sería interesante, pero poco realista.

13. Haga clic en el botón de opción Superficie lateral (Side Surface), elija Sombra (Shading) de la lista descendente Efecto (Effect) y repita del paso 8 al 11, excepto que debe elegir un verde bosque en el cuadro de diálogo Color de Windows.

    Se especifica una orilla de color verde oscuro para el estilo del objeto, perfecto para representar la cáscara exterior de la rebanada de sandía.

14. Haga clic en el botón de opción Bisel lateral (Back Bevel), luego elija Invisible de la lista descendente Efecto (Effect).

    Usted no verá un cambio en la imagen de la ventana de presentación preliminar, porque la cara frontal tapa su vista, pero usted ha eliminado un número considerable de objetos en la versión final de cualquier objeto 3D al que le asigne el estilo Sandía (Watermelon). Vea la sección que sigue para conocer una explicación más detallada de este paso.

15. Haga clic en el botón de opción Cara trasera (Back Face) y luego elija Invisible, de la lista descendente Efecto (Effect).

    Igual que con la propiedad Bisel lateral (Back Bevel), la cara trasera de cualquier objeto 3D asignado al estilo Sandía (Watermelon) será invisible. Vea la figura 10.4.

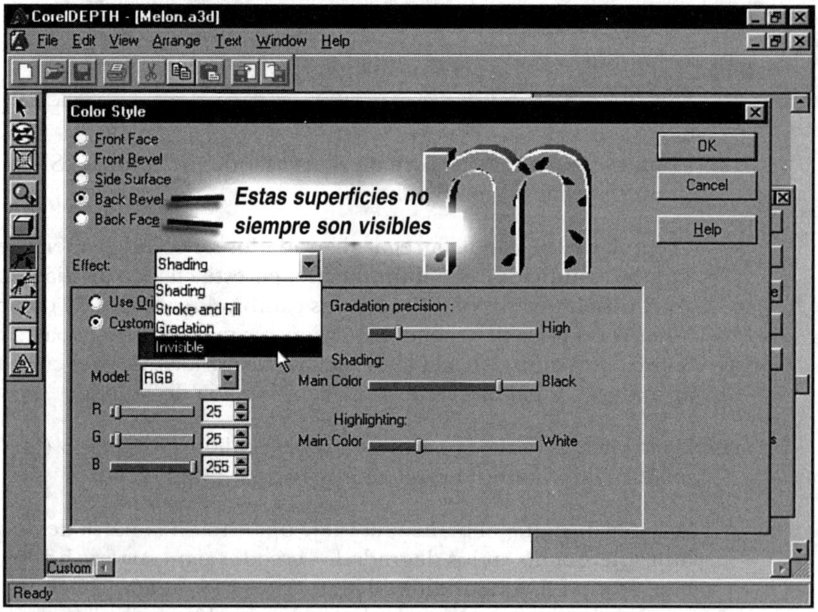

Figura 10.5 Usted debe asignar un color, un degradado o una propiedad de calcomanía únicamente a los lados del objeto que serán visibles en el diseño terminado.

16. Haga clic en Aceptar (OK) y luego en el botón del menú de la barra de título del Explorador de estilos (Styles Browser).

Se le regresa al espacio de trabajo; vuelve la ventana Editar estilos (Edit Styles) al Explorador de estilos (Styles Browser) predeterminado. Los dos modos de esta ventana podrían parecer semejantes, pero usted no puede aplicar un estilo mientras se encuentre en el modo de ventana Editar estilos (Edit Styles).

17. Haga clic en la herramienta Selección 3D (3D Selection), luego en la trayectoria que usted ha dibujado en la página y, por último, en el icono Sandía (Watermelon) del Explorador de estilos (Styles Browser).

    El objeto se vuelve 3D, adquiere la profundidad predeterminada de extrusión; se aplica el estilo Sandía (Watermelon) al objeto.

18. Haga clic y arrastre el nodo izquierdo de la paleta Geometría (Geometry) hacia arriba y a la derecha, aproximadamente 3 milímetros (1/8 de pulgada).

    Se especifica la altura y el ancho del bisel frontal en la superficie de la rebanada de sandía; ahora puede ver el color crema claro. Las superficies del bisel frontal y trasero "roban" parte de los lados de la superficie de un objeto 3D; la cara frontal siempre permanece a un tamaño constante. El nodo derecho de la presentación preliminar de la paleta Geometría (Geometry) se utiliza para especificar la cantidad de bisel trasero a un objeto, pero como el estilo Sandía (Watermelon) tiene propiedades Invisibles para el bisel posterior y la cara posterior, no hay razón para jugar con esta opción.

19. Haga clic en la herramienta Trackball virtual (Virtual Trackball) (debajo del cursor Selección 3D (3D Selection) en la caja de herramientas), luego haga clic y arrastre la rebanada de sandía seleccionada hacia arriba y a la derecha.

    Se cambia la oposición de la rebanada de sandía en el espacio 3D. Vea la figura 10.6.

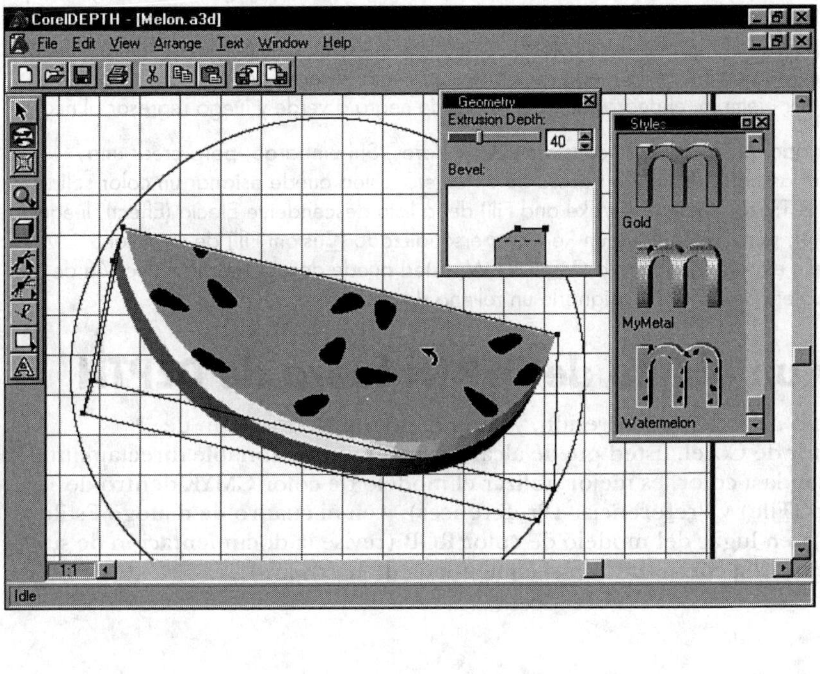

Figura 10.6
Utilice las dos herramientas superiores de la caja de herramientas para cambiar de lugar y girar objetos 3D en la página.

20. Presione Ctrl+S (Archivo (File) y Guardar (Save)).

    Se guarda su trabajo en esta etapa intermedia.

Estupendo, ¿no? En realidad CorelDEPTH opera de manera muy parecida a la persiana Extrusión (Extrude) de CorelDRAW! 6; en DEPTH, usted no puede desarrollar otra función de modelado que no sea la extrusión, pero con el efecto de extrusión de DRAW no se pueden crear biseles frontales ni traseros. Y la tarea de fijar una calcomanía sobre un objeto extruido necesita mucho tiempo en DRAW. Al darle forma a los diseños de DEPTH y al cambiar ésta debe lograrse una calidad fotorrealista, pero como lo indican otros capítulos de este libro, un buen diseñador de imágenes gráficas por computadora debe:

Siempre tomar en cuenta la salida final de un diseño antes de empezar,

...si no lo hace, ¡es posible que una creación de DEPTH o DRAW nunca cobre vida fuera de su computadora!

Tip El cuadro de diálogo Estilo del color (Color Style) ofrece Degradado (Gradation), además de la propiedad Calco (Decal) que usted puede asignar a las caras frontal y trasera de un objeto 3D. Degradado (Gradation) es un término equivalente al Relleno degradado (Fountain Fill) de CorelDRAW y, cuando usted lo selecciona de la lista descendente Efecto (Effect), se presenta el diagrama de un círculo (la rueda de degradado) en el campo Efecto (Effect) del cuadro de diálogo Estilo del color (Color Styles).

La rueda de degradado tiene un aspecto diferente del cuadro de presentación preliminar y de la tira personalizada del cuadro de diálogo Relleno degradado (Fountain Fill) de CorelDRAW, pero la rueda de degradado sirve para un propósito equivalente en CorelDEPTH. Usted puede hacer clic y arrastrar en cualquier dirección el punto central de la rueda de degradado para especificar la dirección de la transición entre los colores de primer plano y de fondo que usted eligió para el degradado. Haga clic y arrastre el punto de inicio dentro de la rueda hacia el diámetro exterior para crear una línea dentro de la rueda, y que se dé una transición suave entre colores. Una línea corta entre los puntos de inicio y final, donde el punto final de la línea dentro de la rueda no toque el diámetro exterior de la rueda, crea un degradado de dos vías; por ejemplo, el degradado puede ser de negro a verde y luego regresar al negro.

Por desgracia, el degradado de DEPTH sólo consta de dos colores. Sin embargo, para crear una superficie multicolor para las partes frontal o trasera de un objeto, usted puede asignar un color sólido a la cara de un objeto (elija Trazo y relleno (Stroke and Fill) de la lista descendente Efecto (Effect), luego elija Sin trazo (No Stroke), pero especifique un Relleno personalizado (Custom Fill) de un color uniforme). Después de que exporte el objeto a CorelDRAW, usted puede desagrupar la colección de formas que integran el objeto de DEPTH y asignarle un relleno degradado.

Cómo llevar un objeto de DEPTH fuera de DEPTH

DEPTH tiene su propio módulo de impresión, y aunque no utiliza la opción de administración de color de Corel, usted puede alcanzar una salida razonable directamente desde DEPTH. Para salida a color, es mejor utilizar el modelo de color CMYK dentro de DEPTH (bajo Archivo (File) y Preferencias (Preferences), y en el cuadro de diálogo Estilo de color (Color Style)) en lugar del modelo de color RGB (revise la documentación de su impresora para especificar la configuración recomendada de hardware).

Si usted es del tipo de diseñador que trabaja con varias aplicaciones para crear documentos compuestos, el término "salida" no sólo se aplica al dispositivo de impresión, sino a los medios para transportar un objeto de DEPTH a otras aplicaciones. Y esto implica comprender la manera en que DEPTH crea objetos 3D; por esto se le pidió en la última serie de pasos que se hicieran invisibles las superficies traseras del estilo Sandía (Watermelon).

Como aplicación de diseño vectorial, CorelDEPTH crea sombras utilizando objetos que se mezclan entre los colores del frente y del fondo, casi de manera idéntica al método para crear objetos de mezcla en CorelDRAW (vea el capítulo 5, "Rellenos complejos y sombreado de mezclas"). Estos objetos discretos pueden agregarse cuando usted tenga escrita una frase larga en DEPTH, o cuando cree o importe trayectorias muy complejas. La clave para importar con éxito un objeto de DEPTH en CorelDRAW, o PHOTO-PAINT, consiste en asignar únicamente un color, calcomanía o relleno de color degradado a los lados de un objeto que serán visibles en el diseño final. Menos formas discretas en el objeto terminado significa que el filtro de exportación debe calcular menos información. Una frase larga exportada desde DEPTH puede contener más de 9,000 objetos, que CorelDRAW tardará una eternidad para importar y horas para redibujar la pantalla, y el tamaño del archivo CDR en que se guardará puede ser mayor que el de una imagen de mapa de bits de alta calidad.

Naturalmente, un diseño de DEPTH que exige que se muestren la parte trasera o todos los lados de un objeto 3D, requerirá que se aplique un estilo que incluya información de la cara trasera (a menos que su intención sea tener un efecto de objeto invisible), pero le sorprenderá la frecuencia con que se oculta un lado de un objeto de DEPTH del observador en el diseño terminado. Y nosotros sólo estamos proponiendo que en estas situaciones no necesita existir algo que se encuentra fuera de la vista, para hacer más fácil la exportación de objetos de DEPTH.

El Portapapeles (Clipboard) es un medio insatisfactorio para copiar un objeto de DEPTH a CorelDRAW o cualquier otra aplicación de Windows, debido a la inherente complejidad de los objetos de DEPTH. No trate de pegar en CorelDRAW una copia de objetos de DEPTH desde el Portapapeles (Clipboard), *sobre todo* si son objetos del Asistente de plantillas (Template Wizard). Los modos de traducción del Portapapeles (Clipboard) de Windows para información de objetos hace que los objetos de DEPTH resulten aún más complejos que el objeto original, y CorelDRAW los malinterpretará o se detendrá, y al final sólo habrá gastado su tiempo. En vez de eso, en las siguientes secciones damos algunas sugerencias que muestran la mejor manera de incluir las creaciones de DEPTH como parte de composiciones de DRAW y de PHOTO-PAINT.

Consejos para la edición de objetos 3D

De manera superficial, pareciera que un objeto de DEPTH no puede editarse una vez que se han extruido la trayectoria o las trayectorias 2D. Es importante recordar que DEPTH tiene *dos* modos de diseño y edición (2D y 3D); cuando usted selecciona un objeto con la herramienta Selección 2D (2D Selection) (o no tiene una selección antes de hacer clic en la herramienta), el espacio de trabajo se convierte por completo en 2D.

En cualquier modo de diseño, el plano de trabajo es en realidad un objeto que se encuentra en el marco de la página, dentro del documento. Es un objeto 3D que puede cambiarse de posición (mantenga presionada la tecla Ctrl mientras hace clic y arrastra el plano de trabajo con la herramienta Selección 3D (3D Selection)), girarse (mantenga presionada la tecla Ctrl mientras hace clic y arrastra con la herramienta Trackball virtual (Virtual Trackball)) y hacerse invisible (elija Ver (View) y luego elimine la marca de Plano de trabajo (Working Plane)). Además, usted puede colocar el plano de trabajo en relación con los lados de un objeto a través de los comandos Organizar (Arrange) y Establecer el plano de trabajo (Set Working Plane), para que la cuadrícula del plano de trabajo se alinee con un objeto que tal vez ha girado en el espacio 3D.

El aspecto más intrigante de la edición de objetos de DEPTH, sin embargo, es que usted puede cambiar la forma y agregar subtrayectorias a un objeto 3D ya existente para crear un objeto completamente diferente. El plano de trabajo se alinea automáticamente con la cara frontal de un objeto (la trayectoria en que se basa el objeto 3D extruido) cuando se edita una trayectoria 2D, y las herramientas de diseño de DEPTH le permiten dibujar y editar la trayectoria en lo que parece ser el espacio 3D.

Para hacer más palpable este análisis, los siguientes pasos le muestran cómo abrir un agujero a través de la rebanada de sandía, en su actual estado 3D. Tal vez las rebanadas reales de sandía necesiten un lugar donde colocar un mango para que sea más fácil llevarlas a un día de campo, de modo que crearemos un prototipo virtual.

He aquí cómo cambiar la forma de la trayectoria exterior de la rebanada de sandía para crear un objeto 3D ligeramente diferente y definitivamente divertido.

Cómo editar, crear y combinar trayectorias 2D

1. Haga clic en la Herramienta Zoom (Zoom tool) y luego en el objeto (no trate de trazar un cuadro de selección para acercamiento; no es una opción de DEPTH) hasta que tenga una vista cercana de la rebanada de sandía.

   Se le acerca a un campo visual en que usted puede editar cómodamente el objeto. Como alternativa, puede seleccionar una resolución de Zoom haciendo clic en el campo de tamaño de zoom que se encuentra en la barra de desplazamiento horizontal, a la derecha de la ventana del documento. Para ajustar su vista dentro de la ventana del documento, puede hacer clic y mantener presionado el botón del ratón sobre la Herramienta Zoom (Zoom tool) de la caja de herramientas, seleccionar la Herramienta Panorámica (Pan tool) del menú lateral de la Herramienta Zoom (Zoom tool) y hacer clic y arrastrar para desplazar la vista de su documento.

2. Haga clic en la rebanada de sandía con la herramienta Selección 2D (2D Selection).

   Desaparece la rebanada de melón, reaparece la trayectoria original que usted dibujó, y cambia la orientación del plano de trabajo para ofrecer la misma perspectiva en la trayectoria 2D que el ángulo actual de rotación de la rebanada 3D de la sandía.

3. Haga clic y mantenga presionado el botón en la herramienta Rectángulo (Rectangle), luego elija la herramienta Elipse (Ellipse) del menú lateral de primitivos 2D.

   Usted utilizará la herramienta Elipse (Ellipse) para crear un agujero en la trayectoria 2D de la rebanada de sandía.

4. Haga clic y arrastre la herramienta Elipse (Ellipse) dentro de la trayectoria de la sandía, hasta que haya creado una elipse de 1/5 del tamaño total de la trayectoria de la sandía.

   Se diseña una elipse en perspectiva; podría parecer distorsionada desde esta perspectiva, pero la elipse es perfectamente simétrica. Las formas de la rebanada de sandía y de la elipse son ahora objetos discretos; la elipse cae sobre la forma de la sandía. Vea la figura 10.7.

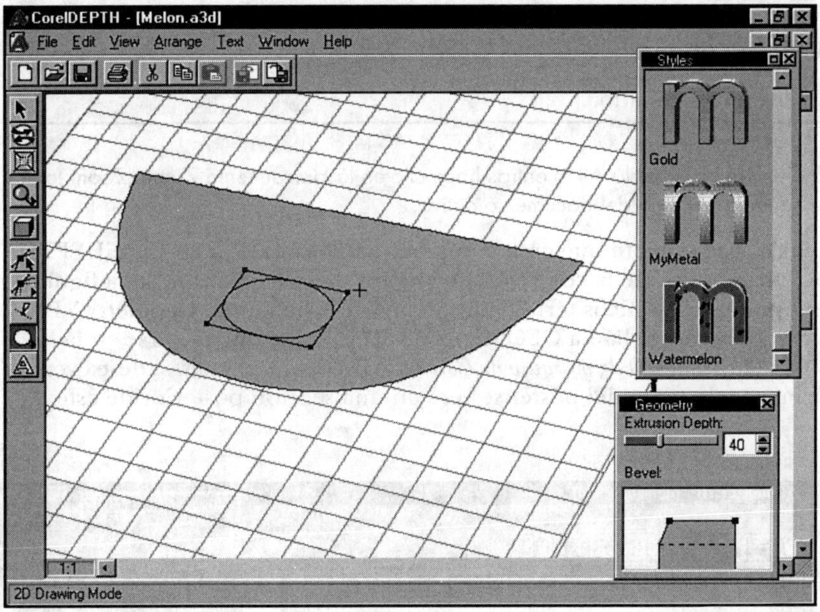

Figura 10.7
Parece que no está bien orientado, pero usted puede dibujar objetos 2D en perspectiva para crear trayectorias y subtrayectorias para diseños de DEPTH.

5. Si cree que la elipse está colocada en una posición incorrecta, haga clic en la herramienta Selección 2D (2D Selection), luego en la elipse y por último haga clic y arrastre la elipse a una posición diferente.

   Se mueve la trayectoria. Si necesita mover un dibujo de trayectoria con la Herramienta Bézier (Bézier tool) (y no con una de las formas 2D primitivas), haga clic y arrastre la trayectoria con la herramienta Selección 2D (2D Selection). Tenga cuidado de no seleccionar accidentalmente un nodo en lugar de una trayectoria, o terminará editando el nodo.

6. Haga clic en la herramienta Selección 2D (2D Selection), mantenga presionada la tecla Mayús (Shift) y haga clic en la trayectoria de la rebanada de sandía.

   Mayús (Shift) añade una nueva selección a la selección actual. Tanto la rebanada de sandía como la elipse deben estar seleccionadas ahora. La selección de un objeto 2D se indica cuando son visibles los nodos que conforman una trayectoria 2D.

7. Elija **O**rganizar (**A**rrange) y **C**ombinar (**C**ombine) (Ctrl+L, igual que en CorelDRAW).

   Se combina la elipse con la forma de la rebanada de sandía para crear una forma con un agujero.

8. Haga clic en la herramienta Selección 3D (3D Selection).

   El modo de la ventana de documento cambia a 3D; usted tiene una rebanada de sandía con un agujero.

9. Presione Ctrl+S (**A**rchivo (**F**ile) y **G**uardar (**S**ave)).

   Se guarda su diseño terminado.

Tip Mantenga presionada la tecla Alt mientras hace clic en la Herramienta Zoom (Zoom tool) para alejarse en la ventana del documento activo.

Igual que en CorelDRAW, cada objeto que cree o importe a continuación en CorelDEPTH se convertirá en el objeto superior de la colección de objetos del documento. En la figura 10.8 puede ver los componentes gráficos terminados del póster "Bahaman Geometry". El archivo fuente de la composición se llama GEOMETRY.A3D y puede encontrarse en la carpeta EXAMPLES\CHAP10 del *CD de obsequio de CorelDRAW! 6 para expertos,* si desea verlo y trabajar con él. El elemento de texto del póster se verá en una sección posterior de este mismo capítulo.

Figura 10.8
Las ilustraciones de CorelDEPTH pueden ser tan expresivas como los diseños que usted crea en CorelDRAW, con la ventaja agregada del realismo de las tres dimensiones.

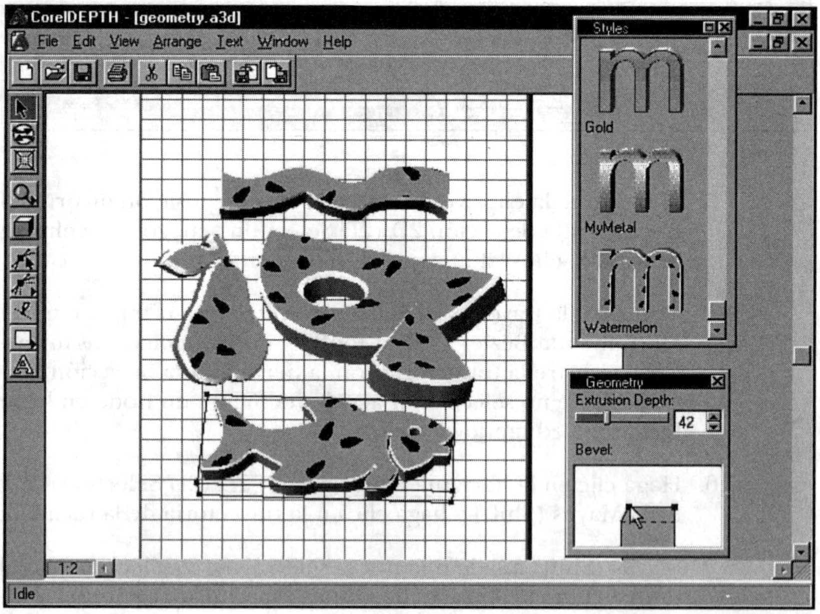

Tip En el menú Organizar (Arrange) de DEPTH, encontrará los comandos Hacia adelante (To Front) y Hacia atrás (To Back), que son esenciales para crear un orden en objetos 3D que se enciman, cuando usted no ha creado o importado los elementos en una secuencia. Como en CorelDRAW, las teclas de método abreviado son Mayús+RePág (Shift+PageUp) (al frente) y Mayús+AvPág (Shift+PageDown) (hacia atrás), para mover las formas seleccionadas por una tercera dimensión de su diseño; si usted ha memorizado los comandos básicos de DRAW y de Windows, completará más rápidamente una meta de diseño.

La composición GEOMETRY sólo es un ejemplo de las posibles direcciones que usted puede tomar en CorelDEPTH para elaborar ilustraciones más atractivas y que llamen la atención. El concepto de aplicar calcomanías a formas que no parecen de sandía se tomó prestado del pintor surrealista Reneé Magritte, que ocasionalmente pintaba escenas de naturalezas muertas que contenían elementos cuyas texturas normalmente se encontrarían en objetos completamente diferentes. Con DEPTH, este tipo de juegos artísticos surgen de manera casi automática.

Cómo jugar con la perspectiva

El cuadro Perspectiva (Perspective), una de las pocas herramientas que no es parte de la tarea de ejemplo en este capítulo, le da más control sobre las características de volumen de toda la escena, dentro de la página de impresión de DEPTH.

Si desea manipular el ángulo en que se observa una escena, haga clic en la herramienta Ajuste de perspectiva (Perspective Box) (debajo de la herramienta Trackball virtual (Virtual Trackball) en la caja de herramientas), luego haga clic y arrastre el rectángulo (conectado a las cuatro líneas que conectan el cuadro con las orillas de la página) hacia arriba, abajo o en otra dirección. Al hacer esto "se fuerza" la perspectiva de toda la composición (no sólo de los objetos seleccionados), y usted puede desplegar los lados de los objetos sin necesidad de girarlos con la herramienta Trackball virtual (Virtual Trackball). Cuando el cuadro de perspectiva está colocado hacia la parte superior de la página, usted puede ver una porción mayor de la orilla superior del objeto; las otras direcciones en que usted mueve el cuadro de perspectiva ofrecen vistas similares.

Además, para crear un efecto de lente de gran angular para su composición, haga clic y arrastre un punto de la esquina del cuadro de perspectiva hacia el centro de la página. Para "aplanar" la composición de modo que sugiera un punto de vista de telefoto, haga clic y arrastre una esquina del cuadro de perspectiva lejos del centro de la página.

Los cambios en la perspectiva *sí* afectan la construcción física del objeto, cuando se exporta la composición a otros formatos, para asegurar que lo que usted creó en el espacio de trabajo de DEPTH es la composición final que usted pretendía.

Los estilos personalizados del CD de obsequio

Para empezar con el pie derecho en CorelDEPTH, usted puede utilizar el archivo EXPERTS.ADS que se encuentra en la carpeta EXAMPLES\CHAP10 del CD de obsequio. Los 11 estilos prestablecidos en el Explorador de estilos (Styles Browser) personalizado de la Edición para expertos son diferentes de los que se encuentran en el Explorador de estilos (Styles Browser) predeterminado. Esos estilos, que usted puede aplicar a sus creaciones 3D, le servirán para muchas situaciones de diseño.

Para cargar el Explorador de estilos (Styles Browser) EXPERTS.ADS, siga estos pasos:

Cómo cargar un Explorador de estilos (Styles Browser) personalizado

1. Antes de lanzar CorelDEPTH, copie el archivo EXPERTS.ADS del CD de obsequio a la carpeta DEPTH de Corel 6 en su disco duro.

   Se copia el archivo a una ubicación donde resulta fácil localizarlo más adelante.

2. Lance CorelDEPTH, cierre el Explorador de estilos (Styles Browser) haciendo clic en el cuadro para cerrar de la esquina superior derecha de la barra de título, luego mantenga presionada la tecla Ctrl mientras elige Ventana (Window) y Explorador de estilos (Styles Browser).

   Se le indica a CorelDEPTH que usted quiere un Explorador de estilos (Styles Browser) diferente del predeterminado. DEPTH se toma un momento para dar este paso, pero al final aparecerá el cuadro de diálogo Abrir archivo de estilos (Open Style File). Ahora puede soltar la tecla Ctrl en cualquier momento.

3. En la ventana de carpetas, encuentre la que contiene las aplicaciones de Corel 6, luego elija la carpeta DEPTH y haga doble clic para abrirla. Haga clic en EXPERTS.ADS y luego en Abrir (Open).

   se carga el Explorador de estilos (Styles Browser) personalizado.

Si le gustaría crear estilos personalizados por su cuenta y organizarlos en su propio explorador, no elija Abrir (Open); haga clic en Cancelar (Cancel) y DEPTH desplegará el cuadro de diálogo Crear archivo de estilos (Create Style File). Escriba un nombre único en el campo Nombre de archivo (File name), luego DEPTH le presentará un Explorador de estilos (Styles Browser) nuevo y en blanco en el espacio de trabajo, para que lo habite con sus creaciones originales.

De igual manera, para cargar el Explorador de estilos (Styles Browser) predeterminado, cierre su propio explorador (o el de la Edición para expertos) y luego, mientras presiona Ctrl, elija Ventana (Window) y Explorador de estilos (Styles Browser) y seleccione STYLES.DPS de la carpeta DEPTH que se encuentra anidada en la carpeta de Corel 6.

Nota Como pasa con las extensiones de archivo para las composiciones de CorelDEPTH, pueden utilizarse las extensiones DPS o ADS para asignar un nombre al Explorador de estilos (Styles Browser). Al utilizar la extensión ADS, quienes poseen AddDepth en plataformas Windows o Macintosh pueden compartir un archivo de Explorador de estilos (Styles Browser) que usted haya creado.

También observará que hay un botón Tomar (Grab) en la ventana Editar estilos (Edit Styles). Usted puede agregar un estilo encontrado en un archivo DEP o A3D de DEPTH a su colección del Explorador de estilos (Styles Browser) actual, seleccionando un objeto 3D con la herramienta Selección 3D (3D Selection), haciendo clic en el botón Tomar (Grab) de la ventana Editar estilos (Edit Styles) y asignándole un nombre al nuevo estilo.

Tal vez ocurra una anomalía con el despliegue del Explorador de estilos (Styles Browser) que parece "corromper" los iconos de presentación preliminar de Estilos (Styles). Ciertas tarjetas de video, utilizadas en combinación con CorelDEPTH, hacen que DEPTH escriba una presentación preliminar en el Explorador de estilos (Styles Browser), lo que hace que el contenido del explorador, después de reabrirse en DEPTH, parezca ruido de video.

Esta anomalía tiene que ver con la profundidad de color de su monitor, y aunque no afecta la aplicación de un estilo a un objeto, hace difícil saber cómo se verá un estilo antes de aplicarlo.

Tip Al parecer este problema sólo ocurre cuando edita y guarda un estilo; DEPTH escribe entonces de manera incorrecta la información visual para actualizar el estilo. Para corregir el problema, salga de DEPTH y cambie la profundidad de color del monitor a 256 colores en el menú Propiedades de pantalla (Display Properties) de Win95. Luego abra CorelDEPTH, mientras se encuentra en el modo Editar estilo (Edit Style), haga clic en un icono de presentación preliminar de estilo, elija Editar (Edit) y haga clic, sin cambiar nada, en el cuadro de diálogo Estilo de color (Color Style). DEPTH redibuja entonces el icono de la presentación preliminar y guarda la información en el archivo; usted debe repetir estos pasos con cada icono que parezca corrompido. Luego puede cambiar a un modo de color más alto y trabajar en DEPTH con iconos limpios en el Explorador de estilos (Styles Browser).

En la figura 10.9, puede ver que se han aplicado algunos de los estilos de Expert a objetos 3D y que se ha cambiado de tamaño un objeto seleccionado. Los objetos de CorelDEPTH se cambian de tamaño exactamente de la misma manera que los objetos de CorelDREAM 3D. Si desea distorsionar un objeto cambiando únicamente la altura o el ancho, haga clic y arrastre con la herramienta Selección 3D (3D Selection) la esquina de uno de los tiradores que rodean el objeto. Sin embargo, si quiere cambiar el tamaño de un objeto de manera proporcional, mantenga presionada la tecla Mayús (Shift) mientras hace clic y arrastra lejos del centro, o hacia él.

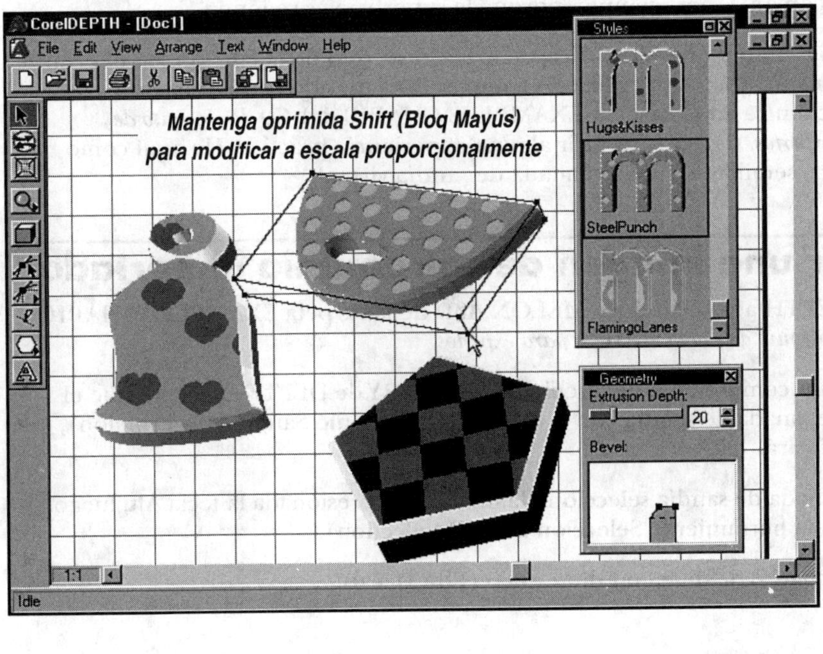

Figura 10.9
El ancho y la altura de los objetos 3D se ajustan al hacer clic y arrastrar el cuadro límite; la profundidad se ajusta en la paleta Geometría (Geometry).

Cómo convertirse en un diseñador que mezcla medios de Corel

En teoría, la composición GEOMETRY puede imprimirse directamente desde DEPTH, terminando así con la tarea, pero como mencioné al principio de este capítulo, los diseñadores gráficos por computadora tienen la oportunidad de "mezclar medios" (colocar elementos de CorelDRAW o PHOTO-PAINT junto a, detrás de o enfrente de elementos creados en otras aplicaciones). Y esta composición parece reclamar un fondo suntuoso, además del texto que se creó antes.

DEPTH no ofrece apoyo a la importación de archivos de fondo vectoriales o de mapa de bits; las imágenes gráficas importadas sólo pueden utilizarse como modelo para un objeto, o como componente de un estilo. Por lo tanto, PHOTO-PAINT o CorelDRAW serían una "base" para la composición, y un lugar donde usted puede seguir agregando adornos a la composición.

En la tarea del póster de este capítulo, usted importará la composición de DEPTH en DRAW, agregará un fondo de color y exportará la imagen resultante a PHOTO-PAINT, donde se creará la imagen terminada (la que se muestra en la sección de ilustraciones a color de este libro).

Cómo retocar la superficie de un objeto de DEPTH

Es importante asegurarse de que el archivo (o los archivos) que se exportan desde DEPTH sean exactamente como los que usted pensó; no es fácil manipular un objeto 3D exportado después de que se han "aplanado" sus componentes en un formato 2D para DRAW y otras aplicaciones anfitrionas. Ocasionalmente, la superficie de la calcomanía de un objeto ya no mostrará todos los detalles que creó originalmente en el archivo de recursos WMF de la calcomanía; los objetos de forma irregular a menudo fallan al desplegar las orillas exteriores de un diseño de calcomanía, por ejemplo, porque la superficie es redonda.

Por lo tanto, en el siguiente breve ejemplo aprenderá el secreto de la edición, en el propio lugar, de una calcomanía que se ha agregado como estilo a un objeto. El archivo MELON.A3D se encuentra en la carpeta EXAMPLES\CHAP10 del *CD de obsequio de CorelDRAW! 6 para expertos*, si desea adquirir alguna experiencia práctica. He aquí cómo arreglar alguna de las semillas en una rebanada de sandía virtual.

Cómo editar una imagen de calcomanía importada

1. En CorelDEPTH abra el archivo MELON.A3D de la carpeta EXAMPLES\CHAP10 del *CD de obsequio de CorelDRAW! 6 para expertos.*

   Se trata de un componente del archivo GEOMETRY de DEPTH que contiene el objeto de rebanada de sandía con la calcomanía de estilo Sandía (Watermelon), que usted modificará.

2. Con la rebanada de sandía seleccionada, mantenga presionada la tecla Alt, luego haga clic en la herramienta Selección 2D (2D Selection).

   Aparece el cuadro de diálogo Editar calco (Edit Decal).

3. Haga clic en el botón de opción Cara frontal (Front face), si aún no está seleccionado, y luego haga clic en Aceptar (OK).

   Se despliegan únicamente las trayectorias 2D que conforman el diseño básico de la rebanada de sandía, y la calcomanía importada WMF. El plano de trabajo se ajusta automáticamente para coincidir con el ángulo de giro de los objetos 2D. Si usted no ha girado un objeto cuya cara frontal desea editar, el plano de trabajo permanecerá paralelo a su perspectiva de la ventana del documento.

4. Con la herramienta Selección 2D (2D Selection), haga clic en una semilla de sandía de la parte frontal de la calcomanía, luego haga clic y arrastre la semilla unos dos marcadores de cuadrícula hacia abajo y a la derecha de su posición original.

   Se mueve la semilla dentro de la calcomanía; cambia el lugar donde aparecerá la semilla en la cara frontal del objeto de la rebanada de sandía (vea la figura 10.10).

Además, usted puede cambiar la forma de una trayectoria de primer plano haciendo clic y arrastrando sus nodos con la herramienta Selección 2D (2D Selection), y también puede cambiar las propiedades de nodo utilizando la herramienta Convertir punto (Convert Point) en una trayectoria del objeto de calcomanía. Sin embargo, no puede agregar algo al diseño de la calcomanía, porque DEPTH no tiene herramientas de pintura 2D. Usted también puede copiar y pegar un elemento del primer plano de la calcomanía; y si presiona Supr (Delete) con un elemento de primer plano seleccionado, puede lograr que en este ejemplo se tenga una sandía sin semillas.

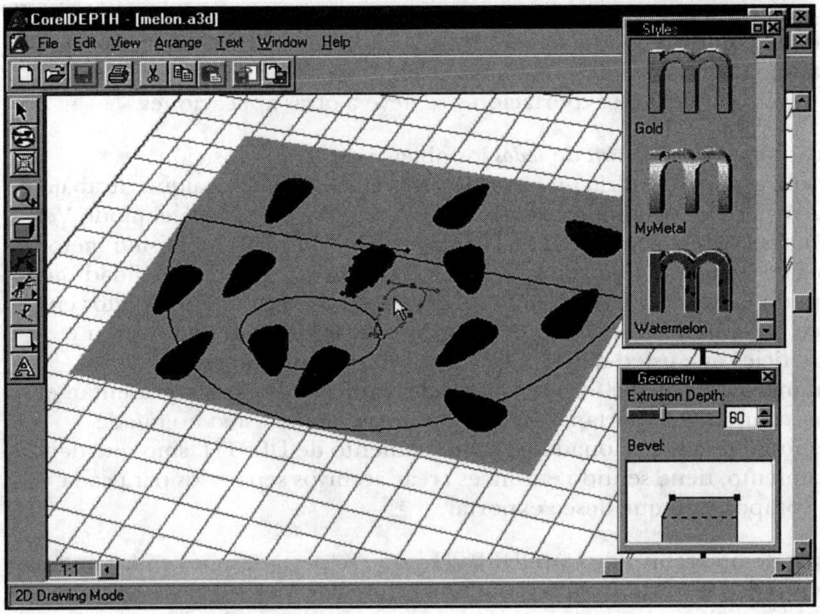

Figura 10.10
Las trayectorias discretas en la imagen importada pueden reorganizarse, combinarse con otros objetos y editarse para crear trayectorias diferentes.

5. Haga clic en la herramienta Selección 3D (3D Selection).

   Se hacen los cambios a la cara frontal de la rebanada de sandía; se regresa la rebanada de sandía al modo 3D.

6. Elija Archivo (File) y Guardar como (Save As), luego guarde el archivo como MY-MELON.A3D en su disco duro.

   Se guarda su trabajo; se crea un nombre único para el archivo, ya sea que desee utilizarlo o eliminarlo más adelante.

Como mencioné al principio de esta sección, se creó MELON.A3D copiando la rebanada de sandía del archivo GEOMETRY.A3D que se encuentra en el CD de obsequio. En su propio trabajo, usted querrá adoptar la práctica de dividir una composición en sus elementos básicos, porque facilita la transportación de copias de componentes a otras aplicaciones. He aquí algunos puntos de último minuto que deben tomarse en cuenta antes de pasar a la composición en CorelDRAW, y luego a su destino final: CorelPHOTO-PAINT.

Los beneficios de exportar las ilustraciones por partes

El póster de ejemplo "Bahaman Geometry" de este capítulo contiene más elementos que los creados en CorelDEPTH. Como diseñador, con CorelDEPTH usted tiene la oportunidad de agregar a su propio trabajo efectos creados manualmente y diferentes esquemas de fondo, para darle vida a un concepto. Sin embargo, para esto necesita tener acceso a otras herramientas; dentro del contexto de este ejemplo, esto significa que DRAW y PHOTO-PAINT harán una contribución a "Bahaman Geometry". Y esto requiere que la composición pase a través del filtro de exportación y se lleve a otras aplicaciones.

Así que analicemos cómo la importación de *todos* los objetos de la composición GEOMETRY, en un solo archivo, tendría un impacto en la velocidad de cualquier trabajo de edición en CorelDRAW. En una palabra, *ahogaría* su progreso. Por desgracia, el modo Ver (View) y Dibujo de líneas (Wireframe) de DEPTH (Mayús+F9 (Shift+F9), el mismo método abreviado para la vista de dibujo de línea en CorelDRAW) no muestra la complejidad *con que se importará* un diseño en CorelDRAW. Usted puede ver el contorno de los objetos en 3D, y trabajar un poco más rápido en este modo para cambiar los objetos de posición y girarlos, pero las superficies que usted define a través del Explorador de estilos (Styles Browser) crean un número enorme de formas coloreadas individuales que representan el sombreado de objetos cuando se exportan a otros programas. Como usted no puede exportar únicamente un objeto seleccionado de un documento de DEPTH, sino que debe exportar todo el documento, tiene sentido entonces crear archivos separados para cada componente de una composición que desee exportar.

Un objeto que se copia de un archivo de CorelDEPTH y que se pega después en la ventana de un nuevo documento de DEPTH, no sólo retiene su estilo de superficie y sus opciones de edición, sino que también retiene, lo que es más importante, su ángulo de giro, su perspectiva (si se ha creado alguna) y su posición relativa en la página del documento. Por lo tanto, "le exigirá" menos al filtro de exportación y a la aplicación anfitriona cuando pase una composición de DEPTH como una colección de archivos que contienen objetos sencillos. Esta es la razón por la que aún no se ha visto el texto del ejemplo del póster: es demasiado complejo y necesita viajar a CorelDRAW como un objeto separado.

En la siguiente serie de ejemplos, delinearemos el procedimiento para copiar y descombinar la composición GEOMETRY.A3D en objetos separados, a continuación nos adentramos en la manera de exportar y, por último, importamos el objeto en CorelDRAW como una colección de formas vectoriales.

He aquí cómo llevar la composición GEOMETRY, o una propia, a otra aplicación de Corel:

Cómo exportar una composición compleja de CorelDEPTH

1. Abra el archivo GEOMETRY.A3D de la carpeta EXAMPLES\CHAP10 del *CD de obsequio de CorelDRAW! 6 para expertos.*

   El archivo de CorelDEPTH contiene todos los elementos gráficos del ejemplo del póster "Bahaman Geometry".

2. Con la herramienta Selección 3D (3D Selection), haga clic en un espacio vacío de la página del documento y luego en el objeto de pescado.

   Como opción predeterminada, todos los objetos de un archivo abierto de DEPTH están seleccionados. Al hacer clic en un área vacía se dejan de seleccionar los objetos y ahora usted selecciona únicamente el objeto del pescado.

3. Presione Ctrl+C (Edición (Edit) y Copy (Copy).

   Se copia el objeto del pescado al Portapapeles (Clipboard).

4. Haga clic en el botón Nuevo (New) de la barra de herramientas (o presione Ctrl+N; Archivo (File) y Nuevo (New)).

   Aparece el cuadro de diálogo Tipo de documento (Document Type).

5. Haga clic en Crear un nuevo documento en blanco (Create A Blank New Document).

   Aparece una nueva ventana de documento sobre GEOMETRY.A3D. En CorelDEPTH, usted puede tener todas las ventanas de documento que le permita abrir la memoria del sistema.

6. Presione Ctrl +V (Archivo (File) y Pegar (Paste).

   Se pega una copia del objeto del pescado en la ventana del nuevo documento.

7. Haga clic en el botón Exportar (Export) de la caja de herramientas (o presione Ctrl+E; Archivo (File) y Exportar (Export)).

   Aparece el cuadro de diálogo Exportar (Export).

8. Elija Windows Metafile (*.wmf) de la lista descendente Guardar como tipo (Save as type), en la ventana de carpetas elija una buena ubicación en su disco duro para la exportación, asigne al archivo el nombre PESCADO.WMF en el campo Nombre de archivo (File name) y luego haga clic en Guardar (Save).

   CorelDEPTH exporta el objeto de pescado en el formato Windows Metafile, que CorelDRAW puede importar con más facilidad y exactitud que su opción alternativa, el formato Adobe Illustrator. Vea el consejo que se encuentra más adelante.

9. Haga clic en la barra de título de la ventana del documento GEOMETRY.A3D, con la herramienta Selección 3D (3D Selection). Haga clic en el objeto de pera, presione Ctrl+C, luego haga clic en la ventana del nuevo documento (que contiene el objeto de pescado) y presione Ctrl+V.

   Se copia el objeto de pera del documento GEOMETRY al nuevo documento.

10. Haga clic en el objeto de pescado, luego presione Supr (Delete).

    Se elimina el pescado; la pera es el único objeto en el nuevo documento.

11. Repita los pasos 7 y 8 con el objeto de pera (pero llámele PERA.WMF en lugar de PESCADO.WMF), luego repita los pasos 9 y 10 con los otros objetos que aún no se han exportado al formato WMF.

    Usted ha exportado los elementos de la composición de "Bahaman Geometry" a un formato que CorelDRAW puede importar, y no ha utilizado espacio extra en el disco duro para almacenar copias de cada objeto en los formatos de CorelDEPTH y WMF. Cuando se hayan exportado todos los objetos, cierre el nuevo documento (Ctrl+W), sin guardarlo.

En los pasos anteriores no se indica la necesidad de guardar un duplicado de los objetos individuales en el formato de DEPTH; si su sistema sufre una falla mientras exporta, podría perder la exportación. Sin embargo, el archivo original que contiene todos los objetos se encuentra sano y salvo, y los pasos anteriores son un método económico que elimina sobrecarga en el disco duro. Los diseñadores digitales se ven obligados a menudo a realizar una limpieza general del disco duro después de una tarea donde varias copias de elementos de diseño se exportan a diferentes formatos gráficos. Los pasos previos le ayudan a evitar la necesidad de ordenar de manera incesante sus unidades de disco, carpetas y archivos.

Tip Si usted es usuario de Adobe Photoshop, los archivos de CorelDEPTH pueden importarse directamente y convertirse a formato de mapa de bits; Photoshop brinda soporte de manera natural a su aplicación hermana, Adobe Illustrator.

Sin embargo, el filtro de exportación Illustrator (*.ai) de CorelDEPTH incluye información de tamaño de página, y esto puede provocar problemas cuando se importan imágenes gráficas de CorelDEPTH. Como archivo WMF, las composiciones de CorelDEPTH sólo incluyen la información de los cuadros de contorno sobre los objetos vivos de la página, pero no sobre la propia página.

Si usted pretende utilizar Photoshop con un objeto de DEPTH importado en formato AI, debe importar primero el objeto en CorelDRAW; luego exportar la composición una vez más en el formato AI. Esta técnica elimina la información del tamaño de la página del archivo AI. Si no da este paso, Photoshop leerá la información de la página del archivo exportado de DEPTH junto con el contenido de la página (los objetos 3D). Y entonces Photoshop necesitará importar un archivo de 35 Mb o más simplemente para convertir un objeto pequeño en un formato de mapa de bits.

En la versión 6.00.118 del grupo de aplicaciones de Corel, el filtro de exportación AI de DRAW no funciona tan bien como lo hacía en la versión 5 de Corel. Se espera una actualización de Corel Corp. para resolver el problema de filtros en la versión 6. Pero si usted necesita un método de trabajo a prueba de fallas entre sus aplicaciones de Windows, y lo necesita antes de 15 minutos, su mejor apuesta es la versión 5.00.F2 de CorelDRAW.

Cómo comprender el papel de CorelDRAW! en la creación de imágenes de mapa de bits

En algún punto de su carrera de diseño, aunque no haya utilizado otra aplicación que no sea CorelDRAW, usted se preguntará sobre la prudencia de crear *todos* los diseños en el formato vectorial en que funciona DRAW. Las herramientas de edición y diseño de CorelDRAW proporcionan precisión, cambios suaves a casi cualquier tamaño y, la mayor parte de las veces, el formato CDR es la manera más compacta de almacenar y transportar información de diseño. Sin embargo, DEPTH le lanza una curva a los diseñadores (y no es una curva vectorial) en relación con la economía y la velocidad con que usted puede mejorar y editar el producto de la sesión de diseño en CorelDEPTH.

En cierto momento, el archivo de un diseño vectorial puede ocupar mayor espacio que una generación en mapa de bits de la misma información de imagen, debido a la complejidad de las curvas del diseño, y al número de objetos individuales que lo integran. Cuando un archivo de CorelDRAW excede de 1 Mb, las herramientas parecen responder con lentitud y la pantalla toma cada vez más tiempo para redibujarse. En términos muy simples, ésta es la señal de que las "herramientas" que usted está utilizando para completar una tarea de diseño no son las correctas, como tampoco lo es el medio.

Lo importante aquí es que la creación de DEPTH puede editarse en menor medida como un objeto de CorelDRAW, pero que es mucho mejor terminar el diseño como una ilustración de mapa de bits, guardado en CPT, TIFF, Targa u otro tipo de archivo de mapa de bits. Si usted lo planea, como lo mostraremos en las siguientes secciones, puede tener lo mejor de ambos mundos gráficos (usted puede afinar los elementos del ejemplo del póster en CorelDRAW y componer los elementos en un póster terminado con una o dos técnicas de selección en PHOTO-PAINT). No hay nada que sea inherentemente inferior en la salida de un diseño de mapa de bits en comparación con un diseño vectorial, cuando usted comprende algunas de las reglas que gobiernan la construcción de imágenes de mapa de bits, que se analizarán en la siguiente sección.

Cómo definir rápidamente los valores de conversión vector a mapa de bits

Como las imágenes de mapa de bits son *dependientes de la resolución* (la construcción del formato de archivo de mapa de bits contiene un número fijo de pixeles) es mejor decidir un tamaño para la imagen de mapa de bits terminada antes de exportar un diseño de DEPTH a su formato gráfico.

Los cálculos para definir el tamaño y la resolución de las imágenes de mapa de bits no tienen que ser difíciles si utiliza el cuadro de diálogo del comando Archivo (File) y Nuevo (New) de PHOTO-PAINT. Usted puede escribir valores "tentativos" en los cuadros; no utilice el tamaño de archivo resultante ni cambie el tamaño de uno existente, sino que anote el tamaño del archivo resultante y la resolución que proporciona PHOTO-PAINT, y luego cancele la operación. Los valores que PHOTO-PAINT le presenta pueden utilizarse después para calcular las dimensiones ideales de composiciones que son mapa de bits en construcción.

Por ejemplo, el tamaño carta (21.5 × 28 cm) es el tamaño predeterminado de DEPTH para una página de documento. Si usted escribe este valor en los campos Anchura (Width) y Altura (Height) del cuadro de diálogo Crear una nueva imagen (Create a New Image) (Archivo (File) y Nuevo (New)), a una *resolución* de imagen de mapa de bits de 100 puntos por pulgada (el número de pixeles por pulgada en una imagen de mapa de bits), el archivo resultante sería de 2.7 Mb si la imagen estuviera en un modo de color de RGB de 24 bits (el mejor modo para salida de imagen de alta calidad).

Una imagen de mapa de bits de 100 pixeles por pulgada no imprime bien en una fotocomponedora; las fotocomponedoras utilizan valores de línea por pulgada (lpp) para determinar la resolución de impresión, y en general el valor de líneas por pulgada debe ser igual a la mitad de la resolución del archivo de mapa de bits. Esto significa que una fotocomponedora de 133 lpp requerirá una resolución de aproximadamente 266 pixeles por pulgada en un archivo de mapa de bits que se imprimirá a una escala de archivo de 1:1.

Aquí entra otro factor en escena: ¿cuál es el tamaño del archivo de mapa de bits más grande que usted *puede* crear en su sistema? Aunque el tamaño máximo de archivo que usted puede crear en PHOTO-PAINT está teóricamente limitado por una combinación del espacio de intercambio libre en el disco y de la RAM disponible, si usted está acostumbrado a CorelDRAW y no al trabajo de diseño con imágenes de mapa de bits, los archivos de mapa de bits que exceden los 10 Mb en un sistema con 16 Mb de RAM la darán la impresión de que usted está trabajando con melaza cuando intente editar el trabajo. Hay dos soluciones para trabajar rápidamente con imágenes de mapa de bits:

- ✔ Trabajar con archivos pequeños que produzcan imágenes impresas de mediana calidad o
- ✔ Comprar una tarjeta madre que contenga cientos de Mb de RAM y saturar la tarjeta madre.

Apeguémonos a la primera opción, y concibamos esta composición "Bahaman Geometry" como una imagen que se imprimirá bien en una impresora de color personal (cuya resolución es típicamente menor a 55 lpp, aunque las impresoras que no funcionan con PostScript por lo general no miden la salida en líneas por pulgada). Otra verdad básica, cuando se trabaja con imágenes de mapa de bits, es que usted puede lograr una mejor impresión si reduce las dimensiones del archivo de mapa de bits.

La resolución de una imagen de mapa de bits es inversamente proporcional a las dimensiones de la imagen.

Por lo tanto, un archivo de 2.7 Mb, de 100 dpi y tamaño carta tal vez no tenga la suficiente resolución de imagen para dar una buena salida en una fotocomponedora de 133 lpp, pero la *misma imagen* con dimensiones de 7.5 × 10 cm, 2.7 Mb de tamaño de archivo, a 275 pixeles por pulgada *por supuesto* que tendrá una excelente salida. Usted puede elegir Imagen (Image) y Nuevo muestreo (Resample) de PHOTO-PAINT cuando haya terminado con la pieza, marque la casilla Mantener el tamaño original (Maintain original size). Para asegurar que PHOTO-PAINT no *cambie* ninguno de los pixeles de su pieza terminada, luego escriba una resolución más alta en los cuadros contadores de dpi. La imagen con el nuevo muestreo contiene todos los detalles de la imagen original, el mismo tamaño de archivo, y una versión de mapa de bits de 2.7 Mb de un diseño de DEPTH puede manipularse rápida y fácilmente en sistemas que tienen una modesta cantidad de RAM.

➔Tip Si no marca la casilla de verificación Mantener el tamaño original (Maintain original size) cuando toma el nuevo muestreo y la imagen, PHOTO-PAINT debe interpolar (promediar, cambiar) los colores de pixeles originales para crear una imagen de mapa de bits con menos (o más) pixeles que la original. Cuando usted toma un nuevo muestreo de una imagen de mapa de bits para crear un tamaño de archivo diferente, en ocasiones puede distorsionar el contenido de la imagen.

Más adelante, en este mismo capítulo, verá el efecto de cambiar la cuenta de pixeles en una imagen de mapa de bits, y la razón por la que, en ocasiones, es una técnica deseable de edición en su trabajo.

Las secciones anteriores pueden ser una estrategia de juego para sus propias tareas en que utilice una combinación de DEPTH, CorelDRAW y PHOTO-PAINT para realizar una creación con mezcla de medios. En la siguiente sección daremos los pasos exactos que deseará tomar utilizando el póster Bahaman Geometry como imagen de ejemplo.

Cómo elegir un color de fondo para un objeto de DEPTH en CorelDRAW!

Como no hay manera de definir un color de fondo diferente del blanco en AddDepth, no siempre es una buena idea exportar un objeto de DEPTH como Windows Metafile directamente de DEPTH a PHOTO-PAINT. La exportación de objetos 3D de DEPTH siempre da como resultado el aplanamiento del contenido de la imagen a un espacio 2D, porque a la fecha ninguna otra aplicación, además de CorelDEPTH, puede leer y editar la información de objetos 3D única de DEPTH.

En el póster Bahaman Geometry, muchos objetos muestran brillos casi blancos. Es fácil seleccionar los objetos de primer plano exportados en un programa como CorelDRAW, porque los WMF se importan en DRAW como una colección de formas discretas. En contraste, un WMF se lee en PHOTO-PAINT como un mapa de bits, donde resulta difícil ver claramente el fondo blanco de DEPTH, contra las orillas casi blancas del objeto, y resulta casi imposible definir y separar el diseño del frente del diseño del fondo utilizando las herramientas de selección de PHOTO-PAINT.

Por lo tanto, es bueno decidir en este punto de qué color debe ser el fondo para la imagen terminada. Si usted observa el diseño "Bahaman Geometry" en las página centrales, a todo color, de este libro, verá que el autor decidió añadir un fondo con textura y relieve a la imagen terminada. Esto se logró agregando primero un rectángulo de color rosa pálido debajo de cada uno de los objetos de DEPTH, después de importarlos a CorelDRAW. El rectángulo tiene un color tan diferente de las orillas del objeto que la Herramienta Máscara lazo (Lasso Mask tool) de PHOTO-PAINT puede separar las áreas del frente y el fondo de la versión en mapa de bits de la composición. Pero el rosa claro se parece tanto en brillo y valor de saturación a las orillas de los objetos de la superficie de la sandía, que el espectador no verá orillas duras en la imagen terminada.

Iniciemos el espectáculo con la breve y simple serie de pasos utilizados para agregar un fondo a uno de los componentes de la composición, y luego pasemos a PHOTO-PAINT donde surge la auténtica magia.

Cómo importar, editar y exportar un objeto de DEPTH

1. Cierre CorelDEPTH, lance CorelDRAW y luego haga clic en el botón para importar de la barra de herramientas.

   Se despliega el cuadro de diálogo Importar (Import).

2. Localice MELON.WMF, que había guardado antes en su disco duro, selecciónelo y luego haga clic en Imp**o**rtar (Imp**o**rt).

   CorelDRAW importa la rebanada de sandía que usted exportó desde DEPTH como una colección de formas vectoriales con relleno. Si usted no exportó la rebanada de sandía, MELON.WMF se encuentra en la carpeta CHAP10 del CD de obsequio, junto con los otros archivos de recursos que tal vez necesite para completar la tarea del póster. En la figura 10.11 usted puede ver una vista de dos ventanas (creada al elegir Ven**t**ana (**W**indow) y N**u**eva ventana (**N**ew Window)) del mismo documento de CorelDRAW, con MELON.WMF importado. En apariencia, la sandía se ve como si contuviera 4 o 5 objetos, como diseñaría esta imagen si utilizara las herramientas de CorelDRAW. Pero en realidad, más de 200 objetos representan el sombreado y otros detalles de la rebanada de sandía importada.

3. Presione F6 (o haga clic en la Herramienta Rectángulo (Rectangle tool)), haga clic y arrastre un rectángulo alrededor del grupo de objetos, dejando por lo menos un centímetro alrededor de la sandía.

   Se trata de la porción del fondo de la imagen que exportará al formato de PHOTO-PAINT.

4. Haga clic en el botón Hacia atrás (To Back) de la barra de herramientas (o presione Mayús+AvPág (Shift+PageDown)), luego en el botón de extensión de la paleta de colores (a la derecha de la paleta), a continuación en la muestra Rosa Apagado (Faded Pink) (observe la barra de estado cuando coloque el cursor sobre la paleta para ver los nombres de los colores) y, por último, haga clic con el botón derecho del ratón en la paleta de colores.

   Se envía el rectángulo detrás del grupo de objetos de la sandía; se rellena el rectángulo con un color rosa; se elimina la propiedad de contorno del rectángulo. Vea la figura 10.12.

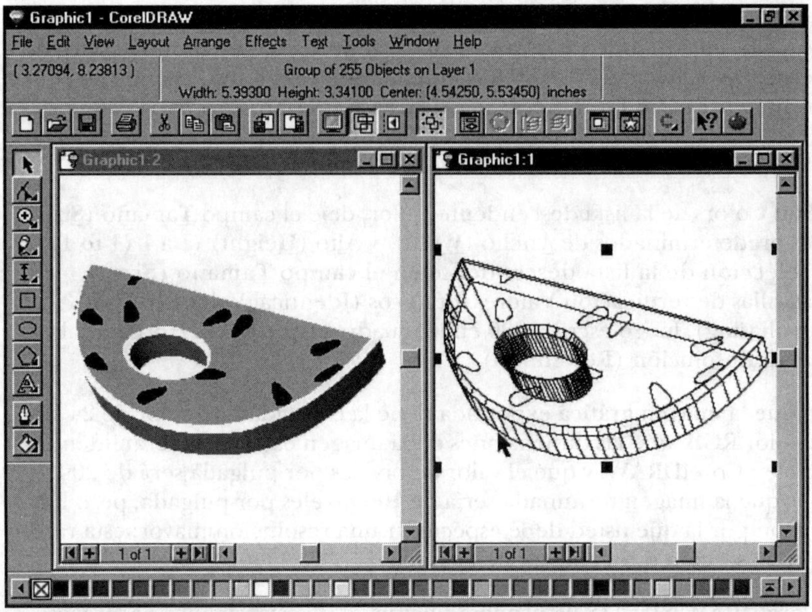

Figura 10.11
Los objetos de DEPTH se importan en CorelDRAW como un gran número de objetos. Es más rápido y simple trabajar con creaciones de DEPTH como imágenes de mapa de bits.

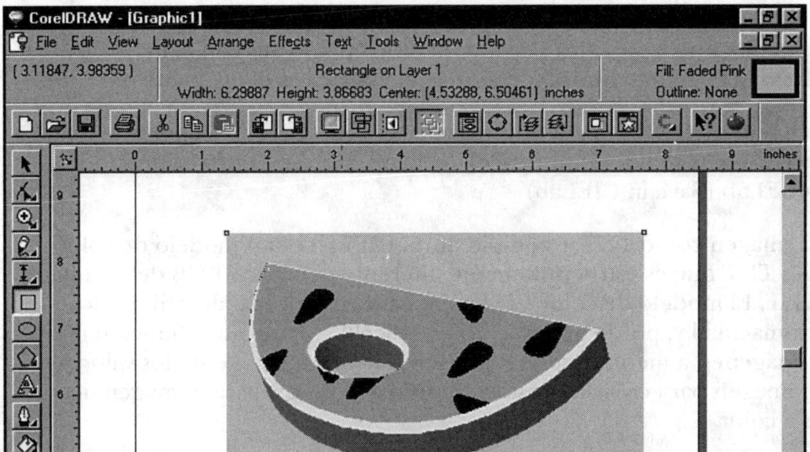

Figura 10.12
Nativamente los mapas de bits no ofrecen soporte a los objetos de diseño discreto; usted debe *crear* un fondo para rodear la exportación de la rebanada de sandía.

5. Haga doble clic en la Herramienta Selección (Pick Tool) y luego haga clic en el botón Exportar (Export) de la barra de herramientas.

Se selecciona todo en la ventana del documento, se abre el cuadro de diálogo Exportar (Export).

6. Elija Bitmap TIFF (TIF) (TIFF Bitmap (TIF)) de la lista descendente Guardar como tipo (Save as type), elija un buen destino en su disco duro para el diseño exportado, marque la casilla de verificación Sólo seleccionado (Selected only), asígnele al archivo el nombre MELON.TIF y luego haga clic en Exportar (Export).

   Se despliega el cuadro de diálogo Exportar bitmap (Bitmap Export).

7. Elija 16 Million Colors de la lista descendente Color, deje el campo Tamaño (Size) en sus valores predeterminados de Ancho (Width) y Alto (Height) (1 a 1 (1 to 1) debe ser la selección de la lista descendente en el campo Tamaño (Size)), marque las casillas de verificación Valores idénticos (Identical Values) y Anti-aliasing (Anti-aliasing), luego escriba 200 en los cuadros contadores Hortizontal y Vertical del área Resolución (Resolution).

   Se especifica que la imagen gráfica exportada tiene la capacidad de color de 24 bits en modo de color RGB, que las dimensiones de la imagen exportada serán idénticas a las que tiene en CorelDRAW, y que el valor de pixeles por pulgada será de 200. Mencionamos que la imagen terminada sería de 100 pixeles por pulgada, pero hay una buena razón por la que usted debe especificar una resolución mayor; esta razón se explicará en la sección que sigue a este ejemplo.

Además, al parecer CorelDRAW 6.00.118, la primera liberación de esta versión, *no* ofrece soporte a la función Anti-aliasing, aunque aparezca en el cuadro de diálogo Exportar bitmap (Bitmp Export). Sin embargo, al momento de escribir esto se esperaban las actualizaciones de la versión 6, y resulta una buena práctica permitir la función anti-alias en la mayor parte de los programas que exportan o que trabajan con imágenes gráficas de mapa de bits.

8. Haga clic en Aceptar (OK) y luego, otra vez, en Aceptar (OK) del cuadro de diálogo TIFF - espacio de color (TIFF-Color Space) *sin* marcar la casilla de verificación Guardar en CIELab (Save in CIELab).

   Se exporta la imagen como TIFF a su disco duro. CIELab es un modelo de color para imágenes TIFF que es estructuralmente diferente del modo RGB del formato de imagen TIFF. El modelo de color CIELab se basa en un canal de brillo y dos canales de cromacidad y, por lo general, no es aplicable al trabajo de edición o creación de imágenes, a menos que se necesiten obtener únicamente los valores de color de una imagen para crear la versión en escala de grises de una imagen de mapa de bits a color.

9. Cierre CorelDRAW. Tal vez quiera guardar la imagen gráfica de la sandía antes de cerrar, pero la versión WMF de la sandía también se encuentra en el CD de obsequio, de modo que en realidad no se necesita este paso.

Anti-alias es a las imágenes de formato de mapa de bits lo que una lija es a una tabla recién cortada. Como las imágenes de mapa de bits son dependientes de la resolución, y los pixeles tienen una forma rectangular, se obtienen resultados antiestéticos cuando una ilustración con una forma curva, como una rebanada de sandía, se genera en un formato de mapa de bits. En la siguiente sección, echaremos un vistazo a la manera en que usted "fuerza" manualmente algo de anti-alias en una imagen vectorial que se convierte en un formato de mapa de bits.

Alias y anti-alias

Alias, la colocación de pixeles de color "equivocados" en la orilla de las áreas de contraste de la imagen, se da cuando una aplicación que crea imágenes de mapa de bits se equivoca al calcular los pixeles necesarios para crear pasos de transición entre los colores de mapa de bits del frente y del fondo. De la misma manera en que los rellenos degradados parecen tener bandas de colores sólidos cuando usted no define suficientes pasos, las orillas con alias en las imágenes de mapa de bits representan la falla de una aplicación al tomar una vista a diferentes resoluciones de una imagen que habrá de generarse y al calcular después un promedio de valores de color para establecer los pixeles en la orilla exacta de un elemento dentro de una imagen de mapa de bits.

Obviamente, no es difícil corregir las orillas con alias de un mapa de bits si usted utiliza la opción anti-alias de PHOTO-PAINT (que *sí* funciona en la versión 6.00.118) después de hacer que la rebanada de sandía de este ejemplo sea un objeto flotante dentro del archivo exportado. Al "flotar" el frente del objeto con alias, y cambiar después el tamaño de todo el documento a la mitad de su tamaño y sus dimensiones/resolución, usted no sólo obtiene el efecto de anti-alias dentro de la sandía (alrededor de las semillas y la cáscara), sino que las orillas exteriores del objeto seleccionado también desplegarán pixeles de orilla que tendrán tonos de transición para suavizar percepción de la orilla del color del fondo al color del frente.

Por esto se eligió un color claro para el fondo de la sandía en CorelDRAW, y por eso se le pidió que especificara 200, no 100 pixeles por pulgada para la resolución del diseño exportado. En general, no es una buena idea cambiar el tamaño de una imagen de mapa de bits, porque al hacerlo se tiende a hacer borrosos los detalles de la imagen, pero en este capítulo usted está aprendiendo las excepciones a la regla.

Cómo importar y editar la sandía

MELON.TIF, la imagen de ejemplo que se encuentra en la carpeta CHAP10 del *CD de obsequio de CorelDRAW! 6 para expertos,* es una exportación de CorelDRAW de la versión WMF del objeto original de DEPTH. Es una imagen relativamente grande para ocupar un papel secundario dentro de una imagen de mapa de bits (2.8 Mb). Sin embargo, después de reducir el tamaño de la imagen de la rebanada de sandía a la mitad de su resolución actual para que se dé el anti-alias, verá que resultará fácil trabajar en PHOTO-PAINT 6 con un archivo que tenga aproximadamente 1/4 de su tamaño original (la mitad del ancho más la mitad de la altura) en casi cualquier sistema.

He aquí cómo importar la imagen MELON,TIF, crear un objeto flotante a partir de una selección y suavizar las orillas en áreas de color contrastante dentro de la imagen.

Como aplicar anti-alias y editar un objeto

1. Lance PHOTO-PAINT desde el menú Inicio (Start) de Win95, luego haga clic en el botón Abrir (Open) de la barra de herramientas (Archivo (File) y Abrir (Open); Ctrl+O).

Se despliega el cuadro de diálogo Abrir una imagen (Open an Image).

2. Elija MELON.TIF de su unidad de disco duro en la ventana de carpetas, o MELON.TIF de la carpeta CHAP10 del CD de obsequio (si no completó el ejemplo anterior) y luego haga clic en Abrir (Open).

   PHOTO-PAINT abre la imagen. En la figura 10.13, se ha abierto una nueva ventana para mostrar la imagen de mapa de bits de la sandía a dos resoluciones diferentes. En la vista de resolución de 100% (que se muestra a la izquierda), podrá ver la orilla escalonada, con alias dentro de la imagen de esta figura. Con toda seguridad verá las orillas con alias en la pantalla si carga la imagen MELON.TIF; y a la ampliación de 300 del lado derecho de la figura 10.13, usted puede ver que la imagen de mapa de bits definitivamente necesita filtrarse.

Figura 10.13
Las transiciones de color con alias son una señal evidente de que una imagen se generó por computadora.

3. Haga clic y mantenga presionado el botón del ratón sobre la Herramienta Máscara Rectángulo (Rectangle Mask tool) de la caja de herramientas para tener acceso al menú lateral de herramientas de máscara; luego haga clic en la Herramienta Máscara lazo (Lasso Mask tool).

   Es una de las dos herramientas que utilizará para separar la rebanada de sandía del fondo color rosa claro. Usted puede crear una trayectoria límite a mano alzada (haga clic y arrastre la herramienta) o de línea recta (sólo haga clic con la herramienta) alrededor de una imagen que desee seleccionar con la herramienta de lazo.

4. Haga clic para colocar puntos fuera de las áreas de la rebanada de sandía de MELON.TIF y, cuando regrese al punto de partida, haga doble clic.

La trayectoria límite encierra la sandía; al hacer doble clic se termina la trayectoria que usted ha creado, y un contorno de selección basado en las orillas de color de la imagen de la sandía reemplaza a la trayectoria. La Herramienta Máscara lazo (Lasso Mask tool) ha definido automáticamente una selección exacta alrededor de la sandía. Vea la figura 10.14.

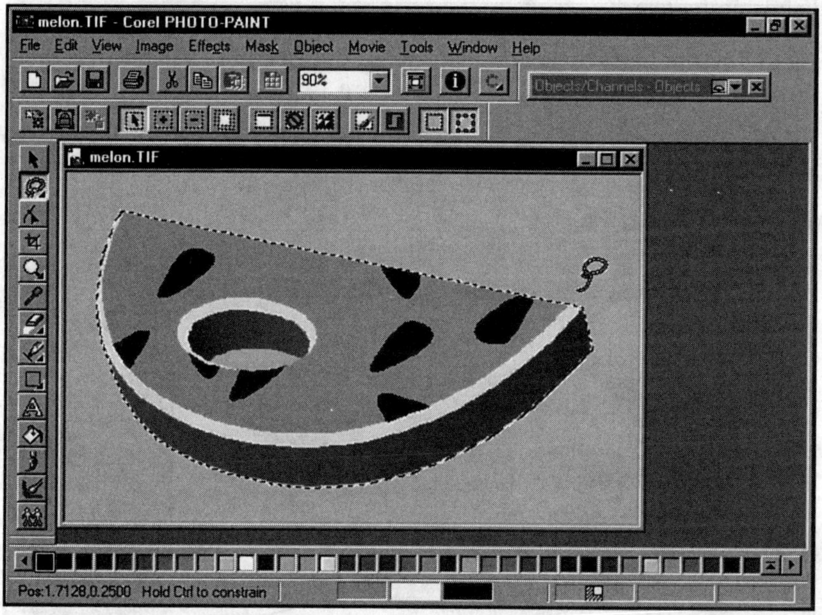

Figura 10.14
Las áreas con similitud de color que se encuentran encerradas dentro de la trayectoria límite de la Herramienta Máscara lazo (Lasso Mask tool) se convierten automáticamente en áreas seleccionadas por una línea punteada.

5. Haga clic y mantenga presionado el botón del ratón sobre la Herramienta Máscara lazo (Lasso Mask tool), elija la Herramienta Máscara varita mágica (Magic Wand Mask tool) y haga doble clic en la Herramienta Máscara varita mágica (Magic Wand Mask tool).

   Se selecciona la herramienta; se abre la persiana Herramientas (Tool Settings) para las opciones de la Herramienta Máscara varita mágica (Magic Wand Mask tool).

6. Escriba **1** en el campo numérico de la barra de desplazamiento de tolerancia al color, luego haga clic en el botón Eliminar de la máscara (Subtract from Mask) de la barra de herramientas Máscara/objeto (Mask/Object). *No* haga clic en la casilla de verificación Anti-alias (Anti-aliasing) de la persiana Herramientas (Tool Settings). Si la barra de herramientas Máscara/objeto (Mask/Object) no se encuentra en la pantalla, haga clic con el botón derecho del ratón sobre la barra de herramientas predeterminada y elija Máscara/objeto (Mask/Object) del menú de método abreviado.

   Se reduce el rango de color que seleccionará la varita mágica a un valor extremadamente estrecho. Esto es bueno en este ejemplo, porque no hay pixeles de transición de color en la orilla donde la sandía se sobrepone al fondo de color rosa atenuado. Y esto significa que la varita mágica sólo seleccionará una sombra sólida de color; es decir, el área rosa del fondo que se muestra a través del hoyo del melón. La opción Eliminar de la máscara (Subtract from Mask) hace que las herramientas de máscara eliminen un área que usted define con ellas de una selección existente. En este punto de la edición no es necesaria la opción anti-alias, porque la opción Herramientas (Tool Settings) haría imprecisa la selección de la varita mágica.

7. Haga clic con la Herramienta Máscara varita mágica (Magic Wand Mask tool) sobre el área del agujero de la sandía y haga clic en el botón Crear objeto (Create Object) de la barra de herramientas.

   Se crea un objeto flotante fuera de la rebanada de sandía, que ahora se encuentra sobre el fondo de la imagen MELON.TIF. Vea la figura 10.15.

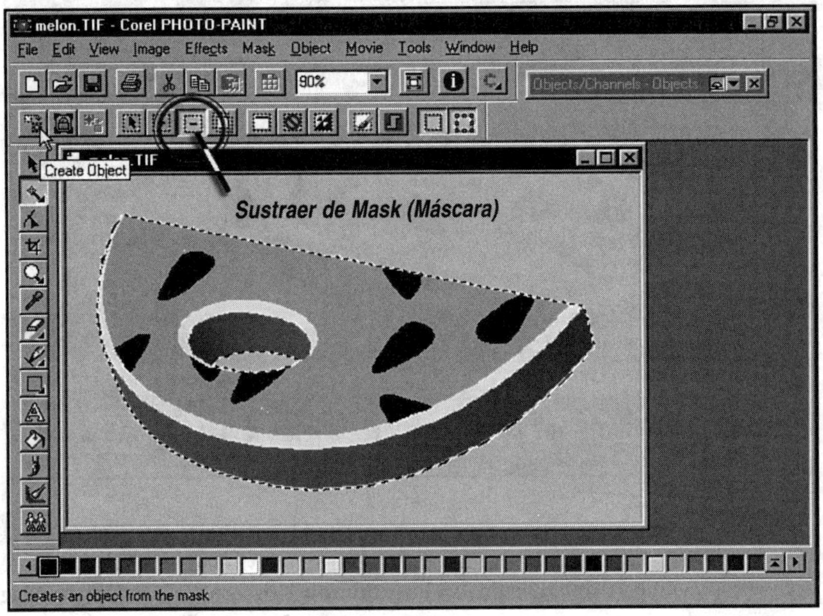

Figura 10.15 PHOTO-PAINT ofrece muchas de las opciones orientadas a objetos que se encuentran en CorelDRAW. Ahora puede cambiarse la posición del objeto de sandía dentro de la imagen.

8. Elija **I**magen (**I**mage) y **N**uevo muestreo (R**e**sample), escriba **100** en los cuadros contadores H**o**rizontal y **V**ertical del área Resolución (Resolution), asegúrese de que está *des*marcada la casilla de verificación Ma**n**tener el tamaño original (Maintain original **s**ize), elija Anti-alias de la lista descendente **P**roceso (**P**rocess) y haga clic en Aceptar (OK).

   Se reducen las dimensiones de la imagen MELON.TIF a la mitad; la opción anti-alias elimina la dureza de las orillas de la imagen.

9. Presione Ctrl+F7 (**V**er (**V**iew), **P**ersianas (Roll-**U**ps) y O**b**jetos (**O**bjects)).

   Se despliega la persiana Objetos/Canales (Objects/Channels).

10. Haga clic en el icono de ojo que se encuentra a la izquierda del título Fondo (Background) de la persiana Objetos (Objects), luego elija la Herramienta Zoom (Zoom tool) y haga un acercamiento a la orilla de la sandía. Bastará con una resolución de vista de 300%.

Se oculta el objeto de fondo de color rosa atenuado; la sandía queda rodeada por un espacio vacío, y usted puede evaluar seriamente la calidad con que un cambio de tamaño en la imagen MELON.TIF produce un efecto anti-alias suave, de modo que la sandía parezca tener más dimensión y tenga una apariencia más fotográfica. Si la "fila de hormigas" (los bordes de selección) le distrae mientras hace la edición, puede desactivarla haciendo clic en el botón Mostrar recuadro del objeto (Show/Hide Object Marquee), que se encuentra en el extremo derecho de la barra de herramientas Máscara/objeto (Mask/Object). Vea la figura 10.16.

Figura 10.16
Las imágenes por computadora pueden parecer tan realistas como una fotografía digitalizada, pero sólo si se agregan tonos únicos en las orillas a través de anti-alias.

11. Elija **A**rchivo (**F**ile) y G**u**ardar como (Save **A**s), luego guarde la imagen como MY-MELON.CPT en su disco duro.

    Se guarda la imagen en esta etapa intermedia.

Nota Si la barra de herramientas Máscara/objeto (Mask/Object) no se encuentra visible en PHOTO-PAINT, ¡será difícil desactivar las líneas de selección utilizando el botón Mostrar recuadro del objeto (Show/Hide Object Marquee)!

Como opción predeterminada, PHOTO-PAINT se instala con la barra de herramientas Máscara/objeto (Mask/Object) debajo de la barra de herramientas Estándar (Standard); si usted la ha cerrado por accidente, haga clic con el botón derecho del ratón en la barra de herramientas Estándar (Standard) y marque el campo Máscara/objeto (Mask/Object) del menú de método abreviado.

Además, si quiere ocultar las líneas de selección de la máscara que permanezcan activas en una imagen, el botón Mostrar máscara del objeto (Show/Hide Mask Marquee) se encuentra inmediatamente a la izquierda del botón Mostrar recuadro del objeto (Show/Hide Object Marquee) de la barra de herramientas.

Después de que la selección de la sandía se convierta en un objeto flotante, el archivo de imagen ya no se puede guardar en formato TIFF; sólo el formato CPT, que es propiedad de PHOTO-PAINT, puede guardar objetos en capas. Como la sandía ya no "pertenece" a la imagen Fondo (Background), usted puede pintar el fondo, agregar otras capas y ampliar el tamaño de papel Imagen, Tamaño de papel (Image, Paper Size) del archivo MY-MELON, para acomodar los otros elementos de la composición del póster. Siempre es mejor definir áreas como objetos individuales en una imagen de mapa de bits antes de cambiar su tamaño, especialmente con la opción Anti-alias seleccionada en el cuadro de diálogo Nuevo muestreo (Resample). En el ejemplo anterior, si usted hubiera cambiado el tamaño de la imagen original de la sandía, sin separarla primero del fondo, hubiera resultado casi imposible la selección exacta de la sandía. Hay demasiados tonos únicos de pixeles de color de primer plano y de fondo alrededor de las orillas de los detalles de la imagen de mapa de bits como para que las herramientas de selección de máscaras definan con exactitud una orilla después de aplicar anti-alias.

Básicamente, no hay más pasos en esta sección que usted necesite aprender para exportar los otros elementos del póster "Bahaman Geometry" de DEPTH, pero quédese por un momento y le mostraré unos cuantos trucos creativos para ensamblar la pieza.

Cómo finalizar la composición

Una de las maravillosas características de la opción Objetos (Objects) de PHOTO-PAINT es que usted puede organizar elementos de la composición tantas veces y en tantas sesiones de PHOTO-PAINT como guste, siempre y cuando el archivo esté guardado en formato CPT. Si usted abre MELON.CPT de la carpeta CHAP10 del CD de obsequio, verá que la composición "Bahaman Geometry" ya casi se ha completado, al agregar al archivo un fondo y un objeto de sombra caída. Se han aumentado las dimensiones de esta ilustración miniatura, como puede ver en la figura 10.17, se han agregado otros objetos de DEPTH utilizando las mismas técnicas que se mostraron en este capítulo, para convertirse en el póster final. En la sección que sigue le mostraremos cómo agregar el elemento de texto 3D que usted exportó de CorelDRAW, al principio de este capítulo, para utilizarlo en DEPTH.

Aunque este capítulo está dedicado básicamente a CorelDEPTH y CorelMOTION 3D, he aquí la receta que puede utilizar en PHOTO-PAINT para crear MELON.CPT:

- ✔ **Para crear el fondo con textura**, digitalice una textura real como una arpillera o, mejor aún, utilice Efectos (Effects), Artístico (Artistic) y Lienzo (Canvas), luego aplique cualquiera de las imágenes PCX ofrecidas en el cuadro de diálogo para el Fondo (Background) de la imagen. Haga clic en el icono de candado del objeto de la rebanada de sandía para asegurar que el efecto de Lienzo (Canvas) no se aplique accidentalmente a la estrella de la imagen. El autor utilizó Fractal Design Painter para crear la textura, y esta nota es más una explicación sobre la textura distintiva de la imagen que una sugerencia de que el efecto se logra mejor a través de un programa que no es de Corel.

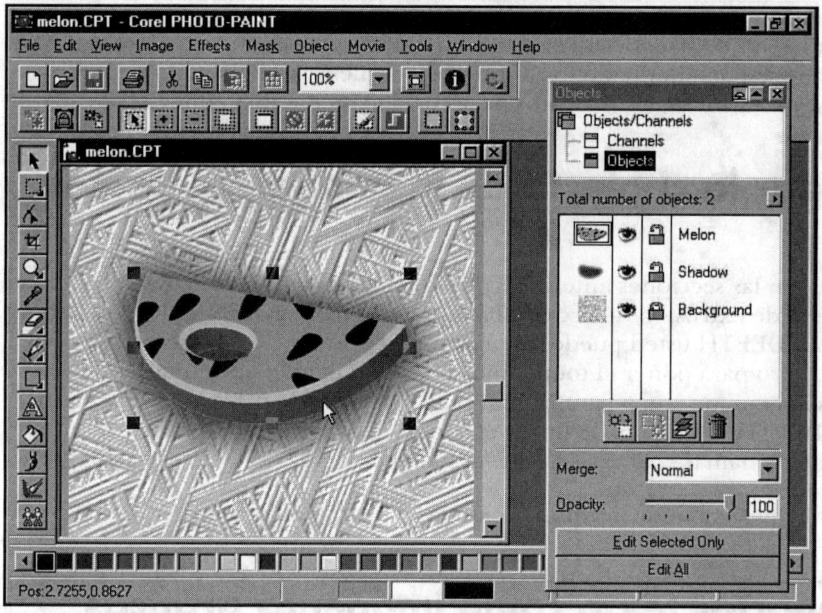

Figura 10.17
La sombra, el fondo de textura y la rebanada de sandía son objetos individuales. ¡Usted puede reorganizar indefinidamente el contenido de un archivo CPT!

- ✔ **Para elaborar el efecto de sombra caída**, en la capa del objeto de fondo dibuje un contorno con la Herramienta Máscara a mano alzada (Freehand Mask tool) que sea ligeramente mayor que la rebanada de sandía. Copie el área, luego péguela de nuevo en la imagen como un objeto único (Ctrl+C y luego Ctrl+V). Rellene el nuevo objeto con un color café cálido, utilizando la Herramienta Relleno (Fill tool) con una tolerancia de 100 definida en la persiana Herramientas (Tool Settings). Esto produce un objeto de color sólido cuando hace clic con el cursor de la Herramienta Relleno (Fill tool) en el interior del área de selección del objeto.

  Para crear una sugerencia suave y difuminada de color, haga clic en la Herramienta Selector de objetos (Object Picker tool), haga clic con el botón derecho del ratón sobre el objeto y elija Fundido (Feather) del menú de método abreviado. Para un archivo relativamente pequeño, que no contenga demasiados pixeles, la Anchura (Width) de la orilla de fundido para el objeto no debe ser mayor de 20 en el cuadro de diálogo Fundido (Feather). Usted también debe elegir Suave (Soft) de la lista descendente Bordes (Edges) para hacer una sombra de fondo *sutil* y suave.

- ✔ **Para completar el efecto visto en MELON.CPT**, seleccione el objeto de sombra de la persiana Objeto (Object), haga clic en Editar sólo la selección (Edit Selected Only), elija Multiplicar (Multiply) de la lista descendente Fusionar (Merge) y luego haga clic y arrastre la Opacidad (Opacity) hacia el 80%. El modo Multiplicar (Multiply) acentúa los pixeles más oscuros de un objeto y oculta los valores más claros de la vista, efecto muy parecido a las condiciones de iluminación que produce una sombra en la vida real.

Para compartir esta imagen con usuarios que no utilicen PHOTO-PAINT, debe utilizar primero el comando Combinar (Combine), de la persiana Objetos (Objects) (el icono con la pila de capas), para fusionar los objetos con el fondo de la imagen. Asegúrese de que no haya capas protegidas antes de hacer esto; las capas protegidas no se incluirán en la imagen fusionada. Una vez que se han eliminado los "efectos especiales" de la imagen de mapa de bits, puede guardarse en varios de los formatos de archivo más comunes como TIFF o BMP.

Cómo agregar la cubierta de la imagen al pastel del póster

Espero que haya visto en las secciones anteriores que DEPTH no está confinada al papel menor de una "utilería de extrusión de textos". Para ponerlo de manera simple, con lo que ahora sabe sobre CorelDEPTH usted puede diseñar durante horas sin echarle un solo vistazo a una fuente. Pero para poner el toque final al póster "Bahaman Geometry", concluimos esta sección con un truco para la manipulación *individual* de caracteres en una cadena de texto de DEPTH. Usted puede dar el efecto de animación a letras sin movimiento, y realmente llamar la atención con sus palabras.

He aquí cómo crear la pieza final de la composición de "Bahaman Geometry"...

Cómo importar texto como imágenes gráficas

1. En CorelDEPTH, abra un nuevo documento, en blanco, y luego haga clic en el botón Importar (Import) de la barra de herramientas.

   Se despliega el cuadro de diálogo Importar (Import).

2. Elija Illustrator (*.ai) del cuadro de diálogo Archivos de Tipo (Files of type), encuentre el archivo BAHATEXT.AI que creó al principio de este capítulo, haga clic en él y luego en Abrir (Open). Si no exportó el texto desde CorelDRAW en el primer ejemplo de este capítulo, puede importar BAHATEXT.AI, que se encuentra en la carpeta CHAP10 del CD de obsequio.

   Se importa la imagen gráfica; de inmediato empieza a extruirse el texto al valor predeterminado en la paleta Geometría (Geometry).

3. Con la imagen seleccionada como opción predeterminada después de importarla, haga clic en el icono del Explorador de estilos (Styles Browser) que le parezca adecuado.

   Se aplica el estilo a todos los objetos de la imagen gráfica importada. Tome en cuenta que en este ejemplo debe aplicar un estilo que no tenga una cara trasera. El archivo será grande cuando se exporte, y usted definitivamente no querrá incluir las caras de los objetos que no se observan en la pieza terminada.

4. Mientras esta imagen gráfica aún esté agrupada, haga clic y arrastre los nodos de la izquierda y la derecha de la ventana de la paleta Geometría (Geometry) para crear caras de bisel para la imagen.

5. Elija Organizar (Arrange) y Desagrupar (Ungroup) (Ctrl+U).

Se desagrupa la imagen gráfica; ahora cada carácter gráfico puede cambiarse de tamaño y girarse de manera individual. Vea la figura 10.18 y consulte el siguiente Consejo.

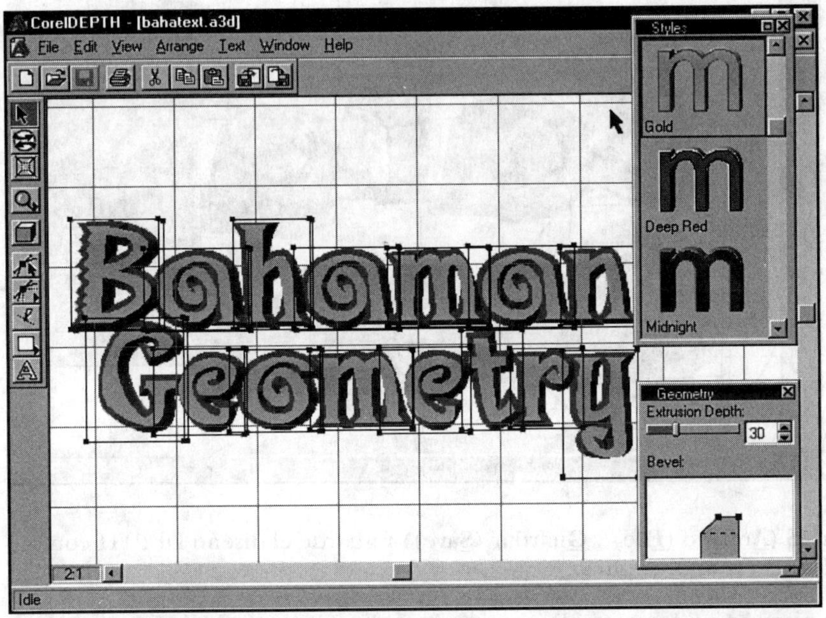

Figura 10.18
Las trayectorias no combinadas y exportadas en el formato AI, pueden desagruparse y manipularse como objetos individuales.

6. Con la herramienta Selección 3D (3D Selection), haga clic en un espacio vacío de la página del documento y luego en uno de los objetos de carácter; con la herramienta Trackball virtual (Virtual Trackball), haga clic y arrastre el objeto.

   Se gira únicamente el objeto seleccionado.

7. Presione Ctrl+Tab, luego seleccione otro objeto.

   Ctrl+Tab cambia entre la herramienta Selección 3D (3D Selection) y la Trackball virtual (Virtual Trackball). Usted no puede seleccionar un nuevo objeto con la herramienta Trackball virtual (Virtual Trackball).

8. Presione Ctrl+Tab y gire el objeto en una dirección única. Asegúrese de que aún puede observar el frente del objeto. Vea la figura 10.19.

   Se gira el objeto. Tenga cuidado cuando gire un objeto que la audiencia va a leer. El texto 3D es maravilloso, pero se vuelve ilegible cuando se gira o se distorsiona demasiado.

9. Cuando haya organizado los objetos individuales tal como lo desea, haga clic en el botón Exportar (Export) de la caja de herramientas (o presione Ctrl+E) y exporte una copia de su trabajo como BAHATEXT.WMF.

   Se guarda el diseño en un formato que CorelDRAW puede importar.

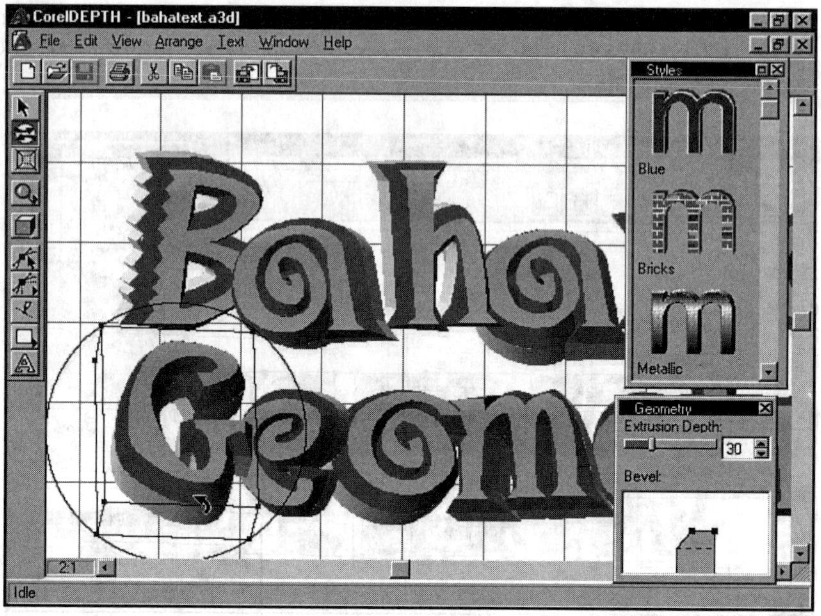

Figura 10.19 Si desea que el espectador de su obra maestra lea realmente el texto 3D, ¡no lo gire tanto que se oculte la cara frontal!

10. Presione Ctrl+S (Archivo (File) y Guardar (Save)) y guarde el diseño DEPTH como BAHATEXT.A3D en su disco duro.

    Se guarda la pieza en un formato 3D que usted puede editar más adelante.

Tip Usted también puede manipular los caracteres individuales de una cadena de texto que haya creado utilizando la herramienta Texto (Text) de DEPTH, pero el texto debe estar convertido primero en imagen.

Seleccione el texto con la herramienta Selección 2D (2D Selection) (no la 3D) y luego elija Convertir a curvas (Convert to Curves) del menú Texto (Text).

Utilice las técnicas mostradas en "Cómo convertirse en un diseñador que mezcla medios en Corel", que se encuentra al principio de este capítulo, para agregar sus objetos de texto 3D a los otros objetos con el estilo Sandía (Watermelon). En la figura 10.20 puede ver la composición completa.

Si usted cree que hemos llevado este tema de 3D hasta sus límites, tiene razón. ¡En la siguiente sección se mostrará cómo crear un elemento *4D*!

Figura 10.20
CorelDEPTH hace más que crear texto 3D. Ofrece un cambio para *trabajar* con diseños en tres dimensiones.

CorelMOTION 3D: cómo agregar la dimensión del tiempo a una ilustración

CorelMOTION 3D es nada menos que un estudio de cine miniatura. Dentro del programa, usted encontrará extras, tramoyas y un estudio donde puede ajustar a los actores ¡de una manera en que el Sindicato de Actores no permitiría!

Si revisó ya el capítulo 9 y echó una mirada a algunos de los análisis de DEPTH en la primera parte de este capítulo, ya estará adelantado en el juego de aprender a obtener lo máximo de MOTION 3D. Como DEPTH y DREAM 3D, MOTION 3D es un complemento de las herramientas de diseño, y usted puede importar trayectorias de CorelDRAW para utilizarlas en MOTION 3D. Sin embargo, MOTION 3D tiene la capacidad de generar imágenes fijas además de formatos de archivo AVI, MPEG (Motion Picture Expert's Group) y otros formatos de cine digital para PC y Macintosh.

Agregar la dimensión del tiempo a una imagen es una consideración seria. Por lo general, ¡usted ya tiene las manos llenas con la creación de un asombroso trabajo de diseño 2D!

Para empezar la sección de MOTION 3D, expresemos un pequeño consejo, indiquemos algunos elementos acerca de los "archivos de animación" digitales y elaboremos un plan de juego para sus aventuras por la animación tridimensional.

¿Así que donde están los divertidos lentes 3D?

El término "animación 3D", para ser honesto, es pura publicidad, y no hay que confundirlo con las películas de suspenso que se pasaban en el cine hace 30 años para audiencias que tenían que llevar lentes polarizados o de dos tonos para observar el efecto. MOTION 3D, como otros programas de animación por computadora, ofrece un escenario modelado alrededor del espacio 3D, en el que usted utiliza herramientas especiales para manipular objetos a través de la vista de la escena que permite su monitor 2D. El archivo que resulta de una sesión de animación en MOTION 3D produce una serie de cuadros de imágenes que se encuentran comprimidos dentro de un formato de archivo propietario y único que el Reproductor multimedia (Media Player) de Windows y otras utilerías pueden reproducir en dos dimensiones.

En MOTION 3D también tiene la opción de generar cuadros fijos (no en un archivo de formato de película), numerados en secuencia, en caso de que desee desarrollar alguna edición de postproducción en una aplicación de edición de video o de pintura. Sin embargo, si usted elige no hacer un archivo de película en MOTION 3D, depende de usted y del software que posea la *compilación* de un archivo de formato de película a partir de las imágenes fijas generadas.

La calidad y el tamaño de la pantalla de una animación personal por computadora, como un AVI, un FLIC de Autodesk u otros formatos de película de Windows y de Macintosh a los que da soporte MOTION 3D, se encuentran de alguna manera limitados. *No* espere generar una aventura de acción de media hora, a toda pantalla (un esfuerzo semejante requeriría más capacidad de procesamiento de la que un chip Pentium, un sistema operativo optimizado para video digital y un espacio en disco duro para pequeñas aplicaciones de negocios pueden permitir o imaginar).

Sin embargo, si ambiciona familiarizarse con el *proceso* de creación de animaciones por computadora, las características y opciones de MOTION 3D se encuentran en la parte superior de la lista de las aplicaciones de animación, y por supuesto que usted puede generar animaciones cortas utilizadas con un amplio rango de propósitos, desde los negocios hasta la diversión.

Una animación de 4 o 5 segundos de alta calidad puede crearse de la noche a la mañana, hablando literalmente. Como la mayor parte de las aplicaciones de modelado y generación, un programa de elaboración de películas necesita tiempo para convertir la información de un archivo de película en el formato de mapa de bits. Cada "cuadro" de la película debe crearse pixel por pixel; por esto, los profesionales de la animación a menudo empiezan el procedimiento de generación al final del día de trabajo... o al principio del fin de semana. Por la mañana, a veces del lunes, la generación está completa y lista para la animación y el creador tiene algo qué ver.

Nota ¿Ha notado que la mayor parte de los archivos AVI distribuidos en World Wide Web y en CDs no llenan su pantalla? El problema no es con su monitor. Las animaciones de computadora a pantalla completa (o incluso a media pantalla) toman mucho tiempo para redibujarse, y mientras mayor sea la vista, más grande será la falta de fluidez y los brincos a la hora de la reproducción.

A pesar de estar confinadas a pantallas pequeñas y cortos tiempos de exhibición, las animaciones por computadora ofrecen mucha diversión a la hora de crearlas y generan *mucho* interés en la gente que no está familiarizada con las posibilidades de las PCs. Los negocios siempre están buscando avenidas frescas para sus anuncios y con un poco de práctica y la información de este capítulo, ¡usted puede agregar la profesión de "gurú del cine" a su repertorio artístico!

El guión virtual para MOTION 3D

Aunque MOTION 3D ofrece todas las ayudas necesarias para automatizar el proceso de creación de una animación de un logotipo volador, una vez que usted haya navegado por media docena de logotipos, pronto buscará proyectos más ambiciosos.

Como los directores tradicionales, usted necesita actores y una historia. Haga la prueba con ésta: Cactus Todd's, un restaurante ficticio de Cincinnati, Ohio, es famoso por su "3-Alarm Chili". El dueño, el señor Cactus Todd, está interesado en hacer más atractiva su ventana delantera con un despliegue animado. En este ejemplo resulta adecuado colocar un monitor en una ventana del lugar, porque la fachada de Cactus Todd's da al norte y, además, se trata de un ejemplo ficticio.

A usted se le dio la tarea de crear una animación de computadora que se repita automáticamente, que intrigue a los transeúntes a la hora de la comida y que los impulsará a entrar.

Cuando cree una animación con MOTION 3D, olvídese de las historias complejas; al observador de una animación por computadora le atraen principalmente por dos cosas: la propia animación y la calidad de las imágenes. En lo que se refiere a la historia del ejemplo de este capítulo, frijoles y pimientos que saltan de un tazón y salen de la escena, junto con un logotipo animado, son más que suficientes para ocupar 4 segundos de valioso tiempo.

Ahora que ha sido aprobado el guión, es hora de pasar a la creación de una estrella.

Cómo crear perfiles de CorelDRAW! para el reparto de MOTION

El taller de MOTION es una interfaz separada dentro de MOTION 3D que contiene una caja de herramientas del editor (un conjunto de herramientas de edición y dibujo vectoriales). Aunque estas herramientas son estupendas para modificar ligeramente formas existentes, usted las encontrará limitadas cuando necesite el control y la precisión de las herramientas de CorelDRAW. Por fortuna, Corel Corp. vio la necesidad de compatibilidad entre aplicaciones y usted puede importar una trayectoria para utilizarla como base de un objeto 3D con sólo hacer clic y arrastrar un archivo a la ventana del taller de MOTION 3D.

A diferencia de DEPTH, MOTION 3D ofrece dos maneras diferentes de crear un objeto 3D a partir de una trayectoria 2D: extrusión y torneado. Si usted trabajó con los ejemplos del capítulo 9 (que cubrió CorelDREAM), tal vez esté familiarizado con las funciones geométricas de extrusión y torneado. Entre estos dos métodos de agregar una tercera dimensión a partir de información sobre las características de la trayectoria 2D existente, usted se sentirá presionado para concebir un objeto que no pueda ser representado con exactitud en la escena de MOTION (llamado *Espacio mundial*).

En la figura 10.21 puede ver el contenido del archivo CACTUS.CDR de CorelDRAW. Aunque usted no lo crea, cuando le dé dimensión a estas trayectorias en MOTION 3D, se convertirán en los actores principales del "corto" animado Cactus Todd.

Figura 10.21 Por lo general, es más fácil crear en DRAW (que en el Taller de MOTION) las trayectorias a las que puede darse volumen utilizando las opciones de MOTION 3D.

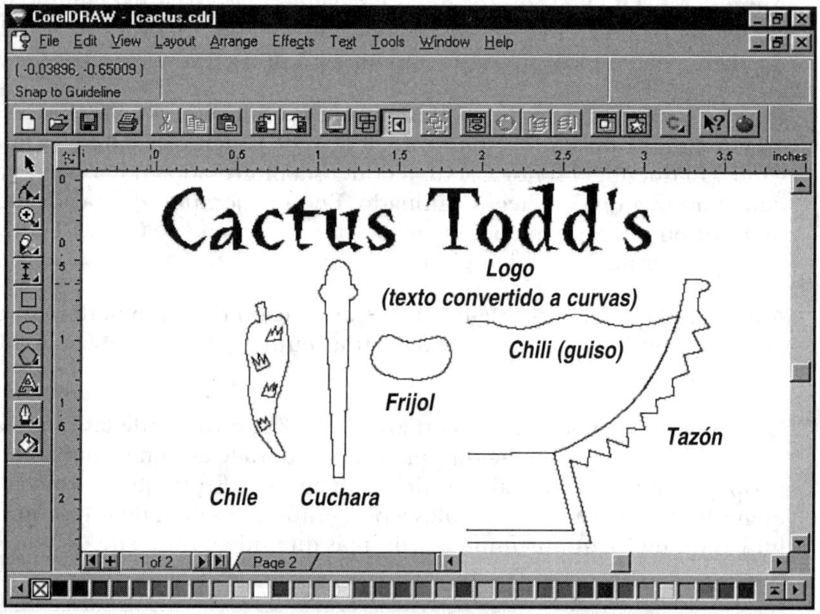

Antes de seguir, hubo una cuidadosa planeación de los objetos que vio en la figura previa. Si planea crear una animación *parecida* a la minipelícula Cactus Todd's, deben hacerse las siguientes consideraciones antes de lanzar MOTION 3D.

- ✔ **¿Cuál es el tamaño del marco de su película terminada?** Su "superficie de creación de imagen" terminada para la animación de MOTION 3D será probablemente el monitor de una computadora, a menos de que usted invierta en un equipo caro de salida de video a cinta. Una tercera parte de la pantalla del monitor, como máximo, le permitirá a las personas que no tienen mucho RAM en su sistema reproducir una animación de 5 segundos sin saltos ni detenciones. Hemos construido esta animación de ejemplo a 350 pixeles de ancho por 260 pixeles de alto. Se trata de una proporción fraccionaria de las dimensiones de un monitor, de cerca de 1.3:1. También es el tamaño de la mayor parte de los telones de MOTION 3D; la imitación, sin mayores pretensiones, ¡también ayuda a ajustarse a las preferencias de un nuevo programa cuando se crea un trabajo personalizado!

Este tamaño debe animarlo a diseñar en CorelDRAW actores de tamaño parecido para sus películas. Usted notará en la figura 10.21 que las reglas indican que el ancho máximo del grupo de trayectorias es de unos 9 centímetros (3.5 pulgadas). Si diseña en esta escala, no perderá tiempo en MOTION cambiando el tamaño de sus actores.

✔ **¿Cómo debe construirse una trayectoria de CorelDRAW para utilizarla en MOTION 3D?** Como mencioné antes, en MOTION hay dos maneras de convertir una trayectoria 2D en un objeto 3D: a través de la extrusión (la adición de una superficie sólida "debajo" de una trayectoria en la forma de la trayectoria), y a través del torneado, que es un poco más complicado de explicar. En la figura 10.22 usted puede ver que la trayectoria etiquetada como "Tazón" en la figura 10.21, gira sobre su lado izquierdo en un ángulo de 360°. Imagine un trozo de arcilla esculpida en una rueda giratoria. En MOTION 3D, usted puede "girar" una trayectoria alrededor de un eje para lograr resultados similares. Sin embargo, a diferencia de CorelDRAW, MOTION 3D utiliza trayectorias abiertas, no cerradas, para tornear un objeto.

Figura 10.22
A través de la extrusión, el torneado y el agrupamiento de objetos 3D, usted puede esculpir cientos de diferentes objetos vivos.

Usted necesita utilizar la opción Combinar (Combine) de DRAW (Ctrl+L) en subtrayectorias de formas que se extruirán (una trayectoria combinada no produce nada reconocible en MOTION 3D). El pimiento de este ejemplo mostrará huecos en algunas áreas porque el diseño consta de una trayectoria (el exterior de la forma del pimiento) y espacios negativos (las subtrayectorias).

✔ **¿Qué pasa con los fondos?** Pueden agregarse telones a una escena de animación importando una imagen de mapa de bits en MOTION 3D. En las animaciones, los fondos son más importantes de lo que podrían parecer porque, como en las escenas reales de películas y en las ilustraciones de CorelDRAW, debe haber algo en el fondo que haga destacar los elementos del frente.

MOTION 3D cuenta con 4 telones excelentemente diseñados; en este capítulo usted verá cómo cargarlas. Sin embargo, tal vez cuatro telones resulten insuficientes para satisfacer las necesidades de todos los usuarios. Hemos creado un telón personalizado que usted puede cargar para la tarea de Cactus Todd's, y para crear uno propio usted sólo necesita elaborar, digitalizar o recortar una imagen de PhotoCD a la medida de pixeles de la Configuración de la escena (Scene Setup) que usted defina (para que el fondo ocupe todo el cuadro), y utilizar una resolución de mapa de bits de 72 pixeles por pulgada para la imagen de telón.

Aparte de estas consideraciones, el formato correcto para la introducción de trayectorias en MOTION 3D debe crearse a partir de la imagen de ejemplo CACTUS.CDR o de sus propios diseños. Las trayectorias deben exportarse desde CorelDRAW, *antes* de lanzar MOTION 3D, de modo que usted no tenga abiertas al mismo tiempo dos aplicaciones que utilizan muchos recursos.

Cómo convertir trayectorias a un formato CMX

Corel Corp. ha brindado soporte, en las dos últimas versiones de DRAW, a un formato de archivo llamado CMX, Corel Presentation Exchange es un formato vectorial que sólo brinda soporte a la información vectorial más simple. Usted no puede guardar mezclas, PowerLines ni otros objetos de "efectos" de CorelDRAW en el formato CMX, con vínculos vivos entre los objetos de control. Debido a esta limitación, los usuarios se preguntan para qué sirve el formato CMX.

Con la liberación de MOTION 3D, los usuarios de CorelDRAW finalmente encontraron un excelente uso para el formato CMX. CorelMOTION 3D no da soporte actualmente a la importación directa de archivos CDR; no queda claro si las actualizaciones de la versión 6 o posteriores se ocuparán de esto. Sin embargo, es fácil importar una trayectoria de CorelDRAW en MOTION 3D para torneado o extrusión, si exporta los actores potenciales de una animación como archivos CMX, con una sola trayectoria por archivo.

Como preparación para su viaje al Hollywood virtual, he aquí un ejemplo de cómo enviar por adelante las trayectorias necesarias para crear a las estrellas de Cactus Todd's:

Cómo exportar archivos CMX al escritorio de Win95

1. En CorelDRAW, abra el archivo CACTUS.CDR, que se encuentra en la carpeta EXAMPLES\CHAP10 del *CD de obsequio de CorelDRAW! 6 para expertos.*

   El archivo contiene todos los elementos para su reparto de MOTION 3D.

2. Haga clic en la trayectoria del tazón y luego en el botón exportar de la barra de herramientas.

   Aparece el cuadro de diálogo Exportar (Export).

3. Elija Corel Presentation Exchange 6.0 (CMX) de la lista descendente Guardar como tipo (Save as type), escriba BOWL.CMX en el campo Nombre de archivo (File

name) y haga clic en la casilla de verificación Sólo seleccionado (Selected only). En la ventana de carpetas, encuentre la carpeta de Win95, haga doble clic en ella y luego en la carpeta Escritorio (Desktop); haga clic en Exportar (Export).

Se exporta la trayectoria del tazón a su escritorio como un documento CMX. En Win95, el escritorio es un elemento de la pantalla y, al mismo tiempo, una ubicación física en su disco duro. Ahora se encuentra en su escritorio el icono que representa al archivo del tazón exportado.

4. Repita los pasos 2 y 3 con los otros objetos de CACTUS.CDR; asígneles nombres de archivo adecuados y guárdelos en formato CMX.

   Se agrega a su escritorio una colección de futuros objetos de MOTION 3D.

5. Cierre CorelDRAW sin guardar el archivo CACTUS.CDR.

   Se concluye el proceso de exportación de trayectorias.

El escritorio podría parecer una posición extraña para los archivos exportados, pero en la siguiente sección verá cómo esta posición facilita que se arrastren y se coloquen las trayectorias dentro de MOTION 3D.

El reparto en el escenario de MOTION 3D

Con la excepción de un vagón de donas virtual, todos los elementos para la creación de una película en MOTION 3D están esperando fuera del escenario de la aplicación. Es hora de ensamblar el reparto y de colocarlos a todos antes de tomar posiciones y de gritar: "¡Toma 1!"

En la siguiente serie de pasos, usted definirá los parámetros de la escena, agregará el telón del CD de obsequio y creará el primer personaje 3D, el logotipo para el restaurante Cactus Todd's.

Aunque MOTION 3D da soporte a los formatos de fuente Type 1 y TrueType, a través del uso de la herramienta Texto 3D (3D Text), usted no va a utilizar texto en este ejemplo. ¿Por qué no? porque el objeto de logotipo de CACTUS.CDR no contiene información de fuente; es un objeto gráfico basado en una versión *modificada* de la fuente La Bamba de Letterset, editada para producir tallos más pesados conviritiendo el texto en curvas y editando las curvas con la Herramienta Forma (Shape tool).

Con mucha frecuencia, los logotipos de empresas no pertenecen a una familia de tipo específica. Pero el logotipo Cactus Todd's *parece* un tipo y es legible (como objeto de MOTION, no importa si el texto es texto o imagen).

He aquí como empezar la animación de Cactus Todd's.

Cómo agregar objeto a una escena de MOTION 3D

1. Antes de lanzar MOTION 3D, copie el archivo TODDBACK.BMP de la carpeta EXAMPLES\CHAP10 que se encuentra en el *CD de obsequio de CorelDRAW! 6 para expertos* a la carpeta MOTION3D\BACKDROP anidada dentro de la carpeta de Corel 6 de su propio disco duro.

   Se trata de la imagen de telón de fondo para la tarea Cactus Todd's. Como opción predeterminada, MOTION 3D busca imágenes en la carpeta BACKDROP cuando usted elige la opción Backdrop mientras establece una escena.

Además, si no copió los archivos CMX a su escritorio en el ejemplo anterior, arrastre y coloque en su escritorio las copias que se encuentran en el CD de obsequio, ahora (abra una ventana de unidad de disco para el CD de obsequio, luego haga clic y arrastre los archivos para copiarlos al escritorio).

2. Lance MOTION 3D desde el menú Inicio (Start) de Windows.

   Se inicia la aplicación. Al empezar, MOTION 3D presenta una nueva escena. Los objetos como la luz, los objetos que agregue a la *escena* y el espacio de la propia escena son parte del *Mundo* (la *extensión* del espacio de la escena).

Tal vez éste no sea el concepto más fácil de aceptar, pero los objetos del mundo de MOTION pueden estar dentro de la vista de la cámara, o no. Que un objeto no se vea a través de una cámara, no significa que el objeto deje de existir; aunque se halle fuera de la vista, aún existe dentro del espacio del Mundo.

3. Elija Es**p**ecial (**S**pecial) y **A**mbiente (**E**nvironments) (o presione Alt+F10) y luego haga clic en la ficha Telón (Backdrop) del cuadro de diálogo Propiedades del ambiente (Environment Properties).

   Se despliega una lista con los nombres de archivo de los telones que se encuentran en su disco duro, en la carpeta BACKDROP de MOTION 3D.

4. Haga clic en TODDBACK y luego en **A**ceptar (**O**K).

   Se carga el fondo personalizado que usted copió del CD de obsequio en la ventana de la vista Cámara (Camera). El recuadro blanco de la ventana Cámara (Camera) es la extensión del rango de ésta. Ese rango de cámara no afecta la vista del telón, si usted acerca o aleja la cámara de la escena (el zoom sólo funciona con los objetos). Es posible que el contorno no se alinee perfectamente con los bordes de la imagen del telón, así que corrijámoslo ahora.

5. Elija **A**rchivo (**F**ile) y **C**onfiguración de la escena (S**c**ene Setup).

   Se despliega un menú de opciones con fichas para la generación, las propiedades de animación y el tipo de archivo que desee guardar después de crear una animación o una imagen fija.

6. Elija Sombra rápida (Shade Fast) de la lista descendente Modo (Mode) que se encuentra en el área Sombreada (Shading). Haga clic y arrastre la barra de desplazamiento Profundidad (Depth) del campo Trazado de rayos (Ray Tracing) hacia Bajo (Low) (4 es un buen valor), desmarque las casillas de verificación Transparencia (Transparency) y Mantener proporciones (Constrain proportions), que se encuentra en el campo Tamaño de la ventana (Window size), escriba **350** en el cuadro contador Ancho (Width) y **263** en el cuadro contador Alto (Height). Elija Color real (24 bits) (True color (24-bit) en la lista descendente Número de colores (Number of colors) y haga clic en Aceptar (OK).

   Se especifica que la opción de trazado de rayos no debe desarrollar un número increíble de cálculos para crear sombras y reflejos (usted no necesita esta opción mientras configura una escena), que MOTION 3D no gastará tiempo calculando información de transparencia para los objeto (en esta animación no habrá objetos transparentes) y que el tamaño de la ventana (de la ventana Cámara (Camera)) debe coincidir con las dimensiones del fondo de mapa de bits que usted cargó. Vea la figura 10.23.

Figura 10.23
Las propiedades de Reproducir (Rendering) se aplican tanto a la presentación preliminar como a la generación final. Mantenga requisitos modestos hasta su generación final.

7. Haga clic en la herramienta Objeto extrusionado (Extrude Object) de la caja de herramientas y luego en la ventana Cámara (Camera).

   Se crea un cubo, con un color lila predeterminado.

El cubo no es parte de la animación Cactus Todd's, pero es necesario que haya un objeto en la escena para tener acceso al modo Taller de MOTION, donde reemplazará la estructura de alambre del cubo con una de las trayectorias que usted exportó de CorelDRAW. Usted tiene que "colocar" un objeto en el Taller (Workshop) antes de importar trayectorias.

Además, puede cambiarse el tamaño de las 4 vistas del espacio Mundo; haga clic y arrastre un divisor, si no quiere ver toda la vista de la cámara. Vea la figura 10.24.

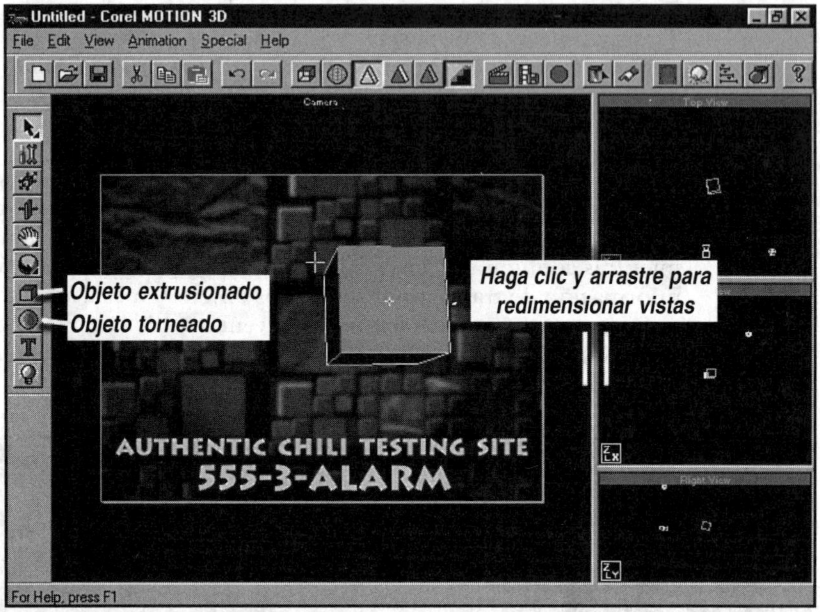

Figura 10.24
Antes de que pueda editar o importar algo en MOTION 3D, tiene que existir un objeto en la escena.

8. Haga clic en el botón para restaurar/maximizar (el botón intermedio de la derecha de la barra de título) de MOTION 3D, luego cambie el tamaño de la ventana de MOTION 3D hasta que tenga una vista del escritorio de Windows y de la vista Cámara (Camera) de MOTION 3D.

   Se le permite ver los iconos CMX de su escritorio y la ventana Cámara (Camera) de MOTION 3D.

9. Haga doble clic en el cubo de la ventana Cámara (Camera). Usted puede utilizar la herramienta Movimiento vertical (Vertical Move) (de selección) o el cursor de la herramienta Objeto extrusionado (Extrude Object) para hacer doble clic en este paso.

   Se cambia de modo en MOTION 3D; ahora se encuentra en el Taller, y el cubo es una malla de alambre en la ventana de edición.

10. Con el cubo de malla de alambre seleccionado, presione Supr (Delete).

    Se elimina el cubo de malla de alambre de la ventana de edición.

11. Haga clic y arrastre el archivo TODDLOGO.CMX del escritorio a la ventana de edición.

Se copia el contenido del archivo TODDLOGO.CMX (el texto convertido en curvas que usted vio en la figura 10.21) a la ventana de edición. Vea la figura 10.25.

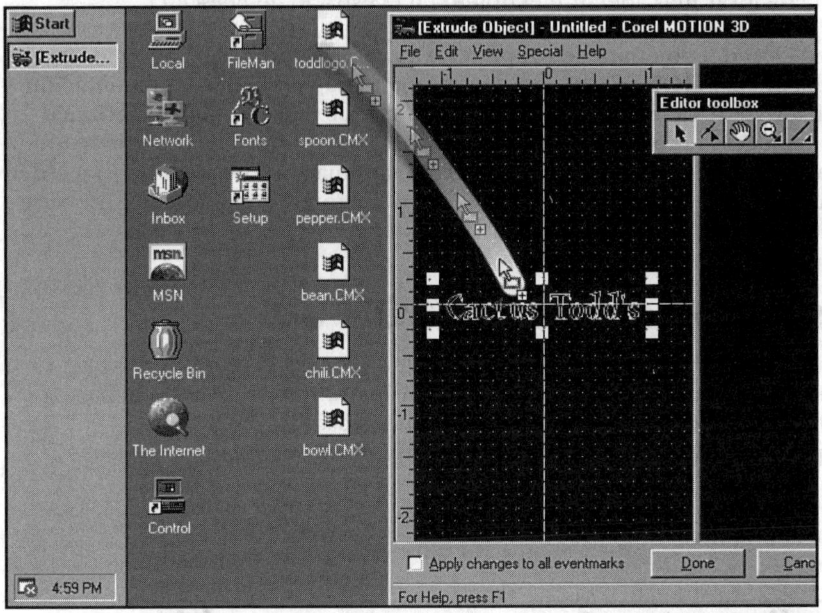

Figura 10.25
Un archivo que contenga una trayectoria en formato CMX puede copiarse directamente a la ventana de edición de MOTION 3D en el modo Taller.

12. Con la herramienta de selección de la Caja de herramientas del Editor (Editor Toolbox) (en la ventana del Taller, centre el logotipo entre las líneas en cruz de la ventana de edición. Haga clic en Hecho (Done) de la ventana del espacio de trabajo, luego haga clic en el botón para restaurar/maximizar de la barra de título de MOTION 3D.

    Se define el centro relativo del objeto; se le regresa a la Cámara (Camera) y otras vistas de la escena; se despliega una versión 3D, extruida del logotipo de Cactus Todd's en la vista Cámara (Camera); se restaura la ventana de MOTION a tamaño completo. Vea la NOTA que sigue.

13. Haga clic en el botón Guardar (Save) de la barra de herramientas, luego guarde la escena en su disco duro como CACTODDS.M3D.

    Se guarda su trabajo hasta este punto.

Nota Arrastrar un archivo CMX del escritorio a la ventana de edición Taller no es la única manera de crear un objeto de MOTION 3D a partir de una trayectoria de CorelDRAW. Mientras se encuentre en el modo Taller, también puede elegir Edición (Edit) e Insertar objeto nuevo (Insert New Object). Sin embargo, este método requiere que usted recorra por lo menos cuatro cuadros de diálogo para definir el tipo de objeto, para encontrarlo en la carpeta y para abrir el contenido del archivo en la ventana de edición.

Mientras sigue adelante en esta sección, se volverá claro por qué necesita centrar las trayectorias 2D en la ventana de edición del Taller. La posición de una trayectoria en la cuadrícula de la ventana de edición determina la forma del objeto 3D y del centro alrededor del que puede girar más adelante el objeto en el espacio de la escena.

Antes de pasar a la edición del objeto de logotipo 3D, vale la pena notar que agregar texto al telón de una escena de MOTION es una manera estupenda de embellecer la animación final sin exigir la adición de texto como un objeto 3D en la escena. El número telefónico ficticio de Todd permanecerá en pantalla durante toda la animación, y usted no tiene que preocuparse por moverlo accidentalmente cuando cree la animación. Los objeto no pueden ir *detrás* del telón, pero los objetos parecen saltar en él y por supuesto que pueden moverse por el área de texto del telón.

Cómo editar un objeto de MOTION 3D

Usted debe tener ahora un logotipo extruido en la ventana Cámara (Camera). Se verá increíble en la animación final, pero por el momento la cámara está enfocando la parte de arriba (usted no puede leer lo que dice), y tal vez tenga un grosor de extrusión demasiado grande, porque MOTION asigna una extrusión predeterminada a todas las trayectorias 2D.

He aquí cómo editar objetos extruidos en MOTION 3D.

Cómo aplicar transformaciones a un objeto

1. Con la herramienta Movimiento vertical (Vertical Move) (selección), haga clic con el botón derecho del ratón en el logotipo y luego elija Transformar (Transform) de la forma extruida. Como opción predeterminada, se muestra la ficha Escalar (Scale).

2. Escriba 10 en el cuadro contador Z%, haga clic en Aplicar (Apply) y luego en Aceptar (OK).

   Se disminuye la distancia Z (la profundidad) del objeto de logotipo, tomada de adelante hacia atrás; se le regresa a la ventana de la vista Cámara (Camera). Vea la figura 10.26.

En los programas de animación y modelado, el espacio 3D se mide por lo general utilizando coordenadas separadas para los objetos y para el espacio en que existen. X es por lo general el ancho, medido de la izquierda a la derecha de la pantalla, Y es el alto (medido de abajo hacia arriba) y Z representa la profundidad de un objeto, medida del frente hacia atrás.

3. Haga clic en la herramienta Rotación vertical (Vertical Rotate) (que se encuentra debajo de la herramienta Panorámica (Pan), en la caja de herramientas), luego haga clic y arrastre el objeto de logotipo hacia abajo, hasta que quede más o menos frente a la cámara.

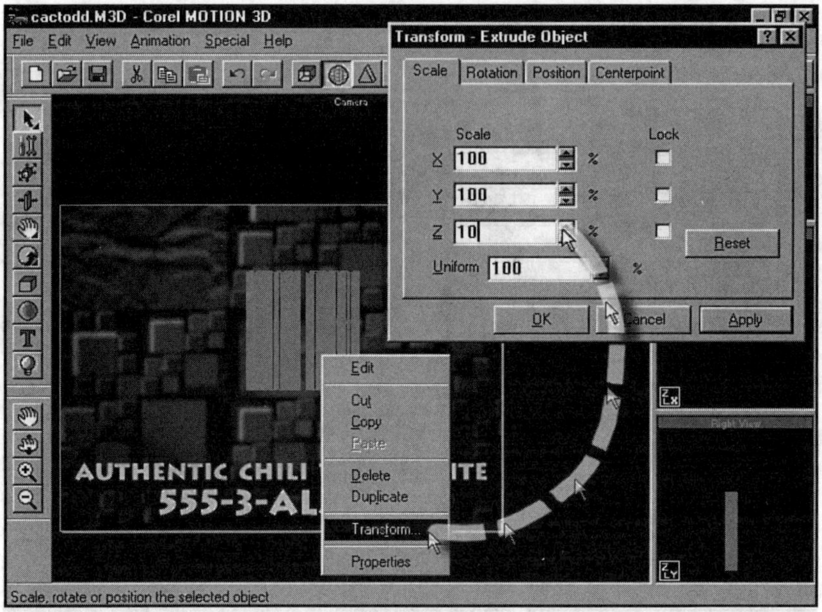

Figura 10.26
Usted puede ajustar cualquiera de las tres dimensiones del objeto de MOTION especificando diferentes porcentajes de Escalar (Scale).

Se gira un objeto a lo largo de su eje vertical (X); se hace que el logotipo quede frente a la cámara. Vea la figura 10.27. En este ejemplo, hemos hecho que el logotipo se incline un poco hacia atrás para revelar la parte inferior del objeto 3D. Tal vez también quiera hacer esto.

4. Presione Ctrl+S (Archivo (File) y Guardar (Save)).

   Se guarda su trabajo hasta este punto.

Cómo comprender los modos de presentación preliminar

Conforme la escena se va poblando con otros objetos 3D, tal vez quiera pasar a la vista Líneas de dibujo (Wireframe) en MOTION 3D para trabajar más rápido. La presentación preliminar interrumpible de MOTION se toma más tiempo para interrumpirse cuando se redibujan más elementos en la escena. En la barra de herramientas, usted puede ver un grupo de iconos de forma geométrica; en la figura anterior (10.27) el grupo de iconos empieza sobre el título "Cámara" ("Camera") (en la ventana de la vista Cámara (Camera)). De izquierda a derecha son:

- ✔ **Caja de límites (Bounding box).** En lugar de un objeto, se dibuja en la pantalla una caja que representa los extremos dimensionales de un objeto.
- ✔ **Líneas de dibujo (Wireframe).** Proporciona una vista de contorno, sin sombras de superficie en los objetos.

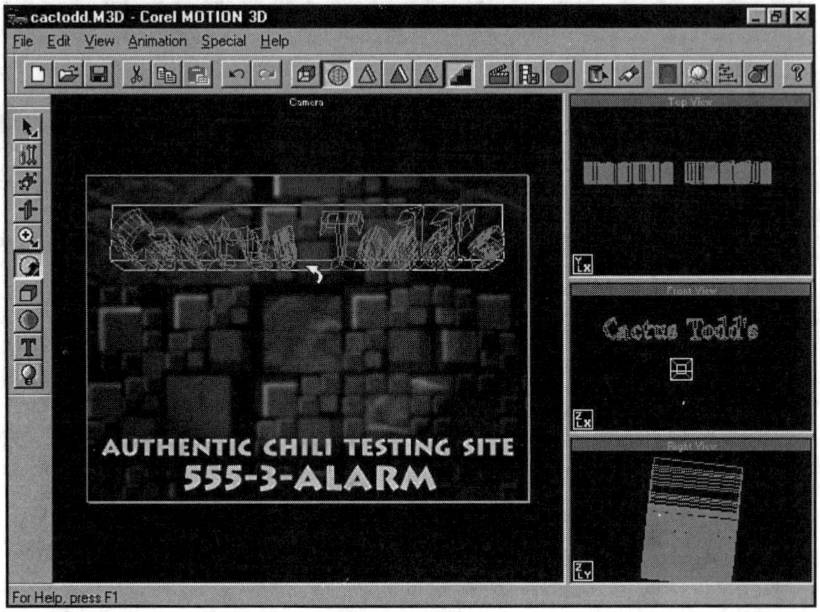

Figura 10.27 Gire el objeto alrededor de su eje X con la herramienta Rotación vertical (Vertical Rotate).

- ✔ **Sombra rápida (Shade Faster).** Muestra una idea somera de la manera en que se verá el objeto en el formato terminado. No se pueden ver reflejos en los objetos, y las sombras se generan de manera primitiva. En este modo, es más fácil seleccionar los objetos que quiera mover o editar.

- ✔ **Sombra mejor (Shade Better).** Probablemente este es el modo en que querrá generar una animación final. Sin embargo, es una mala elección de modo para trabajar, porque la actualización de la pantalla se toma muuuuuucho tiempo, incluso en máquinas Pentium 133.

- ✔ **Trazado de rayos (Ray Tracing).** Este modo no debe utilizarse, salvo en las ocasiones en que usted quiera generar una imagen fija (no una animación) en un formato de archivo. El trazado de rayos calcula, pixel por pixel, dónde se reflejan las fuentes de luz, dónde se ocultan y dónde atraviesan los objetos. El trazado de rayos es estupendamente exacto y proporciona los resultados más fotorrealistas, pero si elige este modo, su presentación preliminar a veces tardará media hora en actualizarse.

- ✔ **Anti-alias (Anti-aliasing).** No es en realidad un modo de presentación preliminar. Este icono de escaleras que se encuentra al final del grupo de modos de presentación preliminar de la barra de herramientas proporciona una suavización entre los objetos del telón y del frente. Usted puede especificar anti-alias para presentaciones preliminares Sombra rápida (Shade Faster), Sombra mejor (Shade Better) y Trazado de rayos (Ray Trace) y para generar animaciones y tomas fijas terminadas.

Con cualquiera de los modos elegidos, usted tiene la opción de cambiar modos al vuelo. Si por ejemplo ha presionado por accidente el botón Trazado de rayos (Ray Trace), puede hacer clic en el botón Líneas de dibujo (Wireframe) para evitar que se genere durante minutos la presentación preliminar interrumpible y que, por lo tanto, se interrumpa su trabajo.

Cómo editar propiedades de superficie

Como en la mayor parte de las imágenes gráficas por computadora, son dos las propiedades básicas de un objeto que constituyen lo que usted ve en pantalla: la forma de un objeto y su contenido (el material con el que está hecha la forma).

En MOTION 3D, a todos los objetos nuevos se les asigna una superficie lila Plástica (Plastic Lilac). Tal vez Cactus Todd prefiera una apariencia dorada, metálica y brillante para su logotipo; sin embargo, los siguientes pasos muestran cómo trabajar con la ficha Superficies (Surfaces) de MOTION. Además, como en CorelDEPTH, usted puede elegir un tamaño de bisel para la orilla donde los lados del objeto extruido se unen con las caras frontal y trasera. Sin embargo, a diferencia de DEPTH, debe asignarse un material sólido a las caras frontal, trasera, lateral y de biseles (usted puede especificar cualquiera entre varias formas diferentes de bisel, pero el lado del bisel no puede tener un color único).

He aquí cómo hacer que el logotipo de plástico de Cactus Todd's parezca como un adorno orgulloso y cincelado.

Cómo asignar propiedades de superficie y de objeto

1. Haga clic con el botón derecho del ratón sobre el objeto de logotipo 3D, luego elija Propiedades (Properties) del menú de método abreviado.

   Se despliega el cuadro de diálogo Propiedades del objeto (Object Properties).

2. Haga clic en la ficha Bisel (Bevel), elija Directo (Straight) de la lista descendente Tipo (Type), haga clic en la casilla de verificación Aplicar biselado también por detrás (Apply bevel on back also), luego haga clic y arrastre en la ventana de presentación preliminar, hasta que un pequeño lado de 45° una las caras frontal y lateral en la ventana de presentación preliminar (la "vista" de la ventana de presentación preliminar del objeto seleccionado se toma desde la parte superior). Vea la figura 10.28.

   Se crea una cara de bisel aguda en cada letra del objeto de logo.

3. Haga clic en Aceptar (OK) y luego en el botón Persiana Superficies (Surfaces Roll-Up) de la barra de herramientas (a la izquierda del botón Contenido de la ayuda (Help Contents), el signo de interrogación), si la persiana aún no se encuentra en la pantalla.

   Se aplican los cambios a las orillas del logotipo; se le regresa a la ventana de la vista Cámara (Camera) y se despliega la persiana Superficies (Surfaces).

4. Recorra la persiana Superficies (Surfaces), haga clic en Oro (Gold) y luego en Aplicar (Apply).

   Se aplica una superficie dorada (*textura*) al objeto del logotipo seleccionado. Vea la figura 10.29.

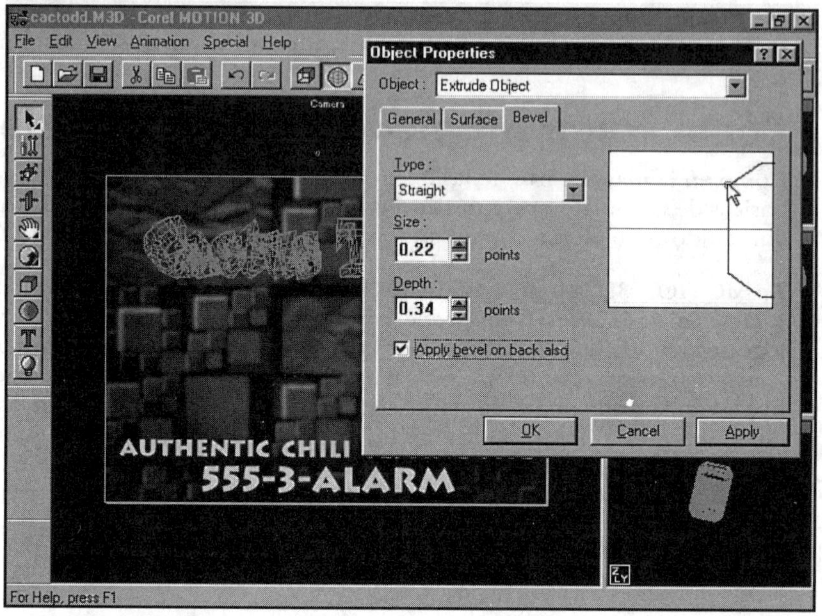

Figura 10.28 Usted puede agregarle fuerza a un simple objeto extruido si especifica diferentes tipos de lados de bisel.

Figura 10.29 Usted puede aplicar una superficie prestablecida de MOTION 3D a un objeto, o crear una superficie propia y única.

5. Presione Ctrl+S (Archivo (File) y Guardar (Save)).

   Se guarda su trabajo hasta este punto.

Si ahora hace clic en Sombra mejor (Shade Better), tendrá una mejor idea del aspecto que tendrá el logotipo en la animación terminada. Debe señalarse aquí que las superficies metálicas prestablecidas no parecen muy diferentes de las superficies de plástico cuando se aplican a objetos y se ven en un modo diferente de Trazado de rayos (Ray Trace).

Por desgracia, el metal obtiene parte de su fuerza de los objetos que refleja; esto requiere que MOTION 3D desarrolle cálculos para tomar en cuenta qué partes de la escena se reflejan en cada cara de un objeto 3D. Si usted da la vuelta a la sección de color de este libro, verá la imagen fija con trazado de rayos de una escena completa de Cactus Todd's. Esta generación, aunque sólo es de 640×480 pixeles, con una resolución de 72 pixeles por pulgada (produciendo un archivo de 1.18 Mb), tarda 6 horas en generarse en una 486 DX2 con 32 Mb de RAM. Usted no debe esperar reflejos exactos en una animación terminada (que puede constar de muchos cuadros individuales), pero MOTION 3D, a través de la animación de sombras y reflejos de un objeto que se mueve por un espacio, produce una fascinante apariencia metálica en objetos, sin la opción de Trazado de rayos (Ray Trace).

Cómo agregar y colocar a los otros miembros del reparto

Las trayectorias 2D del pimiento, la cuchara y el frijol pueden llevarse a la ventana de edición del Taller, utilizando las mismas técnicas descritas para arrastrar el archivo del logotipo del escritorio a la ventana de edición. Usted debe hacer esto antes de seguir leyendo el siguiente conjunto de pasos.

Coloque en el escritorio de Win95 los archivos CMX de la cuchara, el pimiento y el frijol que creó al principio en CorelDRAW (o utilice los archivos CMX que se proporcionan en la carpeta EXAMPLES\CHAP10 del CD de obsequio). Después de crear un cubo extruido 3D, vaya a la ventana del Taller, elimine el cubo, arrastre el archivo CMX a la ventana del Taller y luego haga clic en Hecho (Done) para regresar al espacio de trabajo y a la ventana de la vista Cámara (Camera). Utilice los métodos, tal como se describieron en relación con el logotipo de Cactus Todd's, para cambiar la profundidad de cada una de estas formas, luego aplique una superficie de su elección. Mantenga estos tres objetos a la derecha de la vista Cámara (Camera) (haga clic y arrástrelas a la derecha de la pantalla con la herramienta Movimiento vertical (Vertical move)); le mostraremos en breve cuál será su posición en la escena.

El tazón de caldo y el caldo adquirirán volumen a través del torneado, no de la extrusión. Deben colocarse de modo que su eje de rotación (refiérase a la figura 10.22) coincida con la línea vertical de la ventana de edición, para que gire de manera correcta a través de su eje.

He aquí cómo importar, darle volumen y colocar el platón y el caldo para la animación.

Cómo crear y colocar el caldo de Cactus Todd's

1. Con la herramienta Objeto torno (Lathe object) seleccionada en la caja de herramientas, haga clic en la ventana de la vista Cámara (Camera) y luego en la herramienta Movimiento vertical (Vertical move).

   Se agrega una esfera a la escena; se cambia a la herramienta Movimiento vertical (Vertical move).

2. Haga doble clic en la esfera y, una vez que se encuentre en el modo Taller, haga clic en el botón para restaurar y maximizar de la barra de título.

   Se abre la ventana del modo Taller; se le permite ver el escritorio de Win95.

3. Presione Supr (Delete), luego haga clic y arrastre a la ventana de edición el archivo BOWL.CMX que usted colocó antes en la carpeta Escritorio (Desktop).

   Se elimina la trayectoria de la esfera; se copia la trayectoria del tazón de caldo a la ventana de edición.

4. Con la herramienta Selección (Selection) de la Caja de herramientas de Edición (Editing Toolbox), haga clic y arrastre la trayectoria del tazón, hasta que esté colocada como se muestra en la figura 10.30.

   Se alinea la orilla izquierda de la trayectoria del tazón con el eje de torneado. El tazón no será un objeto con movimiento en la animación terminada; si lo fuera, debería colocar la trayectoria para que la línea horizontal de la ventana de edición bisecte la trayectoria del tazón. Con esto se lograría que el centro de rotación del objeto 3D resultante se convirtiera en el centro de todas las dimensiones.

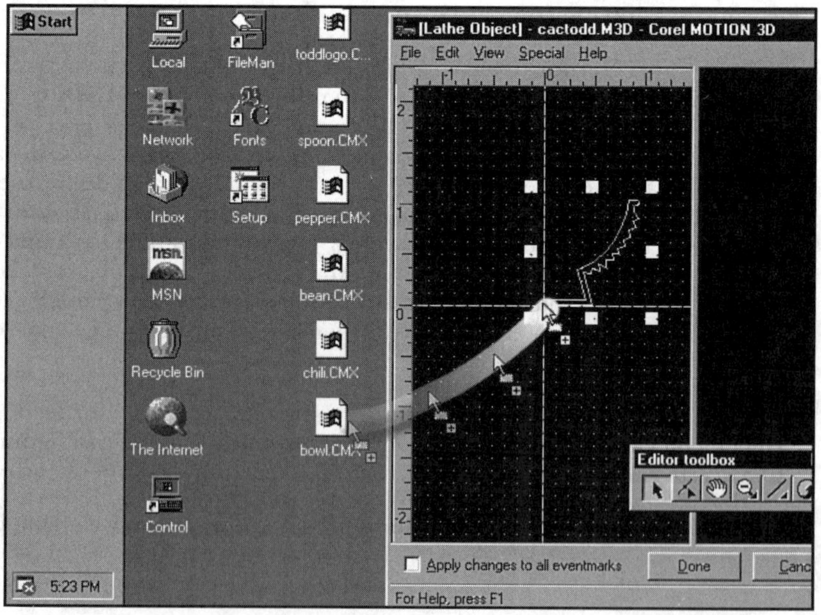

Figura 10.30
Las líneas en cruz de la ventana de edición determinan el centro espacial de un objeto.

5. Haga clic en el botón **H**echo (**D**one). *No* cambie aún el tamaño del objeto de tazón 3D. No debe ser demasiado grande para la composición; de serlo, usted tratará esto después.

   Se le regresa a la ventana de la vista Cámara (Camera); ahora se encuentra en la escena un tazón 3D.

6. Repita del paso 1 al 5 con el archivo CHILI.CMX del escritorio.

   Se agrega un caldo 3D a la escena. Como los objetos de "reemplazo" del cubo o la esfera tienen sus orígenes espaciales en lugares idénticos a donde usted ha creado el cubo o la esfera original ,en la ventana de la vista Cámara (Camera), es posible que los objetos de caldo y de tazón tengan la misma proporción, pero que no se encuentren alineados. Arreglaremos esto ahora.

7. Haga clic en el botón Líneas de dibujo (Wireframe) de la barra de herramientas.

   Se le permite moverse rápidamente a través de las ventanas de vistas, porque ahora MOTION 3D debe actualizar menos elementos en la pantalla.

8. Haga clic y arrastre el divisor de ventana para que la ventana Vista superior (Top View) ocupe la mayor parte del área de trabajo, luego haga clic en la barra de título de la ventana Vista superior (Top View).

   Se hace más grande la ventana de la vista superior; Vista superior (Top View) pasa a ser la ventana de edición actual.

9. Con la herramienta Movimiento vertical (Vertical move) (selección), haga clic y arrastre la malla de alambre del objeto de caldo para que se alinee dentro del objeto de tazón.

   Se alinean dos de las tres dimensiones del tazón y el caldo. Vea la figura 10.31.

Tip Tal vez quiera hacer un acercamiento o recorrer la ventana Vista superior (Top View) para observar mejor su trabajo de edición. A diferencia de otras aplicaciones de Corel, la herramienta Acercar (Zoom) de MOTION 3D no tiene un modo de recuadro de selección. En vez de hacer clic y arrastrar en una ventana para lograr un acercamiento, usted hace clic y mantiene presionado el botón izquierdo del ratón para un "acercamiento de poder". La misma técnica es válida para la herramienta Alejar (Zoom out) (en el menú lateral de vistas): la herramienta Panorámica (Pan) funciona como la herramienta de mano de cualquier otra aplicación.

También puede ver en la figura 10.31 que la caja de herramientas Ver (View) se ha incluido debajo de la caja de herramientas predeterminada, para tener acceso más fácilmente a todas las herramientas de vista. Para agregar la caja de herramientas a la izquierda del área de trabajo, haga clic con el botón derecho del ratón en la caja de herramientas predeterminada para desplegar el menú de método abreviado, luego elija la caja de herramientas Ver (View) del menú, y haga clic y arrástrela hasta que quede incrustada en su nueva posición.

10. Haga clic y arrastre los divisores de ventana para que pueda ver la ventana Vista derecha (Right View) como vista principal, luego haga clic en la barra de título de la ventana Vista derecha (Right View).

    Se hace que la ventana derecha sea la vista predominante en MOTION 3D.

11. Haga clic y arrastre el objeto de caldo para que quede centrado dentro del objeto de platón (si es necesario).

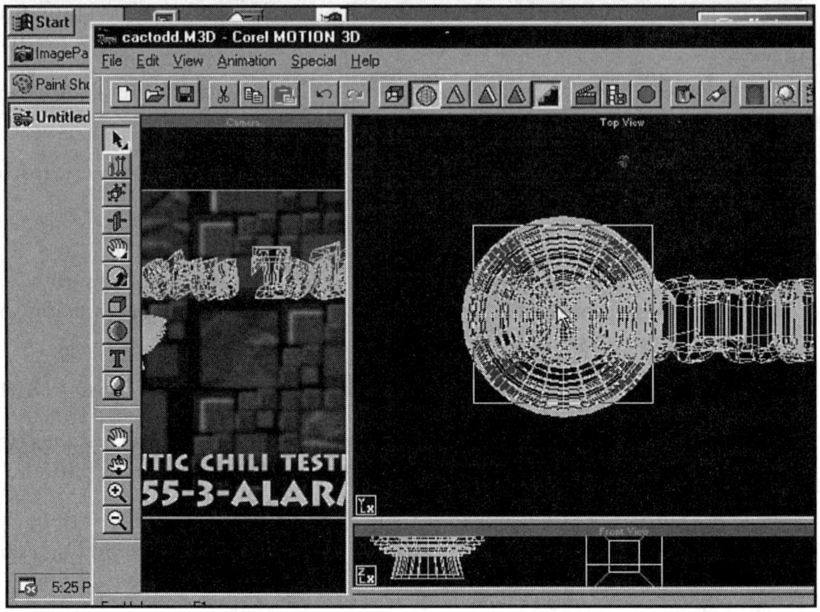

Figura 10.31
Cada ventana de MOTION 3D proporciona acceso únicamente a dos dimensiones, Por lo tanto, utilice más de una vista para alinear objetos 3D.

Usted ha alineado el caldo con el tazón en las tres dimensiones del espacio de la escena de MOTION.

12. Cambie el tamaño de las ventanas hasta que la vista Cámara (Camera) sea otra vez la principal.

    Se restaura la vista en que usted seguirá su edición.

13. Presione Ctrl+S (**A**rchivo (**F**ile) y **G**uardar (**S**ave)).

    Se guarda su trabajo hasta este punto.

El trabajo en el espacio 3D no es la más fácil de las tareas, pero piense cómo se sienten los astronautas.

Cómo crear una superficie para el objeto de caldo

En los siguientes pasos, usted aprenderá a definir y aplicar una superficie única al caldo; al hacerlo, usted puede practicar un pequeño estudio independiente y definir las superficies para todos los objetos que se encuentran actualmente en la escena de Cactus Todd's.

A diferencia de DREAM 3D o DEPTH, las superficies se encuentran limitadas a propiedades sin textura en MOTION 3D. Requeriría el poder de cálculo de una estación de trabajo SGI o SUN "mover" una textura en relación con otros objetos por el espacio 3D, pero usted aún conserva mucho control sobre el brillo, el color y otros atributos de los objetos que elabora en MOTION 3D.

He aquí cómo hacer una superficie de caldo digna del famoso restaurante Cactus Todd's.

Cómo crear y aplicar superficies

1. Haga clic en cualquiera de los iconos de presentación preliminar de superficies en la persiana Superficies (Surfaces) y luego haga clic en Edición (Edit).

   Se despliega el cuadro de diálogo Editar superficies (Edit Surfaces).

2. Haga clic en Duplicar (Duplicate) y escriba Caldo (Chili) en el campo Nombre (Name).

   Se crea un objeto duplicado que ahora usted puede editar sin miedo de modificar la persiana Superficies (Surfaces) predeterminada.

3. Elija un color café de la lista descendente Color (Color).

   La superficie de Caldo (Chili) toma un color café; la esfera de presentación preliminar se vuelve café.

4. Haga clic y arrastre la barra de desplazamiento Iluminación especular (Specular Highlight) a un 70%, luego haga clic y arrastre las barras de desplazamiento restantes a la posición mostrada en la figura 10.32.

   Se crean características de superficie similares a las encontradas en el caldo de Cactus Todd's. Aunque frecuentemente deseará definir una textura metálica y brillante para un logotipo volador, otros objetos, como el caldo y el tazón, deben ser no metálicos y no muy brillantes.

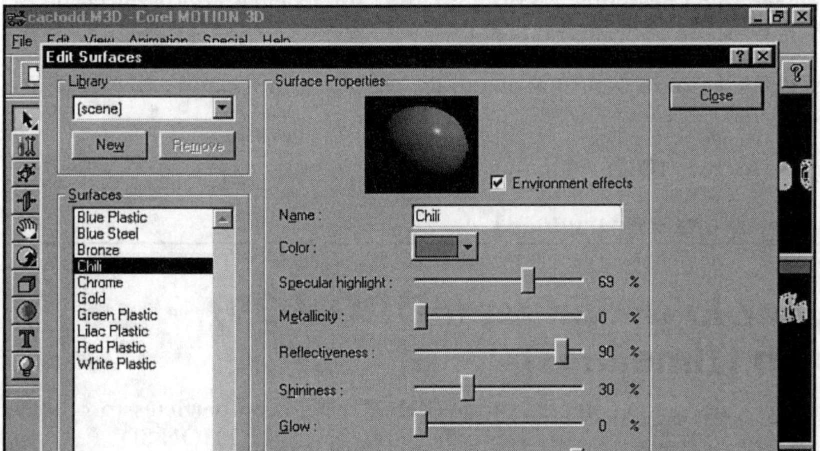

Figura 10.32
Cree la superficie para un objeto con características apropiadas. Caldo (Chili) tal vez tenga brillos líquidos, pero no debe ser metálico.

5. Haga clic en Actualizar (Update) y luego en Cerrar (Close).

   Se agrega la superficie Caldo (Chili) a la colección predeterminada de superficies. La persiana Superficies (Surfaces) sólo desplegará superficies personalizadas para un proyecto actual; usted no puede tener acceso a la superficie Caldo (Chili) en la ventana de una nueva escena.

Como ahora hay varios objetos juntos en la escena de Cactus Todd's, parece difícil seleccionar el caldo para aplicarle luego una nueva superficie. Por esto debe etiquetar cada objeto de ia escena (para una referencia rápida), dando los siguientes pasos:

6. Haga clic en el botón Guión (Timelines) de la barra de herramientas (se encuentra a la izquierda del botón Persiana Superficies (Surfaces Roll-Up)).

   Se despliega el panel Guión (Timelines). Es aquí donde usted puede seleccionar por nombre los objetos en una escena, y donde también puede crear una animación.

Tip Para asignarle nombre a un objeto a través del panel Guión (Timelines), haga clic con el botón derecho del ratón en el nombre predeterminado de un objeto, elija Propiedades (Properties) del menú de método abreviado y luego escriba un nombre en el campo **Nombre** (**Name**).

7. Haga clic en el nombre del objeto de caldo en el panel Guión (Timelines). Su nombre predeterminado debe ser Objeto torno 1 (Lathe Object 1) (el tazón de caldo es Objeto torno (Lathe Object), sin número).

   Se selecciona el objeto de caldo en la escena; el objeto aparece ahora resaltado en la vista de la ventana actual.

8. Haga clic en el icono de presentación preliminar de superficie Caldo (Chili), que se encuentra en la persiana Superficies (Surfaces).

   Se aplica la superficie Caldo (Chili) al objeto de caldo. ¿Hay un caldo allí? Vea la figura 10.33.

9. Presione Ctrl+S (Archivo (File) y Guardar (Save)).

   Se guarda su trabajo hasta este punto.

Cómo bloquear la acción en MOTION 3D; el panel Guión (Timelines)

La "pandilla" está completa, se cuenta con ella, y todos deben tener las superficies apropiadas antes de que continuemos con la fase de animación de su trabajo en MOTION 3D.

En la figura 10.34 usted puede observar la vista de un espacio de trabajo bien organizado para un proyecto de animación. Todos los objetos están en su "pose inicial", el cuadro inicial de la animación que creará. Usted no puede ver el pimiento ni el frijol en la ventana Cámara (Camera), porque se encuentran ocultos en el caldo, y harán cabriolas por la escena durante lo 4 segundos de la animación.

Figura 10.33
Si necesita seleccionar un objeto que esté oculto por otro, selecciónelo utilizando el panel Guión (Timelines).

Figura 10.34
Permítase una vista grande de la ventana principal Cámara (Camera), pero cree acercamientos en las otras ventanas de vistas, para que pueda mover objetos en el espacio 3D mientras realiza su animación.

Un espacio de trabajo ordenado en MOTION 3D es esencial, porque necesitará trabajar entre el panel Guión (Timelines) y la ventana de la vista Cámara (Camera), ir de uno al otro para cambiar la posición de sus actores en el tiempo.

MOTION 3D maneja este proceso de animación; sin embargo, usted debe definir los cuadros clave con que MOTION 3D puede elaborar el resto de los cuadros de la animación. Un *cuadro clave* es un momento definitivo en el tiempo, donde los actores (o extras) están colocados de manera diferente que en el cuadro clave anterior. Un ejemplo de esto es la animación de una puerta que se cierra; el primer cuadro clave es la imagen fija de una puerta abierta, y el siguiente cuadro clave es la imagen de la puerta cerrada. En una animación así, MOTION 3D calcula el número de cuadros intermedios con base en el número total de cuadros que usted ha definido para la película, y genera automáticamente el número correcto de cuadros fijos para completar la animación.

Es importante que usted no cree demasiados cuadros clave (más de 4 por segundo de animación final), o su animación parecería interminable, el tamaño del archivo resultante para la animación sería enorme y la animación correría con demasiada lentitud.

En la figura 10.35 usted verá algunas llamadas para los controles del panel Guión (Timelines) que utilizará la mayor parte del primer mes, mientras experimenta con MOTION 3D por su cuenta. Tenemos una explicación detallada de cada opción después de la figura, y el ejemplo que sigue muestra cómo utilizar los controles de Guión (Timelines) para poner en movimiento la presentación Cactus Todd's.

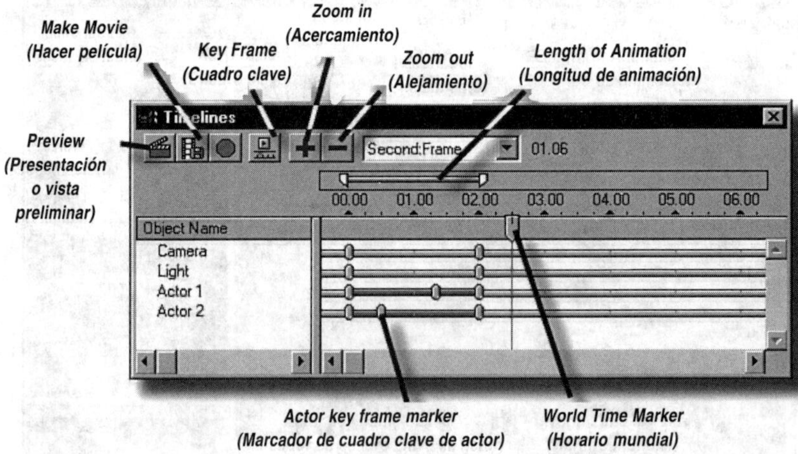

Figura 10.35 Los controles de animación del panel Guión (Timelines) de CorelMOTION 3D.

En el orden de las manecillas del reloj, empezando con el botón Simulación (Preview):

- ✔ El botón Simulación (Preview) reproduce la secuencia de animación, únicamente en la vista de caja de límite, desde su ventana de vista actual. Simulación (Preview) es una opción esencial que le permite ver la suavidad de sus transiciones o y si un objeto salta dentro (o hacia) otro objeto.

- ✔ El botón Crear película (Make Movie) comienza el proceso de generación, y éste debe ser el último botón en que hace clic en MOTION 3D. Pero antes de hacer la película, usted necesita definir las opciones de compresión, el formato del archivo y el número de recuadros por segundo. Esto se explica en la sección que sigue a estas funciones del panel Guión (Timelines).
- ✔ El botón Definir marco (Key Frame) crea un acontecimiento a través del área del marcador de Guión (Timelines), y avanza la película en la cantidad que usted especifique en el cuadro de diálogo Configuración de la escena (Scene Setup), en el cuadro contador Frecuencia de fotogramas (Frame rate) del menú Animación (Animation). Sólo debe hacerse clic en el botón Definir marco (Key Frame) después de que haya movido a los actores, la cámara y/o la luz para su siguiente pose dentro de la "trama" de la película.
- ✔ Los botones Acercar en la escala de tiempo (Zoom in) y Alejar en la escala de tiempo (Zoom out) no tienen relación con las vistas de la escena, sino que ofrecen un aumento o una disminución de los marcadores del guión. Suponga que usted desea que un acontecimiento suceda exactamente 3 cuadros después del cuadro clave. A una resolución de vista de 1:1, los marcadores del guión son demasiado grandes para permitir este ajuste. En este caso, haga clic en el botón Acercar en la escala de tiempo (Zoom in) para ampliar su vista del guión, coloque el cuadro clave y luego haga clic en el botón Alejar en la escala de tiempo (Zoom out) para ver el guión completo.
- ✔ La longitud de la animación depende de usted (y sus recursos de sistema), pero el marcador de longitud de animación, la barra de desplazamiento que parece tener un calibrador en cada orilla, le indica qué parte de la animación se generará. Como opción predeterminada, toda su animación se genera en un archivo, pero si sólo desea generar un "trozo de tiempo", haga clic y arrastre los marcadores de longitud de animación a la izquierda o la derecha para marcar entre corchetes la parte de la película de MOTION 3D que desea generar.
- ✔ El marcador de tiempo mundial mueve su vista en la ventana activa de MOTION 3D a través de toda la película. Usted puede ver la posición de los objetos a, digamos, 2 segundos de la película, o en cualquier otro momento del guión.
- ✔ El marcador de cuadro clave de actor (sea un objeto 3D o una luz) todo lo que se encuentra en el espacio mundial de MOTION tiene por lo menos un marcador en el guión de la animación. Usted notará en la figura 10.35 que la cámara y la luz tienen un marcador al principio y al final del guión, pero no marcadores intermedios, como Actor 1 y Actor 2. Esto significa que cuando se hizo clic sobre el botón Definir marco (Key Frame), estos objetos no se movieron. Además, usted puede saber que no hay movimiento para un actor o un extra entre cuadros clave, cuando los intervalos de marcadores sobre los que se encuentra el marcador tienen un color predeterminado; los intervalos de marcador adquieren un tono oscuro cuando hay movimiento de un actor (un *acontecimiento*) entre los marcadores.

Usted puede acelerar la acción entre cuadros acercando o separando los marcadores de cuadros clave para los actores o extras. Para mover más de un marcador de cuadro clave, mantenga presionada la tecla Mayús (Shift) mientras selecciona marcadores adicionales (vea la figura 10.36).

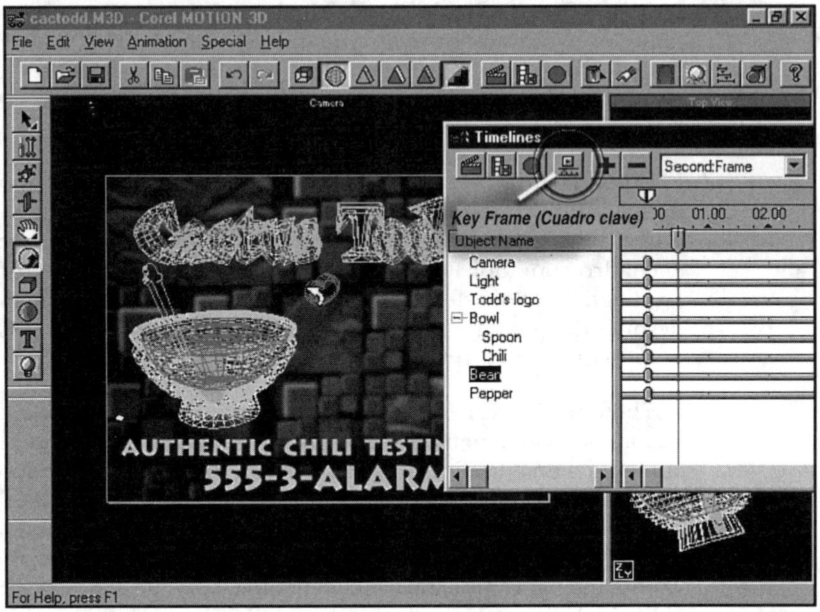

Figura 10.36 Usted puede acelerar la acción entre cuadros, si mueve los marcadores de cuadro clave.

Al cuidar hasta el mínimo detalle, su papel de director será divertido y productivo. Es hora de las ¡Luces, Cámara, Usted sabe lo que sigue!

Cómo seguir movimientos individuales

Hay una o dos maneras de animar una escena. La primera consiste en mover los objetos a sus posiciones clave aproximadas entre los cuadros clave, luego en regresar a los cuadros clave arrastrando el marcador de tiempo mundial hacia cada cuadro clave y afinando la pose de cada objeto.

El segundo método consiste en invertir un tiempo en que esté seguro de que no se le interrumpirá y en colocar los objetos en la posición exacta que desea que ocupen cada vez que haga clic en el botón Definir marco (Key Frame).

Tomemos la segunda de estas alternativas en la siguiente serie de pasos, conforme recorremos la animación de la película Cactus Todd's. CACTORS.M3D se localiza en la carpeta CHAP10 del CD de obsequio, y este archivo de MOTION 3D contiene a los actores, si usted no ha creado la escena y desea trabajar con ella en los pasos siguientes.

Cómo animar su escena de MOTION 3D

1. Seleccione el frijol del platón de caldo con la herramienta Movimiento vertical (Vertical move) (selección), y arrástrelo lejos del tazón, hacia arriba, al espacio entre "Cactus" y "Todd's".

Se mueve el frijol por el espacio, pero todavía no por el tiempo. Si tiene algún problema para seleccionar el objeto de frijol, haga clic en su nombre en el panel Guión (Timelines); esto selecciona el objeto.

2. Haga clic en la herramienta Rotación vertical (Vertical rotate) y luego haga clic y arrastre el frijol hacia arriba.

   Se gira el frijol hacia arriba.

3. Haga clic y arrastre el logotipo Cactus Todd's hacia arriba, con la herramienta Rotación vertical (Vertical rotate).

   Se gira el logotipo hacia arriba. En la vista Sombra rápida (Shade Faster), usted puede hacer clic en un objeto con cualquiera de las herramientas de giro para seleccionarlo; en el modo Líneas de dibujo (Wireframe), necesita utilizar la herramienta Movimiento vertical (Vertical move) (selección).

4. Haga clic en el botón Definir marco (Key Frame) del panel Guión (Timelines).

   Avanza la película el valor predeterminado de 1/2 segundo (o 18 cuadros, que es también un valor predeterminado que aprenderá a cambiar en este capítulo).

5. Con la herramienta Movimiento vertical (Vertical move) (selección), haga clic y arrastre el frijol más a la derecha, y hacia abajo, luego elija la herramienta Rotación vertical (Vertical Rotate) y déle al frijol un cuarto de giro.

   Usted está haciendo que el frijol salte hacia arriba y hacia abajo, y que gire por el tiempo.

6. Haga clic y arrastre el pimiento escondido en el tazón con la herramienta Movimiento vertical (Vertical move) (selección), y colóquelo dónde estaba el frijol.

   Se está creando un efecto de animación en cascada; en la película final, el frijol y el pimiento simplemente cambiarán de posición al brincar del platón de caldo.

7. Con la herramienta Rotación vertical (Vertical Rotate), haga clic y arrastre en el logotipo de Cactus Todd's hacia abajo.

   Se está especificando que el logotipo se mecerá hacia arriba y hacia abajo, conforme los ingredientes del caldo escapan del tazón.

8. Haga clic en el botón Definir marco (Key Frame) del panel Guión (Timelines).

   La animación avanza 1/2 segundo. Vea la figura 10.37.

9. Haga clic y arrastre el frijol fuera de la ventana de la cámara, con la herramienta Movimiento vertical (Vertical move) (selección), cambie a la Vista superior (Top View) y saque el frijol por completo del cuadro.

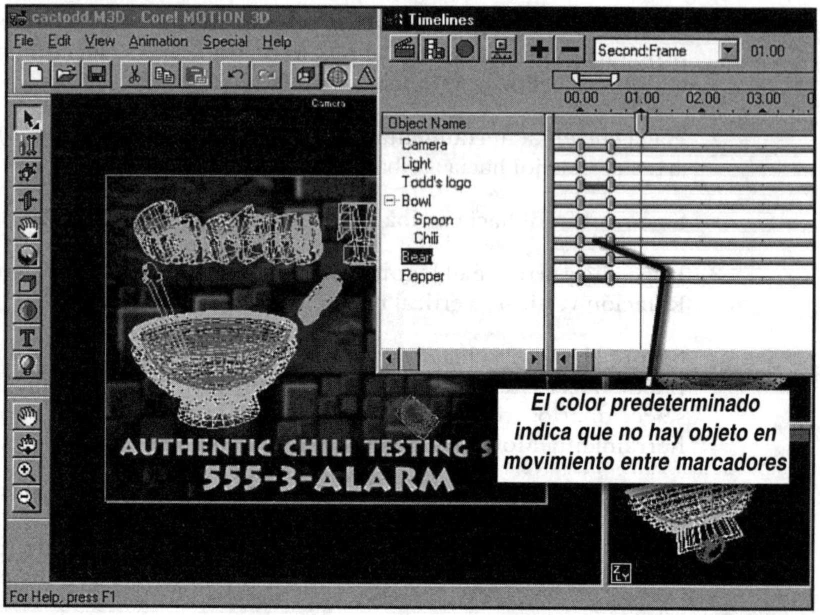

Figura 10.37
Mantenga algunos objetos en constante movimiento y deje otros estáticos; el contraste visual le facilita al observador el seguimiento de la escena.

El frijol sale del cuadro. Usted necesita mover por completo un objeto fuera del cuadro para que el módulo de generación de MOTION 3D lo elimine de la generación final. De otra manera, una orilla del objeto permanecerá en el resto de la película.

10. Haga clic y arrastre el pimiento a la posición anterior del frijol, luego, con la herramienta Rotación vertical (Vertical Rotate), haga clic y arrastre el logotipo Cactus Todd's hacia arriba.

    Se sigue animando la escena.

11. Haga clic en el botón Definir marco (Key Frame) del panel Guión (Timelines).

    Se agrega otro cuadro clave a la animación.

12. Presione Ctrl+S (Archivo (File) y Guardar (Save)).

    Se guarda su trabajo hasta este punto.

Los anteriores fueron los pasos básicos para crear una animación. El autor se mostró poco ambicioso con el proyecto; si desea examinar los adornos, abra el archivo CACTODDS.M3D, que se encuentra en la carpeta CHAP10 del CD de obsequio. El objeto de frijol y el de pimiento se copiaron para crear una animación más rica (y un caldo más sabroso). Usted puede copiar actores (presionando Ctrl+C y luego Ctrl+V), pero las acciones del guión se copian junto con los actores. Para eliminar los cuadros clave, haga clic en un marcador y luego, con el botón derecho del ratón, elija Eliminar (Delete) del menú de método abreviado. Sin embargo, por nada elimine el primer marcador de cuadro clave; sin marcadores de cuadro clave, no existe un extra o un actor, y usted eliminará el objeto del archivo.

Para agregar cuadros clave a un solo actor, elija Duplicar (Duplicate) del menú de método abreviado cuando usted se encuentre colocado sobre el primer marcador, a continuación haga clic y arrastre el marcador al siguiente punto de cuadro clave para los otros objetos. Luego mueva el marcador de tiempo mundial a este punto, coloque el objeto de la manera en que lo desee y repita estos pasos para el resto del tiempo de reproducción de la película.

Para crear un archivo cíclico (que empiece y termine en el mismo punto) deberá duplicar los marcadores de cuadro clave de inicio para todos los objetos que se mueven en la escena, y arrastrarlos en el panel Guión (Timelines) a la posición final de la película (antes de colocar los marcadores duplicados, elimine los que ya existen al final).

Antes de que grite, "¡Corte! ¡Se queda la toma! ¡Impriman!", Cactus Todd Productions necesita algo de película en la cámara. Revise la siguiente sección antes de hacer clic en Crear película (Make Movie).

Cómo especificar opciones de película virtual

Hagamos ahora un viaje de regreso al cuadro de diálogo Configuración de la escena (Scene Setup) y definamos el tipo de archivo, el formato y otras opciones que desea generar. La preplaneación es clave para una sesión de generación de 2 a 3 horas. Si un archivo de CorelDRAW se corrompe, usted habrá perdido el archivo, pero si una generación de MOTION 3D falla en alguna parte del proceso, o usted especifica la configuración equivocada, habrá perdido el archivo, y también su tiempo.

He aquí cómo configurar la salida para la escena que usted ha coreografiado. Es como comprar un rollo antes de fotografiar algo.

Cómo definir los parámetros de la generación

1. Elija Archivo (File) y Configuración de la escena (Scene Setup).

   Aparece el cuadro de diálogo con fichas Configuración de la escena (Scene Setup).

2. Haga clic en la ficha Animación (Animation) y luego en el botón de opción Todos los fotogramas (All frames) del campo Fotogramas para retocar (Frames to Render). Si sólo quiere generar un cuadro en BMP, TIFF u otro formato de mapa de bits, haga clic en el botón de opción Desde (From) y elija el cuadro de la película que desea generar.

   Los valores predeterminados de las otras opciones del cuadro de diálogo Animación (Animation) están correctos. Pero usted puede cambiarlos si necesita una animación más detallada, suave (y grande).

3. Haga clic en la ficha Guardar (Save) del cuadro de diálogo y luego en Opciones de compresión (Compression Options).

Se presenta una lista con las opciones disponibles para que su película sea más pequeña. En general, deje estos parámetros con sus valores predeterminados de Microsoft Video 1, 75% de compresión (o especifique esta opción, si ha cambiado). La compresión de animación es un punto intermedio entre la fluidez de una animación (con cuánta suavidad y rapidez se reproduce) y la calidad visual general de la película. Haga clic en Aceptar (OK) para regresar al cuadro de diálogo con fichas.

4. Haga clic en Aceptar (OK) para salir del cuadro de diálogo Configuración de la escena (Scene Settings).

Admitamos que la serie de pasos anterior fue un ejemplo lleno de "descubrimientos"; le enseñaron más sobre dónde encontrar parámetros de generación final que sobre la propia animación.

Si se encuentra listo para una serie de pasos más productiva, e incluso más breve, ¡todo está listo para hacer clic en el botón Crear película (Make Movie) ahora!

Los pasos para generar su película

El procedimiento es más importante aquí que todo lo demás. Básicamente usted está terminando la creación de su animación; sólo le queda generar el archivo en un formato de animación.

CACTODDS.AVI se encuentra también en la carpeta CHAP10 del CD de obsequio, si desea reproducirlo. Es el resultado de los pasos descritos en este capítulo.

He aquí cómo lanzar la generación en MOTION 3D:

¡ACCIÓN!

1. Minimice la ventana de MOTION 3D y desactive las comunicaciones, la impresión y los protectores de pantalla que podrían permanecer en el fondo de Win95, luego restaure la ventana de MOTION 3D.

   Se trata de un seguro contra fallos del sistema mientras MOTION 3D genera su película.

2. Haga clic en el botón Sombra mejor (Shade Better) de la barra de herramientas y luego en el botón de anti-alias.

   Se define una buena calidad para la película. Estas opciones se encuentran en la ficha Reproducir (Rendering) del cuadro de diálogo Configuración de la escena (Scene Setup). Por eso no lo cubrimos antes en Configuración de la escena (Scene Settings).

3. Haga clic en el botón Crear película (Make Movie) del panel Guión (Timelines).

   Se despliega el cuadro de diálogo Crear película (Make Movie).

4. Elija el formato de la película exportada (generada) en la lista descendente Guardar como tipo (Save as type).

Recomendamos que elija Video para Windows (AVI) (Video for Windows (AVI)), porque usted puede reproducir la película segundos después de haberla terminado utilizando el Reproductor multimedia (Media Player) de Win95.

5. Haga clic en **G**uardar (**S**ave).

   Aparece la ventana Retocar película (Rendering Movie); si lo prefiere, puede ver cómo avanza el proceso de generación en cámara lenta.

6. Regrese una media hora después con sus amigos, las palomitas de maíz y todos los dulces que le quepan en la manos, presione Ctrl+S y Alt+F4.

   Su película está terminada, usted guarda el documento M3D por última vez y sale de MOTION 3D.

7. En el menú Inicio (Start) de Windows, elija **P**rogramas (**P**rograms), Accesorios (Accessories), Multimedia y luego haga clic en Reproductor multimedia (Media Player).

   Se carga el Reproductor multimedia (Media Player).

8. Elija **A**rchivo (**F**ile) y Ab**r**ir (**O**pen), localice el archivo CACTODDS.AVI en la ventana de carpetas, haga clic en él y elija Ab**r**ir (**O**pen).

   Se carga el archivo AVI.

9. Presione Ctrl+O (**E**dición (**E**dit) y **O**pciones (**O**ptions)); haga clic en la casilla de verificación Repetición a**u**tomática (Auto-**R**epeat) y luego en Aceptar (OK).

   Se especifica que la película se reproducirá interminablemente hasta que usted la detenga.

10. Haga clic en el botón Reproducir (Play) del Reproductor multimedia (Media Player).

    Se reproduce la saga épica de Cactus Todd y su famoso 3-Alarm Chili.

11. Llame a Todd y trate de renegociar su contrato. Todas las grandes empresas de cine lo hacen estos días.

Se trató de que este capítulo fuera un trampolín para alcanzar resultados rápidos y satisfactorios con MOTION 3D, pero la historia aún no termina. Hay más opciones en MOTION 3D que no se cubrieron en este capítulo; pero ahora usted conoce ya las bases y con práctica y algunos descubrimientos independientes, encontrará más recompensas de las que pueda imaginar con las dimensiones añadidas en una extraordinaria aplicación de diseño.

Usted notará que no usamos fuentes una sola vez en este capítulo. Aunque DEPTH y MOTION se promocionan como programas de fuentes en 3D, esperamos que usted haya aprendido que puede pintar, dibujar y dirigir, además de manipular texto en los programas vistos en este capítulo.

Ahora que usted tiene un poco más de experiencia en el papel de director virtual, ¿qué le parece unirse a los servicios de la compañía de comunicaciones más grande del mundo? "Efectos especiales para páginas Web" se encuentra en la página siguiente, ¿está usted escuchando, URL?

11

capítulo

Efectos especiales para páginas Web

World Wide Web (WWW) es parte de Internet, y es uno de los lugares más estimulantes y de rápido crecimiento para los artistas, escritores, gente de negocios, estudiantes e incluso para el tío Pedro. Una de las características que hace que Web sea tan atractivo es que representa un lugar estupendo para mostrar el trabajo artístico. También representa una oportunidad de trabajo para artistas que *diseñan* páginas e ilustraciones de Web para negocios y otras instituciones. Si usted desea ser parte de toda esta actividad gráfica, ya tiene las herramientas más importantes: su percepción y su habilidad artísticas, CorelDRAW y este capítulo, junto con las herramientas y materiales del *CD de obsequio de CorelDRAW! 6 para expertos.* En este capítulo aprenderá cómo reunir todos los elementos para crear los tipos especiales de ilustraciones que utilizan las páginas Web y cómo colocarlas dentro de los documentos de Web.

Documentos HTML: la base de WWW

WWW es una red de sistemas de computadora. Las computadoras que integran esta red son de todo tipo: PC, Macintosh, estaciones de trabajo Unix e incluso sistemas grandes de cómputo. Si usted ha intentado compartir un documento o el diseño de una página con alguien que utiliza un tipo diferente de computadora del que usted tiene, o que utiliza diferente software, sabe que el proceso no es simple.

Una de las características que hace tan especial a Web es que los *documentos HTML* de WWW son independientes del hardware y del sistema operativo. No importa qué tipo de computadora utilice, usted puede crear documentos Web a los que *cualquiera* puede tener acceso y utilizar fácilmente, sin que importe el tipo de computadora que *se* utilice.

Esta hazaña es posible debido a la invención del *HyperText Markup Language* (HTML; de lenguaje de marcado de hipertexto). Un documento HTML es un archivo de texto ASCII cuya estructura se define utilizando *etiquetas* HTML. Como las etiquetas están escritas en texto ASCII, el documento no contiene datos binarios, y cualquier computadora puede leer el documento.

La edición de documentos HTML es diferente de la edición por computadora, porque las etiquetas utilizadas para formar el documento no escriben la manera en que se verá el documento. No especifican características como fuente, puntaje, interlineado o justificación. En lugar de eso, describen los elementos que integran un documento y su *estructura relativa*, la manera en que se proporcionan y se ubican los elementos en relación con *otros* elementos. Depende del *visualizador Web* la tarea de leer e interpretar las etiquetas y luego generar el documento en la pantalla. Un visualizador Web es dependiente de la plataforma (es un *software* que se ejecuta en la computadora del visitante de Web).

Cuando alguien visita un sitio de Web, el software del visualizador determina con exactitud qué fuentes se utilizan para desplegar el documento, y cuál es el puntaje del texto y de los encabezados. El visualizador también es responsable de determinar si el texto pasa a la línea siguiente en la pantalla y cuánto espacio rodeará a cada elemento.

Si usted ha utilizado las opciones de estilos en su procesador de palabras o su programa de edición por computadora, le resultará familiar el concepto de utilizar etiquetas para formar un documento HTML. La diferencia entre las etiquetas HTML y los estilos del procesador de palabras es que usted especifica que habrá de utilizarse un estilo en HTML, pero en realidad no especifica las características absolutas para elaborar el estilo: es el visualizador Web el que llena esos detalles.

Como los visualizadores Web son software específico de cada plataforma, cada visualizador despliega un documento HTML de manera diferente. En una computadora de Windows, el texto es a menudo Times Roman o Arial. En una Macintosh, la fuente predeterminada *no* es ni Times Roman ni Arial. Además, la mayor parte de los visualizadores le permiten al usuario elegir cualquier tamaño de tipo que le guste como fuente predeterminada. Lo que *permanece* constante es la *relación* entre los elementos. Si usted etiqueta una sección de texto como encabezado de primer nivel, será más grande e importante que una sección etiquetada con un encabezado de segundo nivel; ambos encabezados serán mayores que el texto del párrafo predeterminado.

Sin embargo, las páginas Web contienen más que simple texto. Pueden contener imágenes gráficas, sonido, películas y documentos de Acrobat, además de vínculos con cualquier otro documento o recurso de Internet. Aunque estos elementos parecen estar *en* el documento HTML, cuando éste se observa en Web, no están allí. En realidad, en el documento HTML sólo se encuentra la ruta (*dirección*) a la ubicación en que están almacenados los elementos. Esto se parece mucho al concepto de vincular imágenes gráficas en lugar de incrustarlas en una aplicación de edición de documentos como CorelVENTURA o PageMaker. Otra vez, corresponde al visualizador del visitante poder cargar y colocar otros elementos en su lugar apropiado dentro del texto.

Como usuario con inclinaciones gráficas, de entrada puede ser difícil aceptar la falta de control final sobre cada elemento de la apariencia de un documento. Sin embargo, si sabe cómo funciona Web y conoce sus convenciones para documentos HTML, usted gana independencia de la plataforma y el sistema operativo. Y con esta independencia, toda la comunidad Internet estará entre sus espectadores.

Formatos especiales de imágenes gráficas para un lugar especial

De la misma manera en que el texto necesita formarse de acuerdo con las convenciones de Web, las imágenes también deben experimentar algunos cambios y seguir las reglas, antes de que sean candidatos adecuados para desplegarse en Web.

A todo mundo le encantan las imágenes grandes y llenas de color, pero los archivos grandes de imágenes tardan mucho tiempo en recibirse con los módems y las lentas conexiones que la mayoría utiliza para tener acceso a WWW. Los visitantes de una página Web pueden impacientarse (e irritarse) si se tarda mucho tiempo en bajar una gráfica, o si su visualizador Web no sabe cómo manejar el formato que utiliza la imagen. Las imágenes gráficas deben tener un tamaño de archivo pequeño, si se desea transferirlas y desplegarlas rápidamente, y deben estar en un formato de archivo que todos los tipos de computadoras puedan leer.

Como diseñador, depende de usted aplicar sus habilidades y su percepción artística, junto con su creatividad, para que cada pixel que utiliza en su imagen de Web sea tomado en cuenta. Es fácil asegurar que todo tipo de usuario de computadoras podrá ver sus imágenes, tal como usted lo desea, si utiliza el formato de archivo correcto: GIF.

El formato de archivo GIF

La comunidad de Internet y los comités de estandarización de HTML han abrazado el formato de archivo GIF de CompuServe como estándar para las imágenes de Web. GIF es un formato de archivo de mapa de bits indexado (256 colores) y compacto, que se diseñó para acelerar la transferencia de imágenes gráficas en línea. Cualquier tipo de computadora puede leer archivos GIF.

Cuando se utiliza el subformato GIF89a para guardar el vínculo de una imagen para una página Web, la imagen puede guardarse en un formato *entrelazado.* Las imágenes entrelazadas empiezan a aparecer en pantalla en cuanto el visualizador tiene acceso a ellas. Se trata de una característica importante, porque cuando un visitante puede ver la elaboración de una imagen en pantalla, tiene la idea de que todo el proceso se desarrolla más rápido que si tuviera que esperar a que se baje toda la imagen antes de desplegarse. Además, si los usuarios deciden, conforme se elabora la imagen, que ésta es poco atractiva, pueden ahorrarse tiempo y seguir adelante sin tener que esperar a recibir la imagen completa.

Las imágenes en formato GIF también tienen otra ventaja cuando se utilizan en un documento de Web. Como GIF es un formato de archivo indexado, puede designarse uno de los 256 colores de la imagen como *color transparente*, un color que el visualizador Web ignorará y no desplegará. Cuando usted tiene un efecto de transparencia en una imagen gráfica, el fondo puede verse a través de la imagen, lo que ofrece algunas interesantes posibilidades de diseño.

El formato de archivo JPEG

El JPEG es el único formato diferente soportado por los visualizadores Web. Sólo las más recientes versiones de visualizadores, como Netscape o los visualizadores basados en Mosaic son capaces de manejar imágenes JPEG. Sólo recientemente las especificaciones HTML 3 y las ampliamente utilizadas extensiones a HTML de Netscape permiten el uso limitado de las imágenenes JPEG en los documentos de Web.

Aunque el formato de archivo JPEG es muy compacto y puede dar soporte a más colores únicos que los GIF indexados, las imágenes JPEG no pueden *entrelazarse* mientras se bajan. Las imágenes JPEG tampoco soportan en la actualidad la transparencia en una página de Web, y no pueden utilizarse para fondos de página Web.

Por lo general se ve que las imágenes con formato JPEG se utilizan en combinación con una imagen GIF idéntica pero más pequeña. Los visitantes de la página Web verán primero la imagen GIF más pequeña y que se carga más rápidamente, y luego tendrán la opción de elegir si se dan tiempo para ver una versión más grande y con más color de la misma imagen que se encuentra en formato JPEG.

Cómo crear documentos HTML

En este capítulo aprenderá los pasos necesarios para elaborar asombrosas imágenes gráficas para sus páginas Web y también indicaremos las cosas que usted debe tomar en consideración cuando planee sus imágenes para la página Web. Aunque la documentación completa de HTML rebasa los objetivos de este capítulo, hemos incluido una plantilla HTML completamente acotada en el *CD de obsequio de CorelDRAW! 6 para expertos*, junto con las herramientas y la información que usted necesita para producir una página base, completa con una galería de imágenes.

Aprenda a través del ejemplo y "¡Copie, copie, copie!"

Aunque parezca extraño, la mejor manera que se tiene para aprender la manera de crear un documento HTML es hacer a un lado este libro y experimentar con un documento HTML real. "Copiar lo mejor" es una tradición extendida y honorable en World Wide Web. Esto no significa que deba plagiar las ideas de una persona ni que deba apropiarse de alguna otra manera de las imágenes gráficas o el contenido que alguien más ha enviado; significa, más bien, que debe mirar cómo utilizaron las etiquetas HTML para crear una página o el efecto de una página que le agrade. La manera más rápida y efectiva de aprender la edición de documentos en Web es observar el trabajo de los demás y aplicarlo a sus propias páginas. No hace daño encontrar un buen libro de referencia de HTML o aprovechar los muchos elementos de HTML disponibles en Internet o en la biblioteca de Internet de un servicio en línea.

Le hemos dado a usted un anticipo de este proceso. En la carpeta CHAP11/ANNOTATE del *CD de obsequio de CorelDRAW! 6 para expertos,* encontrará un grupo de documentos HTML, que, si los envía a Web, conformarán la página base completamente funcional de Gordon Robinson, nuestro artista casi ficiticio del ejemplo de este capítulo. Las páginas base de Gordon constan de una página base de apertura (INDEX.HTM); una galería miniatura (GALLERY:HTM) de su trabajo; los documentos que se ramifican desde la galería, y una sección que describen quién es Gordon, cómo ponerse en contacto con él y cuál es el costo de sus creaciones digitales (GPART.HTM).

Aunque son atractivas, las páginas de Gordon no deben tomarse como la última palabra en la manera en que debe construirse un conjunto de páginas. Hemos utilizado diferentes etiquetas y tratamientos de página para mostrarle cómo pueden ensartar sus documentos HTML. Pero hemos hecho más que darle un documento HTML; colocamos numerosas notas en el documento para explicar cómo y por qué se utilizan las etiquetas, para aclarar la sintaxis y la estructura de HTML.

Le animamos a adaptar la página base de Gordon para que cumpla con sus propios propósitos. Si usted ve un diseño que le agrada en las páginas de Gordon, utilice un editor de texto o uno de los editores HTML que se encuentra en el *CD de obsequio de CorelDRAW! 6 para expertos* para eliminar el texto de Gordon o las referencias a imágenes gráficas, y luego inserte su propia información. Siempre y cuando no mueva por accidente las etiquetas o le haga añadidos, usted está en su casa.

Si le resulta difícil observar el código HTML que conforma la página base de Gordon, debido a todas las notas que hemos colocado en el documento, revise la carpeta CHAP11/WEBPAGE. Los documentos que encontrará allí no incluyen las anotaciones y sólo contienen lo que en realidad utilizará en un documento de Web que funcione.

Herramientas para la edición

Antes de que haga a un lado este libro y empiece a examinar la galería de Gordon, usted mismo necesitará equiparse con unas cuantas herramientas. Para ver y editar, encontrará un editor de texto y un editor HTML en la carpeta SHARWARE del *CD de obsequio de CorelDRAW! 6 para expertos.* Vea el documento de Acrobat "What's on the Bonus CD" del CD de obsequio, para obtener más información sobre los programas utilizados para ver y editar documentos HTML.

También necesitará un visualizador Web para saber cómo se verán los documentos en línea. Si cuando usted instaló Windows 95 como sistema operativo, eligió instalar el software de Microsoft Network, ya tiene instalado en su sistema el visualizador Internet Explorer Web de Microsoft. No es necesario que contrate MSN para tener acceso al visualizador. También hay disponibles visualizadores de CompuServe, AOL y otros servicios en línea para bajar información de Web, y a menudo se encuentran en los discos que los servicios en línea envían por correo o colocan en revistas.

Usted no necesita estar conectado a Internet para ver páginas Web con un visualizador Web adecuadamente instalado. Simplemente cargue el archivo HTML que desea ver en el visualizador, lo que generalmente se logra eligiendo Archivo (File) y Abrir (Open).

El software no es la única herramienta que necesita para elaborar su propia página Web. No importa qué tan sofisticadas técnicamente se vuelvan las comunicaciones, aún se empieza con el concepto, y esto generalmente nos lleva a una imagen de lo que necesitamos comunicar. En la siguiente sección, aprenderá cómo se complementan las imágenes y el texto en WWW, conforme recorremos el proceso de creación de los elementos gráficos requeridos para darle soporte al documento HTML de Gordon's Gallery.

Cómo crear los elementos de una página Web

Sin que importe si decide incluir *todo* tipo de elementos gráficos dentro de su página Web o no, se utilizan diferentes *formatos* gráficos en World Wide Web; en las siguientes secciones se muestra cómo elaborar botones y fondos, así como cambiar el tamaño y convertir copias de su trabajo de diseño.

Cómo crear un membrete en una página 3D Web

Como las imágenes de la página Web deben estar en un formato de mapa de bits (específicamente GIF o JPEG) parecería que CorelDRAW no puede representar un papel en la creación de imágenes gráficas de Web. Sin embargo, como ha visto en otros capítulos de este libro, un archivo CDR puede convertirse en un tipo o desempeñar el papel principal en una película de MOTION 3D, y un diseño de CorelDRAW puede, por supuesto, exportarse al formato GIF de archivo gráfico de mapa de bits.

La combinación de sofisticadas herramientas de dibujo y de efectos especiales, hacen de DRAW un lugar ideal para elaborar una pieza central (un logotipo) para la Gordon's Gallery. La página completa Web contendrá elementos gráficos de PHOTO-PAINT y de CorelDRAW, pero DRAW puede superar a su contraparte de edición de mapa de bits en la creación fácil de imágenes limpias y estimulantes.

Antes de empezar con la tarea del logotipo de Gordon en DRAW, tomemos en cuenta una o dos cosas sobre el tamaño del archivo de imagen cuando crea y envía una página Web. Como las imágenes gráficas que usted produce en CorelDRAW son *independientes de la resolución,* usted puede ampliar o reducir el diseño de acuerdo con sus gustos (pero las imágenes gráficas de Web deben tener un tamaño fijo, como todas las imágenes de mapa de bits).

La independencia de la plataforma es la idea que se encuentra detrás de World Wide Web, y "Netiquette" (de *Net*work-based *Etiquette*) es un buen punto de partida para sus constantes aventuras en línea. Como se utilizan muchos procesadores y controladores de video diferentes para visualizar Web, es una buena idea "actuar para las butacas baratas" (como dicen en el teatro). Esto significa que las imágenes que vinculen a un documento HTML no deben ser excesivamente grandes, ni en tamaño de archivo *ni* en dimensiones, y usted debe diseñar a la resolución más baja de imagen en pantalla: 640 × 480 pixeles. El logotipo de

Gordon's Gallery, como verá en la siguiente sección, se diseñó a un tamaño de 11.3 × 6.8 cm (4 1/4 × 2 3/4 de pulgada); esto le permite a los usuarios visualizar en el sitio de Web de Gordon's Gallery una vista de un membrete sin recorrer horizontal ni verticalmente el programa del visualizador Web.

Aquí se encuentra a su disposición una especie de tabla de equivalencias que puede utilizar cuando exporte un dibujo de CorelDRAW como imagen GIF, para que no ocupe más de la primera pantalla del documento de la página Web. Si toma en consideración las siguientes directrices *antes* de diseñar una pieza, no tendrá que cambiar el tamaño ni la proporción de un diseño antes de exportarlo.

Una resolución de pantalla de 640 × 480, a 72 pixeles por pulgada, despliega una imagen equivalente a 17 × 12.7 cm (6.7" pulgadas de ancho y 5 de alto) cuando la medida de pixeles se convierte en pixeles. Aunque algunos subsistemas de video pueden desplegar 96 pixeles por pulgada, usted necesita actuar para las butacas de precio bajo cuando diseñe una imagen para Web, y desplegar pulgadas convertidas a un tamaño más grande cuando se utilicen resoluciones de video de 800 × 600 y mayores. Si usted utiliza el cuadro de diálogo Preparar página (Page Setup) de CorelDRAW (haga doble clic en el borde de la página de un documento para desplegar el cuadro) y define una página **H**orizontal (**L**andscape) de 17 × 12.7 cm (6.7 × 5 pulgadas), y luego mantiene su diseño dentro de la página, permitirá que se muestre la mayor parte de los menús y de barras de desplazamiento que despliegan los visualizadores Web, y usted no puede equivocarse.

Cómo crear el logotipo de Gordon

Gordon siente afinidad por el estilo arquitectónico art deco y, para apegarnos a sus gustos, utilizaremos anuncios de marquesina de cine de principios de este siglo como guía artística para crear el logotipo. La elección de fuentes para el logotipo, por lo tanto, se vuelve muy importante. Hemos utilizado Kaufmann y Anna ITC en la creación del diseño del logotipo, pero siéntase con la libertad de utilizar tipos alternativos.

Parte del interés visual que se hallará en el logotipo de Gordon, estará en el uso de las nuevas opciones de la persiana Extrusión (Extrude). A diferencia de las versiones anteriores (y muy parecido a CorelDEPTH) ahora puede girar un objeto 3D extruido en CorelDRAW. Sin embargo, como en CorelDEPTH, debe empezar una composición 3D creando primero los elementos necesarios en 2D.

He aquí cómo iniciar la composición del logotipo:

Cómo crear los componentes 2D del logotipo

1. En una nueva ventana de documento, haga clic y arrastre una línea guía horizontal de la regla a unos 12.5 cm (5 pulgadas) de la página de impresión, haga clic y arrastre una línea guía vertical de la regla a unos 5 cm (2 pulgadas) de la página de impresión, luego haga clic y arrastre el cuadro de origen cero (que se encuentra en la esquina superior izquierda de la ventana) para que se alinee con la intersección de las dos líneas guía.

   Se establece el origen cero para la página de impresión en los puntos de intersección.

2. Haga clic y arrastre una segunda línea guía horizontal para que se alinee con la marca de 7 cm (2 3/4 pulgadas) de la regla vertical, luego haga clic y arrastre una nueva línea guía vertical hasta el marcador 10.7 cm (4 1/4 pulgada en la regla horizontal.

   El interior del lugar donde se intersectan las líneas guía será el área viva para el diseño del logotipo. Cuando se exporte a formato de mapa de bits y se convierta en una imagen de Web, el logotipo ocupará mucho menos de la mitad de la pantalla.

3. Presione F8 (o haga clic en la herramienta Texto artístico (Artistic Text)), haga clic en el punto de intersección dentro del rectángulo de la línea guía, escriba Gordon, presione Alt y escriba **0, 1, 4, 6** en el teclado numérico, por último escriba **s**.

   Se escribe "Gordon's", el primer objeto de la composición del logotipo. El uso de caracteres extendidos, como el apóstrofe tipográfico, contribuyen a darle una apariencia pulcra al diseño. Utilice la utilería Mapa de caracteres (Character Map) de Windows para buscar otras marcas tipográficas contenidas dentro de las fuentes digitales.

4. Presione Ctrl+barra espaciadora y luego Ctrl+T.

   Se cambia la herramienta Texto artístico (Artistic Text) por la Herramienta Selección (Pick Tool); se despliega el cuadro de diálogo Atributos de carácter (Character Attributes).

5. Elija Kaufmann, de la lista **F**uentes (**F**onts), y luego Negritas (Bold), de la lista descendente Estilo (Style); haga clic en Aceptar (OK).

   Se cambia la fuente predeterminada del texto por Kaufmann.

6. Con la herramienta Texto artístico (Artistic Text), haga clic y coloque un punto de inserción debajo de "Gordon's", luego escriba **GALLERY.**

   Se agrega el segundo elemento de texto del diseño.

7. Presione Ctrl+barra espaciadora y luego Ctrl+T.

   Se cambia a la Herramienta Selección (Pick Tool), luego se selecciona el texto; se despliega el cuadro de diálogo Atributos de carácter (Character Attributes).

8. Elija Anna, Plaza, Busorama o cualquier otra fuente art deco delgada para la composición en la lista **F**uentes (**F**onts); luego haga clic en Aceptar (OK).

   Se cambia la fuente de la palabra "Gallery".

9. Haga clic y arrastre un tirador de la palabra Gallery, lejos del centro del letrero, hasta que la barra de estado indique que la altura de la fuente es de 50 puntos.

   Se hace más grande el texto "Gallery"; es el tamaño final para el texto de la composición. Si utiliza un tipo diferente de Anna (que *no* es parte de la colección de fuentes de Corel 6), asegúrese de que al cambiar el tamaño no se excede el espacio definido por las líneas guía.

10. Repita el paso 9 con el texto "Gordon's".

    Se cambia el tamaño del letrero al tamaño definitivo de la composición.

11. Con la Herramienta Forma (Shape tool), haga clic en el texto "GALLERY" y luego haga clic y arrastre hacia la derecha el tirador de interletraje (el tirador que se encuentra a la derecha y que tiene forma de panal), hasta que el recuadro de límite del texto sea aproximadamente 1/3 mayor que el original.

    Se aumenta el espacio entre los caracteres. Por eso se le pidió que eligiera Plaza o Anna para este ejemplo. Como puede ver en la figura 11.1, el espacio extra entre los caracteres ayuda a obtener una apariencia art deco.

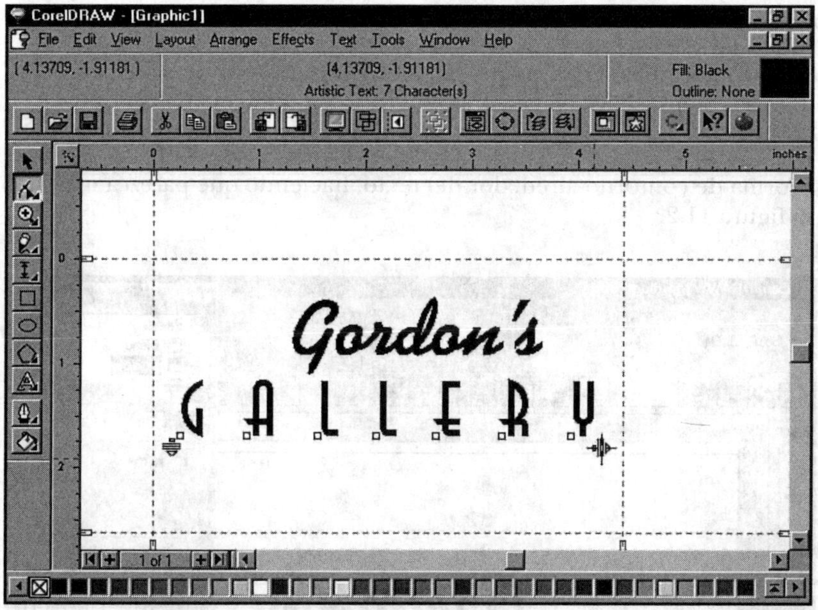

Figura 11.1
Usted puede utilizar el espacio entre caracteres para crear un diseño utilizando elementos de texto.

12. Elija Archivo (File) y Guardar como (Save As), luego guarde el documento como GORDLOGO.CDR en su disco duro.

    Se guarda su trabajo en esta etapa intermedia.

Muy a menudo, encontrará un tipo que le agradaría utilizar en un diseño, pero la fuente tiene un peso incorrecto. En la siguiente sección, verá cómo utilizar la herramienta de silueta para crear un texto personalizado.

Cómo hacer la silueta de una nueva fuente

En el capítulo 8, "Cómo crear sus propias fuentes", describimos el método con el que usted puede crear un logotipo original a partir del contorno de una fuente existente. Por alguna razón, la fuente que usted siempre necesita en un diseño no viene en una amplia selección de pesos y Anna, la fuente utilizada en este ejemplo, no es la excepción. A Gordon le gustaría que la palabra "Gallery" tuviera un poco más de peso en la pantalla de su página Web, y el siguiente conjunto de pasos le muestra cómo utilizar el efecto Silueta (Contour), en combinación con la Herramienta Forma (Shape tool), para crear el elemento perfecto para este diseño.

Cómo agregar peso a un contorno de fuente

1. Con el letrero "GALLERY" seleccionado, presione Ctrl+F9 (o elija Efectos (Effects) y Silueta (Contour)).

   Aparece la persiana Silueta (Contour).

2. Escriba **0.038 (0.015 pulgadas)** en el campo Separar (Offset) de la persiana, escriba **1** en el campo Etapas (Steps), haga clic en el botón de opción Fuera (Outside) y en Aplicar (Apply).

   Se aplica una forma de contorno alrededor del texto, haciendo que parezca más pesado. Vea la figura 11.2.

Figura 11.2 Usted puede crear una nueva forma, más gruesa que el texto original, utilizando el efecto Silueta (Contour). Sin embargo, utilice cantidades muy pequeñas de Separar (Offset).

3. Con la Herramienta Forma (Shape tool), ajuste el interletraje (el espacio entre caracteres) de la palabra "Gallery", si no aparece de la manera en que usted lo quiere.

Se ajusta el espaciado; cambia el objeto de silueta, también, porque es un objeto vinculado dinámicamente.

4. Con la Herramienta Selección (Pick Tool), haga clic en el objeto de silueta (no en el texto); luego elija **O**rganizar (**A**rrange) y S**e**parar (**S**eparate).

   Ahora están seleccionados dos objetos: el texto y la silueta; se rompe el vínculo entre la forma y el texto.

5. Haga clic en un espacio en blanco de la hoja de impresión, luego en el objeto de silueta y, finalmente, haga clic y arrastre lejos del texto.

   Se aleja el objeto del texto, para que pueda verlo y trabajar con él. Por lo general, es buena idea mantener una copia del texto original en el área de trabajo, para el caso de que algo salga mal con un objeto creado a partir del original. Por esta sola razón, usted verá el texto original en futuras figuras de la pantalla.

6. Haga clic con el botón derecho del ratón en la Herramienta Forma (Shape tool) y elija Propiedades (Properties) de la lista de método abreviado.

   Se despliegan las propiedades de la Herramienta Forma (Shape tool).

7. Si el valor no se encuentra en el predeterminado de 0.102 milímetros (0.004 pulgadas), escriba **0.102 (0.004)** en el campo Reducir automáticamente (Auto-reduce) y luego haga clic en Aceptar (OK).

   Se cambia el valor de Reducir automáticamente (Auto-reduce) para trabajar con más efectividad en esta situación particular. A veces el valor de Reducir automáticamente (Auto-reduce) para la Herramienta Forma (Shape tool) puede ser demasiado pequeño para eliminar un número sustancial de nodos de un contorno. Usted debe cambiar este valor de manera regular, dependiendo del tamaño del objeto que está editando.

8. Con la Herramienta Selección (Pick Tool), haga clic en el objeto de silueta "Gallery" y luego en el botón Agrupar/Desagrupar (Group/Ungroup) de la barra de herramientas.

   Se desagrupa la forma de silueta y ahora son editables los nodos del contorno de la forma. Las siluetas hacen que muchas tareas de diseño se vuelvan un proceso casi automatizado; desafortunadamente, el efecto de silueta produce muchos nodos más de los necesarios para describir una trayectoria, y CorelDRAW! 6 sólo puede enfrentar esto a través de la edición manual de nodos.

9. Con la Herramienta Forma (Shape tool), haga clic y arrastre un rectángulo de selección alrededor de todos los nodos de la forma de silueta, luego haga clic con el botón derecho del ratón y elija Reducir automáticamente (Auto-reduce) del menú de método abreviado, como se muestra en la figura 11.3.

   Se reduce la cantidad de nodos en la trayectoria de la forma de silueta (la mayor parte de la veces) a los nodos esenciales para crear la trayectoria. Si las funciones del ratón son diferentes de las predeterminadas, puede tener acceso a la opción Reducir automáticamente (Auto-reduce) a través de la persiana Edición de nodos (Node Edit), que se despliega cuando hace doble clic en la Herramienta Forma (Shape tool) de la barra de herramientas.

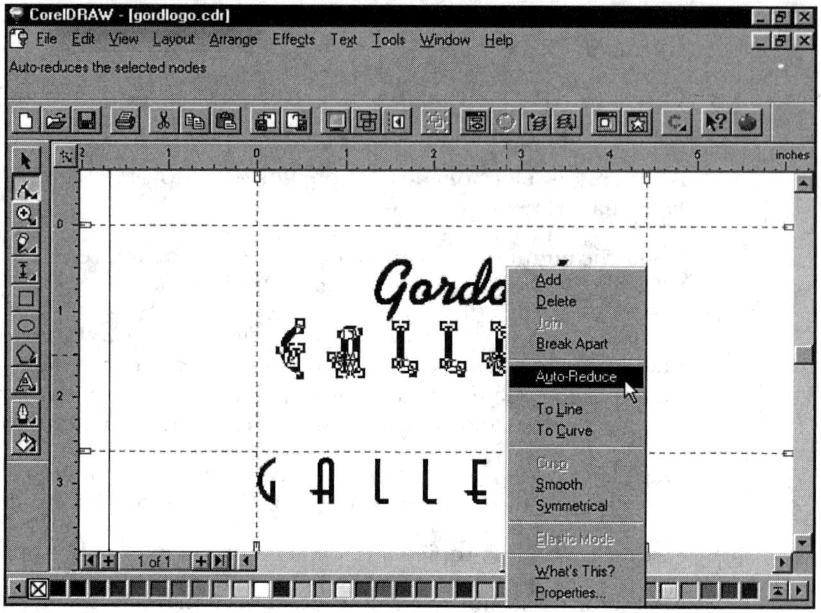

Figura 11.3 El efecto Silueta (Contour) crea trayectorias excesivamente complejas. Usted puede reducir el número de nodos con la Herramienta Forma (Shape tool) y el comando Reducir automáticamente (Auto-reduce).

10. Presione Ctrl+S (Archivo (File) y Guardar (Save)).

    Se guarda su trabajo en esta etapa intermedia.

Debe tomarse nota aquí, antes de utilizar el efecto Extrusión (Extrude), que este efecto crea muchos objetos vinculados con el original cuando se aplica el efecto 3D. De manera no muy diferente a como lo hace CorelDEPTH, la herramienta Extrusión (Extrude) debe crear las sombras agregando objetos, y muy a menudo produce varios objetos sombreados con los que resulta difícil trabajar en un diseño.

Nuestra defensa contra una forma extruida excesivamente compleja, entonces, empieza al mantener los componentes del diseño en su forma más simple posible. Al utilizar Reducción automática (Auto-reduce) en la silueta, usted ha eliminado varios objetos de la futura forma extruida. En la siguiente sección le mostraremos cómo trabajar con fuentes manuscritas, y cómo reducir el número total de nodos cuando el texto se convierte en curvas.

Cómo trabajar con caracteres encimados

La mayor parte de las fuentes que se utilizan con propósitos de negocios son de las familias de fuentes romanas o góticas, y casi nunca ve que una de esas fuentes desplieguen caracteres de espacio negativo. Si usted lee el capítulo 9, "Cómo trabajar entre CorelDRAW! Y CorelDREAM 3D", verá que, al construir un tipo digital, un *espacio negativo* rodea la trayectoria actual que representa un carácter. Por lo general, el espacio del carácter proporciona un "colchón" entre los caracteres, para que no haya en las palabras caracteres encimados.

Sin embargo, las fuentes manuscritas se construyen deliberadamente para que los caracteres individuales invadan el espacio de los otros caracteres, de modo que se crea la apariencia de caligrafía de pluma fuente o de pincel. Brush Script, Vivaldi, Kaufmann y Snell son unos cuantos ejemplos de fuentes manuscritas que contienen información para caracteres que se enciman.

Sin embargo, el efecto de extrusión tiende a producir resultados extraños, a veces poco estéticos cuando se aplican a una fuente manuscrita, porque el efecto no puede calcular si un carácter se intersecta con otro, o si cae sobre o debajo de su vecino. Para eliminar todas las dudas sobre el efecto de extrusión, la ruta más simple es convertir el texto manuscrito en curvas antes de la edición.

En el siguiente ejemplo, verá la manera correcta de convertir letras manuscritas en una sola forma de curvas.

Cómo editar un tipo manuscrito para dejarlo en lo esencial

1. Haga clic en el texto "Gordon's" del diseño y luego en el botón Convertir en curvo (Convert to Curves) de la barra de herramientas.

   El texto se convierte en curvas. Si usted está utilizando Brush Script, Kaufmann u otra fuente manuscrita en este ejemplo, notará que parte del texto convertido tiene "espacios negativos" (áreas a través de las que puede ver la página de impresión, donde se enciman los caracteres). Esto arruinará el efecto de extrusión, y representa una construcción de trayectoria incorrecta.

2. Presione Ctrl+K (**O**rganizar (**A**rrange) y Desco**m**binar (**B**reak apart)).

   Se separa el texto convertido en sus subtrayectorias componentes. Ahora las contras de cada carácter cerrado están rellenas con sus propias formas separadas.

3. Haga un acercamiento al texto convertido, haga clic en el botón de la vista Dibujo de líneas (Wireframe), de la barra de herramientas, y luego elija **O**rganizar (**A**rrange) y **S**oldar (**W**eld).

   Se despliega el texto convertido en la vista de dibujo de líneas, donde puede ver con toda claridad las trayectorias encimadas; aparece la persiana Soldar (Weld).

4. Elimine la marca de las casillas de verificación Objeto destino (Tarjet Object) y Otros objetos (Other Object(s)) de la persiana, haga clic en la *o* de "Gordon's" y luego en el botón Soldar con (Weld to) de la persiana Soldar (Weld).

   Se especifica que en este ejemplo se soldarán las trayectorias y que no se duplicará el objeto original; se selecciona la *o*; el cursor toma la forma de una flecha grande.

5. Haga clic sobre la *r* de "Gordon's".

   Se suelda el exterior de la *o* con la *r*; se eliminan las áreas sobrepuestas.

6. Repita el paso 5 con los otros caracteres que se enciman.

   Se crea una trayectoria exterior para el texto que no contiene áreas encimadas. Vea la figura 11.4.

Figura 11.4
Las formas extruidas deben ser simples. Usted puede simplificar el texto manuscrito soldando los caracteres convertidos y encimados.

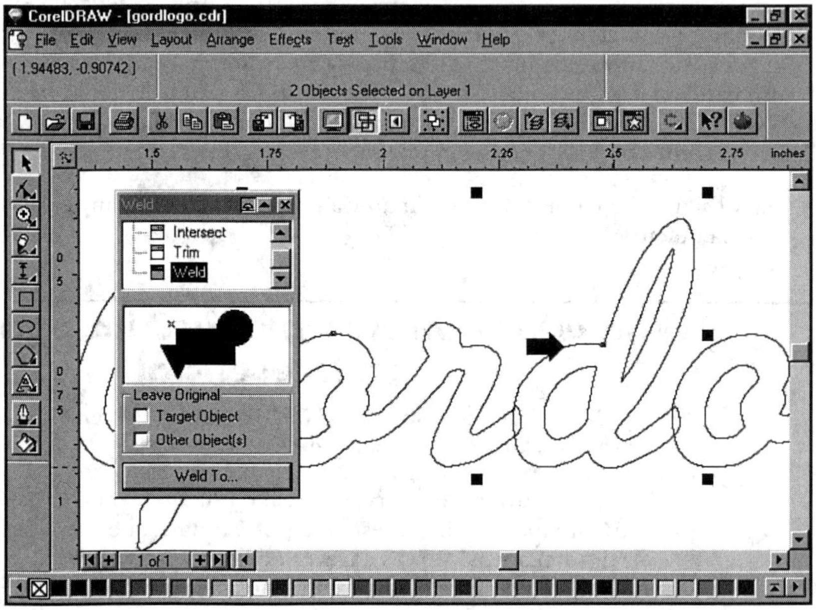

7. Con la Herramienta Selección (Pick Tool), trace un rectángulo de selección alrededor de todos los objetos que integran el letrero "Gordon's", luego presione Ctrl+L (**O**rganizar (**A**rrange) y **C**ombinar (**C**ombine)).

   Se combina el letrero en un solo objeto, con numerosas subtrayectorias.

8. Presione Ctrl+S (**A**rchivo (**F**ile) y **G**uardar (**S**ave)).

   Se guarda su trabajo hasta este punto.

Nota Por capricho, probé el ejemplo de este capítulo con texto convertido, y luego con texto artístico editable, utilizando la fuente Kaufmann. El efecto de extrusión, aunque deja los objetos de texto como objetos de texto, debe llevar a cabo algunos cálculos internos para saber cuántos puntos de control (nodos) deben utilizarse al definir una trayectoria que habrá de extruirse. Sorpresivamente, la barra de estado me indicó que para el texto en Kaufmann se definieron más de 4,000 nodos, cuando se extruyó el texto. Sin embargo, como objeto, no como texto, el objeto "Gordon's" contenía menos de 3 000 nodos.

Además de ser el único formato de archivo para el logotipo de Gordon's, el GIF (formato final para este diseño) eliminará la complejidad de la trayectoria extruida para el diseño. Como objeto vectorial, el logotipo será pesadamente complejo, pero como mapa de bits verá que se trata de un diseño fácil de manipular con las herramientas de PHOTO-PAINT.

Cómo agregar el aspecto de bumerang de los años 50

El elemento final del logotipo, y el que unirá los dos objetos de texto, es una forma abstracta de bumerang debajo del texto. Los edificios, los muebles y especialmente los anuncios de neón de los años 50 fueron piezas maravillosamente experimentales, y en el periodo también se tomó mucho prestado del periodo art deco de los años 20, cuando se llegó a la tipografía. Como diseñador, usted tiene el derecho de crear una feliz amalgama de piezas de diferentes periodos, siempre y cuando sus ojos le indiquen que los elementos funcionan en una composición.

He aquí cómo completar el diseño 2D para el logotipo de la página Web de Gordon.

Cómo crear arte abstracto con la Herramienta Bézier (Bézier tool)

1. Empezando entre la *G* de *Gordon's* y la *G* de *Gallery*, haga clic y mantenga presionado el botón del ratón sobre la herramienta de lápiz, luego haga clic en la Herramienta Bézier (Bézier tool).

   Ésta es la herramienta que utilizará para crear una forma de bumerang suave y curveada para el diseño del logotipo.

2. Haga clic y arrastre la Herramienta Bézier (Bézier tool) a la derecha, suelte el cursor y luego haga clic y arrastre a un punto que se encuentre arriba y a la derecha del primer punto en que hizo clic.

   Se crea un arco; usted mantiene presionado el botón sobre el punto de control del arco entre el primero y el segundo punto en que ha hecho clic.

3. Haga clic y arrastre hacia abajo y a la derecha del segundo punto; suelte el cursor. Luego haga clic y arrastre hacia abajo y a la derecha.

   Usted está describiendo aquí una forma triangular, con una depresión a la derecha. Vea la figura 11.5 para tener una mejor idea de la forma abstracta que está creando. Los puntos donde debe hacer clic y arrastrar se encuentran a manera de mapa en la figura.

4. Cierre la trayectoria haciendo clic en el punto de partida; con la Herramienta Forma (Shape tool), haga clic y arrastre en los nodos para crear una forma que se parezca más a la de la figura 11.5, si es necesario.

   Se crea una forma cerrada que será un elemento del diseño del logotipo.

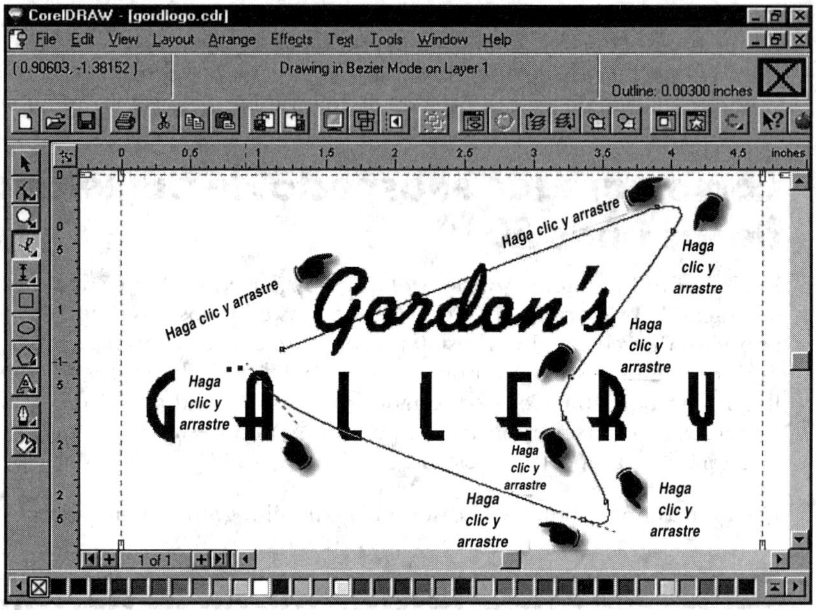

Figura 11.5 La Herramienta Bézier (Bézier tool) no es la más intuitiva de Corel, pero puede producir formas maravillosas y abstractas.

5. Presione Ctrl+S (Archivo (File) y Guardar (Save)).

   Se guarda su trabajo hasta este punto.

El archivo 11ROUGH.CDR se encuentra en la carpeta CHAP11 del CD de obsequio. Contiene los elementos que usted ha diseñado en este ejemplo. Si le gustaría revisar su construcción o utilizarlo para los siguientes ejemplos, es momento de hacerlo.

Cómo hacer una silueta a partir de una forma abstracta

Debe tomarse en cuenta aquí que el aspecto del diseño de Gordon's Gallery es puramente subjetivo, y que los pasos que se muestran aquí tienen que ver con la creación de objetos de efectos especiales, y los elementos para una página Web. Si usted tiene que diseñar sus ideas propias, debe sustituirlas en este capítulo. Sin embargo, necesita crear una trayectoria cerrada para objetos extruidos (lo siento, las trayectorias abiertas no se pueden extruir), y todos los objetos del documento 11ROUGH.CDR califican para extruirse.

Antes de comenzar con el trabajo en 3D, recorramos algunos pasos para convertir el objeto abstracto de la composición en un recuadro para el texto, en lugar de que sea únicamente un fondo. He aquí cómo utilizar el efecto de silueta para facilitar el trabajo:

Cómo crear un recuadro de silueta

1. Si usted cerró la persiana Silueta (Contour) después del uso anterior, presione Ctrl+F9.

   Se despliega la persiana Silueta (Contour).

2. Seleccione la curva Bézier con la Herramienta Selección (Pick Tool), escriba **2.54 (.1)** en el cuadro contador Separar (Offset), escriba 1 en el cuadro contador Etapas (Steps), haga clic en el botón de opción Dentro (Inside) y luego en Aplicar (Apply).

   Se crea un segundo objeto vinculado dentro de las curvas Bézier.

3. Elija **O**rganizar (**A**rrange) y S**e**parar (**S**eparate), haga clic en un espacio vacío de la página de impresión, a continuación en el grupo de silueta del documento y, por último, en el botón Agrupar/Desagrupar (Group/Ungroup).

   Se separa el objeto de silueta vinculado de la curva y se desagrupa la forma de silueta, permitiéndole editar los nodos.

4. Con la Herramienta Forma (Shape tool), haga clic y arrastre los nodos para retocar la forma interior todo lo que sea necesario.

   Se crea una composición más estética.

Como puede ver en la figura 11.6, el autor decidió crear líneas rectas donde se encuentran los extremos de la curva. Usted puede reasignar las propiedades de los nodos y los segmentos de trayectoria, si ha dejado las funciones predeterminadas de los botones izquierdo y derecho del ratón en CorelDRAW, a través de los comandos de edición de nodos del menú de método abreviado.

5. Con la forma de silueta seleccionada con la Herramienta Selección (Pick Tool), presione la tecla Mayús (Shift) y haga clic en la curva Bézier; luego presione Ctrl+L (**O**rganizar (**A**rrange) y **C**ombinar (**C**ombine)).

   Se combinan las formas internas y externas del bumerang para crear un objeto de marco.

6. Haga clic en el botón Hacia atrás (To Back) de la barra de herramientas.

   Se envía el bumerang detrás del letrero del diseño.

Figura 11.6 Tenga acceso rápido a la persiana Edición de nodos (Node Edit) utilizando los menús de método abreviado que se despliegan con el botón derecho del ratón.

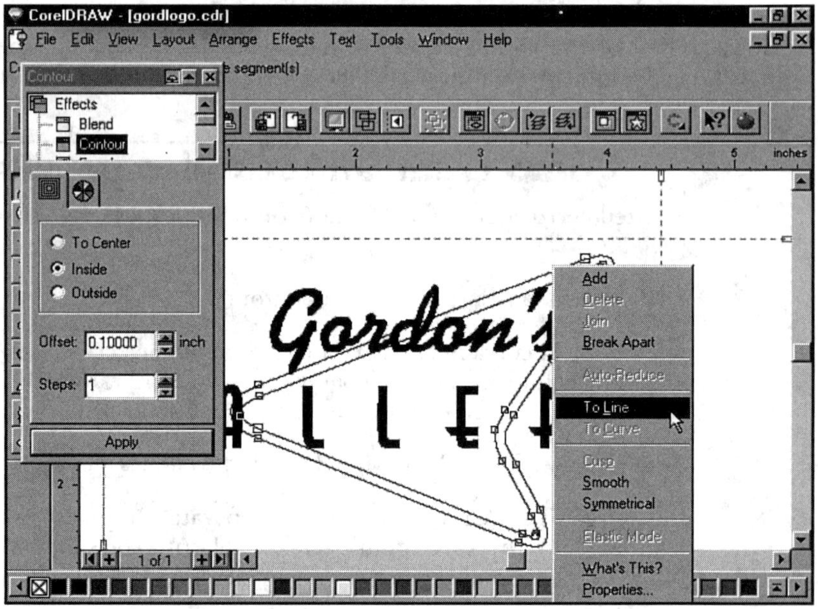

7. Presione Ctrl+S (**A**rchivo (**F**ile) y **G**uardar (**S**ave)).

   Se guarda su trabajo hasta este punto.

Ideas para colorear el logotipo

Ahora que tiene el diseño del logotipo, es hora de elegir la combinación de color para los elementos. A diferencia del material impreso, el espacio de color de World Wide Web es un glorioso color RGB, de modo que debe ser indulgente con sus caprichos creativos en este punto y elegir algunos colores extravagantes para el logotipo.

Yo elegí un marco de relleno degradado lineal de naranja a morado, un objeto de texto "Gordon's" de naranja a amarillo, y deje el letrero "Gallery" con un azul verdoso claro y aburrido. Estos colores parecen reminiscencias de las señales de tránsito desde la perspectiva de la infancia. Cuando usted está diseñando para Web, no tiene que preocuparse del número de pasos utilizados en un relleno degradado; las imágenes GIF están confinadas a una capacidad de color de 256 tonos, y 50 pasos son más que adecuados para ofrecer la idea gráfica de un relleno degradado.

Cómo trabajar con la persiana Extrusión (Extrude)

Hay cinco menús de fichas en la persiana Extrusión (Extrude), tres de los cuales funcionarán con los ejemplos siguientes. El primer menú, los prestablecidos, no resulta de interés para el diseño del logotipo, porque los prestablecidos son... prestablecidos, y no un auténtico lugar de descubrimientos dentro de CorelDRAW. La ficha de la rueda de color que se encuentra a la derecha de la persiana Extrusión (Extrude) es la opción Rellenos (Fills) para las formas extruidas. Si usted desea colorear el lado extruido de un objeto con un tono diferente del de la cara frontal, el menú Rellenos (Fills) proporciona una solución rápida y fácil.

En la siguiente serie de pasos, echaremos una mirada a los aspectos de la profundidad, el ángulo de rotación del objeto y la iluminación de un objeto extruido. A diferencia de la iluminación que usted puede definir para una escena en CorelDREAM 3D, la iluminación en CorelDRAW es un atributo del objeto; usted puede tener muchas formas extruidas en la misma página que desplieguen diferentes características de iluminación.

He aquí cómo extruir el letrero “Gordon’s”, ya convertido, del diseño.

Cómo extruir y sombrear un elemento del logotipo

1. Presione Ctrl+E (o elija Efectos (Effects) y Extrusión (Extrude)).

   Aparece la persiana Extrusión (Extrude).

2. Haga clic en la viga en forma de “I” extruida de la persiana Extrusión (Extrude).

   Se ofrecen opciones para la profundidad de extrusión y el punto de fuga de la forma extruida.

3. Elija PF bloqueado en objeto (VP locked to Object) de la lista descendente.

   Se especifica que el punto de fuga para la forma extruida siempre tendrá relación con el objeto, y no con la página de impresión. En general es la mejor opción para extrusiones, porque usted puede refinar los objetos después de que se han extruido, sin preocuparse por su posición relativa en la página.

4. Elija Pequeño atrás (Small Back) de la lista descendente.

   Se especifica que la parte posterior de la forma extruida será ligeramente menor que la parte del frente. Es una buena opción, porque tiende a forzar la perspectiva y agrega una apariencia más de 3D a un objeto.

5. Escriba **2** en el campo Profundidad (Depth) y luego haga clic en Aplicar (Apply).

   Se extruye el letrero “Gordon’s”, como se muestra en la figura 11.7. A menos que esté extruyendo objetos de, digamos, más de 12 centímetros, es una buena idea mantener Profundidad (Depth) en un valor mínimo. Usted puede crear cubos y cilindros maravillosos con profundidades mayores, pero las letras de un anuncio, como las de este logotipo, necesitan tener más bien la profundidad de extrusión de una “rebanada de pay”.

6. Haga clic en el icono para girar del menú de fichas.

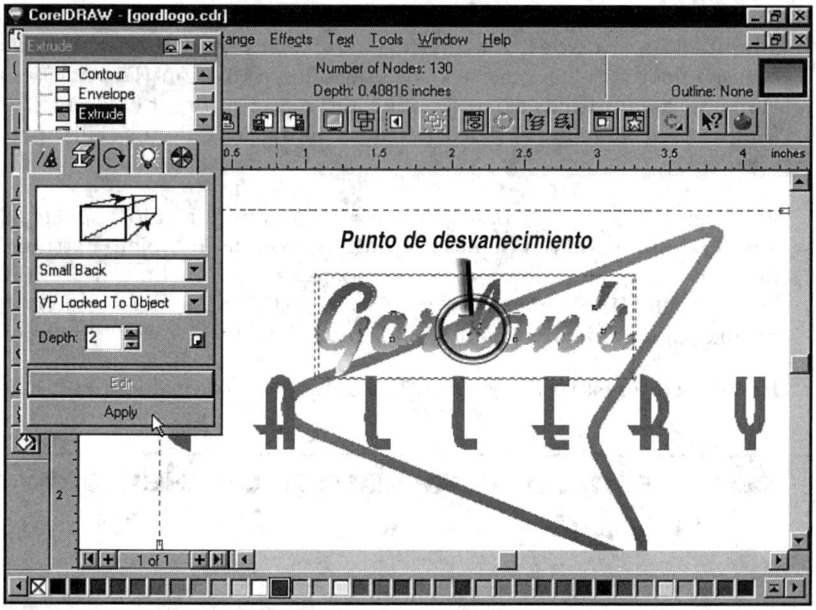

Figura 11.7
El cuadro de contorno de presentación preliminar proporciona un buen indicador de la profundidad y la dirección del objeto que habrá de extruirse.

Aparecen las opciones de giro para el objeto extruido. El logo de Corel Corp. de este menú es un tirador grande con el que usted "conduce" el ángulo de rotación de un objeto.

7. Haga clic y arrastre, suavemente hacia arriba y hacia la derecha, y luego haga clic en Aplicar (Apply).

   Se gira el objeto hacia arriba y a la derecha. La *x* de la esquina inferior izquierda del menú es un botón para restablecer los predeterminados. Si hace clic en él, usted puede regresar un objeto seleccionado y extruido a la cara frontal. Además, usted puede pasar a un submenú de entradas numéricas a partir del menú de giro, si hace clic en el icono de página de la esquina inferior derecha del menú. En el submenú, usted puede escribir valores para el giro de un objeto, en sentido contrario de las manecillas del reloj, sobre sus ejes vertical, horizontal o de profundidad. Vea la figura 11.8.

8. Haga clic en el icono del menú de iluminación.

   Se despliegan las opciones de iluminación para el objeto seleccionado.

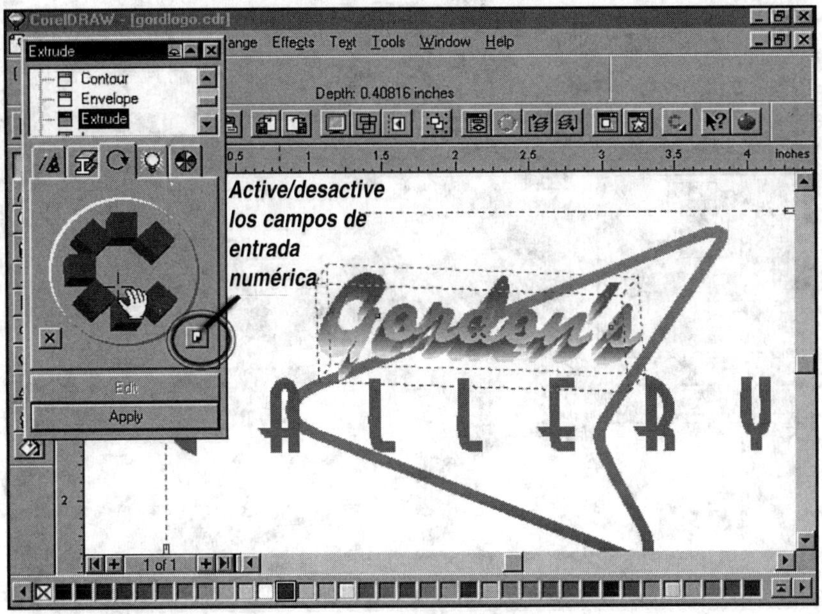

Figura 11.8 Haga clic y arrastre sobre el logotipo en 3D de Corel y luego haga clic en Aplicar (Apply), para crear un ángulo de rotación para un objeto extruido.

9. Haga clic en el botón de foco marcado con un "1".

   Se agrega la luz a la presentación preliminar en líneas de dibujo 3D del menú de iluminación.

10. Haga clic y arrastre el "1" por las líneas de dibujo a una posición al frente, arriba y a la izquierda.

    Se especifica el ángulo de iluminación, tal como se aplicará al objeto extruido seleccionado.

11. Marque la casilla de verificación Usar color completo (Use full color range), luego haga clic y arrastre la barra de desplazamiento Intensidad (Intensity) cerca del 75. Haga clic en Aplicar (Apply).

    Se agrega iluminación al objeto, utilizando todo el rango de colores disponibles que se encuentra dentro del objeto seleccionado; el texto "Gordon's" extruido parecerá tener un volumen real, con una iluminación activa. Vea la figura 11.9.

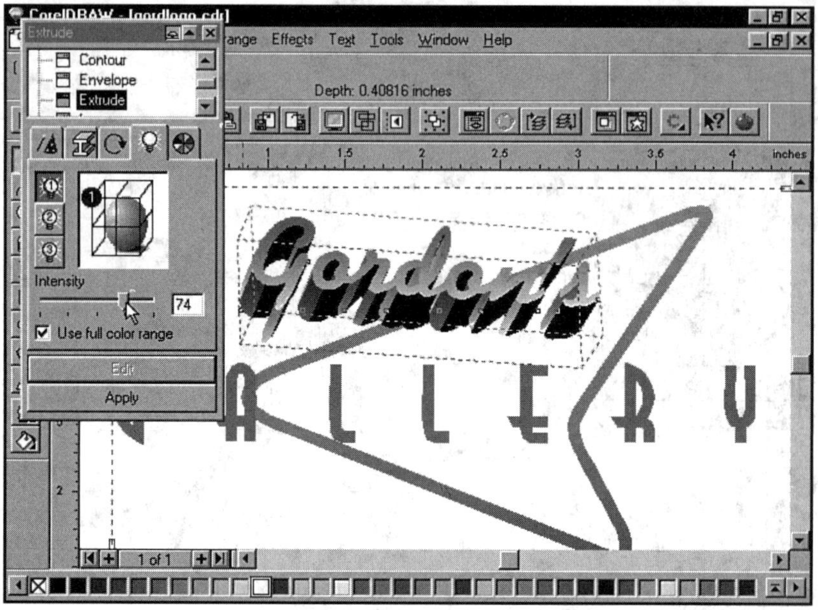

Figura 11.9
La extrusión de un objeto sugiere volumen, pero una iluminación adecuada hace que el objeto parezca más real.

12. Presione Ctrl+S (**A**rchivo (**F**ile) y **G**uardar (**S**ave)).

    Se guarda su trabajo hasta este punto.

Las opciones de profundidad y rotación de los dos menús de la persiana Extrusión (Extrude) funcionan de manera exclusivamente manual. Si usted ha girado un objeto, verá que las opciones de punto de fuga están atenuadas en el menú de profundidad. Y si necesita cambiar la profundidad de una forma extruida, debe eliminar su giro (haciendo clic en el botón del menú de giro) antes de hacer los cambios. Debido a esto, por lo general es mejor trabajar de la izquierda a la derecha de la persiana Extrusión (Extrude); especifique primero la profundidad, luego el ángulo de giro y por último agregue sus efectos de iluminación.

Cómo agregar el mismo punto de vista a otros objetos

Como hay demasiadas opciones para extruir un objeto, parecería como si fuera un reto repetir la iluminación exacta, el ángulo de giro y la profundidad de extrusión del primer objeto en los otros componentes del logotipo de Gordon.

Sin embargo, CorelDRAW le facilita la copia de los atributos de un objeto extruido, sin cambiar las otras propiedades del objeto, como el color.

He aquí cómo darle dimensión a todo el logotipo de Gordon, en menos de 2 minutos.

Cómo utilizar el comando Efectos (Effects) y Copiar (Copy)

1. Haga clic en el objeto de marco de GORDLOGO.CDR.

   Se selecciona el objeto.

2. Elija Efectos (Effects), Copiar (Copy) y luego elija Extruir de (Extrude from).

   Su cursor se vuelve una flecha gigante.

3. Haga clic en el lado extruido, no en el frente, del letrero "Gordon's".

   Se extruye el objeto de marco a la misma profundidad y ángulo de giro que el letrero de Gordon, y con los mismos efectos de iluminación. Vea la figura 11.10.

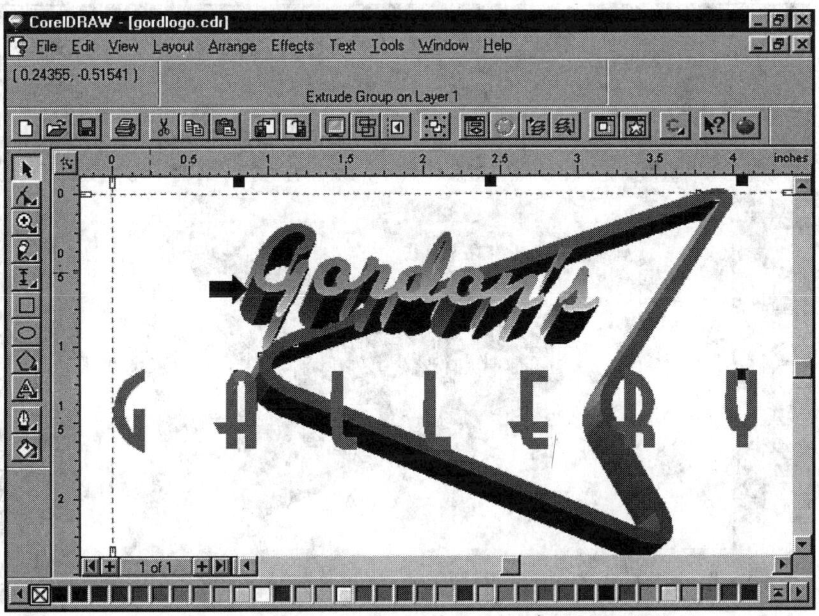

Figura 11.10
Usted puede copiar todos los aspectos de un objeto extruido desde un objeto diferente a través del comando Copiar (Copy) del menú Efectos (Effects).

4. Repita el paso 3 con el objeto "Gallery".

   Se extruye el objeto "Gallery". Los tres objetos se encuentran en la misma posición relativa entre sí, pero están alineados en *tres* dimensiones.

5. Presione Ctrl+S (Archivo (File) y Guardar (Save)).

   Se guarda su trabajo hasta este punto.

Después de uno o dos toques, es hora de enviar esta composición a través de las ondas aéreas... perdón, ¿las ondas de *cable*?

Cómo crear su propia ilustración 3D

Aunque la ilustración se ve muy bien ahora, no hay razón para que no pueda agregar uno o dos toques de arte en 2D para mejorarla. Como los objetos extruidos son simplemente un grupo de formas 2D dibujadas con perspectiva, usted puede simplemente "ir más allá" del objeto de marco y darle un relleno. En la figura 11.11 puede ver que se está creando una forma que cabe exactamente dentro del ancho del marco. A la forma terminada se le aplica después un relleno uniforme, azul, y se le envía al reverso de la página. No es necesario extruir objetos 2D, cuando usted no puede ver sus caras posterior o lateral. Además, si leyó el capítulo 5, "Rellenos complejos y sombreado de mezclas", ya conoce la fuente de inspiración para (y los medios para crear) el texto de sombra caída.

Figura 11.11 Los elementos que se han extruido dentro de la composición pueden funcionar de manera armoniosa con otros elementos que sugieren perspectiva y profundidad.

Cómo convertir una imagen gráfica de CorelDRAW! en una imagen de Web

El toque final necesita agregarse al logotipo de Gordon's Gallery, pero es una adición técnica, más que artística: la información de la imagen que leerán los visualizadores Web y que especifican que un color transparente es un valor de color explícito de RGB. En las siguientes secciones, verá cómo crear en PHOTO-PAINT un fondo de mosaico sin costuras para la imagen GIF que podrá utilizarse como "tapiz de Web" en la página base.

Cuando una imagen GIF tiene atributos de transparencia, el color indexado RGB que se especifica en la imagen simplemente se desvanece en la pantalla, para desplegar el papel tapiz de fondo. Por lo tanto, usted necesita exportar el diseño de Corel como mapa de bits con un fondo incluido; el color de fondo no debe incluirse en uno de los colores del primer plano, o también desaparecerán los elementos del frente. En el documento GORDLOGO:CDR del CD de obsequio, hemos creado un rectángulo y lo hemos colocado debajo de los otros objetos, como se ve en la figura 11.12. Luego escribimos los valores de R:204, G:204 y B:204 en los campos del cuadro de diálogo Relleno uniforme (Uniform Fill) para producir un gris claro y neutro para el rectángulo seleccionado. Podría parecer algo quisquilloso elegir valores explícitos de color en lugar de elegirlos de un modelo de color, pero usted necesitará recordar esos valores después de que el logotipo se convierta en un formato de mapa de bits. Estos valores son la clave para especificar el valor de transparencia.

Figura 11.12
Para una forma de fondo elija un color que pueda especificar después como valores RGB, para crear el fondo transparente de una página Web.

Si abre la imagen GORDLOGO.CDR de la carpeta CHAP11 del CD de obsequio, también observará que a las sombras caídas se les ha dado un relleno negro, poco realista, si se tratara una ilustración "artística", pero como verá en la siguiente nota, la elección de color fue necesaria.

Nota Para crear un archivo GIF con un color transparente y con elementos de sombras caídas que pueda utilizarse de manera efectiva contra *cualquier* patrón o color de fondo, la sombra caída sólo puede ser negra. No pueden incluirse sombras grises en la información del diseño del frente, porque usted podría tener un fondo cuyo patrón incluya un color más oscuro que uno de los colores componentes de la sombra caída.

¡Y esto haría que la sombra se vea horrorosa!

He aquí cómo exportar el diseño de CorelDRAW al formato utilizado en Web de Internet:

Cómo exportar imágenes gráficas de DRAW a Web

1. Con el logotipo y su escala de grises seleccionado elija Archivo (File) y Exportar (Export), o presione Ctrl+H. Elija un lugar de su disco duro donde deba guardarse el archivo Gordlogo. En el cuadro descendente Guardar como tipo (Save as type), elija Bitmap TIFF (TIF). Ponga una marca en la casilla de verificación Sólo seleccionado (Selected only). Haga clic en el botón Exportar (Export).

   Se abre el cuadro de diálogo Exportar (Export), donde usted elige el tipo de exportación que se llevará a cabo (el formato de archivo que tendrá el nuevo archivo, en este caso TIF), el nombre del archivo y el lugar a dónde se exportará. Al hacer clic en el botón Exportar (Export), se abre el cuadro de diálogo Exportar Bitmap (Bitmap Export).

2. En la lista descendente Color del cuadro de diálogo Exportar Bitmap (Bitmap Export), elija 16 Million Colors, si aún no está elegida. En el cuadro de diálogo Tamaño (Size) elija 1 a 1 (1 to 1). Del cuadro descendente Resolución (Resolution), elija Personalizar (Custom), Establezca Horizontal y Vertical en 72 ppp (dpi). Coloque marcas en las casillas de verificación Valores idénticos (Identical values) y Anti-aliasing (Anti-aliasing). Su pantalla debe verse como en la figura 11.13. Haga clic en Aceptar (OK) sólo después de verificar todas las opciones de esta lista.

   Estos parámetros determinan la profundidad de color, las dimensiones y la resolución del archivo TIFF. Usted no eligió aquí una profundidad de color más baja porque el archivo se llevará a PHOTO-PAINT, que tiene mucha más capacidad que DRAW para producir reducciones de color de alta calidad. Siempre establezca las resoluciones Horizontal y Vertical en los mismos puntos por pulgada; si se establecen valores diferentes, se distorsionará su imagen. Para las imágenes de Web usted sólo necesita establecer la resolución de la pantalla; cualquier cosa más grande sólo inflará el archivo y se convertirá en información desperdiciada. Se abre el cuadro de diálogo TIFF - espacio de color (TIFF-Color Space).

3. Asegúrese de quitar la marca de la casilla de verificación Guardar en CIELab (Save in CIELab) en el cuadro de diálogo TIFF - espacio de color (TIFF-Color Space) y luego haga clic en Aceptar (OK). El archivo se exporta como TIF y se le regresa al área de trabajo, donde GORDLOGO.CDR todavía se encuentra en la pantalla.

   Para las imágenes de la página Web usted querrá apegarse al espacio de color RGB, de modo que no desea guardar el TIF en el espacio de color CIELab. El parámetro CIELab es útil si está imprimiendo el TIF directamente a un dispositivo PostScript nivel 2, o si está convirtiendo el TIFF de color guardado en un mapa de bits de escala de grises dentro de un programa de pintura.

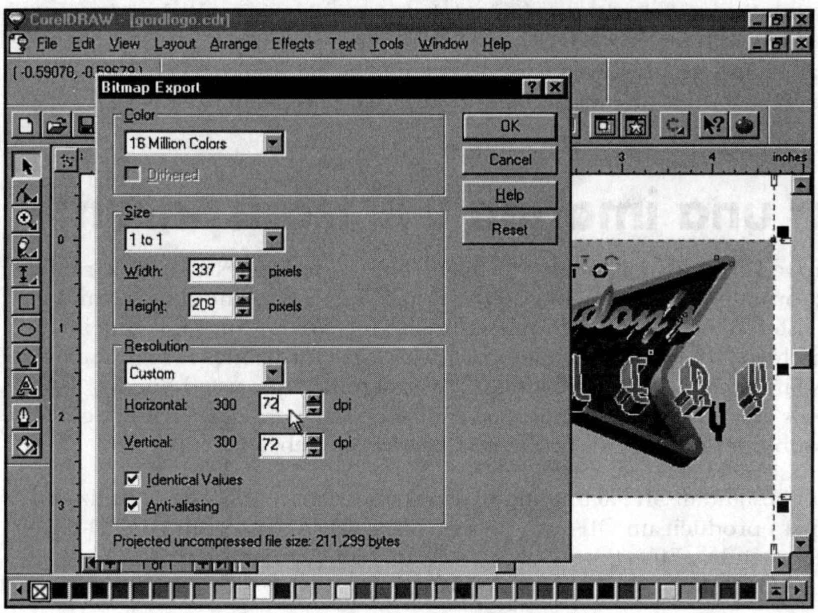

Figura 11.13
Utilice 72 puntos por pulgada como resolución para exportar las imágenes TIFF RGB que se convertirán en imágenes gráficas de Web en PHOTO-PAINT.

4. Presione Ctrl+S y Alt+F4 o elija Archivo (File) y Guardar (Save) y luego Archivo (File) y Salir (Exit).

   Se guarda GORDLOGO.CDR en su disco duro y se cierra CorelDRAW.

Es posible crear un GIF transparente exportando desde CorelDRAW. Sin embargo, usted tiene mucho menos control en CorelDRAW que en PHOTO-PAINT sobre la manera en que se aplica la reducción de color. En DRAW, tiene opciones que producen bandas o entrelazado casi todo el tiempo. Además, para crear un GIF transparente se necesita saber en cuál porción de la imagen GIF indexada se encuentra almacenado el color que desea definir como transparente. En DRAW usted tiene que adivinar, en parte porque no tiene manera de tomar muestras directamente del color, pero sobre todo porque la imagen aún está vectorizada y no se ha tramado; los colores aún no se han asignado a una tabla de color.

Por lo tanto, con el fin de obtener la generación más fiel de GORDLOGO para esta página Web, el siguiente paso en la agenda es una sesión en PHOTO-PAINT. Aunque se pueden tener varias aplicaciones abiertas al mismo tiempo en Windows 95, CorelDRAW y CorelPHOTO-PAINT exigen muchos recursos de su sistema. Es una buena idea salir de una aplicación de múltiples opciones antes de abrir otra.

Ya hemos completado el diseño de la parte principal de la tarea de página Web; sólo falta asignar al color de fondo de GORDLOGO.TIF un atributo de transparencia. En la siguiente sección, volveremos al análisis de los cómos y los porqués de la transparencia en los archivos GIF, y veremos cómo crear fondos de mosaico sin costuras para las páginas Web.

Cómo crear una imagen GIF transparente

A diferencia del formato JPEG de imágenes de mapa de bits, las imágenes GIF (de Graphics Information Format; formato de información gráfica), sólo puede contener un máximo de 256 valores únicos, y usted tiene que *tramar* (aplicar una reducción de color en) una imagen RGB para hacer un archivo GIF legítimo. Sin embargo, las especificaciones HTML incluyen información de transparencia para los archivos GIF y esto significa que usted puede seleccionar uno de esos 256 "espacios" de color del índice de GIF para dejarlo fuera cuando el diseño se coloque sobre un mosaico de fondo en una página Web.

Hay varias versiones del estándar GIF; actualmente, la versión 89a entrelazada se utiliza en documentos HTML para producir un GIF transparente. CorelDRAW y CorelPHOTO-PAINT ofrecen soporte a este estándar. En esta sección se muestra cómo crear archivos GIF transparentes en PHOTO-PAINT.

Antes de comenzar con la transformación del logotipo de Gordon's Gallery en un formato GIF transparente, debemos explicar lo que es una imagen *entrelazada*. Además de ser compacta, la estructura de imagen GIF le permite a los usuarios ver la presentación preliminar de una versión en baja resolución de la imagen GIF. Esto ahorra tiempo al ver de antemano las imágenes disponibles en CompuServe; cuando la imagen GIF se llama desde un documento HTML, aparece primero una imagen GIF entrelazada que habrá de traducirse a pixeles, luego se vuelve más refinada. El efecto es parecido a ver a través de un par de binoculares. Cuando alguien salta a su sitio de Web, se bajarán todas las imágenes gráficas vinculadas con el documento HTML; esto puede producir largas esperas mientras se componen las imágenes, pero las imágenes entralazadas aparecerán de inmediato en el visualizador de los espectadores. Además, la audiencia puede recorrer rápidamente el documento de Web mientras se elaboran las imágenes gráficas entrelazadas; las imágenes no entrelazadas pueden detener por momentos el desplazamiento del documento.

La imagen GORDLOGO tenía unos 200 Kb cuando se guardó como TIFF, y las máquinas con menos de 16 Mb de RAM en el sistema podrían hacer que CorelDRAW tome mucho tiempo para completar el proceso de conversión de vector en mapa de bits (*tramado*). Si desea completar el ejemplo de esta sección, pero no está seguro de que tenga el sistema adecuado, cancele esta operación ahora y abra la imagen GORDLOGO.TIF, que también se encuentra en la carpeta CHAP11 del *CD de obsequio de CorelDRAW! 6 para expertos.* La imagen GORDLOGO.TIF es una copia guardada de la imagen gráfica ya importada.

El secreto para crear una imagen GIF transparente y utilizarla como página Web reside en la posibilidad del archivo GIF para contener un valor único que el visualizador Web leerá como color "no mostrado". La posibilidad no es única (los iconos en las plataformas Windows y Macintosh pueden contener colores transparentes). Sin embargo, el truco aquí consiste en asignar un valor de color de fondo al membrete (o a su propia imagen) que sea único en la imagen. El color GIF transparente debe tener tres propiedades:

- ✔ Debe parecerse al esquema de color del fondo del diseño propuesto.
- ✔ No debe ser un color contenido en el diseño.
- ✔ El color debe ser plano (sin pixeles promediados con otros colores dentro del fondo).

La intención aquí es crear el membrete más elegante para la página Web con una cantidad limitada de información gráfica y con el tamaño y las limitaciones del color indexado. Sin embargo, cuando diseñe elementos gráficos debe pensar en el *contexto* de una página Web; en esta composición habrá muchos puntos en que el espectador puede fijar su atención. Por lo tanto, en los documentos de Web se aceptará el intercambio entre el contenido y el diseño general.

Tip Si usted elige un color *sólido* de fondo para una página Web, puede incluir más información visual en un GIF transparente que usted coloca dentro del documento. El ejemplo de esta sección le muestra cómo utilizar PHOTO-PAINT para crear un GIF transparente que puede colocarse sobre cualquier fondo (patrón o no), pero si debe elegir un fondo sólido, no tiene que crear una máscara para aislar las sombras caídas y el texto del fondo.

Cree la imagen gráfica que desee utilizar en CorelDRAW o PHOTO-PAINT; si utiliza DRAW, debe exportar la imagen en formato de mapa de bits, antes de terminar el diseño en PHOTO-PAINT. Cree un fondo de color sólido que tenga el mismo valor de color que desee utilizar como transparencia.

En PHOTO-PAINT elija Imagen (Image) y Convertir a (Convert To), luego elija 256 colores (8 bits) (256 Colors (8-bit)). Del cuadro de diálogo Convertir a 256 colores (Convert to 256 Colors), elija Optimizada (Optimized) del campo Tipo de paleta (Palette type) y Error de difusión (Error diffusion) del campo Tipo de tramado (Dither type). A la imagen resultante puede asignársele entonces un color de fondo transparente, y la imagen puede utilizarse sobre un fondo sólido cuyo color sea idéntico al fondo de la imagen.

Lea el resto de esta sección para conocer los detalles sobre la creación de información de transparencia.

Cómo crear mosaicos repetidos sin costuras

Una de las mejoras más excitantes que Netscape ha agregado de manera no oficial al lenguaje HTML es la capacidad para utilizar un mapa de bits en forma de mosaico que represente el fondo de un documento de Web. El mosaico cubre el fondo y un mapa de bits en forma de mosaico de tamaño pequeño se redibujará rápidamente en la utilería de visualización del espectador.

Como usted ya no está limitado a un fondo de color sólido dentro del marco de trabajo de un documento HTML, la gente que diseña los documentos de Web están descubriendo ahora una profesión: ¡la de "Pegador de papel tapiz en Web"! Sin embargo, la posibilidad que más entusiasma de los diseños de mosaico debajo de su mensaje se encuentra en la capacidad de disponer un fondo en mosaico, *sin costuras*; el patrón parece repetirse infinitamente, sin que se vean las orillas.

La carpeta EXAMPLES/CHAP11 del *CD de obsequio de CorelDRAW! 6 para expertos* contiene varios ejemplos de patrones de mosaico sin costuras, y en el capítulo 5 podrá conocer algunos de los secretos para crear mosaicos sin costuras de cualquier cosa que usted imagine.

El fondo de una página Web no debe competir con el mensaje del fondo, sea de texto o gráfico, sino que debe mostrar que el diseñador desea comunicar algo fresco e inusual. Si usted es un artista profesional, como Gordon, probablemente le gustaría un fondo que complete las obras de arte que integran la galería virtual, en línea. La mayor parte de los mosaicos de fondo de Web constan de un patrón de repetición que se dispone en mosaico vertical u horizontal (como los pixeles son rectangulares, ¡es algo difícil de hacer a un lado!). Sin embargo, en la siguiente serie de pasos, verá cómo crear un mosaico de repetición interminable, dispuesto de manera *diagonal*.

Los rellenos degradados personalizados de CorelDRAW son estupendos para crear muchos tipos diferentes de patrones de repetición.

He aquí cómo crear un efecto de "caramelo", utilizando un relleno degradado personalizado, que usted puede utilizar para los fondos de páginas Web:

Cómo crear un papel tapiz en Web

1. En CorelPHOTO-PAINT, presione Ctrl+N (Archivo (File) y Nuevo (New)), luego especifique lo siguiente para el nuevo documento: Modo Color (Color mode): Color de 24 bits (24 Bit Color), Tamaño (Size): Pers. (Custom), Anchura (Width): **2**, Altura (Height): **2**. Asegúrese de que las unidades del cuadro descendente que se encuentra junto a Anchura (Width) estén en pulgadas (inches). En el campo Resolución (Resolution), establezca Horizontal y Vertical en **72** ppp (dpi), o pixeles por pulgada. Las casillas de verificación Crear un archivo parcial (Create a partial file) y Crear una película (Create a movie) deben permanecer sin marca. Haga clic en Aceptar (OK).

   Se crea un documento nuevo y en blanco, Nuevo1.cpt (New-1.cpt), si es el primer archivo que ha creado en esta sesión de PHOTO-PAINT; de otro modo será Nuevox (New-x), donde *x* es otro número. Los nuevos archivos se numeran secuencialmente. Usted utilizará Nuevo1.cpt (New-1.cpt) para crear un patrón de mosaico sin costuras.

2. Haga doble clic en la Herramienta Relleno (Fill tool). Después haga clic en el botón Relleno degradado (Fountain Fill) (el segundo de la izquierda) y luego en el botón para rellenos degradados (el segundo de la izquierda). Haga clic en el botón Editar (Edit), que se encuentra a la derecha del cuadro de presentación preliminar.

   Se abre la persiana Herramientas (Tool Settings). Se pasa a una vista de opciones de rellenos degradados. Al hacer clic en Editar (Edit) se abre el cuadro de diálogo Relleno degradado (Fountain Fill).

3. En el cuadro descendente Tipo (Type), elija Lineal (Linear). En el campo Opciones (Options), haga doble clic en el cuadro contador Ángulo: (Angle:) e introduzca **-45**. Haga doble clic en el cuadro contador Etapas (Steps) e introduzca **256**. El cuadro contador Relleno del borde (Edge pad) debe permanecer en 0. En el campo Mezcla de colores (Color Blend), haga clic en Personalizado (Custom). Vea la figura 11.14.

   Estos parámetros especifican un relleno lineal elaborado en 256 pasos (el máximo permitido), que corre en diagonal en relación con los lados de la imagen.

Es importante que el ángulo sea una auténtica diagonal (de 45 o 135 grados); de otro modo, el patrón no se desplegará correctamente en el visualizador Web. La especificación de Personalizado (Custom) hace que cambie la parte inferior del cuadro de diálogo. Ahora se despliegan la tira de color de presentación preliminar, una paleta de colores y otros controles de color.

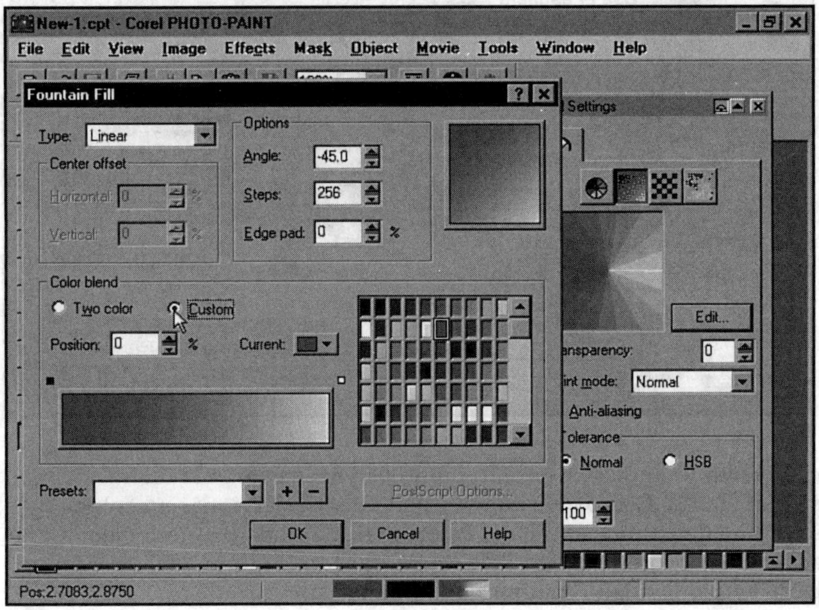

Figura 11.14
Al elegir Personalizado (Custom) del cuadro de diálogo Relleno degradado (Fountain Fill) se despliega la tira de presentación preliminar.

4. Haga clic una vez en el pequeño cuadro negro que se encuentra arriba y a la izquierda de la tira de presentación preliminar. Haga doble clic en el cuadro contador Posición (Position) e introduzca un valor de **0**, si aparece cualquier otro valor en el cuadro.

   Se hace que un cuadro de línea punteada aparezca sobre la tira de presentación preliminar que acompaña al pequeño cuadro negro de la izquierda y al pequeño cuadro blanco de la derecha, y se activa el cuadro contador Posición (Position).

5. Haga clic en el cuadro descendente Actual (Current). Haga clic en el botón Otros (Others) de la parte inferior de la mini paleta.

   Esto hace que aparezca otro cuadro de diálogo Relleno degradado (Fountain Fill) donde usted puede especificar el color.

6. Asegúrese de que está marcado el botón de opción Modelos de color (Color Models) y de que la selección en el cuadro descendente Modelo (Model) es RGB. Introduzca los valores de **R: 237**, **G: 211** y **B**: **236** en los cuadros contadores. Cuando su pantalla se vea como la figura 11.15, haga clic en Aceptar (OK).

Figura 11.15 Utilice colores del modelo de color RGB cuando diseñe imágenes para páginas Web y otros documentos que sólo se verán en pantalla.

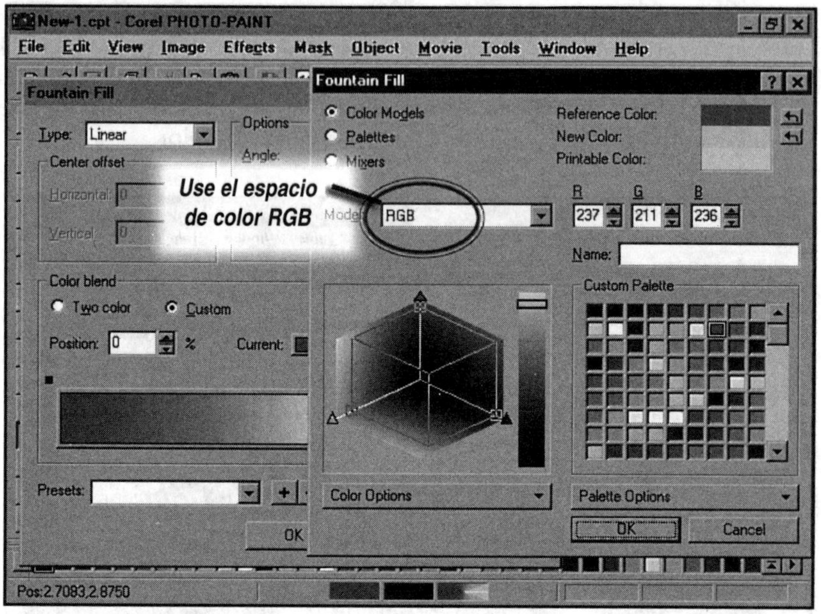

Se selecciona un color lavanda suave como punto de partida para el relleno degradado perzonalizado. Como alternativa, usted puede seleccionar un color haciendo clic en una de las muestras en la Paleta personalizada (Custom Palette). Se le regresa al primer cuadro de diálogo Relleno degradado (Fountain Fill, y el punto de partida del relleno degradado cambia a un lavanda claro.

7. Haga doble clic en la tira de presentación preliminar más o menos a una media pulgada del pequeño cuadro negro. El cuadro contador Posición (Position) reportará un nuevo valor. Cambie el valor a **12**.

   Un triángulo negro, invertido, denominado marcador de color, aparece a un 12% del pequeño cuadro negro que se encuentra sobre la tira de presentación preliminar. Esto marca el punto de partida para la adición del color intermedio, que usted especificará en el siguiente paso. Vea la figura 11.16.

8. Repita los paso 5 y 6 para especificar un nuevo color, pero esta vez utilice los valores RGB de **R: 220**, **G: 231** y **B: 228**, para especificar un gris-verde claro. Establezca otro marcador utilizando los mismos valores de color **R: 220**, **G: 231** y **B: 228** en el punto del **62%**.

   Se establecen dos pasos intermedios en el relleno degradado complejo.

9. Siguiendo los mismos procedimientos, establezca dos nuevos marcadores con valores RGB de **R: 19**, **G: 15** y **B: 26** (casi negro) en los puntos de **25%** y **75%**. En los puntos de **50%** y **100%** establezca un nuevo marcador de color con valores RGB de **R: 237**, **G: 211** y **B: 236** para especificar el mismo color lavanda claro utilizado en el punto 0%.

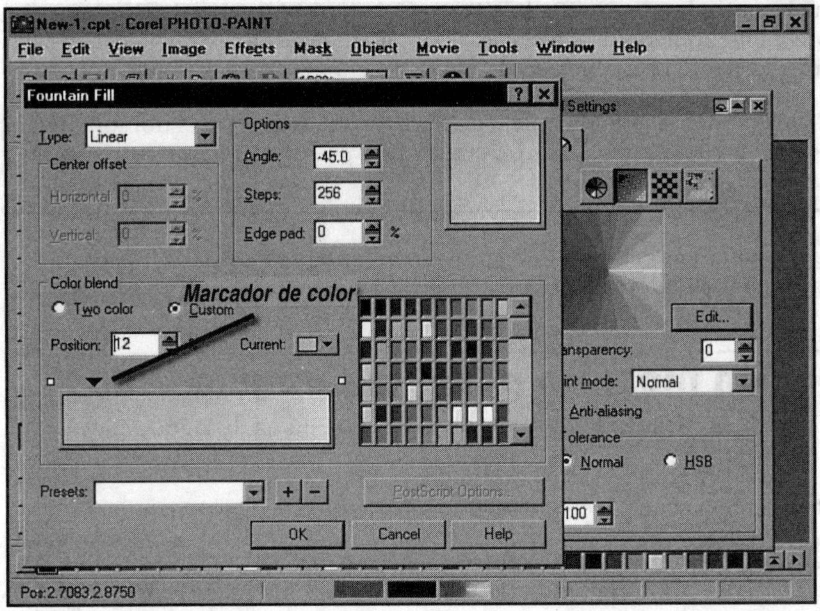

Figura 11.16
Haga doble clic en la barra de presentación preliminar y luego introduzca un valor en el cuadro contador Posición (Position) para colocar de manera precisa un marcador de color.

El relleno degradado complejo debe verse como en la figura 11.17. De no ser así, haga clic en cada marcador y revise el color y la posición que se reporta en el cuadro contador. Es importante crear dos repeticiones idénticas dentro del patrón, para que la imagen final pueda disponerse como mosaico sin costuras.

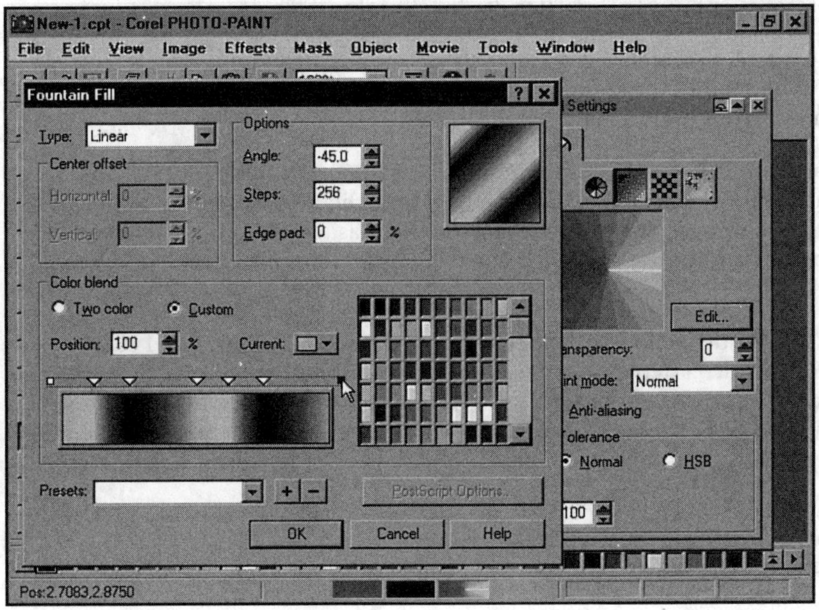

Figura 11.17
Un relleno degradado personalizado, diagonal y que repite transiciones de color dentro del patrón creará un mosaico sin costuras.

10. Haga clic en el cuadro Predeterminados (Presets) y escriba **Mosaico de Gordon** como nombre para el relleno. Haga clic en el botón de más, que se encuentra a la derecha, para guardar el prestablecido. Luego haga clic en Aceptar (OK).

    Se guarda el relleno degradado complejo en los prestablecidos con el nombre de Mosaico de Gordon y se vuelve el archivo actual. Este prestablecido puede utilizarse en CorelDRAW y en PHOTO-PAINT.

Ahora que se ha creado y guardado el relleno degradado complejo Mosaico de Gordon, pasemos al proceso de elaboración del mosaico.

Cómo crear un mosaico para una página Web

1. Con la Herramienta Relleno (Fill tool), haga clic en la ventana de la imagen Nuevo-1.cpt (New-1.cpt).

   Toda la ventana se llena con el relleno degradado Mosaico de Gordon.

A menos que esté planeando utilizar un texto invertido en su página Web, hay posibilidades de que la imagen actual sea un poco intensa para utilizarla como fondo. Para corregirla...

2. Elija Efectos (Effects), Ajustes de color (Color Adjust) y Brillo/Contraste/Intensidad (Brightness-Contrast-Intensity) del submenú Ajustes de color (Color Adjust).

   Se despliega el cuadro de diálogo Brillo/Contraste/Intensidad (Brightness-Contrast-Intensity). En el cuadro Original: de la izquierda se despliega una copia de su imagen; los cambios que haga en este cuadro de diálogo pueden observarse en el cuadro de presentación preliminar Resultado: (Result:) de la derecha.

Usted utilizará estos controles para "lavar" la imagen, de modo que el texto que se coloque encima del patrón resulte legible y no tenga que luchar contra el texto y otras imágenes gráficas colocadas en la parte superior para llamar la atención.

3. Haga clic y arrastre la barra de desplazamiento Brillo (Brightness) hasta el **30** o escriba **30** en la caja de entrada de la derecha. Haga clic y arrastre la barra de desplazamiento Contraste (Contrast) a la izquierda hasta el **-60** o escriba **-60** en el cuadro de introducción de texto. Haga clic en el botón Simular (Preview). (Vea la figura 11.18).

   Se aumenta el valor de brillo y se reduce el contraste de la imagen. En el cuadro Resultado (Result) de la derecha se despliegan los cambios propuestos. Estos valores se determinaron a través de la prueba y el error; si le funcionaron mejor valores diferentes, utilícelos. La meta es crear una versión más clara de la imagen, que aún retenga parte del color original y del patrón de transición de color.

4. Si le gusta lo que ve en el cuadro Resultado: (Result:), haga clic en Aceptar (OK).

   Se cierra el cuadro de diálogo y se aplica el cambio a Nuevo-1.cpt (New-1.cpt).

Figura 11.18
Aumente el Brillo (Brightness) y reduzca el Contraste (Contrast) de una imagen para crear un fondo de color claro, en forma de patrón, para una página Web.

Es probable que la imagen mejore si se aumenta la saturación. Al aumentarla en una cantidad pequeña, los colores se verán más ricos y alegres, sin que la imagen sobresalga demasiado.

5. Elija Efectos (Effects), Ajustar (Adjust) y Tono del color (Color Tone).

   Se despliega el cuadro de diálogo Tono del color (Color Tone).

6. En el cuadro de introducción de datos **Etapas** (**Step**) cambie el valor predeterminado de 10 a 5.

   Se reduce la cantidad de ajuste que se habrá de aplicar. Observe que las muestras miniatura de presentación preliminar, que se encuentran en la parte inferior del cuadro de diálogo, cambian para reflejar la cantidad de ajuste que acaba de especificar. Vea la figura 11.19.

7. Haga clic una vez en la muestra miniatura Saturado (Saturate).

   Observe que el cuadro de presentación preliminar Resultado (Result) cambia para reflejar el aumento de saturación que solicita al hacer clic en la muestra miniatura. Usted puede hacer clic en una de las muestras miniatura para realizar más correcciones, si las juzga necesarias. De ser así, notará que el cuadro de presentación preliminar cambia otra vez para reflejar los cambios adicionales. Todos los cambios que haga en este cuadro de diálogo serán acumulativos.

Figura 11.19
Especifique la cantidad de cambio que se aplicará a la imagen, moviendo la barra de desplazamiento Etapas (Step) o introduciendo la cantidad en el cuadro de entrada Etapas (Step).

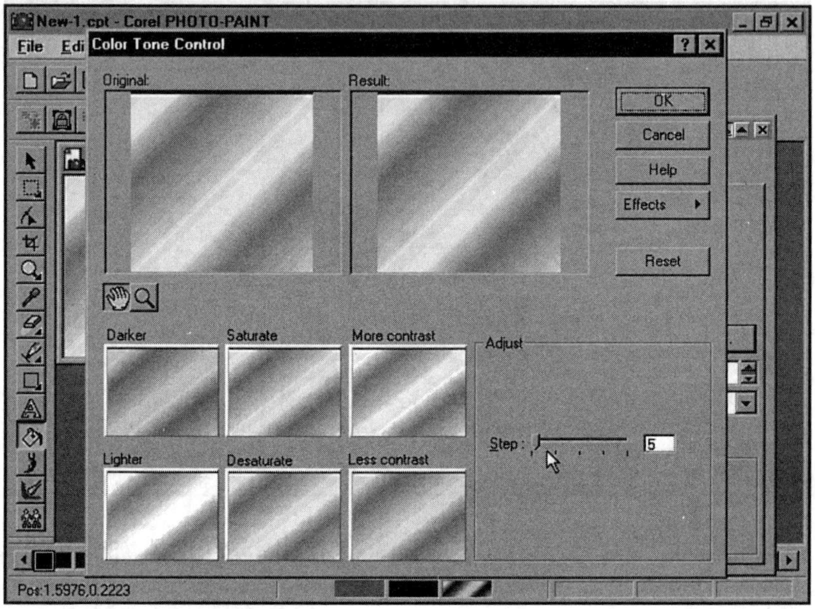

8. Haga clic en Aceptar (OK), cuando le guste lo que ve en la ventana Resultado: (Result:).

Se cierra el cuadro de diálogo y se aplica el cambio a Nuevo1.cpt (New-1.cpt).

El patrón de mosaico no parece tener mayor atractivo, pero usted debe tomar en cuenta cómo se verá en el diseño de la página Web. Al incluirse las imágenes y el texto encima de él, parecerá agradable.

Las imágenes de fondo que se dispongan como mosaico en una página Web deben estar en un formato de archivo GIF. A diferencia del formato de archivo CPT de CorelDRAW, el formato GIF es un archivo *indexado* capaz de desplegar 256 colores. Hay muchas versiones del estándar del formato de archivo de GIF; al momento de escribirse esto, el filtro de conversión GIF de CorelDRAW funciona bien para los mosaicos de fondo que se desplegarán en página Web y para crear un GIF *transparente*, como lo hace el filtro de exportación GIF de PHOTO-PAINT. El único problema cuando se utiliza el filtro de exportación GIF 89a de DRAW es que usted no tiene manera de visualizar la selección de color; debe *adivinar* el valor de índice del color de transparencia. En una paleta hay colores muy similares, pero PHOTO-PAINT le permite ver los colores indexados, además de los valores numéricos del color indexado.

Más adelante, en este mismo capítulo, crearemos y utilizaremos un GIF transparente.

Los siguientes pasos que necesita dar para que New-1.cpt (New-1.cpt) sea una imagen gráfica adecuada para un fondo de una página Web es reducir la profundidad de color de la imagen del modo RGB de 24 bits en que se encuentra actualmente a un modo de 256 colores o de 8 bits y luego guardarlo como formato de archivo GIF.

Cómo guardar una imagen RGB como archivo GIF

1. Con New-1.cpt (New-1.cpt) como imagen activa en el espacio de trabajo de PHOTO-PAINT, elija Imagen (Image), Convertir a (Convert To) y 256 colores (8 bits) (256 Colors (8-bit)) del menú.

   Se despliega el cuadro de diálogo Convertir a 256 colores (Convert to 256 Colors).

2. Haga clic en los botones de opción Optimizada (Optimized) y Error de difusión (Error Difussion) y luego haga clic en Aceptar (OK).

   Se reduce el número de colores únicos en la imagen a 256; se le regresa a la imagen.

3. Presione Ctrl+S (Archivo (File) y Guardar (Save)).

   Aparece el cuadro de diálogo Guardar una imagen en el disco (Save an Image to Disk).

4. En el cuadro descendente Guardar como tipo (Save as type), desplácese hacia arriba y elija Bitmap de CompuServe (GIF) (CompuServe Bitmap (GIF)). Asígnele al archivo el nombre MY-TILE.GIF, elija una ubicación en su disco duro y luego haga clic en Guardar (Save).

   Se elige el formato de archivo, el nombre del archivo y el lugar donde el archivo se almacenará cuando se guarde. Aparece el cuadro de diálogo Color transparente (Transparent Color).

5. Asegúrese de que está elegido el botón de opción Formato 89a (89a Format) y que las casillas de verificación Imagen entrelazada (Interlaced image) y Color transparente (Transparent Color) están desmarcadas. Haga clic en Aceptar (OK).

89a es el formato apoyado por los visualizadores Web. En el caso del papel tapiz, no hay ventajas si se entrelaza el mosaico. Usted puede especificar el color transparente o que se dejará fuera, aunque no se acostumbra hacerlo así. El color a través del cual se verá es el color de fondo especificado en el documento HTML, o el color predeterminado de fondo especificado por el software del visualizador Web. Al hacer clic en Aceptar (OK), se guarda la imagen en su disco duro. Vea la figura 11.20.

Figura 11.20 La imagen terminada puede colocarse como fondo en la página Web y se dispondrá en forma de mosaico sin costuras.

Nota El autor ha descubierto que el *tramado de error de difusión* produce resultados más atractivos que la opción alternativa de tramado Ordenado (Ordered) cuando se reduce el color en PHOTO-PAINT. El tramado ordenado produce una trama de colores disponibles en un rango de color limitado de una imagen indexada para "falsear" los colores originales que no se pueden expresar. Y una trama de colores a veces sobrecarga el contenido visual de una imagen de color indexada, sobre todo cuando tiene tan pocos pixeles como la imagen de una página Web. Además, si usted elige la opción **N**inguno (**N**one) para tramado, da por resultado una imagen muy burda, poco parecida a la imagen original, porque no se hacen aproximaciones para simular el contenido de la imagen original.

La opción de paleta Ordenada (Ordered) probablemente sea la mejor opción para retener toda la información de color original que sea posible, porque una paleta de colores Ordenada (Ordered) para una imagen pone énfasis en el tono predominante del original dentro de una paleta de 256 colores. Una paleta Adaptiva (Adaptive) toma los primeros 256 colores que encuentra en la imagen, sin importar su predominancia en la imagen. En contraste con las paletas Ordenada (Ordered) y Adaptiva (Adaptive), una paleta fija como Uniforme (Uniform) siempre contiene los mismos colores, y esos colores tal vez no sean los que se encuentran en su diseño. Cuando elija Uniforme (Uniform) como paleta para que CorelPHOTO-PAINT reduzca el color, lo más probables es que observará más patrones de tramado mientras PHOTO-PAINT trata de aproximarse a los colores originales.

En la figura 11.20 hemos probado la imagen MY-TILE.GIF creando un relleno de mapa de bits. Para esto, haga clic en el botón Relleno de bitmap (Bitmap Fill) de la persiana Herramientas (Tool Settings) y luego en el botón Editar (Edit). En el cuadro de diálogo Patrón de bitmap a todo color (Full-Color Bitmap Pattern), haga clic en el botón Importar (Import). En el cuadro de diálogo Importar (Import), vaya a la unidad de disco y la carpeta en que guardó MY-TILE.GIF y haga doble clic en el nombre de archivo para cargar el mapa de bits. En el cuadro de diálogo Patrón de bitmap a todo color (Full-Color Bitmap Pattern), MY-TILE.GIF se vuelve el patrón actual. Asegúrese de que la casilla de verificación Use tamaño original (Use original size) está marcada y que todos los otros parámetros y casillas de verificación permanecen en 0 o están sin marca. Haga clic en Aceptar (OK) para que todos los valores tengan efecto y se le regrese al espacio de trabajo. Abra un nuevo archivo con las dimensiones que desee (New-2.cpt, de la figura 11.21, mide 22.5 × 25 cm) y luego haga clic en la ventana de la imagen Nuevo-2.cpt (New-2.cpt) con la Herramienta Relleno (Fill tool).

Figura 11.21
Usted debe probar un patrón en una imagen más grande para ver si usted, o el auditorio de Web, detectan las orillas.

Al trabajar de atrás hacia delante, ha llegado el momento de crear algunos elementos para colocar encima de este fondo, dispuesto en forma de mosaico y sin costuras.

Cómo trabajar con archivos importados en PHOTO-PAINT

1. Lance PHOTO-PAINT. Elija Archivo (File) y Abrir (Open) o presione (Ctrl+O). Utilice el cuadro de diálogo Abrir una imagen (Open an Image) para encontrar GORDLOGO.TIF en su disco duro y abrirlo.

   Se abre en PHOTO-PAINT el archivo GORDLOGO.TIF que usted creó y exportó desde CorelDRAW.

2. Con GORDLOGO.TIF como imagen activa en el espacio de trabajo, elija Convertir a (Convert To) del menú Imagen (Image); luego elija 256 colores (8 bits) (256 Colors (8-bit)) del submenú.

Se despliega el cuadro de diálogo Convertir a 256 colores (Convert to 256 Colors).

3. En el cuadro de diálogo Convertir a 256 colores (Convert to 256 Colors), elija **O**ptimizada (**O**ptimized) en el campo Tipo de paleta (Palette type) y **E**rror de difusión (**E**rror Diffusion) en el campo Tipo de tramado (Dither type) (vea la figura 11.22). Deje el cuadro contador Colores (Co**l**ors) en su opción predeterminada de 256 y luego haga clic en Aceptar (OK).

   Esta acción reducirá la profundidad de color del archivo TIF de RGB (24 bits, 16 millones de colores) a los mejores 256 colores (8 bits) para esta imagen. Cualquier color que no pueda expresarse al reducir la profundidad del color, será "falseada" o se le hará una aproximación utilizando el método de tramado de error de difusión.

Figura 11.22 Los niveles de salida amplían el rango tonal de la imagen seleccionada; con este control, usted puede eliminar el negro o el blanco absolutos de una imagen.

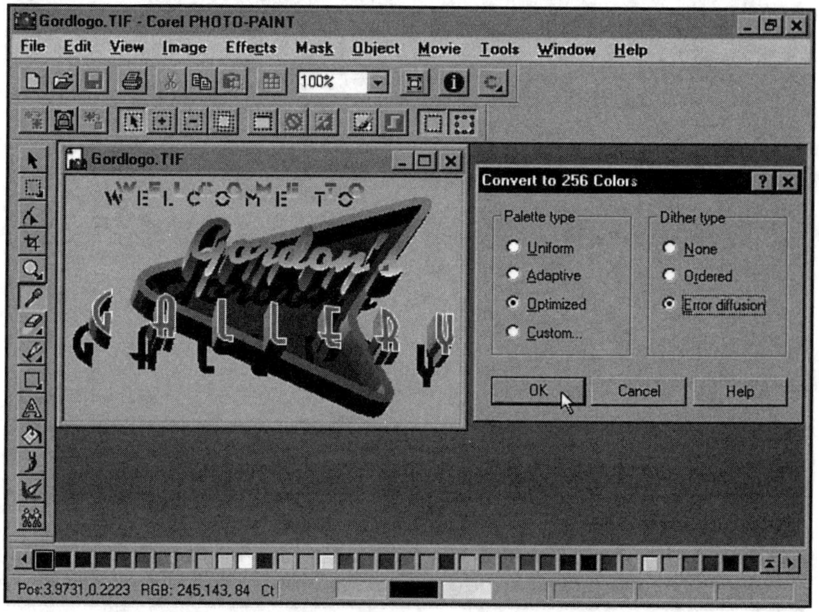

Al reducir la profundidad de color de 24 a 8 bits, también se reduce el tamaño del archivo en dos terceras partes, que es un tamaño más aceptable para Web. Al guardar el archivo TIF como GIF se reducirá aún más el tamaño del archivo, porque GIF es un formato de archivo indexado muy eficiente que incorpora métodos de compresión LZW.

4. Haga doble clic en la Herramienta Cuentagotas (Eyedropper tool) de la caja de herramientas.

   Se despliega la persiana Color y la Herramienta Cuentagotas (Eyedropper tool) se vuelve la herramienta activa.

5. Haga clic con la Herramienta Cuentagotas (Eyedropper tool) sobre el fondo gris claro de GORDLOGO.TIF. Asegúrese de hacer clic sobre un área que *no* esté cerca de la forma de bumerang del fondo. Observe el primer campo (el de la izquierda) de la barra de estado. Debe indicar R: 204, G: 204 y B: 204, y expresar que el número de índice del color de fondo es 14.

   Se determina la especificación de color RGB (fórmula) para el gris claro, y le indica el número del valor de color indexado, de modo que pueda especificar este número como valor transparente cuando exporte la imagen al formato GIF.

Al reducir el número de colores en este diseño, de un número probable de 16.7 millones (24 bits de color) a 256, se produjo algo de tramado. Por esta razón, es importante que tome una muestra con la Herramienta Cuentagotas (Eyedropper tool) "en la parte abierta" del diseño. Hasta el momento hay tres o cuatro grises naturales en esta imagen; existen varias sombras parecidas, pero no exactamente del color de fondo, porque los procesos de anti-alias y de reducción de la profundidad de color añaden este color a transiciones suaves donde hay grandes contrastes de color. Por esto es importante especificar que el gris de fondo "principal" debe medirse por su número de índice, que es lo que lo diferencia de los grises "extraños" que se encuentran como valor de un solo pixel alrededor de las orillas del logotipo.

6. Elija Archivo (File) y Guardar como (Save As) del menú. En el cuadro de diálogo Guardar una imagen en el disco (Save an Image to Disk), elija Bitmap de CompuServe (GIF) (CompuServe Bitmap (GIF)) del cuadro descendente Guardar como tipo (Save as type). El nombre del archivo cambia automáticamente de GORDLOGO.TIF a GORDLOGO.GIF; mantenga este nombre. Haga clic en el botón Guardar (Save).

   Se trata de la primera etapa para guardar un archivo en otro formato de archivo, en este caso usted está guardando de TIF a GIF. El archivo se guardará en la misma ubicación de su disco duro que el archivo TIF, a menos que especifique otra ubicación en este cuadro de diálogo. Después de que haga clic en el botón Guardar (Save), aparecerá el cuadro de diálogo Color transparente (Transparent Color).

7. En el cuadro de diálogo Color transparente (Transparent Color), asegúrese de que está seleccionado el botón de opción Formato 89a (89a format) y que se encuentran marcadas las casillas de verificación Imagen entrelazada (Interlaced image) y Color transparente (Transparent Color). En el cuadro de entrada Índice (Index), introduzca el número de índice desplegado en la barra de estado cuando señaló el fondo de la imagen con la Herramienta Cuentagotas (Eyedropper tool). Para este ejemplo, el número de índice es **14**. (Vea la figura 11.23.) Haga clic en el botón Aceptar (OK).

   Usted ha especificado que el archivo GIF que está por crearse se encontrará en el formato 89a, que estará entrelazado y que se ignorará el color 14 del índice de colores del archivo, que, por lo tanto, será "transparente" cuando el archivo resultante se observe en el visualizador Web. Al hacer clic en Aceptar (OK), se desarrolla la acción y se cambia GORDLOGO.TIF en el espacio de trabajo de PHOTO-PAINT por GORDLOGO.GIF.

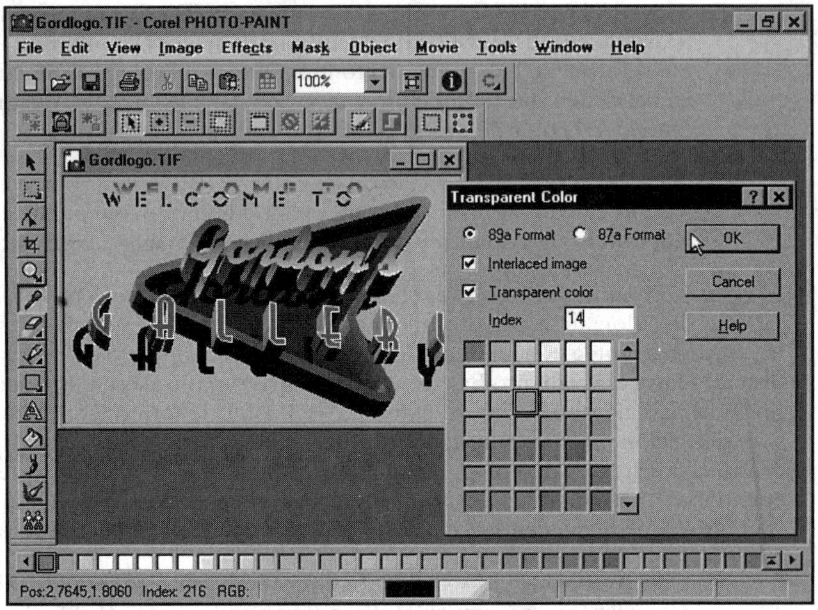

Figura 11.23 Introduzca el número de índice del color que desea volver transparente y hacer a un lado cuando se vea en un visualizador Web.

8. Presione Alt+F4 o elija **A**rchivo (**F**ile) y **S**alir (E**x**it).

   Se cierra GORDLOGO.GIF y se sale de PHOTO-PAINT.

De regreso al espacio de trabajo, no parece haber cambiado nada, excepto que ahora se indica que GORDLOGO.GIF es el archivo abierto. Sigue allí el fondo neutral. Usted sólo podrá asegurarse de que el gris "se ha ido" cuando despliegue la imagen en un visualizador Web.

Tip Siempre incluya la extensión de tres caracteres como .GIF o .JPG en los nombres de sus archivos gráficos de Web, aunque esté utilizando nombres de archivo largos. No es un requisito, sino una buena idea limitar sus nombres de archivo a la convención de DOS para asignación de nombre de 8.3, por la única razón de que reduce la cantidad de teclazos y de posibles errores cuando se componga el documento HTML. En cualquier caso, siempre debe utilizar una extensión de archivo de tres letras como .GIF o .JPG porque los visualizadores Web necesitan la información de la extensión.

La Gordon's Gallery necesita saltos (vínculos dentro del documento HTML a otros lugares dentro o fuera del documento) de modo que el siguiente punto en la agenda son los botones gráficos. En la siguiente sección verá cómo crear bonitos botones para páginas Web, y cómo utilizar los botones provistos en el *CD de obsequio de CorelDRAW! 6 para expertos.*

Cómo crear botones para una página Web

La computadora personal ha hecho cierta aquella frase que estaba de moda en Estados Unidos en los años sesenta: "Vivimos en una sociedad de botones", y hoy en día muchas empresas de software, incluyendo Corel, advierten que la mejor manera de familiarizarse con una aplicación es "hacer clic en todo lo que se mueva". Lo mismo es válido para las páginas Web; aunque los vínculos pueden especificarse en un documento de Web con el uso de texto subrayado, los botones gráficos tienen un aspecto más profesional, ¡y la gente no puede resistir la necesidad de hacer clic en ellos!

ARTIST.GIF, TO-ART.GIF, HOME.GIF y BACK.GIF, como se ve en la figura 11.24, son archivos de imagen que el autor elaboró para sus aventuras por la creación de páginas Web, y se encuentran en la carpeta CHAP11/STOCK de la carpeta EXAMPLES del *CD de obsequio de CorelDRAW! 6 para expertos.* Esta colección de botones ya ha pasado por el proceso de transparencia de GIF, con el color gris claro de fondo especificado como color transparente. Si usted lee el capítulo 10, "Cómo agregar DEPTH y MOTION!" y posee una o dos fuentes de símbolos, tal vez vea que los botones para una página Web pueden ser algunos caracteres extruidos de la fuente WingDings, o de las fuentes que usted mismo haya creado.

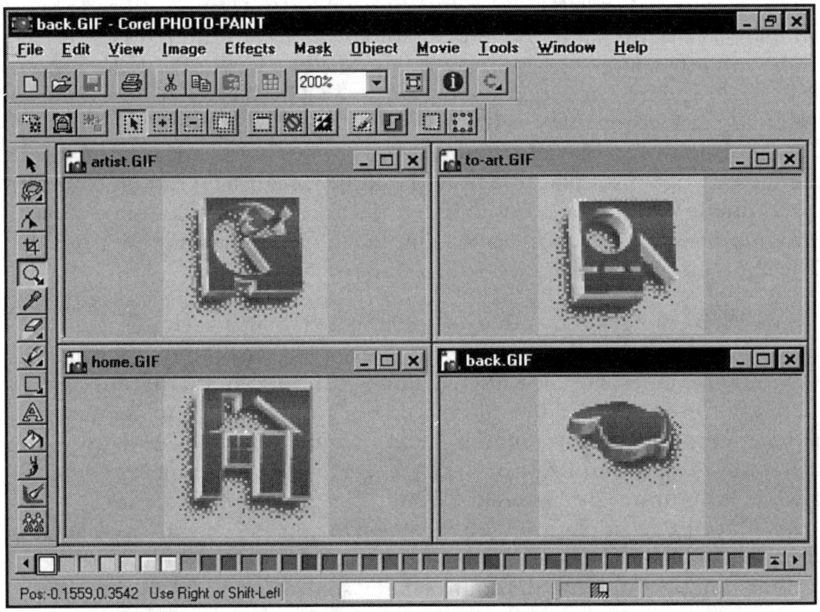

Figura 11.24
Los botones listos para utilizarse del *CD de obsequio de CorelDRAW! 6 para expertos* que usted puede agregar a un documento de Web.

Tip Si le gustan los filtros Cristal (Glass), El Jefe (The Boss) y el Remolino (Whirlpool) de PHOTO-PAINT 6, le encantarán los filtros Black Box de Alien Skin versión 2. Son filtros totalmente nuevos, de 32 bits que funcionan estupendamente con PHOTO-PAINT 6 e incluyen algunos magníficos filtros nuevos como Dropshadow (Sombra caída), Curve (Curva) e Inner y Outer Bevel (Bisel interior y exterior).

Es muy fácil crear botones 3D con los nuevos filtros Alien Skin 2.

Sugerencias sobre la creación de su propia galería de arte miniatura

En nuestro esfuerzo por crear elementos agradables de Web, no podemos olvidar la atracción principal de la página Web de Gordon: ¡sus pinturas! Sin importar el tamaño de la imagen final de la obra de arte que haya creado electrónicamente con CorelDRAW (u otras aplicaciones), las imágenes de Web necesitan ser *pequeñas.* Estamos hablando de un promedio de alrededor de 100Kb para imágenes *sin* comprimir; el envío de imágenes más grandes a Web resulta frustrante y a la larga pierden espectadores, cuyas computadoras tal vez no tengan la capacidad de procesamiento o la RAM de la computadora de un profesional de las artes gráficas.

Supongamos que usted, como Gordon, es un artista que desea un poco de publicidad desde su sitio de Web y, lo que es más importante, desea atraer a clientes potenciales. Si usted le da al auditorio de Internet, para atraerlo, lo fundamental de una idea a través de sus imágenes, siempre podrá enviar una versión más grande de su trabajo a través de otras rutas (digamos, el correo) una vez que se haya puesto en contacto con usted.

Hemos creado tres plantillas en formato PHOTO-PAINT.CPT que podrá utilizar para asignarle un tamaño a sus propios trabajos, o a las imágenes de ejemplo que se proporcionan en el *CD de obsequio de CorelDRAW! 6 Edición para expertos.* Hemos utilizado las mismas "reglas" de pantalla básicas mencionadas al principio de este capítulo para crear las plantillas THUMNAIL, L-PORT (de larger portrait: retrato grande) y L-LAND (de larger landscape: paisaje más grande) que se encuentran en la carpeta CHAP11 del CD de obsequio. Tome sus medidas para sus propios trabajos y utilice el comando Imagen (Image) y Nuevo muestreo (Resample) para cambiar el tamaño de las copias de sus imágenes gráficas en formato de mapa de bits. Esta plantilla no es la última palabra en dimensiones gráficas para Web, y usted puede superar la necesidad de utilizarlas después de una o dos veces, pero representan un punto de partida mientras empieza a evaluar las dimensiones de la imagen para su publicación en un formato electrónico, no físico.

Por lo general, los sitios de Web contienen dos diferentes tamaños de ilustraciones: la *muestra miniatura,* que usualmente es un salto en el documento a una imagen más gráfica, y la *imagen gráfica grande.* Como muchos artistas gráficos están acostumbrados a diseñar en pantalla para la página *impresa,* es un poco difícil abrazar la noción de que las imágenes gráficas de Web deben ser medidas y proporcionadas para la pantalla física, casi siempre para el monitor que usted mira cuando utiliza CorelDRAW. De modo que tome en consideración el tamaño de los botones de CorelDRAW, determine el tamaño de las imágenes gráficas y de los botones de su página Web de acuerdo con esto, y trate de hacer las ilustraciones que trata de desplegar a tamaño completo en la página Web, a una resolución de 1 a 1; ¡no hay una herramienta de Zoom en el visualizador Web!

Cómo llevar su documento a World Wide Web

Antes de que le dé sus páginas a un proveedor de Internet para que las envíe, es una buena idea ver una presentación preliminar del documento para revisar su estructura. ¿Los vínculos del documento llevan al visitante a la sección correcta del documento? ¿Existen los vínculos *externos* del documento (como saltos a lugares interesantes que usted le ha recomendado a otros? ¿Ha introducido la ubicación de esos sitios de salto de manera correcta? Es muy fácil cometer un error de mecanografía en un documento HTML; por esta exacta razón, hemos proporcionado sitios de salto en formato electrónico dentro del documento Gordon's Gallery. Si usted copia y pega saltos, es más probable que incluya información exacta.

Observe una presentación preliminar y juegue con el documento hasta que se vea de la manera en que lo desea. Recomendamos que cargue un editor de texto o de HTML que contenga el código HTML para su página Web en el fondo, mientras observa la presentación preliminar del documento en un visualizador Web. De esta manera los cambios se pueden hacer al vuelo.

Cómo tener una presentación preliminar y lanzar su página Web

Para observar una presentación preliminar de su página Web, debe tener un visualizador instalado en su computadora, y todos los elementos que conforman el documento deben estar almacenados en la misma ubicación de su disco duro, si los vínculos se refieren a saltos internos. Se recomienda almacenar todos los elementos y las imágenes utilizadas para su sitio en una sola carpeta, porque es la manera a prueba de tontos de asegurar que todos los elementos se encuentren presentes y disponibles, y de que sus páginas funcionarán.

Nosotros hemos cargado ahora la Gordon's Gallery en el visualizador Netscape Navigator, haciendo doble clic en el archivo INDEX.HTM, de la carpeta CHAP11/WEBPAGE. En la figura 11.25 se muestra como verán los visitantes del sitio de Gordon que utilizan Netscape la página descrita por el código HTML en INDEX.HTM. Se verá parecida, pero no idéntica, cuando se utilicen otros visualizadores, como el Internet Explorer de Microsoft.

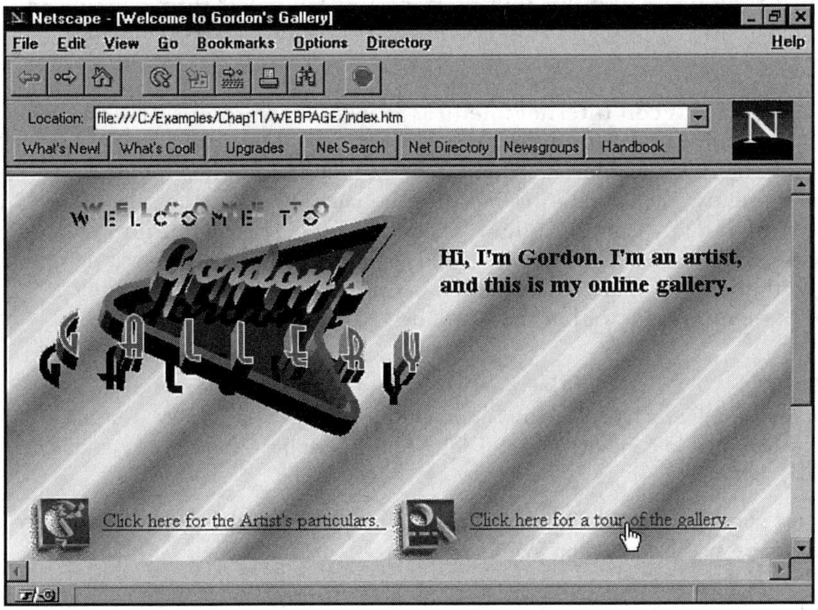

Figura 11.25
Al comprender la importancia de una imagen gráfica de un tamaño adecuado para WWW, el texto y la imagen se unen en una composición bien proporcionada.

En la figura anterior usted puede ver que el cursor se vuelve un icono de mano señalando cuando se coloca sobre un vínculo. El visualizador Netscape, como muchos visualizadores, le indican al visitante *dónde* se tomará el vínculo. El lugar natural para visitar en el documento de un artista es la sección gráfica, y usted puede saber que si utiliza este vínculo irá a otro documento del mismo sistema, porque la dirección que se despliega en la línea de estado y en el cuadro Address: (Dirección:), debajo de la barra de herramientas, sólo cambia para reflejar un nuevo documento, no una nueva dirección.

Si usted hace doble clic en cualquiera de los documento de la carpeta WEBPAGE del CD de obsequio, y tiene instalado el Internet Explorer de Microsoft, de inmediato se le llevará a un "recorrido de muestra" por la galería virtual de Gordon. Usted puede ver que se le llevará a la Gallery Page cuando hace clic en el salto al recorrido por la galería. Gordon le indica en esta página que las imágenes miniatura de muestra de esta mini galería de arte tienen un propósito, además de verse bien. Cada imagen miniatura de esta página es un hipervínculo a otra página más. Las imágenes gráficas, como el texto subrayado que lo lleva a esta página, pueden etiquetarse como un vínculo de hipertexto. Usted puede ver cómo lo logró Gordon si observa el documento GALLERY.HTM en el carpeta WEBPAGE. La etiqueta

```
<IMG SRC="art05.gif" ALT="A piece of my artwork" ALIGN="LEFT"
➥HSPACE="10" BORDER="0">
```

hace que se despliegue en esta página la imagen GIF del triciclo. Pero son las etiquetas ancla de hipertexto:

```
<A HREF="lookma.htm"> before and </A>
```

que se encuentran inmediatamente después de la etiqueta IMG, las que hacen que la imagen del triciclo sea un hipervínculo con otra página del conjunto. Otras referencias parecidas integran el resto de la página. Sin embargo, tenga en cuenta que las etiquetas de la imagen que llaman los botones de la parte inferior de la página no se encuentran dentro de un ancla de hipertexto, y son vínculos por sí mismas. En este caso, el texto se encuentra dentro del ancla de hipertexto y se trata del vínculo en que los visitantes hacen clic para hacer un salto.

Si usted tiene una conexión *activa* con Internet mientras visualiza la Gordon's Gallery y hace clic en cualquiera de los vínculos de Gordon que se encuentran en la lista de la figura 11.26, usted saltará a ese sitio. Tenga en consideración que la línea de estado indica que la dirección del vínculo en que usted se encuentra a punto de hacer clic no es la misma que la mostrada en el campo Address: (Dirección:) que se encuentra en la parte superior del visualizador. Cuando usted visita un sitio al que le gustaría regresar, utilice la marca de libro del visualizador Web o su opción favorita para guardar la dirección. Es una buena idea obtener las direcciones que necesita para hacer su lista de favoritos.

Tip RESOURCE.HTM, de la carpeta EXAMPLES/CHAP11, puede ser su conexión a imágenes, servicios de artes gráficas y lugares relacionado con CorelDRAW en WWW. Cargue la página en su visualizador Web (por lo general Archivo (File) y Abrir (Open)) y haga clic en cualquier vínculo para ir a ese sitio.

También puede agregar los sitios de la lista de RESOURCE.HTM a su libreta de direcciones privada, o utilizarlos como saltos dentro de su propia página Web.

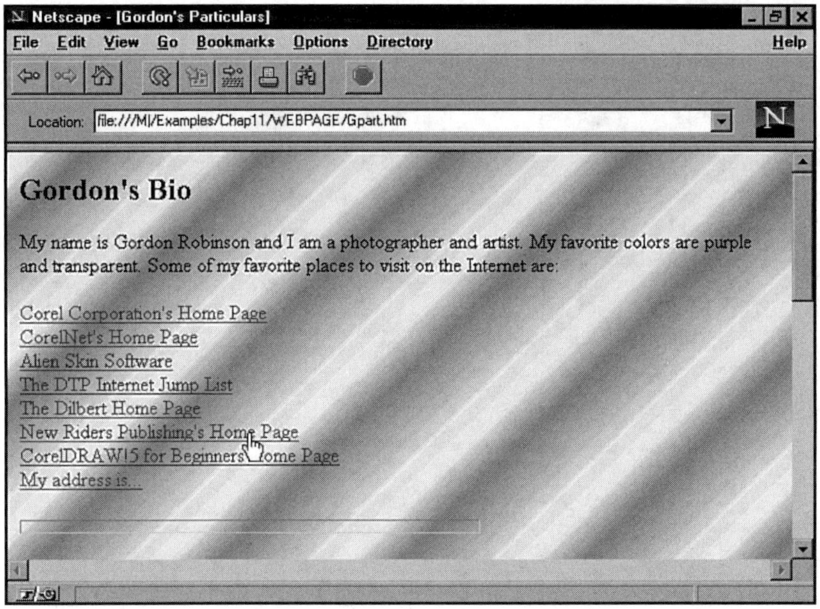

Figura 11.26
Es fácil crear vínculos con documentos del exterior (de una ciudad o un país diferentes).

Una vez que tenga la confianza de que todos los vínculos dentro de su página Web funcionan correctamente, investigue si el proveedor que acoge su sitio requiere de un formato especial o de una convención para asignación de nombres para enviar su página Web. Muchos proveedores le enviarán un fax con una forma que contiene instrucciones especiales para remitir los elementos que conforman la página (o páginas) Web.

El nivel de eficiencia con que usted crea un documento de Web depende en gran medida de la cantidad de tiempo que debe invertir para comprender la estructura de HTML. En relación con esto, los resultados que obtenga por dedicar su tiempo a trabajar con las opciones de CorelDRAW serán parecidos. Las comunicaciones electrónicas han redefinido el significado del término “composición”, pero si usted tiene talento para crear algo con significado a partir de la mezcla de medios, tiene posibilidad de convertirse no sólo en un visitante de Web, sino en un *innovador.*

Muy sencillo, World Wide Web es el lugar más barato al que puede ir para anunciar su trabajo en... lo adivinó: todo el *mundo.*

Índice

Símbolos

A

B

C

E

F

G

N

O

P

R

S

U

V

W

Prentice-Hall Hispanoamericana, S.A.
División Computación / Negocios
Enrique Jacob No. 20
Col. El Conde Naucalpan de Juárez
Edo. de México C.P. 53500
MEXICO

Cómo instalar el CD de obsequio de CorelDRAW!™ 6 PARA EXPERTOS

Los siguientes documentos se encuentran incluidos en el *CD de obsequio de CorelDRAW!™ 6 PARA EXPERTOS2* en formato Adobe Acrobat 2.1:

- ✔ ¿Qué hay en el *CD de obsequio de CorelDRAW!™ 6 PARA EXPERTOS*
- ✔ *Guía de recursos de CorelDRAW!™ 6 PARA EXPERTOS*
- ✔ *Glosario en línea de CorelDRAW!™ 6 PARA EXPERTOS*
- ✔ Información de instalación y otros archivos de lectura para los diferentes programas de demostración, de shareware y de freeware en el CD.

Para ver, copiar o imprimir estos documentos, primero debe instalar Acrobat Reader. La versión 2.1 de Acrobat Reader, se encuentra en el *CD de obsequio de CorelDRAW!™ 6 PARA EXPERTOS* en la carpeta ACROREAD.

Cómo instalar el Acrobat Reader para Windows

Para instalar el Acrobat Reader, usted necesita salir de cualquier ventana de DOS que pudiera tener abierta, cerrar cualquier aplicación que esté ejecutando e insertar el CD.

1. Del menú Inicio (Start) de Win95, elija Configuración (Settings), Panel de control (Control Panel) y luego haga doble clic en Agregar o quitar programas (Add/Remove Programs).
2. Haga clic en la pestaña Instalar o desinstalar (Install/Uninstall) y luego en Instalar (Install) para desplegar el cuadro de diálogo Instalar programa desde

disco o CD-ROM (Install Program From Floppy Disk or CD-ROM). Haga clic en Siguiente (Next).

3. En el siguiente cuadro de diálogo, haga clic en Examinar (Browse) para localizar la unidad del CD-ROM.

4. Haga clic en el icono Acroread.exe que se encuentra en la ventana de carpetas, luego haga clic en Abrir (Open). Esto lo lleva al cuadro de diálogo Ejecutar el programa de instalación (Run Installation Program). Haga clic en Finalizar (Finish) para empezar la instalación.

5. Después de un momento, aparece el cuadro de diálogo Electronic End User License Agreement (Acuerdo de licencia de usuario electrónico final). Haga clic en Accept (Aceptar) para aceptar los términos.

6. El Acrobat Reader Installer (Instalador de Acrobat Reader) despliega un cuadro de diálogo donde usted puede elegir la ubicación en su disco duro y el nombre de la carpeta para Acrobat Reader 2.1. Introduzca sus elecciones y luego haga clic en Instalar (Install).

7. Se le pide que llene su registro electrónico, que no se encuentra en su disco duro hasta que haya instalado la utilería Reader. Haga clic en OK (Aceptar) y ¡no lo olvide!

8. Introduzca su nombre y el nombre de su organización en el cuadro de diálogo Acrobat Installer (Instalador de Acrobat), luego haga clic en OK (Aceptar).

9. La instalación de Acrobat Reader debe completarse en menos de un minuto. Cuando haga clic en OK (Aceptar), habrá terminado.

Ahora, cuando haga clic en el botón del menú Inicio (Start) de Win95, encontrará un grupo nuevo de programas, Acrobat Reader, con el icono Acrobat Reader 2.1 anidado en su interior.

Cómo utilizar el *Online Glossary* de *CorelDRAW! 6* PARA EXPERTOS

Después de que instale Acrobat Reader, es simple utilizar el *Online Glossary*. Haga clic en el icono Acrobat Reader 2.1 del menú Inicio (Start) de Windows para lanzar esta utilería. En el cuadro de diálogo Open (Abrir), utilice los campos Folders (Carpetas) y Drives (Unidades) para ir a la carpeta ACRODOCS del *CD de obsequio de CorelDRAW!™ 6 PARA EXPERTOS*. Haga doble clic en CEE6-GL.PDF en el cuadro que se encuentra debajo del cuadro de entrada de texto File name (Nombre de archivo), y se abrirá el *Online Glossary*.